Guttentagsche Sammlung
Nr. 194 Deutscher Reichsgesetze Nr. 194
Kommentare und erläuterte Textausgaben

Deutsche Gemeindeordnung

Vom 30. Januar 1935.

Nebst amtlicher Begründung.

In Fortsetzung des Erläuterungsbuches zum Preußischen Gemeindeverfassungs- und Gemeindefinanzgesetz
von
von Lympius und Küchenhoff

herausgegeben und erläutert
von

Dr. Günther Küchenhoff und **Dr. Robert Berger**

Amts- und Landgerichtsrat, Gemeinschaftsleiter in Breslau, Mitglied der Beamtendienststrafkammer bei der Regierung in Breslau.

Amts- und Landgerichtsrat in Gleiwitz

Berlin und Leipzig 1935

Walter de Gruyter & Co.

vormals G. J. Göschen'sche Verlagshandlung — J. Guttentag, Verlagsbuchhandlung — Georg Reimer — Karl J. Trübner — Veit & Comp.

Archiv-Nr.: 21 1 194.

Vorwort.

Durch die für sämtliche deutsche Gemeinden, abgesehen von Berlin, geltende Deutsche Gemeindeordnung vom 30. Januar 1935 ist das kommunale Verfassungsrecht, vielfach im Anschlusse an das Preußische Gemeindeverfassungsgesetz und das Gemeindefinanzgesetz vom 15. Dezember 1933, grundlegend neu gestaltet worden. Eine jahrhundertealte Entwicklung ist damit zum Abschlusse, eine jahrhundertealte Zersplitterung zur Einheit gebracht worden. Wie es in der gesetzlichen Einleitung zur Deutschen Gemeindeordnung heißt, ist die Deutsche Gemeindeordnung ein „Grundgesetz des nationalsozialistischen Staates. Auf dem von ihr bereiteten Boden wird sich der Neubau des Reiches vollenden."

Das Gesetz tritt am 1. April 1935 in Kraft. Bei seiner hohen Bedeutung glaubten die Verfasser und der Verlag einem wissenschaftlichen wie praktischen Bedürfnis zu entsprechen, schon jetzt ein Erläuterungsbuch herauszugeben. Durchführungs- und Ausführungsanweisungen, die noch erlassen werden, werden nach Erscheinen ergänzend berücksichtigt werden. Entscheidend ist das Bedürfnis nach einer Klarlegung der staatsrechtlichen Grundgedanken des ersten ein bestimmtes Gebiet zusammenfassenden Verfassungsgrundgesetzes des Dritten Reiches.

Wie die Deutsche Gemeindeordnung sich an das Preußische Gemeindeverfassungs- und Gemeindefinanzgesetz anschließt, so setzt das vorliegende Erläuterungsbuch den zu jenen Gesetzen herausgegebenen Handkommentar von v. Lympius und Küchenhoff fort. Leider war es dem verewigten Herrn von Lympius nicht vergönnt, an den Erläuterungen zum Reichsgemeinderecht, für die er mit seinen Darlegungen zum Preußischen Gemeindefinanzgesetz wertvolle Vorarbeiten geleistet hatte, mitzuarbeiten. Für ihn ist Dr. Berger eingetreten.

Die Verfasser haben sich in die Lösung ihrer Aufgabe geteilt. Die Einleitung, den Ersten bis Fünften, Siebenten und Achten Teil hat Dr. Küchenhoff, den Sechsten Teil Dr. Berger bearbeitet; jeder unter alleiniger Verantwortung für sein Gebiet.

Für die freundliche Unterstützung bei der Anfertigung des Stichwortverzeinisses sind wir Herrn Referendar Alexius Walter in Breslau dankbar.

Breslau und Gleiwitz, den 1. März 1935.

Dr. Küchenhoff. Dr. Berger.

Inhaltsverzeichnis.

Abkürzungsverzeichnis.

Die im Schriftverkehr und in Drucksachen allgemein üblichen und selbstverständlichen Abkürzungen, wie z. B. a. a. O. usw. sind nicht besonders aufgeführt, ebenfalls nicht die Daten der bekannteren Gesetze.

A.	= Ausführungs-.
AAnw. oder AA.	= Ausführungsanweisung.
AG.	= Ausführungsgesetz.
ALR.	= Allgemeines Landrecht für die Preußischen Staaten.
Amtl. Begr.	= Amtliche Begründung.
Bayr.	= Bayrisch.
BesBl.	= Besoldungsblatt.
BesG.	= Besoldungsgesetz.
BdNSDAP.	= Beauftragter der NSDAP.
BdStO.	= Beamtendienststrafordnung.
BGB.	= Bürgerliches Gesetzbuch.
Bleicher	= Bleicher „Schuldenwesen" im Handwörterbuch der Kommunalwissenschaften, Band III S. 632ff.
Boldt	= Dr. Walter und Dr. Gerhard Boldt „Stadtverfassung und Stadtverwaltung in Preußen", Berlin 1931.
DGemO.	= Deutsche Gemeindeordnung.
Durchf. oder D.	= Durchführungs- (verordnung).
EG.	= Einführungsgesetz.
Erl.	= Erlaß.
FAG.	= Finanzausgleichsgesetz vom 27. April 1926 (RGBl. I S. 203).

FGG. = Gesetz über die Angelegenheiten der Freiwilligen Gerichtsbarkeit vom 17./20. Mai 1898 (RGBl. I S. 771).

FMBl. = Preußisches Finanzministerialblatt.

GemFinG. = Preußisches Gemeindefinanzgesetz vom 15. Dezember 1933 (GS. S. 442).

GemVerfG. = Preußisches Gemeindeverfassungsgesetz vom 15. Dezember 1933 (GS. S. 427).

GenG. = Gesetz betr. die Erwerbs- und Wirtschaftsgenossenschaften.

GewStVO. = Gewerbesteuerverordnung vom 15. März 1927 (GS. S. 21).

GmbHG. = Reichsgesetz betr. die Gesellschaften mit beschränkter Haftung.

GrdStG. = Grundvermögensteuergesetz vom 14. Februar 1923 (GS. S. 29).

GS. od. GesSlg. = Gesetzsammlung.

GVBl. od. GuVBl. = Gesetz- und Verordnungsblatt.

GVG. = Gerichtsverfassungsgesetz.

Hann. = Hannoverisch.

Hettlage = Dr. Karl Maria Hettlage „Das Preußische vereinfachte Gemeindefinanzgesetz vom 24. Februar 1934", Berlin 1934.

Hettlage-Loschelder-Spielhagen = Hettlage-Loschelder-Spielhagen „Das Preußische Gemeindefinanzgesetz vom 15. Dezember 1933", Eberswalde-Berlin 1934.

Hettlage-Loschelder-Zschintzsch = Hettlage-Loschelder-Zschintzsch „Die Preußische Gemeindefinanzverordnung vom 2. November 1932", Eberswalde-Berlin 1933.

HGB. = Handelsgesetzbuch.

Humpert = Humpert „Das Kassen- und Rechnungswesen der Gemeinden" bei Loschelder-Spielhagen a. a. O. S. 52 ff.

Jur. Diss. = Juristische Dissertation.

JW. = Juristische Wochenschrift.

KAG. = Preußisches Kommunalabgabengesetz vom 14. Juli 1893 (GS. S. 151).

Kap. = Kapitel.

KruProvAbgG. = Preußisches Kreis- und Provinzialabgabengesetz vom 23. April 1906 (GS. S. 159).

Kurh. = Kurhessisch.

Ldgrf. = Landgräfisch.

LGO. = Landgemeindeordnung.

LR. = Landrat.

Lipp. = Lippisch.

Loschelder = Loschelder „Das preußische Gemeindefinanzgesetz vom 15. Dezember 1933" bei Loschelder-Spielhagen a.a. O. S. 1 ff.

Loschelder bei Freisler-Grauert = Loschelder „Das Gemeindefinanzgesetz, bei Freisler-Grauert „Das neue Recht in Preußen" Nr. 23.

Loschelder-Spielhagen = Prüfung von Gemeinden und Gemeindeverbänden, 6 Vorträge des Schulungskursus der Leiter der Preußischen Gemeinde-Prüfungsämter, gehalten im Preußischen Ministerium des Innern, Ende Juli 1934, herausgegeben von Loschelder und Spielhagen, Eberswalde-Berlin.

MBl. = Ministerialblatt.

MBl. i. V. = Ministerialblatt der inneren Verwaltung.

Mittelstaedt-Schrader = Mittelstaedt-Schrader „Das städtische Haushaltswesen nach Form und Inhalt", Berlin-Friedenau 1928.

Most = Most „Kämmereivermögen" im Handwörterbuch der Kommunalwissenschaften, Band II, S. 579 ff.

Mueller = Etatsgestaltung im Handwörterbuch der Kommunalwissenschaften von Brix, Lindemann, Most, Jena 1922—27, Band I S. 667 ff.

Nass.	= Nassauisch.
NotVO.	= Notverordnung.
Oertel	= Oertel-Oehler „Die Städteordnung für die sechs östlichen Provinzen der Preußischen Monarchie vom 30. Mai 1853", 7. Aufl., Liegnitz 1931.
Östl. oder Ö.	= Östlich.
OVG.	= Entscheidungen des Oberverwaltungsgerichts.
Pr.	= Preußisch.
PolVerwGes.	= Polizeiverwaltungsgesetz.
Popitz	= Popitz „Der künftige Finanzausgleich zwischen Reich, Ländern und Gemeinden", Berlin 1932.
R.	= Reichs-.
RAG.	= Entscheidungen des Reichsarbeitsgerichts, Bensheimer-Sammlung.
RBl.	= Regierungsblatt.
RV.	= Reichsverfassung 1919.
Reg.	= Regierung.
RegPräs. oder RP.	= Regierungspräsident.
RFM.	= Reichsfinanzminister.
RGBl.	= Reichsgesetzblatt.
RGKomm.	= Reichsgerichtsräte-Kommentar, 7. Aufl.
RGZ.	= Entscheidungen des Reichsgerichts in Zivilsachen.
RHO.	= Reichshaushaltsordnung.
RReg.	= Reichsregierung.
RStG.	= Reichsstatthaltergesetz vom 30. Januar 1935 (RGBl. I S. 65ff.).
RStGB.	= Strafgesetzbuch für das Deutsche Reich.
RVBl.	= Reichsverwaltungsblatt.
Schick	= Schick „Durchführung der örtlichen Rechnungsprüfung" bei Loschelder-Spielhagen a. a. O. S. 79ff.
Schulze-Wagner	= Schulze-Wagner Reichshaushaltsordnung, 3. Aufl., Berlin 1934.

Staub = Staub's Kommentar zum Handelsgesetzbuch, 14. Aufl., Leipzig und Berlin 1933.

Stier-Somlo, Handbuch = Stier-Somlo, Handbuch des kommunalen Verfassungsrechts, 2. Aufl. 1928.

StO. = Städteordnung.

StPO. = Strafprozeßordnung.

Thür. = Thüringisch.

VBl. = Verwaltungsblatt.

VO. = Verordnung.

von Lympius-Küchenhoff = von Lympius-Küchenhoff, Erläuterungsbuch zum Preußischen Gemeindeverfassungsgesetz und Gemeindefinanzgesetz vom 15. Dezember 1933, Berlin und Leipzig 1934.

Zschintzsch = Zschintzsch „Kommunalkredit", Berlin 1931.

ZG. = Zuständigkeitsgesetz.

ZVG. = Zwangsversteigerungsgesetz.

ZPO. = Zivilprozeßordnung.

Einleitung zur Deutschen Gemeindeordnung vom 30. Januar 1935.

Das Staatsrecht des neuen Reiches ist in seinen Grundzügen sichtbar. Schritt für Schritt, Entwicklung um Entwicklung bringend, sind die verfassungsrechtlichen Gesetze geschaffen worden. Das Gesetz zur Behebung der Not von Volk und Reich vom 24. März 1933 brachte erstmalig das Führerprinzip im Staatsrecht, indem es die Reichsregierung — neben dem Reichstage — zum Gesetzgeber, mit bestimmten Einschränkungen auch zum Verfassungsgesetzgeber, bestellte. Die Schranken für die verfassungsgesetzgebende Gewalt fielen im Reichsgesetz über den Neuaufbau des Reiches vom 30. Januar 1934, das der Reichsregierung das Recht gibt, neues Verfassungsrecht zu setzen. Das Führerprinzip gelangte zur Vollendung im Gesetz über das Staatsoberhaupt des Deutschen Reiches vom 1. August 1934, durch das auf den Führer und Reichskanzler Adolf Hitler die Befugnisse des Reichspräsidenten übergingen (von denen die völkerrechtliche Vertretung des Reichs, der Oberbefehl über die gesamte Wehrmacht und das Recht, die Minister zu ernennen und zu entlassen, hervorgehoben seien).

Daß das Führerprinzip innerhalb der Reichsregierung gelte, diese also kein Kollegium ist, die Mitglieder der Reichsregierung vielmehr die obersten Gefolgsleute des Führers und Reichskanzlers, seine Paladine, sind, zeigt das Gesetz über die Vereidigung der Reichsminister und der Mitglieder der Länderregierungen vom 16. Oktober 1934, nach welchem die Minister dem Führer und Reichskanzler Treue und Gehorsam schwören.

Alle Staatsgewalt kann vom Führer ausgeübt werden. Die Dreiteilung der Gewalten ist überwunden. Der Führer ist auch der oberste Gerichtsherr, was sich in der Not des Staates zeigen kann. Die sonstige Zuständigkeit der von Dienstanweisungen unabhängigen Gerichte beruht auf der Gemeinschaftsordnung, ist eine Zweckmäßigkeitsregelung, keine auf Mißtrauen gegen den Staat beruhende Schutzeinrichtung. Auf rein politische oder verwaltungsmäßige Angelegenheiten ist daher die Gerichtsbarkeit vielfach nicht bezogen (s. § 11 des Pr. Gesetzes über die Anpassung der Landesverwaltung an die Grundsätze des nationalsozialistischen Staates vom 15. Dezember 1933, § 7 des Gesetzes zur Wiederherstellung des Berufsbeamtentums vom 7. April 1933).

Was das so gestaltete Führertum bedeutet,

daß es ist: die auf der blutsmäßigen Verbundenheit mit dem Volke beruhende Fähigkeit zur Gestaltung, Entfaltung und Vorwärtsentwicklung seiner besten Kräfte und seines edelsten Inhalts,

daß es ist: die Fähigkeit, aus den ewigen Quellen des Volkstums zu schöpfen und damit sagen und tun zu können, was der Volksgenosse selbst nie sagen oder tun könnte, das er aber, wenn er es von dem mit gewaltigeren Kräften des Willens, des Gefühls und des Verstandes Begabten sieht oder hört, als den Ausspruch und die Gestaltung seines innersten Wollens empfindet, falls in seiner Seele nur irgendwie der ewige Geist seines Volkstums lebt,

daß Führertum also auf diesem letztlich begründeten Vertrauen der Gefolgschaft, des Volkes, nicht auf Herrschaft oder Macht beruht,

das alles bringen das Gesetz über Volksabstimmung vom 14. Juli 1933 (RGBl. I S. 479) und der Erlaß des Reichskanzlers vom 2. August 1934 zum Vollzug des Gesetzes über das Staatsoberhaupt des Deutschen Reichs vom 1. August 1934 zum Ausdruck.

Das erste Gesetz, in welchem das alte germanische Institut der Volksbefragung zu neuer Gestalt erweckt wurde, sichert den ständigen großen Einklang zwischen Führer und Volk, in dem weiteren Erlaß legt der Führer selbst die Grundgedanken des Führertums dar:

„Ich will, daß die vom Kabinett beschlossene und verfassungsrechtlich gültige Betrauung meiner Person und damit des Reichskanzleramtes an sich mit den Funktionen des früheren Reichspräsidenten die ausdrückliche Sanktion des Deutschen Volkes erhält. Fest durchdrungen von der Überzeugung, daß jede Staatsgewalt vom Volke ausgehen und von ihm in freier und geheimer Wahl bestätigt sein muß, bitte ich Sie, den Beschluß des Kabinetts mit den etwa noch notwendigen Ergänzungen unverzüglich dem Deutschen Volke zur freien Volksabstimmung vorlegen zu lassen."

Das ist die eine große Linie in der staatsrechtlichen Entwicklung des Dritten Reiches.

Eine weitere ist die organische Schaffung des Einheitsstaates. Nachdem das vorläufige Gesetz und das zweite Gesetz zur Gleichschaltung der Länder mit dem Reich vom 31. März und 7. April 1933 (Reichsstatthaltergesetz) die einheitliche Gestaltung der Länderregierungen und der Länderparlamente entsprechend dem Reich und die **Einheit der politischen Führung** durch die Einsetzung von Reichsstatthaltern sichergestellt hatten, wurde durch das Gesetz über den Neuaufbau des Reichs vom 30. Januar 1934 der Staatencharakter der Länder beseitigt, der deutsche Einheitsstaat geschaffen und damit einer jahrhundertealten Zersplitterung ein Ende bereitet. Fortan üben die Länder keine eigenen Hoheitsrechte mehr aus, sondern nur Hoheitsrechte des Reiches in seinem Auftrage und in seinem Namen, womit sie den Charakter von **Körperschaften des öffentlichen Rechts mit Auftragsangelegenheiten** erhalten haben, in deren Verwaltung ihre Minister den Dienstanweisungen der zuständigen Reichsminister unterliegen (§§ 1, 4 der Ersten Verordnung über den Neuaufbau des Reichs vom 2. Februar 1934, Art. 2 des Ges. vom 30. Januar 1934). Die Preußischen Oberpräsidenten und die Reichsstatthalter (in

Preußen der Ministerpräsident) sind durch die Zweite Verordnung über den Neuaufbau des Reichs vom 27. November 1934 und durch das Reichsstatthaltergesetz vom 30. Januar 1935 (unter Aufhebung des Zweiten Gleichschaltungsgesetzes) zu ständigen Vertretern der Reichregierung bestellt worden und haben als solche die Aufgabe, für die Beobachtung der vom Führer und Reichskanzler aufgestellten Richtlinien der Politik zu sorgen (über die Mittel zur Erfüllung dieser Aufgabe s. §§ 2, 3 a. a. O.). So ist die **Einheit des Reichs** staatsrechtlich, ferner durch Schaffung der **Aufsichtsorgane** politisch wie verwaltungsmäßig hergestellt. Der Reichsrat zur Vertretung der Länder ist aufgehoben (Ges. vom 14. Februar 1934). Es gibt nur noch eine Reichsangehörigkeit (Verordnung über die deutsche Staatsangehörigkeit vom 5. Februar 1934). Die **Rechtspflege** ist auf das Reich übergeleitet worden (Ges. vom 16. Februar 1934, VO. vom 17. Juni 1934, Ges. vom 5. Dezember 1934, VO. vom 20. Dezember 1934, Gesetz vom 24. Januar 1935).

Das weitere bedeutende staatsrechtliche Prinzip des Dritten Reichs ist die Einheit von Partei und Staat. Nachdem durch Gesetz vom 14. Juli 1933 die Neubildung von Parteien verboten und damit der Pluralismus der Interessentenvertretungen beseitigt war, ist durch Gesetz vom 1. Dezember 1933 (mit Änderung vom 3. Juli 1934) festgelegt worden, daß die Nationalsozialistische Deutsche Arbeiterpartei die Trägerin des Deutschen Staatsgedankens und mit dem Staate unlöslich verbunden ist. Der Teil des Deutschen Volkes, der aus ihm selbst herausgewachsen, politisch besonders geschult und aktiv, jederzeit bereit ist, das nationalsozialistische Gedankengut in die Tat umzusetzen und es bis zum letzten Atemzuge zu verteidigen, der mit unbedingter Hingabe zu seinem Führer steht, der Teil weiter, der auf jene Fähigkeiten in scharfer Auslese geprüft wird, ist dazu berufen, zum Heile des gesamten Volkes dieses und den Staat mit dem nationalsozialistischen Ideengut zu erfüllen, den Führernachwuchs zu schaffen und zu schulen und die ständige Verbindung zwischen Volk und Staatsführung zu erhalten. Eine ständige Durchdringung der Staatstätigkeit mit dem nationalsozialistischen Ideengut findet auf geistigem Wege statt, es besteht jedoch keine konkrete und spezielle Befehlsgewalt von Hoheitsträgern der Bewegung gegenüber Hoheitsträgern des Staates." Die Bewegung ist vielmehr die politische, der Staatsapparat die verwaltungsmäßige (im weitesten Sinne) Säule des nationalsozialistischen Staates, dieser ist im Verhältnis zu Bewegung, Behörden- und Machtapparat (Reichswehr) der Oberbegriff (vgl. Frick, „Deutsche Verwaltung" 1934, S. 289). Um die politischen und verwaltungsmäßigen Gesichtspunkte zum Ausgleich zu bringen, sind die Reichsstatthalter geschaffen, werden bewährte Männer der Bewegung in führende Staatsstellen berufen, zur „Gewährleistung engster Zusammenarbeit der Dienststellen der Partei mit den öffentlichen Behörden" ist insbesondere der Stellvertreter des Führers Mitglied der Reichsregierung (§ 1 des Ges. vom 1. Dezember 1933). Desgleichen ist der Führer der Deutschen Rechtsfront und des Bundes Nationalsozialistischer Deutscher Juristen zum Reichsminister (ohne speziellen Aufgabenkreis) ernannt worden. So wird die Einheit von Staat und Bewegung durch Ämterverbindungen und durch vertrauensvolle Zusammenarbeit der Amtsträger gewahrt.

Und ein letztes Prinzip des neuen Staatsrechts ist zu nennen, ein Prinzip, das sich in den Preußischen Gesetzen vom 8. Juli und 17. Juli 1933 über den Staatsrat und die Provinzialräte[1]) sowie im Preußischen Gemeindeverfassungsgesetz vom 15. Dezember 1933, auch im Gesetz zur Ordnung der nationalen Arbeit vom 20. Januar 1934 in der Einrichtung des Vertrauensrates zeigt: das Ratsprinzip[2]). Dieses Prinzip hat mit früheren Rats-Erscheinungen nichts zu tun. Es ist dem Führerprinzip nicht

[1]) Mit späteren Änderungen s. Vorbem. zum 5. Teil 2. Abschnitt.

[2]) Vgl. v. Lympius-Küchenhoff a. a. O. Vorbem. 2 zum 4. Teil und Vorbem. 1—3 zum 2. Abschnitt des 4. Teils Pr. GemVerfG.

bei-, sondern nachgeordnet. Es dient dazu — wie die Rede des Preußischen Ministerpräsidenten zur Eröffnung des Preußischen Staatsrats ergibt — um die ständige Verbundenheit zwischen Führung und Gefolgschaft zu erhalten. Die in der neuen Rechtsordnung immer wiederkehrende Einsetzung von Räten mit jener Aufgabe berechtigt von einem Ratsprinzip zu sprechen. Sein näherer Inhalt folgt aus der Darstellung des Gemeindeverfassungsrechts.

In diese staatsrechtlichen Zusammenhänge ist die Deutsche Gemeindeordnung hineinzustellen, um ihre Bedeutung völlig zu erkennen und ihre Auslegung zu fundieren. Denn die Deutsche Gemeindeordnung vom 30. Januar 1935 ist, wie ihre Einleitung Absatz 2 sagt, **ein Grundgesetz des nationalsozialistischen Staates. Auf dem von ihr bereiteten Boden wird sich der Neubau des Reiches vollenden.** Die Grundgedanken, die sich in den mannigfachen staatsrechtlichen Gesetzen fanden und sich dort in organischer Entwicklung immer schärfer herauskristallisierten, sind damit in der **Deutschen Gemeindeordnung erstmalig** — wenn auch nur für ein bestimmtes Anwendungsgebiet, die untersten Gliederungseinheiten des Organismus der Volksgemeinschaft — in **einer einzigen Urkunde abschließend zusammengefaßt worden.** Damit ist die Grundlage geschaffen worden für den einheitlichen abschließenden Verfassungsneubau des Dritten Reiches. Die Verkündung der Deutschen Gemeindeordnung am **30. Januar 1935** ist daher von besonderer Bedeutung.

Es waren zunächst Gesetze über die **Staats**verfassung selbst, in denen (Ges. vom 24. März 1933) die nationalsozialistische Staatsauffassung zum Ausdrucke gelangte. **Nach** Schaffung der vorläufigen staatsrechtlichen Gesetze des Jahres 1933 ging Preußen im Zusammenhange mit seiner Verwaltungsgesetzgebung vom 15. Dezember 1933 (Anpassungsgesetz, Oberpräsidentengesetz) zur vorläufigen Regelung des Gemeindeverfassungs- und -finanzrechts über. Diese Gesetzgebung war verwaltungsrechtlich gedacht, wie insbesondere die ins einzelne gehende Ausgestaltung des Finanzrechts zeigt; doch wollte das Preußische Gemeindeverfassungsgesetz zugleich Baugrund und Bausteine für das künftige, nunmehr geschaffene Reichsgemeinderecht liefern. Da nun das Jahr 1934 weitere Ausgestaltungen des Staatsrechts gebracht hat, kann an die endgültige Festlegung der Verfassung gedacht werden. Mit dieser **zusammenfassenden** Niederlegung wird nunmehr bei der **Gemeinde** begonnen. Während der vorläufige Aufbau bei der umfassendsten Organisation, dem Staate, anfing und dann auf die Gemeinden überleitete, soll das ewige Werk der Verfassung des Dritten Reiches sich von unten nach oben vollenden. Die Richtigkeit dieses Verfahrens ergibt sich aus einer historischen Lehre: Die Geschichte der Stadt beginnt vor der des Territoriums und führte erheblich zeitiger, schon im Mittelalter, „zu einer Durchbildung der Verfassung und Verwaltung, die das Territorium erst nach Jahrhunderten"[1]) erreichte (vgl. von Schwerin, „Grundzüge der deutschen Rechtsgeschichte", München und Leipzig 1934, § 57 S. 183 und folgende).

Auf den in der staatsrechtlichen Entwicklung gefundenen Grundgedanken baut sich die Deutsche Gemeindeordnung auf. Sie schließt sich dabei vielfach an das Preußische Gemeindeverfassungsgesetz vom 15. Dezember 1933 an, das in der Tat „Baugrund und Bausteine" abgegeben hat. Doch sind über dieser Gleichheit bedeutende Unterschiede in einer großen Anzahl von Einzelheiten nicht zu übersehen, hervorzuheben ist insbesondere die Ausgestaltung des Verhältnisses von NSDAP, Gemeinde und Staat durch die Einführung des „Beauftragten der NSDAP" in der Deutschen Gemeindeordnung. Im einzelnen ist zu dieser folgendes zu bemerken:

Wie die Einleitung zur Deutschen Gemeindeordnung zeigt, baut das Gesetz auf den Grundprinzipien des Dritten Reiches: Volksgemeinschaft und Führertum und dem Grundsatze: Gemeinnutz geht vor Eigennutz auf.

---

[1]) Diese Zahl kommt naturgemäß nur für die Ausgestaltung in der Vergangenheit in Betracht.

Ausdrücklich (§ 1 Abs. 2 Satz 2) wird den Gemeinden die Selbstverwaltung belassen, die nach der Einleitung im wahren Geiste des Schöpfers gemeindlicher Selbstverwaltung, des Reichsfreiherrn vom Stein, vor sich zu gehen hat. Dieser führt in seiner Denkschrift vom Juni 1807 aus: „Auch meine Diensterfahrung überzeugt mich innig und lebhaft von der Vortrefflichkeit zweckmäßig gebildeter Stände, und ich sehe sie als ein kräftiges Mittel an, die Regierung durch die Kenntnis und das Ansehen aller gebildeten Klassen zu verstärken, sie alle durch Überzeugung, Teilnahme und Mitwirkung bei den Nationalangelegenheiten an den Staat zu knüpfen, den Kräften der Nation eine freie Tätigkeit und eine Richtung auf das **Gemeinnützige**[1]) zu geben, sie vom müßigen sinnlichen Genuß oder von leeren Hirngespinsten der Metaphysik oder von Verfolgung bloß **eigennütziger**[1]) Zwecke abzulenken und **ein gutgebildetes Organ der öffentlichen Meinung**[1]) zu erhalten, die man jetzt aus Äußerungen einzelner Männer oder einzelner Gesellschaften vergeblich zu erraten bemüht ist". Und in seinen Lebenserinnerungen von 1823 führt Stein aus[2]): „Hat man sich überzeugt, daß das Verdrängen der Nation von jeder Teilnahme an der Verwaltung öffentlicher Angelegenheiten den Gemeingeist erstickt und daß dessen Stelle eine Verwaltung durch besondere Behörden nicht ersetzt, so muß eine Veränderung in der Verfassung erfolgen." Weiter unten heißt es: „Man muß bemüht sein, die ganze Masse der in der Nation vorhandenen Kräfte auf die Besorgung ihrer Angelegenheiten zu lenken, denn sie ist mit ihrer Lage und ihren Bedürfnissen am besten bekannt, und auf diese Art nimmt die Verwaltung eine dieser Lage gemäßigte Richtung und kommt in Übereinstimmung mit dem Zustand der Kultur einer Nation."

---

[1]) Von mir hervorgehoben.

[2]) Zit. nach Hanns Martin Elster „Minister Freiherr vom Stein, sein Leben und seine Schriften" (Deutsche Buchgemeinschaft) S. 114ff.

So zeigt sich bei dem Reichsfreiherrn vom Stein als Aufgabe der Selbstverwaltung, die Bürger zu verantwortungsbewußter, verantwortungsfreudiger Arbeit für die Gemeinschaft zu erziehen, sie vom engen Blickfelde des Individuums auf die Gemeinschaft zu lenken, unter ihnen wahren Gemeingeist zu erwecken und ihre Kräfte für die Gemeinschaft zu nutzen. Der Erlaß der Steinschen Städteordnung vom 19. November 1808 bedeutete daher, worauf bereits Otto von Gierke hingewiesen hat, den ersten Schritt der **Umgestaltung des obrigkeitlichen Anstaltsstaates in den genossenschaftlichen Volksstaat**[1]).

Den bezeichneten Inhalt der Selbstverwaltung nimmt die Deutsche Gemeindeordnung nach dem Vorbilde des Preußischen Gemeindeverfassungsgesetzes in vollem Umfange wieder auf. **Unter eigener Verantwortung verwalten die Gemeinden ihre eigenen Angelegenheiten** (§ 1 Abs. 2 Satz 2)[2]), im Einklange mit den Gesetzen und den Zielen der Staatsführung (§ 106), wobei die Staatsaufsicht so gehandhabt werden soll, daß die Verantwortungsfreudigkeit der Gemeindeverwaltung gefördert und nicht beeinträchtigt wird (§ 106 Satz 2). Innerhalb der Gemeinde wirken die Bürger in weitem Umfange bei der Verwaltung mit.

Bürgermeister und Beigeordnete in Städten unter 10000 Einwohnern sind in der **Regel** (§ 39 Abs. 1), Gemeinde- und Beiräte **stets** (§ 53) ehrenamtlich tätig. Außerdem steht es dem Bürgermeister frei, die Bürger im Einzelfalle zu ehrenamtlicher Tätigkeit zu bestellen (§§ 22ff.). Für diese Heranziehung der Bürger zu Ehrenämtern können folgende, wiederum in der Denkschrift von 1807 entwickelten Gedankengänge Steins herangezogen werden: „Ersparung

---

[1]) Zitiert nach Helfritz in Bd. VII der Verwaltungsgesetze für Preußen, Max von Brauchitsch, 19. Auflage, S. 316 bei Ziff. 4.

[2]) Darüber, daß „die korporative Selbstverwaltung des deutschen Rechts“ „das Recht der korporativen Verbände auf selbständige Verwaltung ihrer eigenen Angelegenheiten“ ist, s. Helfritz a. a. O. § 2 öKrO. Anm. 2, S. 10 des Bandes.

an Verwaltungskosten[1]) ist der weniger bedeutende Gewinn, der erhalten wird durch die vorgeschlagene Teilnahme der Eigentümer an der Provinzialverwaltung, sondern weit wichtiger ist **die Belebung des Gemeingeistes und Bürgersinns, die Benutzung der schlafenden oder falsch geleiteten Kräfte und der zerstreut liegenden Kenntnisse, der Einklang zwischen dem Geist der Nation, ihren Ansichten und Bedürfnissen und denen der Staatsbehörden, die Wiederbelebung der Gefühle für Vaterland, Selbständigkeit und Nationalehre**"[2]).

Dies ist heute wieder der Sinn der ehrenamtlichen Tätigkeit. Die hervorgehobenen Sätze geben den Grundgedanken der §§ 48ff. treffend wieder. Nach § 48 DGemO. haben die Gemeinderäte die Aufgabe, die dauernde Fühlung der Verwaltung der Gemeinde mit allen Schichten der Bürgerschaft zu sichern. Sie haben den Bürgermeister eigenverantwortlich zu beraten und seinen Maßnahmen in der Bevölkerung Verständnis zu verschaffen und bei ihrer Tätigkeit ausschließlich das Gemeinwohl zu wahren. In den Gemeinderäten gelangt somit das genossenschaftliche Element der Selbstverwaltung zum Ausdrucke (vgl. auch Amtl. Begr. Allgem. Teil Ziff. 1, im Anhang abgedruckt).

Soviel hier über den **Inhalt** der Selbstverwaltung!

Was deren **Form** angeht, so bringt die Deutsche Gemeindeordnung wie schon das Preußische Gemeindeverfassungsgesetz[3]) vom 15. Dezember 1933 Entwicklungen über den Freiherrn vom Stein hinaus. Das neue Recht stellt in den Gemeinden in vollem Umfange das **Führerprinzip** her. Das Preußische Gesetz hob bereits auf: die Stadtverordnetenversammlung, der in der Städteordnung von 1808 die alleinige Willensbildung zukam, während

---

[1]) Stein weist vorher auf eine gewisse finanzielle Entlastung der Gemeinden durch die ehrenamtliche Tätigkeit der Bürger hin.

[2]) Von mir hervorgehoben.

[3]) Vgl. meinen Aufsatz „Der Begriff der Selbstverwaltung im neuern Gemeinderecht" in Juristische Rundschau 1934 Nr. 19 S. 193 ff.

die Stadtverordnetenversammlung nach den späteren Städteordnungen die Willensbildung zusammen mit dem Magistrat oder dem Bürgermeister innehatte (zum letzten s. Bürgermeistereiverfassung in der Rheinprovinz nach deren Städteordnung vom 15. Mai 1856!). Aufgehoben wurde durch das Preußische Gesetz ferner die Magistratsverfassung, die in der Städteordnung für die sechs östlichen Provinzen vom 30. Mai 1853 bestand. Die Deutsche Gemeindeordnung beseitigt darüber hinaus:

das „Gemeinderatssystem", wie es bisher in Bayern nach der Gemeindeordnung vom 17. Oktober 1927, in Württemberg nach der Gemeindeordnung vom 19. März 1930 galt, bei welchem der Gemeinderat sowohl beschließendes, als auch Vollzugsorgan[1]) war, namens dessen der Bürgermeister handelte,

den badischen Stadtrat (der dem Gemeinderat in Württemberg und Bayern ähnlich war) sowie den Bürgerausschuß (Gemeindeordnung vom 5. Oktober 1921),

die sächsische Gemeindeverordnetenversammlung und den (für größere Städte vorgesehenen) mehrköpfigen Gemeinderat, der ebenso wie der Bürgermeister der Gemeindeversammlung untergeordnet war und kein Recht zur Zustimmung zu deren Beschlüssen hatte (Gemeindeordnung vom 1. August 1923/15. Juni 1925),

den thüringischen Gemeinde- und Stadtrat (kollegiales Beschlußorgan, Bürgermeister nur Vollzugsorgan; Gemeindeordnung und Kreisordnung vom 20. Juni 1922/ 8. Juli 1926)[2]) und sämtliche sonst vorhandenen kollegialen

---

[1]) Das bayrisch-württembergische Gemeinderatssystem (sog. Einkammersystem) hat also mit den Gemeinderäten nach der Deutschen Gemeindeordnung, für welche vielmehr die Gemeinderäte des Preuß. Gemeindeverfassungsgesetzes vorbildlich waren, nichts zu tun.

[2]) Zu den obigen Angaben vgl. „Handbuch des Deutschen Staatsrechts", herausgegeben von Anschütz und Thoma, Bd. I (1930), § 60 II, S. 699ff., Walter Jellinek, Verwaltungsrecht 1928, § 4 IV, S. 69ff. (unzutreffend die Auffassung von einer

und parlamentarischen Einrichtungen, vorbehaltlich der Übergangsbestimmungen für Hamburg, Bremen und Lübeck gemäß § 119 Ziff. 1 DGemO.

Aus den soeben gekennzeichneten „Systemen" ergibt sich eins: Es verknüpfte sich im liberalistischen Staate, letzten Endes unter den Auswirkungen der Französischen Revolution von 1789, der deutsche **Inhalt** der Selbstverwaltung, wie ihn der Reichsfreiherr vom Stein sah[1]), mit den französischen **Formen** des Parlamentarismus. In unseliger Weise zeigten sich die Folgen dieser Verbindung im Weimarer Zwischenreich. Es ergaben sich statt Verantwortungsbewußtsein Anonymität, statt Freiheit Zügellosigkeit, statt Gemeinschaftsgeist Interessentenhaufen mit zahlreichen daraus folgenden Korruptionserscheinungen! Wie die Amtliche Begründung zur Deutschen Gemeindeordnung im Allgemeinen Teil ausführt, übernahm „der neue Staat die deutschen Gemeinden in einer organisatorischen und stärksten finanziellen Zerrüttung. In Preußen allein waren über 600 Staatskommissare eingesetzt. Eine große Reihe von Städten konnte ihre Zahlungsfähigkeit nur notdürftig mit Reichs- und Staatshilfe aufrechterhalten. Innere Spannungen und Gegensätze vermochten die Gemeinden immer weniger auszugleichen". Es wurde der echte Inhalt der Selbstverwaltung durch die parlamentarische Form vernichtet.

Wie nun die nationalsozialistische Bewegung den neuen Staat geschaffen und mit ihren Grundprinzipien erfüllt hat,

---

dreifachen Willensbildung bei der Magistratsverfassung, a. a. O. S. 72 oben); von Schwerin „Grundzüge der Deutschen Rechtsgeschichte", 1934, § 88 S. 320ff.; Steinbach „Geschichtliche Grundlagen der kommunalen Selbstverwaltung in Deutschland" 1932.

[1]) Treffend Hanns Martin Elster a. a. O. S. 116: „So baute Stein, im Gegensatz zu der rein individuellen Freiheitsauffassung der französischen Revolution, jene echt deutsche Freiheitsidee praktisch auf, die sich auf das Recht stützt, und außer dem Individuum auch die Volksgemeinschaft, die Gesamtheit, einbezieht."

so hat sie auch den Begriff der Selbstverwaltung zu seinem wahren **Inhalte** zurückgeführt und ihm eine neue **Form** gegeben. Dazu war sie allein befähigt. Denn die nationalsozialistische Bewegung hat den Gedanken der Selbstverwaltung in sich selbst, in dem Aufbau der NSDAP., die unmittelbar aus dem Volk heraus geschaffen wurde, durchgeführt, so daß Staatssekretär Dr. Freisler die NSDAP mit Recht als das großartigste Selbstverwaltungsgebilde des Nationalsozialismus bezeichnet (Deutsche Justiz 1933 S. 794 ff.). Denn — man muß einige Sätze Freislers wörtlich hierher stellen — die NSDAP. „bestimmt als der aktive Teil des Volkes dessen innere und äußere Haltung, ist richtunggebend für seine Weiterentwickelung, führt die seelische und charakterliche Entwickelung der deutschen Jugend, stellt ferner das Gewissen des Volkes dar und ist dasjenige Organ im Volksleben, das dem Führer wie ein feiner Seismograph alle, auch die geringsten Schwankungen der seelischen Haltung des Volkes unmittelbar übermittelt, die dem Staatsführer entgehen müssen, wenn er sich lediglich einer staatlichen bürokratischen Apparatur bedienen wollte". Diese Bewegung, die in sich den Freiheit und Verantwortung, Autorität und urwüchsige Volksverbundenheit vereinigenden Selbstverwaltungsgedanken verkörpert, mußte auch zur Wiederherstellung des Inhalts der Selbstverwaltung in neuer Form führen[1]). Rückkehr zu dem alten, echten Gedanken der Selbstverwaltung Steins, dessen Ziel es war, das „nach Klassen und Zünften sich teilende Interesse der Bürger zu versöhnen, dem Bürger eine tätige Ein-

[1]) Vgl. auch 2. Abschnitt der Einleitung zum Preuß. Gemeindeverfassungsgesetz vom 15. Dezember 1933. „Als die Staatsmacht und echte Selbstverwaltung verfielen, weil die Freiheit in zügellose Eigensucht und Verantwortungslosigkeit gegenüber dem Volksganzen ausartete, verwirklichte Adolf Hitler in der Organisation der NSDAP. wahre deutsche Freiheit, die in Manneszucht und Gefolgschaftstreue gegenüber dem allein verantwortlichen Führer der Eigensucht entsagt und dem Volksganzen dient."

wirkung auf die Verwaltung des Gemeinwesens beizulegen und durch diese Teilnahme Gemeinsinn zu erregen und zu erhalten"[1]).

Daraus ergeben sich zugleich die Folgerungen für die Form der Selbstverwaltung. Sie kann nicht parlamentarisch sein, es muß vielmehr das Führerprinzip gelten. Sie kann nicht aufgebaut sein auf der Mehrheit, der Zahl, sondern sie muß beruhen auf der Persönlichkeit des schaffenden Mannes, der sich des Rates ernster, verantwortungsbewußter Männer bedient, aber selbst und allein die Verantwortung für sein Tun und Handeln im Namen der ihm anvertrauten Gemeinschaft trägt, eine Autorität erzeugende Verantwortung, die ihm kein Mehrheitsbeschluß und kein anderes Organ abnimmt (vgl. auch Freisler, Deutsche Justiz 1933 S. 797). So erklären sich die in der Deutschen Gemeindeordnung festgelegten Formen der Gemeindeverwaltung von selbst: Führer der Gemeinde ist der Bürgermeister, der die Verwaltung in voller und ausschließlicher Verantwortung leitet, der allein für die Gemeinde zu beschließen und zu handeln hat, solange nicht ausdrücklich durch Gesetz Mitwirkungsrechte anderer Hoheitsträger festgelegt sind (§§ 32, 33). Zur Vertretung und zur Hilfeleistung des Bürgermeisters sind Beigeordnete kraft Gesetzes berufen (§ 34); unter ihnen ist der Erste Beigeordnete durch seine allgemeine Vertretungsbefugnis herausgehoben (§ 35). Eine besondere Stellung nehmen ferner der Erste Beigeordnete und auch der Stadtkämmerer insofern ein, als sie vom Bürgermeister nur auf denjenigen Sachgebieten beschäftigt werden dürfen, für die sie im Verfahren nach § 41 berufen worden sind. Bei Verpflichtungserklärungen des Bürgermeisters oder seiner Vertreter sind die Formen des § 36 zu beachten.

Um die dauernde Fühlung der Verwaltung mit allen Schichten der Bürgerschaft zu sichern, werden Gemeinde-

[1]) Vgl. Runderlaß des Pr. Min. des Innern vom 21. Dezember 1933, MinBl. i. V. 1933 S. 1493ff.

räte berufen (§ 48). Sie erfüllen die spezielle Ratsaufgabe, die Verbundenheit des Führers mit seiner Gefolgschaft zu wahren. Sie haben dem Bürgermeister die Wünsche und Nöte der Bevölkerung nahe zu bringen und seinen Maßnahmen in der Bevölkerung Verständnis zu schaffen. So wird Bürokratismus vermieden und das Wort des Führers „nicht Staatsverwaltung, sondern Volksführung werden wir haben" auch im Gemeindeleben verwirklicht. Die Gemeinderäte haben den Bürgermeister ferner sachlich zu beraten, in bestimmten Angelegenheiten **muß** der Bürgermeister sie hören (§ 55). **Jeder Gemeinderat gibt dem Bürgermeister eigenverantwortlichen Einzelrat. Abstimmungen finden nicht statt** (§§ 48, 56 Abs. 2 Satz 4).

Die Gemeinderäte haben kein Selbstversammlungsrecht (§ 56). Der Bürgermeister eröffnet, leitet und schließt die Beratungen mit den Gemeinderäten (§ 57).

Für bestimmte Verwaltungszweige können ständige Fachberater, Beiräte, bestellt werden (§ 58), die entweder aus Gemeinderäten oder aus Gemeinderäten und anderen sachkundigen Bürgern zusammengestellt werden. Auch sie geben einzelverantwortlichen Rat. Sie nehmen in anderer Form die Aufgaben wahr, die die bisherigen Verwaltungsdeputationen hatten.

Die NSDAP. als staats- und gemeindetragende Bewegung zeigt sich im Gemeinderecht mit ganz besonderer Klarheit. Der vom Stellvertreter des Führers bestellte Beauftragte der NSDAP. (§ 118) wirkt maßgebend mit bei der Berufung von Bürgermeister und Beigeordneten (§ 41) und beim Erlaß der Hauptsatzung, des konkreten Verfassungsstatuts der Gemeinde (§§ 3 Abs. 2, 33 Abs. 1 Ziff. 1), er beruft im Benehmen mit dem Bürgermeister die Gemeinderäte (§ 51) und entscheidet im Einverständnis mit der Aufsichtsbehörde über ihre Abberufung in den Fällen des § 54 (s. ferner §§ 41 Ziff. 2, 45). Die Befugnisse des Beauftragten der NSDAP. sind im Gesetz abschließend aufgezählt. Hieraus ergibt sich: Die NSDAP. ist durch ihren Beauftragten maßgebend an der Grundgestaltung der

Gemeindeverfassung (Organbestellung, Erlaß der Hauptsatzung) beteiligt. Damit sorgt sie für die Erfüllung der Gemeindeverwaltung mit nationalsozialistischem Geiste. Der BdNSDAP. nimmt ferner bei der Berufung der Organe ähnliche Aufgaben wahr wie sie früher der Stadtverordnetenversammlung (s. § 33 öStO.) oder sonstigen Beschlußorganen, die die Bürgerschaft bei der Verwaltung der Gemeinde vertreten sollten, zustanden. Dadurch ist an die Stelle der Herrschaft der Zahl die Auslese, an die Stelle der Wahl die Wertung und an die Stelle von Wirtschafts- oder sonstigen Interessengruppen der die Gesamtinteressen des Deutschen Volkes wahrende, besonders geschulte und aktive Teil desselben getreten. Die Vertretung der Bürgerschaft in den **gemeinsamen** Angelegenheiten der Selbstverwaltung obliegt demgemäß der NSDAP., der aus dem Volke herausgewachsenen, sich selbst verwaltenden Bewegung. Ein feiner Unterschied wird vom Gesetze hierbei noch insofern gemacht, als bei der Bestellung von Bürgermeistern und Beigeordneten der Beauftragte der NSDAP. nur ein Mitwirkungsrecht hat (§ 41), während die reinen Selbstverwaltungsorgane, die genossenschaftliche Prinzipien verkörpernden Gemeinderäte, vom BdNSDAP. ohne das Erfordernis einer Zustimmung (nur Benehmen) des Bürgermeisters bestellt werden. Dagegen wirkt der BdNSDAP. im allgemeinen nicht bei der laufenden Verwaltung mit. Die NSDAP. ist **politische** Willensträgerin, die Gemeindebehörden sind die Träger der laufenden **Verwaltung**. Wo sich zwischen dem politischen Willensträger und dem Träger der staatlichen laufenden Verwaltung Meinungsverschiedenheiten zeigen, gibt letzten Endes die staatliche Stelle den Ausschlag, die aber entweder der Minister des Innern oder der Reichsstatthalter (nur ausnahmsweise die Aufsichtsbehörde) ist, woraus sich ergibt: Meinungsverschiedenheiten zwischen dem politischen Gestalter und dem behördlichen Verwalter werden durch eine Persönlichkeit ausgeglichen, die politische und verwaltungsmäßige Funktionen in sich vereinigt, nämlich durch den Minister des Innern selbst oder durch den Reichsstatthalter (oder Oberpräsidenten), der grundsätzlich zugleich ein hohes Parteiamt (Stellung des Gauleiters) bekleidet (s. §§ 117 Abs. 2, 3; 33 Abs. 2, 41 Abs. 2, 45 Abs. 1; Vorbem. 2 zum 5. Abschnitt).

Der Reichsstatthalter (in Preußen nach § 117 Abs. 3 der Oberpräsident) wirkt ferner bei der Benennung der Gemeinden mit, kann ihnen Hoheitszeichen verleihen (§§ 9—11), entscheidet über Änderungen des Gemeindegebietes und regelt, soweit erforderlich, die Rechtsnachfolge, das Ortsrecht und die neue Verwaltung (§ 15 Abs. 1). Seine Aufsichtsgewalt auf Grund des Reichsstatthaltergesetzes ist mithin im Gemeinderecht zu bestimmter Mitwirkung und Entscheidung bei grundsätzlichen Verwaltungsakten erweitert. Daneben beziehen sich aber die allgemeinen Aufsichtsbefugnisse der Reichsstatthalter und der Oberpräsidenten nach dem Reichsstatthaltergesetze und der Reichsverordnung vom 27. November 1934 auch auf die Gemeinden.

Das Reich (§§ 8, 107) sorgt endlich durch eine spezielle Aufsicht dafür, daß die Gemeinden im Einklang mit den Gesetzen und den Zielen der Staatsführung verwaltet werden (§§ 106, 1 Abs. 2 Satz 3). Diese Staatsaufsicht ist keine bloße Rechtskontrolle mehr, sondern dient dazu, die Gemeinden in ihren Rechten zu schützen und die Erfüllung ihrer Pflichten zu sichern (§ 8 Abs. 2). Dabei soll die Aufsicht so gehandhabt werden, daß die Entschlußfreudigkeit und Verantwortungsfreudigkeit der Gemeindeverwaltung gefördert und nicht beeinträchtigt wird (§ 106 Satz 2). Abgesehen von der Notwendigkeit der Genehmigung der Aufsichtsbehörde bei einer Anzahl von wichtigen Gemeindeakten (s. Vorbem. zum 7. Teil), hat die Aufsichtsbehörde ein Recht auf Unterrichtung (§ 108), das Recht, Entschließungen und Anordnungen des Bürgermeisters, die das bestehende Recht verletzen oder den Zielen der Staatsführung zuwiderlaufen, aufzuheben und die Beseitigung getroffener Maßnahmen zu verlangen (negative Aufsicht, § 109). Erfüllt die Gemeinde ferner ihre gesetzlichen Pflichten nicht, so kann die Aufsichtsbehörde sie dazu zwingen (positive Aufsicht, §§ 110, 111). Als letztes Mittel, um den geordneten Gang der Verwaltung aufrechtzuerhalten, besteht die Möglichkeit, einen Staatskommissar einzusetzen, (§ 112).

Faßt man diese staats- und verfassungsrechtlichen Grundsätze zusammen, so ergibt sich:

Grundprinzipien sind Volksgemeinschaft und Führertum. Der Führer oder sein Vertreter entscheidet und handelt auf seinem Gebiete allein unter voller Verantwortung. Er bedient sich dabei vielfach des Rates erfahrener und zuverlässiger Männer, die für ihren Rat die volle Verantwortung tragen. Die Ratgeber werden mit Hilfe der NSDAP. aus dem Volke heraus bestellt, um die Verbindung zwischen Führung und Gefolgschaft zu wahren. Das Ratsprinzip ist dem Führerprinzip untergeordnet. In dieser Reihen- und Bedeutungsfolge bilden beide Prinzipien die **Führer- und Ratsverfassung.** Die NSDAP. ist die Trägerin des deutschen Staatsgedankens und mit dem Staate unlöslich verbunden. Im Einvernehmen mit den Staatsbehörden schafft sie die **Grundlagen** der Gemeindeverwaltung. An der laufenden Verwaltung nimmt sie im allgemeinen nicht teil. Aus dem Volke heraus gewachsen, wahrt sie den Gedanken der Selbstverwaltung in den Gemeinden. Bei Meinungsverschiedenheiten des Verwaltungsträgers und der politischen Willensträgerin entscheiden Persönlichkeiten, die die verwaltungsmäßigen und politischen Funktionen in sich vereinen. Dieses System der Realunionen von Partei- amts- und Staatsamtsträgern gewährleistet die Einheit von NSDAP. und Staat, außer der ständigen geistigen Durchdringung von Volk und Staat mit dem Ideengut der nationalsozialistischen Bewegung. Für die Beobachtung der vom Führer und Reichskanzler aufgestellten Richtlinien der Politik und damit für die Einheit der politischen Führung sowie für die Einheitlichkeit der gesamten Verwaltung in Reich und in Gemeinde sorgt die Aufsichtsgewalt, ausgeübt durch Reichsstatthalter, Oberpräsidenten und Staatsaufsichtsbehörden, mit klarer Abgrenzung der Befugnisse.

Oberste Aufsichtsbehörde in der inneren Verwaltung ist der Reichsminister des Innern. Er ist Paladin, einer der höchsten Gefolgsherrn des Führers. Alle Gewalt in Staat und Bewegung vereinigt sich im Führer und Kanzler des Reiches, der zugleich Schöpfer und Führer der NSDAP. ist, im Führer des Volkes, der sich vor dem eigenen Gewissen, vor dem Volke und vor der Geschichte verantwortlich weiß und dem das Volk in bedingungsloser Treue Gefolgschaft leistet. So erhebt sich auf dem festen Boden der Gemeinde der Verfassungsgrundriß des Dritten Reiches.

Aber die Übersicht wäre unvollkommen, würde man nicht auf die letzten Grundlagen zurückgehen, die das Gefüge des Staates und der ihm eingegliederten Körperschaften gestalten. Diese Grundlagen betreffen das Verhältnis von Individuum zu Gemeinschaft. Für das Gemeinderecht folgt aus ihnen die Erkenntnis vom Wesen der Selbstverwaltung.

Der Absolutistische Staat war individualistisch vom Herrscher her konstruiert. Der Staat war Machtapparat in dessen Hand (Machiavell) oder fiel mit der Person des Herrschers zusammen (Ludwig XIV.: l'etat c'est moi). Diese Staatsauffassung hatte den auf genossenschaftlicher Grundlage aufbauenden alten germanischen Volksstaat mit seinem Führerprinzip verdrängt [1]). Erst im Zeitalter des aufgeklärten Absolutismus zeigten sich Gemeinschaftsvorstellungen (Friedrich der Große: der Fürst ist der erste Diener des Staates). Das Verhältnis von Staatsinhaber zu Bürger war aber das Verhältnis von Herrscher zu Untertan. Auf diesen erstreckte sich Herrschergewalt wie umfassende Herrscherfürsorge. Eine eigenverantwortliche Betätigung des Untertanen für die Gemeinschaft kam nicht in Betracht. Selbst Soldat war der Untertan nicht ipso iure.

Eine Selbstverwaltung konnte es daher im Absolutismus nicht geben. Der Herrscher **befahl** dem Bürger allein.

[1]) Vgl. zu alledem Reinhard Höhn: „Der individualistische Staatsbegriff und die juristische Staatsperson", S. 33 und folgende Berlin 1935.

Während so im Absolutismus der Herrscher Ausgangspunkt für die Staatskonstruktion war, so war dies im liberalistischen Staat der einzelne Bürger, das Individuum. Die große Frage nach dem Verhältnis von Individuum zu Gemeinschaft wurde von den Denkern, die die Französische Revolution von 1789 geistig vorbereiteten, vom Individuum her beurteilt, welches Maß und Ziel aller Dinge war. Thomas Hobbes erblickte den Ursprung des Staates (gedanklich, nicht geschichtlich) in einem Vertrage der von Natur freien Menschen, dem Gesellschaftsvertrage[1]). Der Staat war für Hobbes ein Ungeheuer, der „Leviathan"[2]), das alle anderen Wesen verschlingt, Verbände wie einzelne in sich aufnimmt. Dieser einzelne hat nach Hobbes nur die Wahl zwischen zwei Übeln, dem „Krieg Aller gegen Alle" oder der Unterwerfung unter den Staat.

Aus der Vorstellung, daß der Staat ein Übel, wenn auch ein notwendiges sei, zieht Montesquieu[3]) nach dem Vorbilde von John Locke[4]) die Folgerung, daß die Staatsgewalt zum Schutze des Einzelnen in mehrere Gewalten zu zerlegen sei, nämlich gesetzgebende Gewalt, ausführende Gewalt und (insoweit über John Locke hinausgehend) richterliche Gewalt, deren selbständige Träger einander beaufsichtigen und hemmen sollten. So ergab sich aus dem Individualismus der Liberalismus und die Vorstellung von einer Gegensätzlichkeit zwischen Staat und Einzelnem. Diese Gegensätzlichkeit ergriff auch das Verhältnis von Gemeinde und Staat. Während Stein im Vertrauen auf das Gefühl eigner Verantwortung der Bürger für die Gemeinschaft sich die Selbstverwaltung noch rein genossenschaftlich, gemeinschaftsmäßig gedacht hatte, sah der vorwärtsdringende Liberalismus in der Befugnis der dem

[1]) Elementa philosophica de cive (1642).

[2]) Leviathan sive de materia forma et potestate civitatis ecclesiasticae et civilis (1651).

[3]) L'esprit des lois (1748).

[4]) Two treatises on government (1688).

Staate eingegliederten Körperschaft und deren Glieder zur Regelung der lokalgebundenen Angelegenheiten in erster Reihe des dem Staate gegenüber bestehende **Recht**, in das der Staat nur auf Grund genau abgezirkelter Ermächtigungen „eingreifen" konnte[1]). Dabei unterlagen die Maßnahmen des Staates meist — auf Antrag oder Klage der Gemeinde — der Nachprüfung in einem justizmäßig aufgezogenen Verfahren, Verwaltungsstreitverfahren. Im Hochliberalismus des Weimarer Zwischenreichs war es sogar möglich, daß die Gemeinden vor dem Staatsgerichtshof mit dem Staat um die Berechtigung von dessen „Eingriffen" stritten (Art. 19 RV. 1919). Die Gewaltenteilung wurde auch im Verhältnis von Staat zu Gemeinde durchgeführt.

Demgegenüber geht der Nationalsozialismus bei der Betrachtung des Verhältnisses von Gemeinschaft zu einzelnen von der Gemeinschaft aus. Die Gemeinschaft ist die Grundlage alles menschlichen Seins, ist die Grundlage auch jedes Einzellebens. Ohne die Gemeinschaft ist der einzelne nichts, **in** der Gemeinschaft hat er allein Wert in der Beziehung auf sie, als für sie wirkendes, in ihr verantwortungsvoll tätiges Glied. Die umfassendste Gemeinschaft ist das rassenmäßig gebundene, national geschlossene Volk. Wie das Ewige über dem Vergänglichen steht, so steht das Volk, das den einzelnen in Jahrhunderten überleben soll, über diesem Einzelnen. Gemeinschaft geht daher vor Einzelschicksal, Gemeinnutz vor Eigennutz, die Volksgemeinschaft ist der Zentralbegriff unseres Lebens und daher auch des Rechts. Diese Volksgemeinschaft umfaßt den einzelnen in seinen Lebensbeziehungen, sie gibt seinem Dasein aber auch zugleich den Sinn: Der einzelne ist nicht wesenloses Rad im Getriebe einer großen Maschine, sondern lebendiges Glied im Gesamtkörper der Volksgemeinschaft. Seine Kräfte und Fähigkeiten hat er zu höchster

---

[1]) Vgl. etwa: §§ 15, 17, 19 des Preuß. Zuständigkeitsgesetzes von 1883, §§ 36, 56 Ziff. 2 der StO. für die sechs östlichen Provinzen vom 30. Mai 1853, § 59 KAG.

Leistung zu entfalten, nicht für sich, sondern für die Volksgemeinschaft. Der Wert seiner Arbeit für diese gibt der Arbeit überhaupt erst Wert. So stehen Gemeinschaft und einzelner in lebendiger Wechselbeziehung. Persönlichkeitsstreben und Gemeinschaftsgedanke werden in einer Idee vereint: Inhalt des Lebens und Ziel der Persönlichkeitsbildung kann nur sein: in immer größerer Reinheit und Selbstlosigkeit, alle Kräfte für die Gemeinschaft entfaltend, dienend verdienstvoll Glied der deutschen Volksgemeinschaft zu sein[1]). Daß diese dem einzelnen vorgeht, ergibt sich, auch hieraus, von selbst.

Die zentrale Bedeutung der Volksgemeinschaft führt zu der Folge, daß der Staat ebenso wie die Nationalsozialistische Bewegung dem Volke dienen. So legt der Führer im „Kampf" S. 433 grundsätzlich dar: „Der Staat ist Mittel zum Zweck. Sein Zweck liegt in der Erhaltung und Förderung einer Gemeinschaft physisch und seelisch gleichartiger Lebewesen." Und weiter S. 434: „Somit ist der höchste Zweck des völkischen Staates die Sorge um die Erhaltung derjenigen rassischen Urelemente, die, als kulturspendend, die Schönheit und Würde eines höheren Menschentums schaffen. Wir, als Arier, vermögen uns unter einem Staat also nur den lebendigen Organismus eines Volkstums vorzustellen, der die Erhaltung dieses Volkstums nicht nur sichert, sondern es auch durch Weiterbildung seiner geistigen und ideellen Fähigkeit zur höchsten Freiheit führt." So durchdringen Volk und Staat einander gegenseitig: der Staat ist die organisierte Volksgemeinschaft, das Deutsche Reich der Organismus der deutschen Volksgemeinschaft, der nationale Gemeinschaftsstaat[1]).

Hieraus folgt, daß es keine Gegensätzlichkeit zwischen Staat und Gemeinschaft und einzelnem mehr geben kann, so daß sich „Sicherungen" des einzelnen **vor** dem Staate

[1]) Vgl. dazu: Küchenhoff „Das staatsrechtliche Wesen des Dritten Reiches" in Juristische Rundschau 1934, S. 17 ff., „Nationaler Gemeinschaftsstaat, Volksrecht und Volksrechtsprechung", Berlin 1934.

erübrigen. Daraus erklärt es sich weiter, daß die Staatsführung demjenigen in vollem Umfange zustehen muß, der die ewigen Kräfte des Volkes in sich fühlend, auf Grund seiner besonderen Begabung, sie zur Gestaltung und Durchführung bringen kann. Daraus folgt weiter, daß innerhalb des Staates jeder an der ihm zukommenden Stelle verantwortungsvoll handeln muß. Keine Mehrheiten beschließen und kontrollieren, sondern einzelne Ausgewählte geben verantwortlichen Einzelrat. Und es folgt weiter daraus, daß aus dem Volke die zur Gestaltung seiner Angelegenheiten Fähigsten nach einer besonderen Auslese zusammengeschlossen werden und den weltanschaulich wie politisch geschulten und den **treibenden** Kern des Volkes bilden, der dessen besten Kräfte immer wieder in die Erscheinung treten läßt und mit seinem Gemeinschaftsgedanken das gesamte Volk erfüllt, endlich aus dem Volke heraus den Führernachwuchs wie geeignete Ratgeber stellt. Eine solche Klärung des Volksgutes vermag nicht der Zufall der Zahl, sondern nur die Härte der Auslese zu bringen. Und es folgt weiter aus den obigen Grundsätzen: Die **Einheit der staatlichen Führung** und es ergibt sich endlich aus ihnen: **der echte Gedanke der Selbstverwaltung.**

Die Gemeinden sind Zellen des großen Organismus des die Volksgemeinschaft verkörpernden, sie erhaltenden, ihr dienenden Staates. Im Bewußtsein ihrer Verantwortung für die Volksgemeinschaft erfüllen sie die Aufgaben, die sich aus der örtlichen Zusammenfassung engerer Gemeinschaften innerhalb des Staates ergeben. Sie werden tätig im Einklang mit den Gesetzen und den Zielen der Staatsführung, aber nicht als wesenlose Mechanismen, sondern **gliedhaft** in verantwortungsbewußter, von Entschlußkraft und Verantwortungsfreudigkeit getragener Arbeit für das Volks- und Staatsganze. Im gleichen Geiste arbeiten die innerhalb der Gemeinde lebenden Volksgenossen in Verantwortung und Freiheit, die Entschlußfreudigkeit weckt, an den sich aus der engeren Gemeinschaft ergebenden Aufgaben mit. So ist Selbstverwaltung nicht die Freiheit **von** der übergeordneten

Gemeinschaft Staat, sondern die Freiheit **zu** verantwortungsbewußter Arbeit, der Bürger für die Gemeinde, der Gemeinde (ihrer Verwaltungsträger) selbst für den Staat.

Die **Selbstverwaltung** der Gemeinden in der Deutschen Gemeindeordnung läßt sich daher kennzeichnen **als das der Volksgemeinschaft verantwortliche Eigenleben einer dem Volkskörper organisch eingegliederten, sich aus örtlich vereinten Familien zusammensetzenden Zelle des Volks- und Staatskörpers.**

Wir stehen bei der Deutschen Gemeindeordnung auf der erhabenen Höhe weltweiten Geschehens. Beim **Rückblick** erscheinen Märkte und ländliche Markgenossenschaften als erster Ursprung gemeindlicher Bildungen, mannigfach verzweigt sind die Stadtrechte, die in erster Zeit Privilegien des Königs oder Stadtherren waren oder aus der Bewidmung mit dem Rechte einer anderen Stadt stammten. Wir bemerken ferner die Rechte des Stadtherren, die teils auf königlichem Privileg, teils auf seiner Stellung als Grundherr und der damit verbundenen Immunität beruhten. Wir sehen in den Marktsiedlungen und in den Gründungsstädten, (meist) zugleich mit der Gründung, die Bürgerversammlungen, den Stadtrat und an seiner Spitze den Bürgermeister aufkommen, erleben mit die seit dem ausgehenden 12. Jahrhundert zwischen Stadtgemeinde und Stadtherren ausgefochtenen Verfassungskämpfe, die dazu führten, daß die Städte zunächst eine eigene Verwaltung bestimmter Angelegenheiten (wie Gewerbepolizei, Regelung der Allmende) und schließlich, die gesamten Hoheitsrechte des Stadtherrn (Zoll, Münze, Besteuerungsrecht, Gerichtsbarkeit) erhielten. Wir nehmen weiter teil an der Entwicklung von Patriziat und Zünften, an den im 14. und 15. Jahrhundert aufflammenden Zunftkämpfen, die damit endeten, daß die Handwerker in den Rat einzogen, teilweise sogar damit, daß das Bürgerrecht in den Städten von der Zugehörigkeit zur Zunft abhing und die städtischen Organe nur noch aus Zunftmitgliedern bestanden. Weiter verfolgen wir die Kämpfe zwischen Fürsten und Städten, und es erstehen die mannigfachen politischen und wirtschaftlichen Städtebünde. Aus ihnen ragen hervor der im Jahre 1254 gegründete Rheinische Städtebund, der außer der Erhaltung des Landfriedens auch die Neugestaltung des ganzen Reiches will und der, obwohl von kurzer Dauer, die Zuziehung der Reichsstädte und bischöflichen Städte zur Reichsverwaltung erreicht[1]). Wir erkennen ferner den Schwäbischen Bund und die gewaltige Hansa (1361, 1367). Wir verfolgen schließlich das Aufgehen der Städte — außer Frankfurt (selbständiges Territorium bis 1866), Hamburg, Bremen und Lübeck — in den Territorien und gelangen dann endlich wieder auf das bereits bekannte Gebiet der Entwicklung und Rechtsgestaltung im 19. Jahrhundert.

Und noch etwas anderes sehen wir rückblickend: Die organische Staatsauffassung, die der Deutschen Gemeindeordnung zugrunde liegt und in den wiedergegebenen Worten des Führers zum Ausdruck gelangt, findet sich bei dem großen arischen Denker des Altertums, bei Plato, in seinem „Staat". Dessen Grundgedanke ist[2]), „daß der Mensch und das Gemeinwesen, dem er angehört, in bestimmter unlösbarer Wechselwirkung stehen", daß der „Staat keine künstliche Schöpfung" ist, daß „das Dasein als Bürger dem Menschen so wesentlich und unentbehrlich ist, wie die Arbeitsteilung, das Zusammenwirken mit seinesgleichen". „Außerdem aber ist", so legt von Aster die Auffassung Platos trefflich dar, „das Gemeinwesen im Grunde ein Organismus von gleichem Bau wie der einzelne Mensch: er braucht die Wirtschaft und die wirtschaftlich produzierenden Ackerbauer und Handwerker wie das menschliche Individuum den Nahrungstrieb und seine körperlichen Organe, er braucht einen äußeren, dem Schutz und der Ordnung dienenden Machtfaktor, den Stand der Krieger oder Wächter, dem regelnden menschlichen Willen vergleich-

---

[1]) So: Claudius von Schwerin „Grundzüge der Deutschen Rechtsgeschichte", § 83, S. 321, 1934.

[2]) Vgl. zum Folgenden Ernst von Aster „Geschichte der Philosophie", Leipzig 1932, S. 69 f.

bar, und er braucht eine Regierung, eine Leitung, die die Macht einsetzt, wo es nötig ist, wie die überlegende und zielsetzende, menschliche Vernunft dem Willen gebietet, und durch ihn auch das Triebleben und die Ernährung und Erhaltung des Ganzen, dem es dient, ordnet und in seiner dienenden nützlichen Stellung hält." Wie sehr im Staate des Plato aller Wert des einzelnen auf die Gemeinschaft bezogen wird, mag daraus erhellen, wie (im 2. Buche des Werkes) Homer und Äschylos sich die Streichung von Stellen gefallen lassen müssen, die der Erziehung der Jugend, insbesondere ihrer Achtung vor den Göttern, abträglich sein könnten. Von dieser organischen Staatsauffassung des Plato zieht sich eine große Linie zu der unseres Führers und Reichskanzlers, zugleich unseres größten Staatsphilosophen.

Somit bedeutet die Deutsche Gemeindeordnung einen Markstein in der geschichtlichen Entwicklung durch Schaffung der Einheit des Deutschen Gemeinderechts und einen Markstein in der Erkenntnis durch die Ausgestaltung der organischen Staats- und Gemeindeauffassung. Möge dieser Markstein zugleich, so wie es die Einleitung zur Deutschen Gemeindeordnung verheißt, der Grundstein sein, auf dem sich der Verfassungsbau des gesamten Dritten Reiches erhebt

als hehrer herrlicher Bau!

Breslau, den 1. März 1935.

Dr. **Küchenhoff.**

Deutsche Gemeindeordnung.

Vom 30. Januar 1935 (RGBl. I S. 49 ff.).

Vorbemerkung.

1. Die Deutsche Gemeindeordnung bildet vom 1. April 1935 ab die neue rechtliche Grundlage für Verfassung und Verwaltung sämtlicher deutscher Gemeinden. Mit ihrem Inkrafttreten werden nicht weniger als 29 bisher geltende landesrechtliche Gesetze, die die Gemeinden betrafen, aufgehoben. Das Preußische Gemeindeverfassungsgesetz vom 15. Dezember 1933 hatte bereits 15 weitere, für die preußischen Landesteile geltenden Gemeindeordnungen beseitigt. Wegen Berlin s. § 122; wegen Hamburg, Bremen und Lübeck vgl. § 119 Ziff. 1 mit Bem. und § 1 Anm. 2 am Ende. Welche alten Vorschriften noch in Kraft bleiben, bestimmt die gemäß § 119 Ziff. 5 zu erlassende Verordnung des Reichsministers des Innern.

2. Im Gegensatze zum Preußischen Gemeindefinanzgesetz vom 15. Dezember 1933, das für Gemeinden galt und noch jetzt für Gemeindeverbände gilt, regelt die Deutsche Gemeindeordnung wie das frühere Preußische Gemeindeverfassungsgesetz nur die Verfassung der Gemeinden. Bestimmungen über das Verfassungsrecht der Gemeindeverbände dürften in kurzer Zeit erlassen werden. Bis dahin können die in der Deutschen Gemeindeordnung zum Ausdruck gelangenden grundsätzlichen Begriffsbildungen über Selbstverwaltung und Staatsaufsicht als Ausdruck nationalsozialistischer Rechtsauffassung zur Ausfüllung von Lücken auch für das Recht der Gemeindeverbände herangezogen werden (nur zur Ausfüllung von Lücken, um der Rechtsfortbildung durch die Regierung nicht vorzugreifen).

3. Der Aufbau des Gesetzes ergibt sich aus dem ihm vom Gesetzgeber selbst beigegebenen Überblick. Er ist auch aus den Überschriften zu den einzelnen Teilen und Abschnitten ohne weiteres ersichtlich und verständlich.

4. Wie in zahlreichen anderen besonders wichtigen Gesetzen des Dritten Reiches werden die entscheidenden Rechtsprinzipien und die geschichtlichen Zusammenhänge sowie die weltanschaulichen Grundlagen in einer Einleitung zusammengefaßt. Gerade bei der Deutschen Gemeindeordnung, welche die verantwortungsbewußte Mitarbeit der Bürgerschaft in der örtlich nächsten Zelle des Gemeinschaftslebens regelt, ist eine solche Zusammenfassung zu begrüßen. Eine allgemeine Erörterung der Grundlagen des neuen Gesetzes findet sich ferner im Allgemeinen Teil der Amtlichen Begründung zur Deutschen Gemeindeordnung (siehe Ziff. 5).

5. Zur Deutschen Gemeindeordnung ist vom Reichs- und Preußischen Minister des Innern eine ausführliche Amtliche Begründung (Allgemeiner Teil und Einzelbegründung) ergangen (Deutscher Reichsanzeiger und Preußischer Staatsanzeiger vom 30. Januar bis 2. Februar 1935 Nr. 25—28). Sie ist im Anhang abgedruckt.

Deutsche Gemeindeordnung.

Die Deutsche Gemeindeordnung will die Gemeinden in enger Zusammenarbeit mit Partei und Staat zu höchsten Leistungen befähigen und sie damit instand setzen, im wahren Geiste des Schöpfers gemeindlicher Selbstverwaltung, des Reichsfreihern vom Stein, mitzuwirken an der Erreichung des Staatszieles: in einem einheitlichen, von nationalem Willen durchdrungenen Volke die Gemeinschaft wieder vor das Einzelschicksal zu stellen, Gemeinnutz vor Eigennutz zu setzen und unter Führung der Besten des Volkes die wahre Volksgemeinschaft zu schaffen, in der auch der letzte willige Volksgenosse das Gefühl der Zusammengehörigkeit findet.

Die Deutsche Gemeindeordnung ist ein Grundgesetz des nationalsozialistischen Staates. Auf dem von ihr bereiteten Boden wird sich der Neubau des Reiches vollenden.

Die Reichsregierung hat daher das folgende Gesetz erlassen, das hiermit verkündet wird:

Erster Teil.
Grundlagen der Gemeindeverfassung.
§ 1[1].

(1) Die Gemeinden[2] fassen die in der örtlichen[3] Gemeinschaft[4] lebendigen Kräfte[5] des Volkes[6] zur Erfüllung öffentlicher[7] Aufgaben[8] der engeren Heimat[9] zusammen.

(2) Die Gemeinden sind öffentliche[10] Gebietskörperschaften[11]. Sie verwalten sich selbst[12] unter eigener Verantwortung[13]. Ihr Wirken muß im Einklang mit den Gesetzen[14] und den Zielen der Staatsführung[15] stehen.

1. § 1 legt den Gegenstand des Gesetzes, die Gemeinden, fest. Diese „fassen die in der örtlichen Gemeinschaft lebendigen Kräfte des Volkes zur Erfüllung öffentlicher Aufgaben der engeren Heimat zusammen". Damit ist das Grundprinzip des nationalsozialistischen Rechts und damit des Staatsrechts: das Prinzip der Gemeinschaft Grundlage für den Aufbau des Deutschen Gemeinderechts geworden. Innerhalb der umfassendsten Gemeinschaft, der Volksgemeinschaft, bilden sich engere Gemeinschaften. Während das Bindemittel jener umfassendsten Gemeinschaft das **gleiche Blut** ist, sind die Bindemittel der engeren Gemeinschaften mannigfaltigster Art. Bindemittel der Gemeinde—Gemeinschaft ist die räumliche Geschlossenheit, das Zusammenleben auf dem gleichen Stück des **Heimatbodens**.

Wie die Volksgemeinschaft zu ihrer Förderung und zur Entfaltung der besten in ihr wohnenden Kräfte des ihr dienenden Staates bedarf, so braucht die engere örtliche Gemeinschaft zur Zusammenfassung der in ihr wohnenden lebendigen Kräfte des Volkes die Gemeinde! Wie der deutsche Staat der Organismus der deutschen Volksgemeinschaft ist, so ist innerhalb dieses Staates die Gemeinde der kleinere Organismus der örtlich gebundenen Gemeinschaft: die Zelle. Diese Grundgedanken gelangen in der Festlegung der Aufgaben der Gemeinden in § 1 Abs. 1 sowie in § 2 Abs. 1 zum Ausdrucke.

§ 1 Abs. 2 klärt weiter die Rechtsstellung der Gemeinden sowie ihre Aufgaben im Staatsganzen.

Darüber hinaus gibt das Gesetz keine Begriffsbestimmung der Gemeinde (vgl. Amtl. Begr. zu § 1 Ziff. 1) im Gegensatze zu seinem Vorgänger, dem Preußischen Gemeindeverfassungsgesetze vom 15. Dezember 1933. Dessen § 1 Abs. 1 legte die Gemeinde fest als „die vom Staate als solche anerkannte, geschichtlich gewordene und zur Einheit gewachsene Zelle räumlichen Zusammenlebens einer Vielheit von Familien und örtlichen Zusammenschlusses von Einrichtungen, Anlagen und Werken". Hierbei ist zunächst der Begriff „Zelle" hervorzuheben. Durch ihn erlangte die Organismustheorie („wie die Zelle dem Körper, so ist die Gemeinde dem Staate eingegliedert", vgl. auch oben) gesetzliche Anerkennung. Das neue Gesetz wollte die wissenschaftliche Auffassung nicht binden. Daß der Gesetzgeber selbst die Gemeinden als Zellen des Staates ansieht, gelangt aber in der Amtl. Begr., Allgemeiner Teil Ziff. 2 zum Ausdruck, wo es heißt: „Die Gemeinden sind Zellen des Staates." Vgl. ferner § 1 Abs. 2 Satz 3, der die Folgerung aus der Organismuslehre zieht!

Sonst besteht ebenfalls kein entscheidender Gegensatz zwischen der Begriffsbestimmung des § 1 Abs. 1 Pr. GemVerfG. und den Grundgedanken des neuen Rechts. Auch nach dem Preußischen Recht war die räumliche Nähe, der örtliche Zusammenschluß, Grundlage der Gemeindezellenbildung, der Raumbegriff also das Einigende. Nicht schon die ständische oder ideelle Zusammengehörigkeit verbindet hier wie dort zur Gemeinde. Die Gemeinden sind vielmehr Gebietskörperschaften (s. § 1 Abs. 2 Satz 1 DGemO.). Dagegen war der persönliche und sachliche Bestand, der den Begriff der Gemeinde ausmachte, im Preußischen Gesetz etwas zu eng gefaßt. Die Hervorhebung der „eigenen Verantwortung" der Gemeinden für ihre Verwaltung findet sich jedoch wiederum sowohl im Preußischen Recht wie im Reichsrecht (§ 1 Abs. 2, § 2 Abs. 2). Über das Preußische Gesetz hinausgehend, legt § 1 Abs. 2 Satz 2 DGemO. fest, daß die Gemeinden „sich selbst verwalten". Damit gibt das Reichsrecht alle erforderlichen Grundlagen für die Begriffsbestimmung der Gemeinden. Da das Gesetz die Aufgaben der Gemeinden nennt, so bestimmt es auch ihr Wesen. Denn dieses **erfüllt** sich bei Körperschaften des öffentlichen Rechts, die allein der Volksgemeinschaft oder engeren Gemeinschaften in derselben zu dienen bestimmt sind, in den **Aufgaben.** So sind die Gemeinden Zellen, die innerhalb der Volksgemeinschaft die in der örtlichen Gemeinschaft lebendigen Kräfte des Volkes zur Erfüllung öffentlicher Aufgaben der engeren Heimat zusammenhalten und als öffentlich-rechtliche Gebietskörperschaften organisiert sind, die sich selbst unter eigener Verantwortung im Einklang mit den Gesetzen und den Zielen der Staatsführung verwalten.

In § 1 Abs. 1 Pr. GemVerfG. wurde durch die Bezeichnung der Gemeinde als der „vom Staate als solchen anerkannten, geschichtlich gewordenen und zur Einheit gewachsenen Zelle" schließlich noch die alte Streitfrage entschieden, ob die Existenz der Gemeinde vom Staate abgeleitet oder ursprünglich (unabhängig vom Staate) erwachsen sei (vgl. dazu die Darstellung der verschiedenen Meinungen etwa bei Hans Peters „Grenzen der kommunalen Selbstverwaltung in Preußen" 1926). Anerkannt kann begrifflich nur werden, was vor der Anerkennung schon vorhanden gewesen ist. Es entsprach der früheren positivistischen Rechtsauffassung, die allein den Staat als Schöpfer des Rechts ansah, daß aus der „Rechtsnatur der modernen Staatsgewalt, die als die Quelle jedes Herrschaftsrechts erschien" (Stier-Somlo im Handbuch des komm. Verf.- und Verw.-Rechts Bd. I 1919 § 4), gefolgert wurde, daß die Existenz der Gemeinde vom Staate abgeleitet sei, mochte man auch eine Übertragung zu „eigenem Recht" (so: Peters a. a. O.) annehmen. Der nationalsozialistischen, Gedanken Savignys fortsetzenden Rechtsauffassung, die im Rechtsgewissen des Volkes die Rechtsquelle sieht (Nicolai), entspricht es dagegen mehr, geschichtlich Gewordenes, aus dem Erleben des Volkes Gewachsenes und so von ihm Geübtes bereits als Recht anzusehen und so zur Feststellung zu gelangen: Die Gemeinde als die engere Zelle hat den Körper der Staats- und Volksgemeinschaft auferbaut, war vorher da und bedurfte, als der

Körper vollendet war, nur der Billigung, der Anerkennung, daß dieses Glied auch noch für den höheren, entwickelteren Organismus wertvoll sei und daher — vielleicht zurückgebildet — aber nicht abgestoßen werden müsse, wie dies im menschlichen Organismus mit den für diesen wertlos gewordenen Teilen des Körpers geschehen ist. Die Gemeinde hat daher keine vom Staate abgeleitete, sondern eine ursprüngliche, und in ihrem Fortbestande vom Staate anerkannte Stellung.

Diese Auffassung wird der tatsächlichen geschichtlichen Entwicklung am meisten gerecht. Wenn die Deutsche Gemeindeordnung — aus guten Gründen (s. Amtl. Begr. zu § 1 Ziff. 1) — es unterläßt, die wissenschaftliche Streitfrage zu entscheiden, so schließt dies die Richtigkeit der preußischen Stellungnahme, die als solche ihren wissenschaftlichen Wert behält, nicht aus.

Die historische Feststellung der „ursprünglichen Existenz der Gemeinde" darf übrigens nicht zu der Annahme verleiten, als wenn der Staat außerstande wäre, eine Gemeinde aufzulösen oder das Institut der Selbstverwaltung (Art. 127 RV. 1919) zu beseitigen. Den ersten Fall regelt § 13 Satz 2, hinsichtlich des zweiten ist darauf zu verweisen, daß die Reichsregierung als Verfassungsgesetzgeberin (Art. 4 des Ges. vom 30. Januar 1934) in der Lage ist, die „institutionelle Garantie" des Art. 127 RV. zu beseitigen, daß aber eine Aufhebung des Selbstverwaltungsrechts (s. § 1 Abs. 2 Satz 2) tatsächlich nicht gewollt ist.

2. Die Gemeinden sind die „untersten Träger der öffentlichen Verwaltung". Für gemeindeähnliche Erscheinungsformen unterhalb der Gemeinde (z. B. Ortschaften, Flecken und dgl.) bleibt in Zukunft kein Raum (so: Amtl. Begr. zu § 1 Ziff. 1). Die Einrichtung von Gutsbezirken ist jedoch ausnahmsweise zugelassen (Näheres §§ 13 Satz 2, 119 Nr. 2).

Die Deutsche Gemeindeordnung unterscheidet anders als das bisherige Recht nicht mehr grundsätzlich zwischen Stadt- und Landgemeinden. Sie regelt, damit eine große Vereinheitlichung und Vereinfachung des Gemeinderechts bringend, sowohl die Verfassung und Verwaltung der bisherigen kreisfreien Städte, kreisangehörigen Städte und Landgemeinden. Die in § 2 Pr. GemVerfG. vorgesehene (wegen § 1 der 1. DVO. zum Pr.

GemVerfG. nie in Kraft getretene) Dreiteilung der Gemeinden in Bauerndörfer, Landgemeinden und Städte ist von der DGemO. nicht übernommen worden. Wo jedoch die Unterscheidung von kreisfreien und kreisangehörigen Städten und von Landgemeinden wegen der Größe der Gemeinden und damit wegen des Umfanges und der Organisation der Verwaltung von Bedeutung ist, ist auf jene Einteilung Bezug genommen worden (vgl. § 33 Abs. 2 Satz 2; §§ 40, 41 Abs. 2, 49 Satz 2). In Gebieten, in denen die Unterscheidung von kreisfreien und kreisangehörigen Städten bisher unbekannt war, muß entsprechend dem Grunde der Aufrechterhaltung der Unterscheidung die Einwohnerzahl (25000) für die Abgrenzung maßgebend sein (vgl. § 33 Anm. 18).

Die gekennzeichnete Gliederung der Gemeinden ist ferner für die Benennung der Gemeinden und die Amtsbezeichnungen ihrer Organe noch von Bedeutung (§§ 9, 10, 32 Abs. 2, 34 Abs. 2, 49 Satz 2, 119 Ziff. 3).

Für die Hauptstadt Berlin gilt die Deutsche Gemeindeordnung nicht (§ 123). Eine Schwierigkeit bietet sich für die Hansestädte insofern, als diese gleichzeitig Länder und Gemeinden sind. Als Gemeinden unterliegen sie der Deutschen Gemeindeordnung. Deren § 119 Ziff. 1 ist jedoch, wie die Amtl. Begr. dazu ergibt, mit Rücksicht auf die Hansestädte geschaffen worden. Danach ist beabsichtigt, von der Ermächtigung des § 119 „für die drei Hansestädte — und nur für diese — Gebrauch zu machen, bis die künftige Einordnung dieser nach wie vor als Länder fungierenden Städte in die Neugliederung des Reichs festliegt".

3. Der örtliche Zusammenschluß, die Verbundenheit durch den Raum, das Wohnen auf dem gleichen Teile deutschen Bodens sind Grundlage der Bildung der engeren Gemeinde—Gemeinschaft (Vgl. Anm. 1). Die nähere Regelung für den Raum wird in § 4, ferner §§ 12 ff. gegeben.

4. Die Zusammenfassung der in der örtlichen Gemeinschaft lebendigen, in ihr wirksam werden Kräfte des Volkes wird vorangestellt. Die sich im engeren Raume entfaltenden Kräfte finden zum Wohle des Ganzen durch die engere Gemeinschaft, die in Wissen und Fühlen jenen Kräften am nächsten steht, am besten

ihre Regelung und Förderung. So zeigt sich der Gemeinschaftsgedanke als Grundprinzip des Gesetzes. Vgl. ferner Anm. 1.

5. Verkörpert durch Einwohner und Bürger! (§§ 5, 17 ff.).

6. Da in Abs. 2 der gesetzlichen Einleitung die Deutsche Gemeindeordnung als Grundgesetz des nationalsozialistischen Staates bezeichnet wird, ist es für die Staatsrechtswissenschaft von hoher Bedeutung, daß in § 1 Abs. 1 DGemO. („die in der örtlichen Gemeinschaft lebendigen Kräfte des Volkes") die organische Staatsauffassung zum Ausdruck gelangt, die den Staat ansieht als Organismus der Volksgemeinschaft mit organisch eingegliederten engeren, insbesondere räumlich gebundenen, Gemeinschaften (Zellen). Vgl. Anm. 1, 3 und Einleitung.

7. Das sind Aufgaben, die die Gemeinschaft betreffen! Mit der Hervorhebung der öffentlichen Aufgaben als Gegenstand der Gemeinschaftstätigkeit wird klargestellt, daß es von der Gemeinschaftsordnung her gesehen Aufgaben des einzelnen gibt, die seiner eigenen Verantwortung als Glied der Gemeinschaft überlassen bleiben können und die daher keiner besonderen gemeinschaftsmäßigen Regelung unterliegen.

Damit wird keine staats- oder gemeinschaftsfreie Sphäre geschaffen, auf deren Erhaltung der einzelne gegen die organisierte Gemeinschaft einen Anspruch (Grundrecht) hätte. Dergleichen kommt im Gemeinschaftsstaate, in dem die Gemeinschaft wie ein Körper die Glieder umfaßt, nicht in Betracht. Die dualistische Staatsauffassung des Liberalismus, die den einzelnen in den Mittelpunkt der Betrachtung rückte, ist der organischen Staatsauffassung, die von der Gemeinschaft ausgeht, gewichen. Die Gliedhaftigkeit des einzelnen, seine organische Verbundenheit mit der Gemeinschaft, besteht stets. Die Gemeinschaftsordnung selbst überläßt dem einzelnen Gliede aber ein von der Gemeinschaftsregelung, nicht von der Gemeinschaft selbst freies Betätigungsfeld, damit das Glied sich in eigener Verantwortung von Anweisungen frei zum Heile der Gemeinschaft regen kann. Die Gemeinschaftsordnung selbst schafft damit eine private Sphäre, deren Bestehen von der Gemeinschaftsordnung und deren Notwendigkeiten allein bestimmt wird. Die Gemeinschaftsordnung schafft diese private Sphäre nicht um des einzelnen, sondern um der Gemeinschaft willen, die auf Glieder, die sich im Bewußtsein ihrer **Verantwortung** für die Gemeinschaft entwickeln und schöpferisch-verantwortlich betätigen, Wert legen muß. Vgl. auch Heinrich Lange „Vom Gesetzesstaat zum Rechtsstaat", Tübingen (1934) S. 30.

Mit dieser Scheidung der durch die Gemeinschaftsregelung erfaßten und der von dieser Regelung (wie nochmals betont sei, niemals von der Gemeinschaft selbst) freien Rechtssphäre bleibt die Trennung von öffentlichem und privatem Recht erhalten, die, wie der wiederholte Gebrauch des Wortes „öffentlich" (§ 1 Abs. 1, Abs. 2 Satz 1, § 2 Abs. 2) zeigt, im Sinne des Gesetzgebers liegt.

8. Die **Aufgaben**, die Pflichten innerhalb der höheren Gemeinschaft des **Volkes**, nicht Rechte gegen den Staat sind für den Gemeinde- und Selbstverwaltungsbegriff im nationalsozialistischen Staate entscheidend.

9. Vgl. dazu § 2, besonders Abs. 2 und 3!

10. Gleich öffentlich-rechtliche! Siehe auch Anm. 7 am Ende.

11. Darin liegt zweierlei:

a) Die Gemeinden sind Körperschaften des öffentlichen Rechts und damit juristische Personen. Sie sind folglich weder Staatsanstalten wie im Allgemeinen Landrecht für die Preußischen Staaten noch Teile eines staatlichen **Apparates**. Zum letzten ist folgendes hervorzuheben: Wenn im Mittelpunkte des nationalsozialistischen Rechts- und Staatsdenkens auch die Gemeinschaft steht (vgl. Anm. 1 und Einleitung), so ist doch als Organisations**form** für den Staat und die in ihm befindlichen, öffentliche Aufgaben wahrnehmenden Gemeinschaften die **Rechtspersönlichkeit** unentbehrlich und für die hervorragende Bedeutung des Gemeinschaftsprinzips ungefährlich. Für die Gemeinde bringt die Bezeichnung „Gebietskörperschaft" die Klarstellung der Rechtspersönlichkeit. Daraus folgt, daß die Gemeinden im öffentlichen wie privaten Rechtsverkehr als Rechtssubjekte auftreten, Verträge schließen, wegen Amtspflichtverletzungen ihrer Organe nach Art. 131 RV. 1919 haftbar gemacht werden können, auch im Zivilprozesse aktiv und passiv parteifähig sind. Vgl. ferner § 116 DGemO.

b) Die Gemeinden sind Gebietskörperschaften. Sie werden daher nicht nur innerhalb ihres Gebietes tätig, ihre Tätigkeit bezieht sich vielmehr auf das Gebiet. Daraus ergibt sich ihre (wenn auch inhaltlich beschränkte) Abgabenhoheit und ihre Befugnis, den Anschluß- und Benutzungszwang an bestimmte Einrichtungen gemäß § 18 vorzuschreiben (vgl. Amtl. Begr. zu § 1 Ziff. 2).

12. Damit wird zur Vermeidung jedes Streits vom Gesetzgeber festgelegt, daß die Gemeinden das Selbstverwaltungsrecht haben. Dieses Selbstverwaltungsrecht zeigt sich insbesondere in § 2 Abs. 2, Abs. 4, §§ 3, 8, 106ff., s. §§ 114, 48ff. Über den Inhalt des Selbstverwaltungsbegriffs vgl. Einleitung.

13. Die „eigene Verantwortung" (s. auch § 2 Abs. 2) bei Erledigung der Gemeindeaufgaben ist als das entscheidende Begriffsmerkmal der Selbstverwaltung anzusehen.

14. Dieses Erfordernis wird für jeden dem Staate eingeordneten Verband schon durch die Einordnung bedingt. Es galt daher schon im liberalistischen Staate.

15. Dieses Erfordernis folgt aus dem Grundsatze der Einheitlichkeit der staatlichen und politischen Führung, der sich aus der organischen Staatsauffassung ergibt. Das Erfordernis ist aus dem Preußischen Gemeindeverfassungsgesetz vom 15. Dezember 1933 (daselbst §§ 1 Abs. 3, 59, 63, 66) übernommen worden, im früheren Recht war es unbekannt. So hatte beispielsweise nach § 56 Ziff. 2 der öStO. der Magistrat die ausdrücklich hervorgehobene Pflicht, die Zustimmung und Ausführung zu versagen, wenn durch einen Stadtverordnetenbeschluß u. a. das Staatswohl verletzt wurde. Bei dualistischer Auffassung des Verhältnisses von Staat und Gemeinde, bei Betonung von deren Rechten gegen den Staat wurde von der eingegliederten Gebietskörperschaft nur die Negative, die Unterlassung, die Nichtverletzung des Staatswohls verlangt.

Anders im Gemeinschaftsstaate, in dem der Staat der aus Volksgenossen, Familien und Zellen (Gemeinden) sich aufbauende Organismus ist! Hier wird von vornherein positiv die Sorge um die Einheit mit der Staatsführung als Aufgabe der Gemeinden genannt. Das ist keine Einschränkung des Rechts auf Selbstverwaltung, sondern versteht sich im nationalsozialistischen Gemeinschaftsstaate von selbst (vgl. § 8 Anm. 2).

Der Begriff „im Einklange mit den Zielen der Staatsführung" kehrt als charakteristisch in §§ 106 und 109 DGemO. wieder.

§ 2.

(1) Die Gemeinden sind berufen[1], das Wohl ihrer Einwohner[2] zu fördern[3] und die geschichtliche und heimatliche[4] Eigenart[5] zu erhalten.

(2) Die Gemeinden[6] haben in ihrem Gebiet[7] alle öffentlichen Aufgaben[8] unter eigener Verantwortung[9] zu verwalten, soweit die Aufgaben nicht nach gesetzlicher Vorschrift[10] anderen Stellen ausdrücklich zugewiesen sind[11] oder auf Grund gesetzlicher Vorschrift[10] von anderen Stellen übernommen[12] werden.

(3) Den Gemeinden[6, 13] können durch Gesetz[14] staatliche Aufgaben[15] zur Erfüllung nach Anweisung[16] übertragen werden. Sie stellen die zur Durchführung dieser Aufgaben erforderlichen Dienstkräfte[17], Einrichtungen[18] und Mittel[19] zur Verfügung, soweit die Gesetze nichts anderes bestimmen[20].

(4) Neue Pflichten können den Gemeinden nur durch Gesetz[21] auferlegt werden; Eingriffe in die Rechte[22] der Gemeinden sind nur im Wege des Gesetzes[23] zulässig. Verordnungen zur Durchführung solcher Gesetze bedürfen der Zustimmung des Reichsministers des Innern[24].

1. Nach Klarstellung der **allgemeinen** Aufgaben der Gemeinden und ihrer Rechtsstellung (§ 1) bestimmt das Gesetz in § 2 ihre Aufgaben im **einzelnen**. Die Gemeinden sind berufen, das Wohl ihrer Einwohner zu fördern und die geschichtliche und heimatliche Eigenart zu erhalten (Einzelheiten s. die folgenden Anmerkungen). Die Deutsche Gemeindeordnung hat die Bestimmung des § 8 Pr. GemVerfG. nicht ausdrücklich übernommen. Wie aus der Amtl. Begr. zu § 2 Ziff. 1 hervorgeht, ist dies aber nur deswegen nicht geschehen, weil der Inhalt jener Bestimmung bereits aus der Pflicht, die in § 2 Abs. 1 be-

zeichneten Aufgaben durchzuführen, folgt. Mithin sind die **Gemeinden verpflichtet, die zur Erfüllung ihrer Aufgaben notwendigen Verwaltungseinrichtungen zu treffen und der örtlichen Gemeinschaft die erforderlichen öffentlichen und gemeinnützigen Anlagen und Anstalten zur Verfügung zu stellen. Die Gemeinden haben ferner heimatliche Naturschönheiten, Kulturdenkmäler und Stätten deutschen Geistes, die sie vor anderen auszeichnen, zu erhalten und zu betreuen.** Die Amtl. Begr. fügt noch die Pflege heimatlichen Brauchtums hinzu (zu § 2 Ziff. 1). Sie weist ferner darauf hin, daß „allgemeine Grenzen der Betätigung der Gemeinden ihre eigene Leistungsfähigkeit und die wirtschaftlichen Kräfte der Abgabepflichtigen (§ 7)" sind, die „nicht nur von den Gemeinden selbst, sondern auch von jeder sonstigen Stelle zu achten sind, die Anforderungen finanzieller Art an die Gemeinden stellt".

Die oben hervorgehobenen Sätze bedürfen einer näheren Erläuterung:

a) Die Pflicht zur Herstellung der notwendigen Verwaltungseinrichtungen und öffentlichen Anstalten ist vom Bürgermeister oder seinen gesetzlichen Vertretern (§§ 32, 35) zu erfüllen (Durchsetzung: §§ 110, 111). Vor der Entschließung über die Errichtung oder Erweiterung von öffentlichen Einrichtungen (d. s. Verwaltungseinrichtungen und Anstalten) hat er jedoch gemäß § 55 Abs. 1 Ziff. 5 die Gemeinderäte anzuhören.

b) Der Begriff der Verwaltungseinrichtungen umfaßt einmal den gesamten organisatorischen und technischen (einschließlich büromäßigen) Aufbau der Gemeindeverwaltung, insbesondere die Ämter wie: Hochbauamt, Tiefbauamt, Vermessungsamt, Einwohnermeldeamt, ferner besondere Verwaltungsstellen wie Sparkassen, endlich Bauten und Räumlichkeiten.

c) Die „öffentlichen gemeinnützigen Anlagen und Anstalten", die „zur Verfügung zu stellen" sind, sind gleichbedeutend mit den „öffentlichen Einrichtungen" in § 17 DGemO. Sie unterfallen dem allgemeinen Anstaltsbegriff, der bei seiner Bedeutung für das Gemeinderecht einer näheren Erläuterung bedarf. Der Begriff „Anstalt" ist in der Verwaltungsgesetzgebung nicht einheitlich (vgl. Stier-Somlo im Verwaltungsarchiv Bd. 12 S. 503

u. 507 oben; von Cossel im Pr. Kommunalarchiv Bd. 4, 1913, S. 613). Doch haben Rechtsprechung und Verwaltungswissenschaft gewisse gemeinsame Merkmale herausgearbeitet. Danach wird Anstalt definiert als ein Bestand von persönlichen und sachlichen Mitteln, die einem bestimmten öffentlichen Zweck dauernd dienen und sich in den Händen eines Subjekts der öffentlichen Verwaltung befinden*).

Es ist nun versucht worden, innerhalb des allgemeinen Begriffs von Anstalt einzelne Unterarten zu bestimmen. So unterscheidet Kormann**) drei Arten von öffentlichen Anstalten: solche im weitesten, im weiteren und im engeren Sinne. Anstalt im weitesten Sinne sei, so führt er aus, gleichbedeutend mit öffentlicher Veranstaltung, bedeute also eine zu einem bestimmten öffentlichen Zwecke von einer Person des öffentlichen Rechts hergerichtete Gesamtheit von Mitteln sachlicher oder persönlicher oder gemischter Art. Als Beispiele nennt Kormann (a. a. O.) militärische Veranstaltungen (Parade, Manöver), Sitzung einer Behörde. An diesem weitesten Begriff ist jedoch bedenklich, daß auch vorübergehende (wenn auch sich wiederholende) Maßnahmen wie das Manöver oder die Sitzung darunter fallen sollen. Mit Anstalt ist die Vorstellung von etwas Bleibendem verbunden. Ein Bestand von Mitteln, keine bloße Verwendung oder Maßnahme ist zu fordern. Folglich muß Anstalt eine einem bestimmten Zwecke dauernd dienende, Bestand habende Einrichtung sein. Daß dieser Anstaltsbegriff der Deutschen Gemeindeordnung zugrunde zu legen ist, geht aus der Verbindung von Anlage und Anstalt in der Amtl. Begr. zu § 2 Ziff. 1 und der Verwendung des Begriffes „Einrichtungen" in

*) Vgl. Hatschek-Kurtzig, Lehrbuch des deutschen und preußischen Verwaltungsrechts, 5. und 6. Aufl., 1927, § 59, S. 4; Walter Jellinek, „Verwaltungsrecht", § 22 II; Otto Mayer „Verwaltungsrecht", 2. Aufl., § 51, Anhang S. 468 mit weiterer Literatur in Anm. 1 daselbst.

**) Wörterbuch des deutschen Staats- und Verwaltungsrechts, herausgegeben von Stengel und Fleischmann, Tübingen 1914, Bd. III, S. 1 ff.; Annalen des deutschen Rechts für Gesetzgebung, Verwaltung und Volkswirtschaft 1911, S. 863 f. § 5 II.

§§ 17 und 18 hervor. Damit ist der Anstaltsbegriff Kormanns im weitesten Sinne (Veranstaltung als Tätigkeit) für das Gemeinderecht abgelehnt.

Als öffentliche Anstalt im weiteren Sinne bezeichnet Kormann a. a. O. diejenige, welche ein gewisses persönliches Substrat, „Anstaltszugehörige" und demgemäß „Anstaltsgewalt" besitzt, als Anstalt im engeren Sinne dagegen nur die nutzbare öffentliche Anstalt. Beide Arten unterscheiden sich bei Kormann durch die Form, in der sich die Benutzung der Anstalt vorwiegend abspielt. Geschieht die Benutzung hauptsächlich auf Grund des Gemeingebrauches, so liegt eine Anstalt im weiteren Sinne, erfolgt sie auf Grund eines besonderen über den Gemeingebrauch hinausgehenden Nutzungsverhältnisses, so liegt eine Anstalt im engeren Sinne vor.

Otto Mayer*) unterscheidet ebenfalls zwischen Anstalten, die das Gemeinwohl unmittelbar fördern, und solchen, die ihren öffentlichen Zweck dadurch erfüllen, daß sie dem Publikum, den vielen einzelnen, jedem für sich Vorteile gewähren und Dienste leisten.

Dieser Unterscheidung ist zuzustimmen. Sie liegt beispielsweise auch dem Anstaltsbegriff nach § 4 des Preußischen Kommunalabgabengesetzes von 1893 (Anstalt im engeren Sinne) und des § 9 daselbst (Anstalt im weiteren Sinne) zugrunde.

Anstalten im engeren Sinne sind somit diejenigen öffentlich-rechtlichen Anstalten, bei denen die Benutzung vorwiegend auf Grund eines besonderen über den Gemeingebrauch hinausgehenden Nutzungs- (Anstalts-) verhältnisses erfolgt, Anstalten im weiteren Sinne diejenigen, an denen hauptsächlich Gemeingebrauch besteht oder deren Bestand der Allgemeinheit zu dienen bestimmt ist.

Unter die aus § 8 Pr. GemVerfG. und der Amtl. Begr. zu § 2 Ziff. 1 hergeleitete (obige) Erläuterungsregel und unter § 17 fallen sowohl Anstalten im angegebenen weiteren wie engeren Sinne. Dies folgt einmal aus der Verbindung von Anlagen und Anstalten, ferner aus der Zurverfügungstellung an die

*) Deutsches Verwaltungsrecht, 2. Aufl., § 51 S. 469.

„örtliche Gemeinschaft". Die Form der Nutzung: Anstaltsverhältnis oder Gemeingebrauch ist dadurch offengelassen; beide Benutzungsformen sind infolgedessen möglich.

Anstalten im Sinne des Gemeinderechts sind daher beispielsweise: Öffentliche Verkehrswege, Straßen, Plätze und Kais, Kanalisationen, Ent- und Bewässerungsanlagen, Kläranlagen, Wasserleitungen, Hafenanlagen, Brücken, Ausbau von Wasserläufen, Schulen, Sparkassen, Stadt- und Volksbüchereien, Städtische Badeanstalten, Schlachthöfe, Freibänke, Feuerwehr, Nachtwachwesen, Begräbnisplätze, Obdachlosenasyle*).

Die Anlagen und Anstalten sind nach der angeführten Erläuterungsregel „öffentlich und gemeinnützig". Beide Begriffe sind zusammenhängende Beiworte der Anlagen und Anstalten. „Öffentlich" bezeichnet dabei die formale Seite, „gemeinnützig" den materiellen Zweck der Anstalt. Die genannten Anstalten und Anlagen sind „öffentliche und gemeinnützige" Anstalten, also nach Schaffung und Aufgabe öffentlich-rechtliche Anstalten. Sie sind als solche zu unterscheiden von den gemeindlichen Privatanstalten (Näheres siehe Bem. 4 zu § 17).

Die „Zurverfügungstellung" an die „örtliche Gemeinschaft" ist die zur Schaffung der öffentlichen Anstalt erforderliche Indienststellung, die Widmung. Sie ist derjenige Akt, durch den ein Bestand von Sachmitteln von der dazu befugten Person, hier der Gemeinde, für einen öffentlichen Zweck, für den Nutzen der Allgemeinheit, sei es zum Gemeingebrauch, sei es zur Anknüpfung öffentlicher Nutzungsverhältnisse, kraft hoheitlicher Gewalt zur Verfügung gestellt wird. Durch die „Indienststellung" wird seitens einer mit hoheitlicher Gewalt auftretenden Person des öffentlichen Rechts, hier der Gemeinde, im Rahmen ihrer gesetzlichen Befugnisse, ihrer Zellenaufgaben, ein bestimmter öffentlich-rechtlicher Erfolg: Die öffentliche Anstalt mit den sich daran knüpfenden öffentlich-rechtlichen Rechtsfolgen begründet.

---

*) Wegen der Rechtsverhältnisse der sechs letztgenannten Anstalten im einzelnen vgl. Herbert Schulz „Die polizeilichen Gemeindeanstalten im deutschen Verwaltungsrecht", Berlin 1933, bes. S. 40 ff, 46, 49 ff, 53, 55 ff.

Die Indienststellung gleich Anstaltswidmung stellt sich daher als **konstitutiver Verwaltungsakt**, näher: öffentlich-rechtliches Rechtsgeschäft dar.

Das tatsächliche Vorhandensein des Willens zur Schaffung des öffentlich-rechtlichen Rechtserfolges: öffentliche Anstalt wird meist daraus hergeleitet werden können, daß mit der beschlossenen Maßnahme gemeinnützige Zwecke verfolgt werden, welche die Gemeinde im Rahmen ihrer öffentlich-rechtlichen Aufgaben wahrzunehmen hat. Dann handelt die Gemeinde als öffentliche Körperschaft, tritt nicht privatrechtlich auf, so daß der Wille einen bestimmten Bestand von sachlichen Mitteln in den Dienst der Allgemeinheit zu stellen, deutlich erkennbar wird. Ausdrücklich braucht dieser Wille nicht erklärt zu werden, konkludente Handlungen genügen*). So tritt die Zurverfügungstellung (Widmung) der öffentlichen Anstalt für den öffentlichen Zweck schon mit ihrer Vollendung hervor, wenn der vollendete Zustand den Gemeindegliedern Nutzen schafft. Über das Erfordernis der Rechtmäßigkeit der Anstalt, die Rechtmäßigkeit kraft Einwilligung, die beschränkte Anfechtbarkeit der Einwilligung wegen Irrtums, die Verwirkung des Widerspruchs gegen die rechtswidrig auf fremdem Boden errichtete Anstalt, vgl. Küchenhoff, „Das Recht der Beiträge nach § 9 des Preußischen Kommunalabgabengesetzes vom 14. Juli 1893", Jur. Diss. Breslau 1929, S. 113 ff. und „Rechtsverwirkung im öffentlichen Recht" im Preußischen Verwaltungsblatt 1930 S. 275 ff.

2. Vgl. §§ 5, 17 ff. Über den Unterschied von Einwohnern und Bürgern s. Vorbem. zum 4. Teil.

3. Damit gelangt die nationalsozialistische Auffassung von dem **Zwecke** und damit von den **Aufgaben des Staates** zum Ausdruck, die grundsätzlich nicht anders sein können als die Aufgaben der eingegliederten Gebietskörperschaften. Die Formulierung des § 2 Abs. 1 „berufen, das Wohl ihrer Einwohner zu fördern" usw. entspricht der Darlegung des Führers im „Kampf" S. 433, wo es heißt: „Der Staat ist ein Mittel zum Zweck. Sein

---

*) Vgl. OVG. in PVBl. Bd. 32, S. 39 ff., bes. S. 41, letzter Absatz.

Zweck liegt in der Erhaltung und Förderung einer Gemeinschaft physisch und seelisch gleichartiger Lebewesen. Diese Erhaltung selber umfaßt erstlich den rassenmäßigen Bestand und gestattet dadurch die freie Entwicklung aller in dieser Rasse schlummernden Kräfte. Von ihnen wird immer wieder ein Teil in erster Linie der Erhaltung des physischen Lebens dienen und nur der andere der Förderung einer geistigen Weiterentwicklung. Tatsächlich schafft aber immer der eine die Voraussetzung für das andere". Die Auslegung der Begriffe des § 2 Abs. 1 DGemO.: „Förderung des Wohles der Gemeindeeinwohner" hat unter diesen, insbesondere rassisch wertenden Gesichtspunkten zu erfolgen!

4. Darunter fallen (vgl. Anm. 1): heimatliche Naturschönheiten, Kulturdenkmäler, Stätten deutschen Geistes, heimatliches Brauchtum. — Zur näheren Ausgestaltung ist zum Teil heranzuziehen: Preußisches Gesetz gegen die Verunstaltung von Ortschaften und landschaftlich hervorragenden Gegenden vom 15. Juli 1907 (GS. S. 260).

5. Die Vielgestaltigkeit deutschen Lebens in ihren geschichtlich begründeten, landschaftlichen und kulturellen Besonderheiten soll durch die Selbstverwaltungskörperschaften weiter erhalten bleiben. In politischer und verwaltungsmäßiger Hinsicht ist aber Einheit und Gleichmäßigkeit dringendes Bedürfnis.

6. Die Absätze 2 und 3 von § 2 behandeln die beiden großen Aufgabengebiete der Gemeinden. Die Aufgaben der Gemeinde unterscheiden sich wie im bisherigen Recht grundsätzlich, je nachdem ob die Aufgaben von der Gemeinde unter eigener Verantwortung als Selbstverwaltungskörperschaften oder unter staatlicher Anweisung als ausführende Organe des Staates vorgenommen werden. Der Unterschied zwischen eigenen oder Selbstverwaltungsangelegenheiten und übertragenen oder Auftragsangelegenheiten ist mithin erhalten geblieben,

Der praktische Unterschied zwischen beiden Aufgaben der Gemeinde liegt in der Rechtstechnik. Während nämlich bei den Selbstverwaltungsangelegenheiten der Staat über die Gemeinde und damit über die sie vertretenden Organe nur die Staatsaufsicht, also eine Oberleitungsgewalt nach näherer Bestimmung der §§ 106ff. hat, sind bei den Auftragsangelegenheiten die Gemeinden und damit die für sie handelnden Beamten der Dienstaufsicht des Staates unterworfen, haben also alle Anweisungen, mögen sie allgemein oder für den Einzelfall gegeben sein, der vorgesetzten Staatsbehörde zu befolgen. Der materielle Sinn der Unterscheidung ist, daß der Staat bei den Auftragsangelegenheiten zwar auch die örtlichen Verbände heranziehen, wegen der staatlichen Bedeutung der Angelegenheiten aber die volle Leitungsgewalt — anders als bei den Selbstverwaltungsangelegenheiten — behalten will. Die Auftragsangelegenheiten sind mithin materiell staatliche, formell gemeindliche, aber nach staatlicher Anweisung auszuführende Aufgaben, die Selbstverwaltungsangelegenheiten sind dagegen formell und materiell gemeindliche Aufgaben.

7. Das Gemeindegebiet ist Gegenstand (vgl. § 1 Anm. 11b), aber auch **Grenze** des gemeindlichen Wirkungsbereiches. Die Gemeinde darf mithin nicht Aufgaben an sich ziehen, die über die Kommunalgrenzen hinausreichen (so schon OVG. Bd. 14 S. 86f., 89).

8. Grundsatz der sog. Universalität oder Totalität des gemeindlichen Wirkungskreises! (Vgl. Amtl. Begr. zu Ziff. 1a). Dieser „Grundsatz der Unbeschränktheit des Aufgabenkreises der Gemeinden" (a. a. O.) besagt, daß bei lokal gebundenen Angelegenheiten die nur durch positive gesetzliche Bestimmungen widerlegbare Vermutung für die Zuständigkeit der Gemeinde spricht. Die nähere Darlegung des Grundsatzes findet sich bereits in der Entscheidung des Preußischen Oberverwaltungsgerichts, OVG. Bd. XII S. 158, wo es heißt: „Nach gemeinem deutschen Recht verfolgt die Gemeinde nicht einen mehr oder weniger vereinzelten Zweck, sondern hat die Bestimmung, alle Beziehungen des öffentlichen Lebens in sich aufzunehmen. Die Gemeinde kann hiernach alles in den Bereich ihrer Wirksamkeit ziehen, was die Wohlfahrt des Ganzen, die materiellen Interessen und die geistige Entwicklung der einzelnen fördert. Sie kann gemeinnützige Anstalten, welche hierzu dienen, einrichten, übernehmen und unterstützen."

Der Grundsatz der Universalität der Gemeindeaufgaben ist für die Selbstverwaltung der Gemeinden kennzeichnend.

9. Vgl. § 1 Anm. 13.

10. Einschränkungen durch Rechtsverordnung oder sonstigen Verwaltungsakt sind daher unzulässig und unwirksam. Es genügt auch nicht, daß die Aufgaben lediglich tatsächlich von anderen Stellen ausreichend besorgt werden (anders § 7 S. 2 am Ende Pr. GemVerfG.). Doch wird in solchen Fällen besonders zu berücksichtigen sein, daß nach pflichtmäßigem verwaltungsmäßigem Ermessen Bestehendes, was die Gemeinschaft fördert, nicht nutzlos zerstört werden darf.

11. Vgl. § 13 Reichsverordnung über die Fürsorgepflicht vom 13. Februar 1924 nebst Ausführungsbestimmungen der Länder. Für Preußen s. Ges. vom 17. April 1924. In Preußen sind Bezirksfürsorgeverbände die Stadt- und Landkreise, die Stadtgemeinde Berlin und die Insel Helgoland (vgl. auch Walter Jellinek „Verwaltungsrecht" § 23 III 3 bei Note 53). — Zu nennen sind ferner die Arbeitsämter nach dem Reichsgesetz über Arbeitsvermittlung und Arbeitslosenversicherung vom 16. Juli 1927. — Vgl. schließlich § 43 des EinfGes. zum Gesetz über die kommunale Neugliederung des Rheinisch-westfälischen Industriegebietes vom 29. Juli 1929 (GS. S. 137).

12. Z. B. Unterhaltung von Chausseen durch Kreise oder Provinzen. — Durch die Bestimmung soll vor allem eine zweckmäßige Aufgabenteilung zwischen Gemeinden und Gemeindeverbänden, für welche ebenfalls der Grundsatz der Unbeschränktheit der Aufgabenkreise gilt, ermöglicht werden. Näheres vgl. Amtl. Begr. zu § 2 Ziff. 1a bb, wo am Schlusse ausgesprochen ist, daß eine Abgrenzung der Zuständigkeiten den Gesetzen vorzubehalten ist, „die die Verfassung der Gemeindeverbände ordnen".

13. Dadurch, daß den **Gemeinden** die staatlichen Aufgaben übertragen werden, ist die Unklarheit aus der Fassung des Preuß. GemVerfG. § 1 Abs. 3, wonach dem Leiter die Aufgaben übertragen werden konnten, beseitigt worden. Vgl. zum Preußischen Recht v. Lympius-Küchenhoff a. a. O. § 1 Anm. 12. Nach § 2 Abs. 3 DGemO. beauftragt der Staat die Gemeinden. Die Gemeinden stellen die zur Durchführung der ihnen übertragenen Aufgaben ihre Dienstkräfte usw. zur Verfügung.

Das Organisationsverhältnis stellt sich danach wie im bisherigen Preußischen Recht (s. § 72 b der Preußischen Verfassung vom 30. November 1920; vgl. auch für das Pr. GemVerfG. vom 15. Dezember 1933 meine Erläuterung 12 zu § 1) folgendermaßen dar:

Organ des Staates bei Auftragsangelegenheiten ist die Gemeinde. Diese führt die Angelegenheiten durch ihren Bürgermeister oder andere Beamte aus. Bei dieser Ausführung sind Bürgermeister und Beamte Organe der Gemeinde, deren Aufgaben, hier Auftragsangelegenheiten, sie wahrnehmen. Hiernach ergibt sich folgendes Bild:

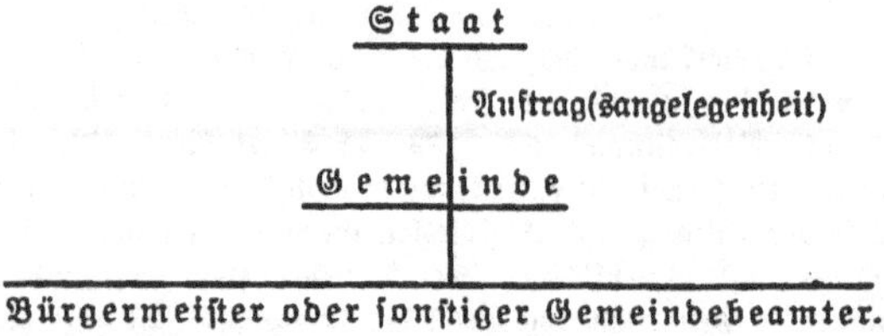

Folglich haftet die Gemeinde auch bei Auftragsangelegenheiten für Amtspflichtverletzungen ihrer Beamten nach Art. 131 RV. Die Gemeindebeamten sind auch im Sinne des § 4 des Pr. Haftungsgesetzes vom 1. August 1909 (GS. S. 691) für den Dienst der Gemeinde angestellt. Denn für den Dienst der Gemeinde sind die Beamten angestellt, gleichgültig welche Funktionen von ihnen wahrgenommen werden. Bei der Haftungskonkurrenz zwischen Funktionsträger und Dienstherrn trifft die Ersatzpflicht aus § 4 a. a. O. den Dienstherrn. Diese letzte Begründung für die Haftung der Gemeinde müssen auch diejenigen gelten lassen, die gegen die gekennzeichnete Festlegung des Organschaftsverhältnisses Bedenken haben. Wegen einiger Besonderheiten in der Haftung s. die Fußnoten zur folgenden Anmerkung und Anm. 15 am Ende.

14. Durch Reichsgesetz oder ein gemäß §§ 1, 3 der Ersten Verordnung über den Neuaufbau des Reiches vom 2. Februar 1934 (RGBl. I S. 81) erlassenes Landesgesetz! Also nicht mehr durch Rechtsverordnung, Verwaltungsverordnung oder sonstigen

Verwaltungsakt (insbesondere Verwaltungsanweisung)! Vgl. Amtl. Begr. zu § 2 Ziff. 1 b.

15. Das sind materiell stets Aufgaben des Reichs. Denn die Länder sind keine Staaten mehr (vgl. Art. 2 des Gesetzes über den Neuaufbau des Reiches vom 30. Januar 1934, RGBl. I S. 75). Auftraggeber ist also materiell das Reich. Übertragen können allerdings auch die Länder solche Aufgaben, die ihren Behörden gemäß § 1 der VO. vom 2. Februar 1934, RGBl. I S. 81 zur Ausübung im Auftrage und im Namen des Reichs übertragen sind. Doch auch bei diesen den Gemeinden nochmals übertragenen Auftragsangelegenheiten der Länder (zweitstufigen Auftragsangelegenheiten) handeln die Gemeinden im Auftrage und Namen des Reiches. Die Auftragsangelegenheiten sind mithin materiell Reichsangelegenheiten. Nächste Auftraggeber sind bei den zur Zeit bestehenden Auftragsangelegenheiten allerdings die Länder. Danach ergibt sich folgendes Bild:

Reich (Staat)

Erststufiger Auftrag	Auftragsangelegenheit gemäß VO. v. 2. Februar 1934
La	nd*)
Zweitstufiger Auftrag	Auftragsangelegenheit nach Landesrecht
Geme	inde

Bürgermeister (oder sonstiger Gemeindebeamter).

An der Haftung der Gemeinde (s. oben Anm. 13) wird hierdurch nichts geändert.

Auftragsangelegenheiten sind beispielsweise: Polizei (Bürgermeister als Ortspolizeibehörde in Preußen, Bayern, Sachsen, Württemberg, Baden), technische Durchführung öffentlicher

*) Die Länder sind nicht Staaten, sondern lediglich Körperschaften des öffentlichen Rechts mit Auftragsangelegenheiten, s. Einleitung Seite 3.

Wahlen und Abstimmungen, Volkszählung, Viehzählung, Volksschulverwaltung*), Feuerwehr, Wohnungswesen, Aufgaben nach der Gewerbeordnung, nach dem Jugendwohlfahrtsgesetz, öffentliche Fürsorge in den preußischen Stadtkreisen, Standesamt**), Mitwirkung bei der Justizverwaltung, §§ 36—38, 85 des Gerichtsverfassungsgesetzes (vgl. die Übersicht bei Stier-Somlo, Handbuch d. komm. VerfRechts 2. Aufl. 1928, § 21). Hinzu kommen vom 1. April 1925 an die als Gesundheitsamt anerkannten kommunalen Einrichtungen, die ihre amtlichen Aufgaben als Auftragsangelegenheiten regeln. Ist ein **staatlicher Amtsarzt** Leiter eines kommunalen Gesundheitsamtes, so haftet der Staat (zur Zeit noch das Land, s. obiges Bild); ist dagegen ein **Kommunalarzt** Leiter eines kommunalen Gesundheitsamtes, so regelt sich seine Stellung nach der Deutschen Gemeindeordnung. Der Kommunalarzt ist also städtischer Beamter, für ihn haftet die Gemeinde (vgl. zu alledem: Gesetz über die Vereinheitlichung des Gesundheitswesens vom 3. Juli 1934, RGBl. I S. 529ff., §§ 4 Abs. 2; 5 Abs. 1; Erste Durchführungsverordnung vom 6. Februar 1935, RGBl. I S. 177ff., §§ 11ff., 20, 21, 22; Zweite Durchführungsverordnung [Dienstordnung — Allgemeiner Teil] vom 22. Februar 1935, RGBl. I S. 215ff., §§ 8 Satz 2; 11).

16. Hierin liegt der wichtigste Unterschied der Auftragsangelegenheiten gegenüber den Selbstverwaltungsangelegenheiten. Der Bürgermeister wie die mit der Erledigung von Auftragsangelegenheiten in seiner Vertretung tätigen Beamten sind an die Dienstanweisungen der vorgesetzten Staatsbehörden gebunden. Diese haben in Preußen aber nicht mehr die Zwangsmittel des § 132 LVG. (vgl. § 114 mit Bem.).

17. Beamte, Angestellte und Arbeiter der Gemeinde (§ 17). Zu den Beamten gehört auch der Bürgermeister. Wegen des

---

*) Doch sind die preußischen Volksschullehrer Staatsbeamte, für die also der Staat (zur Zeit jedoch noch das Land, s. das obige Bild) haftet.

**) Bei Amtspflichtverletzungen der preußischen Standesbeamten haftet nach § 4 Abs. 1 Satz 2 das Haftungsgesetz vom 1. 8. 1909 der Staat, nicht die Gemeinde (zur Zeit, s. obiges Bild, jedoch noch das Land).

Organschaftsverhältnisses f. o. Anm. 13. Im übrigen ist hinsichtlich der Beamten folgendes zu beachten:

Für den Beamtenbegriff ist im Verhältnis von Gemeinde zu Beamten maßgebend Kap. II § 6 (1) des Beamtenrechtsänderungsgesetzes vom 30. Juni 1933 (RGBl. I S. 433ff.). Es kommt also auf die Aushändigung der Anstellungsurkunde „unter Berufung in das Beamtenverhältnis" an. Im Außenverhältnis haftet dagegen die Gemeinde auch bei den Auftragsangelegenheiten für alle mit öffentlicher Gewalt betrauten Personen, ohne Rücksicht auf die Aushändigung jener Urkunde, gemäß Art. 131 RV., §§ 1, 4 des Haftungsgesetzes vom 1. August 1909 (vgl. Entsch. des RG. vom 7. November 1933 — II 139/33 —, abgedruckt in Deutsche Justiz 1933 Nr. 54 S. 877 f.).

18. Das heißt ihren gesamten Apparat. Spezielle Anstalten werden hier weniger in Betracht kommen. Durchsetzung der Pflicht der Gemeinden: §§ 110, 111.

19. Die Gemeinde schafft die persönlichen und sachlichen Grundlagen für die Ausführung der Auftragsangelegenheiten. Sie stellt (im allgemeinen) ihre Beamten und ihre Mittel zur Verfügung.

Für Preußen vgl. auch §§ 1, 7, 43 des Volksschulunterhaltungsgesetzes vom 28. Juli 1906, § 2 Abs. 1 des Polizeikostengesetzes vom 2. August 1929. Die Amtl. Begr. zu § 2 Ziff. 1b bezeichnet es als Aufgabe des Finanzausgleichs, die durch § 2 Abs. 3 Satz 2 den Gemeinden entstehenden Belastungen auszugleichen.

20. Vgl. z. B. §§ 17, 18, 20, 22 des Pr. Volksschulunterhaltungsgesetzes vom 28. Juli 1906, falls die Gemeinde für sich einen Schulverband bildet.

21. Damit wird der Pflichtenkreis der Gemeinden scharf umgrenzt. Wie die Amtl. Begr. zu § 2 Ziff. 2 ausführt, erfordert eine für den Neuaufbau des Reiches unentbehrliche ruhige und stete Verwaltungsführung der Gemeinden, daß für diese ein nur durch Gesetz veränderbarer Pflichtenkreis feststeht. Wegen der Zuständigkeit vgl. oben Anm. 14.

22. Aus denselben Gründen, aus denen im vorangegangenen Halbsatze die Umgrenzung des Pflichtenkreises dem Gesetz vor-

behalten ist, werden nunmehr die Rechte der Gemeinden sichergestellt.

23. Wegen der Zuständigkeit s. Anm. 14.

24. Wie die Amtl. Begr. zu § 2 Ziff. 2 ausführt, soll durch die Vorschrift sichergestellt werden, daß auch bei Durchführung von Gesetzen, die den gemeindlichen Rechte- und Pflichtenkreis berühren, „die großen Gesichtspunkte einer einheitlichen Gemeindepolitik" beachtet werden und „unbegründete Eingriffe in die Sphäre gemeindlicher Verwaltung" abgewehrt werden.

§ 3.

(1) Die Gemeinden[1] können ihre eigenen Angelegenheiten[2] durch Satzungen[3] regeln, soweit die Gesetze keine Vorschriften enthalten[4] oder den Erlaß von Satzungen ausdrücklich gestatten[5].

(2) Jede Gemeinde hat eine Hauptsatzung[6] zu erlassen, die der Genehmigung[7] der Aufsichtsbehörde[8] bedarf. In der Hauptsatzung ist das zu ordnen, was nach den Vorschriften dieses Gesetzes der Hauptsatzung vorbehalten ist[9].

(3) Satzungen[10] sind öffentlich bekanntzumachen[11]. Sie treten, wenn kein anderer Zeitpunkt bestimmt ist, am Tage nach der Bekanntmachung in Kraft. Mit Genehmigung der Aufsichtsbehörde kann einer Satzung rückwirkende Kraft[12] beigelegt werden.

1. Zuständig ist der Bürgermeister, der vor seiner Entschließung über den Erlaß, die Änderung und Aufhebung von Satzungen die Gemeinderäte hören muß (§ 55 Abs. 1 Ziff. 4). Im Gegensatze zu § 62 Ziff. 1 Pr. GemVerfG. ist die Genehmigung der Aufsichtsbehörde nicht mehr allgemein erforderlich. Doch gilt, wie die Amtl. Begr. zu § 3 Abs. 2 ausdrücklich klarstellt, der „Grundsatz der Genehmigungsfreiheit von Satzungen insoweit nicht", als die Gemeindeordnung oder sonstige Gesetze „den Erlaß von Satzungen ausdrücklich unter Genehmigungsvorbehalt stellen". Dies gilt auch für die nach Inkrafttreten der

Gemeindeordnung bestehenbleibenden Landesgesetze. Dabei ist für Preußen zu beachten, daß nach dem Kriegsgesetz zur Vereinfachung der Verwaltung vom 13. Mai 1918 das Erfordernis der Genehmigung der Aufsichtsbehörde zu Gemeindesatzungen weitgehend in Wegfall gekommen ist.

Als Beispiele für noch jetzt notwendige Genehmigungen seien erwähnt: aus der Gemeindeordnung selbst: § 3 Abs. 2, § 18, ferner: die Genehmigungen zu den Zuschlägen der Gemeinden zur Grundvermögen- und zur Gewerbesteuer in Preußen von bestimmter Höhe an, weiter: §§ 18 S. 2 und 23 Abs. 6 des Pr. Kommunalabgabengesetzes von 1893, §§ 15 Abs. 4, 12 Abs. 2 des Pr. Fluchtliniengesetzes vom 2. Juli 1875, wobei zu beachten ist, daß nach dem Anpassungsgesetz vom 15. Dezember 1933 nunmehr der Regierungspräsident zuständig ist.

Soweit die Genehmigung erforderlich ist, haben die zuständigen Staatsbehörden die Gesetzmäßigkeit und die Zweckmäßigkeit der ortsgesetzlichen Regelung im einzelnen zu prüfen. Weitere Einzelheiten vgl. bei Stier-Somlo, Handbuch 2. Aufl. 1928, § 10 VII 4 bis 3. Mit Stier-Somlo (a. a. O. zu c und d) ist anzunehmen, daß zur Abänderung bestehender Ortssatzungen die Zustimmung derjenigen Behörden erforderlich ist, die die Genehmigung beim Erlasse zu erteilen haben, dagegen muß abweichend von Stier-Somlo die Auffassung vertreten werden, daß bei der Aufhebung genehmigungsbedürftiger Ortssatzungen ebenfalls die Zustimmung der Genehmigungsbehörde erforderlich ist. Wenn es auch den Gemeinden freisteht, Ortssatzungen zu erlassen oder nicht, sowie sie zeitlich zu begrenzen (vgl. Stier-Somlo a. a. O. S. 76 mit Anm. 36 und 37), so ist doch durch das Erfordernis der Genehmigung die Verfügungsmacht der Gemeinde über ihr Ortsrecht beschränkt, das von Gemeinde und Staatsbehörde gemeinsam gesetzte Recht ist dem alleinigen Einflusse der Gemeinde entzogen. Das Erfordernis der Genehmigung gilt also positiv wie negativ.

2. Vgl. dazu § 2 Abs. 2. In Auftragsangelegenheiten besteht keine Satzungsgewalt.

3. Die Satzung schafft objektives Recht: Ortsrecht. Die den Gemeinden verbleibende Befugnis zum Erlaß von Orts-

gesetzen (Selbstgesetzgebungsrecht) zeigt die Erhaltung der Selbstverwaltung. Soweit eine Genehmigung der Staatsaufsichtsbehörde erforderlich ist, wird an dem Grundsatze nichts geändert.

4. Die Zuständigkeitsvermutung im örtlichen Wirkungskreise spricht also für die Gemeinde!

5. Vgl. § 18 DGemO., §§ 12, 15 des Pr. Fluchtliniengesetzes vom 2. Juli 1875; §§ 4, 9, 12 des Pr. Kommunalabgabengesetzes von 1893; Pr. Gesetz, betr. die Einrichtung öffentlicher, ausschließlich zu benutzender Schlachthäuser, vom 18. März 1868/9. März 1881 (GS. S. 277 bzw. 273) §§ 1, 2, 5; Pr. Gesetz über die Verunstaltung von Ortschaften und landschaftlich hervorragenden Gegenden vom 15. Juli 1907 (GS. S. 260) §§ 2, 3, 4; Pr. Gesetz, betr. die Reinigung öffentlicher Wege, vom 1. Juli 1912 (GS. S. 187) § 31.

Reichsgesetze: Gesetz, betr. die Quartierleistung für die bewaffnete Macht während des Friedenszustandes, vom 25. Juni 1868, 21. Juni 1887, 12. Juli 1922, 9. Juli 1924 (RGBl. S. 253, bzw. 145, bzw. 626, bzw. 665) § 7; Gesetz über die Naturalleistungen für die bewaffnete Macht im Frieden vom 13. Februar 1875, 21. Juni 1887, 24. Mai 1898, 9. Juni 1906, 12. Juli 1922, 15. August 1924, 6. April 1925 (RGBl. S. 52, bzw. 245, bzw. 361, bzw. 735, bzw. 626, bzw. 681, bzw. 44) § 7.

Reichsgewerbeordnung: §§ 33 Abs. 3 Buchstabe b, 34, 119a Abs. 2, 120 Abs. 3 und 4, 139e Abs. 2, 140, 142; Reichsgesetz über die Sicherung von Bauforderungen vom 1. Juni 1909 (RGBl. S. 449) § 50; Reichsversicherungsordnung vom 19. Juli 1911/15. Dezember 1924 (RGBl. S. 509 bzw. 779): §§ 834, 1275, 1447; Jugendwohlfahrtsgesetz vom 9. Juli 1922 (RGBl. I S. 633) § 9.

6. Unter den Satzungen ist die Hauptsatzung besonders herausgehoben. In ihr werden die für das Funktionieren der Gemeindeverwaltung grundlegenden Bestimmungen getroffen, soweit der Selbstgesetzgebung der Gemeinde freie Hand gelassen ist. In wesentlichen Punkten (vgl. §§ 34, 39, 40, 44, 49 und 58) konkretisiert die Hauptsatzung die allgemeinen Verfassungsbestimmungen der Gemeindeordnung gemäß den Bedürfnissen der einzelnen Gemeinde. Sie ist daher im Rahmen

der Gemeindeordnung das konkrete Verfassungsstatut der Gemeinde (vgl. Amtl. Begr. zu § 3 Absatz 5). Entsprechend dieser Bedeutung ist der Bürgermeister, nur im Ausnahmefalle der Erste Beigeordnete (s. § 35 Anm. 1 zweite Hälfte), zum Erlaß der Hauptsatzung zuständig. Er bedarf ferner der Genehmigung der Aufsichtsbehörde und nach § 33 Abs. 1 Ziff. 1 des BdNSDAP. Die Grundgestaltung des Gemeindelebens nächst dem Gesetz wird also durch ein gleichmäßiges Zusammenwirken (Gesamtakt) von Gemeinde, Staat und Bewegung geschaffen. Wegen der besonderen Bedeutung der Hauptsatzung sind die Gegenstände ihrer Regelung vom Gesetz abschließend festgelegt (Abs. 2 Satz 2 mit Bem.).

7. Die Genehmigung ist ebenso wie die Zustimmung nach § 33 Abs. 1 Ziff. 1 gegenüber der Gemeinde, vertreten durch den Bürgermeister, zu erklären. Die Genehmigung sowie die Zustimmung müssen im Augenblicke der Bekanntmachung der Hauptsatzung nach Abs. 3 vorliegen, da der Bürgermeister nur ein verfassungsmäßig zustande gekommenes Ortsgesetz verkünden darf. Geht die Genehmigung der Aufsichtsbehörde beim Bürgermeister erst nach der öffentlichen Bekanntmachung der Satzung ein, so wird die Satzung von der Verkündung an wirksam.

Die Genehmigung hat sich auf die Gesetzmäßigkeit und Zweckmäßigkeit der einzelnen Bestimmungen der Hauptsatzung zu erstrecken. Trägt die Aufsichtsbehörde nur hinsichtlich einzelner Punkte der Hauptsatzung Bedenken, so ist sie zu einer Abänderung der Bestimmungen nicht befugt; sie muß vielmehr die Satzung wieder der Gemeinde zurückleiten und die Abänderung der beanstandeten Bestimmungen anheimgeben. Wird der Auffassung der Aufsichtsbehörde nicht entsprochen, so ist die Genehmigung als verweigert anzusehen. Genehmigt die Aufsichtsbehörde die Hauptsatzung „mit der Maßgabe" (also unter der Bedingung), daß die Gemeinde bestimmte Änderungen vornimmt, so ist die Hauptsatzung als Gesamtakt zustande gekommen, wenn die Gemeinde (durch den Bürgermeister) und der BdNSDAP der vorgeschlagenen Änderung zustimmen. Eine nochmalige Vorlegung der Hauptsatzung an die Aufsichtsbehörde wäre ein überflüssiger Formalismus. Die Zustimmung des Bürgermeisters liegt vor, wenn er die öffentliche Bekanntmachung der Satzung mit dem von der Aufsichtsbehörde vorgeschlagenen Inhalt nach Zustimmung des BdNSDAP verfügt (vgl. zu alledem Stier-Somlo, Handbuch a. a. O. § 10 VII b).

Die Aufhebung der Hauptsatzung bedarf wie die Abänderung der Genehmigung der Aufsichtsbehörde und der Zustimmung des BdNSDAP. Die in Anm. 1 erörterte Streitfrage taucht hier nicht auf, da die Gemeinde zum Erlaß der Hauptsatzung nicht nur berechtigt, sondern verpflichtet ist. Das genehmigte Verfassungsstatut kann nur durch den gegenteiligen Gesamtakt wieder beseitigt werden.

8. Vgl. § 107.

9. Folgende Fälle: § 27 Abs. 1, Abs. 2 Satz 2, § 28 Abs. 1, § 34 Abs. 1 Satz 2, § 39 Abs. 1 Satz 2, Abs. 2 Satz 2, § 40 Satz 3, § 44 Abs. 2, §§ 47, 49, 58.

10. Jede Satzung, nicht nur die Hauptsatzung!

11. Andernfalls sie unwirksam sind. Damit ist der vielerörterte Streit erledigt, ob Ortssatzungen zu ihrer Wirksamkeit auch dann der Bekanntmachung bedürfen, wenn diese in dem die Ortssatzung gestattenden Gesetz nicht ausdrücklich erwähnt ist. § 3 Satz 2 schreibt allgemein die Bekanntmachung der Satzung vor. Es handelt sich dabei nicht nur um eine Ordnungsvorschrift, vielmehr ist die Verkündung wesentlicher Bestandteil des Gesetzgebungsverfahrens. Auch zur Wirksamkeit des Ortsgesetzes ist die Ermöglichung der Kenntnis durch den Normadressaten erforderlich.

Die Bekanntmachung ist Sache der Gemeinde. Zur Anordnung ist der Bürgermeister zuständig. Er hat vor der Bekanntmachung das verfassungsmäßige Zustandekommen des Ortsgesetzes, bei der Hauptsatzung insbesondere das Vorliegen der drei übereinstimmenden Erklärungen der Beteiligten, zu prüfen.

Die Bekanntmachung hat in ortsüblicher Weise zu geschehen, also entweder in einem eigenen amtlichen Verkündungsblatt der Gemeinde oder in einer vom Bürgermeister als amtliches Verkündungsblatt bezeichneten Tageszeitung, oder (in kleinen Gemeinden) durch Aushängen im Anschlagkasten der Gemeinde.

12. Damit ist die weitere, viel erörterte Frage, ob Ortsgesetze, insbesondere Steuerordnungen, sich rückwirkende Kraft beilegen können, im bejahenden Sinne entschieden worden (vgl. zu der Frage Stier-Somlo, Handbuch § 10 XI S. 80 ff.). Jedoch bedarf in diesem Falle zur Vermeidung von unbilligen Härten jede Satzung der Genehmigung der Aufsichtsbehörde.

§ 4.

Das Gebiet[1] jeder Gemeinde soll so bemessen sein, daß die örtliche Verbundenheit[2] der Einwohner gewahrt und die Leistungsfähigkeit der Gemeinde zur Erfüllung ihrer Aufgaben[3] gesichert ist.

1. Das Gemeindegebiet ist die räumliche Grundlage für die Bildung der engeren Gemeinschaft der Gemeinde (vgl. auch § 1 Anm. 1). Um der Aufgabe, die Verbundenheit zwischen den Einwohnern herzustellen, gerecht zu werden, muß das Gemeindegebiet einen entsprechend begrenzten Umfang haben. Außerdem muß die Leistungsfähigkeit der Gemeinden gesichert sein.

Diese beiden Prinzipien: Wahrung der örtlichen Verbundenheit einerseits und Leistungsfähigkeit der Gemeinden andererseits sind die Richtlinien auch für die Neugliederung der Gemeinden (vgl. dazu die ausführliche Darlegung im Allgemeinen Teil der Amtl. Begr. zu Ziff. 4, im Anhang abgedruckt). Riesenzusammenballungen sind in gleicher Weise zu vermeiden wie Zwerggemeinden. Wie die Amtl. Begr. a. a. O. feststellt, spielen unter den verschiedenen Möglichkeiten der Neugliederung der Gemeinden in der öffentlichen Erörterung zwei Wege eine besondere Rolle: „Die sogenannte oldenburgische Verwaltungsreform, die auf einer rein territorialen Neugliederung und Bildung großräumiger Gemeinden und dementsprechend großer Kreise beruht, und die Amtsordnung für Rheinland und Westfalen, die unter Aufrechterhaltung der auf der Grundlage der Siedlungseinheit naturgewachsenen Gemeinden den Zusammenschluß der kreisangehörigen Gemeinden zu engeren Gemeindeverbänden mit in der Hauptsache hauptamtlicher, fachlich geschulter Verwaltung zusammenfaßt". Die Amtl. Begr. kündigt an, daß der „Reichsminister des Innern als oberste Kommunalaufsichtsbehörde die Verwaltungsreform der Gemeinden unverzüglich in die Hand nimmt".

Es ist, wie die Amtl. Begr. weiter bemerkt, „in erster Linie eine Aufgabe der Verwaltung", „die individuell richtigem Wege zu beschreiten". Dabei wird weder die eine noch die andere Lösungsmöglichkeit auf alle Landstriche gleichmäßig angewandt werden.

Nur die grundsätzlichen Richtlinien, die aus der allgemeinen Bedeutung des Gemeindegebietes im Rahmen der Gemeindeverfassung folgen, sind in § 4 aufgestellt. Handhaben für Änderungen des Gemeindegebietes sind in §§ 12ff. gegeben, die Bildung von Gemeindeverbänden und die Schaffung von Gemeinschaftseinrichtungen regelt § 120. Die in dieser Bestimmung vorgesehene Verallgemeinerung des rheinisch-westfälischen Systems*) erscheint im Interesse der Erhaltung der Dorfgemeinschaft, die überall, gerade auch im Osten, unter der Führung der NSDAP und des Reichsnährstandes sich bildet, ganz besonders empfehlenswert. Dieses System verdient daher m. E. auch den Vorzug vor Gebietsveränderungen, insbesondere Zusammenlegungen der Gemeinden, es sei denn, daß es sich dabei um wirtschaftlich oder räumlich (z. B. in den bebauten Grundstücken) ineinander übergehende Gemeinden handelt, die ebensogut ein einziges Reihendorf bilden können. Die Beseitigung leistungsunfähiger Zwerggemeinden wird ferner erforderlich sein. Abgesehen von diesen besonderen Fällen werden Zusammenlegungen und Gebietsveränderungen gegenüber dem Zusammenschlusse selbständig bleibender Gemeinden zu Gemeindeverbänden (§ 120) das letzte Mittel sein. Denn das für den Aufbau des nationalsozialistischen Staates entscheidende Gemeinschaftsgefühl wächst zunächst in den engeren Verbänden, bildet sich hier aus und hat hier Gelegenheit zur Übung und Betätigung. Gemeinschaften, die von einem derartigen Gemeinschaftsgefühl getragen sind, werden

*) Amtsordnung vom 8. Oktober 1934, PrGS. S. 393ff. Vgl. dazu: Loschelder in dem in Anm. zu § 120 bezeichneten Kommentar.

mit Vorsicht zu ändern, statt der Änderung aber besser zu umfassenderen Gemeinschaften emporzuführen sein. Dadurch wird das engere Gemeinschaftsgefühl in die große, weite Richtung geleitet, die in dem Bewußtsein der Volksgemeinschaft endet. Diese **erzieherische Bedeutung des Raums** ist nicht außer acht zu lassen. Treffend hebt die Amtl. Begr. (a. a. O. Ziff. 4 Abs. 4 am Ende) hervor, daß „die Auflösung naturgewachsener Verhältnisse" zu vermeiden ist.

§ 5.

(1) Einwohner[1] der Gemeinde ist, wer in der Gemeinde wohnt[2]. Bürger[3] ist, wer das Bürgerrecht in der Gemeinde besitzt[3].

(2) Der Bürger muß[4] seine Kräfte jederzeit ehrenamtlich[5] dem Wohl der Gemeinde widmen. Wer zu ehrenamtlicher[5] Tätigkeit bestellt wird, muß sich durch uneigennützige und verantwortungsbewußte Führung der Geschäfte dieses Vertrauens würdig erweisen und der Allgemeinheit Vorbild sein[6].

1. Die Einteilung der Gemeindebewohner in Einwohner und Bürger ist — mit Zuschnitt auf das Gemeindeleben — ähnlich der beabsichtigten Einteilung der Bewohner des Reichs in Staatsangehörige und Reichsbürger. Wer nicht in ideelle Beziehungen zur Zelle Gemeinde tritt, mag die Verbundenheit auf längerem Wohnsitz oder auf Verwaltung eines der Gemeindegemeinschaft dienenden Amtes beruhen, soll in dem losen — räumlichen — Zusammenhange des Einwohners bleiben. Die hauptsächliche Bedeutung der Unterscheidung liegt darin, daß nur der Bürger, nicht auch der Einwohner zur Gemeindeverwaltung herangezogen werden kann. Siehe ferner Vorbem. zum 4. Teil, §§ 17 f., 22 ff.

2. Vgl. dazu §§ 7 ff. BGB. Das Gesetz legt den privatrechtlichen Wohnsitzbegriff zugrunde.

Wer in der Gemeinde seinen Wohnsitz hat, untersteht danach als Einwohner der Herrschaftsgewalt der Gemeinde (vgl. z. B.

§§ 17, 18): Prinzip der Einwohnergemeinde! (s. Amtl. Begr. zu § 5 Ziff. 1).

3. Wer das Bürgerrecht besitzt, ist in §§ 19 f. näher geregelt. Siehe Anmerkungen daselbst.

4. Durchsetzung der Pflicht gemäß §§ 22, 23!

5. Die ehrenamtliche Erledigung der Gemeindeaufgaben durch Volksgenossen tritt stärker in den Vordergrund als bisher. Siehe auch §§ 22 ff., 39, 48 ff., (53), 58.

Dies bedeutet eine Rückkehr zum echten Gedanken der Selbstverwaltung und eine Betonung der Verbundenheit von Gemeindegliedern, Gemeinde und Volksgemeinschaft. Es kann für den Bauern oder Gewerbetreibenden keine größere Ehre geben, als im Organismus der Volksgemeinschaft, in der engeren Gemeindegemeinschaft für diese unmittelbar in einem ihr dienenden Amte oder im Einzelfalle zu arbeiten.

Die bereits im Pr. Gemeindeverfassungsgesetz zu findende Ausdehnung der ehrenamtlichen Tätigkeit war Bedenken begegnet. Man sagte, man werde den Tüchtigen keinen Anreiz bieten, ihre Kraft dem Gemeindeleben zu widmen. Diese Erwägung geht jedoch fehl. Wem der Anreiz, für die Allgemeinheit an verantwortlicher Stelle mitzuarbeiten, in Geld liegt, kann für die Ausübung eines öffentlichen Amtes im nationalen Gemeinschaftsstaat nur als völlig untüchtig angesehen werden. Der Materialist würde auch im Amte aus materialistischer Geisteshaltung entscheiden und raten.

Die Formen, in denen die ehrenamtliche Mitwirkung der Bürger in Zukunft der gemeindlichen Verwaltung dienstbar gemacht wird, sind folgende:

a) Die Bürger können ehrenamtlich zu Bürgermeistern und Beigeordneten bestellt werden.

   Näheres siehe §§ 39, 40, Zusammenstellung in Anm. 8 zu § 22.

b) Einrichtung der Gemeinderäte (siehe §§ 48 ff.). Diese sind stets ehrenamtlich tätig (§ 53). In ihnen verbindet sich der Grundsatz der Ehrenamtlichkeit mit dem genossenschaftlichen Element der Verwaltung (vgl. Amtl. Begr. Allg. Teil Ziff. 1 zu d). Die Gemeinderäte haben die Aufgabe, den

Bürgermeister in allen wichtigen Angelegenheiten zu beraten, wodurch eine ständige enge Verbundenheit der Verwaltung der Gemeinde mit allen Schichten der Bürgerschaft sichergestellt wird (§ 48).

c) Beiräte. Gemeinderäte und andere sachkundige Bürger können zu Beiräten berufen werden, die den Bürgermeister oder einen seiner Beigeordneten auf wichtigen Arbeitsgebieten ständig beraten (siehe § 58 f.). Die Beiräte nehmen in anderer Form die Aufgaben wahr, die bisher den Deputationen in den Preußischen Gemeindegesetzen zugewiesen waren (Näheres vgl. Vorbem. zum 5. Teil, 3. Abschnitt).

d) Ehrenamtliche Mitwirkung bei Durchführung einzelner Gemeindeangelegenheiten (vgl. dazu § 22 Anm. 8 B).

Wegen der weiteren Voraussetzungen für die Bestellung zu ehrenamtlicher Tätigkeit außer dem Bürgerrecht siehe § 22 Anm. 3, § 6 Anm. 12.

6. Diese Anforderungen sind zugleich Grundlagen für die Auswahl der ehrenamtlich Tätigen. Nur wer nach seiner gesamten Lebensgestaltung die Gewähr dafür bietet, daß er die in § 5 Abs. 2 Satz 2 niedergelegten Eigenschaften im Amte betätigen wird, ist gemäß § 22 zu ehrenamtlicher Tätigkeit zu bestellen (vgl. auch § 22 Anm. 3 b).

§ 6.

(1) Leiter[1] der Gemeinde ist der Bürgermeister[2]. Er wird von den Beigeordneten[2,3] vertreten.

(2)[4] Bürgermeister[5] und Beigeordnete[6] werden durch das Vertrauen von Partei und Staat[7] in ihr Amt berufen. Zur Sicherung des Einklangs der Gemeindeverwaltung mit der Partei[8] wirkt der Beauftragte der NSDAP[9] bei bestimmten Angelegenheiten[10] mit. Die stete Verbundenheit der Verwaltung mit der Bürgerschaft gewährleisten die Gemeinderäte[11]; sie stehen als verdiente und erfahrene Männer[12] dem Bürgermeister mit ihrem Rat[13] zur Seite.

1. Der **Leiter** ist oberstes Gemeindeorgan. Wer leitet, führt. Der Leiter ist der Führer der Gemeinde (siehe auch § 32 Abs. 1). Das bedeutet: volle Verantwortung nach oben und Autorität nach unten. Gerade in der engeren Zelle des Volkskörpers, der Gemeinde, muß der Leiter = Führer ein feines Gefühl für die Besonderheit seiner Zelle und die Bedürfnisse ihrer Glieder haben.

Wenn auch nach § 48 und § 6 Abs. 2 Satz 3 die Gemeinderäte die Aufgabe haben, eine stete Verbundenheit der Verwaltung der Gemeinde mit der Bürgerschaft sicherzustellen, so muß doch der Führer selbst diese innere Volks- und Zellenverbundenheit haben. Er soll Führer, nicht Spitze einer bürokratischen Verwaltung sein, d. h. er muß die in seiner Zelle schlummernden und gärenden Willens- und Seelenkräfte in sich selbst fühlen und sie kraft seiner höheren rassischen Begabung zu klarer Gestaltung und zur Tat lichten und zwingen.

Das Führerprinzip ist damit in der Gemeindeverfassung restlos durchgeführt. Beschlüsse einer Vertretungskörperschaft (Gemeindevertretung, Stadtverordnetenversammlung) oder eines Magistrats gibt es nicht mehr. Auch von der Bürgermeistereiverfassung (vgl. z. B. Städteordnung für die Rheinprovinz vom 15. Mai 1856) unterscheidet sich die neue Gemeindeverfassung: Abgesehen davon, daß Führer und „bürokratische Spitze" nicht dasselbe sind, war auch bei der sog. Bürgermeistereiverfassung eine Stadtverordnetenversammlung vorhanden.

2. Für Gemeinden, die nicht Städte sind, kann der Reichsminister des Innern durch Verordnung andere herkömmliche Amtsbezeichnungen vorschreiben (§ 119 Ziff. 3).

3. Die Beigeordneten, die zur Vertretung und Hilfeleistung des Leiters berufen werden, sind ihm gemäß dem Führerprinzip nicht beigeordnet, sondern nachgeordnet. Ihre Stellung ist jedoch dadurch herausgehoben, daß sie den Leiter der Gemeinde auf den ihnen überwiesenen Arbeitsgebieten ständig vertreten (§ 35).

4. Abs. 2 gibt eine gedrängte Zusammenfassung der Grundgestaltung und Verwaltung der Gemeinde. Wegen aller Einzelheiten kann auf die Vorbem. zum 5. Teil und auf die einzelnen Bestimmungen verwiesen werden.

5. Vgl. §§ 32ff., 41.

6. Vgl. §§ 35, 39, 40, 41.

7. Staatstragende Bewegung und Staat wirken vereint zusammen, um die maßgebenden Organe der Gemeinden einzusetzen (Näheres vgl. Vorbem. 2 zum 5. Teil).

8. Die Grundgedanken des Einheitsgesetzes vom 1. Dezember 1933 (RGBl. I S. 1016) werden Inhalt auch des Gemeindeverfassungsrechts (vgl. § 33 Anm. 1).

9. Über dessen Bestellung, Rechtsstellung und Bedeutung siehe § 118, § 33 Anm. 2 und Vorbem. 2 zum 5. Teil.

10. Diese sind im Gesetz abschließend geregelt (§§ 33, 41, 45, 51, 54).

11. Vgl. §§ 48ff.

12. Nur Männer können also zu Gemeinderäten berufen werden. Das Gesetz deutet dies allerdings mehr an. Doch wird angenommen werden können, daß die Deutsche Gemeindeordnung dieselbe Regelung bringen will wie § 40 Pr. GemVerfG., wo die Voraussetzung des männlichen Geschlechts klar zum Ausdruck gelangt.

Zu Beiräten (soweit sie nicht Gemeinderäte sind) und sonstiger ehrenamtlicher Tätigkeit im Einzelfalle können Frauen dagegen berufen werden (§ 22 Anm. 3a).

13. Ratsprinzip! Im einzelnen siehe darüber Vorbem. 3 zum 5. Teil 2. Abschnitt. Über den Inhalt des Rates und die Verantwortung dafür siehe § 48 Anm. 4 und 5.

§ 7.

Die Gemeinden haben ihr Vermögen[1] und ihre Einkünfte[1] als Treuhänder der Volksgemeinschaft[2] gewissenhaft zu verwalten. Oberstes Ziel ihrer Wirtschaftsführung muß sein, unter Rücksichtnahme auf die wirtschaftlichen Kräfte der Abgabepflichtigen die Gemeindefinanzen gesund zu erhalten[3].

1. Vgl. dazu den 6. Teil und Amtl. Begr. zu § 7, sowie deren Allgemeinen Teil Ziff. 3.

2. Daraus ergibt sich eine bedeutsame Klarstellung des Vermögensbegriffs im neuen Staate. **Grundinhaber** (und damit auch Inhaber nach der letzten, ewigen Zuständigkeit) jedes in einem Volke vorhandenen Vermögens ist die Volksgemeinschaft, die durch Blut und Boden und damit durch Geist, Geschichte und Schicksal verbundene Zusammenfassung von Menschen. **Treuhänder dieses Grundinhabers** ist der konkrete Vermögensträger, der **Einzelinhaber**, der Eigentümer. Kein Eigentum oder sonstiges Vermögen kann es geben, daß nicht Bestandteil des Volksvermögens wäre, kein Einzelinhaber ist vorhanden, **hinter** dem nicht der Grundinhaber, die Volksgemeinschaft, stünde. Deren Grundrecht ist kein Oberrecht wie ein sich in Einzelbeziehungen auswirkendes Obereigentum, sondern ein Ursprungsrecht, das den gesamten Inhalt des Ausübungsrechts, des Eigentums, bestimmt. Jedes Eigentum, jedes Vermögen ist daher ein von der Volksgemeinschaft gegebenes, verantwortlich zu verwaltendes Treugut. Inhaber kann dabei der einzelne Volksgenosse sein oder eine organisierte Gemeinschaft, entweder die Organisation der Volksgemeinschaft, der Staat selbst, oder eine innerhalb dieses Staates organisierte engere Gemeinschaft, wie die Gemeinde. Diese, als Trägerin der Aufgaben einer engeren Gemeinschaft im Volksganzen, muß sich ganz besonders ihrer Stellung als Treuhänderin des Volksvermögens bewußt sein. Daher die Hervorhebung im Gesetz! In allgemein-wissenschaftlicher Hinsicht tritt damit § 7 der Deutschen Gemeindeordnung neben den Eigentumsbegriff des Reichserbhofgesetzes, das ebenfalls (§ 37) von der treuhänderischen Stellung des Eigentümers (für Familie und Volksgemeinschaft) ausgeht. Für die Neugestaltung des Eigentumsbegriffs ist daher § 7 DGemO. ebenso von Bedeutung wie für die Klarstellung des Wesens des Volksvermögens. (Zum letzten vgl. den ausgezeichneten, ausbaufähigen Aufsatz von Johannes Martin Ritter über „Nationalvermögen und Privatrecht" im Archiv für die zivilistische Praxis, Band 139, 3. Heft, Tübingen 1934, S. 257 ff., besonders S. 259, 262).

3. Die dieses Ziel sichernden Vorschriften sind im einzelnen im 6. Teil enthalten, auf den Bezug genommen wird.

§ 8.

(1) Der Staat[1] führt die Aufsicht[2] über die Gemeinden.

(2) Die Aufsicht schützt die Gemeinden in ihren Rechten[3] und sichert die Erfüllung ihrer Pflichten.

1. Also das Reich! Dieses allein ist Staat (s. Gesetz über den Neuaufbau des Reiches vom 30. Januar 1934, Art. 2)! Im Gegensatze zum bisherigen Recht, nach welchem die Länder die Kommunalaufsicht ausübten, hat nunmehr das Reich die Aufsicht über die Gemeinden. Dadurch sind die Gemeinden dem Reich organisch eingegliedert. Wie die Amtl. Begr. zu § 8 Ziff. 1 bemerkt, wird durch § 8 nicht ausgeschlossen, daß „der Reichsminister des Innern im Wege der Durchführungsverordnung für eine Übergangszeit Aufsichtsbefugnisse bei den Zentralbehörden der Länder beläßt; auch in diesem Falle wird das Reich die großen Richtlinien für die Handhabung der Aufsicht geben". Die Aufsichtsbehörden werden gemäß § 107 Satz 2 vom Reichsminister des Innern durch Verordnung bestimmt. Soweit danach die Landesorgane Aufsichtsgewalt erhalten, üben sie dieselbe im Namen des Reichs aus. Im übrigen vgl. § 2 Anm. 15.

2. Der Inhalt der Aufsicht ergibt sich aus Abs. 2 und § 106. Nach dieser Bestimmung beaufsichtigt der Staat die Gemeinde, um sicherzustellen, daß sie im Einklang mit den Gesetzen und den Zielen der Staatsführung verwaltet wird. Doch soll die Aufsicht so gehandhabt werden, daß die Entschlußkraft und Verantwortungsfreudigkeit der Gemeindeverwaltung gefördert und nicht beeinträchtigt wird. Damit gelangt die nationalsozialistische organische Staatsauffassung im Gegensatze zur absolutistischen wie liberalistischen Staatsauffassung zum Ausdrucke. Weder sind die Gemeinden Staatsanstalten, deren Verwaltung durch die Leitungsgewalt der Staatsbehörden vollinhaltlich bestimmt wird. Noch stehen die Gemeinden dem Staate in selbständiger Fremdheit und Gegensätzlichkeit gegenüber, so daß der Staat nur hemmend und nur bei Rechtsverletzungen in die Freiheitssphäre ihrer individuellen Rechtspersönlichkeit „eingreifen" kann. Vielmehr

haben die Gemeinden unter voller eigener Verantwortung die sich aus der örtlichen Gemeinschaft ergebenden Aufgabeen „im Einklange mit den Zielen der Staatsführung", also als verantwortliche, mit dem Staate organisch verbundene Glieder (Zellen), wahrzunehmen. Der Inhalt der Staatsaufsicht ist daher: Wahrung des organischen Zusammenhalts der Gemeinden mit dem Staat, mithin Sorge für die Beachtung der Gesetze und derr Ziele der Staatsführung, aber auch Wahrung der gliedhaften Selbständigkeit der Gemeinden unter Förderung ihrer Enttschlußfreudigkeit und unter Schutz ihrer Rechte.

Praktisch ergibt sich daraus vor allem:

a) Die laufende Verwaltung obliegt grundsätzlich dem Gemeindeorganen.

b) Die Aufsichtsgewalt des Staates ist keine vollinhaltliche Leitungsgewalt, also keine Dienstaufsicht, sondern eine Oberleitungsgewalt mit bestimmt geregeltem Inhalt (Staatsaufsicht).

Wegen Einzelheiten wird auf den 7. Teil verwiesen.

3. Damit gelangt zum Ausdruck, daß sich die Staatsaufsicht nicht mehr rein negativ (unrechtshindernd), sondern positiv (verwaltungsfördernd) auswirkt.

Zweiter Teil.

Benennung und Hoheitszeichen der Gemeinden.

Vorbemerkung.

1. Die Deutsche Gemeindeordnung gilt grundsätzlich für alle deutschen Gemeinden. Die bisherige Unterscheidung in Aufbau und Verfassung der sogenannten Stadt- und Landgemeinden ist damit beseitigt worden. Nur wo die Zahl der Einwohner für die Verwaltung der Gemeinden von Bedeutung sein kann, wendet die Deutsche Gemeindeordnung die Begriffe Stadtkreis, kreisangehörige Städte, übrige Gemeinden, an (vgl. §§ 33 Abs. 2 Satz 2, 40, 41, Abs. 2 49). Das gleiche gilt, wo es sich um die Erhaltung althergebrachter Bezeichnungen handelt (§§ 9, 32 Abs. 2, 34 Abs. 2, 48 Abs. 2). Vgl. Amtl. Begr. zu § 9, wie auch § 1 Anm. 2.

2. Die Achtung vor organisch Gewordenem und die Berücksichtigung landschaftlicher oder geschichtlicher Eigenarten lassen es als angebracht erscheinen, herkömmliche Benennungen der Gemeinden sowie Wappen und Flaggen zu erhalten. Der Grundsatz der Einheitlichkeit der Verwaltungsführung wird durch Verschiedenheiten in den Bezeichnungen nicht beeinträchtigt.

3. Die Verleihung und Änderung von Gemeindebenennungen sowie die Änderung von Gemeindenamen und die Bestimmung der Namen neugebildeter Gemeinden ist Ausfluß der Staatshoheit. Das Reich nimmt dieses Staatshoheitsrecht durch den Reichsstatthalter wahr, dessen Zuständigkeit nach der Amtl. Begr. zu § 10 Abs. 2 die Zentralinstanzen entlasten soll. Von der Namenshoheit des Reichs sind die polizeilichen Aufgaben zu unterscheiden. Nur die Änderung des Eigennamens der Gemeinde und die Änderung der Schreibweise des Eigennamens obliegt, abgesehen von der Bestimmung der Namen neugebildeter Gemeinden, dem Reichsstatthalter. Die Feststellung der zweifelhaft gewordenen Schreibweise, sowie die Festsetzung von zusätzlichen, unterscheidenden Bezeichnungen hat im Interesse der öffentlichen Ordnung zu geschehen, so daß bei Gefährdung derselben die Landespolizeibehörden (bei Festsetzung von zusätzlichen, unterscheidenden Bezeichnungen mit Zustimmung des Ministers des Innern) zum Einschreiten zuständig sind. Vgl. dazu III der AA. z. Pr. GemVerfG., wo in Ziff. 2 zu d noch hervorgehoben wird, daß als zusätzliche unterscheidende Bezeichnung nur die Hinzufügung einer bestimmten geographischen Bezeichnung anzusehen ist, durch die die geographische Lage eines Ortes näher bestimmt wird. Um den Charakter der zusätzlichen Bezeichnung nach außen in Erscheinung treten zu lassen, wird empfohlen, den Zusatz nach Möglichkeit in Klammern zu setzen. Alle anderen Zusätze, die den Eigennamen ergänzen oder ihn ändern, wie z. B. die Bezeichnung „Bad" oder die Zusätze „Groß" und „Klein", „Ober" und „Nieder" sind als Namensänderungen anzusehen.

4. Die Stellung der Gemeinden als Hoheitsträger gelangt in ihrer Berechtigung, ein Dienstsiegel zu führen (§ 11), zum Ausdruck.

§ 9.

(1) Städte sind die Gemeinden, die diese Bezeichnung nach bisherigem Recht führen[1]. Die Gemeinden können auch andere Bezeichnungen, die auf der geschichtlichen Vergangenheit, der Eigenart oder der Bedeutung der Gemeinde beruhen[2], weiterführen.

(2) Der Reichsstatthalter[3] kann nach Anhörung der Gemeinde[4] Bezeichnungen verleihen[5] und ändern[5].

1. Dabei ist gleichgültig, ob sie früher nach einer Städteordnung verwaltet wurden oder nicht (vgl. Amtl. Begr. zu § 9 Ziff. 1). Siehe auch AA. z. Pr. GemVerfG. zu § 1 I Ziff. 2, abgedruckt bei v. Lympius-Küchenhoff a. a. O. S. 357 ff.

2. Zum Beispiel: Kreisstadt, Bad, Flecken, Markt (Amtl. Begr. zu § 9 Ziff. 2), ferner Hauptstadt, Hansestadt und ähnliches. Dagegen ist (nach der Amtl. Begr. a. a. O.) die Bezeichnung „Landgemeinde" keine besondere Bezeichnung im Sinne des § 9 Abs. 1 Satz 2.

3. Wegen der Zuständigkeit siehe § 33 Anm. 19 und für Preußen § 119 Abs. 3. S. ferner § 119 Abs. 1.

4. Also des Bürgermeisters, der zweckmäßigerweise die Gemeinderäte anhören wird.

5. Konstitutiver Verwaltungsakt!

§ 10.

Die Gemeinden führen ihre bisherigen Namen. Der Reichsstatthalter[1] spricht nach Anhörung der Gemeinde[2] die Änderungen[3] von Gemeindenamen aus und bestimmt die Namen neu gebildeter Gemeinden. Das gleiche gilt für die besondere Benennung von Gemeindeteilen.

1. Vgl. dazu Vorbem. 3 und § 9 Anm. 3.

2. Zweckmäßigerweise wird auch die Stellungnahme des Statistischen Reichsamts sowie sonstiger interessierter Dienststellen wie der Reichsbahn und der Reichspost einzuholen sein (vgl. Amtl. Begr. zu § 10 Abs. 2, wo eine entsprechende Regelung in der Ausführungsanweisung angekündigt wird).

3. Wegen der Abgrenzung der Zuständigkeit des Reichsstatthalters gegenüber den Landespolizeibehörden s. Vorbem. 3 zum 2. Teil.

§ 11.

(1) Die Gemeinden führen Dienstsiegel[1].

(2) Die Gemeinden führen ihre bisherigen Wappen[2] und Flaggen[3]. Der Reichsstatthalter[4] kann Gemeinden das Recht verleihen[5], Wappen und Flaggen zu führen. Er kann Wappen und Flaggen ändern. Die Gemeinde[6] ist vorher zu hören.

1. Wegen der Bedeutung s. Vorbem. 4. — Formerfordernis bei schriftlichen Erklärungen (§ 36 Abs. 2) ist das Beidrücken des Dienstsiegels aber nicht mehr.

2. Die bisherigen Wappen und Flaggen können also ohne erneute staatliche Verleihung weitergeführt werden.

3. Für Preußen vgl. dazu Verordnung vom 2. März 1933 (Pr. GS. S. 35).

4. Vgl. § 9 Anm. 3 und Vorbem. 3 zum 2. Teil.

5. Für die künftige Handhabung der Verleihung von Wappen sind bis zum Erlaß der in der Amtl. Begr. zu § 11 Ziff. 2 angekündigten Ausführungsanweisung folgende Anordnungen (s. auch AA. z. Pr. GemVerfG. zu § 2 II) zu beachten:

1. Anträge auf Verleihung des Rechts, ein Wappen zu führen, oder auf Änderung bestehender Wappen sind von den Gemeinden durch die Aufsichtsbehörde dem Reichsstatthalter vorzulegen. Dieser leitet die Anträge mit der Bitte um Rückgabe zunächst dem zuständigen Staatsarchiv und dem Geheimen Staatsarchiv in Berlin zur Begutachtung zu.
2. „Die Wappen der Gemeinden dürfen in ihrer äußeren Form und Anlage nicht gegen solche Regeln der Wappenkunde verstoßen, die auf historischen, künstlerischen und praktischen Gesichtspunkten beruhen (Bedeutung, Vereinfachung, Klarheit, Übersichtlichkeit). Das schließt nicht aus, daß an Stelle alter Symbole auch solche Formen und Bilder verwandt werden, die der modernen Umwelt entlehnt, dem Volke

gemeinverständlich und für die betreffende Körperschaft charakteristisch sind. Unzulässig ist die Aufnahme des Wappens des Reiches, des Landes und der Provinzen in ein Gemeindewappen. Das gleiche gilt für sonstige Hoheitszeichen des Reiches und Landes, insbesondere auch das Hakenkreuz.

Familienwappen dürfen nur mit Genehmigung der wappenberechtigten Familie übernommen werden.

3. Den Anträgen müssen Wappenentwürfe beiliegen, die die endgültige Form des Wappens in farbiger Ausführung erkennen lassen.

4. Den Gemeinden wird empfohlen, sich vor der Aufstellung neuer oder der Änderung bestehender Wappen mit dem zuständigen Staatsarchiv ins Benehmen zu setzen. Der Generaldirektor der Preußischen Staatsarchive hat (siehe AA. z. Pr. GemVerfG. a. a. O.) die Staatsarchive ersucht, den Gemeinden bei der Entwurfsaufstellung mit Rat und Tat zur Seite zu stehen und ihnen auf Wunsch geeignete Künstler namhaft zu machen oder auch selbst solche Entwürfe zu ändern oder aufzustellen.

5. Die Gemeinden haben nach Verleihung des Wappens dem zuständigen Staatsarchiv zwei farbige Abbildungen möglichst nicht unter einer Größe von 18 × 24 cm vorzulegen, wovon eine für das Geheime Staatsarchiv bestimmt ist." Sie werden ferner auf Anfordern gleiche Abbildungen früher genehmigter Wappen dem Staatsarchiv einreichen.

6. Zuständig ist der Bürgermeister (§ 32), der zuvor die Gemeinderäte hören wird (§ 55).

Dritter Teil.

Gemeindegebiet.

Vorbemerkung.

1. Das Gemeindegebiet ist die räumliche Grundlage der Gemeinde, das räumliche Gebiet, in dem die Gemeindeverfassung gilt. Dieses Gebiet wird von denjenigen Grundstücken gebildet, die ihm bis zum Inkrafttreten des Gemeindeverfassungsgesetzes in rechtlicher, nicht nur tatsächlicher Hinsicht angehört haben (§ 12).

2. Das Gemeindegebiet ist auch die sachliche Grundlage der Zelle Gemeinde, der Gegenstand, auf den sich die gemeindliche Verwaltungstätigkeit bezieht. Wie die Zelle (Gemeinde) organischer Teil des Gesamtkörpers Staat ist, so ist das Gemeindegebiet ein dem Staatsgebiet organisch eingegliederter Teil deutschen Bodens. Daraus folgt, daß die entscheidende Verfügung über die Grenzen und den Umfang des Gemeindegebietes, ja über den Bestand der einzelnen Gemeinde, der Gesamtorganismus: der Staat haben muß, der freilich den Zellenaufbau und daher auch die räumliche Grundlage: das Gebiet nur aus Gründen des öffentlichen Wohles umgestaltet (§ 13). Das Eigenleben der Zellen (Gemeinden) muß dem Gesamtorganismus förderlich sein. Hierzu hat der Gesamtorganismus das Verfügungsrecht über Umfang, Grundlage und Bestand des Eigenlebens.

3. Der organischen Auffassung vom Verhältnis von Staat zu Gemeinde im Gegensatze zu der liberalistisch-dualistischen des früheren Rechts entspricht es, daß die Verfügungsgewalt und die Entscheidungsbefugnis über die infolge von Gebietsänderungen auftauchenden Fragen in die Hand von Staatsbehörden, des Reichsstatthalters (§ 15 Abs. 1) und der Kommunalaufsichtsbehörde (§§ 13, 15 Abs. 2), gelegt sind. Kein Beschlußverfahren, kein Verwaltungsstreitverfahren ist eingefügt zur Entscheidung widerstreitender Interessen, die es zwischen Gesamtorganismus und Zelle nicht geben kann. Die Staatsführung allein trifft die erforderliche Regelung, wenn durch die Belange des Gesamtorganismus Änderungen im Zellenaufbau erfordert werden; sie allein bestimmt über die Notwendigkeit der Änderungen und über die Durchführung im einzelnen. Die Gemeinden dürfen zwar bei Zustimmung der Aufsichtsbehörde über eine Änderung ihrer Grenzen verhandeln, sie dürfen auch (anders als nach dem Preuß. Gemeindeverfassungsgesetze § 55 Abs. 2) Eingemeindungsverträge abschließen; diese sind jedoch nur wirksam, wenn sie bei Änderung des Gemeindegebiets von der Aufsichtsbehörde bestätigt werden.

4. Die Bestimmungen des Dritten Teils schließen sich im wesentlichen an den Fünften Teil des Preußischen Gemeindeverfassungsgesetzes vom 15. Dezember 1933 an. Sie bringen

für das Gebietsänderungsverfahren der Gemeinden im ganzen Reich außerordentlich klare, gegenüber dem bisherigen Rechtszustande vereinfachte, einheitliche Formen. Diese Formen mit Inhalt zu erfüllen, sie für die Neugliederung des Reiches organisch zu benutzen, wird Aufgabe der **Verwaltung** sein, für deren Erfüllung § 4 allgemeine Richtlinien gibt (s. Bem. bei § 4).

5. Außer der rechtsgrundsätzlichen Bedeutung, die in der Durchführung der organischen Staatsauffassung des Nationalsozialismus auf dem Gebiet des Gemeinderechts liegt, außer der Vereinfachung des Gebietsänderungsverfahrens ist die wissenschaftliche Bedeutung der neuen Bestimmungen hervorzuheben. Diese enthalten nach dem Vorgange des Preußischen Gemeindeverfassungsgesetzes die erste reichsgesetzliche Regelung der Rechtswirkungen der Eingemeindung, eines Rechtsgebietes, das in den letzten Jahren an Bedeutung zugenommen hatte, auf dem aber eine Fülle von ungeklärten Streitfragen (auch die höchsten Gerichte wichen voneinander ab) bestand (vgl. etwa: Stier-Somlo, Handbuch des kommunalen Verfassungsrechts in Preußen, 2. Aufl. 1928, § 23, S. 173—240; Hans Peters, „Grenzen der kommunalen Selbstverwaltung in Preußen", Berlin, 1926, 4. Kap., S. 100 ff., 106 ff.).

Das geltende Recht enthält eine fast abschließende Regelung der bisher umstrittenen Fragen in folgenden Bestimmungen: §§ 15, 14 der Gemeindeordnung für die Weitergeltung, Neubildung, Vereinheitlichung des Ortsrechts, die Neuregelung des Verwaltungsrechts, das Eingemeindungsverfahren, die Rechtsnachfolge und die privatrechtliche Auseinandersetzuug,

Kapitel V §§ 22 ff. des Beamtenrechtsänderungsgesetzes vom 30. Juni 1933 (RGBl. I S. 437 ff.) über die Rechtsstellung der Beamten bei der Umbildung von juristischen Personen des öffentlichen Rechts,

§ 17 des Reichsjagdgesetzes vom 3. Juli 1934 (RGBl. I S. 549 ff.) über die Rechte des Jagdpächters bei Bezirksveränderungen (eine bisher in Rechtsprechung und Schrifttum überaus streitige Frage; vgl. die Angaben bei Stier-Somlo a. a. O., § 27 V S. 231 ff.).

Vgl. für Preußen auch § 39 des Polizeiverwaltungsgesetzes vom 1. Juni 1931 über die Geltung von Polizeiverordnungen bei Erweiterung der Polizeibezirke durch Eingliederung neuer Gebietsteile.

Wegen der Folgen der Eingemeindung hinsichtlich des Reichsfürsorgerechts und der Ortskrankenkassen vgl. Stier-Somlo, Handbuch a. a. O., § 27 II und IV S. 227 und 229.

§ 12.

(1) Das Gebiet[1] (die Gemarkung) der Gemeinde bilden die Grundstücke[2], die nach geltendem Recht[3, 4] zu ihr[5] gehören. Grenzstreitigkeiten entscheidet die Aufsichtsbehörde[6].

(2) Jedes Grundstück soll zu einer Gemeinde gehören[7]. Aus besonderen[8] Gründen können Grundstücke außerhalb einer Gemeinde verbleiben[9] (gemeindefreie Grundstücke, Gutsbezirke)[10].

1. Das Gemeindegebiet ist gleich der Fläche innerhalb der Gemeindegrenzen. Über die organische Bedeutung des Gemeindegebiets vgl. Vorbem. 1 und 2.

2. Private wie öffentliche oder dem Verkehr entzogene Wege, Straßen und Gewässer sind daher einbezogen (vgl. Stier-Somlo a. a. O., § 22 I 2 Ziff. 7).

3. Damit werden wie bisher (vgl. § 52 Pr. GemVerfG. vorher § 2 der östl., westf., hess.-nass., schleswig-holst. Städteordnungen, § 2 der östl. LGO.) die zur Zeit des Inkrafttretens der früheren Gemeindeverfassungsgesetze bestehenden Zustände anerkannt. Dabei wird rechtlich nicht unterschieden zwischen der eigentlichen Stadt, der Vorstadt und der städtischen Feldmark (Näheres siehe Stier-Somlo a. a. O., § 22 I 1 in Anm. 5 S. 168).

4. Auf den Rechtszustand, nicht den rein tatsächlichen Zustand kommt es an.

5. Zu ihr, nicht ihr gehören! Von dem Stadtgebiet ist das Kämmereigebiet der Stadt (Gebiet des Grundeigentums der

Gemeinde) zu unterscheiden (siehe Stier-Somlo a. a. O., § 22 I 1 Seite 168 Anm. 5 am Ende).

6. Vgl. § 107. Damit kommen die bisher vielfach für die Entscheidung von Grenzstreitigkeiten gegebenen Beschluß- und Verwaltungsstreitverfahren in Wegfall. Über die Gründe s. Vorbem. 3 und Amtl. Begr. zu § 12. Für die bei Inkrafttreten der Deutschen Gemeindeordnung (1. April 1935) bei Verwaltungsgerichten oder Beschlußbehörden anhängigen Streitigkeiten wird der Grundgedanke von § 13 der 2. DVO. z. Pr. GemVerfG. heranzuziehen sein: diese Verfahren werden nach den bisher geltenden Vorschriften zu Ende geführt.

In der Amtl. Begr. zu § 12 Ziff. 1 ist angekündigt, daß das Verfahren für die Entscheidung von Grenzstreitigkeiten durch die Aufsichtsbehörde in der Ausführungsanweisung näher geregelt werden wird. Bis zu deren Erlaß können folgende Grundsätze der AA. z. Pr. GemVerfG. (zu § 52) herangezogen werden:

„Wenn schon das Verfahren bei der Entscheidung von Grenzstreitigkeiten kein Streitverfahren im eigentlichen Sinne ist, so haben die zuständigen Behörden in diesen Fällen stets die nachfolgenden besonderen formellen Anordnungen zu beachten:

1. Die Leiter der beteiligten Gemeinden und geeignetenfalls auch die Grundbesitzer, deren Grundstücke durch den Streit über die kommunale Zugehörigkeit berührt werden, und sonstige besonders interessierte Einwohner des strittigen Gebietes sind zur schriftlichen Stellungnahme aufzufordern.

2. Auf Antrag ist den Leitern der beteiligten Gemeinden Gelegenheit zu ausführlichem mündlichen Vortrag zu geben. In geeigneten Fällen bleibt es dabei der zur Entscheidung zuständigen Behörde überlassen, zur Klärung von Widersprüchen die Leiter der beteiligten Gemeinden gleichzeitig vorzuladen.

3. Ebenso ist geeignetenfalls den Grundbesitzern, deren Grundstücke durch den Streit über die kommunale Zugehörigkeit berührt werden, sowie sonstigen besonders interessierten Einwohnern des Gebietes, um das der Streit geht, Gelegenheit zum mündlichen Vortrag zu geben. Den Aufsichtsbehörden bleibt es dabei überlassen, nach Lage des Falles nicht alle, sondern nur einzelne besonders geeignete Persönlichkeiten zu hören.

4. Die Beweiserhebung ist nicht auf das Vorbringen der Beteiligten zu beschränken; es sind vielmehr von Amts wegen alle zur Aufklärung des Tatbestandes erforderlichen Erhebungen anzustellen.

5. Bei ihrer Entscheidung ist die Aufsichtsbehörde an die Anträge der Beteiligten nicht gebunden.

6. Die Entscheidung ist den beteiligten Gemeinden zuzustellen. Sie schafft Recht mit der Wirkung allgemeiner für jedermann maßgebender Gültigkeit.

7. Grundsatz der **Restlosigkeit des Gemeindegebietes!** Kein Reichsgebiet, das nicht zugleich Gemeindegebiet wäre! Die Gemeinde soll ferner im Prinzip letzte Gliederung der Hoheitsverwaltung, das Gemeindegebiet **letzter** Raum-teil verwalteten Reichsgebietes sein.

8. Also nur in Ausnahmefällen! Dies gilt auch für die Erklärung von Gemeinden oder Gemeindeteilen zu gemeindefreien Grundstücken (Gutsbezirken) nach § 13 Satz 2. Die Amtl. Begr. zu § 12 Ziff. 2 nennt als Anwendungsfälle das Vorhandensein großer Waldgebiete, Wassergebiete usw.

9. Insoweit wird das bestehende Recht gemäß § 121 aufrechterhalten bleiben (Amtl. Begr. zu § 12 Ziff. 2). In Preußen ist das Verfahren zur Auflösung von Gutsbezirken nach §§ 11—13 des Gesetzes über die Regelung verschiedener Punkte des Gemeindeverfassungsrechts vom 27. Dezember 1927 (GS. S. 211) im allgemeinen abgeschlossen. Wo dies noch nicht der Fall ist, wird die Erhaltung der Gutsbezirke und fürs erste eine Einstellung des Verfahrens zu erwägen sein.

10. Die für die Wahrnehmung öffentlicher Aufgaben notwendigen Vorschriften erläßt der Reichsminister des Innern gemäß § 119 Nr. 2 (s. Amtl. Begr. zu § 12 Nr. 2).

§ 13.

Gemeindegrenzen[1] können aus Gründen des öffentlichen Wohles[2] geändert[3] werden. Das gleiche gilt, wenn Gemeinden aufgelöst[4] oder neu gebildet[5] und

wenn Gemeinden oder Gemeindeteile zu gemeindefreien Grundstücken (Gutsbezirken)[6] erklärt werden sollen.

1. Und damit das Gemeindegebiet! Zuständig ist zum Ausspruche der Änderung der Reichsstatthalter. Doch erstreckt sich seine Zuständigkeit nur auf Veränderungen des Gemeindegebietes. Ist mit dessen Änderung die Änderung der Grenzen von Landkreisen, Provinzen oder Ländern verbunden, so verbleibt es bei den hierfür geltenden Vorschriften (vgl. für Preußen: Gesetz über die Regelung verschiedener Punkte des Gemeindeverfassungsrechts vom 27. Dezember 1927 [GS. S. 211] § 1 mit den sich aus dem Gesetz über die Anpassung der Landesverwaltung an die Grundsätze des nationalsozialistischen Staates vom 15. Dezember 1933 [Pr. GS. S. 482] ergebenden Änderungen).

2. Der Begriff entspricht dem § 1 des in Anm. 1 genannten Pr. Gesetzes vom 27. Dezember 1927 und dessen Vorgängern, z. B. § 2 öStO., § 2 öLGO., wo ein „öffentliches Interesse" vorausgesetzt war. Die Steigerung des § 53 Pr. GemVerfG. („Grenzänderungen gegen den Willen der beteiligten Gemeinden nur, wenn eine andere, dem öffentlichen Wohle entsprechende Regelung nicht möglich ist") ist von der Deutschen Gemeindeordnung nicht übernommen worden. Die „Generalklausel" des „öffentlichen Wohls" bedarf der Ausfüllung entsprechend der nationalsozialistischen Weltanschauung. Ausschlaggebend sind die Belange der Volksgemeinschaft: Ein organischer, die kulturellen, landschaftlichen und wirtschaftlichen Besonderheiten berücksichtigender und ein, gesundes Eigenleben der Zelle, möglichst aus eigener Kraft, fördernder Aufbau des Staats- und Volkskörpers ist Maßstab. Besonderer Wert ist auf die Erhaltung der örtlichen Verbundenheit, des Gemeinschaftsgefühls, zu legen (s. § 4 mit Bem.). Über die grundsätzliche Bedeutung der Bestimmung s. noch Amtl. Begr. zu § 13 und oben Vorbem. 3 zum Dritten Teil.

3. Bei der Änderung von Gemeindegrenzen sind (vgl. AA. z. Pr. GemVerfG. § 53) folgende Fälle zu unterscheiden:

a) kommunalfreie Grundstücke werden in eine Gemeinde eingegliedert,

b) Gemeinden oder Gemeindeteile werden in eine andere Gemeinde eingegliedert,

c) mehrere Gemeinden, Teile von Gemeinden oder Gemeinden und Gemeindeteile werden zu einer neuen Gemeinde zusammengeschlossen.

d) aus Teilen einer Gemeinde wird unter Ausgliederung aus dieser eine neue Gemeinde gebildet.

Hierzu kommen die Fälle des § 13 Satz 2.

4. Die Ermächtigung zur Auflösung von Einzelgemeinden enthält keine Abänderung des noch geltenden Artikels 127 der Reichsverfassung 1919 (vgl. Entscheidung des Staatsgerichtshofs vom 11. Dezember 1928, RGZ. Bd. 126 Anhang S. 14ff., bes. § 22f.). Nur das Institut der Selbstverwaltung ist in Art. 127 gewährleistet.

Die Auflösung kann entweder mit der Einverleibung der Gemeinde in eine andere oder mit der Vereinigung mehrerer Gemeinden zu einer neuen verbunden sein. Die Unterstellung der bisherigen Gemeinde unmittelbar unter staatliche Verwaltung würde eine Aufgabe des Instituts der Selbstverwaltung bedeuten, da dieses besagt, daß der Staat in örtliche Zellen mit Eigenleben gegliedert ist: Es gibt kein Staatsgebiet, das nicht zugleich Gebiet irgendeiner Selbstverwaltungskörperschaft wäre (s. auch § 12 Anm. 7).

5. Neue Gemeinden können entweder durch Zusammenlegung mehrerer bisher selbständiger Gemeinden oder durch Vereinigung mehrerer bisher unselbständiger Gemeindeteile oder durch die Vereinigung bisher kommunalfreier Grundstücke zu einer Gemeinde (ohne Änderung bestehender Gemeindegrenzen) geschaffen werden. Denkbar ist auch die Auflösung einer bisher selbständigen Gemeinde und die Schaffung einer neuen Gemeinde unter Verbindung des Gebietes der bisher selbständigen Gemeinde mit einem bedeutenden Teile einer anderen Gemeinde.

6. Vgl. dazu § 119 Ziff. 2. — Gutsbezirke können nur beim Vorliegen **besonderer** Gründe geschaffen werden (vgl. § 12 Anm. 8). — Die Bestimmung des § 13 Satz 2 zeigt, daß die Gutsbezirke nicht völlig der Geschichte angehören, wie es das Preußische Gesetz vom 27. Dezember 1927 §§ 11f. gewollt hatte.

§ 14[1].

(1) Die Gemeinden[2] haben die Absicht[3] von Verhandlungen über die Änderung[4] ihres Gebietes der Aufsichtsbehörde[5] rechtzeitig[6] vorher anzuzeigen.

(2) Die Aufsichtsbehörde[5] kann jederzeit[7] die Leitung der Verhandlung übernehmen[8].

(3) Vereinbarungen der Gemeinden (Eingemeindungsverträge[9]) werden nur wirksam, wenn sie bei Änderung des Gemeindegebiets bestätigt[10] werden.

1. Wenn die Änderung der Gemeindegrenzen auch Angelegenheit der Staatshoheit ist, so sind doch die Gemeinden als die Nächstbeteiligten von dem Gebietsänderungsverfahren nicht völlig ausgeschlossen. Um jedoch die Einheit der Verwaltung zu wahren, sind die Aufsichtsbehörden alsbald eingeschaltet (vgl. auch Amtl. Begr. zu § 14 Ziff. 1).

2. Vertreten durch den Bürgermeister! Da es sich um einen grundsätzlichen organisatorischen Akt handelt, wird der Erste Beigeordnete nur im Notfalle selbständig vorgehen (§ 35 mit Anm. 1). Die Absendung der Anzeige (nach vorangegangener Entscheidung des Bürgermeisters über die Einleitung von Verhandlungen) steht auch dem Ersten Beigeordneten zu. Vor der Anzeige hat der Bürgermeister die Gemeinderäte gemäß § 55 Abs. 1 Satz 2 Ziff. 1 zu hören.

3. Diese Absicht muß bereits bestimmte, sichere Formen angenommen haben.

4. Darunter fallen sowohl die Tatbestände von § 13 Satz 1 wie von Satz 2.

5. Vgl. § 107.

6. Die Aufsichtsbehörde muß Zeit zu Erwägungen, Ermittlungen, zur Stellungnahme und einer etwaigen Übernahme der Verhandlungsleitung nach § 14 Abs. 2 haben.

7. Von vornherein oder im Laufe der Verhandlungen, in welchem Stadium auch immer sich dieselben befinden.

8. Die Aufsichtsbehörde handelt hierbei **nicht** kraft Ausübung eines Eintrittsrechts **für die Gemeinde**, sondern kraft eigenen Staatshoheitsrechts für das Reich.

9. Da die Eingemeindungsverträge im Zwischenreich vielfach zum Anlaß von Geschäften geworden waren, hatte das Preußische Gemeindeverfassungsgesetz vom 15. Dezember 1933 den Abschluß von Eingemeindungsverträgen verboten. Die Deutsche Gemeindeordnung geht nicht so weit, trifft aber Sicherungen durch das Erfordernis der Bestätigung der Eingemeindungsverträge bei der Änderung des Gemeindegebiets (vgl. AA. z. Pr. GemVerfG. zu § 55, abgedruckt bei v. Lympius-Küchenhoff [a. a. O. S. 453] und Amtl. Begr. zu § 14 DGemO. Ziff. 2).

§ 15.

(1) Der Reichsstatthalter[1] spricht nach Anhörung der Gemeinde[2] die Änderung des Gemeindegebiets[3] aus[4]. Gleichzeitig bestimmt er den Tag der Rechtswirksamkeit[5] und regelt, soweit erforderlich[6], die Rechtsnachfolge[7], das Ortsrecht[8] und die neue Verwaltung[9].

(2) Die Aufsichtsbehörde[10] regelt[11] die Auseinandersetzung[12]. Ihr Spruch[13] begründet Rechte und Pflichten[14] der Beteiligten und bewirkt[15] den Übergang, die Beschränkung und Aufhebung[16] von dinglichen Rechten[17]. Die Aufsichtsbehörde ersucht die zuständigen Behörden um die Berichtigung[18] des Grundbuches, des Wasserbuches und anderer öffentlicher Bücher. Sie ist befugt, Unschädlichkeitszeugnisse auszustellen.

1. Vgl. § 33 Anm. 19, für Preußen § 117 Abs. 3. Wie die Amtl. Begr. zu § 15 Ziff. 1 bemerkt, soll die Zuständigkeit des Reichsstatthalters, wie in §§ 9—11, die Zentralinstanzen entlasten. Doch können durch Anweisung den Reichsstatthaltern einheitliche Richtlinien gegeben werden. Auch ist in der Amtl. Begr. a. a. O. vorbehalten, an Stelle des Reichsstatthalters für kleinere Gemeinden niedere, für besonders große Gemeinden höhere Instanzen für zuständig zu erklären. S. auch § 117 Abs. 1.

2. Des Bürgermeisters (s. § 14 Anm. 2), der vor seiner Äußerung die Gemeinderäte anzuhören hat! Die Amtl. Begr. zu § 15 kündigt an, daß die Ausführungsanweisung die An-

hörung sonst beteiligter Stellen (z. B. der Justizverwaltung wegen der Rückwirkung auf die Gerichtsbezirke) vorschreiben wird.

3. Aller in § 13 Satz 1 und 2 bezeichneten Arten. Wegen der Fälle, in denen die Änderung der Gemeindegrenzen zugleich eine Änderung der Kreis- und Provinzialgrenzen zur Folge hat, s. § 13 Anm. 1 und Amtl. Begr. zu § 15 Ziff. 1.

4. Der „Ausspruch" ist ein staatshoheitlicher organisatorischer Verwaltungsakt in materieller wie formeller Hinsicht (Eingemeindungsverfügung).

5. Fehlt eine solche Bestimmung, so ist der Zugang des die Änderung der Grenzen verfügenden Verwaltungsaktes an die betreffenden Gemeinden maßgebend. Sind mehrere Gemeinden beteiligt, so entscheidet der Zugang an die letzte. Mit der Rechtswirksamkeit der Grenzänderung treten die Wirkungen der Eingemeindung ein, beispielsweise: Die Steuerpflicht hinsichtlich der zugeschlagenen Grundstücke und der hinzugekommenen neuen Einwohner der Gemeinde. Doch wird der Tag der Rechtswirksamkeit der Grenzänderung stets bestimmt werden. Wegen aller Einzelheiten vgl. bis zum Erlaß einer Reichsausführungsanweisung die in der AA. z. Pr. GemVerfG. § 54 Ziff. 3 eingehend niedergelegten preußischen Grundsätze (s. v. Lympius-Küchenhoff a. a. O. S. 449—453).

6. Das Bedürfnis an einer Bestimmung über die Rechtsnachfolge, das Ortsrecht (Weitergeltung, Neubildung und Vereinheitlichung) wird bei dem bisherigen Meinungsstreit über die Rechtsfolgen der Eingemeindung meist vorliegen. Fehlt eine Bestimmung, so gelten dieselben Grundsätze wie sie im bisherigen Recht von Wissenschaft und Rechtsprechung herausgearbeitet sind (vgl. Anm. 7 ff.).

7. Bei der Rechtsnachfolge sind drei Fälle zu unterscheiden:

a) **Eingliederung einer Gemeinde in eine andere Gemeinde:** Hier wird die aufnehmende Gemeinde Rechtsnachfolgerin der eingegliederten Gemeinde. Es tritt Gesamtrechtsnachfolge ein. Diese gilt für Rechte wie Pflichten, öffentlichrechtliche wie privatrechtliche Rechtsverhältnisse. Die aufnehmende Gemeinde übernimmt die Gebietshoheit, das

Besteuerungsrecht, das Eigentum, öffentlich-rechtliche und privatrechtliche Verbindlichkeiten von der aufnehmenden Gemeinde. Die Frage der Rechtsnachfolge ist nicht gleichbedeutend mit der Fortgeltung des Ortsrechts. Dieses ist objektives Recht; die Rechtsnachfolge bezieht sich dagegen auf die subjektiven Rechte und Pflichten der Gemeinden. Die Organisation der aufnehmenden Gemeinde bezieht sich auf das hinzukommende Gebiet, während das Organisations- oder Verfassungsrecht der aufgenommenen Gemeinde erlischt.

b) **Vereinigung mehrerer Gemeinden zu einer neuen Gemeinde:** Die neue Gemeinde wird Gesamtrechtsnachfolgerin der bisherigen, als Rechtspersönlichkeiten erlöschenden Gemeinden. Die Rechtsfolgen im einzelnen sind dieselben wie zu a.

c) **Eingliederung von Gemeindeteilen in eine andere Gemeinde:** Hier tritt keine Gesamtrechtsnachfolge ein. Dagegen ist Einzelrechtsnachfolge möglich hinsichtlich derjenigen Rechte der bisherigen Muttergemeinde, die sich speziell auf das abgetrennte Gebiet bezogen. Die Verfassungseinrichtungen der aufnehmenden Gemeinde erstrecken sich auf die einverleibten Gebietsteile.

d) **Zusammenschluß von Gemeindeteilen zu einer neuen Gemeinde:** Keine Gesamtrechtsnachfolge, aber Möglichkeit einer Sonderrechtsnachfolge wie im Falle c. Für die neugebildete Gemeinde müssen neue Verfassungseinrichtungen geschaffen werden, die sich dann auf die eingegliederten Teile erstrecken.

Zu a—d:

Die Rechtsnachfolge ist im **einzelnen** von der Aufsichtsbehörde zu regeln (Auseinandersetzung). Die **grundsätzliche** Bestimmung über die Rechtsnachfolge wird in den Fällen c und d im allgemeinen bereits der Reichsstatthalter treffen (gemäß § 15 Abs. 1 Satz 2).

8. Nach bisher herrschender Meinung erstreckte sich bei der Einverleibung von Gemeinden oder Gebietsteilen in eine andere (bestehenbleibende) Gemeinde deren Ortsrecht auf die eingemeindeten Gebiete. Das in diesen bisher in Kraft befind-

liche Ortsrecht erlosch. Ausnahmen galten nur dann, wenn es sich um ein inhaltlich auf bestimmte Gebietsteile beschränktes Ortsrecht handelte, z. B. Beiträge nach § 9 KAG. Diese Sätze gelten auch heute noch bei fehlender Bestimmung über die Weitergeltung des Ortsrechts in der Eingemeindungsverfügung. Sie werden ferner als eine im allgemeinen zweckmäßige Regelung Anhaltspunkte für die Bestimmung über die Weitergeltung des Ortsrechts durch den Reichsstatthalter geben. Dieser ist aber in seinen Anordnungen frei. Der Reichsstatthalter kann daher auch die Fortgeltung des in dem eingemeindeten Gebiete bis dahin bestehenden Ortsrechts und das Außerkrafttreten des Ortsrechts der aufnehmenden Gemeinde anordnen oder das Außerkrafttreten des bisherigen Ortsrechts und die Neubildung anderen Rechts verfügen. Eine derartige Neubildung kommt insbesondere bei der Vereinigung mehrerer bisher selbständiger Gemeinden zu einer neuen in Betracht. Bei einer solchen Vereinigung nahm die herrschende Meinung an, daß das Ortsrecht beider Gemeinden erlösche und die Schaffung neuen Ortsrechts durch die neue Gemeinde abzuwarten sei. Dies gilt auch heute noch beim Fehlen einer besonderen Regelung des Ortsrechts durch den Reichsstatthalter. Auch bei einer solchen Regelung wird das Erlöschen des bisherigen Ortsrechts in der Eingemeindungsverfügung zweckmäßigerweise angeordnet werden. Erforderlich ist dies jedoch nicht. In der Eingemeindungsverfügung kann Bestimmung über die Frage getroffen werden, ob und auf welchem Gebiete neues Ortsrecht zu bilden sei. Auch kann der Inhalt des Ortsrechts bestimmt werden, ja sogar seitens des Reichsstatthalters neues Ortsrecht erlassen werden.

In Betracht wird auch eine Vereinheitlichung des Ortsrechts kommen, z. B. bei verschiedenen Sätzen der Kanalisationsgebührenordnungen in den bisherigen Gemeinden oder Gemeindeteilen.

9. Die bisher herrschende Meinung nahm an, daß bei Einverleibungen die Organisation der aufnehmenden Gemeinde sich auf das hinzukommende Gebiet beziehe, während das Organisations- oder Verfassungsrecht der aufgenommenen Gemeinde oder ihrer Teile (für diese) erlösche. Dasselbe gilt im neuen Recht

(s. Anm. 7). Zu beachten ist jedoch, daß die Neuregelung der Verwaltung, soweit sie die Rechtsverhältnisse des hauptamtlichen Gemeindebeamten betrifft, sich nach Kap. V §§ 22 ff. des Beamtenrechtsänderungsgesetzes vom 30. Juni 1933 (RGBl. I S. 433 ff.) richtet. Der Reichsstatthalter ist daher insoweit zu keiner Regelung befugt. Er hat insbesondere zu ordnen: die Anrechnung der Wohndauer in der früheren Wohngemeinde zum Erwerb des Bürgerrechts (siehe dazu AA. z. Pr. GemVerfG. zu § 54 Ziff. 34 a. a. O. S. 452), die Ergänzung ehrenamtlicher Gemeindeorgane, die Beendigung ihrer Amtszeit u. a. m. (vgl. Amtl. Begr. zu § 15 Ziff. 1.

10. Vgl. § 107. — Über die Gründe, aus denen der Aufsichtsbehörde und nicht dem Reichsstatthalter die Regelung der Auseinandersetzung übertragen ist, s. Amtl. Begr. zu § 15 Ziff. 2.

11. Rechtsbehelf der Gemeinden: § 113. Das früher vielfach, z. B. in Preußen vor dem Gemeindeverfassungsgesetz vom 15. Dezember 1933 gegebene Verwaltungsstreitverfahren ist nicht mehr zulässig. Auch der Rechtsweg ist ausgeschlossen.

12. Sie bedeutet einen angemessenen Ausgleich der durch die Grenzänderung entstandenen Veränderungen in öffentlich-rechtlicher wie privatrechtlicher Hinsicht. Dabei können, abgesehen von Abs. 2 S. 2, die in § 3 Abs. 2 der früheren östl. und hess.-nass. Landgemeindeordnung sowie die im bisherigen Recht entwickelten Grundsätze herangezogen werden. Zwar soll (vgl. hierzu und zum folgenden: Stier-Somlo, Handbuch des kommunalen Verf.-Rechts in Preußen, 2. Aufl. 1928, § 28 I S. 234 ff.) eine im öffentlichen Interesse als notwendig erkannte Gebietsveränderung grundsätzlich zu keinem Entschädigungsanspruch, sei es der verkleinerten Gemeinde wegen Verminderung der Steuerkraft oder der vergrößerten wegen Vermehrung ihrer Bedürfnisse führen. „Jeder Teil einer Gemeinde scheidet infolge der Eingemeindung von selbst, soweit nicht besondere Rechtstitel ein anderes begründen, aus allen Rechten und Pflichten, die ihm auf Grund der bisherigen kommunalen Zugehörigkeit zustanden oder oblagen, aus. Ein gegenseitiger Rechtsanspruch auf Entschädigung ist nicht vorhanden (OVG. vom 28. Februar 1877 und 27. Juni 1877, OVGE. Bd. II S. 1, 15 ff.). Allein die immer verwickelteren

Verhältnisse bei Eingemeindungen lassen die reine Auswirkung dieser Grundsätze immer seltener werden" (so: Stier-Somlo a. a. O.). Insbesondere wird in § 3 Abs. 2 a. a. O. (wenn die Bestimmungen auch nicht mehr gelten, so können doch ihre Grundgedanken nach dem Ermessen der Aufsichtsbehörden als Anhaltspunkte berücksichtigt werden) vorgesehen, daß einzelne Beteiligte im Verhältnis zu anderen Beteiligten, welche für gewisse kommunale Zwecke bereits vor der Vereinigung für sich allein Fürsorge getroffen haben, oder solche Beteiligte, welche vorwiegend Lasten in die neue Gemeinschaft bringen, zu Vorausleistungen verpflichtet werden. Die Auseinandersetzung kann hier in der Weise vorgenommen werden, daß den Einwohnern, Grundbesitzern oder Gewerbetreibenden des einen Ortsteils eine höhere Abgabepflicht auferlegt wird als denen des anderen Ortsteils (vgl. Stier-Somlo a. a. O., § 28 I bei Ziff. 147). Auch kann (siehe § 3 II Satz 3 d. LGO.), wenn eine Gemeinde durch die Abtrennung von Grundstücken eine Erleichterung in öffentlich-rechtlichen Verpflichtungen erfährt, der Gemeinde, welcher jene Grundstücke einverleibt werden, ferner der neuen Gemeinde, welche aus letzteren gebildet wird, eine Beihilfe zu den ihnen durch die Bezirksveränderung erwachsenden Ausgaben bis zur Höhe des der anderen Gemeinde dadurch entstehenden Vorteils zugebilligt werden. Es handelt sich dabei, wie Stier-Somlo a. a. O. ausführt, um eine Belastung des alten durch die Bezirksveränderung verkleinerten Bezirks zugunsten des neugebildeten oder vergrößerten Bezirks. Voraussetzung für die Auferlegung einer Entschädigung ist also, daß die zu verpflichtende Gemeinde durch die Gebietsveränderung eine Erleichterung in ihren öffentlich-rechtlichen Verpflichtungen erfahren hat und zur Gewährung der Entschädigung fähig ist, andererseits daß der Gemeinde, der eine Entschädigung zugebilligt wird, durch die Bezirksveränderung neue Ausgaben erwachsen sind, die ihre Leistungsfähigkeit übersteigen.

Die Beihilfe kann in Kapitalzahlung oder in laufenden Zuschüssen bestehen, letzterenfalls kann die Ablösung vorbehalten werden. Auch können beide Arten von Beihilfen verbunden werden (vgl. Stier-Somlo a. a. O., S. 236).

Ein Ausgleich wird aber nur beim Vorhandensein besonderer Billigkeitsgründe zu gewähren sein. Hierfür würde die bloße Verschiebung in der Steuerkraft der Beteiligten nicht genügen (Stier-Somlo a. a. O., S. 237).

Auch bei der privatrechtlichen Auseinandersetzung, die sich auf Rechte wie Pflichten erstreckt, entscheidet das billige Ermessen der Aufsichtsbehörde.

Die Bestimmung des § 57 Abs. 1 Satz 2, wonach für eine Übergangszeit Abweichungen von den Vorschriften des Gemeinderechts und der Gemeindeabgabengesetze zugelassen werden konnten, ist in das Reichsgemeinderecht nicht übernommen worden. Unter den Begriff der Auseinandersetzung fallen derartige Abänderungen der Rechtsordnung selbst nicht mehr.

13. Die Amtl. Begr. zu § 15 Ziff. 2 kündigt an, daß die Ausführungsanweisung noch ein bestimmtes Verfahren vorschreiben wird.

14. Durchsetzung nach §§ 110 f. Die Rechte und Pflichten entstehen für die Gemeinde bereits mit der Zustellung des Spruches der Aufsichtsbehörde. Falls private Rechte und Pflichten begründet werden, ist die Klage im Rechtswege zulässig. Hierbei kann die Auseinandersetzungsregelung selbst nicht nachgeprüft werden, da es sich bei ihr um eine der Gerichtsbarkeit entzogene Frage verwaltungsmäßigen Ermessens handelt. Eine Ausnahme gilt nur bei Klagen wegen Amtspflichtverletzung der die Auseinandersetzung regelnden Behörde (Art. 131 RV. 1919, § 1 des Gesetzes vom 1. August 1909). Eine Amtspflichtverletzung im Sinne der Staatshaftungsgesetze liegt jedoch nur bei Ermessensmißbrauch vor. Die Klage muß schlüssig — nicht in erkennbarer Umgehungsabsicht — auf einen offenbaren Ermessensmißbrauch gestützt werden, damit der Rechtsweg überhaupt zulässig ist.

15. Dingliche Wirkung des Auseinandersetzungsspruches.

16. Rechtsänderung außerhalb des Grundbuchs!

17. Dazu gehören auch Bergwerkseigentum, Fischereirecht.

18. Die Rechtsänderung hat sich bereits außerhalb des Grundbuchs vollzogen!

§ 16.

Rechtshandlungen, die aus Anlaß der Änderung des Gemeindegebiets erforderlich werden[1], sind frei von öffentlichen Abgaben, Stempeln und Gebühren[2]. Das gleiche gilt für Berichtigungen, Eintragungen und Löschungen nach § 15 Abs. 2.

1. Das sind nicht nur Rechtshandlungen, die sich unmittelbar aus der Grenzänderung ergeben, sondern auch solche, die bei der Durchführung einer Auseinandersetzung nach § 15 Abs. 2 erforderlich werden (Satz 2), s. Amtl. Begr. zu § 16 Abs. 2.

2. Über den Grund des Gesetzes s. Amtl. Begr. zu § 16 Abs. 1.

Vierter Teil.

Einwohner und Bürger.

Vorbemerkung.

1. Die Unterscheidung von Einwohnern und Bürgern ist alt. Sie findet sich schon in den sog. Gründungsstädten (s. Einleitung). Hier konnte Bürger (im Gegensatze zu Einwohner) nur sein, wer in der Stadt Grundeigentum oder Grund und Boden zu „freier Leihe" (mit geringem Zins) hatte (vgl. von Schwerin, Grundzüge der deutschen Rechtsgeschichte, 1934, § 57 III). Die Unterscheidungsmerkmale wurden im 19. Jahrhundert im wesentlichen nach Herkunft und Vermögen bestimmt. Die Gemeindeordnung vom 11. März 1850 unterschied zwischen der Einwohner- und der Bürgergemeinde. Nur der Bürger durfte an den Wahlen zur Stadtverordnetenversammlung teilnehmen und zur Stadtverordnetenversammlung oder zu städtischen Ämtern gewählt werden. Die Unterscheidung, die sich am längsten für die Wahl zu den unbesoldeten städtischen Ämtern hielt, fiel der nivellierenden Tendenz des liberalistischen Staates von 1919 zum Opfer. Über die Geschichte der Unterscheidung vgl. Näheres bei Stier-Somlo „Handbuch des komm. Verf.- und VerwRechts in Preußen", 2. Aufl. 1928, § 29 S. 242ff., § 55 S. 423ff. und Helfritz „Grundriß des Preußischen Kommunalrechts", 2. Aufl., Berlin 1927, S. 22/23.

2. Die Wiederaufnahme der alten Unterscheidung entspricht der vom Führer nach seinen Darlegungen im „Kampf", S. 488 ff., in Aussicht genommenen allgemeinen Unterscheidung zwischen Staatsangehörigen und Reichsbürgern. Als Unterscheidungsmerkmal kommen daher für die Abgrenzung, auch von Einwohnern und Bürgern, nicht mehr Klassenunterschiede, sondern völkische Merkmale und der Grad der Verbundenheit des einzelnen mit der Gemeinde in Betracht (§ 19). So ist in die alten Formen neuer, nationalsozialistischer Geist gegossen worden.

3. Während die Einwohner an den Einrichtungen der Gemeinde und an den Gemeindelasten teilhaben (§§ 17 f.), also nur in äußere wirtschaftliche oder sachlich (durch Grundeigentum § 18!) gebundene Beziehungen zu der Gemeinde treten, nehmen die Bürger als ständige Glieder der Gemeinschaft an deren Gestaltung und inneren Verwaltung teil (§§ 19 ff.).

§ 17.

(1) Die Einwohner[1] sind nach den hierüber bestehenden Vorschriften[2] berechtigt[3], die öffentlichen Einrichtungen[4] der Gemeinde zu benutzen[5], und verpflichtet, die Gemeindelasten[6] zu tragen.

(2) Grundbesitzer und Gewerbetreibende, die nicht in der Gemeinde wohnen, sind in gleicher Weise berechtigt, die öffentlichen Einrichtungen[4] zu benutzen[7], die in der Gemeinde für Grundbesitzer oder Gewerbetreibende bestehen[8], und verpflichtet, für ihren Grundbesitz oder Gewerbebetrieb im Gemeindegebiet zu den Gemeindelasten beizutragen[9].

(3) Diese Vorschriften gelten entsprechend für juristische Personen und Personenvereinigungen[10].

1. Der Begriff des Einwohners ist in § 5 Abs. 1 Satz 1 festgelegt. Einwohner ist also, wer in der Gemeinde nach den Vorschriften des Bürgerlichen Gesetzbuchs seinen Wohnsitz hat. Über die Begründung des Wohnsitzes gemäß §§ 7 ff. BGB. muß auf

die Erläuterungswerke zum Bürgerlichen Gesetzbuch verwiesen werden.

2. Diese Vorschriften sind nicht Grundlage für das Anstaltsnutzungsrecht in dem Sinne, daß beim Fehlen von anderen Bestimmungen kein Anstaltsnutzungsrecht bestünde. Dieses Recht beruht vielmehr auf § 17. Die bestehen gebliebenen Bestimmungen geben nur die nähere Regelung an. Danach kann die Gemeinde im gleichen Umfange wie nach den bisherigen landesrechtlichen Vorschriften (für Preußen s. § 13 GemVerfG. in Verb. mit § 4 öStO., § 3 RheinStO., § 4 Hess.-nass. StO., § 5 Schleswig.-Holst. StO.) durch Satzung die Voraussetzungen, Bedingungen und die Art der Benutzung regeln (s. AA. PrGemVerfG. zu § 13 Abs. 2 mit Hinweis auf OVG. Bd. 21 S. 127, Bd. 80 S. 49).

3. Wegen des Schutzes dieses Benutzungsrechts s. §§ 29 Ziff. 1, 30. Dadurch sind die bisherigen entsprechenden landesrechtlichen Regelungen (z. B. § 18 Pr. ZG.) aufgehoben.

4. In § 13 Pr. GemVerfG. war von „öffentlichen Einrichtungen und Anstalten" die Rede. Die DGemO. vermeidet den Begriff Anstalt (s. auch § 2 Abs. 3 Satz 2). Die öffentlichen Einrichtungen in § 17 umfassen jedoch nicht wie § 2 Abs. 3 Satz 2 Verwaltungseinrichtungen und Anstalten, sondern vor allem die öffentlichen Anstalten. Dies folgt aus der unmittelbaren Beziehung des Nutzungsrechts auf die Einrichtungen in § 17 Abs. 1. Dabei zeigt das Wort „Einrichtung", daß in § 17 der Anstaltsbegriff im weiteren Sinne zu fassen ist (s. dazu § 2 Anm. 1).

Die „öffentlichen Einrichtungen und Anstalten", **auf die sich allein das in § 17 gegebene Recht zur Anstaltsnutzung bezieht,** sind von den „gemeindlichen Privatanstalten" (s. dazu auch unten bei b) zu unterscheiden. Die Abgrenzung ist für das bisherige Recht umstritten (vgl. Stier-Somlo, Handbuch, § 32 II 2 S. 261; Erläuterungswerke zu §§ 3, 4 des Pr. Kommunalabgabengesetzes).

Der Streit geht insbesondere um die Abgrenzung der Anstalt nach § 4 KAG. gegenüber den gewerblichen Unternehmungen des § 3 KAG. Hierbei fragt es sich, ob Gemeindeanstalten, die im öffentlichen Interesse errichtet sind, aber doch auch als gewerbliche Unternehmungen bestehen könnten und bei denen die

Gewinnerzielung für die Gemeinde eine gewisse Rolle spielt, als öffentliche oder als Privatanstalten anzusehen seien (z. B. Straßenbahnen, Wasserwerke, Gasanstalten, Elektrizitätswerke).

Vertreten werden in der Hauptsache zwei Meinungen: Die erste Meinung stellt für die Unterscheidung auf materielle Momente ab, für die öffentliche Anstalt auf das Vorliegen „eines öffentlichen Interesses" (vgl. Saß, § 3 KAG., 1912, Anm. 1; Stier-Somlo, Verwaltungsarchiv, Bd. 22, S. 33; allgemein: Fleiner, „Institutionen des Deutschen Verwaltungsrechts", 8. Aufl., 1928, § 18), auf den Zusammenhang mit den öffentlich-rechtlichen Aufgaben der Gemeinde (vgl. Oertel, StO., § 4 Anm. 2; Lindemann, Handwörterbuch der Kommunalwissenschaften, Bd. II S. 200), im Falle des § 3 KAG. dagegen auf die vorwiegende Gewinnabsicht, wenn auch daneben ein öffentliches Interesse verfolgt werden könne (§ 3 Abs. 2), überhaupt auf das Vorliegen eines gewerblichen Betriebes, den Erwerbszweck (vgl. Karl Friedrichs, § 3 KAG., 1912, Anm. 2, S. 7 bei Ziffer 2 mit Rechtsprechung), da die Bedeutung von „gewerblich" in § 3 im Sinne der Gewerbeordnung zu fassen sei. Demgegenüber sucht die abweichende Meinung unter Hinweis auf die geringe Unterscheidungskraft, ferner die geringe Unterscheidungsmöglichkeit der öffentlichen von den privaten Zwecken (vgl. besonders von Cossel, Preußisches Kommunalarchiv, Bd. 4, 1913, S. 613—615) die Feststellung nach mehr formellen Momenten zu treffen: Anstalten seien nur diejenigen Gebilde, welche im Gegensatze zu privatwirtschaftlichen Unternehmungen ihre Grundlage im öffentlichen Rechte haben und der Benutzung durch die Gemeindeangehörigen gewidmet sind (vgl. von Cossel, a. a. O., S. 615 ff., Noll-Freund, 8. Aufl., § 3 KAG., Anm. 2 Abs. 4, S. 13).

Bei den Anstalten im weiteren Sinne bedarf es keiner näheren Abgrenzung des Unterschiedes von gewerblichen Unternehmungen und Veranstaltungen. Denn wie man den Unterschied auch immer fassen mag, Anlagen und Einrichtungen, bei denen der Benutzer in kein besonderes Rechtsverhältnis zu der Gemeinde tritt, diese vielmehr die Benutzung der Allgemeinheit zur Verfügung stellt, werden nie gewerbliche Unternehmen sein, da es an jedem Gewinnstreben fehlt, und der öffentliche Zweck überwiegt.

Im übrigen lassen sich in der neuen Gemeindeordnung Unterscheidungsmerkmale für die „öffentlichen Anstalten" und die „gemeindlichen Privatanstalten" unter Berücksichtigung der im Schrifttum erörterten Gesichtspunkte aus dem Zusammenhange der §§ 17, 18 und 67 gewinnen.

a) In § 67 Abs. 2 sind eine Anzahl von „Einrichtungen" hervorgehoben, die nicht zu den „wirtschaftlichen Unternehmungen" im Sinne der §§ 67 ff. gehören. Wenn auch § 67 Abs. 2 die Begriffsbestimmung auf §§ 67 ff. beschränkt („im Sinne dieses Abschnitts"), so ergibt sich doch auch für die allgemeine Begriffsbildung, daß die in § 67 Abs. 2 gedachten Einrichtungen keine „Privatanstalten" sind, da die Absicht der Gewinnerzielung mit der Herausnahme aus den wirtschaftlichen Unternehmungen verneint ist. Diese Anstalten sind öffentlich-rechtliche Anstalten, auch im Sinne des § 17, denn sie stehen ihrer Art nach (s. § 67 Abs. 2 Ziff. 1 und 2) entweder schon kraft gesetzlicher Festlegung (a. a. O. Ziff. 1) oder kraft des Inhalts ihrer Aufgaben (a. a. O. Ziff. 2) im unmittelbaren Zusammenhange mit der öffentlich-rechtlichen Stellung der Gemeinde, ihren Aufgaben als Staatszelle.

b) Für das bisherige Preußische Recht entstanden infolge der Fassung von § 86 Abs. 1 Satz 2 Ziff. 1—3 des Gemeindefinanzgesetzes bei der Abgrenzung der öffentlichen Anstalten zu den wirtschaftlichen Unternehmungen Schwierigkeiten, die sich damit lösen ließen, daß beide Begriffe als nicht einander ausschließend erkannt wurden (vgl. von Lympius-Küchenhoff a. a. O. § 13 Anm. 4 b). Die dadurch begründete Schwierigkeit wird in § 67 vermieden. Eine Anlage der Gemeinde ist prinzipiell entweder „öffentliche Anstalt (Einrichtung)" oder „wirtschaftliches Unternehmen". Immerhin sind Ausnahmen möglich, da § 67 Abs. 1 die Öffentlichkeit der Anstalt nicht geradezu ausschließt.

c) In § 18 wird die Gemeinde ermächtigt, einen Anschlußzwang an Wasserleitung, Kanalisation, Müllabfuhr, Straßenreinigung und ähnliche der Volksgesundheit dienende Einrichtungen vorzuschreiben. Hier tritt die Gemeinde selbst für ihre Anstalt mit hoheitlicher Gewalt auf. Die in § 18 genannten Anstalten und Einrichtungen sind mithin öffentliche Anstalten.

Hieraus, insbesondere aus den Darlegungen zu a und c, folgt, daß die Unterschiede, und damit jeweils ein Erkennungsmerkmal, der öffentlichen Anstalt gegenüber der gemeindlichen Privatanstalt, in dem gemeinnützigen Zwecke, ferner in der öffentlich-rechtlichen Form des Auftretens des Anstaltsherrn, der Gemeinde, liegen.

„Öffentlich-rechtlich" bezeichnet die formale Seite, „gemeinnützig" den materiellen Zweck der Anstalt. Die öffentlich-rechtliche Natur der Anstalt findet ihren formalen Ausdruck in der „Zurverfügungstellung", „Indienststellung", „Widmung", die ein öffentlich-rechtlicher Akt ist (vgl. § 2 Anm. 1c). Der Wille der Gemeinde, öffentlich-rechtlich zu handeln, wird an der der vollendeten Anstalt ohne weiteres erkennbar anhaftenden Gemeinnützigkeit der Anlage deutlich. So gibt „gemeinnützig" die inhaltliche Erläuterung des formalen Begriffs „öffentlich", und die öffentlich-rechtliche Natur der Anstalt kann einmal an dem hoheitlichen Gepräge des formalen Handelns, zum andern aber auch an dem mit ihrer Schaffung verfolgten Zweck erkannt werden.

d) Der Unterschied der „öffentlichen Einrichtungen" (Anstalten) der Gemeinde gegenüber den „gemeindlichen Privatanstalten" liegt somit

1. materiell: in der Gemeinnützigkeit des Zweckes,
2. formell: in der öffentlich-rechtlichen Indienststellung (Anstaltswidmung), wobei das öffentlich-rechtliche Handeln aus der Verbindung der Anstaltserrichtung mit einem anderen hoheitlichen Handeln (insbesondere der Einführung des Anschlußzwanges) entnommen werden kann.

Das Erkennungsmerkmal zu 1 bedarf noch einer näheren Erläuterung, da auch das von der Gemeinde betriebene rein gewerbliche Unternehmen (z. B. eine Brauerei) insofern der Allgemeinheit dient, als der Gewinn ja auch dieser zugute kommt. Die „Gemeinnützigkeit" muß aus der Anstaltswidmung, nicht erst aus ihren Erfolgen hervorgehen (vgl. die Begriffsbestimmung in § 17 des Steueranpassungsgesetzes vom 16. Oktober 1934, RGBl. I S. 929ff., wonach gemeinnützig solche Zwecke sind, durch deren Erfüllung ausschließlich und unmittelbar die Allgemeinheit gefördert wird; s. auch weitere Absätze!). Aus der Widmung selbst folgt die Gemeinnützigkeit, wenn der Bestand der Einrichtung oder Anstalt für den Zellenaufbau (der Gemeinde) wesentlich ist, insbesondere wenn derselbe Zweck durch ein privates Unternehmen im Interesse der Allgemeinheit nicht in gleicher Weise erledigt werden könnte. Zwar ist nach § 67 Abs. 1 Ziff. 3 u. a. Voraussetzung für die Errichtung oder wesentliche Erweiterung eines wirtschaftlichen Unternehmens, daß „der Zweck nicht besser und wirtschaftlicher durch einen anderen erfüllt wird oder erfüllt werden kann". Hier liegt jedoch der Ton auf der wirtschaftlichen Seite, betrifft die bestmögliche Bedürfnisbefriedigung und will den Vorrang der privaten Initiative klarstellen, während es bei der Gemeinnützigkeit auf die Notwendigkeit der öffentlichen Anstalt für das **Funktionieren** des Zusammenlebens der Gemeinde — Gemeinschaft ankommt.

Öffentliche Anstalt der Gemeinde ist danach derjenige zusammengefaßte Bestand sachlicher und persönlicher Mittel (oder eines von beiden) der Gemeinde, der von dieser in Erfüllung ihrer Aufgaben als Zelle des Gemeinschaftsstaates der örtlichen Gemeinschaft der Bürger, Einwohner oder der nur durch Grundeigentum oder Gewerbebetrieb mit der Gemeinde sachlich verbundenen Personen (§ 17 Abs. 2) zur Benutzung gewidmet ist.

Gemeindliche Privatanstalten sind dagegen diejenigen Anstalten, die vor allem Erwerbszwecken dienen und deren Betrieb die Gemeinde unbeschadet ihrer kommunalen Aufgaben wieder einstellen kann (vgl. Stier-Somlo, Handbuch, § 32 II 2 S. 269).

Öffentliche Gemeindeanstalten sind beispielsweise (außer den in § 67 II genannten Anstalten wie Schulen, Krankenhäuser, Badeanstalten): öffentliche Wege, Straßen, Kais, Hafenanlagen; man wird ferner die sog. polizeilichen Gemeindeanstalten*), wie Feuerlösch- und Desinfektionsanstalten, Wasserwerke, Schlachthäuser, Kanalisationsanlagen, Müllabfuhr (siehe § 18), auch Straßenbahnen hierher rechnen können, da deren Einrichtung für den Zellenaufbau wesentlich ist und ein privates Unternehmen denselben Zweck im Interesse der Allgemeinheit nicht in gleicher Weise erledigen könnte, weil hier bei der Notwendigkeit der

*) S. dazu oben Seite 41 mit Fußnote!

Gewinnerzielung auf eine soziale Preisfestsetzung nicht immer Rücksicht genommen werden kann.

Hervorzuheben ist, daß auch bei öffentlichen Anstalten die Möglichkeit besteht, daß im konkreten besonderen Falle ein privatrechtliches Verhältnis eingegangen wird.

Es kann der Inhalt der Einzelleistungen privatrechtlich festgelegt sein (z. B. bei der Benutzung städtischer Krankenhäuser durch sog. Privatpatienten). Statt einer Gebühr kann eine Vergütung vereinbart werden, wie umgekehrt das Vorliegen einer „Gebühr" nicht ohne weiteres für eine öffentliche Anstalt spricht. Dem Benutzer gegenüber braucht der Träger der öffentlichen Anstalt nicht immer mit hoheitlicher Gewalt gegenüberzutreten, er kann sich vielmehr auch auf das private Rechtsgebiet mit ihm begeben (z. B. Krankenhausvertrag; ferner: Ausübung des Hausrechts statt Ausübung der Anstaltsgewalt). Wesentlich für das Vorliegen der öffentlichen Anstalt ist nur, daß ihre **Einrichtung** auf öffentlichem Recht beruht, ihr **Auftreten** braucht nicht stets öffentlich-rechtlich zu sein. In diesen Unterscheidungen gelangt letzten Endes zum Ausdruck, wie die Grenzen zwischen öffentlichem und privatem Recht in dem Gemeinschaftsstaate, in dem alles menschliche Sein erst durch die Beziehung auf die Volksgemeinschaft Wert erhält (s. Einleitung), flüssig werden.

Im allgemeinen wird allerdings gesagt werden können, daß die Gemeinde als Trägerin der öffentlichen Anstalt dem Benutzer gegenüber mit hoheitlicher Gewalt auftritt, nur für öffentliche Anstalten darf ein Benutzungszwang eingeführt werden (§ 18), die Begründung des Anstaltsverhältnisses ist meist öffentlich-rechtlich (Verwaltungsakt auf Unterwerfung, richtiger: zweiseitiger Verwaltungsakt), während Bestehens des Anstaltsverhältnisses übt der Anstaltsherr die Anstaltsgewalt aus, im **allgemeinen** wird endlich für die Anstaltsbenutzung eine **Gebühr**, kein privatrechtliches Entgelt erhoben werden.

Gemeindliche Privatanstalten sind z. B.: Lagerhäuser, Badeanstalten, Gas- und Elektrizitätswerke, Fähren, da diese auch von privaten Unternehmern mit dem — auch sozial — gleichen Erfolge wie von der Gemeinde betrieben werden können. Bei

Theatern nahm man früher gemeindliche Privatanstalten an (siehe Stier-Somlo a. a. O., S. 261). Dies dürfte sich bei der Verbindung von Kunst und Volkstum, wie sie im Dritten Reich erkannt und gepflegt wird, nicht mehr aufrechterhalten lassen. Der private Unternehmer kann nicht so die Gewähr für den völligen Einklang der Spielgestaltung mit den Zielen des nationalsozialistischen Staates geben wie Staat oder Gemeinde oder eine Organisation der Bewegung (Deutsche Bühne). Das städtische Theater ist daher öffentliche Gemeindeanstalt (so schon: v. Lympius-Küchenhoff a. a. O. zu § 13 Pr. GemVerfG. Anm. 4 am Ende; zustimmend Totzek in RuPVBl. 1934 Nr. 52).

5. Dem Nutzungsrecht des Einwohners entspricht eine Gestattungspflicht der Gemeinde. Das Nutzungs- oder Anstaltsverhältnis ist im allgemeinen (s. oben) öffentlich-rechtlicher Art. Der Anstaltsherr bestimmt durch die Anstaltsordnung die Ausgestaltung dieses Rechtsverhältnisses; der Anstaltsbenutzer unterwirft sich der Anstaltsordnung allgemein durch die Benutzung der Anstalt, ohne den Inhalt der Ordnung im einzelnen billigen oder auch nur kennen zu müssen. Die sich in Schulordnungen häufig findende Bestimmung, wonach Fahrräder vom Schüler (genauer vom gesetzlichen Vertreter durch den Schüler) auf eigene Gefahr eingestellt werden, ist daher wirksam, keine Entscheidung in eigener Sache, sondern eine von vornherein gegebene Regelung des Umfanges des Anstaltsverhältnisses durch den Anstaltsherrn. Schadensersatzansprüche wegen Verletzung der Aufsichtspflicht (Art. 131 RV.) bestehen nicht, weil nach der die Anstaltspflichten von vornherein abgrenzenden Anstaltsordnung eben keine Aufsichtspflicht bestand. Haftung aus privatrechtlichem Vertrage tritt nicht ein, weil die Bestimmung der Anstaltsordnung gegen den Vertragswillen der Gemeinde zeugt.

6. Die Lastentragung besteht hauptsächlich in der Leistung der kommunalen Abgaben (Steuern, Gebühren und Beiträge), ferner in Naturaldiensten wie Straßenreinigung und Hilfeleistung im Feuerlöschwesen.

Für die gemeindlichen Lasten bleiben die landesgesetzlichen Bestimmungen, ergänzt durch Vorschriften des Reichsrechts bestehen. Es seien hier genannt:

a) Reichsrecht: Gesetz über den Finanzausgleich zwischen Reich, Ländern und Gemeinden (Finanzausgleichsgesetz) vom 27. April 1926 mit zahlreichen Änderungen (s. Sartorius, Sammlung von Reichsgesetzen staats- und verwaltungsrechtlichen Inhalts); Steueranpassungsgesetz vom 16. Oktober 1934, RGBl. I S. 925 ff. (§ 2 des Preuß. Ges. vom 22. Dezember 1934, GS. S. 465); Bürgersteuergesetz vom 16. Oktober 1934 (RGBl. I S. 985) nebst VO. zur Durchführung des Bürgersteuergesetzes vom 17. Oktober 1934 (RGBl. I S. 987); Dritte Verordnung über die Hinausschiebung des Inkrafttretens des Grundsteuerrahmengesetzes und des Gewerbesteuerrahmengesetzes vom 2. Februar 1934 (RGBl. I S. 83); Realsteuersperrgesetz vom 7. März 1935 mit Durchführungsbestimmungen (RGBl. I S. 349 ff., 353).

b) Preußen: Direkte Steuern: §§ 20 ff. KAG.; Gesetz über die Erhebung einer vorläufigen Steuer vom Grundvermögen vom 14. Februar 1923 (GS. S. 29) mit Nachträgen (Verordnung vom 30. Mai 1930 [GS. S. 101]) in Verbindung mit § 3 des Gesetzes über die Verlängerung der Geltungsdauer und die Änderung von Steuergesetzen vom 22. Dezember 1934 (GS. S. 465) (Gemeinden sind zur Erhebung von Zuschlägen zur Grundvermögensteuer berechtigt): In größeren Städten: Haupteinnahmequelle der Gemeinde. Ferner: Verordnung über die vorläufige Neuregelung der Gewerbesteuer vom 23. November 1923 (GS. S. 519) in der Fassung vom 15. März 1927 (GS. S. 21), §§ 6 ff. des Gesetzes vom 22. Dezember 1934 (s. o.). Hauszinssteuerverordnung vom 9. März 1932 (GS. S. 114 ff.) mit Befugnis der Gemeinden **zur Erhebung von Zuschlägen. Vgl. auch Gesetze über dringende Finanzmaßnahmen** vom 17. März 1934 (GS. S. 155 ff.) und 11. März 1935 (GS. S. 37 ff.).

Ferner: Indirekte Steuern gemäß §§ 15, 16, 16a, 18 KAG., §§ 14 ff. des Finanzausgleichsgesetzes vom 27. April 1926 mit zahlreichen Änderungen. Zulässig und üblich sind insbesondere: Getränkesteuer-, insbesondere Biersteuerordnungen, Hundesteuerordnungen, Vergnügungssteuerordnungen, Wertzuwachssteuerordnungen. Gebühren und Beiträge gemäß §§ 4, 6, 9, 12 KAG. Siehe ferner den durch Art. V der Verordnung zur Regelung einiger Punkte des Gemeindeverfassungs-, Verwaltungs- und Abgabenrechtes usw. vom 17. März 1933 (GS. S. 43) Art. V eingefügten § 4a des Gesetzes über die Reinigung öffentlicher Wege vom 1. Juli 1912 (GS. S. 187). Von den Beiträgen nach § 9 KAG. wird zu wenig Gebrauch gemacht.

7. Z. B. Kanalisation, Wasserleitung, Müllabfuhr, Straßenreinigung, Schlachthäuser, Feuerlösch- und Desinfektionsanstalten.

8. Nur in dieser Beziehung auf den Grundbesitz oder Gewerbebetrieb, nicht allgemein besteht ein Nutzungsrecht (Ausdehnung des Anstalts*bereichs*; räumliches, nicht persönliches Anstaltsprinzip!). Wer also in einer Gemeinde ein Gewerbe betreibt, aber außerhalb der Gemeinde wohnt, hat kein Recht auf Benutzung der betreffenden Gemeindeschule für seine Kinder.

9. Sachlich gebundene Pflicht des Außenseiters entsprechend seinem Recht (Anm. 8); beides ist auf den sachlichen Anteil am wirtschaftlichen Gemeindeleben bezogen.

10. Z. B. nicht rechtsfähige Vereine. Durch diese Vorschrift ist nach dem Vorbilde des Pr. GemVerfG. § 13 die im früheren Rechte auftauchende Schwierigkeit vermieden worden, die sich daraus ergab, daß „*Einwohner*“ nur eine natürliche Person sein konnte (s. dazu Oertel a. a. O. § 4 Anm. 1).

§ 18.

(1) Die Gemeinde[1] kann bei dringendem öffentlichen Bedürfnis[2] durch Satzung[3] mit Genehmigung[4] der Aufsichtsbehörde[5] für die Grundstücke[6] ihres Gebietes den Anschluß an Wasserleitung, Kanalisation, Müllabfuhr, Straßenreinigung und ähnliche[7] der Volksgesundheit dienende Einrichtungen[8] (Anschlußzwang) und die Benutzung[9] dieser Einrichtungen und der Schlachthöfe[10] (Benutzungszwang) vorschreiben.

(2) Die Satzung kann Ausnahmen vom Anschluß- und Benutzungszwang zulassen[11]. Sie kann den Zwang auch auf bestimmte Teile des Gemeindegebiets und auf bestimmte Gruppen von Grundstücken oder Personen beschränken.

(3) In der Satzung[12] können für den Fall der Zuwiderhandlung Zwangsgelder[13] bis zur Höhe von 1000 Reichsmark angedroht werden[14]. Auch kann die Satzung vorsehen, daß bei Weigerung des Verpflichteten Handlungen an seiner Stelle und auf seine Kosten vorgenommen werden[15]. Die Zwangsgelder und die Kosten für die Ersatzvornahme werden im Verwaltungszwangsverfahren[16] beigetrieben.

Anschluß- und Benutzungszwang durch Ortssatzung!

1. Zuständig ist der Bürgermeister oder ein Vertreter (§§ 32, 35). Erforderlich ist aber die Genehmigung der Staatsaufsichtsbehörde.

Die Anordnung des Anschlußzwanges durch Ortssatzung wurde in Preußen bis zum Inkrafttreten des Pr. GemVerfG. vom 15. Dezember 1933 für unzulässig gehalten. Die herrschende Meinung nahm an, daß die Gemeinde eine bestimmte Einrichtung wie die in § 18 genannten durch Ortssatzung zur Gemeindeangelegenheit erklären und daß dann nur die Polizei den Anschlußzwang durch Polizeiverordnung anordnen könne. Auch die Zulässigkeit dieser Polizeiverordnung war nicht unbestritten. Das Gemeindeverfassungsgesetz räumte mit der unpraktischen Zweiteilung in der Zuständigkeit auf. Die Gemeinde übernahm die volle Verantwortung für die Einrichtung der öffentlichen Anstalten mit Anschlußzwang. Die Ortssatzung, in der eine der in § 14 Pr. GemVerfG. genannten Einrichtungen zur Gemeindeangelegenheit erklärt wurde, konnte alsbald die Anordnung des Anschlußzwanges enthalten.

Dabei zeigte sich jedoch, daß nur eine Zuständigkeitsveränderung eingetreten war, indem die Gemeinde die Wahrnehmung der polizeilichen Aufgabe übernahm. Das ging daraus hervor, daß nunmehr die Gemeinde an Stelle der Polizei die in § 14 Pr. GemVerfG. vorausgesetzten Gesichtspunkte der „öffentlichen Sicherheit und Ordnung" zu prüfen hatte. Diese polizeimäßigen, mehr auf Abwehr als auf Förderung hinauslaufenden, engen Ordnungs- und Sicherheitsgedanken sind nunmehr durch das

Grundprinzip der Gemeinschaft für das Recht des Anschluß- und Benutzungszwanges abgelöst worden: Wenn die Bedürfnisse der Gemeinschaft den Anschlußzwang dringend fordern, so muß das einzelne Glied sich dem fügen, auch wenn anderenfalls nicht gerade die Sicherheit und Ordnung beeinträchtigt wäre; die jene Gemeinschaft organisierende Gemeinde muß ferner selbst in der Lage sein, das einzelne Glied in den Rhythmus der Gemeinschaft hineinzuzwingen (vgl. auch Amtl. Begr. zu § 18 Abs. 2). So prägt sich in der geschichtlichen Entwicklung des „Anschlußzwanges" der große Wandel vom liberalen Sicherheitsstaat bis zur völligen Ausgestaltung des nationalsozialistischen Gemeinschaftsstaates aus.

In Bayern und Thüringen konnte durch Ortssatzung ein Anschlußzwang angeordnet werden (vgl. Amtl. Begr. zu § 18 Abs. 1).

Ein Benutzungszwang bestand in den Ländern nicht gleichmäßig. So war in § 14 Pr. GemVerfG. kein Benutzungszwang vorgesehen.

Nunmehr regelt § 18 DGemO. die Materie des Anschluß- und Benutzungszwanges einheitlich nach den neuen Gesichtspunkten der Gemeinschaft. Diese Gesichtspunkte sind auch bei der Auslegung zu beachten!

2. Das „dringende öffentliche Bedürfnis" ist nicht gleichbedeutend mit „Erfordernis der öffentlichen Sicherheit und Ordnung". Beide Voraussetzungen stammen vielmehr aus verschiedenen Rechtskreisen (s. Anm. 1). Das „öffentliche Bedürfnis" ist nicht sicherheits-, polizeimäßig, sondern gemeinschaftsmäßig bestimmt. Das „öffentliche Bedürfnis" umfaßt daher alle sich im Gemeinschaftsleben für dessen Bestehen und für dessen Entfaltung ergebenden Notwendigkeiten, mögen sie sich auf Sicherheit und Ordnung, Volksgesundheit, insbesondere Sicherstellung des Bedarfs an einwandfreien lebenswichtigen Stoffen (Wasser, Fleisch) oder auf Förderung des Straßenverkehrs beziehen. Das Beiwort „dringend" schränkt dabei die der Gemeinschaftsregelung unterliegenden Fälle auf diejenigen ein, die sich nahe an der Grenze einer Gefahr für die Gemeinschaft bewegen. Damit wird zugleich einer mißbräuch-

lichen Ausdehnung des Anschluß- und Benutzungszwanges vorgebeugt. Die Amtl. Begr. zu § 18 Abs. 2 am Ende erwähnt dazu, daß ein Anschlußzwang aus rein fiskalischen Gründen unzulässig sei.

3. Infolge des veränderten rechtlichen Gesichtspunktes (vgl. Anm. 1) ist die Einführung des Anschluß- und Benutzungszwanges „der gemeindlichen Selbstgesetzgebung" überlassen worden. Wie die Amtl. Begr. zu § 18 Abs. 3 ausführt, hat die Satzung „nach dem Willen des Gesetzes die allgemeine Zurverfügungstellung der Einrichtung, ihre Benutzung unter Ausspruch des Anschluß- oder Benutzungszwanges und das von den Einwohnern zu entrichtende Entgelt zu regeln" (vgl. auch Abs. 3). Die Form der Satzung war erforderlich, um abstrakt und generell den Inhalt des Eigentums der in der Gemeinde gelegenen Grundstücke zu umgrenzen.

4. Die Amtl. Begr. zu § 18 Abs. 3 stellt klar, daß alle in Anm. 3 genannten Bestandteile der Satzung der Genehmigung der Aufsichtsbehörde bedürfen. Eine von der Aufsichtsbehörde nicht genehmigte Teilregelung ist daher unwirksam.

Die Amtl. Begr. überläßt es ferner der Ausführungsanweisung, „vor der Genehmigung solcher Satzungen ein Verfahren vorzuschreiben, das auch die Einwohner mit ihren Wünschen zu Worte kommen läßt".

5. Vgl. § 107.

6. Dadurch wird auf der sachlichen Grundlage der ständigen Zugehörigkeit eines Grundstücks zum Gemeindegebiet eine besondere, von dem Eigentum an diesem Grundstück abhängige Beziehung zwischen den durch ihr Eigentum an dem Gemeindegebiet beteiligten Einwohnern und der Gemeinde hergestellt. Der Anschluß- und Benutzungszwang trifft den jeweiligen Eigentümer des Grundstücks, hat also dinglichen Charakter.

7. Die Aufzählung der Anstalten, für die ein Anschlußzwang eingerichtet werden kann, ist daher im Gegensatz zu dem bisherigen preußischen Recht (GemVerfG. § 14) nicht abschließend; doch müssen die weiteren Einrichtungen der Volksgesundheit dienen. Die Anordnung des Anschlußzwanges an die Straßenbeleuchtung (beispielsweise) ist daher unzulässig.

Dadurch, daß die dem Anschlußzwange zu unterstellenden Einrichtungen nicht abschließend aufgeführt sind, soll nach der Amtl. Begr. zu § 18 Abs. 4 dem Umstande Rechnung getragen werden, daß „das Bedürfnis auf diesem Gebiet sehr stark dem Wandel und der Entwicklung unterliegt" (vgl. auch den weiteren Hinweis auf die Ausführungsanweisung a. a. O.).

8. Vgl. § 17 Anm. 4. — Die Amtl. Begr. zu § 18 Abs. 4 hebt noch hervor, daß die Einrichtungen nicht notwendig im Eigentum der Gemeinde stehen müssen, daß es vielmehr genügt, wenn die Gemeinde sich auf die Einrichtungen „im Wege des Vertrages oder sonstwie soweit Einfluß verschafft, daß ein allgemeines Benutzungsrecht der Einwohner zu angemessenen Bedingungen gesichert ist".

9. Dem praktischen Bedürfnis wird in den meisten Fällen nicht schon durch das Bestehen der Verbindung des Grundstücks mit der öffentlichen Einrichtung Genüge getan, es muß vielmehr die Pflicht zur Benutzung und damit das Verbot der Benutzung eigener oder anderer Einrichtungen hinzukommen.

10. Für Preußen vgl. Gesetz betreffend die Einrichtung öffentlicher, ausschließlich zu benutzender Schlachthäuser, vom 18. März 1868/9. März 1881 (GS. S. 277 bzw. 273), §§ 1, 2 und 5.

11. Die Amtl. Begr. zu § 18 Abs. 4 erwähnt dazu den Fall, daß „Industriewerke, die auf die Benutzung besonderen Wassers angewiesen sind, oder die bei besonders großem Verbrauch durch die Wasserentnahme aus der gemeindlichen Wasserleitung unbillig belastet werden, von der Benutzung der allgemeinen Wasserleitung" freigestellt werden können.

12. Wegen der Zuständigkeit vgl. Anm. 1, 3—5. Die allgemeine **Androhung** des Zwangsgeldes in der Satzung bedarf daher des Zusammenwirkens von Bürgermeister und Aufsichtsbehörde. Die **Festsetzung** des Zwangsgeldes auf Grund der Satzung obliegt dagegen dem Bürgermeister (vgl. § 29 Ziff. 1 und 3).

13. Das bisher rein polizeiliche Zwangsgeld (siehe §§ 33, 55 des Preußischen Polizeiverwaltungsgesetzes vom 1. Juni 1931) wird nach dem Vorgange des § 14 Pr. GemVerfG. auch den Gemeinden anvertraut, das Zwangsgeld ist Beugemittel, keine

Strafe (vgl. für das Preußische Polizeirecht die Entsch. des Staatsgerichtshofes vom 21. Juni 1932, RGZ. Bd. 137, Anhang S. 47 ff., 55 ff.; der damit festgelegte Rechtscharakter des Zwangsgeldes ist überall als gemeint anzunehmen, wo das Gesetz den Begriff gebraucht). Daraus folgt: Die Zwangsgelder können solange wiederholt festgesetzt werden, bis der Anschluß- oder Benutzungszwang durchgeführt ist (oder die Grenze von 1000 RM. erreicht ist). Die Beitreibung des Zwangsgeldes kann ferner noch nach Festsetzung durch Herstellung des gebotenen Anschlusses oder durch die verlangte Benutzung, falls eine solche noch mit gleicher Wirkung, wie verlangt, möglich ist, abgewandt werden. Ferner: Wenn auch eine dem § 55 Abs. 2 Pr. PVG. entsprechende Bestimmung in § 18 fehlt, wird doch nach pflichtmäßigem verwaltungsmäßigen Ermessen der Bürgermeister die Festsetzung des Zwangsgeldes vorher in bestimmter Höhe schriftlich androhen, es sei denn, daß Gefahr im Verzuge vorliegt.

14. Wegen der Rechtsmittel gegen die Festsetzung des Zwangsgeldes vgl. § 29 Ziff. 3, § 30 mit Bemerkungen.

15. Die Ersatzvornahme kann in der Satzung neben oder an Stelle des Zwangsgeldes vorgesehen werden. Der Bürgermeister ist im ersten Falle zur pflichtmäßigen Auswahl zuständig. Im einzelnen kann auch hier Pr. PVG. § 55 Abs. 2 Satz 1, 2, 4, 5, Abs. 4 Satz 2 Abs. 5 und 6 als der Natur des Zwangsgeldes entsprechend herangezogen werden.

16. Für Preußen vgl. Verordnung, betr. das Verwaltungszwangsverfahren wegen Beitreibung von Geldbeträgen, vom 15. November 1899 (GS. S. 545) mit zahlreichen Änderungen; vgl. den Abdruck in der Sammlung Preußischer Gesetze staats- und verwaltungsrechtlichen Inhalts von Stier-Somlo, 8. Aufl.

§ 19.

(1) Bürger[1] der Gemeinde[2] sind[2a] die deutschen Staatsbürger[3], die das fünfundzwanzigste[4] Lebensjahr vollendet haben, seit mindestens einem Jahr[5] in der Gemeinde wohnen[6] und die bürgerlichen Ehrenrechte[7] besitzen[8].

(2) Hauptamtliche Bürgermeister und hauptamtliche Beigeordnete werden Bürger ohne Rücksicht auf die Wohndauer[9] mit dem Amtsantritt[10] in der Gemeinde.

(3) Die Gemeinde[11] kann mit Genehmigung der Aufsichtsbehörde[12] das Bürgerrecht auch anderen Einwohnern[13] ohne Rücksicht auf die Wohndauer[14] verleihen.

(4) Das Bürgerrecht der Soldaten ruht[15].

Erwerb des Bürgerrechts.

1. § 19 weist gegenüber seinem Vorbilde, dem § 15 Pr. GemVerfG. und der dazu erlassenen Durchführungsverordnung, einige Änderungen auf.

§ 19 gehört systematisch zu § 5 Abs. 1 Satz 2 und Abs. 2. Nach der Begriffsbestimmung des Bürgers (§ 5 I²) und der Kennzeichnung seiner Aufgaben (§ 5 Abs. 2) regelt § 19 DGemO. die Voraussetzungen für Erwerb und Bestand des Bürgerrechts.

Das Bürgerrecht verpflichtet und berechtigt zur ehrenamtlichen Mitwirkung bei der Gemeindeverwaltung (§§ 5 Abs. 2, 22ff., 39, 48ff., 53). **Nur** wer das Bürgerrecht besitzt, kann zu ehrenamtlicher Tätigkeit herangezogen werden (vgl. § 22 Abs. 2 und Amtl. Begr. zu § 19). Das Bürgerrecht ist daher auch Voraussetzung für die Berufung als Gemeinderat gemäß §§ 48ff. Diese Heraushebung der Bürger vor den übrigen Einwohnern mußte Grundlage für die Regelung der Voraussetzungen des Bürgerrechts sein. Maßgebend ist nach der Deutschen Gemeindeordnung wie schon nach dem Preußischen Gemeindeverfassungsgesetz der Grad der inneren **Verbundenheit** des Bürgers mit seiner Gemeinde.

2. Da die DGemO. nicht mehr zwischen Stadt- und Landgemeinde unterscheidet, ist — beim Zutreffen der Voraussetzungen — auch der Dorfbewohner, ist der Bauer „Bürger". Eine Aufrechterhaltung alter Bezeichnungen wie Gemeindeangehöriger usw. ist in § 119 Ziff. 3 nicht vorgesehen. Feudale und liberale ständische Unterschiede weichen damit neuen Ordnungen. Es gibt nur noch Gemeindebürger (Stadt- und Ackerbürger).

2a. Ein etwaiger Streit darüber wird im Einspruchs- und Verwaltungsstreitverfahren gemäß §§ 29 f. ausgetragen. Voraussetzung ist irgendeine Verfügung der Gemeinde, in der sich ihr Standpunkt über das Nichtbestehen des Bürgerrechts offenbart.

3. Vgl. VO. über die deutsche Staatsangehörigkeit vom 5. Februar 1934 (RGBl. I S. 85) in Verbindung mit dem Reichs- und Staatsangehörigkeitsgesetz vom 22. Juli 1913, s. ferner Gesetz über den Widerruf von Einbürgerungen und die Aberkennung der deutschen Staatsangehörigkeit vom 14. Juli 1933 (RGBl. S. 480 f.), VO. zur Durchführung des Gesetzes über den Widerruf und die Aberkennung der deutschen Staatsangehörigkeit vom 26. Juli 1933 (RGBl. I S. 480 f.). Wie die Amtl. Begr. zu § 19 Ziff. 1 bemerkt, wird diese Voraussetzung nach der Neuregelung des deutschen Staatsbürgerrechts erhöhte Bedeutung erlangen.

4. Ziff. 2 der Amtl. Begr. zu § 19 zeigt, daß bei der Festsetzung des Reifealters für das Bürgerrecht zwischen dem 21. und dem 25. Lebensjahre geschwankt wurde. In Übereinstimmung mit dem Pr. GemVerfG. hat sich die DGemO. für die Vollendung des 25. Lebensjahres entschieden. Die Begr. bemerkt hierzu (a. a. O.): „Dafür war einerseits die Erwägung maßgebend, daß die Bekleidung gemeindlicher Ehrenämter ein gewisses Maß von Erfahrungen voraussetzt, das vor Erreichung des fünfundzwanzigsten Lebensjahres regelmäßig nicht erworben ist, anderseits aber auch das Beispiel anderer Gesetze des neuen Reiches, die die Wahrnehmung ehrenamtlicher Aufgaben an die Vollendung des fünfundzwanzigsten Lebensjahres binden." Zum letzten sind § 8 des Gesetzes zur Ordnung der nationalen Arbeit vom 20. Januar 1934 — RGBl. I S. 45 ff. — und § 5 der Dritten Verordnung zur Durchführung des Gesetzes zur Ordnung der nationalen Arbeit (Bildung und Verfahren der Ehrengerichte) vom 28. März 1934 — RGBl. I S. 255 — zu vergleichen (25. Lebensjahr Voraussetzung für die Bekleidung des Amtes als Vertrauensrat wie als Beisitzer in den sozialen Ehrengerichten). Das 25. Lebensjahr gewinnt damit in der Rechtsordnung wie im früheren Deutschen Recht erhebliche, besonders öffentlich-rechtliche Bedeutung (für diese allgemeine Frage s. freilich auch

§ 5 der Verfahrensordnung für die Berufsgerichte der Presse vom 18. Januar 1934 in Verbindung mit § 5 Ziff. 4 des Schriftleitergesetzes vom 4. Oktober 1933).

5. Damit wird eine an der Zeit der räumlichen Zugehörigkeit sich zeigende Verbundenheit mit der Gemeinde als Sinn der Unterscheidung zwischen Bürgern und Gemeindeangehörigen aufgezeigt (vgl. auch Ziff. 3 der Amtl. Begr. zu § 19). — Für die Berechnung der Zeitspanne kann § 188 Abs. 2 BGB. nicht unmittelbar, wohl aber in Verbindung mit § 187 Abs. 2 BGB. entsprechend angewandt werden. Der neu hinzuziehende Einwohner wird daher Bürger mit dem Ablaufe desjenigen Tages des letzten Jahres, welcher dem Tage vorhergeht, der durch seine Zahl dem Tage der Begründung des Wohnsitzes entspricht, falls er an jenem Tage das 25. Lebensjahr vollendet hat.

6. D. h. „ihren Wohnsitz gemäß §§ 7 ff. BGB. haben". Das Beiwort „ununterbrochen", das § 15 Pr. GemVerfG. hatte, ist als überflüssig (vgl. meine Anm. 6 zu § 15 a. a. O.) mit Recht weggelassen worden. Ferner: Nur der Einwohner kann Bürger sein. Die Stellung als Einwohner ist also die Voraussetzung für den Bürgerrechtserwerb.

7. Vgl. dazu §§ 31, 32, 45, 33, 34 RStGB.

8. Im Preußischen Gemeinderecht waren außer den positiven Voraussetzungen für den Erwerb des Bürgerrechts mehrere Hinderungsgründe (Unfähigkeitsgründe) festgelegt, von denen einer (Verlust der bürgerlichen Ehrenrechte) in die DGemO. übergegangen ist. Nach § 3 Abs. 2 der 1. DVO. zum Pr. GemVerfG. war Bürger nicht:

a) wer entmündigt ist (vgl. dazu § 6 BGB., § 661 Abs. 1, § 661 Abs. 2, § 683 ZPO.);
b) wer unter vorläufiger Vormundschaft steht (vgl. dazu § 1906 BGB., § 52 FGG.);
c) wer wegen geistiger Gebrechen unter Pflegschaft steht (vgl. § 1910 Abs. 2 BGB.);
d) wer die bürgerlichen Ehrenrechte nicht besitzt.

Entsprechende Bestimmungen sind bisher nicht ergangen, jedoch für die in § 121 vorgesehenen Rechtsvorschriften zu empfehlen. Die Grundunterscheidung zwischen Einwohner und Bürger liegt in der nur **diesem** gegebenen Möglichkeit, ehrenamtlich in der Gemeinde tätig zu werden. Wer hierzu **generell** ungeeignet ist, soll an der zweckgebundenen, nämlich gemeinschaftsbezogenen, allgemeinen Ehrenstellung des Bürgers nicht erst teilnehmen. Die mangelnde Eignung kann physische, verstandesmäßige und moralische Grundlagen haben. Der Syphilitiker, der Geisteskranke, der Kuppler, der Zuhälter und die Sittendirne können nicht die als **Ehrenstellung** gedachte Stellung des Gemeindebürgers haben. Außer den in § 3 Abs. 2 der bezeichneten Preußischen Verordnung genannten Mängeln sind daher als weitere Hinderungsgründe für das Bürgerrecht zu nennen:

e) Verurteilung zu einer Maßregel der Sicherung und Besserung nach §§ 42a ff. RStGB., in den Fällen der Ziff. 1—4 und 6 für die Zeit, auf die sich die angeordnete Maßregel bezieht (vgl. dazu noch § 3 Abs. 3 der 1. DVO. zum Pr. GemVerfG.; abgedr. im Kommentar von Lympius-Küchenhoff S. 152);

f) Schimpfliches Gewerbe;

g) ekelerregende, schuldhaft erworbene Krankheit.

Solange eine diese Hinderungsgründe klarstellende Durchführungsverordnung nicht ergeht, könnte eine schöpferische Rechtsanwendung den mit jenen Mängeln Behafteten die Eigenschaft eines Gemeindebürgers absprechen wollen. Grundlage könnte dafür die im Gesetze zum Ausdruck gelangte Herausstellung der besonderen Ehre des Besitzes des Gemeindebürgerrechts bieten. Indessen würde damit der Neuregelung des Staatsbürgerrechts im Sinne der Darlegungen des Führers im Kampf S. 488ff. vorgegriffen. Man wird also die vorläufige Regelung des § 19 befolgen müssen. Eine Heranziehung der genannten Personen zu **konkreter** ehrenamtlicher Tätigkeit kann jedoch bei Anwendung pflichtmäßigen verwaltungsmäßigen Ermessens keinesfalls in Frage kommen.

9. Zweifelhaft kann sein, ob auch hier ein Lebensalter über 25 Jahre vorausgesetzt wird wie in Abs. 1. Ausdrücklich wird diese Voraussetzung in Abs. 2 nicht wiederholt. Aus dem Wortlaut könnte man folgern, daß die Regelung in Abs. 2 nur an die Stelle der zweiten Voraussetzung von Abs. 1 (seit mindestens

einem Jahr in der Gemeinde wohnen), nicht aber völlig an die Stelle von Abs. 1 treten soll. Denn das Bürgerrecht soll nur der erwerben, der eine gewisse Lebensreife erlangt hat. Indessen entspricht es dem Grundsatze der Leistung, daß derjenige, der eines der bezeichneten Ämter in der Gemeinde vor seinem 25. Lebensjahre erlangt hat, auch Bürger ist. Wie dort so kann auch hier Jugend kein Hinderungsgrund sein. Die nötige sachliche und persönliche Reife muß vor der Berufung in das Amt geprüft werden.

10. Die Verbundenheit mit der Gemeinde wird hier durch das Amt hergestellt. Maßgebend ist der Amtsantritt, der Beginn der sachlichen Tätigkeit, nicht die Berufung in das Amt, die Anstellung, wie im bisherigen Preußischen Gemeinderecht. Nicht übernommen ist aus diesem der zeitfreie Erwerb des Bürgerrechts von aktiven Reichs- und Landesbeamten und von führenden Persönlichkeiten der Bewegung. Vgl. jedoch Abs. 3 mit Bem.

11. Also der Bürgermeister (vgl. § 32) oder sein allgemeiner Vertreter (s. § 35 Anm. 1)

12. Vgl. § 107.

13. In Betracht kommen hohe Reichs- und Staatsbeamte, deren amtliche Tätigkeit sich auf Gebiete bezieht, die gerade für die betreffende Gemeinde besonders wichtig sind. Dasselbe gilt bei führenden Persönlichkeiten der Bewegung (oberste örtliche Leiter der NSDAP, rangälteste Führer der Sturmabteilungen oder der Schutzstaffeln der NSDAP; vgl. § 15 Pr. GemVerfG.). Nach der Amtl. Begr. zu § 19 Ziff. 3b „darf die Durchbrechung des gesetzlichen Grundsatzes jedoch immer nur Ausnahmeerscheinung sein und ist deshalb an die Genehmigung der Aufsichtsbehörde gebunden".

14. Nicht aber ohne Rücksicht auf das Alter! Die Amtl. Begr. hebt hierzu (§ 19 Ziff. 3b) ausdrücklich hervor, „daß die Verleihung des Bürgerrechts unter Abweichung von sonstigen Voraussetzungen des § 19 Abs. 1 schlechthin ausgeschlossen ist". Dem damit zum Ausdruck gebrachten Führerwillen ist unbedingt Rechnung zu tragen. Übrigens besteht bei Verleihungen des Bürgerrechts kaum die Gefahr von Unbilligkeiten.

15. Das Bürgerrecht besteht, kann nur nicht ausgeübt werden. Ehrenämter können folglich Soldaten nicht übertragen werden. Dies entspricht der Stellung der Wehrmacht (vgl. Amtl. Begr. zu § 19 Ziff. 4).

§ 20.

(1) Das Bürgerrecht erlischt[1]

1. durch Wegzug[2] aus der Gemeinde,

2. durch Verlust des deutschen Staatsbürgerrechts[3].

(2) Das Bürgerrecht wird verwirkt[1]

1. durch ehrenrührigen Verlust des deutschen Staatsbürgerrechts[4] oder der bürgerlichen Ehrenrechte[5],

2. durch Aberkennung nach den Vorschriften dieses Gesetzes[6].

(3) Die Gemeinde[7] kann[8] die Verwirkung des Bürgerrechts unter Anführung der Gründe öffentlich bekanntmachen[8].

1. Erlöschen des Bürgerrechts ist eine Beendigung des Bürgerrechts aus rein objektiven Gründen, Loslösung aus dem engeren Verbande der Gemeinde und unbewertet gelassenem Ausscheiden aus dem völkischen Zusammenhange der staatlichen Gemeinschaft. Dagegen bezeichnet „Verwirkung" des Bürgerrechts (Abs. 2) eine Beendigung aus Verschulden. Der Begriff der Verwirkung wird im Abs. 2 in demselben Sinne gebraucht, wie in § 1680 BGB. Wie die Amtl. Erl. zu § 20 bemerkt, soll die „besondere Erwähnung der Verwirkung die Bedeutung des Bürgerrechts für das bürgerliche Leben und die bürgerliche Ehre hervorheben; sie hat, wie sich aus § 20 Abs. 3 ergibt, den Charakter „einer Strafe und soll zugleich auch die Ämterannahme und -führungspflicht (§§ 23, 24) sichern".

Das Erlöschen wird festgestellt bzw. die Verwirkung wird ausgesprochen durch Verfügung des Bürgermeisters nach Anhörung der Gemeinderäte (vgl. §§ 32, 55 Ziff. 3). Rechtsbehelf des Betroffenen: Einspruchs- und Verwaltungsstreitverfahren nach §§ 29, 30.

Außer den in § 20 genannten Verlustgründen kannte das preußische Gemeinderecht in § 3 Abs. 3 der 1. DVO. (abgedr. bei Lympius-Küchenhoff S. 150) weitere Endigungsgründe: Es verloren das Bürgerrecht:

a) Personen, die wegen Geisteskrankheit oder Geistesschwäche in einer Heil- oder Pflegeanstalt untergebracht werden (vgl. dazu § 42a Ziff. 1 StGB., eingefügt durch „Gesetz gegen gefährliche Gewohnheitsverbrecher und über Maßregeln der Sicherung und Besserung vom 24. November 1933" (RGBl. I S. 995 ff.); Unterbringung in einer Trinkerheilanstalt oder in einem Erziehungs- oder Arbeitshause (siehe §§ 42a Ziff. 2 und 3 a. a. O.) zog dagegen nicht den Verlust des Bürgerrechts nach sich); die Zweckmäßigkeit der letzten Regelung erscheint nicht unzweifelhaft. Von einer rassischen Wertbetrachtung aus, wie sie gefordert werden muß, kann der Trinker und Arbeitsscheue keinen Anspruch auf eine besondere Ehrenstellung, wie es die des Bürgers im Gegensatze zum Einwohner ist, erheben.

b) Strafgefangene.

c) Untersuchungsgefangene, vgl. §§ 114 ff. StPO.

Hier bestehen umgekehrte Bedenken wie zuvor. Der Untersuchungsgefangene **kämpft** noch um seine Ehre, sie kann ihm also nicht von vornherein durch Festlegung der Beendigung des Bürgerrechts generell abgesprochen werden.

d) Personen, die infolge gerichtlicher oder polizeilicher Anordnung in Verwahrung gehalten werden, vgl. § 42a Ziff. 4 RStGB. (Gesetz vom 24. November 1933, RGBl. I S. 995 ff.): Sicherungsverwahrung, durch Gericht anzuordnen; § 15 Preuß. PolVerwGes. (polizeiliche Verwahrung); § 1 der Verordnung des Reichspräsidenten zum Schutz von Volk und Staat vom 28. Februar 1933 (RGBl. I S. 83): Schutzhaft (wegen des gesamten „Rechts der Schutzhaft" in Preußen siehe Deutsche Justiz 1934, S. 58 ff.).

Es wäre erwünscht, wenn in einer Durchführungsverordnung gemäß § 121 DGemO. eine entsprechende Regelung getroffen würde. Als Erlöschensgründe müßten ferner die in § 19 Anm. 8 skizzierten Hinderungsgründe gelten und umgekehrt sämtliche Erlöschensgründe als Hinderungsgründe. Daß — auch beim Fehlen einer gesetzlichen Bestimmung — Personen wie die genannten in concreto nicht in Ehrenämter eingesetzt oder zu sonstiger ehrenamtlicher Tätigkeit berufen werden, ist eine Selbstverständlichkeit für die Anwendung pflichtmäßigen Ermessens in der Verwaltungsübung.

2. D. i. durch Aufgabe des Wohnsitzes in der Gemeinde gemäß §§ 7 ff. BGB.

3. Vgl. zur Zeit § 17 Ziff. 1, 2, 5, 6; §§ 18 ff., 25 des Reichs- und Staatsangehörigkeitsgesetzes vom 22. Juli 1913, siehe ferner die in § 19 Anm. 3 genannten Bestimmungen.

4. Vgl. § 17 Ziff. 3, 4 §§ 26, 29, 27—29 des Reichs- und Staatsangehörigkeitsgesetzes vom 22. Juli 1913, § 2 des Gesetzes über den Widerruf von Einbürgerungen und die Aberkennung der deutschen Staatsangehörigkeit vom 14. Juli 1933 (RGBl. I S. 480 f.).

5. Vgl. §§ 31, 32, 45, 33, 34 RStGB.

6. Vgl. § 23 Abs. 2, § 24 Abs. 2: Rechtsbehelfe §§ 29 f.

7. Der Bürgermeister nach pflichtmäßigem Ermessen! § 55 Abs. 1 Ziff. 3 gilt für die Entscheidung über die Bekanntmachung der Verwirkung nicht.

8. Keine Pflicht, sondern pflichtmäßiges Ermessen! Besonderheiten des Falles kann daher Rechnung getragen werden (vgl. Amtl. Erl. zu § 20 am Ende). Gegen die Entscheidung des Bürgermeisters nach § 20 Abs. 3 ist das in §§ 29, 30 vorgesehene Einspruchs- und Verwaltungsstreitverfahren nicht gegeben. Die Ermessensfrage des Abs. 3 unterliegt nicht der Nachprüfung im Rechtsverfahren (s. auch den Wortlaut von § 29 Ziff. 3!).

§ 21.

(1) Die Gemeinde[1] kann deutschen Staatsbürgern[2], die sich um Volk und Staat oder um die Gemeinde besonders verdient[3] gemacht haben, das Ehrenbürgerrecht[4] verleihen[5]. Die Verleihung des Ehrenbürgerrechts an Ausländer bedarf der Genehmigung der Aufsichtsbehörde[6].

(2) Die Gemeinde[1] kann mit Genehmigung der Aufsichtsbehörde[7] dem Ehrenbürger das Ehrenbürgerrecht wegen eines unwürdigen Verhaltens[8] absprechen[9].

(3) Mit der Verwirkung[10] des Bürgerrechts wird auch das Ehrenbürgerrecht verwirkt.

1. Zuständig ist der Bürgermeister oder sein allgemeiner Vertreter (§ 35 mit Anm. 1), die vor ihrer Entschließung die Gemeinderäte hören müssen (§ 55 Abs. 1 Ziff. 2). Außerdem ist die Zustimmung des BdNSDAP erforderlich (§ 33 Abs. 1 Ziff. 2).

2. Vgl. § 19 Anm. 3.

3. Es muß also ein ganz besonderer Anlaß für die Gemeinde vorliegen, durch die Verleihung des Ehrenbürgerrechts eine bestimmte Wertschätzung zum Ausdruck zu bringen (vgl. Amtl. Erl. zu § 21).

4. Das Ehrenbürgerrecht ist eine Ehrenstellung, die aktiven Bürgerrechte (siehe Anm. 1 zu § 19) sind damit aber nicht verbunden.

5. Die Verleihung ist ein rechtsbegründender Verwaltungsakt (öffentlich-rechtliches Rechtsgeschäft).

6. Vgl. § 107. Die Berücksichtigung außenpolitischer Gesichtspunkte ist der Grund für das Genehmigungserfordernis, das bei Inländern weggefallen ist. S. ferner § 33 Abs. 1 Ziff. 2.

7. Im Gegensatze zur Verleihung ist bei der Aberkennung des Ehrenbürgerrechts die Genehmigung der Aufsichtsbehörde (§ 107) — s. ferner auch hier § 33 Abs. 1 Ziff. 2 — allgemein vorgeschrieben. Wie die Amtl. Erl. zu § 21 bemerkt, soll dadurch ein „Schutz gegen willkürliche und sachlich nicht gerechtfertigte Aberkennungen gegeben werden, die Verstimmungen und Strömungen entspringen und für den betroffenen Ehrenbürger eine ungerechtfertigte Beeinträchtigung seiner Ehre bedeuten würden". Die Aufsichtsgewalt sorgt also für die Einheit und Großzügigkeit der Verwaltungsarbeit.

8. Eine dem Dienststrafrecht nachgebildete Generalklausel, deren Inhalt nach den herrschenden Anschauungen und daher im Dritten Reich nach nationalsozialistischer Weltanschauung,

insbesondere nach dem strengen Ehrbegriff des Nationalsozialisten zu bestimmen ist.

9. Ein Rechtsmittelverfahren ist hier nicht gegeben (vgl. § 29), da eine ausreichende Kontrolle durch den BdNSDAP und die Aufsichtsbehörde bei der Genehmigung (s. dazu Anm. 7) ausgeübt wird.

10. Das Erlöschen des Bürgerrechts nach § 20 Abs. 1 hat das Erlöschen des Ehrenbürgerrechts (anders als im bisherigen preußischen Recht) nicht zur Folge.

§ 22.

(1) Der Bürgermeister[1] bestellt[2] die Bürger[3] zu ehrenamtlicher Tätigkeit[4]. Er kann die Bestellung jederzeit zurücknehmen[5]. Für ehrenamtliche Bürgermeister[6], ehrenamtliche Beigeordnete[6] und für Gemeinderäte[7] gelten die besonderen Vorschriften dieses Gesetzes[8].

(2) Mit dem Verlust[9] des Bürgerrechts[10] endet jede[11] ehrenamtliche Tätigkeit[12].

1. Vgl. §§ 32 ff. Möglich ist nach § 35 Abs. 1 Satz 1 auch die Bestellung durch den Ersten Beigeordneten. Doch wird sich wegen der grundsätzlichen Bedeutung der Angelegenheit empfehlen, daß sich die Bürgermeister die Bestellung von Ehrenbeamten selbst vorbehalten. Derartige Einschränkungen der allgemeinen Vertretungsmacht des Ersten Beigeordneten sind zulässig (vgl. § 35 Anm. 1).

2. Nach pflichtmäßigem Ermessen! Grundlage für die Ausübung dieses Ermessens wird die Frage sein, ob der Bürger die Voraussetzungen des § 5 Abs. 2 Satz 2 erfüllen wird. Abgesehen hiervon sind die Voraussetzungen in Anm. 3 zu beachten. Der Bürger hat keinen Anspruch auf Bestellung zu einer ehrenamtlichen Tätigkeit, sondern lediglich die sich aus der Gemeinschaftsordnung ergebende Pflicht zur Annahme des Amtes (§ 5 Abs. 2, § 23; Durchsetzung der Pflicht: § 23 Abs. 2).

Wirksam wird die Berufung in das Ehrenamt erst durch Annahme, wenn auch eine Pflicht zu ihr besteht. Die Berufung ist daher ein zweiseitiger Verwaltungsakt. Auch die Ehrenbeamten sind Beamte der Gemeinden. Näheres vgl. § 37 Anm. 2. Die Berufung hat daher durch Aushändigung einer Anstellungsurkunde gemäß §§ 6, 3 Kapitel II des Beamtenrechtsänderungsgesetzes vom 30. Juni 1933 zu geschehen, in der die Berufung in das Verhältnis als Ehrenbeamter hervorzuheben sein wird. Für die Haftung der Gemeinde ist die Aushändigung der Urkunde aber unerheblich, die Haftung der Gemeinde für Amtspflichtverletzungen ihrer Ehrenbeamten folgt schon aus der — etwaigen — Übertragung hoheitlicher Funktionen (vgl. Entsch. des Reichsgerichts vom 7. November 1933 — III 139/33 —, abgedruckt in Deutsche Justiz 1933 Nr. 54 S. 877 f.).

3. Das Bürgerrecht ist erste Voraussetzung für die Übertragung eines Ehrenamtes oder die Heranziehung zu ehrenamtlicher Mitwirkung bei der Durchführung einzelner Gemeindeangelegenheiten. Über Erwerb und Verlust des Bürgerrechts vgl. §§ 19, 20.

Darüber hinaus gelten noch weitere Voraussetzungen für die Berufung in das Ehrenamt.

Hierbei ist zu beachten (vgl. Amtl. Begr. zu § 22 Ziff. 1), daß sich § 22 Abs. 1 Satz 1 und 2 mit Rücksicht auf Satz 3 nur auf solche Ehrenbeamte oder im Einzelfalle ehrenamtlich Tätige beziehen, die nicht Bürgermeister, ehrenamtliche Beigeordnete und Gemeinderäte sind. § 22 Abs. 1 S. 1 und 2 gelten beispielsweise für Beiräte nach § 58 Abs. 1 Satz 2. Sachliche Unterschiede in dem Sinne, daß die nachfolgenden Voraussetzungen für die übrigen Beamten nicht gelten, bestehen aber im allgemeinen nicht.

a) Heranzuziehen sind zunächst die allgemeinen, auch auf Ehrenbeamte anzuwendenden Vorschriften des § 1a des Reichsbeamtengesetzes in der Fassung des Beamtenrechtsänderungsgesetzes vom 30. Juni 1933 (§ 3 Ziff. 2, § 6). Mithin ist erforderlich:

1. übliche Vorbildung oder sonstige besondere Eignung für die Aufgabe,
2. Gewähr dafür, daß der Ehrenbeamte jederzeit rückhaltlos für den nationalen Staat eintritt,

3. arische Abstammung und arische Ehe. Hierzu vgl. Richtlinien vom 8. August 1933 (RGBl. I S. 575).

Männliches Geschlecht ist für die Beiräte (§§ 58 f.) nicht erforderlich, da § 1a Abs. 2 a. a. O. nur für „planmäßige Beamte auf Lebenszeit" gilt, was die Ehrenbeamten nicht sind. Dagegen können Gemeinderäte und daher auch die aus der Zahl der Gemeinderäte entnommenen Beiräte (§ 58 Satz 2) nur Männer sein (§ 6 Anm. 12).

Die Voraussetzungen zu a 1—3 gelten sinngemäß auch für die Übertragung einer einzelnen ehrenamtlichen Tätigkeit (vgl. Anm. 11).

b) Heranzuziehen sind ferner die besonderen Anforderungen, die an den Ehrenbeamten wie den im Einzelfalle ehrenamtlich Tätigen gestellt werden müssen. Voraussetzung der Berufung zu ehrenamtlicher Tätigkeit ist danach die Gewähr, daß der Bürger diesen Anforderungen genügen wird. Gemäß § 5 Abs. 2 Satz 2 muß derjenige, der zu ehrenamtlicher Tätigkeit bestellt wird, sich durch verantwortungsbewußte und uneigennützige Erledigung der Geschäfte dieses Vertrauens würdig erweisen und der Allgemeinheit Vorbild sein. Voraussetzung für die Heranziehung zu ehrenamtlicher Tätigkeit ist daher in sachlicher Übereinstimmung mit dem bisherigen Preußischen Recht:

1. Feststellung der Gewähr für verantwortungsbewußte uneigennützige Erledigung der übertragenen Aufgaben,

2. unverletzliche Ehrenhaftigkeit,

3. würdiger Lebenswandel.

4. Verwaltung eines Ehrenamtes oder Mitwirkung bei der Durchführung einzelner Gemeindeangelegenheiten. Über die einzelnen Formen der ehrenamtlichen Mitwirkung bei der Gemeindeverwaltung siehe die Zusammenstellung in Anm. 8. Die Heranziehung zu Ehrenämtern oder ehrenamtlicher Tätigkeit soll möglichst weitgehend stattfinden. Dabei besteht kein Unterschied, ob es sich um Selbstverwaltungs- oder um Auftragsangelegenheiten handelt.

5. Die Zurücknahme der Bestellung ist vom Gesetz vollkommen in das pflichtmäßige Ermessen des Bürgermeisters ge-

stellt. Doch ist das Ermessen sachlich streng gebunden, wenn die beamtenrechtlichen Voraussetzungen (s. Anm. 3) wegfallen (z. B. Heirat mit einer Nichtarierin nach Betrauung mit einem Ehrenamte). Für die Ausübung des Ermessens werden — wenn die Regelung zweckmäßiger Weise auch nicht mehr abschließend ist — die bisherigen preußischen Grundsätze herangezogen werden können.

Gemäß § 21 Abs. 2 Pr. GemVerfG. konnte ein Ehrenamt dadurch entzogen werden, daß die für die Berufung zuständige Behörde dem Ehrenbeamten das Anerkenntnis unverletzter Ehrenhaftigkeit oder eines der Würde der Ehrenbeamten entsprechenden Lebenswandels oder Verhaltens versagte oder feststellte, daß die Voraussetzungen für die Berufung in das Ehrenamt nicht vorgelegen hätten oder nicht mehr vorlägen.

Außer der Zurücknahme der Berufung des Bürgers ist das Erlöschen des Bürgerrechts selbst Endigungsgrund für die ehrenamtliche Tätigkeit (§ 22 Abs. 2 DGemO.). Ein Unterschied zwischen den beiden Beendigungsgründen besteht insofern, als die Abberufung vom Amte entsprechend dem Führerprinzip keiner Nachprüfung in einem justizmäßigen Verfahren unterliegt, während dies beim Verluste des Bürgerrechts (§ 29 Ziff. 3, § 30) der Fall ist. Gegen die Zurücknahme der Bestellung zu ehrenamtlicher Tätigkeit findet die Beschwerde gemäß § 31 statt.

6. Vgl. §§ 39—41.

7. Vgl. § 51.

8. Daraus ergibt sich folgendes System der Ehrenbeamten und ehrenamtlich Tätigen der Gemeinde:

A. Ehrenbeamte:

I. **Bürgermeister,** in Gemeinden mit weniger als 10000 Einwohnern (außer Stadtkreisen), falls die Hauptsatzung nichts anderes bestimmt (§ 39 Abs. 1, § 40). Ferner kann in Gemeinden mit mehr als 10000 Einwohnern und in solchen Gemeinden mit weniger als 10000 Einwohnern, die Stadtkreise sind (das letzte ist in Preußen ausgeschlossen), der Bürgermeister dann ehrenamtlich angestellt werden, wenn der Erste Beigeordnete hauptamtlich angestellt ist (§ 39 Abs. 2, § 40 Satz 1 und 2; praktisch selten).

II. **Erster Beigeordneter,** falls er
1. in einer Gemeinde mit weniger als 10000 Einwohnern (außer Stadtkreisen) tätig ist und die Hauptsatzung für ihn nichts anderes bestimmt;
2. in einer Gemeinde mit mehr als 10000 Einwohnern (außer Stadtkreisen) tätig ist und er weder (wie meist) der notwendige hauptamtliche Beigeordnete noch Inhaber einer nach der Hauptsatzung hauptamtlich zu verwaltenden Stelle ist (§ 39 Abs. 2);
3. falls der Erste Beigeordnete in einem Stadtkreise oder in einer Gemeinde mit mehr als 10000 Einwohnern tätig werden soll, und daselbst der Bürgermeister hauptamtlich angestellt ist, kann er ehrenamtlich angestellt werden, falls die Hauptsatzung nichts anderes vorschreibt (§§ 39 Abs. 2, 40; praktisch selten).

III. **Beigeordnete, außer dem Ersten Beigeordneten,** falls sie
1. in einer Gemeinde mit weniger als 10000 Einwohnern tätig sind und die Hauptsatzung für den betreffenden Beigeordneten nichts anders bestimmt,
2. in einer Gemeinde mit mehr als 10000 Einwohnern tätig und nicht Inhaber einer nach der Hauptsatzung hauptamtlich zu verwaltenden Stelle sind (§ 39 Abs. 2).

IV. Gemeinderäte (§§ 48 ff.). Darüber, daß auch sie **Ehrenbeamte** sind, vgl. § 53 Anm. 1.

V. Beiräte (§ 58).

B. Ehrenamtliche Tätigkeit im Einzelfalle.

Beispiele: Volkszählung, Mitwirkung bei Abstimmungen. Aber auch ein erfahrener Baumeister kann bei der Durchführung eines großen Baus (Brücke oder besonderes Gebäude) ehrenamtlich herangezogen werden.

Durch die Heranziehung zu ehrenamtlicher Mitwirkung im Einzelfalle wird der Bürger noch nicht Beamter gemäß §§ 6, 3 Kap. II des Beamtenrechtsänderungsgesetzes vom 30. Juni 1933. Für die Haftung der Gemeinde kommt es jedoch auch hier nur auf die Übertragung öffentlich-rechtlicher Funktionen an (vgl. die Anm. 2 am Ende genannte Entscheidung). Selbstverständlich muß ursächlicher Zusammenhang des Schadens gerade mit der übertragenen Tätigkeit bestehen.

Auch von der ehrenamtlichen Heranziehung zu einzelnen Gemeindeangelegenheiten sind Nichtarier und Ehegatten von Nichtariern sinngemäß (§ 3 Ziff. 2 des Beamtenrechtsänderungsgesetzes vom 30. Juni 1933) ausgeschlossen (vgl. im übrigen oben Anm. 3).

9. Gleichgültig ob der „Verlust" auf Erlöschen oder Verwirkung (§ 20) beruht.

10. Damit wird die notwendige Verbindung zwischen Ehrenamt und Bürgerrecht klargestellt. Die Abberufung vom Amte geschieht durch Verwaltungsakt. Das Erlöschen des Amtes infolge Verlustes des Bürgerrechts dagegen ex lege. Vgl. ferner oben Anm. 5 am Schlusse.

11. § 22 Abs. 2 gilt auch für die in § 22 Abs. 1 Satz 3 von den Regeln des Satzes 1 und 2 ausgenommenen Ehrenbeamten (vgl. Amtl. Begr. zu § 22 Ziff. 2).

12. Gleichgültig, ob Tätigkeit als Beamter oder „im Einzelfalle" vorliegt.

§ 23.

(1) Der Bürger kann eine ehrenamtliche[1] Tätigkeit aus wichtigen Gründen ablehnen[2] oder sein Ausscheiden[2] verlangen[3]. Als wichtiger Grund gilt namentlich[4], wenn der Bürger

1. ein geistliches Amt verwaltet,

2. ein öffentliches Amt verwaltet[5] und[6] die Anstellungsbehörde feststellt[7], daß die ehrenamtliche Tätigkeit mit seinen dienstlichen Pflichten nicht vereinbar ist,

3. schon sechs Jahre ein öffentliches Ehrenamt verwaltet hat[8],

4. mindestens vier minderjährige Kinder hat,

5. mindestens zwei Vormundschaften oder Pflegschaften führt,

6. häufig oder langdauernd von der Gemeinde geschäftlich abwesend ist,

7. anhaltend krank oder

8. mehr als sechzig Jahre alt ist.

(2) Ob ein wichtiger Grund[4] vorliegt, entscheidet die Gemeinde[9]. Sie kann[10] einen Bürger, der ohne wichtigen Grund eine ehrenamtliche Tätigkeit ablehnt oder niederlegt, in eine Buße[11] bis zu 1000 RM[12] nehmen und ihm das Bürgerrecht bis zur Dauer von sechs Jahren aberkennen[13]. Die Buße wird im Verwaltungszwangsverfahren[14] beigetrieben.

1. Vgl. dazu § 22 Anm. 4 und 8. — § 23 bezieht sich auf alle Arten ehrenamtlicher Tätigkeit. — Für Bürgermeister und Beigeordnete vgl. ferner §§ 42, 43.

2. Grundsätzlich besteht die in § 5 Abs. 2 festgelegte Pflicht des Bürgers zu ehrenamtlicher Tätigkeit (nach Bestellung durch den Bürgermeister usw.). § 23 begrenzt in Ziff. 3 die Dauer dieser Pflicht auf 6 Jahre und schafft im übrigen Ausnahmen von der Pflicht, dadurch die Regel bestätigend. Die einzelnen Ablehnungsgründe halten sich im wesentlichen im Rahmen des § 18 Abs. 3 Pr. GemVerfG. (vgl. auch § 1786 BGB.).

3. Ein etwaiger Streit gelangt nach Abs. 2, §§ 29 Ziff. 4 und 30 zum Austrag.

4. Die folgende Aufzählung ist also nicht abschließend. Ein „wichtiger Grund" liegt vor, wenn die sonstige für die Volksgemeinschaft wertvolle Lebenstätigkeit des Bürgers durch die Übernahme des Ehrenamtes leiden würde. Auf die Frage der „Zumutbarkeit" wie im Privatrecht (vgl. etwa § 626 BGB.) ist hier nicht so abzustellen, da im Interesse der Allgemeinheit auch Opfer verlangt werden können. Entscheidend muß vielmehr die Erhaltung der gliedhaft wertvollen Arbeit des Volksgenossen für die Volksgemeinschaft sein. Beispiele, außer den in Ziff. 1—8 genannten, sind:

Eine die Persönlichkeit voll in Anspruch nehmende Leitung eines bäuerlichen, landwirtschaftlichen oder gewerb-

8*

lichen Betriebes, eine die Persönlichkeit voll in Anspruch nehmende künstlerische oder wissenschaftliche Arbeit. Eine gewisse Großzügigkeit wird am Platze sein, da der wider seinen Willen zu Ehrenämtern Herangezogene auch widerwillig und daher schlecht arbeiten wird. Doch wird es gerade zu den erzieherischen Aufgaben des Gemeindeleiters gehören, den besonderen Wert der Arbeit für Volk und Gemeinde hervorzuheben und den Sinn dafür bei den Bürgern zu wecken.

5. Nicht notwendig als Beamter im Sinne der §§ 3, 6 Kap. II des Beamtenrechtsänderungsgesetzes vom 30. Juni 1933.

6. Die Bekleidung eines öffentlichen Amtes allein reicht also zur Ablehnung irgendeiner ehrenamtlichen Tätigkeit in der Gemeinde nicht aus (vgl. Amtl. Begr. zu § 23 Ziff. 1).

7. Diese Feststellung ist für die Entscheidung nach Abs. 2 und §§ 29 Ziff. 4, 30 bindend. Sie hat Tatbestandswirkung!

8. Über die Bedeutung vgl. Anm. 2.

9. Also der Bürgermeister oder der Erste Beigeordnete (§§ 32, 35). Die Gemeinde entscheidet durch ihre Organe auch dann, wenn eine andere Stelle zur Berufung des Ehrenbeamten zuständig ist (vgl. §§ 41, 51). So: Amtl. Begr. zu § 23 Ziff. 2 am Ende.

10. Ermessensfrage, die nach erzieherischen Grundsätzen (vgl. Anm. 4) zu entscheiden ist.

11. Sie hat den Charakter einer Ordnungsstrafe. Die Zahlung kann daher durch Übernahme des Amtes abgewandt werden. Wegen der Beitreibung siehe Schlußsatz von § 23. Rechtsbehelfe: §§ 29 Ziff. 4, 30.

12. Höchstgrenze! Nur einmalige Erhebung zulässig.

13. Vor Aberkennung des Bürgerrechts ist Anhörung der Gemeinderäte erforderlich (§ 55 Abs. 1 Ziff. 3).

Rechtsbehelfe §§ 29 Ziff. 4, 30.

14. Verordnung, betr. das Verwaltungszwangsverfahren wegen Beitreibung von Geldbeträgen vom 15. November 1899 (GS. S. 545) mit zahlreichen Abänderungen; vgl. den Abdruck in der Sammlung preußischer Gesetze staats- und verwaltungsrechtlichen Inhalts von Stier-Somlo, 8. Aufl.

§ 24.

(1) Der Bürger, der zu ehrenamtlicher Tätigkeit[1] bestellt wird, ist wie ein Gemeindebeamter[2] zur Verschwiegenheit[2] verpflichtet. Er darf die Kenntnis von Angelegenheiten, über die er verschwiegen zu sein hat, nicht unbefugt verwerten[1]. Das gilt auch dann, wenn er nicht mehr ehrenamtlich tätig ist.

(2) Verletzt der Bürger die Pflichten, so stehen der Gemeinde die Befugnisse nach § 23 Abs. 2[3] zu[4].

1. Der Ehrenbeamte wie der zu ehrenamtlicher Mitwirkung im Einzelfalle herangezogene Bürger hat eine Pflicht zur Amtsverschwiegenheit und darf die im Gemeinschaftsdienst erlangten besonderen Kenntnisse nicht zum Eigennutz verwenden. Hervorzuheben ist, daß die Pflichten auch nach der Beendigung der ehrenamtlichen Tätigkeit nachwirken.

2. Der Umfang der Amtsverschwiegenheit wird nach § 11 des Reichsbeamtengesetzes zu bestimmen sein. Es heißt dort: „Über die vermöge seines Amtes ihm bekannt gewordenen Angelegenhetien, deren Geheimhaltung ihrer Natur nach erforderlich oder von seinen Dienstvorgesetzten vorgeschrieben ist, hat der Beamte Verschwiegenheit zu beobachten, auch nachdem das Dienstverhältnis aufgelöst ist." Hiernach hat der Beamte Verschwiegenheit nur zu beobachten, wenn sie aus der Natur der Sache folgt oder wenn sie ihm von seinen Vorgesetzten besonders vorgeschrieben ist (vgl. OVG. Bd. 83 S. 428 und Brand „Die Preußischen Dienststrafordnungen vom 27. Januar 1932 in der Fassung des Gesetzes vom 18. August 1934", 3. Aufl., Berlin 1935, § 2 Anm. 11 II A I, Ziff. 4 S. 124). Wegen aller Einzelheiten der Rechtsentwicklung und des Umfanges der Pflicht zur Amtsverschwiegenheit kann auf die ausführlichen Erläuterungen bei Brand a. a. O. § 2 Anm. 11 II A I Ziff. 1—4 S. 123 ff. und Wittland, „Die Preußischen Dienststrafordnungen für Beamte und Richter", Berlin 1935, § 2 BDStO. Anm. 34 S. 97 ff. verwiesen werden.

3. Rechtsfolgen bei Pflichtverletzung: Buße und Aberkennung des Bürgerrechts; diese durch den Bürgermeister nach Anhörung der Gemeinderäte (§ 55 Abs. 1 Ziff. 3).

Rechtsbehelfe: §§ 29, 30.

Die Bestimmung hat ihr Vorbild in § 3 der VO. zur Behebung von Mißständen in der gemeindlichen Verwaltung vom 22. März 1933 (Pr. GS. S. 67 f.) und § 19 Pr. GemVerfG.

4. Die Buße ist hier Dienststrafe (anders im Falle des § 23 Abs. 2; s. daselbst Erl. 11). Bei Verhängung sind also im Falle des § 24 dienststrafrechtliche Gesichtspunkte zu beobachten (vgl. Anm. 2 am Ende). Im übrigen s. § 23 Abs. 2 Anm. 9, 12—14. Wenn in § 24 auch lediglich auf § 23 Abs. 2 Bezug genommen worden ist, so kann der Bürgermeister bei Verletzung der Pflicht zur Amtsverschwiegenheit den Ehrenbeamten auch nach § 22 Abs. 1 Satz 2 entlassen, ohne ihn des Bürgerrechts für verlustig zu erklären. In diesem Falle braucht er die Gemeinderäte nicht vorher zu hören. Auch das Verfahren nach §§ 29, 30 findet keine Anwendung, vielmehr hat der Entlassene das Beschwerderecht nach § 31. Die Wahl zwischen den verschiedenen Möglichkeiten liegt im pflichtmäßigen Ermessen des Bürgermeisters.

§ 25.

(1) Der Bürger darf in seiner ehrenamtlichen Tätigkeit[1] nicht bei Angelegenheiten beratend[2] oder entscheidend[3] mitwirken[4], wenn die Entscheidung ihm selbst, seinem Ehegatten, seinen Verwandten bis zum dritten oder Verschwägerten bis zum zweiten Grade oder einer von ihm kraft Gesetzes oder Vollmacht vertretenen Person einen unmittelbaren Vorteil oder Nachteil[5] bringen kann. Das gilt auch, wenn der Bürger

1. in der Angelegenheit in anderer als öffentlicher Eigenschaft ein Gutachten[6] abgegeben hat oder sonst tätig[7] geworden ist,

2. gegen Entgelt bei jemand beschäftigt ist, der an der Erledigung der Angelegenheit ein persönliches oder wirtschaftliches Sonderinteresse[8] hat.

Diese Vorschriften gelten nicht, wenn der Bürger an der Entscheidung der Angelegenheit lediglich als Angehöriger eines Berufes oder einer Bevölkerungsgruppe beteiligt ist, deren gemeinsame Interessen durch die Angelegenheit berührt werden.

(2) Darüber, ob die Voraussetzungen des Absatzes 1 vorliegen, entscheidet der Bürgermeister endgültig[9]; soweit es sich um ihn selbst handelt, entscheidet sein allgemeiner Vertreter[10].

(3) Wer an der Beratung nicht teilnehmen darf, muß den Beratungsraum verlassen[11].

1. Vgl. Anm. 4 zu § 22. § 25 bezieht sich auch auf die in § 22 Abs. 1 Satz 3 genannten Amtsträger (§ 38).

2. Bezieht sich auf nachgeordnete Verwaltungsorgane (§ 35) wie auf Ratsorgane (§§ 48 ff., 58). Während der Beratung hat sich der betr. Bürger aus dem Beratungszimmer zu entfernen (Abs. 3).

3. Bezieht sich auf Verwaltungsorgane (§§ 32, 35).

4. Bei unzulässiger Mitwirkung wäre der — durch Verstoß gegen das Gesetz zustandegekommene — Verwaltungsakt ungültig! Vgl. auch Amtl. Begr. zu § 25 Ziff. 1. Allerdings ist scharf zu beachten, ob auch eine unzulässige Mitwirkung bei dem maßgebenden Handeln gegenüber den Gemeindegliedern oder gegenüber Dritten vorliegt.

5. Wann ein unmittelbarer Vorteil oder Nachteil vorhanden ist, sagt das Gesetz nicht ausdrücklich. Satz 2 und 3 von Abs. 1 geben nur Anhaltspunkte für die Abgrenzung der unmittelbaren Vorteile von weiteren, mittelbaren. Unmittelbarer Vorteil oder Nachteil erwächst aus der Entscheidung zunächst dann, wenn die Rechte und Pflichten des Bürgers oder eines der in Satz 1 bezeichneten Angehörigen durch die Entscheidung selbst verändert werden. Des weiteren genügen aber auch rein wirt-

schaftliche oder sonstige persönliche Vorteile oder Nachteile, die unmittelbare Folge der Entschließung der Gemeinde sind. Beispiele: Verlegung einer Straße, die bisher an der Gastwirtschaft eines ehrenamtlich tätigen Gemeindebürgers vorbei führte; Zuschüttung eines in der Nähe des Grundstücks eines Gemeinderats liegenden, diesen störenden Dorfteiches usw. Bei der Beurteilung einer „persönlichen Beteiligung" ist von dem Grundgedanken des Gesetzes auszugehen, „Vettern- und Cliquenwirtschaft von vornherein unmöglich zu machen" (Amtl. Begr. zu § 25 Ziff. 1) Die Bestimmung schließt sich inhaltlich an § 51 Pr. GemVerfG. an, der in § 1 der Pr. Verordnung vom 22. März 1933 — GS. S. 67 — sein Vorbild hatte.

6. Rechtlicher, wirtschaftlicher oder technischer Art! Das vor Gericht oder einer anderen Behörde abgegebene Sachverständigengutachten ist jedoch in öffentlicher Eigenschaft abgegeben, begründet also keinen Ausschließungsgrund.

7. Z. B. als Rechtsanwalt, Syndikus. Es muß sich aber um die gleiche Angelegenheit handeln.

8. Im Gegensatze dazu stehen die allgemeinen (beruflichen und ständischen) Interessen in Satz 3.

9. Das Einspruchsverfahren nach §§ 29f. ist damit ausgeschlossen! Unzulässig ist auch die sachliche Beschwerde (s. § 31). Eine Dienstaufsichtsbeschwerde endlich gibt es nicht als allgemeinen Behelf gegenüber dem Bürgermeister. Die Entscheidungsbefugnis des Bürgermeisters ist eingeführt, weil es mitunter zweifelhaft sein kann, ob ein Tatbestand vorliegt, der einen ehrenamtlich tätigen Bürger von der Entscheidung und Beratung ausschließt (so Amtl. Begr. zu § 25 Ziff. 2). Der Bürgermeister hat über die peinliche Sauberkeit der Verwaltung zu wachen (vgl. auch Anm. 5). Seine Entscheidung ist für Gerichte, insbesondere die Dienststrafgerichte, und Verwaltungsbehörden bindend.

10. Vgl. § 35. Die Anrufung der Aufsichtsbehörde wäre zu umständlich gewesen. — In der Zuständigkeit des Ersten Beigeordneten für den Fall „persönlicher Beteiligung" des Bürgermeisters kommt ein allgemeines, auch sonst anwendbares Prinzip

zum Ausdruck (vgl. Amtl. Begr. zu § 25 Ziff. 2; ferner § 41 Anm. 22).

11. Alter Verwaltungsgrundsatz, auf dessen Einhaltung im Dienststrafrecht gesehen wurde. Teilnahme an einer Beratung, die zu einer Entscheidung führt, macht diese selbst aber nicht unwirksam. Unwirksamkeit der Entscheidung liegt nur vor, wenn der Entscheidende selbst nach § 25 verhindert war. Für das Außenverhältnis s. Anm. 4 am Ende.

§ 26.

Ehrenamtliche Bürgermeister[1], Beigeordnete[1] und Gemeinderäte[2] haben eine besondere Treupflicht[3] gegenüber der Gemeinde. Sie dürfen[4] Ansprüche Dritter gegen die Gemeinde nicht geltend machen[4a], soweit sie nicht als gesetzliche Vertreter handeln. Das gilt auch für andere ehrenamtlich tätige[5] Bürger, wenn der Auftrag mit den Aufgaben ihrer ehrenamtlichen Tätigkeit in Zusammenhang steht[6]. Ob die Voraussetzungen dieses Verbots vorliegen, entscheidet der Bürgermeister endgültig[7], bei ihm selbst die Aufsichtsbehörde[8, 9].

1. Vgl. §§ 39, 40. Siehe dazu § 22 Anm. 8. § 26 gilt entsprechend auch für hauptamtliche Bürgermeister und Beigeordnete (§ 38).

2. §§ 48 ff., auch die Beiräte nach § 58, nicht nur soweit sie aus den Gemeinderäten bestellt sind.

3. Die Ehrenbeamten stehen zu der Gemeinde in demselben Treueverhältnis wie die übrigen Beamten. Sie haben sich daher bei jeder Entscheidung und bei jedem Rat, aber auch bei jeder außerdienstlichen Handlung, soweit sie die Interessen der Gemeinde berührt, für die Gemeinde mit ihrer ganzen Persönlichkeit einzusetzen. Vgl. auch Amtl. Begr. zu § 26 Ziff. 1. Wegen der Durchsetzung der Pflicht vgl. Anm. 9.

4. Gleichwohl erfolgte Geltendmachung ist aber prozessual wirksam.

4a. Z. B. als Rechtsanwalt, Syndikus, Rechtsberater und Vertreter der Deutschen Arbeitsfront. Aber auch gelegentliche Vertretung vor Gerichten oder Behörden in der Geltendmachung von Ansprüchen gegen die Gemeinde ist unzulässig. Die Amtl. Begr. zu § 26 Ziff. 1 nennt den Fall, daß Ansprüche eines Gemeindebeamten gegen die Gemeinde im Vorverfahren nach § 7 KBG. erhoben werden sollen.

5. Beiräte (die nicht Gemeinderäte sind) — § 58 — und ehrenamtlich Tätige im Einzelfalle (vgl. § 22 Anm. 4).

6. Die im Einzelfalle ehrenamtlich Tätigen werden nicht Beamte, haben daher keine allgemeine Treupflicht kraft Stellung, sondern nur eine spezielle Treupflicht kraft Aufgabe. Diese Treupflicht bezieht sich nur auf die mit der Aufgabe zusammenhängenden Angelegenheiten. Vgl. auch Begr. zu § 26 Ziff. 1 Abs. 2.

7. Vgl. § 25 Anm. 9. — Auch hier ist seine Entscheidung für Gerichte (insbesondere die Dienststrafkammern) und Verwaltungsbehörden bindend (vgl. Amtl. Begr. zu § 26 Ziff. 2 am Ende).

8. Über die ratio gegenüber § 25 Abs. 2 (2. Halbs.) s. Amtl. Begr. zu § 26 Ziff. 2.

9. Im Gegensatze zu § 20 Satz 2 Pr. GemVerfG. knüpft § 26 an die Verletzung der Treupflicht keine **besonderen** Rechtsfolgen (vgl. Amtl. Begr. zu § 26 Ziff. 3). Verstöße sind daher zu ahnden:

a) gegenüber ehrenamtlichen Bürgermeistern und Beigeordneten, abgesehen von dem Falle des § 45 im Wege des Dienststrafverfahrens,
b) gegenüber Gemeinderäten nach § 54,
c) gegenüber sonst ehrenamtlich Tätigen nach § 22 Abs. 1 Satz 2.

§ 27.

(1) Die Gemeinde[1] kann durch die Hauptsatzung[2] ehrenamtlichen Bürgermeistern[3], Beigeordneten[3] und Kassenverwaltern[4] eine angemessene Aufwandsentschädigung[5] bewilligen.

(2) Wer sonst ehrenamtlich tätig[6] ist, hat nur Anspruch auf Ersatz seiner Auslagen und des entgangenen Arbeitsverdienstes[7] im Rahmen von Zeugengebühren[8]. Durch die Hauptsatzung können Durchschnittssätze[9] festgesetzt werden.

(3) Die Ansprüche auf diese Bezüge sind nicht übertragbar[10].

1. Der Bürgermeister oder der Erste Beigeordnete (§ 35) nach Anhörung der Gemeinderäte (§ 55 Ziff. 3).

2. Vgl. § 3 Abs. 2.

3. Vgl. §§ 39, 40. — Siehe dazu § 22 Anm. 8.

4. Vgl. § 94.

5. Bei der Bemessung der Höhe ist von dem Grundgedanken des Gesetzes auszugehen, daß einerseits das Ehrenamt uneigennütziger Dienst an der Gemeinschaft und keine Pfründe sein soll (vgl. Amtl. Begr. zu § 27 Ziff. 1), anderseits die Gemeinschaft dem Gliede für seine besondere, ständige Mühewaltung oder ein besonderes Risiko (Kassenverwaltung!) einen billigen Ausgleich gewährt, der den Ersatz von Aufwendungen, die Erstattung entgangener Einnahmen, endlich eine gewisse Entschädigung für den Gesamtaufwand, die ständige Zurverfügungstellung der Leistungsfähigkeit an die Gemeinschaft und die Richtung der gesamten Persönlichkeit auf diese Tätigkeit umfaßt. Dies wird insbesondere bei der Inanspruchnahme eines Beigeordneten durch ein volles Dezernat gelten (zum letzten s. Amtl. Begr. zu § 27 Ziff. 1).

Keinesfalls darf die Ehrenamtlichkeit dazu führen, daß feudale und kapitalistische Gesichtspunkte wieder im Gemeindeleben Eingang finden. Nicht nur der Vermögende darf in der Lage sein, der Ehre eines Amtes in der Gemeinschaft teilhaftig zu werden.

6. Als Gemeinderat, Beirat oder im Einzelfalle. Vgl. § 22 Anm. 4, 8 B.

7. Nicht darüber hinaus eine Entschädigung für den Gesamtaufwand, die Einstellung (vgl. dazu Anm. 5)!

8. Die Erstattung der baren Auslagen und des nachweislich entgangenen Arbeitsverdienstes entspricht der üblichen Regelung bei ehrenamtlich tätigen, durch die ehrenamtliche Tätigkeit aber nicht voll ausgefüllten Personen. Die Zeugengebührenordnung (in der Fassung vom 21. Dezember 1925 — RGBl. I S. 471 —) enthält die Höchstgrenze.

9. Z. B. Tagegelder, Übernachtungsgelder bei auswärtigen Reisen entsprechend den für Reichsbeamte geltenden Reisekostenbestimmungen. Maßgebend ist die Besoldungsgruppe derjenigen Beamten, denen die betreffenden Ehrenbeamten ihrer Tätigkeit nach entsprechen. Doch dürfen die Grenzen der Zeugengebührenordnung nicht überschritten werden (vgl. AA. zum Pr. GemVerfG. zu § 22; s. v. Lympius-Küchenhoff S. 382).

10. Die Forderungen sind daher auch nicht pfändbar (§ 851 Abs. 1 ZPO.). Die Amtl. Begr. zu § 27 Ziff. 2 bemerkt dazu: „Das ist gerechtfertigt, da es sich um eine Entschädigung für einen durch Ausübung des Ehrenamtes bedingten Aufwand handelt und nicht zugelassen werden kann, daß ehrenamtliche Tätigkeit in der Gemeinde durch den Zugriff des Gläubigers auf diese Bezüge behindert wird."

§ 28.

(1) Die Hauptsatzung[1] kann bestimmen, daß Bürgern, die mindestens zwanzig Jahre ein Ehrenamt[2] ohne Tadel verwaltet haben, eine Ehrenbezeichnung[3] verliehen[3a] werden kann.

(2) Die Gemeinde[4] kann mit Genehmigung[5] der Aufsichtsbehörde[6] die Ehrenbezeichnung[3] wegen eines unwürdigen Verhaltens[7] aberkennen[8].

(3) Mit der Verwirkung des Bürgerrechts wird auch die Ehrenbezeichnung verwirkt[9].

1. Vgl. § 3 Abs. 2 mit Erläuterungen.

2. Als ehrenamtlicher Bürgermeister, Beigeordneter, Gemeinderat oder Beirat. Nicht genügt jedoch gelegentliche, wenn

auch immer wiederkehrende Betrauung mit einer einzelnen ehrenamtlichen Tätigkeit. Über die ratio der Bestimmung s. Amtl. Begr. zu § 28 Ziff. 1.

3. Z. B. Stadtältester (vgl. Amtl. Begr. zu § 28 Ziff. 1), Ratsmann, Ratsherr, Gemeindeältester, Senator, Ehrensenator.

3a. Die Verleihung wird vom Bürgermeister mit Zustimmung des BdNSDAP ausgesprochen (§§ 32, 33 Abs. 1 Ziff. 2).

4. Der Bürgermeister oder der Erste Beigeordnete nach Anhörung der Gemeinderäte mit Genehmigung der Aufsichtsbehörde und Zustimmung des BdNSDAP (§§ 32, 33 Abs. 1 Ziff. 2, 35, 55 Ziff. 2).

5. Vorherige Erteilung möglich und üblich!

6. Vgl. § 107. — Durch die Einschaltung der Aufsichtsbehörde soll wie in § 21 Abs. 2 willkürlichen Maßnahmen vorgebeugt werden. — Rechtlich handelt es sich bei der Aberkennung um einen zusammengesetzten Verwaltungsakt. Erst bei wirksamem Vorliegen aller Teile tritt sie in Kraft. — Ein justizmäßiges Verfahren ist zur Anfechtung der Aberkennung nicht gegeben. Doch kann deren Beseitigung dadurch erreicht werden, daß gegen die „Genehmigung der Aufsichtsbehörde" mit Dienstaufsichtsbeschwerde beim Minister des Innern (§ 107) vorgegangen wird. Falls das in § 28 Abs. 2 vorausgesetzte „unwürdige Verhalten" nicht vorliegt, kann der Minister die Genehmigung der Aufsichtsbehörde rückwirkend aufheben, so daß die Aberkennung (zusammengesetzter Verwaltungsakt! s. oben) entfällt.

7. Eine dem Dienststrafrecht nachgebildete Generalklausel! Ihr Inhalt ist nach dem strengen Ehrbegriff des Nationalsozialisten zu bestimmen. Das unwürdige Verhalten kann innerhalb und außerhalb des Amtes betätigt sein.

8. Die Aberkennung ist rechtsgestaltender, zusammengesetzter Verwaltungsakt (Rechtsfolgen: s. Anm. 6).

9. Die Vorschrift entspricht nach Wortlaut und Sinn dem § 21 Abs. 3. — Rechtsbehelfe gegen die Verwirkung des Bürgerrechts vgl. §§ 29, 30 (§ 29 Ziff. 3).

§ 29.

(1) Gegen Verfügungen der Gemeinde[1], die

1. das Recht zur Mitbenutzung ihrer öffentlichen Einrichtungen[2],

2. die Festsetzung von Zwangsgeldern[3] oder die Ersatzvornahme[4],

3. den Erwerb[5], das Erlöschen[6] oder die Verwirkung[7] des Bürgerrechts[8] oder

4. die Verhängung von Bußen[9]

betreffen, findet der Einspruch[10] statt[11].

(2) Der Einspruch ist binnen zwei Wochen nach der Zustellung[12] bei dem Bürgermeister einzulegen. Die Einspruchsfrist gilt als gewahrt, wenn der Einspruch rechtzeitig bei der Stelle[13] eingelegt wird, die die Verfügung erlassen hat.

(3) Der Einspruch hat aufschiebende Wirkung[14], wenn die Verfügung selbst nichts anderes besagt[15].

1. Des Bürgermeisters, Ersten Beigeordneten oder sonst vertretungsberechtigten Beamten (§§ 32, 35).

2. Vgl. § 17.

3. Vgl. § 18 Abs. 3 Satz 1.

4. Vgl. § 18 Abs. 3 Satz 2.

5. Vgl. § 19.

6. Vgl. § 20 Abs. 1.

7. Vgl. § 20 Abs. 2.

8. Dagegen findet bei Aberkennung des Ehrenbürgerrechts gemäß § 21 Abs. 2 und der Ehrenbezeichnung nach § 28 Abs. 2 kein Rechtsmittelverfahren statt, da hier ausreichende Sicherungen zum Schutze der Betroffenen durch das Erfordernis der Genehmigung der Aufsichtsbehörde und der Zustimmung des BdNSDAP bestehen (vgl. auch Amtl. Begr. Ziff. 1 zu § 29). Insoweit ist das bisherige Preußische Recht geändert.

Kein Rechtsmittelverfahren ferner in den Fällen der §§ 25 Abs. 2 (s. daselbst Note 9) und 26 Satz 3 (s. daselbst Note 7)!

9. Vgl. §§ 23 Abs. 2, 24 Abs. 2.

10. Das Einspruchs- und (§ 30) nachfolgende Verwaltungsstreitverfahren bezweckt den Rechtsschutz des Bürgers und dient der Klärung von **Rechtsfragen** (§ 30 Abs. 2). In Angelegenheiten, in denen es sich in erster Reihe um **Ermessensfragen** handelt, ist die Beschwerde nach § 31 gegeben (vgl. Amtl. Begr. zu § 29 Ziff. 1).

Der Zweck: Rechtsschutz des Bürgers durch ein besonderes Rechtsmittelverfahren gegenüber Verwaltungsakten könnte als Widerspruch zu dem Führerprinzip erscheinen. Die endgültige Entscheidung, ob das Verwaltungsstreitverfahren sich mit diesem Prinzip vereinen läßt, ist dem Reichsverwaltungsgesetz vorbehalten worden (Amtl. Begr. zu § 29 Ziff. 1). Bis dahin ist das Einspruchs- und Verwaltungsstreitverfahren von den Gedanken einer Gegensätzlichkeit zwischen dem Bürger und der Gemeindeführung freizuhalten und zu behandeln unter dem Gesichtspunkt einer **Zuständigkeitsverteilung** in dem Sinne: Auch beim Ausbau der Gemeinschaftsordnung kann es angebracht sein, Entscheidungen rechtlicher Art erst in einem besonderen Verfahren endgültig werden zu lassen, in dem eine an Verwaltungsanweisungen nicht gebundene Instanz aus dem nationalsozialistischen Rechtsgeiste heraus die rechtliche Gewissensentscheidung im organischen Leben der Gemeinschaft gibt. Der Staat bestellt damit — nicht zum Schutze des Bürgers vor ihm (dem Staate selbst) und dessen Verwaltungsorganen — sondern zur gewissenhaften Prüfung der Rechts- und Lebensgestaltung in Staat und Gemeinde ein besonderes Gewissensorgan: das Verwaltungsgericht. Zuvor gibt das Gesetz dem Gemeindeführer Gelegenheit zur Selbstprüfung (§ 30 Abs. 1). In diesem Sinne ist das Bestehenbleiben des Einspruchs- und Verwaltungsstreitverfahrens bis zur endgültigen Regelung der gesamten Frage mit dem Führerprinzip vereinbar.

11. Gegenstand der Prüfung im Einspruchs- und Verwaltungsstreitverfahren sind Rechtsfragen (§ 30 Abs. 2). So ist in § 29 Ziff. 1 zu prüfen, ob eine öffentliche Einrichtung im Sinne des § 17 vorliegt, ob der nach Nutzung Strebende im Sinne von § 5 Einwohner ist, ob sein Mitbenutzungsrecht be-

einträchtigt ist. Das Urteil im Verwaltungsstreitverfahren hat in diesem Falle das Gepräge des Feststellungsurteils. Zulässig sind in dem Urteile Anweisungen an die Gemeinde über die Zulassung des Einwohners zur Mitbenutzung.

Im Falle von § 29 Ziff. 2 sind die rechtlichen Voraussetzungen des § 18 für die Festsetzung von Zwangsgeldern usw. zu prüfen. Zu diesen gehört nicht die Frage, ob ein „dringendes öffentliches Bedürfnis" für die Anordnung des Anschlußzwanges bestand. Diese Frage ist vor Erlaß der Satzung nach § 18 zu entscheiden. Die Zulässigkeit der Schaffung der Satzung selbst unterliegt aber nicht der Nachprüfung im Einspruchs- und Verwaltungsstreitverfahren. Es kommt nur darauf an, daß die Satzung selbst wirksam ist. Das ist sie, wenn sie abstrakt möglich ist, d. h. wenn sie sich auf die in § 18 genannten Einrichtungen in der daselbst gedachten Weise nach ihrem Inhalte bezieht. Die Ermessensfrage des „dringenden öffentlichen Bedürfnisses" ist daher weder im Einspruchs- noch im Verwaltungsstreitverfahren nachzuprüfen (für dieses s. auch § 30 Abs. 2).

Dagegen unterliegt die Höhe des Zwangsgeldes der Nachprüfung im Einspruchs- und Verwaltungsstreitverfahren. Die Entscheidung kann hier auf Aufhebung der Zwangsgeldfestsetzung, auf anderweite Festsetzung des Zwangsgeldes und auf Zurückweisung des Einspruchs lauten.

Im Falle von § 29 Abs. 1 Ziff. 3 bestehen keine Schwierigkeiten. Das Urteil lautet hier auf Feststellung des Bürgerrechts, Aufhebung der das Erlöschen oder die Verwirkung des Bürgerrechts feststellenden Verfügung der Gemeinde oder auf Zurückweisung des Einspruchs.

Im Falle des § 29 Ziff. 4 ist hervorzuheben, daß bei § 23 Abs. 2 das Vorliegen eines „wichtigen Grundes" Rechtsfrage ist. Bei § 24 Abs. 2 sind tatsächliche Ermittlungen über die Verletzung der Pflicht zur Amtsverschwiegenheit im Einspruchs- und Verwaltungsstreitverfahren möglich. Für die Bemessung der Höhe der Buße gilt dasselbe, was oben für die Zwangsgelder ausgeführt ist.

12. Der Tag der Zustellung wird nicht mitgerechnet (§§ 187 Abs. 1, 188 Abs. 2 BGB.)

13. Das kann nur eine der in Anm. 1 genannten Stellen sein.

14. Anders in § 75 KAG. und § 34 Abs. 4 des Preußischen Zuständigkeitsgesetzes.

15. Dies wird der Fall sein, wenn die Verfügung nach Ermessen der Stelle, die sie erlassen hat, nicht ohne Nachteil ausgesetzt werden kann (vgl. Pr. GemVerfG. § 23 Abs. 3). Eine Nachprüfung dieses Ermessens findet nur im Wege der Dienstaufsichtsbeschwerde an den Bürgermeister statt (falls dieser nicht selbst die Verfügung getroffen hat). Im übrigen entstehen bei unrichtiger schuldhafter Anordnung Schadensersatzpflichten der Gemeinde gemäß Art. 131 RV. 1919, §§ 1, 4 des Preußischen Gesetzes vom 1. August 1909.

§ 30.

(1) Über den Einspruch[1] entscheidet[2] der Bürgermeister[3], gegen die ablehnende Entscheidung[4] ist die Klage im Verwaltungsstreitverfahren[5] zulässig[6].

(2) Die Klage kann nur darauf gestützt werden, daß die Verfügung gesetzwidrig[7] sei und den Kläger beeinträchtige[8].

(3) In der Entscheidung über den Einspruch ist auf diese Vorschriften hinzuweisen.

1. Zulässigkeit des Einspruchs s. § 29.

2. Im Einspruchsverfahren können tatsächliche und rechtliche Fragen und Ermessensfragen geprüft werden. Der volle Umfang dieses Prüfungsrechts des Bürgermeisters steht mit dem Führerprinzip voll im Einklange. Beachte aber § 29 Anm. 11 Abs. 2! Die Entscheidung ergeht in Form eines Bescheides. Über seinen möglichen Inhalt s. § 29 Anm. 11.

3. Zuständig ist auch der Erste Beigeordnete als sein allgemeiner Vertreter, s. § 35.

4. Passiv legitimiert ist der Bürgermeister. Wegen Kommissarbestellung in Preußen s. § 74 Abs. 1 und 2 LVG.

5. Wegen der Zuständigkeit im Verwaltungsstreitverfahren wird die Durchführungsverordnung das Erforderliche anordnen

(Amtl. Begr. zu § 30 Abs. 2)*). § 6 der 1. DVO. zum Pr. GemVerfG. — v. Lympius-Küchenhoff S. 152 — sieht das Bezirksverwaltungsgericht vor, wenn der Oberbürgermeister einer Stadt, die einem Landkreise nicht angehört, über den Einspruch entschieden hat, im übrigen das Kreisverwaltungsgericht. Gegenüber dieser Regelung erscheint es als zweckmäßiger, das Bezirksverwaltungsgericht und die entsprechenden Gerichte in den anderen Teilen des Reiches allgemein für zuständig zu erklären, da die Klagen im Verwaltungsstreitverfahren nach § 29, 30 Abs. 2 nicht häufig sein werden, eine **einheitliche** Entscheidung der Rechtsfragen aber dringend notwendig ist.

6. Eine Frist für die Erhebung der Klage ist im Gesetz nicht vorgesehen.

7. Rechtsverletzung also erforderlich. Rechtsfragen sind im Verwaltungsstreitverfahren nachzuprüfen. Der Gegensatz zur Rechtsfrage ist hier aber nicht: **Tatfrage**, sondern **Ermessensfrage**. Tatsächliche Feststellungen zur Prüfung des Vorliegens einer Gesetzesverletzung und einer Beeinträchtigung des Klägers können im 1. Rechtszuge, auch nach Beweisaufnahmen, getroffen werden.

8. Interessenbeeinträchtigung genügt; sie muß aber auf Gesetzesverletzung beruhen. Nach Überwindung des Anspruchsdenkens im öffentlichen Recht kann der Fall einer bloßen Interessenbeeinträchtigung bei Verletzung des die Gemeinschaftsordnung regelnden Gesetzes durchaus vorkommen.

§ 31.

(1) Gegen die Zurücknahme der Bestellung zu ehrenamtlicher Tätigkeit[1] findet binnen zwei Wochen nach der Zustellung[2] die Beschwerde[3] statt.

(2) Über die Beschwerde entscheidet die Aufsichtsbehörde[4] endgültig[5].

---

*) Die DVO. wird sofort nach Erscheinen nachgeliefert werden. Die Zuständigkeit unabhängig von ihr darzustellen, erschien als unnötige Belastung des Buches.

(3) § 29 Abs. 3 findet entsprechende Anwendung.

1. Vgl. § 22 Abs. 1 Satz 2, § 24 Anm. 4.

2. Vgl. § 29 Anm. 12.

3. Sachliche oder förmliche Beschwerde. Zur Entscheidung gelangen insbesondere Ermessensfragen, unter Umständen, z. B. in § 24 Abs. 2 (s. Anm. 1), aber auch Rechtsfragen. Die Entscheidung ergeht durch Bescheid.

4. § 107.

5. Dienstaufsichtsbeschwerde an den Minister des Innern ist dadurch aber nicht ausgeschlossen.

Fünfter Teil.

Verwaltung der Gemeinde.

Vorbemerkung.

1. Der 5. Teil der Reichsgemeindeordnung ist ihr organisatorisches Kernstück. Nach Kennzeichnung der Grundlagen der Gemeindeverfassung und Umgrenzung der Gemeinde—Gemeinschaft in örtlicher wie persönlicher Hinsicht geht das Gesetz dazu über, den Organismus dieser — im Gesamtvolk engeren — Gemeinschaft festzulegen, die Funktionen des Gemeinschaftslebens auf Organe, auf Haupt- und Hilfsorgane, zu verteilen. Dabei kann im nationalsozialistischen Gemeinschaftsstaate, dem Staate also, der auf der inneren gegenseitigen Verbundenheit seiner Glieder beruht, keine Ausbalanzierung von Kräften, keine Kontrolle der Verwaltungs- durch Beschlußorgane, keine Gegensätzlichkeit von Hoheits- und von Selbstverwaltungsträgern leitender Gesichtspunkt sein. Alle in sich zu höchster Leistung entwickelten Kräfte wirken vielmehr an der sachlich richtigsten Stelle verantwortungsbewußt für die engere Gemeinschaft, die Zelle Gemeinde, und damit für den Gesamtorganismus: das Reich. Entsprechend dieser organischen Auffassung des Wesens der Gemeinde muß deren Organisation von der Verbundenheit von Verwaltung und Bürgerschaft und damit von den Staatsgrundprinzipien des Dritten Reiches: Führertum und Volksgemeinschaft ausgehen.

Führertum bedeutet Entfaltung der rassisch wertvollsten Kräfte der blutsmäßig verbundenen Gemeinschaft und Gefolgschaft, Fähigkeit zum Handeln für die Gemeinschaft als der Gestalter ihres besten Wesens, ihres ewigen Inhalts.

Um dieses — für das Funktionieren des Gemeindeorganismus grundlegende — Führertum in der Gemeindeleitung zu schaffen, um ferner die Verbundenheit des Führers mit seiner Gefolgschaft, der Bürgerschaft, ständig sicherzustellen, um endlich die Gefolgschaft selbst zu verantwortungsbewußter Arbeit in der Gemeinschaft für dieselbe heranzuziehen, sind zwei bedeutsame Einrichtungen in der Reichsgemeindeverfassung getroffen:

a) die Grundgestaltung des Gemeindeaufbaus durch die NSDAP (Beauftragten der NSDAP.) (s. dazu weitere Vorbem. 2),

b) das Ratsprinzip (vgl. dazu weitere Vorbem. 3).

2. Der vom Stellvertreter des Führers bestellte (§ 118) Beauftragte der NSDAP wirkt mit

bei Erlaß der Hauptsatzung (s. § 3 Abs. 2), des Verfassungsstatuts der Gemeinde (§ 33 Abs. 1 Ziff. 1),

bei der Ernennung hauptamtlicher Bürgermeister und Beigeordneter (§ 41),

bei der Berufung und beim Ausscheiden der Gemeinderäte (§§ 51, 54),

bei der Verleihung und Aberkennung des Ehrenbürgerrechts und von Ehrenbezeichnungen (§ 33 Abs. 1 Ziff. 2), endlich

bei der Zurücknahme der Berufung von Bürgermeistern und Beigeordneten in kreisangehörigen Städten und Dorfgemeinden im Probejahre (§§ 45, 41 Abs. 2 Nr. 3).

Diese Mitwirkung besteht im Falle der Berufung der Gemeinderäte (§ 51) in der ausschlaggebenden Entscheidung, im Falle der Ernennung der hauptamtlichen Bürgermeister und Beigeordneten in der Befugnis zu bestimmenden Vorschlägen mit endgültiger Entscheidungsgewalt des Ministers des Innern, Reichsstatthalters oder der Aufsichtsbehörde (§ 41; s. bes. Abs. 3 Satz 2), endlich beim Ausscheiden der Gemeinderäte (§ 54), beim Erlaß der Hauptsatzung, bei der Verleihung und Aberkennung des Ehrenbürgerrechts und von Ehrenbezeichnungen (§ 33) und der Zurücknahme der Berufung im Probejahre im Falle des § 41 Abs. 2 Nr. 3 (§ 45) in dem Erfordernisse der Zustimmung des Beauftragten der NSDAP., wiederum mit endgültiger Entscheidungsgewalt des Ministers des Innern, des Reichsstatthalters oder der Aufsichtsbehörde (Näheres dazu § 33 Abs. 2 Satz 2 und 3; § 45; § 54 Satz 2).

Hierdurch gelangt Mehrfaches zum Ausdruck:

a) Die NSDAP als politische Willensträgerin des Staates (vgl. Aufsatz von Frick in Deutsche Verwaltung 1934 S. 289) wirkt durch ihren Beauftragten bei der Gestaltung des Gemeindeaufbaus mit. Sie schafft durch ihren Beauftragten maßgebend mit an den Grundlagen des Funktionierens, am status des Gemeindeorganismus. Stehen die Grundlagen aber fest, so wird die weitere Verwaltung den Gemeindeorganen, Bürgermeister und Beigeordneten, Gemeinderäten und Beiräten überlassen (einzige Ausnahme § 33 Abs. 1 Ziff. 2). An der laufenden Verwaltung nimmt der Beauftragte der NSDAP nicht teil. Die Verwaltung ist vielmehr allein Aufgabe des Bürgermeisters unter Aufsicht des Staates. Hierin liegt eine bedeutsame Verteilung der Aufgaben zwischen der politischen, die große Richtung weisenden Willensträgerin, der NSDAP, und den staatlichen und gemeindlichen Verwaltungsorganen, den Organen der laufenden Verwaltung, die jene Richtlinien ausführen und sie in der Einzelarbeit in die Tat umsetzen.

b) Die Aufgaben des Beauftragten der NSDAP sind im Gesetz abschließend geregelt. Weitere als im Gesetz ausdrücklich genannte Mitwirkungsbefugnisse stehen ihm nicht zu (vgl. auch § 2 Abs. 2). Die zu a bezeichnete Abgrenzung der Aufgaben von staatstragender Bewegung und Verwaltungsapparat ist also überaus klar.

c) Soweit sich der Träger der Verwaltung und der Beauftragte der politischen Grundgestalterin im Einzelfalle nicht einigen können, gibt im Falle des § 51 der Beauftragte der NSDAP, im übrigen (abgesehen von den auf praktischen Erwägungen beruhenden Fällen des § 41 Abs. 2 Ziff. 3 und § 33 Abs. 2 Satz 2 letzter Halbsatz) der Reichsstatthalter oder der Reichsminister des Innern den Ausschlag. Die endgültige Entscheidung trifft also ein Staatsorgan, das seiner „funktionellen Stellung nach“ sowohl politische wie verwaltungsmäßige Interessen gleichmäßig zu wahren hat (vgl. Amtl. Begr. zu § 33 Ziff. 2a; hier wird auch hervorgehoben, daß der Reichsstatthalter dieses hohe Staatsamt und das hohe Parteiamt des Gauleiters in seiner Person vereinigen wird. In Preußen, wo der Oberpräsident die Aufgaben des Reichsstatthalters wahrnimmt, [§ 117 Abs. 3], ist dies bereits weitgehend der Fall). Meinungsverschiedenheiten zwischen dem Träger der politischen Gestaltung und dem Träger der laufenden Verwaltung werden infolgedessen durch das Institut der Realunion (der nicht nur zufälligen, sondern verfassungsmäßig institutionell gedachten Vereinigung von hohem Staats- und hohem Parteiamt) oder durch den Minister selbst als den auf seinem Sachgebiete **universell** (d. h. politisch **und** verwaltungsmäßig tätigen Paladin des Führers und Reichskanzlers) ausgeglichen.

d) Der Beauftragte der NSDAP als der dem Volke dienenden, aus ihm heraus gewachsenen Bewegung nimmt Aufgaben wahr, die sachlich spezielle Selbstverwaltungsaufgaben sind. Die Berufung der Verwaltungsorgane und die Festlegung der Richtlinien der Verwaltung war früher in weitem Maße Aufgabe einer **beschließenden** Körperschaft (Stadtverordnetenversammlung, Stadtrat, Gemeinderat, Bürgerausschuß), die von der Bürgerschaft gewählt wurde. Der wertneutrale liberale Staat mit der verfehlten Hervorhebung der „Gleichheit alles dessen, was Menschenantlitz trägt", kannte als entscheidenden Faktor nur die Zahl. An ihre Stelle setzt der Nationalsozialismus die Wertung, die Leistung, die Auslese und damit: Die **entscheidende Bedeutung der rassisch wertvollsten Teile des Volkes.** Diese werden durch die NSDAP, die dazu vermöge der Grundsätze einer scharfen Auslese in der Lage ist, verkörpert. Die NSDAP, die selbst das großartigste Selbstverwaltungsgebilde des Nationalsozialismus ist (vgl. Freisler „Deutsche Justiz" 1933 S. 794ff.), übernimmt daher die Vertretung der Gemeindebürgerschaft bei der Selbstverwaltung. Der Beauftragte der NSDAP ist also zugleich Selbstverwaltungsträger.

Die Abstufungen seiner Mitwirkungsbefugnisse entsprechen dieser Stellung. Wo es sich um reine Selbstverwaltung der

Bürger handelt, entscheidet er allein (Berufung der Gemeinderäte § 51 mit Anm.), wo Aufgaben der Staatsverwaltung mitsprechen, entscheidet er im Einverständnis mit den Staatsbehörden.

3. Schon die Überschrift des 5. Teils „Verwaltung der Gemeinde" zeigt, daß das Funktionieren des Gemeindelebens nur noch in der Tätigkeit, der Verwaltung, nicht mehr im — getrennten — Beschließen und Durchführen liegt. Die Unterabschnitte des 5. Teils weisen neben der Führung durch den Bürgermeister (§ 32) auf den Rat (§§ 48 Abs. 1 Satz 2, 55) der Gemeinde- und der Beiräte hin. So tritt zu dem Führerprinzip, ihm nachgeordnet, das Ratsprinzip. Die Gemeinderäte haben die Aufgabe, die dauernde Fühlung der Verwaltung der Gemeinde mit allen Schichten der Bürgerschaft zu sichern. Sie haben den Bürgermeister eigenverantwortlich zu beraten und seinen Maßnahmen in der Bevölkerung Verständnis zu schaffen (§ 48). Damit wird eine der wichtigsten Funktionen des Rates (Abstraktum) herausgestellt, die Verbindung zwischen Führung und Gefolgschaft (hier Bürgermeister und Bürgerschaft) zu erhalten. Es handelt sich dabei um ein Institut; es ist aus dem Preußischen Recht (s. Gesetz über den Staatsrat vom 8. Juli 1933 — Pr. GS. S. 241; Ges. über den Provinzialrat vom 17. Juli 1933 — Pr. GS. S. 254; Änderungsges. vom 31. Juli 1933, Pr. GS. S. 289; Pr. GemVerfG. §§ 40 ff.) hervorgegangen. An die Stelle verantwortungsloser anonymer Beschlußkörperschaften, deren Zusammensetzung auf Interessentenvereinigungen („Parteien") beruhte, ist als Ergänzung zum Prinzip der Einzelverantwortlichkeit des Handelnden das Prinzip des einzelverantwortlichen Rats getreten, des Rates von Männern, die durch das Vertrauen des Vertreters der staatstragenden Bewegung zur Arbeit für die Gemeinschaft berufen worden sind.

Die laufende Verwaltung der Gemeinde besteht aus verantwortlichem Handeln nach Einholung verantwortlichen Rats. Es ist daher gerechtfertigt, von einem Führer- und (ergänzenden) Ratsprinzip zu sprechen.

4. Willensbildung (gleich: Entschluß) und Ausführung liegen bei dem allein verantwortlichen Bürgermeister. Dieser hat auch allein die Vertretung nach außen (vgl. § 36 mit Bem.).

In den Fällen des § 55 Abs. 1 Satz 2 (s. allerdings auch Abs. 2) muß der Bürgermeister den Gemeinderäten vor der betr. Maßnahme Gelegenheit zur Äußerung geben, sie also anhören. Indessen liegt hierin nur eine — bei Vermeidung dienststrafrechtlicher, möglicherweise auch bürgerrechtlicher Verantwortung — zu beachtende Anweisung an den Bürgermeister, aber keine Voraussetzung für die Wirksamkeit des betreffenden Entschlusses oder gar seiner Ausführung. Denn die Beratung ist kein Teil der Willensbildung oder Willensäußerung der Gemeinde. Diese beiden liegen vielmehr allein dem Bürgermeister ob. Fehler vor der Willensbildung berühren aber die Wirksamkeit der Willensbildung selbst nicht. Bei der Führer- und Ratsverfassung kommt es mithin für das Handeln nach außen wie innen (Vertretung wie Willensbildung) allein auf die Maßnahmen des Führers an. (Vgl. v. Lympius-Küchenhoff Pr.GemVerfG. Vorbem. 3 vor § 27; gleicher Ansicht: Amtl. Begr. zu § 55 Ziff. 2.)

5. Wegen der politischen und dienststrafrechtlichen Verantwortung sowie der vermögensrechtlichen Haftung der Gemeindebeamten vgl. § 32 Anm. 4 und § 34 Anm. 1.

1. Abschnitt.

Bürgermeister und Beigeordnete.

§ 32.

(1) Der Bürgermeister[1] führt[2] die Verwaltung[3] in voller[4] und ausschließlicher[5] Verantwortung[6], soweit nicht § 33 ausdrücklich anderes bestimmt[7].

(2) Der Bürgermeister führt in Stadtkreisen[8] die Amtsbezeichnung Oberbürgermeister[9].

1. Der Bürgermeister ist Träger der Gemeindeverwaltung. Er ist Organ der Gemeinde und ihr Beamter. Die formellen wie materiellen Vorschriften von §§ 6, 3 des Beamtenrechtsänderungsgesetzes vom 30. Juni 1933 (RGBl. I S. 433f.) sind daher bei seiner Anstellung zu beachten. Weitere Voraussetzungen regelt § 40 DGemO., negative Voraussetzungen legen §§ 42, 43

fest. Vgl. ferner die Abgrenzung hauptamtlicher und ehrenamtlicher Bürgermeister in §§ 39, 40. Über die Berufung s. § 41, Vereidigung § 46. Probejahr: § 45. Amtszeit: § 44, Vertretung: § 35. — Die Rechtsstellung des Bürgermeisters wird mit der Aushändigung einer Anstellungsurkunde unter Berufung in das Beamtenverhältnis gemäß § 3 Ziff. 2 des Beamtenrechtsänderungsgesetzes begründet. Wegen der Haftung der Gemeinde bei Amtspflichtverletzungen des Bürgermeisters vgl. Anm. 4 und 5.

Im Gegensatze zum Pr. GemVerfG. vom 15. Dezember 1933 (§§ 4, 27 Abs. 1) stellt die DGemO. für die Amtsführung des Bürgermeisters keine besonderen Richtlinien auf. Sie verstehen sich für den Führer der dem Reiche organisch eingegliederten Gemeinde von selbst. Der Bürgermeister hat also sein Wirken so zu gestalten, daß es dem Wohle von Volk, Staat und Gemeinde zum Besten gereicht. Er hat die Sonderinteressen der einzelnen Berufsgruppen auszugleichen und in diesen das Bewußtsein der unauslöschlichen Schicksalsgemeinschaft aller Berufsstände zu vertiefen (§ 4 Abs. 2 Satz 2 und 3 Pr. GemVerfG.). Er hat bei seinem Wirken das Wohl von Volk, Staat und Gemeinde unter Voranstellung allgemeiner Interessen vor Sonderinteressen zu erstreben (§ 27 Abs. 1 Pr. GemVerfG.). Der Bürgermeister ist der Vertrauensmann des nationalsozialistischen Staates und der diesen Staat tragenden Bewegung. Seine gesamte Verwaltungsführung muß daher im Einklange mit dem strengen Ehr- und Pflichtbegriff der nationalsozialistischen Weltanschauung und den Zielen der Bewegung stehen, er muß das nationalsozialistische Gedankengut in jedem einzelnen Falle in die Tat umsetzen.

Innerhalb der Gemeinde hat er die in ihr lebendigen Kräfte des Volkes zur Erfüllung öffentlicher Aufgaben der engeren Heimat zusammenzufassen (§ 1 Abs. 2), muß sich für das Wohl der engeren Gemeinschaft in jeder Beziehung einsetzen, darf diese Gemeinschaft aber nicht anders denn als Zelle des Gesamtvolkes betrachten und muß daher stets die Sonderbelange seiner Gemeinde dem Wohle des Volksganzen ein- und unterordnen.

2. Das Führertum des Bürgermeisters in der Gemeinde — Gemeinschaft (s. dazu Vorbem. 1) gelangt damit gesetzlich zum Ausdruck.

3. In Auftrags- wie in Selbstverwaltungsangelegenheiten! Über die Unterschiede vgl. § 2 Abs. 3 mit Bemerkungen.

Das Gesetz kennt nur die Verwaltung. Willensbildung und Ausführung liegen bei dem allein verantwortlichen Bürgermeister (Näheres Vorbem. 4).

Jede Art der Verwaltung untersteht allein dem Gemeindeführer: Bürgermeister. Zuständigkeiten von Deputationen (z. B. Schuldeputationen, Wohlfahrtskommissionen) und Sonderausschüssen mannigfaltigster Art fallen damit weg. Auch die Beiräte (§ 58) sind keine selbständigen Verwaltungsorgane, sondern auf ihrem Verwaltungszweige ständige Ratgeber des allein für die Verwaltung verantwortlichen Bürgermeisters. Das Führerprinzip ist völlig durchgeführt. Eine ungeheure Vereinheitlichung und Klärung der Verantwortung und der gesamten Gemeindeverwaltung liegt darin! Mit § 32 Abs. 1 sind kraft Reichsrechts sämtliche landesrechtliche Regelungen beseitigt, die — meist in irgendeiner Kollegialität — die Verwaltung von Selbstverwaltungs- oder Auftragsangelegenheiten neben dem Bürgermeister oder an seiner Statt anderen Stellen oder Organen der Gemeinde übertrugen. Das gleiche gilt von früheren reichsrechtlichen Bestimmungen nach dem Grundsatze lex posterior derogat legi priori. § 32 Abs. 1 ist abschließend, läßt nur die „ausdrücklichen" Ausnahmen in § 33 zu. Abweichungen könnten nur durch Verordnungen des Reichsministers des Innern gemäß § 119 Ziff. 1 und § 121 Abs. 1 Satz 2 für eine Übergangszeit zugelassen werden.

Die Verwaltung steht dem Bürgermeister zu, gleichgültig ob sie sich auf Hoheitsaufgaben oder private Rechtsverhältnisse bezieht. Ihm untersteht außer der Verwaltung der Auftragsangelegenheiten die Totalität des gemeindlichen Wirkungskreises (§ 2 Abs. 2). Der Bürgermeister hat im einzelnen folgende Aufgaben: Setzung des Ortsrechts (§ 3), Vertretung der Gemeinde nach außen und nach oben (vgl. § 36 mit Bem.), Anstellung, Entlassung und Leitung der Beigeordneten, sonstigen Beamten, Angestellten und Arbeiter der Gemeinde (§§ 35, 37),

Vornahme der in § 55 Abs. 1 Satz 2 Ziff. 1—13 genannten Verwaltungsakte nach Beratung mit den Gemeinderäten, Berufung von Beiräten (§ 58 Satz 3), Verwaltung des Gemeindevermögens gemäß §§ 60ff., Ausschreibung und Erhebung der Gemeindeabgaben, Leitung und Beaufsichtigung der Gemeindeanstalten (§§ 13, 14 mit Bem.), Festlegung des Bau- und Fluchtlinienplanes, Straßenbau und Straßenreinigung. Ferner: Leitung der Servis- und Einquartierungsangelegenheiten (Bundesges. v. 25. Juni 1868, GBS. S. 523)*), die Leitung des Wohlfahrtsamtes (Fürsorgepflichtverordnung vom 13. Februar 1924 [RGBl. I S. 100] in der Fassung des Gesetzes vom 8. Juni 1926 [RGBl. I S. 255], dazu Grundsätze vom 4. Dezember 1924 [RGBl. S. 765] nebst den weitergeltenden zahlreichen Ausführungsvorschriften der Länder), des Jugendamtes (Reichsjugendwohlfahrtsgesetz vom 9. Juli 1922 nebst Ausführungsgesetzen und -anweisungen der Länder), der gemeindlichen Schulverwaltung (vgl. Reichsges. vom 28. April 1920 [RGBl. I S. 851], 26. Februar 1927 [RGBl. I S. 67], s. auch sog. Begabtengesetz vom 18. April 1925); im übrigen muß auf das außerordentlich verzweigte Landesrecht verwiesen werden. Hervorgehoben sei: Die in Preußen nach § 44 des Volksschulunterhaltungsgesetzes vom 28. Juli 1906 (GS. S. 335) in Verb. mit dem Gesetz vom 7. Oktober 1920 (GS. S. 535) gebildeten Schuldeputationen sind nach herrsch. M. durch das Pr. GemVerfG. vom 15. Dezember 1933 unberührt geblieben. Mit der abschließenden, vereinheitlichenden Tendenz des Reichsgemeinderechts sind sie aber nun nicht mehr vereinbar (s. am Eingange der Anm.). Die Mitglieder der Deputationen können als Beiräte dem Gemeindeführer nur raten, nicht aber mit ihm kollegial beschließen. — Wegen der restlosen Durchsetzung des Führerprinzips ist im Thüringischen Schulrecht — vgl. zu diesem: Schulunterhaltungsgesetz vom 8. Juni 1926 und Schulverwaltungsgesetz vom 5. Juli 1926 — an

*) Wegen der öffentlichen Gesundheitspflege, die vom 1. April 1935 ab staatliche Angelegenheit ist, s. Gesetz über die Vereinheitlichung des Gesundheitswesens, vom 3. 7. 1934, (RGBl. I S. 531ff.) §§ 1ff., 4, 5 Abs. 1 usw.; Durchführungsverordnungen vom 6. 2. und 22. 2. 1935 (RGBl. I S. 177ff., 215ff).

die Stelle des durch Wahl geschaffenen Schulvorstandes der Bürgermeister getreten.

Von den Auftragsangelegenheiten ist insbesondere die Verwaltung der Aufgaben der Ortspolizeibehörden durch den Bürgermeister in Preußen hervorzuheben (§ 3 Abs. 3 des Pr. Polizeiverwaltungsgesetzes vom 1. Juni 1931, GS. S. 77). Der Bürgermeister ist als Polizeiverwalter Hilfsbeamter der Staatsanwaltschaft (§ 152 GVG.), in Preußen können auch dem Bürgermeister am Sitze eines Amtsgerichts die Geschäfte eines Amtsanwalts übertragen werden, sofern nicht die örtliche Polizeiverwaltung staatlichen Behörden überwiesen ist (§ 64 Pr. AG-GVG.).

4. D. h. politische, dienstliche, strafrechtliche, dienststrafrechtliche und vermögensrechtliche Verantwortung für Entschließung und Durchführung. Die politische und verwaltungsmäßige (dienstliche) Verantwortung besteht gegenüber der Staatsaufsichtsbehörde (vgl. §§ 106 ff.) und gegenüber dem Führer und Reichskanzler gemäß dem Treueide. Die strafrechtliche Verantwortung folgt aus dem Strafgesetzbuch. Die vermögensrechtliche Verantwortung ist durch die bestehengebliebenen Haftungsbestimmungen modifiziert. Die vermögensrechtliche Verantwortung richtet sich bei Ausübung hoheitlicher Gewalt nach Art. 131 RV. 1919 in Verbindung mit § 839 BGB., setzt also Verschulden voraus. Auch ist die Subsidiarität der Beamten- und Körperschaftshaftung zu beachten (§ 839 Abs. 1 Satz 2 und Abs. 3 BGB.). An Stelle des Bürgermeisters haftet dem Dritten die Gemeinde, gleichgültig ob es sich um Selbstverwaltungs- oder Auftragsangelegenheiten handelt (vgl. § 2 Anm. 13). Sie nimmt gegen den Bürgermeister Rückgriff (für Preußen vgl. §§ 3, 4 des Ges. vom 1. August 1919). Bei Amtspflichtverletzungen des Bürgermeisters gegenüber der Gemeinde (Verletzung der Pflichten im Innenverhältnis) ist der Bürgermeister unmittelbar zum Schadensersatz verpflichtet. Der Grundsatz des § 89 II 10 Pr. ALR. (s. ferner §§ 45—49, 58 I 6, 88, 90, 91, 127—144 II 10) muß als sinngemäße Regelung der Rechtsfolgen aus schuldhafter Verletzung des Beamtenpflichtverhältnisses nicht nur für ganz Preußen (vgl. Lympius-Küchenhoff S. 290—291), sondern all-

gemein im Reich gelten. Die Haftung der Beamten ist auch hier subsidiär. Bei Verletzungen der Haushaltsbestimmungen finden §§ 92f. DGemO. Anwendung (keine Subsidiarität!).

Für die in Ausübung privatrechtlicher Verrichtungen vorgenommenen Handlungen des Bürgermeisters sind die Haftungsgrundsätze der §§ 89, 31, 823ff. BGB. heranzuziehen. Auch hier kann die Gemeinde bei dem Bürgermeister Rückgriff nehmen. Das folgt aus der in § 32 DGemO. niedergelegten Verantwortung des Bürgermeisters unmittelbar.

Die dienstliche Verantwortung des Bürgermeisters ist näher bestimmt durch die Disziplinargesetze. Für Preußen vgl. Beamtendienststrafordnung vom 27. Januar 1932 (GS. S. 59) in der Fassung des Gesetzes vom 18. August 1934 (GS. S. 353) §§ 1ff., 96, 98.

Zu beachten ist, daß in allen diesen Bestimmungen grundsätzlich Verschulden für eine Haftung vorausgesetzt ist. Daran ist durch § 32 nichts geändert worden. Vgl. auch § 34 Anm. 2.

5. Der Bürgermeister wird von seiner Verantwortung dadurch nicht befreit, daß er bei seiner Verwaltung den Ratschlägen Dritter, z. B. der Gemeinderäte, Beiräte oder seiner Beigeordneten gefolgt ist, daß er in den Fällen des § 33 seine Entschließung entsprechend den Wünschen des Beauftragten der NSDAP gefaßt hat, oder daß die Aufsichtsbehörde seine Entschließung genehmigte (so mit Recht: Amtl. Begr. zu § 32 Ziff. 1b). Immer aber ist zu beachten, ob das in den zu Ziff. 4 angeführten Bestimmungen vorausgesetzte Verschulden beim Bürgermeister selbst vorliegt (vgl. dazu § 34 Anm. 2).

Wird an Stelle des Bürgermeisters eine Entschließung von einem Dritten gefaßt (§ 33 Abs. 2, 111, 112) oder folgt der Bürgermeister einer für ihn bindenden Anweisung (z. B. bei einer Auftragsangelegenheit), so fällt, wie die Amtl. Begr. a. a. O. ausführt, die eigene Verantwortung des Bürgermeisters regelmäßig fort.

Falls sich der Bürgermeister gemäß § 35 in an sich zulässiger Weise vertreten läßt, so ist er nur verantwortlich, soweit er einen schuldhaften Ermessensfehler in der Auswahl des Beigeordneten (s. auch § 35 Abs. 2 Satz 2) für die betreffende Aufgabe begangen hat (Organisationsfehler) oder eine wegen der Bedeutung der Sache angebrachte Prüfung der Angelegenheit verabsäumt hat.

6. Die Verantwortung ist unbegrenzt, für die Haftung (s. Anm. 5) bestehen gewisse Besonderheiten.

7. Weitere Beschränkungen der Führerschaft des Bürgermeisters bestehen nicht! Kollegiale Einrichtungen oder sonstige Mitwirkungsrechte weiterer Personen an der Gemeindeverwaltung (Selbstverwaltung und Auftragsverwaltung) sind infolgedessen beseitigt (vgl. Anm. 3).

8. Nicht mehr in kreisangehörigen Städten! Vgl. Amtl. Begr. zu § 32 Ziff. 2. Daselbst wird auch hervorgehoben, daß es „vorbehalten bleibt, in Reichsteilen, die Stadtkreise nach dem preußischen Vorbilde nicht kennen, diejenigen Städte im Wege der Durchführungsverordnung ausdrücklich zu bezeichnen, die den Stadtkreisen gleichzustellen sind". S. ferner § 33 Anm. 18.

9. § 119 Ziff. 3 gibt die Möglichkeit, in bisherigen Landgemeinden u. ä. alte herkömmliche Amtsbezeichnungen anstatt „Bürgermeister" einzuführen.

§ 33.

(1) Zur Sicherung des Einklangs der Gemeindeverwaltung mit der Partei[1] wirkt der Beauftragte der NSDAP[2] außer bei der Berufung und Abberufung des Bürgermeisters, der Beigeordneten und der Gemeinderäte (§§ 41, 45, 51 und 54)[3] bei folgenden Entschließungen des Bürgermeisters[4] mit:

1. **der Erlaß der Hauptsatzung[5] bedarf seiner Zustimmung;[6]**
2. **das Ehrenbürgerrecht[7] sowie Ehrenbezeichnungen[8] dürfen nur mit seiner Zustimmung[9] verliehen und aberkannt[10] werden.**

(2) Versagt der Beauftragte der NSDAP seine Zustimmung, so hat er dies binnen zwei Wochen[11] nach Zuleitung[12] der Entschließung schriftlich[13] zu begründen, bei der Hauptsatzung unter Anführung der Vorschriften, die

seine Zustimmung nicht finden;[14] anderenfalls[15] gilt seine Zustimmung als erteilt. Wenn bei Versagung der Zustimmung zwischen dem Beauftragten der NSDAP und dem Bürgermeister in erneuter Verhandlung keine Einigung zustande kommt[16], so hat der Bürgermeister[17] in Stadtkreisen[18] die Entscheidung des Reichsstatthalters[19], im übrigen die Entscheidung der Aufsichtsbehörde[20] herbeizuführen. Bei der Hauptsatzung[21] bedarf der Reichsstatthalter zu seiner Entscheidung der Zustimmung[22] des Reichsministers des Innern, wenn er von der Stellungnahme der Aufsichtsbehörde abweichen will[23]. Die Entscheidung des Reichsstatthalters bindet die Aufsichtsbehörde[24].

1. Wie das Gesetz zur Sicherung der Einheit von Partei und Staat vom 1. Dezember 1933 (RGBl. I S. 1016) festlegt, daß die NSDAP die Trägerin des deutschen Staatsgedankens und mit dem Staate unlösbar verbunden ist, wie dieses Gesetz ferner zur Gewährleistung enger Zusammenarbeit der Dienststellen der Partei mit den öffentlichen Behörden Sicherungen (durch Berufung des Stellvertreters des Führers zum Mitglied der Reichsregierung) trifft, wie jenes Gesetz endlich klarstellt, daß Partei und Staatsapparat die beiden Säulen (die politische und die verwaltungsmäßige) des nationalsozialistischen Staates sind, der der Oberbegriff bleibt (vgl. Ges. vom 1. Dezember 1933, § 1 Abs. 2, § 3 Abs. 1 („Pflichten gegenüber Führer, Volk und Staat"); Frick in „Deutsche Verwaltung" Nr. 11, 1934, S. 289, im Auszug in „Deutsche Justiz", 1934 S. 1517), so sichert § 33 in Verbindung mit den daselbst genannten Bestimmungen für das Gemeindeverfassungsrecht den Einklang, die politische wie sachliche Übereinstimmung, der Gemeindeverwaltung mit der Partei und ihren Zielen, kennzeichnet die NSDAP als Grundgestalterin und Trägerin der gesamten Gemeindeverwaltung, die nicht anders als im Geiste nationalsozialistischer Rechts-, Staats- und Gemeinschaftsauffassung vor sich gehen kann, und gibt endlich zur Durchsetzung und Gewährleistung dieser geistigen Durchdringung und idealen Einheit von Bewegung

und Verwaltung in der Wirklichkeit abschließende Verfassungseinrichtungen. Näheres s. Vorbem. 2 zu diesem Teil.

2. Er wird vom Stellvertreter des Führers bestimmt, untersteht also nur diesem und dem Führer selbst, ist ihnen allein auch verantwortlich. Der Beauftragte der NSDAP ist als Träger „der führenden und bewegenden Kraft des nationalsozialistischen Staates" (§ 3 des Einheitsgesetzes vom 1. Dezember 1933) der Gestalter der Grundlagen eines nationalsozialistischen Gemeindelebens. In die laufende Verwaltung greift der Grundgestalter nicht mehr ein. Ein Nebeneinander würde hier dem Führerprinzip, der alleinigen Entscheidung des verantwortlich für die Gemeinschaft handelnden mit ihr verbundenen Einzelnen, widersprechen. (Über die Abgrenzung der Aufgaben und die Entscheidung von Meinungsverschiedenheiten vgl. Vorbem. 2 a—c.)

3. Vgl. Bemerkungen zu den genannten Bestimmungen und Vorbem. 2.

4. Vgl. §§ 32, 35.

5. Vgl. § 3 Abs. 2 mit Bem. Daselbst auch über den Charakter der Satzung als „Verfassungsstatut der Gemeinde". Die Mitwirkung bei der Schaffung dieses Verfassungsstatuts zeigt den Beauftragten der NSDAP als Grundgestalter des Gemeindelebens (oben Anm. 2 und Vorbem. 2). Siehe ferner sogleich Anm. 6.

6. Ohne sie ist die Hauptsatzung unwirksam. Der Erlaß der Hauptsatzung ist daher formell: zusammengesetzter Verwaltungsakt (Gesamtakt), materiell: Ortsgesetzgebung. Der Gesamtakt besteht aus drei Einzelakten: Beschluß des Bürgermeisters (§ 3 Abs. 2 Satz 1), Zustimmung des Beauftragten der NSDAP (§ 33 Abs. 1 Ziff. 1) und Genehmigung der Aufsichtsbehörde (§ 3 Abs. 1 Satz 1). Wegen der Bekanntmachung s. § 3 Abs. 3. — Beim speziellen Verfassungsortsgesetz wirken also Bewegung, Staat und Gemeinde im Einklang gleichmäßig miteinander mit. Über den Austrag von Meinungsverschiedenheiten zwischen dem Beauftragten der NSDAP und dem Bürgermeister vgl. § 33 Abs. 2.

7. § 21.

8. § 28.

9. Ohne sie: Unwirksamkeit der Verleihung und Aberkennung! Zusammengesetzter Verwaltungsakt (Gesamtakt)! Da es sich sachlich um die Anerkennung der Verdienste um Volk, Bewegung, Staat und Gemeinde handelt, ist das Zusammenwirken von Beauftragten der NSDAP, Gemeindeleiter und Staatsaufsichtsorgan (§ 21 Abs. 1 Satz 2, § 28 Abs. 2) erforderlich.

10. Die Zustimmung ist nur in den Fällen der §§ 21 Abs. 2 und 28 Abs. 2, nicht auch bei Abs. 3 der genannten Bestimmungen erforderlich.

11. Fristberechnung: entsprechend §§ 187 Abs. 1, 188 Abs. 2 BGB.

12. Entscheidend ist der Zugang des Beschlusses des Bürgermeisters beim BdNSDAP.

13. Die Schriftlichkeit ist wesentliche Form für die Wirksamkeit des Widerspruches, ohne ihre Beobachtung ist der Widerspruch unbeachtlich, die Zustimmung gilt dann gemäß § 33 Abs. 2 Satz 1 (letzter Halbsatz) als erteilt.

Die Schriftform richtet sich nicht nach den strengen Regeln des § 126 BGB. Es genügt die schriftliche Niederlegung der maßgebenden Gesichtspunkte in einer Weise, die zweifelsfrei erkennen läßt, daß der Beauftragte der NSDAP verantwortlicher Urheber der Erklärung ist, auch nicht lediglich ein Entwurf vorliegt. Es reicht also aus, wenn der BdNSDAP mit dem Anfangsbuchstaben seines — bekannten — Namens zeichnet oder wenn er „in seinem Auftrage" schreiben läßt.

14. Dadurch soll, wie die Amtl. Begr. zu § 33 Ziff. 2b darlegt, von vornherein die Grundlage für eine spätere sachgemäße Entscheidung geschaffen werden, wie denn überhaupt das ganze Verfahren des § 33 Abs. 2 im Interesse eines möglichst reibungslosen Ablaufs der Gemeindeverwaltung vorgeschrieben ist (Amtl. Begr. a. a. O.).

15. Auch bei Nichtbeachtung der Form! Siehe dazu Anm. 13.

16. Wegen der grundsätzlichen Bedeutung des Ausgleichs der politischen und verwaltungsmäßigen Gesichtspunkte bei Meinungsverschiedenheiten ihrer Wahrer vgl. Vorbem. 2c.

17. In seine Hand ist also die Verantwortung für die Negative: das Nichtzustandekommen des geplanten Aktes, das „Auf-sich-beruhen-lassen" der Meinungsverschiedenheit gelegt.

18. Vgl. dazu etwa §§ 4, 169 der Kreisordnung für die östlichen Provinzen vom 13. Dezember 1872/19. März 1881, GS. S. 155; geändert durch Ges. vom 27. Dezember 1927 (GS. S. 211) § 1; § 50 des Einführungsges. zum Gesetz über die kommunale Neugliederung des rheinisch-westfälischen Industriebezirks vom 29. Juli 1929 (GS. S. 37). Nach § 4 a. a. O. hatten Städte, die mit Ausschluß der aktiven Militärpersonen mindestens 25000*) Einwohner hatten, das Recht, für sich einen Stadtkreis zu bilden. Diese formale Abgrenzung, die klare, einfache Unterscheidungen ermöglicht, dürfte für die Gleichstellung der den Stadtkreisen entsprechenden Gemeinden in Gebieten, in denen der Begriff des Stadtkreises unbekannt ist, zugrunde zu legen sein.

19. Vgl. Reichsstatthaltergesetz vom 30. Januar 1935 (RGBl. I S. 65 f.). Der Reichsstatthalter ist der ständige Vertreter der Reichsregierung in seinem Bezirke, er hat die Aufgabe, für die Beobachtung der vom Führer und Reichskanzler aufgestellten Richtlinien der Politik zu sorgen (§ 1 a. a. O.). Er wird vom Führer und Reichskanzler ernannt und kann von ihm jederzeit abberufen werden (§ 9 a. a. O.). Der Führer und Reichskanzler bestimmt seinen Amtsbezirk (§ 9 Abs. 2 a. a. O.). In Preußen übt im allgemeinen der Führer und Reichskanzler die Rechte des Reichsstatthalters aus. Er hat die Ausübung dieser Rechte dem Preußischen Ministerpräsidenten übertragen (§ 10 Abs. 1 a. a. O.; Erlaß des Führers und Reichskanzlers vom 30. Januar 1935, Pr. GS. S. 9). Für das Gemeinderecht ist in § 117 Abs. 3 eine Sonderregelung getroffen. Danach werden die Aufgaben des Reichsstatthalters in Preußen vom Oberpräsidenten, in den Hohenzollerischen Landen vom Regierungspräsidenten wahrgenommen! Die dem Reichsstatthalter in § 33 Abs. 2 DGemO. gegebenen Befugnisse reihen sich systematisch an seine Aufsichts-

*) In Westfalen: 30000, in der Rheinprovinz: 40000. Vgl. Helfritz in Max von Brauchitsch, Verwaltungsgesetze für Preußen, 7. Bd. 19. Aufl. § 4 öKrO. Anm. 1, wegen der Auseinandersetzung Anm. 3.

rechte nach § 2 des Reichsstatthaltergesetzes an. Abweichend von § 2 RStG. steht in § 33 Abs. 2 DGemO. dem Vertreter der Reichsregierung (Reichsstatthalter) jedoch als Aufsichtsorgan und Inhaber eines hohen Parteiamtes die Entscheidungsgewalt zu, ohne daß Gefahr im Verzuge vorzuliegen braucht oder eine ministerielle Anweisung ergeht (wie in §§ 2 [Abs. 1 am Ende], 3 RStG.). Über die Gründe vgl. Vorbem. 2c und Amtl. Begr. 2a zu § 33.

20. Vgl. § 107 Satz 2. — Die Zuständigkeit der Aufsichtsbehörde zur Entscheidung der Meinungsverschiedenheiten in kreisangehörigen Gemeinden beruht, wie die Amtl. Begr. zu § 33 Ziff. 2a betont, ausschließlich auf Gründen verwaltungsmäßiger Zweckmäßigkeit. „Die Zuständigkeit des Reichsstatthalters auch in diesen Fällen hätte zu einer unerträglichen Zentralisierung und Verwaltungserschwerung geführt, die in keinem Verhältnis zu der erheblich geringeren Bedeutung dieser Fälle in kleineren Gemeinden gestanden hätte."

21. § 3 Abs. 2 Satz 1. Es muß hier ein „Ausgleich" geschaffen werden, falls Reichsstatthalter und Aufsichtsbehörde (deren Genehmigung erforderlich ist) sich nicht einigen können (vgl. Amtl. Begr. zu § 33 Ziff. 2a Abs. 2).

Der Ausgleich (s. dazu Anm. 22) wird vom Reichsminister des Innern hergestellt, der oberste Kommunalaufsichtsbehörde ist (§ 107) und den Reichsstatthalter mit Weisungen versehen kann (§ 3 RStG.), infolgedessen zu einer Beseitigung von Meinungsverschiedenheiten zwischen Kommunalaufsichtsverwaltung und politischem Aufsichtsträger besonders geeignet ist (s. auch Vorbemerkung 2c am Ende). Die Reichsstatthalterschaft, soweit sie sich auf dem Gebiete der inneren Verwaltung betätigt, und die Kommunalaufsicht, also: die beiden — verschiedenen — sich in der inneren Verwaltung zeigenden Aufsichtsgewalten laufen daher beim Reichsminister des Innern zusammen.

22. Stimmt der Reichsminister des Innern der Entscheidung des Reichsstatthalters zu, so bindet diese Entscheidung die Aufsichtsbehörde (§ 33 Schlußsatz) und bei abweichender Auffassung des Bürgermeisters auch diesen, wie sich von selbst ergibt. Stimmt der Reichsminister des Innern der Entscheidung des Reichsstatthalters nicht zu, so ist zu unterscheiden:

a) Will der Bürgermeister eine (neue oder abändernde) Regelung in der Hauptsatzung treffen, versagt der Reichsstatthalter aber abweichend von der Aufsichtsbehörde seine Zustimmung, so kommt — wenn (s. o.) der Reichsminister des Innern der Entscheidung des Reichsstatthalters nicht zustimmt — die betreffende Regelung der Hauptsatzung zustande.

b) Will der Bürgermeister eine (neue oder abändernde) Regelung in der Hauptsatzung treffen und gibt der Reichsstatthalter im Gegensatz zu der Aufsichtsbehörde seine Zustimmung, so kommt — wenn (s. o.) der Reichsminister des Innern der Entscheidung des Reichsstatthalters nicht zustimmt — die betreffende Regelung nicht zustande.

Daraus ergibt sich — zu dem Schlußsatze von § 33 hinzu — folgende einfache Regel: Stimmt der Reichsminister des Innern der Entscheidung des Reichsstatthalters nicht zu, so ist die Entschließung der Aufsichtsbehörde maßgebend.

Der in Anm. 21 einstweilen sogenannte „Ausgleich" ist mithin eine Entscheidung der nach dem Führer und Reichskanzler in Angelegenheiten der inneren Verwaltung höchsten Instanz des Reiches.

23. Bei Übereinstimmung der Auffassungen ist keine Entscheidung des Ministers nötig. Ob eine Übereinstimmung vorliegt, entscheidet der Reichsstatthalter. Dieser ist allein zur Anrufung des Reichsinnenministers befugt.

24. In zwei Fällen:

a) Wenn bei der Frage der Zustimmung zur Hauptsatzung der Reichsminister des Innern die Entscheidung des Reichsstatthalters gebilligt hat (vgl. Anm. 22);

b) bei der Verleihung des Ehrenbürgerrechts an Ausländer und bei der Aberkennung des Ehrenbürgerrechts und von Ehrenbezeichnungen (§§ 21 Abs. 1 Satz 2, Abs. 2, 28 Abs. 2). In diesen Fällen entscheidet der Reichsstatthalter, ohne daß er der Zustimmung des Reichsinnenministers bedürfte (arg. e contrario aus § 33 Abs. 2 Satz 3). Als ratio führt die Amtl. Begr. an, daß es sich in diesen Fällen „anders als bei der Hauptsatzung überwiegend um Entschließungen politischen Charakters handelt, die die Kommunalaufsicht wenig berühren".

§ 34.

(1) Dem Bürgermeister stehen Beigeordnete[1] als Stellvertreter[2] zur Seite[3]. Ihre Zahl bestimmt die Hauptsatzung[4].

(2) Der Erste Beigeordnete[5] führt in Stadtkreisen[6] die Amtsbezeichnung Bürgermeister[7, 9]. Der mit der Verwaltung des Geldwesens einer Stadt beauftragte Beigeordnete führt die Amtsbezeichnung Stadtkämmerer[8, 9]. Die übrigen Beigeordneten in Städten führen die Amtsbezeichnung Stadtrat (Stadtrechtsrat, Stadtschulrat, Stadtbaurat und dergleichen)[10].

1. Zur Unterstützung und Vertretung des Bürgermeisters sind Beigeordnete berufen. Sie sind vor den übrigen Beamten der Gemeinde dadurch herausgehoben, daß sie Vertreter des Bürgermeisters kraft Gesetzes sind (vgl. Amtl. Begr. zu § 34). Allgemeinvertretungsbefugnis hat allerdings nur der Erste Beigeordnete, die übrigen Beigeordneten haben sie nur bei Behinderung des „Ersten" in einer dem Dienstalter entsprechenden oder von dem Bürgermeister bestimmten Reihenfolge (§ 35). Im übrigen sind die Beigeordneten nur zur Sondervertretung des Leiters befugt auf den bestimmten Arbeitsgebieten, die ihnen von dem Leiter zugewiesen sind (vgl. § 35 Abs. 2). Die Form ihres Auftretens nach außen ist: „in Vertretung des Bürgermeisters". Auch sonstige Beamte und Angestellte können vom Leiter mit seiner Vertretung für bestimmte Arbeitsgebiete beauftragt werden (§ 35 Abs. 3). Sie handeln „im Auftrage des Bürgermeisters".

Die Zahl der Beigeordneten wird durch die Hauptsatzung geregelt (§ 34 Abs. 1 S. 2), ebenso das Verhältnis von ehrenamtlich und hauptamtlich tätigen Beigeordneten und die Vorbildung (vgl. §§ 39, 40; vgl. die Übersicht in § 22 Anm. 8). Wegen der Berufung und Ernennung der Beigeordneten s. § 41, negative Voraussetzungen: §§ 42, 43, Amtszeit § 44, Probejahr § 45. Die Beigeordneten sind Gemeindebeamte. Sie sind es sowohl im Innen- wie im Außenverhältnis. Es gelten daher für die wirksame Berufung im Innenverhältnis die Bestimmungen der §§ 3, 5, 6 des Beamtenrechtsänderungsgesetzes vom 30. Juni 1933 (RGBl. I S. 433ff.) nebst Richtlinien vom 8. August 1933 (RGBl. I S. 575). Sie unterstehen dem Dienststrafrecht der Gemeindebeamten (für Preußen vgl. Beamtendienststrafordnung vom 27. Januar 1932, 18. August 1934 §§ 1ff., 93ff.). Im Außenverhältnis gelten die Bestimmungen des Art. 131 RV. in Verb. mit § 839 BGB., vgl. auch Anm. 2, für Preußen s. Haftungsgesetz vom 1. August 1909, §§ 4, 1—3. Für die Haftung im Innenverhältnis, d. h. bei Verletzung der Amtspflichten gegenüber der Gemeinde, vgl. §§ 45—49, 58 I 6 und §§ 88—91, 127—144 II 10 ALR.; auch diese Haftung ist subsidiär. Siehe ferner §§ 92, 93 DGemO.

2. Nicht nur zur Beratung wie die Gemeinderäte nach § 48, auch nicht nur zur Vertretung im engeren Sinne, sondern zu jeder Unterstützung. Diese kann zunächst bis zur selbständigen Durcharbeitung der betreffenden Angelegenheit und zum Entwurfe des zu erlassenden Verwaltungsaktes gehen. Die Verantwortung trägt dann der Gemeindeleiter. Für die, Verschulden voraussetzende, vermögensrechtliche Haftung nach Art. 131 RV. 1919, § 839 BGB. besteht allerdings eine Ausnahme dann, wenn sich der Gemeindeleiter auf sachverständige Vorarbeit verlassen muß, ihm selbst die — von ihm nach seiner Stellung als Verwaltungsorgan nicht zu verlangende — Sachkunde fehlt (z. B. in einer Frage der Statik beim Bau einer großen Brücke), und er in der Auswahl des sachverständigen Gehilfen die erforderliche Sorgfalt hat walten lassen. Das gleiche gilt bei einer, mechanische und leichte, aber langwierige und von dem betreffenden Beamten sonst stets bewältigte Vorarbeiten erfordernden Tätigkeit. Hier braucht der Bürgermeister nicht jede Einzelheit, nicht jede Zahl nachzuprüfen; vielmehr genügen Stichproben. Doch haftet in diesen Fällen die Gemeinde wegen des Verschuldens des Beigeordneten oder sonstigen Beamten, gegen den sie auch Rückgriff nehmen kann.

Hat der Bürgermeister die Bearbeitung dem Beigeordneten völlig überlassen und war dies nach pflichtmäßigem Ermessen angebracht, so haftet die Gemeinde nicht wegen Verschuldens des Bürgermeisters (es sei denn, daß er seine stets bestehenbleibende Oberaufsicht verletzt hätte), falls irgendein Fehler seitens des Beigeordneten begangen wird. Dieser trägt vielmehr auf dem allgemeinen oder ihm besonders übertragenen Arbeitsgebiete die volle eigene Verantwortung in dienstlicher, strafrechtlicher und vermögensrechtlicher (Art. 131 RV., § 839 BGB.) Hinsicht.

3. Es besteht jedoch keine kollegiale Gleichordnung, s. auch §§ 32, 37 (vgl. Amtl. Begr. zu § 34 Ziff. 1 und § 32 Anm. 2). Der Bürgermeister ist Dienstvorgesetzter auch des Ersten Beigeordneten.

4. Die Zahl der Beigeordneten ist im Gesetz nicht bestimmt. Ihre Regelung ist unter Berücksichtigung der örtlichen Verhältnisse und Bedürfnisse der Hauptsatzung (§ 3 Abs. 2) überlassen worden (so: Amtl. Begr. zu § 34 Ziff. 1 Abs. 2; daselbst wird darauf aufmerksam gemacht, daß vorbehalten bleibt, in der Ausführungsanw. Richtlinien für die Höchstzahl namentlich der hauptamtlichen Beigeordneten zu geben).

5. Vgl. § 35 Satz 1.

6. Vgl. dazu § 32 Anm. 8 und § 33 Anm. 18.

7. In diesem Falle führt der Leiter die Amtsbezeichnung Oberbürgermeister (§ 32 Abs. 2).

8. Rechtliche Bedeutung s. § 40 Satz 2 und § 41 Abs. 2 Ziff. 1.

9. Wie die Amtl. Begr. zu § 34 Ziff. 2 Abs. 2 ausführt, sind die Ämter des Ersten Beigeordneten und des Stadtkämmerers wegen ihrer Bedeutung herausgehoben. Nach der Gestaltung der Berufung in § 41 Abs. 2 Ziff. 1 (s. auch § 40) ist der Bürgermeister nicht befugt, andere Sachbearbeiter als die von Partei und Staat berufenen Ersten Beigeordneten und Stadtkämmerer mit der Verwaltung dieser Ämter im Wege der ihm sonst zustehenden Geschäftsverteilung zu betrauen (vgl. Amtl. Begr. a. a. O.). Der Erste Beigeordnete und der Stadtkämmerer sind wegen ihrer besonderen Stellung ferner zur Annahme der Wiederberufung gemäß § 44 Abs. 1 Satz 2 nur bei der Berufung in dasselbe Amt verpflichtet (Amtl. Begr. a. a. O.). Wenn der Stadtkämmerer auch nur in §§ 40 und 41 Abs. 2 Ziff. 1 hervorgehoben ist, so zeigt dies doch, daß seine Berufung besonders

wichtig und stets persönlichkeitsbetont ist. Die Besonderheiten in seiner Rechtsstellung wie in der des Ersten Beigeordneten gegenüber dem Bürgermeister im Sinne der Ausführungen in § 34 Anm. 9, § 35 Anm. 10 setzen jedoch stets voraus, daß eine Berufung, bei der eine der in § 41 Abs. 1 und 2 genannten Stellen mitgewirkt hat, als Kämmerer (bzw. Erster Beigeordneter) vorliegt.

10. Andere herkömmliche Amtsbezeichnungen dürfen anstatt: Bürgermeister und Beigeordneter nur in Gemeinden, die nicht Städte sind, durch Verordnung des Reichsministers des Innern vorgeschrieben werden (z. B. Dorfschulze, Ortsschulze, Gemeindeschulze, Dorfrichter, Ortsrichter [die beiden letzten sind wenig charakteristisch], Schultheiß für den Bürgermeister, Schöffen für die Beigeordneten).

§ 35.

(1) Allgemeiner[1] Vertreter[2] des Bürgermeisters ist der Erste Beigeordnete[3]. Die übrigen Beigeordneten[4] sind zur allgemeinen Vertretung[5] des Bürgermeisters nur[6] berufen, wenn der Erste Beigeordnete verhindert[7] ist. Die Reihenfolge richtet sich nach ihrem Dienstalter als Beigeordnete der Gemeinde. Der Bürgermeister kann schriftlich[8] eine andere Reihenfolge bestimmen[9].

(2) Die übrigen Beigeordneten[10] vertreten den Bürgermeister in ihrem Arbeitsgebiet[11]. Der Bürgermeister kann jede Angelegenheit[12] an sich ziehen[13].

(3) Der Bürgermeister kann auch andere[14] Beamte und Angestellte[15] mit seiner Vertretung in bestimmten Angelegenheiten[16] beauftragen sowie Beigeordnete[17] ermächtigen, solche Aufträge in ihrem Arbeitsgebiet zu erteilen.

1. D. h. Vertreter in sämtlichen Funktionen des Gemeindeleiters, sowohl bei der Verwaltung von Selbstverwaltungs- wie Auftragsangelegenheiten der Gemeinde, ohne daß es darauf ankommt, ob der Bürgermeister an der Wahrnehmung seiner Auf-

gaben verhindert ist. Die gesetzliche Vertretungsmacht des Ersten Beigeordneten ist folglich prinzipiell (s. jedoch am Ende der Anm.) unbeschränkt. Sie ist nach außen auch unbeschränkbar. Zwar gilt der Grundsatz von § 35 Abs. 2 Satz 2, der aus der Führerstellung des Bürgermeisters folgt, der Grundsatz also, daß der Bürgermeister jede Angelegenheit an sich ziehen kann, auch im Verhältnis des Bürgermeisters zum Ersten Beigeordneten. Doch berührt dieses Übernahme- und Eintrittsrecht nur das Innenverhältnis. Die auf Gesetz beruhende allgemeine Vertretungsmacht des Ersten Beigeordneten kann durch Verwaltungsverfügung des Bürgermeisters nicht mit Wirkung nach außen (den Bürgern, anderen Gemeinden oder Verbänden oder dem Staate gegenüber) abgeändert werden. Dies ist offenbar auch die Auffassung der Amtl. Begr. zu § 35 Ziff. 1a Abs. 1 am Ende („im Innenverhältnis"). Wenn also der Erste Beigeordnete einen Vertrag abschließt, obwohl der Bürgermeister ihm zuvor erklärt hat, er werde die betr. Angelegenheit selbst bearbeiten, so ist der Vertrag wirksam und für die Gemeinde verbindlich. Der Erste Beigeordnete macht sich jedoch dienststrafrechtlich verantwortlich. Entsprechendes gilt für Verwaltungsakte, z. B. Polizeiverfügungen in Auftragsangelegenheiten.

Für die Verwaltung der Gemeinde (also im Innenverhältnis und damit auch mit Wirkung für die Beamten und Angestellten der Gemeinde nach ihrer Anstellung) kann jedoch die Allgemeine Vertretungsbefugnis des Ersten Beigeordneten insofern eingeschränkt werden, als der Bürgermeister sein Übernahme- und Eintrittsrecht (§ 35 Abs. 2 S. 2; s. o.) ausüben kann. Dies darf jedoch nicht soweit führen, daß die Stellung des Ersten Beigeordneten als Allgemeinvertreters des Bürgermeisters im Innenverhältnis der Gemeindeverwaltung aufgehoben wird. Denn über diese, nicht von ihm allein besetzte, Stellung ist der Bürgermeister nicht verfügungsberechtigt (vgl. § 34 Anm. 9). Auch kann der Bürgermeister nicht das Gesetz abändern und etwa generell die Vertretungsbefugnis des Ersten Beigeordneten von seiner, des Bürgermeisters, Verhinderung abhängig machen. Vielmehr muß das Eintrittsrecht stets konkret und speziell (d. h. für eine bestimmt bezeichnete Angelegenheit und die damit zusammenhängenden Maßnahmen) ausgeübt werden. Grenze ist die gesetzliche und personell gebundene Institution des Amtes des Ersten Beigeordneten. Die Ausführung der Amtl. Begr. zu § 35 Ziff. 1 am Ende: „Dabei bleibt es dem Bürgermeister unbenommen, im Innenverhältnis diese Vertretungsbefugnis nach jeder beliebigen Richtung zu beschränken", ist mit dieser Einschränkung zu nehmen und wohl auch zu verstehen.

Fraglich kann sein, ob nicht eine Beschränkung der Vertretungsmacht des Ersten Beigeordneten aus dem Führerprinzip folgt: Ist der Erste Beigeordnete befugt, grundlegende organisatorische Entscheidungen (wie etwa die Änderung der Hauptsatzung nach § 3 Abs. 2 oder die Aufstellung der Haushaltssatzung nach § 84) zu treffen, ohne den Bürgermeister vorher zu befragen. Die Amtl. Begr. bemerkt zu § 35 Ziff. 1a, daß der allgemeine Vertreter nach außen hin jederzeit berechtigt sei, Verwaltungshandlungen jeder Art an Stelle des Bürgermeisters vorzunehmen. Nach dem Führerprinzip ist es allerdings für den Unterführer pflichtwidrig, vor grundsätzlichen politischen Maßnahmen die Entscheidung des Führers selbst nicht einzuholen, wenn dies nach Lage der Sache möglich ist. Das Führerprinzip gilt auch im Gemeindeverfassungsrecht (§ 32).

In den gekennzeichneten Fällen wird der Erste Beigeordnete, wenn möglich, sich vor dem Handeln mit dem Bürgermeister in Verbindung zu setzen haben. Handelt er aber gleichwohl, so ist sein Handeln gegenüber Dritten, die die Innenverhältnisse nicht übersehen können, für die Gemeinde verbindlich. Für Maßnahmen im Innern der Gemeinde sind dem Bürgermeister beschränkende Anordnungen möglich. Einschränkungen für grundsätzliche, insbesondere verfassungsgestaltende Entscheidungen verstehen sich hier von selbst. Einen gesetzlichen Fall der Beschränkung des Ersten Beigeordneten im Innenverhältnis dürfte § 35 Abs. 3 (siehe Note 17) enthalten.

Als Ausnahmen von § 35 Abs. 1 Satz 1 vgl. ferner: § 36 Abs. 2 Satz 3 und § 91 Abs. 1 („Bürgermeisters oder des von ihm ermächtigten Beigeordneten"; im letzten Falle ist also für ein Handeln jedes, auch des Ersten Beigeordneten, eine Ermächtigung des Bürgermeisters nötig).

2. Der Begriff des Vertreters ist hier auf das Außen- wie Innenverhältnis (Verwaltung der inneren Angelegenheiten der Gemeinde) zu beziehen.

3. Vgl. §§ 41, auch 40. Siehe ferner § 34 Anm. 1.

4. Z. B. Stadtkämmerer, Stadtschulrat, Stadtbaurat, Stadtrechtsrat.

5. Mit denselben Wirkungen wie in Anm. 1.

6. Durch diese Einschränkung in der Allgemeinen Vertretungsmacht unterscheiden sich die übrigen Beigeordneten (auch der Stadtkämmerer) wesentlich von dem Ersten Beigeordneten. Siehe ferner Abs. 2.

7. Tatsächlich oder rechtlich (zum Letzten vgl. §§ 25, 38).

8. Wegen der Schriftform vgl. § 33 Anm. 13.

9. Nach dem bisherigen Preußischen Recht, das im übrigen für § 35 DGemO. vorbildlich war, wurde die Reihenfolge, in der die Beigeordneten zur Vertretung berufen waren, von der Aufsichtsbehörde bestimmt. Die Bestimmungsbefugnis des Bürgermeisters zeigt die scharfe Trennung von laufender Verwaltung und Aufsichtsgewalt in der DGemO.

10. Die „übrigen Beigeordneten" (siehe dazu Anm. 4) sind (das darf bei der Gegenüberstellung von „Ersten Beigeordneten" und „übrigen Beigeordneten" in § 35 nicht übersehen werden) rechtlich einander nicht völlig gleichgestellt. Vielmehr ist unter ihnen noch der Stadtkämmerer entsprechend seiner besonderen Bedeutung für die Gemeindeverwaltung herausgehoben (vgl. § 34 Anm. 9, auch die Schlußbemerkungen). Hinsichtlich der Einschränkung der Vertretungsmacht des Stadtkämmerers auf seinem Arbeitsgebiete gelten daher die entsprechenden Grundsätze wie für den Ersten Beigeordneten (Anm. 1). Die Vertretungsmacht des Stadtkämmerers auf dem Gebiete der Gemeindefinanzverwaltung ist daher unbeschränkt und nach außen unbeschränkbar, im Innenverhältnis aber beschränkbar, dies jedoch nur soweit, als das Arbeitsgebiet des Stadtkämmerers als Einrichtung und Persönlichkeitsaufgabe (siehe dazu § 41 Abs. 2 Ziff. 1 und § 34 Anm. 9) bestehen bleibt. Unzulässig wäre insbesondere, wenn der Bürgermeister oder der Allgemeine Beigeordnete gemäß § 35 Abs. 2 Satz 2 die

gesamten Aufgaben oder besondere (generell bezeichnete) Aufgabengebiete der Gemeindefinanzverwaltung selbst an sich nehmen oder anderweit verteilen wollte. Das Eintrittsrecht des Bürgermeisters ist also auch hier speziell im Sinne von Anm. 1 Abs. 2.

Bei den übrigen Beigeordneten kann jedoch der Bürgermeister die Arbeitsgebiete der Sachbearbeiter (Beigeordneten) nach § 37 beliebig verändern und anders verteilen (selbstverständlich unter Anwendung pflichtmäßigen Ermessens; doch hat der Untergebene über dessen Vorliegen nicht zu entscheiden). Wenn einem dieser anderen Beigeordneten ein bestimmtes Arbeitsgebiet übertragen ist, so kann der Bürgermeister seine Vertretungsmacht auf diesem Gebiete mit Wirkung nach außen nicht beschränken. Der Bürgermeister ist hier jedoch im Innenverhältnis unbeschränkt*) befugt, das betreffende Arbeitsgebiet (nicht nur die spezielle Angelegenheit) an sich zu ziehen oder das Arbeitsgebiet einem anderen Sachbearbeiter zuzuteilen. Eine derartige anderweite Verteilung hat für das Außenverhältnis zur Folge, daß die Grundlage für die Vertretungsmacht nach außen und damit die Vertretungsmacht auf dem bisherigen Sachgebiet selbst wegfällt. Die Vertretungsmacht der (außer Erstem Beigeordneten und Stadtkämmerer) „anderen Beigeordneten" ist also auf dem Arbeitsgebiete mit Wirkung nach außen unbeschränkbar, mit dem Arbeitsgebiete aber*), auch mit Wirkung nach außen, beseitbar. Die Ausführungen zu § 35 Ziff. 1b der Amtl. Begr., wo die einzelnen Unterscheidungen nicht gemacht sind, dürften dem nicht entgegenstehen.

11. Das ihnen der Bürgermeister zuteilt! § 37. Vgl. wegen der Unterschiede zwischen Erstem Beigeordneten und Kämmerer einerseits und den übrigen Beigeordneten anderseits: Anm. 1 und 10.

12. Von der „Angelegenheit" ist das Arbeitsgebiet selbst zu unterschieden. Dessen Zuteilung unterliegt der unbeschränkten Anweisungsbefugnis des Bürgermeisters nur bei denjenigen Beigeordneten, die nicht Erster Beigeordneter und

*) Eine Ausnahme gilt hier allerdings dann, wenn der Beigeordnete in dem Verfahren nach § 41 für eine bestimmte Aufgabe ausdrücklich berufen ist.

nicht Stadtkämmerer sind (vgl. § 34 Anm. 9, auch am Ende, § 35 Anm. 1 und 10).

13. Übernahme- und Eintrittsrecht.

14. Beamte, die nicht Beigeordnete sind; Ehrenbeamte oder hauptamtlich angestellte Beamte.

15. Sie bleiben Angestellte, auch wenn ihnen hoheitliche Aufgaben übertragen sein sollten (Kap. II §§ 6, 3 des Beamtenrechtsänderungsges. vom 30. Juni 1933). Die Haftung der Gemeinden für diese Angestellten richtet sich jedoch, falls sie in den ihnen übertragenen hoheitlichen Aufgaben **gehandelt** haben, nach Art. 131 RV. 1919 in Verb. mit § 839 BGB. (siehe RG. v. 7. November 1933, Deutsche Justiz 1933 Nr. 54 S. 877 f.).

16. Z. B. ortspolizeiliche Angelegenheiten; Vermessungswesen, Leitung städtischer Theater. Wie die Amtl. Begr. zu § 35 Ziff. 2 ausführt, sind diese besonders Beauftragten „an die Grenzen ihres jederzeit widerruflichen Auftrags gebunden".

17. Bedarf auch der Erste Beigeordnete (§ 35 Satz 1) einer besonderen Ermächtigung? Bei der allgemeinen Fassung des Gesetzes, insbesondere der allgemeinen Gegenüberstellung von Bürgermeister und Beigeordneten, wird man die Frage bejahen müssen. Siehe auch § 35 Anm. 1 am Ende.

§ 36.

(1) Der Bürgermeister[1] vertritt[2] die Gemeinde[3].

(2) Erklärungen[4], durch die die Gemeinde verpflichtet[5, 6] werden soll, bedürfen der schriftlichen Form[7]. Sie sind unter der Amtsbezeichnung des Bürgermeisters[8] handschriftlich[9] zu unterzeichnen. Im Falle der Vertretung des Bürgermeisters[10] muß die Erklärung durch zwei vertretungsberechtigte Beamte oder Angestellte unterzeichnet werden.

1. Oder der Erste Beigeordnete als sein Allgemeiner Vertreter oder ein anderer Beigeordneter auf seinem Arbeitsgebiete oder auch ein anderer Beamter oder ein Angestellter in den bestimmten Angelegenheiten, für die sie gemäß § 35 Abs. 3 bevollmächtigt sind. Die Beigeordneten treten, namentlich im

Schriftverkehr, „in Vertretung", die besonders ermächtigten Beamten und Angestellten „im Auftrage" des Bürgermeisters auf. Wegen der Form siehe Abs. 2!

2. Seine Amtshandlungen, insbesondere auch seine rechtsgeschäftlichen Erklärungen, mögen sie auf öffentlich-rechtlichem oder privatrechtlichem Gebiete liegen, werden der Gemeinde zugerechnet. Der Bürgermeister ist Organ der Gemeinde. Der Bürgermeister vertritt die Gemeinde auch nach oben.

Für die Führung des Schriftverkehrs, der ebenfalls zur Vertretung der Gemeinde gehört, gilt folgendes (vgl. Pr. AA. zum Pr. GemVG. zu § 27 (MBliV. 1934 S. 271) (diese Grundsätze können als Klarstellung der Verwaltungspraxis noch heute — mit den durch die Änderung des Rechts bedingten Abwandlungen — herangezogen werden):

a) Die Zeichnung von Berichten an die Aufsichtsbehörden hat stets durch den Leiter der Gemeinde oder seinen allgemeinen Vertreter zu erfolgen. Nur in größeren Gemeinden kann die Zeichnung weniger wichtiger Angelegenheiten den Beigeordneten im Rahmen ihrer Arbeitsgebiete überlassen bleiben. Berichte an die obersten Aufsichtsbehörden sind stets durch den Leiter der Gemeinde selbst zu zeichnen.

b) Die Benutzung von Namensstempeln an Stelle der handschriftlichen Vollziehung amtlicher Schriftstücke im inneren Dienstverkehr, nicht etwa bei verpflichtenden Erklärungen (siehe dazu § 36 Abs. 2), regelt der Leiter der Gemeinde. Dabei ist die Benutzung derartiger Stempel auf solche Fälle zu beschränken, in denen dieser Form der Vollziehung Bedenken, insbesondere rechtlicher Art, nicht entgegenstehen. Ungeeignet ist sie z. B. für Kassenanweisungen und für Berichte an die Aufsichtsbehörde; unzulässig ist sie für die Geschäfte, für die die handschriftliche Form gesetzlich vorgeschrieben ist (vgl. § 36 Abs. 2 Satz 2).

c) Im Schriftverkehr mit den Aufsichtsbehörden ist stets der Dienstweg innezuhalten. Die Nichtinnehaltung kann dienststrafrechtliche Ahndung im Gefolge haben.

d) Bei dem Schriftverkehr mit dem Auslande und den ausländischen Vertretungen sind die hierüber bestehenden besonderen Anordnungen zu beachten; in der Regel geht der Schriftverkehr über das Außenministerium.

c) Erklärungen, durch die die Gemeinde verpflichtet werden soll, bedürfen der Schriftform (Näheres Abs. 2), alle anderen Erklärungen aber nicht.

3. Als juristische Person.

4. Öffentlich-rechtliche oder privatrechtliche Erklärungen.

5. Gleichgültig, ob die Verpflichtung (über die Abgrenzung der Verpflichtungserklärung von anderen Erklärungen siehe Anm. 6) auf privatrechtlichem oder auf öffentlichrechtlichem (Übernahme von Patronats- oder Schullasten, Wegeverpflichtungen usw.) Gebiete liegt! Gleichgültig ist auch, ob es sich um besondere oder um „laufende Verpflichtungen" handelt. So ausdrücklich Amtl. Begr. zu § 36 Ziff. 2a! An dieser — im völkischen Führerstaate authentischen*) Interpretation des Gesetzes ist nicht vorüberzugehen; andere Auslegungsmöglichkeiten sind dadurch ausgeschlossen worden.

Die Frage der Vertretung von Stadt- und Landgemeinden war bei den preußischen Vorgängern des § 36 DGemO., den §§ 56 Ziff. 8 öStO. und 88 Ziff. 7 öLGO., in Rechtsprechung und Rechtslehre heftig umstritten. Das Reichsgericht hatte in seinen Entscheidungen in RGZ. Bd. 67 S. 271; Bd. 68 S. 408; Bd. 83 S. 398 zum Ausdruck gebracht, daß nach jenen Bestimmungen sich die Gemeinden nur in schriftlicher Form bindend verpflichten könnten. Diese Ansicht des Reichsgerichts war von Helfritz „Die Vertretung der Städte und Landgemeinden nach außen in dem Gemeinderecht der östlichen Provinzen

---

*) In einer Ansprache vor den Richtern im Jahre 1933 betonte Oberlandesgerichtspräsident Dr. Herwegen in Breslau treffend, daß der Wille des Gesetzgebers — im Gegensatze zu dem parlamentarischen Mehrheitssystem mit teils unbekannter, teils völlig verschiedenartiger Motivation der Abstimmenden — im nationalsozialistischen Staate mit seinem Führerprinzip einheitlich und einwandfrei feststellbar sei. — Ein solches Feststellungsmittel ist hier zweifelsfrei die Amtliche Begründung!

Preußens" 1916 S. 23ff., 26ff., 35, 199, mit überzeugenden Ausführungen (vgl. auch Helfritz „Grundriß des preußischen Kommunalrechts", 2. Aufl. Berlin 1927 S. 60) bestritten worden. Helfritz (a. a. O.) legt die angeführten Bestimmungen der Gemeindeordnungen dahin aus, daß nur dann, wenn der Magistrat in seiner Gesamtheit zum Verwalten und Ausführen berufen ist, auch die Vertretung nach außen ihm allein zusteht und verpflichtende Urkunden der Unterschrift des Bürgermeisters und eines Magistratsmitgliedes bedürfen, während in den Fällen, in denen das Verwalten oder Ausführen einem Beamten zusteht, dieser auch zur Vertretung nach außen zuständig ist. Das Preußische Oberverwaltungsgericht schloß sich in seiner Entscheidung vom 25. Januar 1916 — OVG. Bd. 70 S. 268ff. — der Meinung von Helfritz an. Das Reichsgericht verblieb jedoch bei seiner bisherigen Auffassung (vgl. JW. 1922 S. 392; vgl. auch die in RGZ. Bd. 139 S. 63 oben zusammengestellte Rechtsprechung).

In einem Punkte ließ das Reichsgericht allerdings — was ihm als Inkonsequenz vorgeworfen wurde (RVBl. Bd. 40 S. 311; Stier-Somlo Handbuch § 15 VIII S. 122 in Anm. 97), — eine Ausnahme von §58 Ziff. 8 öStO. und §88 Ziff. 7 öLGO. zu, nämlich soweit es sich um Geschäfte der laufenden Verwaltung handelte (JW. 1912 S. 96 u. S. 925; RGZ. Bd. 104 S. 206; RGZ. Bd. 139 S. 63 Absatz), da insoweit der Bürgermeister oder Gemeindevorsteher zur selbständigen Erledigung der betreffenden Angelegenheit befugt sei.

Während also für das bisherige Recht die Formfreiheit für „laufende Verpflichtungen" (Verpflichtungen aus Geschäften der „laufenden Verwaltung") nahezu feststand, verlangt § 36 Abs. 2, wie die Amtl. Begr. a. a. O. bemerkt: „im Interesse der Rechtsklarheit", allgemein die Schriftform.

Es handelt sich dabei um eine Formvorschrift. Der frühere Gesichtspunkt der Beschränkung der Vertretungsmacht ist weggefallen. Wird die Formvorschrift verletzt, so ist die Erklärung nach § 125 BGB. nichtig (vgl. Amtl. Begr. zu § 36 Ziff. 2a).

Ist also (Beispiel nach Helfritz a. a. O.) in der Nacht unerwartet Schnee gefallen und soll dieser in den frühesten, noch dunklen Morgenstunden beseitigt werden, so müssen die Arbeitsverträge mit den aushilfsweise angestellten Arbeitern schriftlich abgeschlossen werden, entweder vom Bürgermeister oder zwei vertretungsberechtigten Beamten oder Angestellten (§ 36 Abs. 2 Satz 2, 3). Andernfalls sind die Verträge nichtig. Hier können dann allerdings §§ 812ff. BGB. in etwas helfen; doch dürfen die Arbeiter die Ungültigkeit der Verträge nicht gekannt haben (§ 814 BGB.).

Wird in einem städtischen Krankenhause eine verunglückte Person eingeliefert und erleidet sie durch das Versehen einer Schwester nach der vorläufigen Aufnahme Schaden, so könnte man aus dem Wortlaute von § 36 Abs. 2 Satz 2 und 3 schließen, daß sich der Schadensersatzanspruch im Gegensatz zu der bisherigen Auffassung (vgl. Stier-Somlo a. a. O. S. 122 bei Anm. 97) auf § 831 BGB. (Entlastungsbeweis möglich!) beschränkt. Man könnte meinen, ein Schadensersatzanspruch aus **Vertrag** sei nicht gegeben, solange nicht zwei Vertreter der Gemeinde den Aufnahmevertrag unterzeichnet haben. Demgegenüber ist jedoch zu erwägen: Werden öffentliche, den Einwohnern allgemein zur Verfügung gestellte Anstalten der Gemeinde bestimmungsgemäß von einem Einwohner in Anspruch genommen, so entsteht mit der von einem Vertreter des Anstaltsherrn auch formlos zugelassenen Benutzung ein Rechtsverhältnis zwischen Benutzer und Gemeinde, das für diese allgemeine Sorgfaltspflichten erzeugt. Daß sich die Gemeinde zu den in der betreffenden Anstalt üblichen Leistung verpflichten will, folgt — unabhängig von der das einzelne Rechtsverhältnis begründenden — Zulassungs- oder Aufnahmeerklärung bereits aus der allgemeinen Zurverfügungstellung der Anstalt. Es wäre hier ebenso formalistisch, in der „Zurverfügungstellung" lediglich eine invitatio ad offerendum und in der „Aufnahme" die Erklärung, durch welche die Gemeinde zu den Anstaltsleistungen unmittelbar verpflichtet werden soll, zu sehen, wie die in § 36 Abs. 2 Satz 2 und 3 verlangte Schriftform der Aufnahmeerklärung, die die konkreten Pflichten der Gemeinde erzeugt, zu verlangen. In dem angeführten Falle hat die Gemeinde daher für das Verschulden der Krankenschwester gemäß § 278 BGB. (bei privatem Vertrage in Verbindung mit §§ 611ff. BGB., bei öffentlichem Anstaltsverhältnis analog diesen Bestimmungen in Verbindung mit der Anstaltsordnung) einzustehen. Entsprechendes muß für die Benutzung sonstiger öffentlicher Anstalten der Gemeinde gelten (Straßenbahn, Badeanstalten usw.). Durch die Gestattung der Benutzung wird die Verpflichtung der Gemeinde nicht erst **begründet**, vielmehr wird die nach § 17 **bereits bestehende** Pflicht zur Gestattung der Anstaltsnutzung lediglich **ausgelöst**.

Weiterer Fall: Der städtische Bürodirektor bestellt fernmündlich einen Posten Papier und sonstige Schreibutensilien, die aus dem Geschäft sofort geliefert werden. Hier ist der die Stadtgemeinde verpflichtende Kaufvertrag nichtig, 1. weil nichts Schriftliches gegeben wurde; 2. weil nur ein Beamter handelte. Der Geschäftsinhaber ist also auf die Bereicherungsansprüche nach §§ 812ff. BGB. angewiesen; der Wert des Papiers usw. dürfte sich gemäß § 818 Abs. 1 BGB. nach dem gemeinen Werte, also dem Kaufpreise, bestimmen. § 818 Abs. 3 wird durch § 819 BGB. ausgeschlossen. Gleichwohl ist die Konstruktion wenig erfreulich, insbesondere wegen § 814 BGB. Soll der im Vertrauen auf die mündliche Erklärung trotz Kenntnis des § 36 Abs. 2 DGemO. Liefernde wirklich befürchten müssen, den Kaufpreis nicht zu erhalten? Es kann vielleicht eingewandt werden: In diesem wie dem ersten Falle wird nach pflichtmäßigem, verwaltungsmäßigem Ermessen seitens der Gemeinde sicherlich gezahlt werden. Sollen aber Rechtssatz und pflichtmäßiges, verwaltungsmäßiges Ermessen auseinanderfallen? Dadurch wird die erstrebte Rechtsklarheit nicht erreicht.

Die genannten Fälle ließen sich aus der täglichen Kommunalpraxis nach Belieben vermehren. Daß das Nichtbestehen einer vertraglichen Verpflichtung bei laufenden Verpflichtungen zu Unbilligkeiten, für die Gemeindeverwaltung auch zu Unzuträglichkeiten und Umständlichkeiten, führen kann, dürfte sich bereits ergeben haben. Die Schwierigkeiten liegen nicht im Gesetz, das ohne die authentische Interpretation auslegungsfähig wäre. Es würde genügen, wenn gegenüber den wiedergegebenen Sätzen der Amtlichen Begründung — falls die ganze Frage nicht lieber durch Streichung jener Sätze der Rechtsprechung überlassen wird — klargestellt würde, daß

„bei der Eingehung laufender Verpflichtungen die Einhaltung der Schriftform nicht erforderlich ist, wenn es sich um Geschäfte des täglichen Verwaltungsbedarfs oder um besonders dringende Angelegenheiten handelt". Ferner wäre für eine Durchführungsverordnung folgende Bestimmung zu empfehlen: „Hat der eine Vertragsteil bei einem Rechtsgeschäfte der laufenden Verwaltung seine Verpflichtung bereits erfüllt, so muß auch der andere Vertragsteil in jedem Falle leisten."

6. Die Gemeinde muß durch die Erklärung unmittelbar verpflichtet werden (vgl. Amtl. Begr. zu § 36 Ziff. 2a Abs. 3). Vollmachten allein unterliegen daher nicht den Formvorschriften des § 36 Abs. 2 (anders vielfach das bisherige Recht, z. B. § 45 Pr. GemFinG.). Doch ist dabei zu beachten, daß ein neben der Vollmacht herlaufender Geschäftsbesorgungsvertrag nach § 675 BGB. „eine Verpflichtung der Gemeinde zum Ziele hat", also ohne die Einhaltung der Form des Abs. 2 nichtig ist.

Verpflichtungserklärungen sind dagegen nicht: Tatsachenerklärungen (insbesondere Quittung, negatives Schuldanerkenntnis nach § 397 Abs. 2 BGB.), ferner: rechtsbekennende Erklärungen, z. B.: einseitiges, vom Gläubiger nicht angenommenes Anerkenntnis, das als Beweismittel für das Bestehen der anerkannten Verpflichtung (Zeugnis des Erklärenden gegen sich selbst) und die Unterbrechung der Verjährung in Betracht kommen kann (vgl. Reichsgerichtsrätekomm. zum BGB. Bd. II 7. Aufl. Vorbem. 4); ferner: das angenommene Schuldanerkenntnis, bei dem die auf Schaffung einer selbständigen Verpflichtung gerichtete Vertragsabsicht fehlt und das daher die Bedeutung einer Bestätigung der bestehenden Schuld im Rahmen des alten Schuldgrundes hat (siehe Reichsgerichtsrätekomm. a. a. O. Vorbem. 4 am Ende mit Verweisungen); hierzu gehört auch das Anerkenntnis im Prozesse nach § 307 ZPO. (vgl. RGZ. Bd. 45 S. 409), zu dem also Prozeßbevollmächtigte allein befugt sind. Dagegen ist das abstrakte Schuldanerkenntnis, das eine Verpflichtung selbständig begründen soll (§ 781 BGB.), eine Verpflichtungserklärung und daher auch der Formen des § 36 Abs. 2 bedürftig.

Nicht Verpflichtungserklärungen sind weiter: Verfügungserklärungen (Übereignungen, Verzichte, Erlaßverträge, Löschungsbewilligungen, Aufhebungserklärungen; vgl. dazu Oertel-Oehler „Die Städteordnung für die sechs östlichen Provinzen usw." 7. Aufl. Liegnitz 1931 § 56 Nr. 8 Bem. 3b S. 407), auch Kassenanweisungen nicht, obwohl es hier üblich und aus Verwaltungsrücksichten praktisch ist (Oertel-Oehler a. a. O. S. 408), sie außer dem allgemeinen Stellvertreter des Bürgermeisters von dem Kämmerer unterschreiben zu lassen.

7. § 125 Satz 1 BGB. Wegen aller Einzelheiten ist insoweit auf die bekannten Erläuterungswerke zum Bürgerlichen Gesetzbuch zu verweisen.

8. Nicht notwendig von diesem selbst! Siehe dazu Anm. 1 und Satz 3. Beidrückung eines Siegels, Anführung einer etwa erforderlichen Genehmigung sind nicht mehr vorgeschrieben.

9. Faksimilierte Unterschriften genügen daher nicht mehr, wie die Amtl. Begr. zu § 36 Ziff. 2b hervorhebt. Die landesrechtlich begründeten Ausnahmen von dem Erfordernisse der Eigenhändigkeit (s. für Preußen Oertel-Oehler § 56 Nr. 8 öStO. Anm. 7 S. 412f.) sind daher weggefallen. Dagegen dürften die reichsrechtlich geschaffenen Ausnahmen von § 125 BGB. auch Ausnahmen von § 36 Abs. 2 DGemO. sein, für welchen die Amtl. Begr. zu § 36 bei Ziff. 2a ausdrücklich auf § 125 BGB. verweist. Die §§ 793 Abs. 2 BGB., 181 Satz 1 und 426 Satz 2 Nr. 9 HGB. gehen daher wegen ihres besonderen Zweckes, praktische Erleichterungen zu schaffen, auch dem § 36 Abs. 2 DGemO. vor.

10. Wenn der Bürgermeister selbst handelt, entspricht es allein dem Führerprinzip, wenn lediglich er unterschreibt. Handeln seine Vertreter, so bedeutet die „Einschaltung eines Kontrollelements" (vgl. Amtl. Begr. zu § 36 Ziff. 2c) durch die Einführung des Erfordernisses zweier Unterschriften keine Durchbrechung des Führerprinzips selbst.

§ 37.

Der Bürgermeister[1] ist Dienstvorgesetzter[1] aller Beamten[2], Angestellten[3] und Arbeiter der Gemeinde. Er

stellt sie an[4] und entläßt[5] sie; bei der Anstellung ist der Stellenplan[6] einzuhalten. Rechte des Staates bei der Anstellung und Entlassung von Beamten und Angestellten, die sich aus anderen Gesetzen ergeben[7], bleiben unberührt.

1. Der Bürgermeister ist Vorgesetzter sämtlicher Beamten, Angestellten und Arbeiter, auch der Beigeordneten. Hierin zeigt sich die straffe Durchführung des Führerprinzips an Stelle der kollegialen Magistratsverfassung. Jeder Beamte ist dem Bürgermeister zu Treue und Gehorsam verpflichtet; jeder, auch die Beigeordneten, müssen seinen Anordnungen Folge leisten. Der Bürgermeister regelt die Geschäftsverteilung, wobei allerdings die in § 35 Anm. 1 und 10 gekennzeichneten Grenzen zu beachten sind, ferner den Geschäftsgang und die Dienststunden. Über die Beamten hat der Bürgermeister eine begrenzte Ordnungsstrafgewalt (vgl. für Preußen §§ 94, 95 BDStO.). Die Verhängung von Warnungen, Verweisen und Geldbußen in begrenzter Höhe steht in Preußen (siehe § 96 BDStO.) der Aufsichtsbehörde zu. Wegen weiterer Einzelheiten muß auf die einschlägigen Landes-Dienststrafgesetze verwiesen werden (für Preußen siehe §§ 93—99 BDStO.). Der Bürgermeister übt seine dienststrafrechtlichen Befugnisse im staatlichen Auftrage aus und unterliegt daher insoweit dem unbeschränkten Weisungsrecht der Aufsichtsbehörde (vgl. AA. zum Pr. GemVerfG. zu § 27 Ziff. 5; abgedr. in v. Lympius-Küchenhoff S. 388). Aus der soeben erwähnten Ausführungsanweisung können (a. a. O. S. 389) folgende weitere Grundgedanken in das Reichsrecht übernommen werden: Der Bürgermeister ist als Dienstvorgesetzter zuständig für die Erteilung des Urlaubs an die Beamten der Gemeinde. Hinsichtlich seiner eigenen Beurlaubung und der Beurlaubung der Beigeordneten können folgende Bestimmungen als Ausdruck der Verwaltungspraxis gelten:

a) Die Bürgermeister haben von einer längeren als dreitägigen, jedoch den Zeitraum von acht Tagen nicht übersteigenden Abwesenheit vom Dienstort der Aufsichtsbehörde Anzeige zu machen. Zu einer längeren als achttägigen Abwesenheit bedürfen sie des Urlaubs der Aufsichtsbehörde. Zugleich mit der Anzeige oder mit dem Urlaubsgesuch ist der Aufsichtsbehörde Mitteilung über die Person des Vertreters zu machen.

b) Die Beigeordneten haben bei Abwesenheit vom Dienstort ohne Rücksicht auf deren Dauer Urlaub bei dem Bürgermeister zu beantragen. Dieser hat Beurlaubungen für eine längere Zeit, als sie einem gleichzubewertenden Staatsbeamten als jährlicher Erholungsurlaub bewilligt wird, der Aufsichtsbehörde anzuzeigen.

Diese Anordnungen finden dann keine Anwendung, wenn in Gesetzen ausdrücklich vorgesehen ist, daß es zur Wahrnehmung bestimmter Aufgaben einer Beurlaubung nicht bedarf (vgl. z. B. das Ges. über den Staatsrat vom 8. Juli 1933 [GS. S. 241] in der Fassung vom 31. Juli 1933 [GS. S. 289]). Auch in diesen Fällen haben die betreffenden Beamten jedoch der Aufsichtsbehörde bzw. dem Bürgermeister beim Vorliegen der Voraussetzungen unter a und b rechtzeitig vorher Mitteilung zu machen. Das folgt aus den Notwendigkeiten einer geordneten Verwaltung.

2. Das sind: Beigeordnete, hauptamtlich angestellte wie nebenamtlich angestellte Beamte, Ehrenbeamte. Auch die Ehrenbeamten sind Beamte im Sinne der Deutschen Gemeindeordnung. Wo immer Voraussetzungen für den Erwerb der Beamtenstellung (z. B. Beamtenrechtsänderungsgesetz vom 30. Juni 1933) oder besondere Vorschriften für „Gemeindebeamte" aufgestellt sind, müssen sie ebenfalls für Ehrenbeamte gelten, soweit sich nicht aus dem betreffenden Gesetz (vgl. § 1 des Kommunalbeamtengesetzes) Abweichungen ergeben. Denn der Begriff des Gemeindebeamten hängt in materieller Hinsicht davon ab, wem das Gemeindeverfassungsrecht die Stellung zuerkennt (vgl. Kap. II § 6 des Beamtenrechtsänderungsgesetzes: „Beamtenrecht der Gemeinden"). Wenn es im geltenden Recht auch keinen allgemeinen Beamtenbegriff gibt (so mit Recht: Helfritz in von Brauchitsch Bd. VII, 19. Aufl., S. 587), so ist doch der Begriff des Gemeindebeamten nach dem jeweiligen Gemeindeverfassungsrecht zu bestimmen. Denn auf dieses wird durch den Begriff: „Gemeindebeamter" verwiesen. — Der weitgehenden Heranziehung von Ehrenbeamten durch das

Gemeindeverfassungsgesetz entspricht — abgesehen von der Besoldung — ihre Gleichstellung mit den besoldeten Beamten. Die Berufung in das Beamtenverhältnis geschieht durch Aushändigung einer Anstellungsurkunde, in der die Worte enthalten sein müssen: „unter Berufung in das Beamtenverhältnis" Kapitel II §§ 6, 3 des Beamtenrechtsänderungsgesetzes vom 30. Juni 1933. Auch sonst sind die Voraussetzungen dieser Bestimmungen zu beachten.

Für den Beamtenbegriff im Sinne des § 4 des Haftungsgesetzes vom 1. August 1909 (Art. 131 der Reichsverfassung 1919) kommt es dagegen nur auf die Wahrnehmung hoheitlicher Funktionen an; vgl. die in § 22 Anm. 2 a. E. genannte Entscheidung.

Die Besoldung der hauptamtlich angestellten Beamten ist durch Satzung (Gemeindliche Besoldungsordnung) zu regeln. Dabei sind die landesrechtlichen und reichsrechtlichen Einschränkungen zu beachten. Für Preußen vgl.: Gesetz über die Dienstbezüge der unmittelbaren Staatsbeamten (Pr. BesG.) vom 17. Dezember 1927 (GS. S. 223) § 43*); Ausführungsbestimmungen zum Pr. BesG. vom 17. Dezember 1927 im Pr. BesBl. 1931 S. 19ff.; Runderlaß des Finanzministers vom 19. Mai 1928 betr. die Ausführungsbestimmungen zum Pr. BesG. (Pr. BesBl. 1928 S. 151). — Verordnung über Gehaltskürzung vom 13. Dezember 1930 (GS. S. 291), erlassen auf Grund der VO. des Reichspräsidenten zur Sicherung der Wirtschaft und Finanzen vom 1. Dezember 1930 (RGBl. I S. 517) 2. Teil Kapitel II § 4 Abs. 2. — Dazu: Runderlaß des Finanzministers zugleich im Namen des Ministerpräsidenten und sämtlicher Staatsminister vom 22. Dezember 1930 (Pr. BesBl. S. 167). — Zweite Gehaltskürzungsverordnung §§ 1—12**) Kapitel I 2. Teil der 2. VO. des Reichspräsidenten zur Sicherung von Wirtschaft und Finanzen vom 5. Juni 1931 (RGBl. I S. 279). Dazu: Durchführungsbestimmungen des Reichsministers der Finanzen (RBesBl. S. 67), ferner RdErl. des Finanzministers zugleich im Namen des Ministerpräsidenten und sämtlicher Staatsminister vom 13. Juni

---

*) S. ferner die am Ende der Anmerkung genannten Bestimmungen.

**) Hierbei ist zu beachten, daß § 7 Abs. 2 und 3 durch § 49 des Beamtenrechtsänd.Ges. v. 30. 6. 1933 für Beamte aufgehoben sind.

1931 betr. Vorläufige Durchführung der Zweiten Gehaltskürzungsverordnung (Pr. BesBl. 1931 S. 181). — Dritte Gehaltskürzungsverordnung, §§ 1—12 Kapitel VI 7. Teil der Vierten Verordnung des Reichspräsidenten zur Sicherung von Wirtschaft und Finanzen vom 8. Dezember 1931 (RGBl. S. 699). Dazu: RdErl. des Finanzministers zugleich im Namen des Ministerpräsidenten und sämtlicher Staatsminister vom 16. Dezember 1931 betr. Vorläufige Durchführung der Dritten Gehaltskürzungsverordnung (Pr. BesBl. 1931 S. 347). — Einbehaltungsverordnung, §§ 1—8 1. Teil der VO. zur Sicherung des Haushalts vom 8. Juni 1932 (GS. S. 199). Dazu: RdErl. des Finanzministers zugleich im Namen des Ministerpräsidenten und sämtlicher Staatsminister vom 15. Juni 1932 betr. Vorläufige Durchführung der Verordnung (Pr. BesBl. 1932 S. 139); ferner RdErl. des Finanzministers zugleich im Namen des Ministerpräsidenten und sämtlicher Staatsminister vom 7. Dezember 1933 betr. die Anwendung der Einbehaltungsverordnung vom 8. Juni 1932 (Pr. BesBl. S. 275). Besonders zu beachten: §§ 40 Abs. 2—4, 41—45 des Beamtenrechtsänderungsges. vom 30. Juni 1933*).

3. Sie sind auf Privatdienstvertrag (ohne Aushändigung einer Anstellungsurkunde) angestellt. Es sind nach der bisher üblichen Praxis zu unterscheiden:

1. Zeitangestellte (Anstellung zu einer vorübergehenden Beschäftigung für eine ganz bestimmte Zeit),
2. Verwaltungsangestellte (Anstellung zur Befriedigung eines dauernden Bedürfnisses). Das Dienstverhältnis war bisher geregelt durch Vertragsabmachungen im einzelnen Falle, die, soweit Tarifverträge bestanden, diesen angepaßt waren. An die Stelle der Tarifverträge ist jetzt die Dienstordnung nach §§ 16ff. des Gesetzes zur Ordnung der Arbeit in öffenllichen Verwaltungen und Betrieben vom 23. März 1934, RGBl. I S. 220ff. getreten. In der Regel werden, soweit sich die übliche Praxis übersehen läßt, folgende Typen unterschieden. Diese Regelung erscheint im übrigen auch empfehlenswert:

*) S. dazu; Erste Ausf.Anw. zum Ges. vom 19. 8. 1933 (MinBl. i. V. I S. 837), Angleichung der Bezüge RdErl. d. R. u. Pr. MdJ. u. d. Pr. FM. vom 14.2.1935, MinBl. i. V. 1935 Nr. 5.

a) Angestellte, deren Beschäftigungszeit noch nicht einen Zeitraum von 10 Jahren überschreitet. Sie werden mit einer mehrwöchigen Kündigungsfrist (vier bis sechs Wochen) angestellt. Ihre Besoldung richtet sich nach den Bestimmungen der Dienstordnung.

b) Dauerangestellte, die, größtenteils nach einer Beschäftigungsdauer von mehr als zehn Jahren, für ständig, wenn auch nicht unkündbar, angestellt werden.

Die Kündigung ist im Vergleich zu den sonstigen Angestellten erschwert, meistens nur aus wichtigem Grunde unter Einhaltung einer bestimmten Frist zulässig. Die Vergütung richtet sich nach den entsprechend anzuwendenden Besoldungsvorschriften für die Beamten. Häufig besteht auch ein Anspruch auf Ruhegehalt und Hinterbliebenenfürsorge.

Im übrigen ist der Begriff des Dauerangestellten kein gesetzlich feststehender. In erster Linie steht es selbstverständlich einer Dienstordnung frei, den Begriff für ihren Geltungsbereich zu bestimmen. Eine solche nähere Bestimmung kann insbesondere in einer Bezugnahme auf die parallelen Besoldungsordnungen der Beamten liegen. Soweit aber eine besondere Bestimmung des Begriffs durch die Dienstordnung nicht erfolgt ist oder eine solche überhaupt nicht vorliegt, muß zur Auslegung der Vertragsabmachungen im einzelnen Falle geschritten werden. In § 43 Abs. 2 Pr. BesG. vom 17. Dezember 1927*) ist ausdrücklich ein Gemeindebeschluß vorgeschrieben, kraft dessen es sich um einen den Beamten gleichzuachtenden ständigen Angestellten oder Anwärter handelt. Bezüglich des Inhalts dieses Beschlusses hat das Reichsarbeitsgericht folgende Grundsätze aufgestellt: Ohne daß die ständige Anstellung im Gemeindebeschluß, der nunmehr vom Bürgermeister zu erlassen ist, ausdrücklich erwähnt zu sein braucht, wird zu verlangen sein,

a) daß der Angestellte zur Befriedigung eines dauernden Bedürfnisses angenommen ist,

b) daß der Angestellte sich in amtsähnlicher Stellung befindet,

---

*) S. auch § 49 Abs. 2 des Beamtenrechtsänderungsges. vom 30. 6. 1933 mit Bezugnahmen.

c) daß der Angestellte in eine Besoldungsgruppe unter Festsetzung seines Dienstalters, gegebenenfalls mit Anwartschaft auf Ruhegehalt und Hinterbliebenenbezüge, eingereiht wird,

d) daß dabei in irgendeiner Weise hervortritt, daß das gesetzliche Kündigungsrecht nicht Platz greifen soll, einschließlich solcher Fälle, in denen die Kündigung nur erschwert ist. Mindestens muß aber auf seiten des Arbeitgebers eine wesentliche Erschwerung des Kündigungsrechts vorliegen. Eine Beschränkung der Kündigung auf wichtigen Grund ist demnach nicht unbedingt erforderlich, aber angebracht.

Über den Begriff des Dauerangestellten vgl. RGZ. Bd. 126 S. 147; RAG. (Bensheimer Sammlung) Bd. 13 S. 39; Bd. 14 S. 177; Bd. 15 S. 18.

Zum Rechte der Dauerangestellten vgl. ferner: RAG. Bd. 15 S. 93, 302; Bd. 16 S. 16, 77, 99, 265; Bd. 17 S. 99, 178, 332; Bd. 18 S. 223, 234; Bd. 20 S. 79. Vgl. auch: Wacke, Die Rechtsstellung der Dauerangestellten in Preußen mit Berücksichtigung der Verhältnisse in den anderen Staaten. Berlin, Verlag Heymann, 1929.

4 Beamte unter den Voraussetzungen und in den Formen der §§ 3, 6 Kap. II des Beamtenrechtsänderungsgesetzes vom 30. Juni 1933 (RGBl. I S. 434)! Das Beamtenverhältnis wird daher durch Aushändigung einer Urkunde begründet, in der die Worte „unter Berufung in das Beamtenverhältnis" enthalten sind. Die weiteren Formen des § 36 Abs. 2 DGemO. brauchen nicht beobachtet zu sein. Bei der Anstellung von Angestellten und Arbeitern durch privatwirtschaftlichen Dienstvertrag muß dagegen § 36 Abs. 2 eingehalten werden, da eine Sondervorschrift fehlt. Wegen weiterer Grundsätze und wegen der Amtsbezeichnungen kann hier auf die AA. zum Pr.GemVerfG. Ziff. 6 zu § 27 (v. Lympius-Küchenhoff S. 390—392) verwiesen werden. Beigeordnete und Gemeinderäte (siehe §§ 41 und 51) werden von anderen Stellen berufen, sie müssen dann von dem Bürgermeister angestellt werden. Diese besondere Anstellung ist auch bei Berufung von anderer Seite nötig (vgl. Amtl.

Begr. zu § 37 Ziff. 2a). Entsprechendes gilt für den Ausspruch der von anderen Stellen angeordneten Entlassung (§§ 45, 54).

5. Z. B. auf ihren Antrag, ferner pflichtgemäß nach anderweitiger Abberufung in den Fällen der §§ 45, 54. Vgl. Amtl. Begr. zu § 37 Ziff. 2a. Wenn daselbst weiter bemerkt wird, „daß über das Ausscheiden von Beamten aus sonstigen Gründen, z. B. Dienstunfähigkeit, auf eigenen Antrag ausschließlich der Bürgermeister entscheidet", so ist für Preußen darauf hinzuweisen, daß hier der Bürgermeister zur Feststellung der Dienstunfähigkeit bei festangestellten Beamten nicht zuständig ist; es ist vielmehr ein förmliches Verfahren vor der Dienststrafkammer erforderlich (§§ 98, 99 BDStO.; siehe auch § 115 Abs. 2 daselbst).

Wegen Feststellung der Dienstunfähigkeit bei Kündigungsbeamten siehe OVG. Bd. 54 S. 484. — Vgl. zu alledem Brand „Die Preuß. Dienststrafordnungen vom 27. Januar 1932" usw. 3. Aufl. 1935 § 115 Anm. 5 und Anm. 2, 3 zu § 98.

Bei Kündigungsbeamten ist die Frist einzuhalten. Weitere Endigungsgründe des Beamtenverhältnisses: Tod, Zeitablauf bei den auf bestimmte Zeit angestellten Beamten, Verlust des Bürgerrechts bei Ehrenbeamten gemäß § 22 Abs. 2 DGemO.: Strafurteil, das den Verlust von öffentlichen Ämtern zur Folge hat.

6. Vgl. Preuß.VO. über die Aufstellung von Stellenplänen in Gemeinden und Gemeindeverbänden vom 2. November 1932 Pr. Ges. S. 347. Nunmehr ist reichsrechtlich die Aufstellung der Stellenpläne „jedenfalls für alle Gemeinden, die hauptamtliche Beamte beschäftigen, zwingend vorgeschrieben". (Vgl. Amtl. Begr. zu § 37 Ziff. 2b; daselbst auch über den Sinn des Gesetzes.) Nach der oben erwähnten, nunmehr für das ganze Reich heranzuziehenden Verordnung hat der Stellenplan die in der Verwaltung vorhandenen Stellen, gegliedert nach Art und Besoldungs- (Vergütungs-) Gruppe, nachzuweisen. Dem tatsächlichen Bestand ist der voraussichtlich endgültig erforderliche Bestand gegenüberzustellen. Die danach nicht endgültig erforderlichen Stellen sind als künftig wegfallend zu bezeichnen mit der Wirkung, daß diese Stellen im Falle ihres Freiwerdens nicht wieder besetzt werden dürfen.

Der Stellenplan wird jetzt vom Bürgermeister ohne anderweite Mitwirkung aufgestellt (§ 32). Erfüllt der Bürgermeister seine Verpflichtung zur Aufstellung nicht, so gilt § 110.

7. Es sei hier auf die in der AA. zum Pr.GemVerfG. zu § 27 Ziff. 6 (abgedruckt bei v. Lympius-Küchenhoff S. 390 (391) verwiesen*). Wegen der Besetzung städtischer Stellen mit Versorgungsanwärtern vgl. Oertel-Oehler a. a. O. § 56 Nr. 6 öStO. S. 384 ff.

§ 38.

Für hauptamtliche Bürgermeister und Beigeordnete gelten die §§ 25 und 26 entsprechend.

Anmerkung: Die Vorschrift hat lediglich die Bedeutung einer Klarstellung und des Ausschlusses eines — sachlich verfehlten — argumentum e contrario aus §§ 25 f. — Die Geltung ihres Inhalts folgt schon aus dem Beamtenbegriff.

§ 39.

(1) In Gemeinden[1] mit weniger als 10 000 Einwohnern sind Bürgermeister[2] und Beigeordnete[2] ehrenamtlich[3] tätig. Die Hauptsatzung[4] kann[5] bestimmen[6], daß die Stelle des Bürgermeisters[6] oder eines Beigeordneten[7] hauptamtlich verwaltet wird.

(2) In Gemeinden[8] mit mehr[9] als 10 000[10] Einwohnern[11] muß die Stelle des Bürgermeisters oder[12] eines Beigeordneten[13] hauptamtlich[14] verwaltet werden. Die Hauptsatzung[15] bestimmt, welche Stellen außerdem hauptamtlich verwaltet werden.

1. Gleichgültig, ob es sich um Stadt- oder Landgemeinden im bisherigen Sinne handelt, wenn nur kein Stadtkreis (vgl. dazu § 32 Anm. 8, § 33 Anm. 18) vorliegt (siehe § 40!). Nach der hier (a. a. O.) vertretenen Auffassung ist ein Eintreffen des § 40 im Falle von § 39 Abs. 1 ausgeschlossen. Die Unterscheidungen

*) Doch ist hierbei zu beachten, daß inzwischen die a. a. O. noch erwähnte VO. über Bestätigung von Angestellten der Gemeinden und Gemeindeverbände vom 17. 7. 1933 aufgehoben ist (Pr. VO. vom 13. 6. 1934, Pr. GS. S. 332).

von §§ 31 und 32 Pr. GemVerfG. zwischen Stadt- und Landgemeinden sind weggefallen.

2. Vgl. §§ 32, 34, 35. — Wegen der Ehrenbeamten im allgemeinen siehe § 22 Anm. 4 und besonders Amtl. Begr. zu § 39 Ziff. 1.

3. Übersicht über die ehrenamtlich tätigen Bürgermeister und Beigeordneten siehe § 22 Anm. 8. Für hauptamtliche Stellen sei folgende Übersicht angefügt:

a) In Gemeinden mit weniger als 10 000 Einwohnern wird die Stelle des Bürgermeisters oder eines Beigeordneten hauptamtlich verwaltet, wenn dies durch die Hauptsatzung bestimmt wird;

b) in Gemeinden mit mehr als 10000 Einwohnern gilt folgende Regelung:

aa) Hauptamtlich muß die Stelle des Bürgermeisters oder eines Beigeordneten sein, in Stadtkreisen muß dieser der Erste Beigeordnete sein (§§ 39 Abs. 2, 40),

bb) weitere hauptamtliche Stellen können durch die Hauptsatzung nach den örtlichen Bedürfnissen festgesetzt werden.

4. Vgl. § 3 Abs. 2, § 33 Abs. 1 Ziff. 1. — Hierdurch soll die Beschränkung der Ausnahmen von dem Grundsatze der Ehrenamtlichkeit auf das „unabweisbar nötige Maß" sichergestellt werden (vgl. Amtl. Begr. zu § 39 Ziff. 1 am Ende).

5. Die Amtl. Begr. zu § 39 Ziff. 1 führt dazu aus, daß die „Möglichkeit der ehrenamtlichen Verwaltung auch in kleineren Gemeinden sehr stark von ihrer Besonderheit abhängen kann". Sache der am Erlaß der Hauptsatzung beteiligten Stellen wird es daher sein, die richtige Mitte zu ziehen zwischen der grundsätzlichen, gemeinschaftsmäßig wertvollen Ehrenamtlichkeit und den sachlichen Bedürfnissen des besonderen Falles. Die Amtl. Begr. nennt (a. a. O.) Gemeinden mit besonders schwierigen wirtschaftlichen Verhältnissen (also z. B. Gemeinden mit mannigfacher Industrie und dadurch bedingter umfangreicher Steuerverwaltung), ferner Bade- und Fremdenverkehrsorte als Gemeinden, für die auch bei geringerer Einwohnerzahl als 10000 die hauptamtliche Verwaltung der Bürgermeister- oder einer Beigeordnetenstelle angebracht sein kann.

6. §§ 32, 36.

7. In Betracht wird — auch ohne besondere Nennung im Gesetz — der Erste Beigeordnete oder der mit der Verwaltung des Geldwesens der Gemeinde beauftragte Beigeordnete kommen. — Daß die Stelle des Bürgermeisters und eines Beigeordneten oder die Stellen mehrerer Beigeordneter hauptamtlich verwaltet werden, kann die Hauptsatzung nicht bestimmen (arg. „oder").

8. Vgl. ferner § 40.

9. In § 39 Abs. 1 ist von „Gemeinden mit weniger als 10000 Einwohnern", in Abs. 2 von „Gemeinden mit mehr als 10000 Einwohnern" die Rede. Theoretische (vielleicht aber auch einmal praktisch werdende) Frage: Was gilt für Gemeinden mit einer Einwohnerzahl von genau 10000? Sie werden den Gemeinden „mit mehr als 10000 Einwohnern" zuzurechnen sein, da den Gemeinden mit genau 10000 Einwohnern in einem gesunden Volke die Tendenz zum Steigen der Einwohnerzahl innewohnen dürfte. Das Bedürfnis nach hauptamtlicher Verwaltung der in Abs. 2 genannten Ämter besteht ferner schon bei 10000 Einwohnern. Auf dem gleichen Standpunkt steht die Amtl. Begr. zu § 39 Ziff. 2: „Gemeinden, die eine Einwohnerzahl von 10000 erreicht haben, lassen sich nach allen Erfahrungen nicht mehr ehrenamtlich verwalten." Wegen Überschreitung und Unterschreitung der Grenze von 10000 vgl. Anm. 10.

10. Sinkt die Einwohnerzahl unter 10000 herab, so ist zu unterscheiden:

a) Beruht das Herabsinken auf keiner Veränderung der bisherigen sachlichen Grundlagen der Einwohnerzahl (siehe dagegen b), in welchem Falle die Änderungen nur unbeträchtlich sein werden und die Tendenz des Wiederanstiegs nicht auszuschalten ist, so bleiben die hauptamtlichen Bürgermeister und Beigeordneten im Amte als Hauptamt.

b) Beruht jedoch das Herabsinken der Einwohnerzahl auf der Aufhebung der bisherigen sachlichen Grundlagen, z. B. Aufhebung der Garnison, Änderung des Sitzes großer Behörden (Regierung, Landratsamt), Verlegung eines großen Fabrikbetriebes, so daß nach Beobachtung der Bevölkerungsverschiebungen während angemessener Zeit nicht mehr mit dem

Wiederansteigen der Einwohnerzahl auf 10000 in den nächsten folgenden Jahren gerechnet werden kann, so können die hauptamtlichen Bürgermeister und Beigeordneten zwar nicht gemäß § 107 Nr. 2 und 3 BDStO. (siehe § 114 daselbst!), wohl aber „zur Vereinfachung der Verwaltung" gemäß § 6 des Gesetzes zur Wiederherstellung des Berufsbeamtentums vom 7. April 1933 (RGBl. I S. 176), Ges. vom 26. September 1934 (RGBl. I S. 845) in den Ruhestand versetzt werden. § 6 Satz 2 a. a. O. steht der — notwendigen — Einsetzung eines ehrenamtlichen Bürgermeisters nicht entgegen, da die hauptamtliche Stelle nicht mehr besetzt wird und die ehrenamtliche Stelle nicht dieselbe Stelle im Sinne von § 6 Satz 2 a. a. O. ist. Mit ihrer Einwilligung können die genannten Beamten auch als ehrenamtliche Bürgermeister oder Beigeordnete weiter beschäftigt werden. Falls sie unabhängig von § 19 Abs. 2 Bürger sind, sind sie zur Annahme des Ehrenamtes sogar verpflichtet (§ 5 Abs. 2, § 23); doch wird die lediglich auf dem — erloschenen — Hauptamte beruhende einjährige Dauer des Wohnsitzes eine Bürgerpflicht (§§ 19, 5 Abs. 2) sinngemäß nicht begründen können.

Steigt dagegen die Zahl der Einwohner auf 10000 und darüber, so sind entsprechend dem Grundgedanken der Bestimmung (siehe dazu Amtl. Begr. zu § 39 Ziff. 2) mindestens der Bürgermeister oder ein Beigeordneter hauptamtlich zu bestellen, wenn möglich (sonst gilt § 6 des Gesetzes vom 7. April 1933 entsprechend, ohne daß ein Ruhegehalt gewährt zu werden braucht) die bisherigen Ehrenbeamten. — Doch wird vor der Umgestaltung festzustellen sein (während angemessener Zeit), daß ein Herabsinken der Einwohnerzahl unter 10000 nicht mehr zu erwarten ist. Es gelten hierfür dieselben Merkmale mit umgekehrtem Vorzeichen wie oben.

11. Vgl. § 5 Satz 1.

12. Nicht vorgeschrieben: beider!

13. Dieser muß in Stadtkreisen der Erste Beigeordnete sein (§ 40).

14. Vgl. § 44.

15. Vgl. § 3 Abs. 2, § 33 Abs. 1 Ziff. 1. Die Amtl. Begr. zu § 39 Ziff. 2 Abs. 2 bemerkt hierzu, daß namentlich in Stadt-

kreisen zur Bewältigung des Arbeitsmaßes „eine mehr oder weniger große Anzahl von" (gemeint: hauptamtlichen) „Beigeordneten unentbehrlich" ist. „Bei der örtlichen Verschiedenheit" (a.a.O.) ist die nähere Regelung der Hauptsatzung überlassen.

§ 40.

In Stadtkreisen[1] muß der Bürgermeister oder der Erste Beigeordnete[2] hauptamtlich angestellt sein[5] und die Befähigung zum Richteramt[3] oder zum höheren Verwaltungsdienst[4] haben[5]. Die Aufsichtsbehörde[6] kann Ausnahmen[7] zulassen. Die Hauptsatzung[8] kann auch für andere hauptamtlich verwaltete Stellen, insbesondere für die Stelle des Stadtkämmerers[9] eine besondere Vorbildung vorschreiben.

1. Vgl. § 32 Anm. 8, § 34 Anm. 6.

2. Erweiterung gegenüber § 39 Abs. 2 bei Ziff. 13.

3. Vgl. §§ 2, 4 Gerichtsverfassungsgesetz.

4. Hier sind zur Zeit noch die landesrechtlichen Regelungen maßgebend.

5. Für die bei Inkrafttreten der DGemO., also am 1. April 1935, im Amte befindlichen, die Voraussetzungen des § 40 Satz 1 nicht erfüllenden hauptamtlichen Bürgermeister oder Ersten Beigeordneten dürfte die Regel des § 5 Abs. 4 der 2. DVO. zum Pr. GemVerfG. (siehe von Lympius-Küchenhoff S. 156) heranzuziehen sein: Danach bleiben die Genannten bis zum Ablaufe ihrer Amtszeit (§ 44) im Amte. Ehrenamtliche Bürgermeister sind, falls auch kein hauptamtlicher Erster Beigeordneter vorhanden ist (das gleiche gilt im umgekehrten Falle), mit angemessener Frist, die sich nach den Bedürfnissen der Verwaltung, insbesondere nach dem Abschlusse des Verfahrens gemäß § 41 bestimmt, zu entlassen.

6. Vgl. § 107.

7. Sowohl von der hauptamtlichen Anstellung, wie von der Notwendigkeit der Spezialvorbildung.

8. Vgl. § 3 Abs. 2, § 33 Abs. 1 Ziff. 1.

9. Für diesen stets zu empfehlen! Vgl. auch Amtl. Begr. zu § 40 Ziff. 3. Für die in der Hauptsatzung vorzuschreibende

Vorbildung wird Befähigung zum Richteramte oder höheren Verwaltungsdienste, auch Ablegung des Diplomvolkswirtexamens in Betracht kommen.

§ 41[1].

(1) Die Stellen[2] hauptamtlicher[3] Bürgermeister und Beigeordneter sind vor der Besetzung von der Gemeinde[4] öffentlich[5] auszuschreiben[6]. Die bei der Gemeinde eingegangenen Bewerbungen sind dem Beauftragten der NSDAP[7] zuzuleiten. Dieser schlägt nach Beratung mit den Gemeinderäten[8] in nicht öffentlicher Sitzung bis zu drei[9] Bewerber vor. Bei Stellen von Beigeordneten hat er vorher dem Bürgermeister Gelegenheit zur Stellungnahme zu geben[10].

(2) Der Beauftragte der NSDAP[7] übermittelt seine Vorschläge mit allen Bewerbungen

1. bei Stellen von Bürgermeistern[11], Ersten Beigeordneten[12] und Stadtkämmerern[13] in Stadtkreisen[17] mit mehr als 100 000 Einwohnern durch die Aufsichtsbehörde[14] dem Reichsminister des Innern,
2. bei Stellen anderer[15] Beigeordneter in Stadtkreisen[17] mit mehr als 100 000 Einwohnern und bei Stellen von Bürgermeistern und Beigeordneten in den übrigen Stadtkreisen durch die Aufsichtsbehörde[14] dem Reichsstatthalter[16],
3. bei Stellen von Bürgermeistern und Beigeordneten in kreisangehörigen Städten[17] durch die Aufsichtsbehörde[14] der oberen Aufsichtsbehörde[14], in den übrigen[18] Gemeinden der Aufsichtsbehörde[19].

(3) Erklärt sich die nach Abs. 2 zuständige Behörde mit der Berufung eines der vorgeschlagenen Bewerber einverstanden[20], so ernennt[21] die Gemeinde[22] diesen Bewerber. Andernfalls[23] sind[24] neue Vorschläge ein-

zureichen[25]. Erklärt sich die zuständige Behörde auch mit diesen Vorschlägen nicht einverstanden, so beruft sie[26] den Bewerber, den die Gemeinde[27] zu ernennen hat. Das gleiche gilt, wenn innerhalb einer von der zuständigen Behörde bestimmten[28] Frist ein Vorschlag nicht gemacht wird.

(4) Stellen ehrenamtlicher[29] Bürgermeister und Beigeordneter brauchen[30] nicht ausgeschrieben zu werden[31]. Auch für hauptamtliche Stellen kann die nach Abs. 2 zuständige Behörde zulassen, daß die Ausschreibung unterbleibt[32]. Im übrigen gelten die Vorschriften der Absätze 1—3 entsprechend.

(5) Bis zur Erklärung des Einverständnisses der nach Abs. 2 zuständigen Behörde ist über die Vorschläge Verschwiegenheit zu wahren.

1. Dem Führerprinzip (Verantwortung nach oben, Autorität nach unten) muß insbesondere auch die Besetzung der leitenden Stellen entsprechen. Eine Wahl der Bürgermeister oder Beigeordneten kommt daher nicht in Betracht. Dagegen müssen der Staat als Träger der „letzten Verantwortung für jede in ihm geübte Verwaltung" (Amtl. Begr. zu § 41 Abs. 3), die Partei als Trägerin des deutschen Staatsgedankens und Repräsentantin des deutschen Volkes, endlich die Bürgerschaft selbst durch das sie mit der Gemeindeführung verbindende Ratsorgan, die Gemeinderäte, an der Auswahl und der Berufung der leitenden Gemeindebeamten beteiligt sein. (Vgl. Amtl. Begr. zu § 41 Abs. 1 u. 2; ferner Vorbem. 2, 3 zu diesem Abschnitt.)

Demgemäß geht nach § 41 die Besetzung der Stellen führender Gemeindebeamten in folgendem Verfahren vor sich:

1. Ausleseverfahren:

a) Öffentliche Ausschreibung der Stellen hauptamtlicher Bürgermeister und Beigeordneter (§ 41 Satz 1, § 41 Abs. 4) und Zuleitung der Bewerbungen an den BdNSDAP. Die Ausschreibung ist von dem Bürgermeister oder (namentlich bei dessen Behinderung nach §§ 25, 38) von dem Ersten Beigeordneten zu veranlassen.

b) Beratung des BdNSDAP mit den Gemeinderäten (§ 48ff.) in nichtöffentlicher Sitzung. Den Gemeinderäten muß dabei Gelegenheit gegeben werden, die örtlichen Bedürfnisse, Wünsche und Auffassungen zum Ausdruck zu bringen (Amtl. Begr. zu § 41 Abschnitt 2 am Ende).

c) Bei der Auslese von Beigeordneten muß auch dem Bürgermeister, dessen engste Mitarbeiter sie werden sollen, Gelegenheit zur Stellungnahme gegeben werden (§ 41 Abs. 1 Satz 3).

d) Auswahl und Vorschlag von Bewerbern (bis zu drei), nebst Übermittlung der Vorschläge an die in § 41 Abs. 2 Ziff. 1—3 näher bezeichneten Staatsorgane durch den BdNSDAP.

2. Berufungsverfahren, mit möglicherweise wiederholtem Ausleseverfahren:

a) Berufung ohne Wiederholung des Ausleseverfahrens bei Einverständnis der nach § 41 Abs. 2 zuständigen Behörde mit einem der (höchstens drei) vorgeschlagenen Bewerber,

b) Berufung nach Wiederholung oder nochmaliger Ermöglichung des Ausleseverfahrens, wenn die Staatsbehörde mit keinem der (bis zu drei) im ersten Verfahren vorgeschlagenen Bewerber einverstanden war. Hier ist zu unterscheiden:

aa) Ist die Staatsbehörde mit einem der im zweiten Verfahren Vorgeschlagenen einverstanden, so ist dieser berufen:

bb) Ist die Staatsbehörde dagegen mit keinem der ihr im zweiten Verfahren vorgeschlagenen Bewerber einverstanden, so beruft sie den Bewerber von sich aus.

cc) Werden der Behörde innerhalb der von ihr gesetzten Frist keine neuen Vorschläge gemacht, so beruft sie ebenfalls den Bewerber (§ 41 Abs. 3 Satz 4).

3. Ernennungsverfahren.

Die Ernennung obliegt der Gemeinde (Bürgermeister oder bei dessen eigener Beteiligung dem Ersten Beigeordneten).

4. Vereidigung nach § 46 (nicht konstitutiv). Wegen aller Einzelheiten s. die Sonderbemerkungen.

Das Besetzungsverfahren der Ehrenbeamten unterscheidet sich von dem der hauptamtlichen Beamten der erwähnten Kategorien nur dadurch, daß bei den Ehrenbeamten keine Ausschreibung erforderlich ist (§ 41 Abs. 4).

§ 41 findet sinngemäß nur auf Stellenbesetzungen nach dem 1. April 1935 (Inkrafttreten der DGemO.) statt. Doch wird mit der Ausschreibung schon vorher begonnen werden können.

2. Maßgebend sind der Stellenplan (§ 37 Anm. 6) und die Hauptsatzung (§§ 39, 40).

3. Vgl. die Zusammenstellung in § 39 Anm. 3.

4. Zuständig ist der Bürgermeister oder, insbesondere bei dessen Verhinderung (§§ 25, 38), der Erste Beigeordnete. Eine Mitteilung der Ausschreibung an die Aufsichtsbehörde ist nicht erforderlich.

5. Die Amtl. Begr. zu § 41 Abschnitt 4 Ziff. 1 bemerkt dazu: „Die Berufung der bestgeeigneten Persönlichkeit in die Stelle des Bürgermeisters oder Beigeordneten ist nur dann gewährleistet, wenn die Bewerbung um derartige Stellen einem möglichst weiten Personenkreis offensteht." Die Anordnung der öffentlichen Ausschreibung ist daher für hauptamtliche Bürgermeister und Beigeordnete zwingend, Ausnahmen nur bei Zulassung durch die nach § 41 Abs. 4 Satz 2 zuständige Behörde!

6. Über Form und Inhalt der Ausschreibung können die in der AA. zum Pr. GemVerfG. zu § 34 (a. a. O. S. 403) niedergelegten Grundsätze entsprechend herangezogen werden, da sie den Niederschlag der in der Verwaltungspraxis entwickelten, zweckmäßigsten Formen enthalten. Mithin muß die Ausschreibung enthalten:

a) die genaue Bezeichnung der freiwerdenden oder freien Stelle;

b) die Bezeichnung der an den Bewerber zu stellenden sachlichen Anforderungen nach Maßgabe der gesetzlichen Vorschriften und der Hauptsatzung (§ 40);

c) die Besoldung der Stelle nach Maßgabe der gemeindlichen Besoldungsordnung;

d) die Mitteilung, inwieweit Nebenämter oder Nebenbeschäftigungen übernommen werden müssen oder übernommen werden dürfen und inwieweit hierfür eine Entschädigung belassen wird;

e) die Angabe, welche Bewerbungsunterlagen einzureichen sind. Stets zu verlangen ist dabei ein ausführlicher Lebenslauf, Belege über die bisherige Tätigkeit unter Beifügung beglaubigter Zeugnisabschriften, der Nachweis der arischen Abstammung für den Bewerber und seine Ehefrau und die Beifügung eines Lichtbildes;

f) die Bezeichnung der Stelle, an die Bewerbungen innerhalb eines Monats vom Tage der Ausschreibung ab zu richten sind. Als solche ist stets der Bürgermeister zu bezeichnen. Dabei ist darauf hinzuweisen, daß persönliche Vorstellungen bei diesem oder bei der für die Berufung zuständigen Behörde ohne besondere Aufforderung zwecklos sind;

g) das Datum der Ausschreibung.

Die Ausschreibung ist von dem Leiter der Gemeinde oder, wenn die Stelle des Leiters der Gemeinde selbst ausgeschrieben wird, von seinem allgemeinen Vertreter zu unterzeichnen.

Die Ausschreibung geschieht auf Kosten der Gemeinde in jedem Falle im Ministerialblatt für die innere Verwaltung und außerdem in der für ortsübliche Bekanntmachungen der Gemeinde bestimmten Form. Der Gemeinde bleibt es überlassen, die Veröffentlichung auch noch in weiteren Zeitungen und Zeitschriften vorzunehmen.

7. Vgl. § 118. — Über die Rechtsstellung im allgemeinen vgl. Vorbem. 2 zum 5. Teil und § 33 Anm. 2. — Der BdNSDAP ist der Träger des Ausleseverfahrens.

8. Vgl. §§ 48ff.

9. Wieviel vorgeschlagen werden, ist dem Beauftragten außer der Höchstzahl anheimgestellt, ebenso die Hervorhebung einer Reihenfolge.

10. Über den inneren Grund dieser Bestimmung siehe Anm. 1 Ziff. 1c.

11. Vgl. §§ 32ff.

12. Vgl. § 35 mit Anm. 1 und § 34 Anm. 9.

13. Vgl. § 34 Abs. 2 Satz 2 und Anm. 9 daselbst; ferner § 35 Anm. 10.

14. Vgl. § 107.

15. Vgl. § 35 Abs. 1 Satz 2 mit Anm. 4 und § 34 Abs. 2 Satz 3.

16. Vgl. § 33 Anm. 19 und über die allgemeine Bedeutung der Vorschrift Vorbem. 2 zum 5. Teil.

17. Das sind Städte bis zu 10000 Einwohnern. Vgl. § 32 Anm. 8 und § 33 Anm. 18.

18. Das sind die bisherigen Dorfgemeinden, Landgemeinden, Märkte, Flecken, Kooge usw.

19. Grundsätzliches dazu siehe Vorbem. 2 zum 5. Teil.

20. Hierin liegt die Berufung; vgl. Anm. 1. Über die Mitteilung der Berufung an den Bewerber und ihren Ausspruch gegenüber der Gemeinde können die Ausführungen der AA. zum Pr. GemVerfG. zu § 34 I 3 (a. a. O. S. 406) herangezogen werden. Danach wird die Berufung von dem Behördenleiter oder von seinem gesetzlichen Vertreter ausgesprochen, nachdem der in Aussicht genommene Bewerber sich zur Annahme des Amtes vorbehaltlos bereit erklärt hat. Zu diesem Zwecke werden ihm die Absicht der Berufung und die Anstellungsbedingungen am zweckmäßigsten nach dem folgenden preußischen Muster vorher mitzuteilen sein:

„Ich beabsichtige, Sie in das Amt des (eines) ...... der Gemeinde ...... zu berufen. Die Berufung erfolgt auf 12 Jahre bzw. 6 Jahre — nach Maßgabe des § 44 der Deutschen Gemeindeordnung. Die Anstellungsbedingungen ergeben sich aus der Ausschreibung vom ......

Ich ersuche um Ihre sofortige vorbehaltlose Erklärung, ob Sie bereit sind, unter diesen Bedingungen das Amt anzunehmen."

Diese Aufforderung zur Einwilligungserklärung mag zunächst als formalistisch erscheinen, da die Einwilligung bereits in der Bewerbung gesehen werden könnte. Indessen empfiehlt sich die Aufforderung zur Klarstellung, da sich beispielsweise der Betreffende um mehrere ausgeschriebene Stellen in verschiedenen Gemeinden beworben haben kann.

Die Berufung wird nach Eingang der Einverständniserklärung gegenüber der Gemeinde ausgesprochen. Hierzu wird wieder am besten das preußische Muster (a. a. O.) verwendet werden, das folgendermaßen lautet:

„Ich habe den .... zum .... der Gemeinde ...... berufen.

Die Berufung erfolgt auf 12 — bzw. 6 — Jahre nach Maßgabe der Vorschriften des § 44 der Deutschen Gemeindeordnung.

Die Anstellungsbedingungen ergeben sich aus der Ausschreibung vom ......

Ich ersuche, dem Berufenen nach Maßgabe der Vorschriften des Reichsgesetzes vom 30. Juni 1933 (RGBl. I S. 433) alsbald eine Anstellungsurkunde auszuhändigen."

Zugleich mit der Mitteilung an die Gemeinde ist auch dem Berufenen von der Berufung Kenntnis zu geben.

21. „Berufung" und „Ernennung" sind mithin sowohl nach der Rechtsnatur des Verwaltungsaktes, wie nach der Zuständigkeit getrennt. Während die Berufung seitens der Staatsbehörde die **Gemeinde** und damit den zuständigen Gemeindebeamten **verpflichtet**, die Ernennung des Bewerbers auszusprechen, wird durch die der **Gemeinde zustehende Ernennung** die **Rechtsstellung** des Bewerbers als Gemeindebeamter (Bürgermeister oder Beigeordneter) **begründet**. Unterläßt es der Bürgermeister oder sein gesetzlicher Vertreter pflichtwidrig, den Berufenen zu ernennen, so kann die Aufsichtsbehörde nach §§ 110, 111, vorgehen. Die Ernennung selbst bedarf der Form der §§ 3, 6 Kap. 2 des Beamtenrechtsänderungsgesetzes vom 30. Juni 1933. Auch bei einer Wiederberufung nach § 44 Abs. 1 Satz 2, Abs. 2 ist eine neue Anstellungsurkunde auszuhändigen. Wegen der verwaltungsmäßigen Erledigung ist auch hier das Vorbild der die Praxis niederlegenden AA. zum GemVerfG. zu § 34 I Nr. 3 (a. a. O. S. 407) entsprechend heranzuziehen.

Der Bürgermeister bzw. sein allgemeiner Vertreter hat also den Berufenen alsbald nach Eingang der Mitteilung von der Berufung zu laden und ihm eine Anstellungsurkunde nach folgendem Muster auszustellen:

„Auf Grund der Berufung durch den Minister des Innern (den Reichsstatthalter in ......, den Regierungspräsidenten, Landrat, Amtshauptmann usw. in ......) wird der ...... hiermit unter Berufung in das Beamtenverhältnis mit Wirkung vom ...... zum ...... der Gemeinde ...... bestellt.

Ort und Datum.

Der Bürgermeister."

Der in der Anstellungsurkunde angegebene Tag ist maßgebend für den Beginn der Amtszeit.

Wegen der Vereidigung siehe § 46. Sie ist nicht rechtsbegründend.

22. Vertreten durch den Bürgermeister oder namentlich bei dessen Ernennung (vgl. §§ 25, 38) durch den 1. Beigeordneten.

23. Wenn also die nach Abs. 2 zuständige Behörde mit keinem der drei vorgeschlagenen Bewerber einverstanden ist! Doch kann die bezeichnete Behörde von den drei vorgeschlagenen Bewerbern auch den hilfsweise vorgeschlagenen berufen.

24. Der BdNSDAP ist zur Wiederholung des Ausleseverfahrens verpflichtet. Für die Erfüllung dieser Pflicht ist er dem Stellvertreter des Führers (und natürlich diesem selbst) verantwortlich. Im übrigen vergleiche § 41 Abs. 3 Satz 4.

25. Auch bei dieser Wiederholung des Verfahrens sind die Vorschriften von § 41 Abs. 1 Satz 3 und 4 zu beachten.

26. Hierin gelangt der Grundsatz zum Ausdruck, daß der Staat die letzte Verantwortung für jede in ihm geübte öffentliche Verwaltung trägt (Vgl. Amtl. Begr. zu § 41 Abschnitt 3.). Siehe dazu allgemein Vorbem. 1 und 2 zum 5. Teil.

27. Berufungs- und Ernennungsverfahren sind auch in diesem Falle scharf geschieden, siehe dazu oben Anm. 20—22.

28. Die Frist muß angemessen sein, widrigenfalls durch die Fristbestimmung eine angemessene Frist in Lauf gesetzt wird.

29. Vgl. die Zusammenstellung in § 22 Anm. 8, §§ 39, 40.

30. Es besteht keine Pflicht, wohl aber eine Möglichkeit, von der jedoch nur in besonderen Ausnahmefällen Gebrauch zu machen sein wird (vgl. auch Amtl. Begr. Abschnitt 4 Ziff. 1 Abs. 2). Über die Vornahme der Ausschreibung entscheidet der Bürgermeister. Siehe alsdann Anm. 6. Findet keine Ausschreibung statt, so sind am zweckmäßigsten die in der AA. zum Pr. GemVerfG. zu § 34 II 1 (a. a. O. S. 408) niedergelegten Verwaltungsgrundsätze heranzuziehen unter Berücksichtigung der Änderung des Verfahrens und der Zuständigkeiten.

Infolgedessen ist es dem BdNSDAP überlassen, nach seiner örtlichen Kenntnis der Verhältnisse den geeigneten Bewerber auszusuchen. Er wird sich hierbei besonders der Gemeinderäte (§ 41 Abs. 1 Satz 3) bedienen. Die für die Berufung in ein derartiges Ehrenamt vorzuschlagenden Personen werden am zweckmäßigsten vorzuladen sein, damit der BdNSDAP sich über die persönliche und sachliche Eignung unterrichten kann. Bei der Prüfung der sachlichen Eignung ehrenamtlicher Bürgermeister ist, wie die Pr. AA. (a. a. O.) wörtlich bemerkt, „insbesondere zu berücksichtigen, daß der Bewerber nach jeder Richtung hin auch die Gewähr für eine unabhängige Amtsführung bieten muß. Diese Gewähr ist unter Umständen dann nicht gegeben, wenn nach Lage der Verhältnisse namentlich in kleineren Gemeinden auf Grund des Berufes des Bewerbers zu starke Abhängigkeiten und Bindungen im Verhältnis zur Bevölkerung des Amtsbereichs bestehen. Soweit nach den Feststellungen des Einzelfalles eine unabhängige Amtsführung nach dieser Richtung nicht voll gesichert ist, ist von der Berufung derartiger Personen Abstand zu nehmen."

31. Im übrigen ist das Verfahren dasselbe wie bei hauptamtlichen Bürgermeistern und Beigeordneten; siehe oben Anm. 1 Ziff. 1b—d, Ziff. 2—4 (vgl. auch Abs. 4 Satz 3).

32. Dies wird insbesondere bei einer Wiederberufung nach § 44 in Betracht kommen. Vgl. Amtl. Begr. zu § 41 Abschnitt 4 Ziff. 1 am Ende.

§ 42[1].

(1) Bürgermeister[2] und Beigeordnete[2] können[3] nicht sein[4]:

1. **besoldete[5] Beamte[6] des Staates, einer[7] Gemeinde oder sonstigen Körperschaft des öffentlichen Rechts[8],**
2. **Angestellte und Arbeiter der Gemeinde,**
3. **Angestellte[9] und Arbeiter von Gesellschaften und Vereinigungen, an denen die Gemeinde maßgebend[10] beteiligt ist,**
4. **Angestellte von öffentlichen Krankenkassen[11],**
5. **Geistliche.**

(2) Diese Vorschrift findet keine Anwendung[12], wenn die in Nrn. 1 bis 4 genannten Beamten, Angestellten und Arbeiter bei der Berufung zum hauptamtlichen Bürger-

meister oder Beigeordneten bis zur Unwiderruflichkeit ihrer Berufung (§ 45) beurlaubt sind. Auch kann die Aufsichtsbehörde ausnahmsweise die Berufung dieser Beamten, Angestellten und Arbeiter zu ehrenamtlichen Beigeordneten zulassen.

1. Die Vorschrift ist aus § 4 der Pr. VO. vom 22. März 1933 (Pr. GS. S. 67) und § 35 Pr. GemVerfG. hervorgegangen. Wegen der ratio der einzelnen Inkompatibilitätsgründe vgl. Amtl. Begr. zu § 42.

2. Hauptamtliche wie ehrenamtliche! Für ehrenamtliche Beigeordnete besteht aber die Möglichkeit einer Ausnahme gemäß Abs. 2 Satz 2.

3. Unfähigkeitsgründe wegen Ausübung eines die Persönlichkeit bereits voll in Anspruch nehmenden Amtes im Dienste von Reich, Staat, Gemeinde, Krankenkasse und Kirche. Ausnahmen: Abs. 2. Eine entgegen Abs. 1 erfolgte Berufung ist unwirksam. Durch „Nichtkönnen" (so schon: § 35 Pr. GemVerfG.; siehe dagegen § 4 der VO. zur Behebung von Mißständen in der gemeindlichen Verwaltung vom 22. März 1933 [Pr. GS. S. 68]) wird im geltenden Rechte die Unfähigkeit zur Funktionsausübung gekennzeichnet (vgl. § 1780 gegenüber § 1781 BGB.). Bei gesetzwidriger Anstellung bedarf es daher keiner Entlassung, sondern nur der Feststellung der Unwirksamkeit der Anstellung. Die Feststellung obliegt dem Bürgermeister.

Die von dem ausgeschlossenen Beamten gesetzten Verwaltungsakte oder die von ihm namens der Gemeinde abgeschlossenen Verträge behalten aber ihre Gültigkeit. Nach den Grundsätzen der Lehre vom fehlerhaften Verwaltungsakte tragen die von einem unter Verletzung des § 42 Abs. 1 ernannten Beamten gesetzten Verwaltungsakte nicht „den Stempel der Unwirksamkeit an der Stirn". Dies folgt schon aus der ins einzelne gehenden Regelung des Abs. 2; das Vorliegen von dessen Voraussetzungen ist nur bei besonderer Kenntnis der inneren Dienstverhältnisse, aber nicht für jeden Volksgenossen erkennbar. Infolgedessen ist das Auftreten des entgegen § 35 Berufenen nach außen hin wirksam. Dies verlangt auch die Verkehrssicherheit.

4. Sie können es aber werden (vgl. hierzu und zum folgenden Pr. AA. zum GemVerfG. zu § 35 Ziff. 1; a. a. O. S. 409). Erster Fall: Sie legen die zu 1—5 bezeichneten Ämter nieder. Zweiter Fall: Beurlaubung der zu 1—4 Genannten bis zur Unwiderruflichkeit ihrer Berufung (§ 42 Abs. 2 Satz 1). Dritter Fall: Bei Berufung zu ehrenamtlichen Beigeordneten mit Zulassung der Aufsichtsbehörde (§ 42 Abs. 2 Satz 2).

5. Vereinbar sind also (argumentum e contrario) die Ämter des Bürgermeisters und der Beigeordneten mit Ehrenämtern in Staat, Gemeinde (hier außer Bürgermeister und Beigeordneten!) oder einer sonstigen Körperschaft des öffentlichen Rechts. Das gleiche gilt für Beamte, die lediglich von Privatpersonen Gebühren beziehen, wie Notare (Amtl. Begr. zu § 42 Ziff. 1). — Gerichtsvollzieher erhalten jedoch ihre Gebühren vom Staate, stehen also den besoldeten Beamten gleich.

6. Mittelbare oder unmittelbare Reichsbeamte! Mittelbare Reichsbeamte sind beispielsweise auch die Reichsbahnbeamten. Dagegen sind keine Beamten die Amtswalter der NSDAP.

7. Gleichgültig ob derselben oder einer anderen!

8. Z. B. Landesbauernschaft, Industrie- und Handelskammer, Handwerkskammer, Innungen, Innungsverbände usw. — Die NSDAP ist zwar nach § 1 Abs. 2 des Gesetzes zur Sicherung der Einheit von Partei und Staat vom 1. Dezember 1933 (RGBl. I S. 1016) Körperschaft des öffentlichen Rechts. Die Amtswalter sind jedoch keine Beamten.

9. Angestellter ist auch der Vorstand. Doch wird auch hier Besoldung Voraussetzung für die Unvereinbarkeit der Funktionen sein.

10. Das ist sie bei einer Verfügungsbefugnis (Eigentum, Legitimationsübertragung usw.) von 51 vom Hundert und mehr des Kapitals der Gesellschaft oder Vereinigung!

11. Vgl. § 225 Abs. 1 und § 406 RVO. — Angestellte sind hier: Geschäftsführer und Stellvertreter und die nachgeordneten Angestellten und Arbeiter (vgl. AA. zum Pr. GemVerfG. zu § 35 Bem. 4 c (a. a. O. S. 411).

12. Wegen des Sinnes der Vorschrift genügt die Verweisung auf Abs. 3 der Amtl. Begr. zu § 42.

§ 43[1].

(1) Bürgermeister und Beigeordnete dürfen[2] miteinander nicht bis zum dritten Grade verwandt[3] oder bis zum zweiten Grade verschwägert sein. In Gemeinden mit weniger als 1000 Einwohnern kann die Aufsichtsbehörde[4] Ausnahmen zulassen[5].

(2) Entsteht die Verwandtschaft oder Schwägerschaft im Laufe der Amtszeit[6], so hat einer der Beteiligten auszuscheiden[7]. Ist einer der Beteiligten hauptamtlicher Bürgermeister, so scheidet der andere aus. Ist einer der Beteiligten hauptamtlich, der andere ehrenamtlich, so scheidet dieser aus. Im übrigen scheidet, wenn sich die Beteiligten nicht einigen[8], der an Lebensalter Jüngere aus.

1. Die Vorschrift ist aus § 4 Abs. 4 der Verordnung zur Behebung von Mißständen in der gemeindlichen Verwaltung vom 22. März 1933 — GS. S. 67 — und § 50 Pr. GemVerfG. hervorgegangen. Wie diese Bestimmung bezweckt § 43 DGemO. den „Schutz gegen Vetternwirtschaft und Eigennutz". Über den Sinn vgl. Amtl. Begr. zu § 43 Ziff. 1.

2. Eine hiergegen verstoßende Berufung ist unwirksam. Die von dem gesetzwidrig Berufenen nach außen hin gesetzten Akte bleiben jedoch wirksam (vgl. auch § 42 Anm. 3).

3. § 50 Pr. GemVerfG. nannte noch das Ehegattenverhältnis. Die Bestimmung ist insoweit — offenbar als selbstverständlich — gestrichen worden.

4. Vgl. § 107.

5. Grund: Bei so kleinen Gemeinden ließe sich der Grundsatz des § 43 Satz 1 nicht immer durchführen (so Amtl. Begr. zu § 43 Ziff. 1).

6. Beispiel: Der junge Stadtrechtsrat heiratet die Tochter des Bürgermeisters. Hier muß der Stadtrechtsrat ausscheiden (§ 43 Abs. 2 Satz 2).

7. Es handelt sich um einen Fall der Dienstunfähigkeit. Bei Einverständnis des Betroffenen ist dieser vom Bürgermeister (der letzte vom Ersten Beigeordneten) mit Ruhegehalt zu entlassen. Ist der Betroffene **nicht einverstanden**, so ist in Preußen die Dienststrafkammer bei der Regierung zur Versetzung in den Ruhestand zuständig (vgl. § 115 Abs. 2; Brand a. a. O. S. 435 bei Ziff. 5). — Die Amtl. Begr. kündigt wegen der Ansprüche des Ausscheidenden eine nähere Regelung in der Durchführungsverordnung an.

8. Die Einigung ist nur in den Fällen des Satzes 4, nicht auch der Sätze 2 oder 3 möglich!

§ 44.

(1) Hauptamtliche Bürgermeister[1] und Beigeordnete[1] werden auf zwölf Jahre[2] berufen[3]. Sie sind verpflichtet[4], das Amt jeweils weitere zwölf Jahre zu führen[5], es sei denn, daß die Wiederberufung[5] unter ungünstigeren Bedingungen[6] erfolgen soll. Kommen sie dieser Verpflichtung nicht nach, so sind sie mit dem Ablauf ihrer Amtszeit zu entlassen[7].

(2) Die Hauptsatzung[8] kann bestimmen, daß hauptamtliche Bürgermeister und Beigeordnete auf Lebenszeit[9] wiederberufen[10] werden.

(3) Ehrenamtliche Bürgermeister und Beigeordnete werden auf sechs Jahre[2] berufen. Sie bleiben bis zum Amtsantritt des Nachfolgers im Amte[11]. Wiederberufung[12] ist zulässig.

1. Vgl. die Zusammenstellung in § 39 Anm. 3.

2. Diese Zeit entspricht dem bisherigen Preußischen Recht und dem Reichsgesetz über die Rechtswirksamkeit der Bestellung hauptamtlicher Gemeindevorsteher und Schöffen in Preußen vom 24. Oktober 1934 — RGBl. I S. 1069 —, das für die vor Inkrafttreten der DGemO. bestellten hauptamtlichen Gemeindevorsteher und Schöffen weitergilt. Über die Erwägungen, die zu der Festlegung von 12 bzw. 6 Jahren geführt haben, s. Amtl.

Begr. zu § 44 Ziff. 1. — Nach Ablauf der Amtszeit scheiden die Bürgermeister und Beigeordneten grundsätzlich aus und erhalten, soweit sie hauptamtlich angestellt waren, das ihnen nach der Beamtengesetzgebung zustehende Ruhegehalt von der Gemeinde (vgl. Amtl. Begr. a. a. O.).

3. Die Zeit von 12 Jahren beginnt aber erst mit der Aushändigung der Anstellungsurkunde.

4. Andernfalls sie des aus der bisherigen Anstellung folgenden Anspruchs auf Ruhegehalt, Hinterbliebenenversorgung sowie der Befugnis, die frühere Amtsbezeichnung und Titel zu führen, und eine etwaige Dienstkleidung zu tragen, verlustig gehen! (Abs. 1 Satz 3). Vgl. Amtl. Begr. zu § 44 Ziff. 2a.

5. Die Fortsetzung des Amtes geschieht auf Grund einer Wiederberufung! Zuständig ist dafür die in § 41 Abs. 2 zuständige Behörde. Vgl. auch § 41 Abs. 4 S. 2! Der BdNSDAP ist mit seinen Vorschlägen auch vor der Wiederberufung zu hören. Die Anstellung wird von der Gemeinde ausgesprochen (Näheres § 41 Abs. 3 Anm. 21 und 22). Die Aushändigung einer neuen Urkunde gemäß §§ 6, 3 Kap. II des Beamtenrechtsänderungsgesetzes ist erforderlich.

6. Dienstliche Stellung, Verantwortung und Gehalt müssen also mindestens gleich sein.

7. Von dem Bürgermeister oder dem Ersten Beigeordneten (§§ 32, 35). Ohne Ruhegehalt usw.! Vgl. oben Anm. 4.

8. Vgl. § 3 Abs. 2, 33 Abs. 1 Ziff. 1.

9. Diese Regelung ist neu. Wie die Amtl. Begr. zu § 44 Ziff. 3 ausführt, soll dadurch den Gemeinden ermöglicht werden, Beamte, die in ihrer bisherigen Amtsführung ganz besondere Eignung erwiesen haben, endgültig an die Gemeinde zu binden.

10. In der Hauptsatzung können die Voraussetzungen für die Wiederberufung auf Lebenszeit abstrakt und generell, aber auch konkret und speziell (bezüglich eines bestimmten Beamten) niedergelegt werden. Das letzte dürfte dem in Anm. 9 gekennzeichneten Sinne der Bestimmung am meisten entsprechen. In diesem Falle ist lediglich Anstellung durch die Gemeinde erforderlich, da die übrigen, sonst bei der Bestellung von Bürgermeister

und Beigeordneten Beteiligten bereits bei Erlaß der Hauptsatzung mitgewirkt haben (§ 3 Abs. 2, § 33 Abs. 1 Ziff. 1), und zwar noch entscheidender als sonst im Auslese- und Berufungsverfahren nach § 41. Sind jedoch in der Hauptsatzung die Voraussetzungen für die Wiederberufung auf Lebenszeit abstrakt und generell festgelegt, so ist das Auslese- und Berufungsverfahren in derselben Weise wie in Anm. 5 zu wiederholen.

11. Grund: Erhaltung des ununterbrochenen Arbeitens in der Verwaltung!

12. Siehe § 41 Abs. 4 mit Verweisungen und oben Anm. 5.

§ 45[1].

(1) Die nach § 41 Abs. 2 zuständige Behörde[2] kann die Berufung[3] zum Bürgermeister[4] und Beigeordneten[4] bis zum Ablauf[5] des ersten Amtsjahres zurücknehmen[3]. Hierzu bedarf es im Falle des § 41 Abs. 2 Nr. 1 der Anhörung[6] des Reichsstatthalters[7] und im Falle des § 41 Abs. 2 Nr. 3 des Einvernehmens[8] mit dem Beauftragten der NSDAP[9]; kommt kein Einvernehmen zustande, so entscheidet der Reichsstatthalter[7], [10].

(2) Die zuständige Behörde[2] kann schon vor Ablauf des ersten Amtsjahres[11] auf die Zurücknahme der Berufung verzichten[12].

(3)[13] Der Reichsminister des Innern kann durch Verordnung die rechtlichen Folgen im Falle der Zurücknahme der Berufung zum hauptamtlichen Bürgermeister oder Beigeordneten regeln. Er kann dabei vorschreiben[14], daß Bürgermeister und Beigeordnete, die vor ihrer Berufung als Beamte im Dienste des Staates, einer Gemeinde oder eines Gemeindeverbandes standen, bei Zurücknahme der Berufung in ihr früheres Dienstverhältnis[15] zu übernehmen sind, sofern nicht Gründe vorliegen, die auch sonst der Ernennung eines Beamten entgegenstehen.

1. § 45 hat sein Vorbild in § 37 Abs. 1 Pr. GemVerfG. Er übernimmt aus dieser Bestimmung das **Probejahr**. Über dessen Sinn vgl. Amtl. Begr. zu § 45 Abs. 1. — Die Unterschiede des § 45 gegenüber seinem Vorgänger erklären sich aus der Notwendigkeit, auch an der **endgültigen** Auswahl der für die Gemeinde wichtigsten Amtsträger den Staat und die staatstragende Bewegung maßgebend zu beteiligen. Gegenüber dem Auslese- und Berufungsverfahren nach § 41 Abs. 1 und 2 ist das Zusammenwirken der verschiedenen Stellen etwas vereinfacht.

Die weiteren Bestimmungen des § 37 Pr. GemVerfG. (seine Absätze 2 und 3) sind in die deutsche Gemeindeordnung nicht mit übernommen worden. Nach § 37 Abs. 2 a. a. O. war auch nach Ablauf des ersten Amtsjahrs der Widerruf der Berufung zulässig, allerdings nur dann, wenn die Berufung

1. dem bestehenden Rechte widersprach (vgl. dazu jetzt §§ 32 Anm. 1, 34 Anm. 1, §§ 40, 42—44 DGemO.),
2. von der sachlich unzuständigen Behörde ausgesprochen war (vgl. jetzt § 41 DGemO.; örtliche Unzuständigkeit genügt nicht),
3. durch unlautere Mittel wie arglistige Täuschung, Drohung, Bestechung veranlaßt war.

Diese Bestimmung hatte sachlich ihr Vorbild in § 9 des preußischen Gesetzes über die Bestätigung von Beamten der Gemeinden und Gemeindeverbände, vom 23. Juni 1933 (Pr. GS. S. 217). Sie enthielt eine (sich auch in § 42 Abs. 1a—d des preußischen Polizeiverwaltungsgesetzes vom 1. Juni 1931 findende) Regelung der Grundsätze des **fehlerhaften Verwaltungsaktes**, und zwar speziell für das **umstrittene Gebiet der Beamtenanstellung**. Wenn die Deutsche Gemeindeordnung auch den § 37 Abs. 2 des Pr. GemVerfG. nicht übernommen hat und der Wissenschaft die Erörterung frei gelassen hat, so wird doch in der angeführten preußischen Bestimmung eine ratio scripta gesehen werden können, die auf sorgfältiger Abwägung der Gedanken der Rechts- und der Verkehrssicherheit — auf deren Abgrenzung es letzten Endes ankommt — beruht.

Die erwähnten Widerrufsgründe können daher nach der Lehre vom fehlerhaften Verwaltungsakte allgemein für die Abberufung der Gemeindebeamten gelten. Damit ist — im Gegensatze zu der uneingeschränkten Zulassung der Anfechtung der Beamtenanstellung wegen Irrtums (§ 119 BGB.) durch das Reichsgericht — klargestellt, daß der Irrtum der berufenden Behörde außerhalb von Ziff. 1 und 3 (oben) nicht zu Widerruf oder Anfechtung berechtigt. Infolgedessen berechtigt ein bloßer Irrtum über persönliche Eigenschaften des Berufenen (abgesehen von den im Gesetz selbst niedergelegten, z. B. § 40 s. o.) nicht zu Anfechtung oder Widerruf.

Im Falle des Widerrufs werden die Rechtsfolgen für den Betroffenen am besten entsprechend §§ 5ff. des Preußischen Gesetzes vom 23. Juni 1933 (Pr. GS. S. 217) in Verbindung mit der AusfAnw. vom 13. Juni 1933 (MBl. i. V. S. 699) bestimmt werden.

Anders als § 37 Abs. 2 kann Abs. 3 Pr. GemVerfG. nicht seinem Inhalt nach in die Deutsche Gemeindeordnung übernommen werden. Gemäß § 37 Abs. 3 Pr. GemVerfG. konnte der Minister des Innern die Berufung eines Oberbürgermeisters widerrufen, wenn er den Amtsinhaber nach der bisherigen Amtsführung nicht für geeignet hielt. Diese Bestimmung schuf einen besonderen Widerrufsgrund, der an die Möglichkeit erinnert, die sog. politischen Beamten jederzeit in den einstweiligen Ruhestand zu versetzen. Diese Besonderheit der Bestimmung schließt es aus, sie ohne gesetzliche Wiederholung in das neue Gemeinderecht zu übernehmen. Die Entfernung des Oberbürgermeisters vor Ablauf seiner gesetzlichen Dienstzeit (§ 41 Abs. 1) ist, nach Ablauf des Probejahres, also nur im Wege des Dienststrafverfahrens möglich (für Preußen vgl. §§ 98, 99 BDStO.). Bei Einleitung des Dienststrafverfahrens kann der Angeschuldigte im Eröffnungsbeschlusse seines Amtes mit sofortiger Wirkung vorläufig enthoben werden. Entstehen Schwierigkeiten, die mit den sonstigen Mitteln der Kommunalaufsicht nicht behoben werden können, so kann die Aufsichtsbehörde nach § 112 DGemO. verfahren.

2. Das ist bei Bürgermeistern, Ersten Beigeordneten und Stadtkämmerern in Stadtkreisen mit mehr als 100000 Einwohnern der Reichsminister des Innern, bei anderen Beigeordneten in Stadtkreisen mit mehr als 100000 Einwohnern

und bei Bürgermeistern und Beigeordneten in den übrigen Stadtkreisen der Reichsstatthalter, endlich bei Bürgermeistern und Beigeordneten in kreisangehörigen Städten die obere Aufsichtsbehörde (§ 107 Satz 2), in den übrigen Gemeinden die Aufsichtsbehörde; die im Berufungsverfahren ausschlaggebende Behörde ist daher auch Herr des Probejahrs.

3. Die Zurücknahme der Berufung ist, wie die Berufung selbst (§ 41 Anm. 2a), der Gemeinde gegenüber zu erklären. Die Gemeinde (Bürgermeister oder der Erste Beigeordnete) teilt die Zurücknahme der Berufung dem Beamten mit und entläßt ihn.

4. Die Bestimmung gilt für hauptamtliche wie nebenamtliche Bürgermeister und Beigeordnete.

5. Das Jahr beginnt zu laufen vom Tage der Aushändigung der Anstellungsurkunde an den Beamten.

6. Für den Minister kommt naturgemäß nur eine Anhörung, nicht das Erfordernis der Zustimmung in Betracht.

7. Vgl. § 33 Anm. 19. Beachte: § 117 Abs. 2!

8. Gleich Zustimmung! Also zusammengesetzter Verwaltungsakt! Ohne die Zustimmung des BdNSDAP ist die Zurücknahme der Berufung daher unwirksam.

9. Vgl. § 118.

10. Wegen der prinzipiellen Regelung dieser Angelegenheit vgl. Vorbem. 2 zum 5. Teil.

11. Diese Abkürzung des Probejahrs wird in Betracht kommen, wenn der Berufene sich nach einer gewissen Zeit in seiner Amtsführung so bewährt, daß seine sachliche Eignung für das Amt außer Zweifel steht (vgl. auch Amtl. Begr. zu § 45 Abs. 2 Ziff. 1).

12. Dieser Verzicht ist gegenüber der Gemeinde zu erklären, die ihn dem Beamten mitteilt.

13. Wie bei von Lympius-Küchenhoff Anm. 2 zu § 37 Pr. GemVerfG. dargelegt ist, muß bei der Gestaltung des Probejahrs darauf Rücksicht genommen werden, daß in anderen Verwaltungen bereits bewährte Beamte, die ihre Lebensstellung nicht ohne die Gewähr gleicher Sicherheit aufgeben werden, gewonnen werden können. Dem trägt § 45 Abs. 3 Rechnung (vgl. auch Amtl. Begr. zu § 45 Abs. 2).

14. Die Kennzeichnung des möglichen Inhalts der in Abs. 3 angekündigten Rechtsverordnung des Ministers des Innern folgt dem § 5 des Pr. Gesetzes über die Bestätigung von Beamten der Gemeinden und Gemeindeverbände vom 23. Juni 1933 — Pr. GS. S. 217 —. Auch §§ 6 und 7 des soeben erwähnten Gesetzes enthalten vorbildliche Bestimmungen.

15. Mit dem sich aus dem früheren Beamtenverhältnisse ergebenden Besoldungsdienstalter und der aus ihm folgenden ruhegehaltsfähigen Dienstzeit unter Anrechnung der nach der Probeanstellung in der Gemeinde verbrachten Dienstzeit! Vgl. § 5 des in Anm. 14 erwähnten Gesetzes.

§ 46.

Die Bürgermeister[1] werden vor dem Amtsantritte von der Aufsichtsbehörde[2], die Beigeordneten[3] von dem Bürgermeister[4] vereidigt[5], [6].

1. Hauptamtliche wie nebenamtliche!

2. Vgl. § 107.

3. Vgl. § 34.

4. Hier dürfte im allgemeinen der Bürgermeister als Führer seiner Beamten die Amtshandlung vornehmen, der Erste Beigeordnete nur bei Verhinderung des Bürgermeisters (vgl. § 35 Anm. 1).

5. Der Wortlaut des Eides ist in § 2 des Gesetzes über die Vereidigung der Beamten und der Soldaten der Wehrmacht vom 20. August 1934 (RGBl. I S. 785) festgelegt. Die Eidesformel ist von dem Beamten nachzusprechen, ferner ihm im Vordruck vorzulegen und von ihm zu unterschreiben. Diese Urkunde ist zu seinen Dienstakten zu nehmen. Im Falle der Wiederberufung nach § 44 ist keine erneute Vereidigung erforderlich.

6. Die Vereidigung hat keine rechtsbegründende Wirkung. Die Verweigerung des Eides ist eine schwere dienstliche Verfehlung.

§ 47.

Die Hauptsatzung[1] kann bestimmen, daß der Bürgermeister, die Beigeordneten und Gemeinderäte bei feier-

lichen Anlässen eine Amtstracht oder ein Amtszeichen tragen[2], [3].

1. Vgl. § 3 Abs. 2, § 33 Abs. 1 Ziff. 1.
2. Vgl. dazu Amtl. Begr. zu § 47.
3. Über die Form der früheren Amtszeichen vgl. MinErl. vom 1. Februar 1848 (Ministerialblatt für die gesamte innere Verwaltung 1848 S. 34).

2. Abschnitt.

Gemeinderäte.

Vorbemerkung.

1. Dem Willensorgan steht das Wissensorgan, dem Handelnden steht der kritisch Überlegende, dem Führer der Ratgeber zur Seite. Keine schematische Aufteilung der Ausübung menschlicher Fähigkeiten auf zwei Organe liegt darin, wohl aber ist das Schwergewicht der Willensfunktion dem Führer zugeteilt, zu dessen Unterstützung für die Funktionen kritischer Überlegung (das „Prüfen und Wählen") ihm Ratgeber beigesellt werden. Wie die Tat über dem Sinn, der Entschluß über dem Prüfen, das Handeln über kritischem Wägen steht, so steht auch der Führer über dem Ratgeber, der ihm nur Anregung und Ergänzung der Wissensgrundlagen (tatsächlicher wie theoretischer Art und Kenntnis der Volksauffassung) schaffen kann, auf denen des Führers Entschluß sich erhebt. So liegt in der Konstruktion der Führer- und Ratsverfassung die richtige Verteilung und zugleich Vereinigung menschlicher Urkräfte zu dem bestmöglichen organschaftlichen Handeln für die Zelle Gemeinde.

2. Die dem Führer nachgeordneten, in ihren Ratschlägen aber von ihm unabhängigen (§§ 51 Abs. 1 und 2, 54) Ratsorgane: Die Gemeinderäte haben mit der früheren Stadtverordnetenversammlung bzw. Gemeindevertretung nicht das geringste zu tun. Sie werden nicht gewählt, sondern von dem Beauftragten der NSDAP berufen (§ 51). Bei der Abberufung wirkt außer diesem der Reichsstatthalter mit (§ 54). Die Berufung geht damit von der aus dem Volke heraus gewachsenen, dieses Volk

durchdringenden, erfassenden und vertretenden Partei, der Partei der Besten und Aktivsten, aus (vgl. Vorbem. 2 zum 5. Teil). Die Gemeinderäte fassen keine Beschlüsse, sondern der einzelne gibt einzelverantwortlichen Rat. Abstimmungen finden nicht statt. Die Gemeinderäte sind nicht wie die Stadtverordneten oder Mitglieder der Gemeindevertretung*) parlamentarische Organe, sondern Ehrenbeamte der Gemeinde mit deren Pflichten. Beginn und Ende der Beratung liegt allein in den Händen des Leiters. Auch die Frage, ob er sich überhaupt beraten lassen will, ist — von den Ausnahmen des § 55 Abs. 1 abgesehen — in sein Ermessen gestellt. So sind nach dem Vorgange des Preußischen Gemeindeverfassungsgesetzes vom 15. Dezember 1933 Handeln und Rat statt Ausführung und Abstimmung, Verantwortung auf der ganzen Linie statt Anonymität Kennzeichen des neuen Gemeinderechts. Der Ratgeber wird ferner seine Ehre in gutem, brauchbarem Rat sehen, während der Parlamentarier sich in Agitationsreden mit Vorschlägen, für deren Durchführung er nicht in Betracht kam, ergehen konnte. Die Gemeinderäte sind bei ihren Ratschlägen und Meinungsäußerungen an keine Weisungen, auch nicht seitens des Bürgermeisters oder des Beauftragten der NSDAP (s. dazu § 54 Anm. 4), gebunden, sie können sich ihrer Verantwortung auch nicht durch die Berufung auf Weisungen anderer entziehen, sind also in ihrer Ratstätigkeit frei, nicht von den gemeinschaftsmäßigen Bindungen, sondern zu verantwortungsbewußter sachlicher Arbeit (Anregung, Meinungsäußerung, Ratschlag) für die Gemeinschaft, deren Wohl allein Richtschnur ihres Rates ist (vgl. auch Amtl. Begr. zu § 48 Ziff. 1).

3. Aufgabe der Gemeinderäte ist, „die dauernde Fühlung der Verwaltung der Gemeinde mit allen Schichten der Bürgerschaft sicherzustellen“. Kein Bürokratismus, sondern volksverbundenes Führertum ist das Ziel. Denn das ist der Unterschied zwischen Diktator oder (seinem Abglanz im Kleinen, Kleinlichen) dem Bürokraten einerseits und dem Führer anderseits,

*) Über die verschiedenen Beschlußkörperschaften in den einzelnen Ländern s. Einleitung S. 11, ferner: Gebhard Holz „Die Entwicklung des Einkörpersystems in dem Verfassungsrecht der deutschen Städte“, Berlin 1933.

daß jene sich auf ihre Macht, dieser sich dagegen auf die in ihm selbst wirkenden Urkräfte seines Volkes beruft und sie zur helleren Gestaltung zwingt und lichtet. So ist die Einrichtung der Gemeinderäte echt nationalsozialistisch (vgl. auch das Einleitung S. 15 zitierte Wort des Führers). Das Vorbild des Preußischen Staatsrats (Gesetze vom 8. Juli 1933/31. Juli 1933, Pr. GS. S. 241ff., 289), des Preußischen Provinzialrats (Gesetze vom 17. Juli 1933/31. Juli 1933/15. Februar 1934/11. April 1934/25. Oktober 1934, Pr. GS. 1933 S. 254ff., 289; GS. 1934 S. 57, 249) und der Gemeinderäte nach §§ 40ff. Pr. GemVerfG. ist unverkennbar. Auch der Preußische Staatsrat hat nach der Eröffnungsrede des Ministerpräsidenten Göring die Aufgabe, die ständige Verbundenheit zwischen Führung und Volk sicherzustellen. Ob und wie dieses Ratssystem dereinst im Reiche in der Ausgestaltung des Reichstags als Ratsorgan vollendet werden wird, ist hier nicht weiter zu verfolgen.

Anders als in den oben erwähnten Gesetzen werden für die Auswahl der Gemeinderäte nicht mehr persönlich-konkrete (führende Ämter in der Bewegung), sondern sachlich-allgemeine Voraussetzungen (§ 51) aufgestellt. Innerhalb derselben hat der BdNSDAP in der Auswahl freie Hand. Die notwendige Berücksichtigung der staatstragenden Bewegung ist von den gesetzlich zu Berufenden auf den Träger des Berufungsverfahrens selbst verlegt worden. Das ständische Element gelangt in § 51 Abs. 1 Satz 2 insofern zum Ausdruck, als Persönlichkeiten zu berücksichtigen sind, „deren Wirkungskreis der Gemeinde ihre besondere Eigenart oder Bedeutung gibt oder das gemeindliche Leben wesentlich beeinflußt".

4. Hinsichtlich der **Formen** der Ratsverfassung sind zu unterscheiden:

a) Die **Gemeinderäte** zur Beratung im **allgemeinen** (§§ 48ff.),

b) die **Beiräte** (§§ 58f.) zur beratenden Mitwirkung auf einem bestimmten Verwaltungszweig (§ 58). Zu Beiräten können Gemeinderäte oder andere sachkundige Bürger vom Bürgermeister berufen werden, wenn die Hauptsatzung die Bestellung von Beiräten vorsieht. Die Beiräte haben Aufgaben der bisherigen Verwaltungsdeputationen in neuer Form wahrzunehmen.

c) Die Dorfversammlung des Preußischen Gemeindeverfassungsgesetzes (§ 48) ist von der Reichsgemeindeordnung nicht übernommen worden.

5. Die Gemeinderäte sind nicht in ihrer Gesamtheit Gemeindeorgan, sie sind also kein kollegiales Organ, vielmehr ist jeder einzelne Gemeinderat als Ehrenbeamter der Gemeinde (§ 53) Gemeindeorgan. Gerade umgekehrt war es bei der Stadtverordnetenversammlung.

Wenn man gleichwohl für die Versammlung der Gemeinderäte von dem Gemeinderat spricht, so wird damit nicht das Vorhandensein eines Kollegiums, sondern lediglich die sachliche, meist auch örtliche (§ 56) Zusammenfassung der verantwortlichen Einzelpersönlichkeiten zu der **gleichen** Aufgabe, dem Rat, zum Ausdruck gebracht.

§ 48.

(1) Die Gemeinderäte[1] haben die Aufgabe[2], die dauernde Fühlung der Verwaltung der Gemeinde mit allen Schichten der Bürgerschaft[3] zu sichern. Sie haben den Bürgermeister eigenverantwortlich[4] zu beraten[5] und seinen Maßnahmen in der Bevölkerung Verständnis zu verschaffen[6]. Sie haben bei ihrer Tätigkeit ausschließlich das Gemeinwohl[7] zu wahren und zu fördern.

(2) In Städten[8] führen die Gemeinderäte die Amtsbezeichnung Ratsherr.

1. Über ihre allgemeine Bedeutung vgl. Vorbem. 2 und 3 zu diesem Abschnitte. Sieher ferner § 6 mit Anm. 12.

2. Die Aufgabe ist in bestimmter Weise umgrenzt und ist eine gewisse Zeitlang von ihrem Träger wahrzunehmen. Die Gemeinderäte bekleiden daher ein Amt (Ehrenamt), s. § 53, und sind als Träger dieses Ehrenamtes Ehrenbeamte (dies ist auch der Standpunkt der Amtl. Begr. zu § 48 Ziff. 1 und zu §§ 53 und 54, wo die Gemeinderäte als Ehrenbeamte bezeichnet sind). Folgerungen: Vgl. unten Anm. 5 und § 53 Anm. 1.

3. Damit zeigt sich das Ratsprinzip als Diener des Führerprinzips (vgl. Vorbem. 2 zu diesem Abschnitt).

4. Durch das Wort „eigenverantwortlich" wird hervorgehoben, daß der Gemeinderat eine eigene Verantwortung trägt und sowohl gegenüber dem Bürgermeister wie gegenüber dem Bd NSDAP Unabhängigkeit besitzt (vgl. Amtl. Begr. zu § 54 Abs. 2). Er ist in seinem Rat an keine Weisungen gebunden. Er trägt aber für den erteilten Rat eine Verantwortung, und zwar in politischer, dienstlicher (§ 54) und vermögensrechtlicher Hinsicht. Näheres vgl. Anm. 5.

5. Der Bürgermeister oder sein allgemeiner Vertreter (§ 35) hat ein Recht auf den Rat (s. auch § 56), in gewissen Fällen (§ 55 Abs. 1) aber auch eine Pflicht zur Rateinholung. Rat kann sein: Anregung, Meinungsäußerung über eine zur Prüfung vorgelegte Frage, zu deren Beantwortung der Erwerb tatsächlicher Kenntnisse oder eines zur Beurteilung befähigenden besonderen Wissens gehört, endlich: Meinungsäußerung auf Grund allgemeiner Lebenskenntnis und natürlichen Empfindens gegenüber der Anfrage des schon völlig oder im wesentlichen Entschlossenen, der bei der Selbstprüfung jeden Fehler ausschalten und sich zur eigenen Sicherheit noch einmal aussprechen will. Der endgültige Entschluß liegt beim Beratenen. Führerverantwortlichkeit und Beratung widersprechen sich nicht, sondern ergänzen sich. Die Willensbildung liegt beim Führer, zur Vorbereitung der Entschlußbildung kann er sich aber fremden Wissens und fremder Erfahrung bedienen. Der Beratende übernimmt für seinen Rat die Verantwortung. Der Führer kann sich nicht darauf berufen, daß er auf Grund fremden Rates gehandelt habe. An seiner Verantwortung für den Entschluß wird durch die Rateinholung nichts geändert.

Welches ist nun der Inhalt der Verantwortung für den erteilten Rat? Dieser Inhalt ermißt sich an den Rechtsfolgen bei unrichtigem Rat. Es sind die politischen und die Rechtsfolgen zu unterscheiden.

a) Die politische Verantwortlichkeit nach oben trägt allein der Führer. Er kann sich für seine politische Verantwortung nach oben nicht darauf berufen, daß ihm dieser oder jener Rat erteilt sei. Denn auf Verschulden kommt es bei der politischen Verantwortlichkeit nicht an. Der Bürgermeister hat somit seine Abberufung nach allgemeinem Beamtenrecht oder § 112 DGemO. (s. Anm. daselbst) zu gewärtigen, wenn er einen entsprechend schweren Fehler bei der Verwaltung auch auf Rat begeht.

Der Ratgeber trägt für seinen Rat eine politische Verantwortung gegenüber dem Bürgermeister, der Aufsichtsbehörde und dem Beauftragten der NSDAP. Die beiden letzten können ihn im Rahmen des § 51 abberufen.

b) Mit der politischen Verantwortlichkeit hängt die verwaltungsrechtliche, insbesondere dienststrafrechtliche, eng zusammen. Der Bürgermeister kann für Entschluß und Handeln, der Ratgeber für den Rat dienstlich zur Verantwortung gezogen werden. Dabei sind für die Gemeinderäte die für Ehrenbeamte (siehe Anm. 2) geltenden Dienstvorschriften (für Preußen vgl. §§ 93ff. BDStO.) und § 54 DGemO. maßgebend.

c) Vermögensrechtliche Haftung:

Maßgebend sind, da sowohl der Bürgermeister als auch die Gemeinderäte (als Ehrenbeamte, siehe Anm. 2) Beamte der Gemeinde sind, Art. 131 RV. 1919, § 839 BGB., für Preußen ferner §§ 4, 1—3 des Haftungsgesetzes vom 1. August 1909. Für die Haftung gegenüber der Gemeinde gelten §§ 88ff., Teil II Titel 10 ALR.

Es sind folgende Fälle, entsprechend den Möglichkeiten des Rats, zu unterscheiden.

1. Die Raterteilung besteht in einer bloßen Anregung, der Bürgermeister handelt daraufhin. Hier ist für einen etwaigen schädigenden Erfolg allein das Eingehen auf die Anregung und die Fortentwickelung zu Entschluß und Ausführung seitens des Bürgermeisters ursächlich. Im Falle von dessen Verschulden haftet mithin bei Vorliegen der sonstigen Voraussetzungen die Gemeinde. Für diese kann die Aufsichtsbehörde namens der Gemeinde Rückgriff bei dem Bürgermeister — nur bei diesem — nehmen (§ 115 in Verb. mit §§ 4, 3 des Pr. Ges. vom 1. August 1909).

2. Das gleiche gilt bei dem weiteren Falle der Rateinholung durch den schon im wesentlichen entschlosse-

nen Bürgermeister, der nur Klärung und Sicherheit durch Aussprache wünscht.

3. Schwierigkeiten kann der Fall bereiten, daß der Rat in der Meinungsäußerung über eine bestimmte zur Prüfung vorgelegte Frage besteht, zu deren Beantwortung tatsächliche Kenntnisse oder besonderes Wissen gehören. Hier trifft den Bürgermeister kein Verschulden, wenn er sich auf das besondere Fachwissen eines sonst bewährten Mannes verläßt (vgl. auch § 32 Anm. 5, § 34 Anm. 2). Infolgedessen tritt wegen seiner Handlung keine Ersatzpflicht der Gemeinde ein. Zwar trägt allerdings der Bürgermeister die volle und ausschließliche Verantwortung für die Verwaltung der Gemeinde (siehe § 32). Indessen ist für die vermögensrechtliche Haftung an dem Verschuldensprinzip der bezeichneten Haftungsbestimmungen nichts geändert worden. Dies hätte andernfalls bei der rechtsgrundsätzlichen Bedeutung der Änderung besonders klargestellt werden müssen.

Die Gemeinde haftet jedoch in dem gedachten Falle wegen des Verschuldens des Gemeinderats, der bei hinreichender Sorgfalt entweder zur sachgemäßen Raterteilung fähig gewesen wäre oder seine Unfähigkeit hätte erkennen und den Bürgermeister auf die Notwendigkeit anderweitiger Rateinholung hinweisen müssen. Ein Rückgriffsrecht der Gemeinde besteht in diesem Falle nur gegen den Ratgeber, nicht aber gegen den Leiter. Dieser Fall wird praktisch indessen selten sein. Mit besonderer Sorgfalt ist die Kausalität zwischen Ratschlag und Verwaltungsakt zu prüfen.

d) Für die vermögensrechtliche Haftung bei unmittelbarem Verschulden gegenüber der Gemeinde kann der Ratgeber nach den oben bezeichneten Bestimmungen herangezogen werden. Für das Verschulden gelten dieselben Grundsätze wie zu 1—3 dieser Anmerkung. Der in §§ 88 ff. II 10 ALR. zum Ausdruck gelangende Grundsatz der Subsidiarität findet im Verhältnis der beiden Beamten zueinander keine Anwendung, beide haften also, wenn beide ein Verschulden trifft, als Gesamtschuldner.

6. Umgekehrt haben die Gemeinderäte die Nöte der Gemeinde und ihrer Glieder dem Bürgermeister nahezubringen (vgl. § 40

Abs. 3 Satz 2 Pr. GemVerfG.; wenn auch die ausdrückliche Hervorhebung dieses Satzes in der neuen Gemeindeordnung fehlt, so ergibt sich sein Inhalt aus dem allgemeinen Prinzip von § 48 Abs. 1 S. 1 DGemO.).

7. Auch die als Exponenten eines bestimmten Berufsstandes Berufenen (§ 51 Satz 2) dürfen sich nicht als „Vertreter" dieses Standes fühlen. Jeder Gemeinderat muß sich vielmehr „stets und in allen seinen Betätigungen als Wahrer der Interessen der Gesamtgemeinde betrachten", innerhalb deren unter seiner sachkundigen (beratenden) Mitwirkung „die Interessen aller Berufsstände" und alle Einzelinteressen „zum Ausgleich" gebracht werden sollen (vgl. AA. zum Pr. GemVerfG. zu § 40; a. a. O. S. 422).

8. Für Gemeinden, die nicht Städte sind, vgl. § 119 Ziff. 3.

§ 49.

Die Hauptsatzung[1] bestimmt die Zahl der Gemeinderäte. Die Höchstzahl der Gemeinderäte beträgt in Gemeinden mit weniger als 10000 Einwohnern zwölf, in den übrigen kreisangehörigen Gemeinden vierundzwanzig, in den Stadtkreisen sechsunddreißig[2].

1. Vgl. § 3 Abs. 2, 33 Abs. 1 Ziff. 1.

2. Bei der Festlegung der Höchstzahlen, die nicht erreicht zu werden brauchen, ist auf die Notwendigkeit sachlicher Arbeit im kleineren Kreise und die Sicherung der Verbundenheit der Verwaltung mit allen Schichten der Bürgerschaft Rücksicht genommen worden (vgl. Amtl. Begr. zu § 49).

§ 50.

Der Beauftragte der NSDAP[1] ist nicht Gemeinderat[2]. Er kann an den Beratungen des Bürgermeisters mit den Gemeinderäten teilnehmen[3], wenn es sich um Angelegenheiten handelt, bei denen ihm das Gesetz eine Mitwirkung einräumt (§ 33 Abs. 1)[4]; er ist zu diesen Beratungen zu laden[5].

1. Vgl. § 118.

2. Damit kommt zum Ausdruck, daß der BdNSDAP nicht Organ der laufenden Gemeindeverwaltung ist (s. Vorbem. 2 zum 5. Teil). Vgl. auch Amtl. Begr. zu § 50!

3. Als Zuhörer, aber auch aktiv! Er kann sich also zur Sache eingehend äußern. — Er unterliegt nicht der Ordnungsgewalt des Bürgermeisters.

4. Auch das besondere Teilnahmerecht ist von seinem in § 33 Abs. 1 abschließend geregelten Mitwirkungsrecht bei Gemeindeverfassungssachen und sonstigen bedeutsamen Verwaltungsakten abhängig.

5. Vom Bürgermeister, der ihm auch den Beratungsgegenstand mitzuteilen hat (§ 56)!

§ 51.

(1) Der Beauftragte der NSDAP[1] beruft[2] im Benehmen[3] mit dem Bürgermeister[4] die Gemeinderäte. Bei der Berufung hat er auf nationale Zuverlässigkeit, Eignung und Leumund zu achten[5] und Persönlichkeiten zu berücksichtigen, deren Wirkungskreis der Gemeinde ihre besondere Eigenart oder Bedeutung gibt oder das gemeindliche Leben wesentlich beeinflußt[6].

(2) Beamte, Angestellte und Arbeiter der Gemeinde und Beamte der Aufsichtsbehörde können[7] nicht als Gemeinderäte berufen werden[8]. Die Aufsichtsbehörde[9] kann Ausnahmen zulassen[8].

1. Vgl. § 118. Die NSDAP wirkt als Repräsentantin des Volkes, als aus diesem heraus gewachsenes Selbstverwaltungsgebilde, durch ihren Beauftragten entscheidend an der Bestellung der die Bürgerschaft vertretenden Gemeinderäte mit (vgl. Amtl. Begr. zu § 51 Ziff. 1 und Vorbem. 2 zum 5. Teil).

2. Die Berufung ist vom BdNSDAP dem Bürgermeister mitzuteilen. Die Verpflichtung und Vereidigung (§ 53 S. 2) wird dann vom Bürgermeister vorgenommen.

3. „Benehmen“ ist nicht gleich Einvernehmen, Einverständnis! „Benehmen“ besagt, daß der Bürgermeister anzuhören und mit seinen Wünschen weitgehend zu berücksichtigen ist.

Denn der Bürgermeister muß ja mit den Gemeinderäten, die ihn vor allem beraten sollen, ständig zusammenarbeiten (vgl. Amtl. Begr. zu § 51 Ziff. 1). Die Amtl. Begr. bringt dabei a. a. O. zum Ausdruck, daß sich der Beauftragte und der Bürgermeister über die zu berufenden Persönlichkeiten in der Regel verständigen werden. Sollte dies einmal nicht gelingen, so gibt nach Wortlaut (s. o.) und Sinn (s. Anm. 1) des Gesetzes der BdNSDAP (§ 118) den Ausschlag.

4. Der BdNSDAP wird sich bei der grundlegenden organisatorischen Bedeutung der Berufung von Gemeinderäten mit dem Bürgermeister selbst, nicht lediglich mit seinem allgemeinen Vertreter, dem Ersten Beigeordneten, in Verbindung setzen. Diesem gegenüber wird der Bürgermeister anordnen, sich der Bearbeitung der Sache zu enthalten (vgl. § 35 Anm. 1 [2. Hälfte]).

5. Die Gesichtspunkte decken sich inhaltlich mit den in § 22 Anm. 3 Abs. 2 und folgende auseinandergesetzten Anforderungen, die aus dem allgemeinen Begriffe des Ehrenamtes im nationalsozialistischen Staate folgen. § 51 sieht davon ab, die Berufung bestimmter Personengruppen, führender Männer der Bewegung, zwingend vorzuschreiben, wie es § 41 Pr. GemVerfG. tat (vgl. Vorbem. 3 am Ende zum 2. Abschnitte). Der BdNSDAP wird von sich aus dafür sorgen, daß führende Männer der Bewegung im Gemeinderat vertreten sind.

6. Wie die Amtl. Begr. zu § 51 Ziff. 2 Abs. 1 bemerkt, muß sich in der Zusammensetzung der Gemeinderäte „die Struktur der Bürgerschaft widerspiegeln“. Es müssen „also bei der Berufung Persönlichkeiten berücksichtigt werden, deren Wirkungskreis für die Gemeinde typisch ist“.

Nähere Richtlinien sind den Ausführungsanweisungen vorbehalten worden. Bis dahin kann die AA. zum Pr. GemVerfG. zu § 41 (1b) herangezogen werden: Danach sind (abgesehen von den Anm. 5 am Ende Bezeichneten), „unter der Voraussetzung, daß bei den betreffenden Persönlichkeiten die Gewähr nationaler

Zuverlässigkeit und sonstiger sachlicher Eignung und persönlicher Ehrenhaftigkeit gegeben ist, als Gemeinderäte zu berufen

a) in Gemeinden, denen ein bestimmter Industriezweig oder ein bestimmtes Werk ihr Gepräge gibt, stets ein Inhaber oder Leiter eines solchen Industrieunternehmens oder des Werkes und außerdem ein in ihnen beschäftigter Arbeiter oder Angestellter;

b) in Universitätsstädten stets eine Persönlichkeit aus dem Lehr- oder Verwaltungskörper der Hochschule;

c) in Gemeinden, in denen sich bedeutsame Museen, Theater oder sonstige Kultureinrichtungen befinden, der Leiter eines derartigen Institutes (Museumsdirektor, Intendant, Erster Kapellmeister);

d) in jeder Gemeinde je ein Angehöriger des bodenständigen Einzelhandels und des Handwerks, von denen einer zugleich Hausbesitzer sein muß;

e) in größeren Gemeinden ein Angehöriger der freien Berufe (z. B. Ärzte, Rechtsanwälte usw.);

f) in Landgemeinden und Städten, in denen die Landwirtschaft eine beachtliche Bedeutung hat, ein Bauer oder Landwirt und außerdem ein landwirtschaftlicher Arbeiter, es sei denn, daß infolge der vorherrschenden Eigenart der Betriebsform deren geringe Zahl dies entbehrlich erscheinen läßt.

Selbstverständlich ist, daß in Bauerndörfern vor allem Angehörige des Reichsnährstandes zu berücksichtigen sind."

7. Ihre gleichwohl erfolgte Berufung und Ernennung wäre unwirksam.

8. Über die Gründe der Bestimmung vgl. Amtl. Begr. zu § 51 Ziff. 2 Abs. 2.

9. Vgl. § 107.

§ 52.

(1) Die Gemeinderäte[1] werden auf sechs Jahre[2] berufen[3]. Ausscheidende Gemeinderäte können wiederberufen werden[4].

(2) Scheidet ein Gemeinderat vor Ablauf der Amtszeit aus[5], so wird für deren Rest ein Ersatzmann berufen[6].

1. Wie § 44 Abs. 3! Das turnusmäßige Ausscheiden eines Drittels der Gemeinderäte nach § 41 Abs. 3 Pr. GemVerfG., das eine gewisse Stetigkeit in der Verwaltung gewährleisten sollte, ist von der Deutschen Gemeindeordnung nicht übernommen worden, vgl. Amtl. Begr. zu § 52. Dort sind auch die Gründe auseinandergesetzt, die zu der Festlegung der sechsjährigen Amtszeit geführt haben.

2. Die sechsjährige Frist beginnt vom Tage der Aushändigung der Anstellungsurkunde an zu laufen.

3. Vgl. § 51.

4. Damit wird die Möglichkeit gegeben, soweit nötig, der Gemeindeverwaltung Stetigkeit zu verleihen, s. o. Anm. 1.

5. Tod, Dienstunfähigkeit, Abberufung nach § 54.

6. Gemäß § 51.

§ 53.

Die Gemeinderäte bekleiden ein Ehrenamt[1]. Der Bürgermeister[2] verpflichtet[3] sie auf gewissenhafte Erfüllung ihrer Aufgaben und vereidigt sie[4].

1. Die entsprechende Bestimmung des Pr. GemVerfG. (§ 42 Abs. 1) lautete: „Die Gemeinderäte sind Ehrenbeamte der Gemeinde." Aus der Änderung der Formulierung darf nicht geschlossen werden, daß die Gemeinderäte nunmehr keine Beamte seien. Sie sind vielmehr als Träger ihres Ehrenamtes Ehrenbeamte (vgl. § 48 Anm. 2). Daraus ergibt sich außer den Folgerungen für die Haftung und für die Voraussetzungen zu ihrer Berufung (vgl. § 48 Anm. 5, § 51 Anm. 5), daß ihnen zur Begründung ihrer Beamtenstellung im Innenverhältnis gemäß §§ 6, 3 Kap. II des Beamtenrechtsänderungsgesetzes vom 30. Juni 1933 eine Anstellungsurkunde auszuhändigen ist. Wie bei den Bürgermeistern und Beigeordneten (vgl. § 41 Anm. 1), so ist auch bei den Gemeinderäten zwischen Berufung (§ 51) und Anstellung (§ 37 Abs. 1 Satz 2 und § 53 Satz 2) zu unterscheiden.

Der Bürgermeister hat dem vom BdNSDAP berufenen Gemeinderate eine Anstellungsurkunde auszustellen und auszuhändigen, am besten mit dem der Ausführungsanweisung zum Pr. GemVerfG. (§ 41) nachgebildeten Wortlaut:

„Auf Grund der im Benehmen mit dem Bürgermeister erfolgten Berufung durch den Beauftragten der NSDAP in ...... wird der ...... hiermit unter Berufung in das Beamtenverhältnis mit Wirkung vom ...... zum Gemeinderat — Ratsherrn bestellt.

Ort und Datum. Der Bürgermeister."

Über die Haftung trotz Fehlens einer Anstellungsurkunde vgl. die in § 22 Anm. 2 am Ende zitierte Entscheidung. Wegen des Dienststrafrechts vgl. § 54 Anm. 1.

2. Oder der Erste Beigeordnete als sein Allgemeiner Vertreter (§ 35)! Zweckmäßigerweise wird jedoch der Bürgermeister selbst diese bedeutsame organisatorische Handlung vornehmen (vgl. § 35 Anm. 1 zweite Hälfte).

3. Diese Verpflichtung wird sogleich mit der Aushändigung der Anstellungsurkunde vorzunehmen sein.

4. Wegen der Eidesformel vgl. § 2 des Gesetzes über die Beeidigung der Beamten und der Soldaten der Wehrmacht vom 20. August 1934 (RGBl. I S. 785). Die Gemeinderäte werden den Eid dem Bürgermeister einzeln oder gemeinsam nachzusprechen haben. Überdies ist ein Vordruck der Eidesformel von jedem Gemeinderat zu unterschreiben; die Urkunde ist zu seinen Dienstakten zu nehmen. Bei Wiederberufung gemäß § 52 Satz 2 ist keine nochmalige Vereidigung erforderlich.

§ 54.

Gemeinderäte[1], bei denen die Voraussetzungen des § 51 nicht oder nicht mehr gegeben sind[2], scheiden aus. Die Entscheidung[3] trifft die Aufsichtsbehörde[4] im Einvernehmen[5] mit dem Beauftragten der NSDAP[6], kommt kein Einvernehmen zustande, so entscheidet der Reichsstatthalter[7].

1. Als Gemeindebeamte unterliegen die Gemeinderäte dem Dienststrafrecht für Gemeindebeamte (für Preußen vgl. § 93 ff. BDStO.). Indessen würden diese Bestimmungen (vgl. z. B. § 115 Abs. 2 BDStO. und unten Anm. 2) dem Bedürfnis nach einer sofortigen Entfernung ungeeigneter Gemeinderäte nicht genügen (vgl. Amtl. Begr. zu § 54 Abs. 1). § 54 schafft daher besondere Abberufungsgründe. Diese erübrigen ein Dienststrafverfahren mit dem Ziele der Entfernung aus dem Amte. Die Verhängung von Ordnungsstrafen durch den Bürgermeister (für Preußen siehe §§ 94—97 BDStO.) bleibt aber bei geringeren Einzelverfehlungen zulässig.

2. Die Gemeinderäte gehen also ihres Amtes verlustig:

a) bei nationaler Unzuverlässigkeit, mangelnder sachlicher Eignung und schlechtem Leumund (vgl. auch § 51 Anm. 5 mit Verweisung; Ausscheiden also z. B. bei nichtarischer Ehe),

b) wenn sie aus dem Wirkungskreise oder der Stellung ausscheiden, derenthalben sie als Gemeinderat berufen worden waren (vgl. Amtl. Begr. zu § 54 Abs. 1).

3. Die Entscheidung über das Ausscheiden enthält das Gegenteil zur Berufung, also die **Abberufung**. Die **Entlassung** wird dagegen entsprechend der Anstellung (vgl. § 53 Anm. 1) von dem Bürgermeister gemäß § 37 Abs. 1 Satz 2 vorgenommen (in Durchführung der Abberufung; bei Weigerung gelten §§ 110, 111). — Vgl. Amtl. Begr. zu § 35 Abs. 2 am Ende.

4. Vgl. § 107. — Die Aufsichtsbehörde ist hier — anders als bei der Berufung (§ 51) — eingeschaltet worden, um die Gemeinderäte auch tatsächlich vom Bürgermeister und vom Bd NSDAP bei ihrer Meinungsäußerung und Raterteilung unabhängig zu halten (vgl. Vorbem. 2 zu diesem Abschnitt). Das Selbstverwaltungsorgan, der BdNSDAP, wirkt jedoch folgerichtig bei der Entlassung der Gemeinderäte mit. (Vgl. zu alledem Amtl. Begr. zu § 54 Abs. 2).

5. Gleich Zustimmung!

6. Vgl. § 118.

7. Vgl. § 33 Anm. 19. — Wegen der grundsätzlichen Seite s. Vorbem. 2 zum 5. Teil. — Zu beachten: § 117 Abs. 2!

§ 55.

(1) Der Bürgermeister[1] hat[2] wichtige Angelegenheiten[3] der Gemeinde[4] mit den Gemeinderäten zu beraten. Er muß[5] ihnen Gelegenheit zur Äußerung geben vor[6]

1. Änderung der Gemeindegrenzen[7],
2. Verleihung und Aberkennung des Ehrenbürgerrechts[8] und der Ehrenbezeichnungen[9],
3. Aberkennung des Bürgerrechts[10],
4. Erlaß, Änderung und Aufhebung von Satzungen[11],
5. Festsetzung von Abgaben[12] und Tarifen[13],
6. Übernahme neuer Aufgaben, für die eine gesetzliche Verpflichtung nicht besteht, besonders vor Errichtung und Erweiterung von öffentlichen Einrichtungen, Betrieben und wirtschaftlichen Unternehmen, sowie vor Beteiligung an solchen Unternehmen[14],
7. Umwandlung der Rechtsform von Eigenbetrieben oder Unternehmen, an denen die Gemeinde maßgebend beteiligt ist[15],
8. Verfügung über Gemeindevermögen, besonders vor Erwerb, Veräußerung und Belastung von Grundstücken, vor Schenkungen und Darlehenshingaben, soweit es sich nicht ihrer Natur nach um regelmäßig wiederkehrende Geschäfte der laufenden Verwaltung handelt[16],
9. Umwandlung von Gemeindegliedervermögen in freies Gemeindevermögen, Veränderungen der Nutzungsrechte am Gemeindegliedervermögen[17],
10. Verzicht auf Ansprüche der Gemeinde[18] und Abschluß von Vergleichen[19], soweit es sich nicht um Geschäfte der laufenden Verwaltung handelt, die geldlich von unerheblicher Bedeutung sind,

11. **Aufnahme von Darlehen[20], Übernahme von Bürgschaften und Verpflichtungen aus Gewährverträgen und Bestellung anderer Sicherheiten[21],**
12. **über- und außerplanmäßigen Ausgaben sowie vor Anordnungen, durch die Verbindlichkeiten der Gemeinde entstehen können, für die keine Mittel im Haushaltsplan vorgesehen sind, soweit sie geringfügig sind[22],**
13. **Führung eines Rechtsstreits von größerer Bedeutung[23].**

(2) Duldet die Angelegenheit keinen Aufschub[24], so kann der Bürgermeister von der Beratung absehen; er hat den Gemeinderäten bei der nächsten Beratung die Art der Erledigung mitzuteilen.

1. Ebenso der Erste Beigeordnete (§ 35). Die übrigen Beigeordneten vertreten den Bürgermeister kraft Gesetzes nur auf ihren Arbeitsgebieten, aber nicht im Verkehr mit den Gemeinderäten. Sie haben also dem Bürgermeister beratungsbedürftige Sachen vorzulegen. S. auch § 56 Abs. 3.

2. Er ist also auch im Falle von Satz 1 zur Ratseinholung verpflichtet. Allerdings gibt die Generalklausel „wichtige Angelegenheit" seinem pflichtmäßigen Ermessen gewissen Spielraum.

3. Wichtige Gemeindeangelegenheiten sind im allgemeinen nicht „regelmäßig wiederkehrende Geschäfte der laufenden Verwaltung" (vgl. § 55 Abs. 1 Ziff. 8 und 10). Unter Umständen können aber auch solche zu besonderer Bedeutung gelangen.

4. Sinngemäß sind hier nur Selbstverwaltungsgelegenheiten solche der Gemeinde.

5. Notwendige Anhörung unabhängig von der Wichtigkeit im Einzel- (Ausnahme-) falle. Bei Verletzung der zwingenden Vorschriften von Satz 2 macht sich der Leiter politisch und dienstlich verantwortlich, unter Umständen kann er auch Schadensersatzpflichten der Gemeinde gemäß Artikel 131 der Weimarer Verfassung begründen und selbst rückgriffspflichtig werden. Der Beschluß selbst und seine Durchführung sind aber trotz Nicht-

anhörung der Gemeinderäte wirksam, vgl. Vorbemerkung 4 zum 5. Teil und nächste Anmerkung (6). Dieser von mir bereits im Preußischen Kommentar von Lympius-Küchenhoff vertretenen Ansicht stimmt zu: Landgericht Hirschberg, Beschl. v. 26. 9. 1934 — 3 T 706/34 — abgedr. in Deutsche Justiz 1935, S. 303.

6. Die Anhörung ist mithin nicht Bestandteil der Willensbildung und Durchsetzung.

7. Vgl. §§ 13ff. Die Gemeinderäte sind vor der Anzeige nach § 14 Abs. 1 zu hören, sowie vor Abschluß von Eingemeindungsverträgen, endlich bei „Anhörung der Gemeinde" nach § 15 Abs. 1.

8. Vgl. § 21 Abs. 1 und 2.

9. § 28 Abs. 1 und 2.

10. Vgl. § 23 Abs. 2, § 24 Abs. 2.

11. Vgl. § 3.

12. Vgl. § 85 Abs. 2.

13. Z. B. Straßenbahntarife, Tarife für Gas und elektrisches Licht, Wassergeld.

14. Siehe §§ 17, 67—74.

15. Vgl. § 75; ferner Fusionen von Aktiengesellschaften oder Umwandlung einer Aktiengesellschaft in eine G. m. b. H.

16. Vgl. §§ 60—62.

17. Vgl. § 65.

18. § 397 BGB.

19. § 779 BGB.

20. Vgl. §§ 76f.

21. Vgl. § 78.

22. Vgl. § 91.

23. Ein Rechtsstreit ist von „größerer Bedeutung", wenn entweder der streitige Betrag, gemessen an dem Vermögen der Gemeinde, nicht unerheblich ist, oder die auszutragende Rechts- oder Tatfrage für einen über den konkreten Rechtsstreit hinausgehenden Kreis von Einwohnern erheblich ist, z. B. Gültigkeit einer Abgabenordnung. Gleichgültig ist, ob die Gemeinde im Rechtsstreite Klägerin oder Beklagte sein würde.

24. Insbesondere also bei Gefahr im Verzuge! Im übrigen vgl. Amtl. Begr. zu § 55 Ziff. 1 Abs. 2.

§ 56.

(1) Der Bürgermeister[1] lädt[2] die Gemeinderäte mit angemessener Frist[3] zu den Beratungen[4] und teilt die Beratungsgegenstände[5] mit[6].

(2) Der Bürgermeister[1] bestimmt jeweils[7], ob die Beratungen öffentlich oder nicht öffentlich sind[8]. Die Tagesordnung öffentlicher Beratungen ist mit Ort und Stunde öffentlich bekanntzumachen[9].

(3) Die Beigeordneten[10] nehmen an den Beratungen mit den Gemeinderäten teil[11]. Der Bürgermeister kann Beamte und Angestellte[12] der Gemeinde sowie Sachverständige[13] zu den Beratungen zuziehen[14].

(4) Die Gemeinderäte[15] müssen[16] an den Beratungen teilnehmen, wenn sie nicht vom Bürgermeister[17] beurlaubt sind.

1. Oder der Erste Beigeordnete! (§ 35). Es besteht also ein Berufungsrecht, unter Umständen (§ 55) eine Berufungspflicht des Bürgermeisters, aber nie ein Selbstversammlungsrecht der Gemeinderäte! Vgl. auch § 55 Anm. 2. Verstöße gegen Abs. 1 (z. B. Nichtmitteilung der Beratungsgegenstände oder Ladung in unangemessen kurzer Frist) entschuldigen für sich allein weder ein Fernbleiben der Gemeinderäte noch machen sie eine gemeinsame Erörterung und Beratung unzulässig. Der Bürgermeister macht sich jedoch bei Verletzung seiner Pflichten dienstlich verantwortlich, auch können bei zu kurz bemessener Ladungsfrist die Gemeinderäte auf ihre etwa vor der Ladung vorgenommene anderweite Zeiteinteilung mit Erfolg hinweisen.

2. Die Form der Vorladung ist dem Ortsgebrauch überlassen worden (vgl. Amtl. Begr. zu § 56 Ziff. 1).

3. Mindestens 3 Tage vor der Beratungssitzung: bei besonders schwierigen Beratungsgegenständen, z. B. bei der Haushaltssatzung wird die Ladungsfrist so zu verlängern sein, daß den Gemeinderäten ein wirkliches Eindringen in den Beratungsstoff möglich ist (entsprechend AA. Pr. GemVerfG., zu § 44, a. a. O. S. 433).

4. Beratung der einzelverantwortlichen Ratgeber! Abstimmungen sind daher ausgeschlossen (§ 54 Abs. 4 Satz 4).

5. Zweckmäßigerweise auch die Reihenfolge der Beratungen!

6. Auch Material, das zur Beratung wichtiger Angelegenheiten erforderlich ist, wird den Gemeinderäten nach Möglichkeit vor der Sitzung mitzuteilen sein (vgl. Amtl. Begr. zu § 56 Ziff. 1).

7. Das Gesetz sieht anders als § 44 Abs. 2 Pr. GemVerfG. davon ab, die Nichtöffentlichkeit der Beratungen vorzuschreiben. Bei der ihm überlassenen Bestimmung wird der Bürgermeister zu berücksichtigen haben, daß einerseits sachliche Arbeit vielfach nur bei restlos offener Aussprache möglich ist, anderseits aber gerade Verständnis für Maßnahmen der Gemeindeverwaltung dadurch erzielt werden kann, daß die Bürger die erschöpfende Behandlung und Erörterung aller Gesichtspunkte sehen, ja miterleben. Daß bei Gegenständen, durch welche die öffentliche Sicherheit oder die Sittlichkeit gefährdet werden könnte, die Beratung nicht öffentlich sein kann, versteht sich von selbst. — Gründe für seine Bestimmung braucht der Bürgermeister nicht anzugeben, zweckmäßigerweise wird er sie jedoch aktenkundig machen.

8. Der Bürgermeister bestimmt nach pflichtmäßigem Ermessen auch den Ort der Zusammenkunft. Wirtshäuser werden, auch in kleinen Gemeinden, als Beratungsort unbedingt zu vermeiden sein.

9. In den ortsüblichen Zeitungen, durch Aushang an der Gemeindetafel, in Städten auch durch Veröffentlichung in den Zeitungen.

10. Vgl. § 35. Die Amtl. Begr. bemerkt dazu (zu § 56 Ziff. 3): „Die Beigeordneten als Vertreter des Bürgermeisters müssen über die wesentlichen Vorgänge in der Gemeindeverwaltung unterrichtet sein." Bei nicht besonders wichtigen Beratungen über ein anderes Arbeitsgebiet werden die Sachbearbeiter nicht stets teilzunehmen haben. Z. B. braucht der Stadtschulrat bei der Beratung über die Führung eines die Schulen nicht betreffenden Rechtsstreits (§ 55 Abs. 1 Ziff. 13) nicht zugegen zu sein.

11. Sie dürfen in den Beratungen das Wort ergreifen. Der Bürgermeister kann den Beigeordneten im Einzelfalle den Sachvortrag übergeben (Amtl. Begr. zu § 56 Ziff. 3). — Eine Teilnahme der in der betreffenden Gemeinde wohnenden Staats- und Provinzialräte ist in der DGemO. nicht mehr vorgesehen (anders § 45 Pr. GemVerfG.).

12. Insbesondere werden diejenigen, die bei der betreffenden Sache mitarbeiten, in Betracht kommen.

13. Eine erfreuliche Neuerung, von der im Interesse der Gründlichkeit und Sachlichkeit der Beratungen vielfach Gebrauch zu machen sein wird. Dabei hat der Bürgermeister die Möglichkeit einer „ehrenamtlichen Heranziehung von Bürgern im Einzelfalle" ganz besonders zu beachten (§ 22 Anm. 8 B).

14. Mit denselben Wirkungen wie in Anm. 4.

15. Sobald ihnen die Anstellungsurkunde ausgehändigt ist! (§ 53 Anm. 1.)

16. Pflicht, deren Verletzung dienststrafrechtliche Folgen, möglicherweise auch Ausscheiden nach sich zieht (§ 54 mit Anm. 1).

17. Oder von dem Ersten Beigeordneten! (§ 35.) — In der Erfüllung ihrer Dienstpflichten sind die Gemeinderäte als Gemeindebeamte dem Bürgermeister verantwortlich. Unabhängigkeit besteht nur für den Inhalt der Raterteilung selbst!

§ 57.

(1) Der Bürgermeister[1] eröffnet[2], leitet[2] und schließt[2] die Beratungen mit den Gemeinderäten. Er sorgt dafür, daß nur solche Angelegenheiten erörtert werden, die zum Aufgabengebiet[3] der Gemeinde gehören.

(2) Er handhabt die Ordnung[2, 4] in den Beratungen und übt das Hausrecht[5] aus. Auf sein Verlangen haben sich die einzelnen Gemeinderäte zu bestimmten Beratungsgegenständen zu äußern. Sie sind zur Äußerung verpflichtet, wenn ihre Meinung von der des Bürgermeisters abweicht[6]. Eine Abstimmung der Gemeinderäte findet nicht statt[7].

(3) Über den wesentlichen Inhalt der Beratungen ist eine Niederschrift[8] zu fertigen. In die Niederschrift sind abweichende Äußerungen der Gemeinderäte aufzunehmen. Auch sonst ist jeder Gemeinderat berechtigt, seine Auffassung zur Niederschrift zu geben[9]. Die Niederschrift wird vom Bürgermeister und zwei von ihm bestimmten Gemeinderäten unterzeichnet.

1. Nicht sein allgemeiner Vertreter § 35 Anm. 1 (2. Hälfte); ferner argumentum e contrario aus § 59 Satz 2!

2. Der Bürgermeister hat die volle Ordnungs- und Leitungsgewalt über die Gemeinderäte, die an der Beratungssitzung teilnehmen. Er eröffnet und schließt die Beratung nach seinem Ermessen, er bestimmt die Gegenstände der Beratung und hebt die Gesichtspunkte hervor, deren Erörterung außer den vorgebrachten er noch für angemessen hält. Er erteilt das Wort und regelt die Redezeit. In Ausübung seiner Ordnungsgewalt kann er Gemeinderäten das Wort entziehen, sie zur Sache oder zur Ordnung rufen, die Beratung unterbrechen u. ä. (vgl. AA. zum Pr. GemVerfG. zu § 46 1a). Eine Übereinstimmung in den Äußerungen braucht er nicht abzuwarten, er bestimmt, wann die Angelegenheit für ihn geklärt ist. Seine Meinung braucht er nicht kundzutun. Siehe auch Abs. 2.

3. Vgl. § 2 Abs. 2. Damit soll die unbedingte Sachlichkeit der Erörterungen sichergestellt werden. Vgl. Amtl. Begr. zu § 57 Ziff. 1a.

4. Daraus folgt z. B. die Befugnis zum Ausschluß eines Gemeinderates aus der Sitzung.

[5. Bei Ausübung des Hausrechts vertritt der Bürgermeister die Gemeinde als (privatrechtliche) Eigentümerin oder Mieterin des Sitzungszimmers. Für etwaige Schadensersatzansprüche gelten mithin §§ 89, 31 BGB. Beispiel für Ausübung des Hausrechts: Anordnung der Räumung der Zuhörertribünen, falls dies bei einer öffentlichen Beratung erforderlich ist.

6. Wie die Amtl. Begr. ausführt, soll damit „sichergestellt werden, daß der Gemeinderat seine Auffassung in den gemeinsamen Beratungen kundgibt und nicht später Entschließungen

des Bürgermeisters angreift, denen er in der Beratung zu widersprechen unterlassen hat". Also Offenheit und Widerspruch am rechten und entscheidenden Ort! Durch § 57 Abs. 1 Satz 1 und Abs. 3 Satz 2 wird sichergestellt, daß keine törichten Widersprüche den Handelnden hemmen.

7. Beseitigung des Parlamentarismus. Eine Abstimmung liegt aber nicht vor, wenn der Bürgermeister zur leichteren Feststellung der Meinungen der Gemeinderäte über einen bestimmten Punkt die Befürwortenden bittet, eine Hand zu erheben.

8. Sie ist eine öffentliche Urkunde im Sinne des § 348 StGB.

9. Während § 57 Abs. 3 Satz 2 den Bürgermeister vor abwegigen Widersprüchen sichert, die den Fortgang der Beratung nur hemmen können, gibt § 57 Abs. 3 Satz 3 jedem Gemeinderat die Möglichkeit, seine abweichende Auffassung festzulegen und sie so zur Kenntnis der Aufsichtsbehörde oder des Beauftragten der NSDAP gelangen zu lassen, wenn deren Genehmigung oder eines von ihnen zu dem betreffenden Akte erforderlich ist (Beispiele: §§ 3 II, 33 I 1, 55 I 4).

3. Abschnitt.

Beiräte.

Vorbemerkung.

1. Die Ausgestaltung des Ratsprinzips (s. dazu Vorbem. 3 zum 5. Teil und Vorbem. 1 und 2 zum 2. Abschnitte des 5. Teils) bringt es nicht nur mit sich, Ratsorgane für „wichtige Angelegenheiten" (§ 55) und darunter für bestimmt bezeichnete Einzelangelegenheiten zu bestellen, um die große Verbundenheit zwischen Gemeindeführung und Gemeindebürgerschaft zu erhalten; das Ratsprinzip bewährt sich vielmehr auch in der laufenden Verwaltung, ja in der täglichen Kleinarbeit auf ganzen Verwaltungsgebieten der Gemeinde.

So gibt die Gemeindeordnung die Möglichkeit, dem Bürgermeister die Berufung von Ratgebern zu gestatten, die insbesondere in Betracht kommen

a) bei Fragen, die wegen ihrer verhältnismäßig geringen Bedeutung mit den Gemeinderäten überhaupt nicht beraten werden,

b) bei Vorberatungen im kleineren Kreise vor der Beratung mit den Gemeinderäten,

c) bei Verwaltungszweigen, bei denen eine regelmäßige Beratung der Gemeindeführung erwünscht und förderlich ist (vgl. zu a—c Amtl. Begr. zu § 58 Abs. 1).

In den Fällen zu a und c betätigen sich die Beiräte auf Gebieten der laufenden Verwaltung, im Falle b nehmen sie die Aufgaben einer vorberatenden Ratskommission wahr.

2. Diese Beziehungen zu der laufenden Verwaltung stellen die Beiräte als Gehilfen des Bürgermeisters und seiner Beigeordneten, nicht als selbständige Mittler zwischen Gemeindeführung und Gemeindebürgerschaft wie die Gemeinderäte (§ 48) dar. Die Beiräte sind daher Ratsorgane der Gemeindeverwaltung (Verwaltungsorgane), nicht Ratsorgane der Selbstverwaltung (Selbstverwaltungsorgane) wie die Gemeinderäte. Dies kommt in § 58 Satz 3 zum Ausdruck, wonach der Bürgermeister (nicht wie bei den Gemeinderäten der BdNSDAP, § 51) zur Berufung der Beiräte zuständig ist (vgl. Amtl. Begr. zu § 58 Abs. 3; siehe ferner § 58 Anm. 9).

Die grundsätzliche, verfassungsgestaltende Entscheidung, ob und für welche Aufgaben überhaupt Beiräte berufen werden können, wird jedoch in der Hauptsatzung, also im Zusammenwirken von Gemeinde, Staat und Bewegung (§ 58 Satz 1, § 3, § 33 Abs. 1 Ziff. 1) getroffen. Damit wird die Bedeutung des Vorhandenseins spezieller Verwaltungsratsorgane für die Gesamtstruktur der Gemeinde hervorgehoben.

3. Wenn sonach (Vorbem. 2) die Beiräte auch Gemeindeverwaltungsorgane sind, so ist bei ihrer Zusammensetzung wieder auf die Gemeinderäte zurückgegriffen worden. Zu Beiräten können Gemeinderäte und andere sachkundige Bürger berufen werden. Für einen bestimmten Verwaltungszweig müssen stets mehrere Beiräte (mindestens zwei) bestellt werden. Einer von diesen Beiräten muß Gemeinderat sein (Näheres § 58 Satz 2 mit Bem.). Die Beiräte beraten nie allein, sondern immer

zusammen mit dem Bürgermeister oder dem zuständigen Sachbearbeiter; das folgt aus ihrer Stellung als Verwaltungsbeiräte (vgl. § 59 und Amtl. Begr. zu § 58 Abs. 4). Dieses aus Gemeindeführern und Ratgebern gebildete Gremium kann als Führer- und Ratsausschuß gekennzeichnet werden.

4. Die Verbindung von Verwaltungsbeamten und Trägern der Selbstverwaltung, die sich bei der Tätigkeit der Beiräte ergibt (Anm. 3), erinnert an die gemischten Verwaltungsdeputationen des früheren Preußischen Rechts. Gemäß § 59 öStO. (vgl. ferner: § 54 RheinStO., § 64 HessNassStO., §§ 66ff. Schlesw-HolstStO.) konnten „zur **dauernden Verwaltung** oder Beaufsichtigung **einzelner Geschäftszweige**, sowie zur Erledigung **vorübergehender Aufträge**, entweder bloß aus Mitgliedern des Magistrats, oder aus **Mitgliedern beider Gemeindebehörden**, oder aus **letzteren und aus stimmfähigen Bürgern** besondere Deputationen gewählt werden". Bei den hervorgehobenen Fällen handelte es sich um gemischte Deputationen.

Diese Deputationen waren Hilfsorgane des Magistrats, sie führten unter seiner Aufsicht und Leitung die ihnen übertragenen Geschäfte. Sie standen weder mit der Stadtverordnetenversammlung noch mit anderen Behörden in Verbindung. Für ihre Befugnisse waren die Gemeindebeschlüsse maßgebend, auf denen ihre Einsetzung beruhte (vgl. dazu §§ 26—29 der „Instruktion für die Magisträte vom 25. Mai 1835" (v. Kamptz's Annalen S. 753), ferner Oertel a. a. O. § 59 Anm. A 1ff.). Ferner gab es Verwaltungsdeputationen, die auf besonderen Bestimmungen beruhten, so: Schuldeputationen nach §§ 43ff. des Volksschulunterhaltungsgesetzes vom 28. Juli 1906 (Pr. GS. S. 335) in Verbindung mit dem Gesetz, betreffend die Abänderung der Schuldeputationen, vom 7. Oktober 1920 (Pr. GS. S. 535), Servis- und Einquartierungskommissionen nach § 5 des Gesetzes, betreffend die Quartierleistung für die bewaffnete Macht im Frieden vom 25. Juni 1868 (Bundesgesetzblatt S. 523), Gesetz vom 21. Juni 1887 (RGBl. S. 245), Gesundheitskommissionen in Gemeinden von mehr als 5000 Einwohnern nach §§ 10ff. des Gesetzes, betreffend die Dienststellung des Kreisarztes und die Bildung von Gesundheitskommissionen, vom

16. September 1899 (GS. S. 172), endlich **Wohlfahrtskommissionen, Armendeputationen** nach § 2 der Ausführungsverordnung zur Verordnung über die Fürsorgepflicht vom 17. April 1925 (GS. S. 210). (Vgl. dazu Helfritz in von Brauchitsch, Band 7, 19. Aufl. 1930, S. 392 Ziff. 4; s. auch Oertel a. a. O. § 59 B S. 435ff.)

Die von den nach den Städteordnungen gebildeten Deputationen wahrgenommenen Aufgaben sollten nach dem Preußischen Gemeindeverfassungsgesetz auf die gemäß § 47 zu bestellenden Beiräte übergehen (§ 10 in Verb. mit § 9 Abs. 3 der 1. DVO. zum Pr. GemVerfG. [GS. S. 497]). Die Preußischen Beiräte traten daher an die Stelle der Deputationen. Dagegen wurde vielfach angenommen, daß die auf besonderen Gesetzen beruhenden Deputationen bestehen geblieben seien, insbesondere die erwähnten Schuldeputationen.

Nunmehr regeln §§ 58f. DGemO. die Materie abschließend. Die Beiräte sind keine Beschluß-, sondern Ratsorgane. Grundlage für die Berufung von Beiräten durch den Bürgermeister kann nur die Hauptsatzung sein. Andere gesetzliche Bestimmungen, die sich auf „Deputationen" beziehen, sind durch §§ 58f. DGemO. aufgehoben. Denn an die Stelle der genannten — meist in parlamentarischen Formen — geschaffenen Gebilde sind nach der gekennzeichneten Entwicklung die Beiräte getreten, die die **Aufgaben der Deputationen** inhaltlich in einer **gemäß dem Führer- und Ratsprinzip geänderten Form übernehmen.**

Keine der genannten Deputationen besteht daher — vorbehaltlich ausdrücklicher Übergangsbestimmungen — über den 1. April 1935 hinaus. Für sie sind Beiräte durch die Hauptsatzung zu bestellen (vgl. auch § 32 Anm. 3). — Am zweckmäßigsten wäre eine Überleitungsbestimmung in der Durchführungsverordnung, die besagen würde, daß die Mitglieder der bisherigen Deputationen als Beiräte weiter tätig werden. — Wegen der Einrichtung kommunaler Gesundheitsämter vergleiche: Reichsgesetz über die Vereinheitlichung des Gesundheitswesens vom 3. Juli 1934 (RGBl. I S. 531ff.), §§ 3, 4 Abs. 2, 5, 6, 8; dazu: Erste Durchführungsverordnung vom 6. Februar 1935 (RGBl. I

S. 177 ff.), besonders §§ 20—22 und Zweite Durchführungsverordnung vom 22. Februar 1935 (RGBl. I S. 215 f.), besonders § 8 Satz 2. Die Bestimmungen treten am 1. April 1935, also zu gleicher Zeit wie die deutsche Gemeindeordnung in Kraft (§ 11 des Gesetzes vom 3. 7. 1934).

5. Die Arbeit des Führer- und Ratsausschusses (s. Anm. 3) geht selbstverständlich nicht nach parlamentarischen Grundsätzen, sondern nach denen des Führer- und Ratsprinzips vor sich. Der Bürgermeister oder sein allgemeiner Vertreter entscheidet allein nach Anhörung der Beiräte. Diese geben einzelverantwortlichen Rat. Für den Inhalt dieser Verantwortung gelten dieselben Grundsätze wie zu § 48 Anm. 4, 5, § 32 Anm. 5, § 34 Anm. 2. Die Formen der Zusammenarbeit regeln sich nach §§ 56, 57, 59. — Die Beiräte sind, wenn sie ständig bestellt sind, Beamte (Näheres § 58 Anm. 9).

§ 58.

Die Hauptsatzung[1] kann[2] bestimmen, daß Beiräte[2a] zur beratenden[3] Mitwirkung[4] für einen bestimmten Verwaltungszweig[5] bestellt werden. Beiräte können außer Gemeinderäten[6] auch andere sachkundige Bürger[7] sein. Die Beiräte werden vom Bürgermeister[8] berufen[9].

1. Vgl. §§ 3, 33 Abs. 1 Ziff. 1. Wegen der grundsätzlichen Bedeutung der Regelung s. Vorbem. 2 am Ende.

2. Nicht muß! Auch nicht dort, wo die Bildung von Deputationen bisher gesetzlich vorgeschrieben war (s. Vorbem. 4)! Doch wird in diesen Fällen die Bildung von Beiräten sich nach pflichtmäßigem verwaltungsmäßigem Ermessen als notwendig erweisen. Für die Bestellung von Beiräten wird die Größe der Gemeinde, die Schwierigkeit der zu verwaltenden Angelegenheiten nach den örtlichen Verhältnissen und der Umfang der Aufgaben maßgebend sein. In Gemeinden über 100000 Einwohnern werden Beiräte regelmäßig zu bestellen sein.

2a. Also stets mehrere (mindestens zwei) für einen bestimmten Verwaltungszweig!

3. Nur eine solche Mitwirkung ist nach dem Führer- und Ratsprinzip möglich! Die Beiräte oder frühere Deputationen sind daher nicht mehr zu **eigener** Verwaltungstätigkeit befugt. Vgl. Vorbem. 4.

4. Die Mitwirkung wird meist, braucht aber nicht immer eine ständige zu sein. Es kommen auch „vorübergehende Aufträge" (wie nach Vorbem. 4 bei den Deputationen!) in Betracht.

5. Über die verschiedenen Arten der Aufgaben s. Vorbem. 1.

Am wichtigsten ist die Bestellung von Beiräten zur regelmäßigen Beratung des Bürgermeisters und der Beigeordneten auf bestimmten Verwaltungsgebieten. Als solche nennt die Amtl. Begr. zu § 58 Abs. 2: Finanzwesen, Wohlfahrtswesen, Kulturwesen. Im Anschlusse an die AA. zum Pr. GemVerfG. zu § 47 Ziff. 1 (a. a. O. S. 436) ist das Bauwesen hinzuzufügen. Die Beiräte können auch für Einzelfragen (so: Amtl. Begr. a. a. O.) und Teile jener Verwaltungsgebiete bestellt werden, z. B. beim Bauwesen: für Hochbau und Tiefbau, beim Kulturwesen: für Theater, Museen und Büchereien (nach der AA. zum Pr. GemVerfG. a. a. O.). Vgl. ferner die bisher den Deputationen zustehenden Angelegenheiten (vgl. Vorbem. 4 und oben Anm. 2).

6. Vgl. §§ 48 ff. — Der Wortlaut: „können außer Gemeinderäten auch andere ... sein" besagt zunächst nur, daß Beiräte sein können: a) Gemeinderäte, b) andere sachkundige Bürger.

Das Gesetz will jedoch nicht nur den Personenkreis umschreiben, aus dem Beiräte berufen werden können (Entstehungstatbestand), sondern will auch die Zusammensetzung für die Arbeit des Verwaltungszweiges selbst festlegen (Seinstatbestand). Als Beiräte können demnach, wie die Amtl. Begr. zu § 58 Abs. 4 Satz 2 klarstellt, „entweder **Gemeinderäte allein** oder **Gemeinderäte zusammen mit anderen sachkundigen Bürgern** berufen werden", also nie „andere sachkundige Bürger" **allein**, was der **Wortlaut** des Gesetzes zulassen würde.

7. Auch sie werden ehrenamtlich tätig, müssen daher den Voraussetzungen für die Berufung zu ehrenamtlicher Tätigkeit (§ 22 Anm. 2 und 3) genügen. Wegen der Beamteneigenschaft s. unten Anm. 9. — Vgl. ferner §§ 23—26.

8. Da es sich um einen grundsätzlichen organisatorischen Akt handelt, im allgemeinen nur von ihm! Nur bei seiner Verhinderung vom Ersten Beigeordneten! Näheres s. § 35 Anm. 1 (2. Hälfte).

9. Der Bürgermeister wählt sie aus, beruft sie und stellt sie an, falls es sich um eine auf die Dauer berechnete Tätigkeit handelt. Da in diesem Falle die Beiräte Beamte (Ehrenbeamte) werden sollen, ist die Aushändigung einer Anstellungsurkunde gemäß §§ 6, 3 Kapitel II des Beamtenrechtsänderungsgesetzes vom 30. Juni 1933 erforderlich. Zu verwerten wird die in der AA. zum Pr. GemVerfG. zu § 47 Ziff. 3 zu findende Form sein:

„Der ...... wird hiermit unter Berufung in das Beamtenverhältnis mit Wirkung vom ...... auf die Dauer von ...... Jahren zum Beirat für ...... (z. B. Finanzfragen) berufen.

Ort, Datum. Der Bürgermeister."

Der Bürgermeister hat diejenigen Beiräte, die nicht Gemeinderäte, aber ebenfalls Beamte sind, sinngemäß auch zu vereidigen (Form wie in § 53 Anm. 4). Die Beiräte unterstehen als Beamte dem für diese geltenden Dienststrafrecht (s. § 54 Anm. 1).

Beiräte können, auch wenn sie zugleich Gemeinderäte sind, als **Beiräte** vom Bürgermeister gemäß § 22 Abs. 1 Satz 2 jederzeit abberufen werden, als Gemeinderäte dagegen nur unter den Voraussetzungen des § 54. Auch hierin (s. ferner Vorbem. 2) gelangt die Stellung der Beiräte als Hilfsarbeiter der **Verwaltungs**beamten (im Gegensatz zu unabhängigen Ratsorganen wie den Gemeinderäten) zum Ausdruck!

Bei der Bestellung der Bürger zu vorübergehender Beiratstätigkeit bedarf es keiner Anstellung als Beamter. Diese Beiräte sind dann lediglich ehrenamtlich tätig (§§ 22ff.). Für die Zurücknahme der Bestellung gilt ebenfalls § 22 Abs. 1 Satz 2. Wegen der Haftung s. § 22 Anm. 8 B.

§ 59.

Die Beratungen mit den Beiräten sind nicht öffentlich[1]. Der Bürgermeister kann den Vorsitz einem Bei-

geordneten übertragen. Im übrigen gelten die Vorschriften der §§ 56, 57 über die Beratung mit den Gemeinderäten entsprechend[2].

1. Abweichung von § 56 Abs. 2 Satz 1! **Grund**: Es handelt sich um rein verwaltungsmäßige, zuweilen auch die Arbeit der Gemeinderäte vorbereitende Beratungen.

2. Vgl. Anm. daselbst.

Sechster Teil.

Gemeindewirtschaft.

Vorbemerkung.

Vor der Machtergreifung stand die Wirtschaft im Mittelpunkt des öffentlichen wie des privaten Lebens. Sie galt als nahezu allein bestimmender Faktor im Schicksal unseres Volkes. Von ihr allein erhoffte man Besserung und Erlösung. Nicht aus Zufall sind die großen Notverordnungswerke der Jahre 1930 bis 1932 betitelt „Zur Sicherung von Wirtschaft und Finanzen". Man hätte meinen sollen, daß eine derart auf das Ökonomische ausgerichtete Zeit ein Ideal guter und gesunder Wirtschaft hervorgebracht hätte. Das Gegenteil war der Fall. Öffentliche und private Wirtschaft gerieten in immer größere Schwierigkeiten. Die Not der öffentlichen Finanzen, nicht zuletzt die der Kommunen, nahm zeitweise ein geradezu katastrophales Ausmaß an.

Der Nationalsozialismus hat bewußt mit der Anschauung vom Alleinseligmachen der Wirtschaft gebrochen. Andere, mehr ideelle Momente sollen in den Vordergrund treten. Bestimmend sein soll wieder der Mensch, die Persönlichkeit, auch in der Wirtschaft. Diese Einstellung ist schon in den vorhergehenden Teilen der DGemO. zum Ausdruck gekommen, die von der Verfassung und Verwaltung der Gemeinde im allgemeinen handeln, den Führergrundsatz sicherstellen und die Teilnahme der Bürger an der Gemeindeverwaltung regeln. Damit sind die organisatorischen und persönlichen Voraussetzungen geschaffen, die ein gedeihliches Gemeindeleben nicht entbehren kann. Auf der anderen Seite vernachlässigt der Nationalsozialismus die Wirtschaft als materielle Kraftquelle des einzelnen wie der Volksgesamtheit keineswegs. Was im besonderen die Finanzwirtschaft der Gemeinden anlangt, so hätte diese — dessen ist sich der Gesetzgeber bewußt — in den vergangenen Jahren nicht in dem Maße ausarten und ausufern können, wären die nötigen rechtlichen Garantien vorhanden gewesen, die ihrer Wirtschaftsgebarung und Wirtschaftspolitik die Schranken gewiesen hätten, die eine geordnete und gesunde Finanzwirtschaft nicht entbehren darf. Die früheren Gemeindeverfassungsgesetze der Länder enthielten i. d. R. nur einzelne wenige Bestimmungen über Haushalt, Vermögen und Schulden (vgl. §§ 49ff. und 66ff. der Preuß. StädteO. f. d. sechs östl. Provinzen vom 30. Mai 1853). Die Befolgung der von der Finanzwissenschaft seit langem herausgebildeten, in der Praxis bewährten Grundsätze war mehr oder weniger in das Ermessen der einzelnen Gemeinde gestellt. Diese Lücke für das gesamte Reichsgebiet ausgefüllt und die Ordnung der Gemeindewirtschaft einheitlich geregelt zu haben, ist eines der wichtigsten Verdienste der DGemO.

Diese Regelung kam nicht unvermittelt. Das Reich hatte, schon vor der Verreichlichung der Länder, wie auf anderen Gebieten so auch auf dem der Gemeindewirtschaft die Führung in immer weiterem Maße in die Hand genommen. Die großen Notverordnungen der Jahre 1930 bis 1932 enthielten fast immer auch Bestimmungen, die in die Finanzwirtschaft der Gemeinden stark eingriffen. Die NotVO. vom 26. Juli 1930, abgeändert durch die NotVO. vom 1. Dezember 1930 (RGBl. I S. 311, 314 und 517, 518) erschloß den Gemeinden in der Bier- und Bürgersteuer wichtige, heut nicht zu missende Einnahmequellen. Die NotVO. vom 5. Juni 1931 (RGBl. I S. 279, 292, 302) enthielt Sicherungsmaßnahmen für die Haushaltsführung der Gemeinden (Teil II Kap. IX) und brachte Erleichterungen hinsichtlich der Wohlfahrtslasten (Teil IV Kap. II). Sie ordnete die Überprüfung der gesamten Gemeindewirtschaft an und wirkte auf eine regelmäßige Prüfung der Haushaltsrechnungen durch unabhängige Stellen hin. Die NotVO. vom 6. Oktober 1931 (RGBl. I S. 537, 543), abgeändert durch die NotVO. vom

8. Dezember 1931 (RGBl. I S. 699, 716) regelte die Aufnahme von Anleihen und sonstigen Krediten (Genehmigungspflicht!) für den Fall, daß dies nicht in gleicher oder schärferer Form durch die Länder erfolgte (wie dies Preußen durch Gesetz vom 29. Mai 1931 [GS. S. 73] getan hatte), und ordnete eine Umschuldung kurzfristiger Schulden sowie eine Einschränkung öffentlicher Verwaltungsausgaben an. Sie brachte ferner, ergänzt durch die NotVO.en vom 19. März 1932 und 4. September 1932 (RGBl. I S. 135, 140 und 425, 430), eine völlige Neuordnung des Spar- und Girokassenwesens, die ihren Abschluß in dem Gesetz über Spar- und Girokassen, kommunale Kreditinstitute usw. vom 13. Dezember 1934 (RGBl. I S. 1242) gefunden hat. Grundlegend wirkte schließlich das Gemeindeumschuldungsgesetz vom 21. September 1933 (RGBl. I S. 647), das zunächst nur eine Umschuldung kurzfristiger Inlandsschulden vorsah, durch Gesetz vom 5. Juli 1934 (RGBl. I S. 575) aber auf ausländische Gläubiger ausgedehnt wurde, und auch Beschränkungen hinsichtlich der Aufnahme neuer Kredite enthielt (s. Vorbem. zum 3. Abschnitt).

Griff auf diese und ähnliche Weise die Reichsgesetzgebung in die Wirtschaft der Gemeinden unmittelbar ein, so legte die sog. Dietramszeller Verordnung vom 24. August 1931 (RGBl. I S. 435) den Grund, auf welchem die Länder von sich aus zu einer Neuordnung der Gemeindefinanzwirtschaft in den Stand gesetzt wurden. Mit Rücksicht auf die verhängnisvolle Entwicklung der öffentlichen Finanzen hatten die Länder bereits am 21. Oktober 1927 Richtlinien für die Aufnahme von Auslandskrediten vereinbart und für das Schuldenwesen der Gemeinden am 3. Dezember 1930 Richtlinien aufgestellt (vgl. MBliV. 1931 S. 117 und 121). Die Dietramszeller Verordnung vom 24. August 1931 ermächtigte die Länder, alle Maßnahmen, die zum Ausgleich der Haushalte von Ländern, Gemeinden und Gemeindeverbänden erforderlich sind, gegebenenfalls unter Abweichung von dem bestehenden Landesrechte im Verordnungswege vorzuschreiben. Auf dieser Grundlage vermochten die Länder, die Gemeindewirtschaft, vor allem die Aufstellung und Ausführung des Haushaltsplanes und die Rechnungsprüfung von Grund auf zu reformieren. Erwähnt sei die Preußische Gemeindefinanzverordnung vom 2. November 1932 (GS. S. 341), die ihre Aufgabe den Erfordernissen der Zeit entsprechend löste. Die grundstürzende Neuordnung der staatlichen Verhältnisse nach dem Umbruch machte wenig später auch eine Neuregelung des Gemeindeverfassungs- und Finanzwesens notwendig. Der Führergedanke, der im Staatsleben überall zum Durchbruch gekommen war, konnte vor den kommunalen Körperschaften nicht Halt machen. In Preußen erging neben dem Gemeindeverfassungsgesetz vom 15. Dezember 1933 (GS. S. 427) das „Gesetz über die Haushalts- und Wirtschaftsführung der Gemeinden und Gemeindeverbände (**Gemeindefinanzgesetz!**)" vom gleichen Tage (GS. S. 442), das, in Anlehnung an die Reichshaushaltsordnung erlassen, dem 6. Teil der DGemO. zum Vorbild gedient hat.

Die DGemO. verwirklicht das Führerprinzip auch auf dem Gebiete der Gemeindewirtschaft. Die beschließenden Gemeindekörperschaften, aus denen die Revolution von 1918 im Gegensatz zu den Stein'schen Gedanken politische Körperschaften gemacht hatte, die mangels nötiger Verantwortung eine positive Mitarbeit vielfach vermissen ließen und bei denen das Parteiinteresse oft allein maßgebend geworden war, sind beseitigt. Mit ihnen das Etat- und Steuerbewilligungsrecht, einst das vornehmste Recht der Gemeindevertretungen, das, vor allem bei den Etatsberatungen, häufig zugunsten des Popularitätsbedürfnisses der einzelnen Redner und zur Vertretung von Sonderinteressen gemißbraucht worden war. Ihre Befugnisse sind auf den Leiter der Gemeinde übergegangen. Er muß zwar bei den wichtigsten Verwaltungsakten dieser Art, wie der Festsetzung des Haushaltsplans und der Umlage, die Gemeinderäte anhören (vgl. § 55 DGemO.), ist aber nicht verpflichtet, den dabei geäußerten Bedenken oder vorgeschlagenen Abänderungen Rechnung zu tragen. Diese außerordentlich gesteigerte Machtvollkommenheit des Leiters der Gemeinde gebot auf der anderen Seite eine erhebliche Verschärfung der staatlichen Aufsichtsbefugnisse, die bei den wichtigsten Tatbeständen (Aufnahme von Anleihen, Veräußerung von Gemeindevermögen usw.) zu dem Erfordernis aufsichtsbehördlicher Genehmigung gesteigert sind. Die DGemO.

hat sich aber nicht damit begnügt, die bisherigen Vorschriften über die Gemeindefinanzverwaltung der veränderten Organisation anzupassen. Sie hat darüber hinaus — unter Anlehnung an die Reichshaushaltsordnung und das Pr. GemFinG. — die gesamte kommunale Finanzverwaltung neu geregelt. Sie beschränkt sich andererseits, wie das Pr. GemFinG., auf das eigentliche Gebiet der Finanz**verwaltung**. Das kommunale Steuer- und Abgabenwesen hat sie im wesentlichen den darüber bestehenden Sondergesetzen überlassen.

Der Geltungsbereich des 6. Teiles beschränkt sich, wie die DGemO. überhaupt, auf **Einzel**gemeinden. Das Finanzrecht der Gemeinde**verbände** richtet sich nach wie vor noch nach Landesrecht. Nicht berührt von der DGemO. bleibt ferner das Finanzrecht der Stadt Berlin (vgl. § 122 DGemO.): Auf gewissen Gebieten, z. B. Aufstellung und Abwicklung des Haushaltsplanes, Kassenwesen, überörtliche Prüfung, Bildung von Rücklagen u. dgl. (vgl. Anm. 5 zu § 85, Anm. 4 zu § 89 und die §§ 103 und 105 DGemO.), hat die DGemO. ferner bewußt davon abgesehen, Einzelheiten selbst näher zu regeln. Diese Vorschriften, die sich nach Größe der Gemeinden und ihrer Verwaltung unterscheiden müssen, sind dem Verordnungswege überlassen geblieben (s. Amtl. Begr. „Allgemeiner Teil"). Bis zum Erlaß dieser in Aussicht genommenen Durchführungsverordnungen bleiben die bisherigen landesgesetzlichen Regelungen, die das Reichsrecht insoweit ergänzen, auch für Einzelgemeinden in Geltung; vgl. für

Preußen: Pr. GemFinG. vom 15. Dezember 1933 (GS. S. 442), 1. DurchfVO. vom 20. Dezember 1933 (GS. S. 499), 2. DurchfVO. vom 23. Februar 1934 (GS. S. 127), 3. DurchfVO. vom 29. Mai 1934 (MBliV. S. 779); VO. vom 3. Juli 1934 (MBliV. S. 933); vorläufige AusfAnw. vom 20. Dezember 1933 (MBliV. S. 1501), 1. AusfAnw. vom 23. Februar 1934 (MBliV. S. 347), 2. AusfAnw. vom 27. Juni 1934 (MBliV. S. 901); VO. über ein vereinfachtes Gemeindefinanzgesetz für die ehrenamtlich verwalteten Gemeinden und Gemeindeverbände vom 24. Februar 1934 (GS. S. 107) nebst AusfAnw. vom 3. März 1934 (MBliV. S. 374); RdErl. über die Finanzgebarung der Gemeinden und Gemeindeverbände vom 18. Juli 1934 (MBliV.

S. 981); RdErl. vom 26. Januar 1935 (MBliV. S. 101); RdErl. über Gemeindeprüfungsämter vom 13. August 1934 (MBliV. S. 1053);

Bayern: Gesetz über das Schuldenwesen, sowie über das Haushalts-, Kassen- und Rechnungswesen der Gemeinden, Bezirke und Kreise (Gemeindeschuldengesetz) vom 30. August 1933 (Ges. u. VOBl. S. 261);

Sachsen: Gemeindefinanzverordnung vom 19. März 1933 nebst DurchfVO.en vom 19. und 26. März 1934 (GBl. S. 24, 28 und 39);

Baden: Gemeindeordnung vom 5. Oktober 1921 (Bad. Ges. u. VOBl. S. 347), Gemeindevoranschlagsordnung vom 30. März 1922 (Bad. Ges. u. VOBl. S. 301), VO. über Kassen- und Rechnungswesen der Gemeinden vom 30. März 1922 (Bad. Ges. u. VOBl. S. 318);

Thüringen: Haushaltsordnung für die Gemeinden und Kreise vom 1. Februar 1927 (GS. S. 43), Kap. V der VO. zur Sicherung der Haushalte des Landes, der Kreise und der Gemeinden vom 24. September 1931 (GS. S. 297) in der Fassung des § 2 der VO. vom 17. Dezember 1931 (GS. S. 391);

Mecklenburg: a) für Städte und Kreise: Gemeindefinanzordnung vom 28. März 1933 (RBl. S. 123),

b) für Landgemeinden: Abschnitte VI und VII der Landgemeindeordnung vom 20. Mai 1920 (RBl. S. 743);

Braunschweig: a) für Städte: §§ 123 bis 133, § 151, §§ 177 und 178 der Städteordnung vom 15. November 1924 (GuVS. Nr. 190 S. 271),

b) für Landgemeinden: §§ 131 bis 150, § 165, §§ 213 und 215 der Landgemeindeordnung vom 15. November 1924 (GuVS. Nr. 191 S. 291),

c) für Städte und Landgemeinden:

aa) VO. zur Sicherung der Haushalte der Kreisgemeindeverbände, Städte und Landgemeinden vom 11. September 1931 (GuVS. Nr. 87 S. 177), deren Geltungsdauer durch VO. vom 8. März 1934 (GuVS. Nr. 35 S. 51) bis zum 31. März 1935 verlängert worden ist und zahlreiche Bestimmungen der Städteordnung und der Landgemeindeordnung teils förmlich und teils sachlich abgeändert hat,

bb) das Gemeindefinanzgesetz vom 24. April 1933 (GuVS. Nr. 42 S. 51),

cc) die Erste VO. zur Durchführung des Gemeindefinanzgesetzes vom 1. August 1934 (GuVS. Nr. 90 S. 164);

Württemberg: Art. 138—185 und Art. 218 Württ. Gemeindeordnung vom 19. März 1930 (RegBl. S. 45);

Lippe: Gesetz zur Regelung des Haushalts-, Kassen- und Rechnungswesens der Gemeinden vom 13. Mai 1933 (Lipp. Gesetzslg. Bd. 32 S. 65), die auf Grund dieses Gesetzes erlassene Gemeindefinanzverordnung vom 15. Mai 1933 (Lipp. Gesetzslg. Bd. 32 S. 67) und einige Bestimmungen des Lipp. Gemeindeverfassungsgesetzes vom 1. Dezember 1927 (Lipp. Gesetzslg. Bd. 30 S. 303).

1. Abschnitt.

Gemeindevermögen.

Vorbemerkung.

Außer auf der Steuer- und Leistungsfähigkeit ihrer Einwohner beruht die finanzielle Stärke der Gemeinden auf ihrem, mitunter auch heute noch umfangreichen Vermögen. Die Inflation und eine in der Nachkriegszeit nicht immer gedeihliche Gemeindewirtschaft haben auch in den Vermögensbestand der Gemeinden manche Bresche geschlagen. Auch hier gilt es wiederaufzubauen. Die früheren Gemeindeverfassungsgesetze befaßten sich mit der Verwaltung des Gemeindevermögens meist nur wenig, was der Bedeutung des in öffentlicher Hand befindlichen Besitzes nicht entsprach (vgl. z. B. §§ 49 ff., 71 der Preuß. StädteO. f. d. sechs östl. Provinzen). In Anlehnung an die §§ 55 ff. Pr. GemFinG. bringt die DGemO. auch auf diesem Gebiet eine umfassende Regelung, die eine planmäßige Bewirtschaftung des gesamten Gemeindevermögens sichergestellt.

An die Spitze des Abschnitts stellt die DGemO. den, auch sonst betonten (vgl. §§ 67, 72, 77, 89) Grundsatz pfleglicher und wirtschaftlicher Verwaltung (§ 60 Abs. 1). Die übrigen Vorschriften dienen mehr oder weniger der näheren Ausgestaltung dieses Satzes. Wenn die Amtl. Begr. zu § 60 entsprechend § 7 Abs. 1 den Satz voranstellt „Die Gemeinden sind als Träger wesentlichen Vermögens Treuhänder der Volksgemeinschaft", so ist das nur ein anderer Ausdruck für die Forderung, daß Eigentum verpflichtet.

Die DGemO. hat im Gegensatz zum Pr. GemFinG. davon abgesehen, in einem besonderen Teil die einzelnen Arten des Gemeindevermögens zu erläutern und zu definieren. Die Unterscheidungen, die sich in Wissenschaft und Praxis herausgebildet haben, finden sich in ihren einzelnen Bestimmungen gleichwohl wieder. Den wichtigsten Teil des Gemeindevermögens bildet das **Kämmereivermögen.** Das ist derjenige Teil des Gemeindevermögens, der nicht nur im Eigentum der Gemeinde steht, sondern auch ihrem unbeschränkten Nutzungsrecht unterliegt, (vgl. Most a. a. O. S. 579). Das Kämmereivermögen zerfällt in

Verwaltungsvermögen, das zur Erfüllung der öffentlichen Verwaltungsaufgaben bestimmt ist, z. B. Verwaltungsgebäude, öffentliche Straßen und Plätze, sowie diejenigen Anstalten, die, wie § 67 Abs. 2 hervorhebt, keine wirtschaftlichen Unternehmen sind (Schulen, Krankenhäuser usw.),

Betriebsvermögen, das wirtschaftlichen Unternehmen gewidmet ist. Dieser Komplex hat im 2. Abschnitt unter „Wirtschaftliche Betätigung der Gemeinden" eine gesonderte Behandlung erfahren, und

Finanzvermögen oder allgemeines Kapital- und Grundvermögen, das alle Gegenstände umfaßt, die weder Verwaltungs- noch Betriebsvermögen sind, und in erster Linie zur Bestreitung der Gemeindeausgaben dient (vgl. Oertel a. a. O. S. 197).

Dem Kämmereivermögen gegenüber steht das **Gemeindesondervermögen,** das zwar im Eigentum der Gemeinde steht, dessen Nutzung aber nicht der Gemeinde selbst zusteht, sondern

entweder den Einwohnern (oder einzelnen von ihnen) zusteht, sog. **Gemeindegliedervermögen,** wovon § 65 handelt, oder für bestimmte wohltätige oder gemeinnützige Zwecke zu verwenden ist, sog. **Gemeindestiftungsvermögen** unselbständiger (fiduziarischer) Stiftungen; darüber s. § 66.

Schließlich gibt es Vermögensmassen, die überhaupt nicht im Eigentum der Gemeinde stehen, die aber von der Gemeinde verwaltet werden und deshalb bei der Darstellung des Gemeindevermögens üblicherweise ihren Platz finden (vgl. Oertel a. a. O. S. 197/198). Dazu gehört vor allem das **Stiftungsvermögen** selbständiger, unter gemeindlicher Verwaltung stehender Stiftungen, das gleichfalls in § 66 behandelt ist.

§ 60.

(1) Das Gemeindevermögen[1] ist pfleglich[2] und wirtschaftlich[3] zu verwalten. Mit möglichst wenig Kosten soll es den bestmöglichen Ertrag bringen[3].

(2) Das Gemeindevermögen ist aus Mitteln des ordentlichen[4] Haushalts zu unterhalten[5].

(3) Für Vermögensgegenstände, die nach Alter, Verbrauch oder sonstiger Wertminderung jeweils ersetzt oder nach wachsendem Bedarf erweitert werden müssen[6], sind die Mittel zur Ersatzbeschaffung oder Erweiterung aus Mitteln des ordentlichen[7] Haushalts anzusammeln[8] (Erneuerungs-, Erweiterungsrücklagen)[9].

1. Die §§ 60 ff. gelten für **alle** Arten des Gemeindevermögens, für Kämmerei- wie für Gemeindesondervermögen (vgl. Vorbem. zum 1. Abschnitt). Nach § 66 („nach den Vorschriften dieses Gesetzes") sogar für die Vermögensverwaltung selbständiger Stiftungen (s. Anm. 3 u. 4. zu § 66).

2. Siehe Vorbem. zum 1. Abschnitt. Die Gemeinden sollen ihr Vermögen einerseits **erhalten** (dem Werte nach vgl. § 63), das Erbe früherer Generationen nicht zur Behebung augenblicklicher Finanzschwierigkeiten veräußern, anderseits nach den Grundsätzen möglichster **Wirtschaftlichkeit** verwalten (s. Amtl. Begr.).

3. **Wirtschaftliches Prinzip.** Satz 2 hat mehr das **Finanz- und Betriebsvermögen** im Auge (vgl. Vorbem. zum 1. Abschnitt). Vom **Verwaltungsvermögen** wird nicht ein eigentlicher Ertrag erwartet. Insoweit will die Vorschrift nur besagen, daß die Aufgaben, denen das Verwaltungsvermögen dient, mit dem geringstmöglichen Aufwand erfüllt werden sollen.

4. Siehe Anm. 5 zu § 85. Die Unterhaltung aus Mitteln des **außerordentlichen** Haushalts (Darlehen, Veräußerungserlösen) ist unzulässig (vgl. auch § 63). Das gilt im Gegensatz zu § 68 Abs. 2 Pr. GemFinG. auch für die Unterhaltung des **Liegenschaftsvermögens.**

5. Zur **Unterhaltung** gehört auch die ordnungsmäßige **Instandhaltung** der einzelnen Vermögensgegenstände (s. Amtl. Begr.). Über **Erneuerung** und **Erweiterung** s. Abs. 3.

6. Das sind typische regelmäßig wiederkehrende Ausgaben, für die aus Mitteln des **ordentlichen** Haushalts Rücklagen bzw. Ansammlungsstücke zu bilden sind (s. Anm. 5 zu § 85). § 60 Abs. 3 handelt von der **Erneuerung** und **Erweiterung vorhandenen** Vermögens. Über den **Erwerb neuer** Vermögensstücke s. § 61 Abs. 2.

7. Siehe Anm. 5 zu § 85.

8. Nach Maßgabe der Lebensdauer des Vermögensgegenstandes und des Aufwandes, der für die Ersatzbeschaffung erforderlich ist (vgl. § 61 Abs. 2 Pr. GemFinG.).

9. Hat die Gemeinde zur Anschaffung der Vermögensgegenstände Darlehen in Anspruch genommen (vgl. § 61 Abs. 2 S. 2), so sind, ebenfalls aus Mitteln des **ordentlichen** Haushalts, nach § 80 Abs. 2 und 3 angemessene **Tilgungsrücklagen** anzusammeln.

§ 61.

(1) Die Gemeinde soll[1] Vermögensgegenstände nur erwerben[2], soweit sie zur Erfüllung ihrer Aufgaben[3] erforderlich sind[4] oder in absehbarer Zeit erforderlich werden[4].

(2) Die Gemeinde darf[1] Vermögensgegenstände gegen Entgelt[5] regelmäßig nur aus Mitteln des ordentlichen[6] Haushalts oder aus Rücklagen erwerben, die sie für diesen Zweck aus Mitteln des ordentlichen Haushalts angesammelt hat. Darlehen[7] zum Erwerb von Vermögensgegenständen soll sie nur aufnehmen, wenn[8] es sich um einen nicht voraussehbaren[9] außerordentlichen[10] Bedarf handelt oder wenn sie aus sonstigen zwingenden Gründen Rücklagen[11] nicht ansammeln konnte.

1. Kein Verbotsgesetz im Sinne des § 134 BGB. Entgegen der Vorschrift abgeschlossene Rechtsgeschäfte sind wirksam (s. Anm. 1 zu § 104). Doch haben die Aufsichtsbehörden bei Prüfung der Haushaltssatzungen (vgl. §§ 84 u. 86) und auch sonst (vgl. § 108) dem hier ausgesprochenen Grundsatz mit den Mitteln der Staatsaufsicht (§§ 109 ff.) Geltung zu verschaffen. Soweit zur Deckung der Erwerbskosten eine **Darlehensaufnahme** erforderlich ist (vgl. Abs. 2 S. 2), ist gegebenenfalls die nach § 78 einzuholende Genehmigung zu versagen. Schuldhafter Verstoß begründet ferner disziplinarische Verantwortlichkeit und zivilrechtliche Haftung nach allgemeinen Grundsätzen (nicht nach § 92, vgl. Anm. 4 zu § 92). Wegen Errichtung oder Erweiterung **wirtschaftlicher Unternehmen** s. § 68.

2. § 61 betrifft die **erstmalige Anschaffung** eines Vermögensgegenstandes im Gegensatz zur Erneuerung oder Erweiterung bereits vorhandener Gegenstände in § 60 Abs. 3. Die Regelung ist, abgesehen von Abs. 2 S. 2, der für Erneuerungen und Erweiterungen nicht gilt, die gleiche.

3. Siehe § 2 Abs. 2 und 3 und Anm. 8 daselbst. Es ist nicht Aufgabe der Gemeinden, ohne Bedarf alle möglichen Vermögensgegenstände nur um der Vermehrung des Gemeindevermögens willen zu erwerben. Der Vermögenserwerb muß vielmehr jeweils in **innerem Zusammenhange** mit den Aufgaben der Gemeinde stehen (s. Amtl. Begr.). Wegen Veräußerung von Vermögensgegenständen, die die Gemeinde für ihre Aufgaben nicht braucht, s. Anm. 3 zu § 62.

4. Der Vermögenserwerb muß sich im Rahmen sofort oder alsbald zu lösender gemeindlicher Aufgaben halten und für deren Durchführung erforderlich sein (s. Amtl. Begr.). Die Vorschrift schließt jedoch eine vernünftige Vorratswirtschaft, die sich im Rahmen des sachlich Gebotenen und der Leistungsfähigkeit der Gemeinde hält, nicht aus (vgl. Loschelder a. a. O. S. 40).

5. Wegen Beschränkungen **unentgeltlichen** Erwerbs vgl. Art. 86 EGBGB. und die Ausführungsgesetze der einzelnen Länder (für Preußen Art. 6 AGBGB. vom 20. IX. 1899 [GS. S. 177]).

6. Siehe Anm. 5 zu § 85. **Außerordentliche** Mittel, insbesondere Darlehen, dürfen nur unter den Voraussetzungen des Abs. 2 S. 2 in Anspruch genommen werden.

7. Siehe Anm. 2 zu § 76. Darlehen sind **außerordentliche** Mittel (s. Anm. 5 zu § 85).

8. Vgl. außerdem die Voraussetzungen des § 77.

9. Ist der Bedarf voraussehbar, so soll er, auch wenn er ein außerordentlicher ist, grundsätzlich aus Rücklagen gedeckt werden, die aus ordentlichen Haushaltsmitteln rechtzeitig anzusammeln sind.

10. Das ist ein Bedarf, der seiner Natur nach aus **außerordentlichen** Mitteln (s. Anm. 5 zu § 85) gedeckt zu werden pflegt. Z. B. Bau eines Krankenhauses, Anlage einer Straßenbahn u. dgl.

11. Für die Ansammlung angemessener Tilgungsrücklagen sorgt § 80.

§ 62.

(1) Die Gemeinde darf[1] Vermögensgegenstände, die sie für ihre Aufgaben[2] in absehbarer Zeit nicht braucht, veräußern[3].

(2) Die Gemeinde bedarf[4] der Genehmigung der Aufsichtsbehörde[5], wenn[6] sie

1. Vermögensgegenstände aller Art unentgeltlich[7] veräußern,

2. Grundstücke[8] und grundstücksgleiche Rechte[9] verkaufen[10] oder tauschen[10],

3. Sachen, die einen besonderen wissenschaftlichen, geschichtlichen oder künstlerischen Wert haben[11], besonders Archive und Teile solcher, veräußern oder wesentlich verändern will[6].

(3) Der Reichsminister des Innern kann durch Verordnung Rechtsgeschäfte nach Abs. 2 Nrn. 1 und 2 von der Genehmigungspflicht freistellen, wenn sie ihrer Natur nach regelmäßig wiederkehren oder wenn bestimmte Wertgrenzen nicht überstiegen werden[12].

1. Vermögensgegenstände, die die Gemeinde für ihre Aufgaben braucht, darf sie nicht veräußern (arg. e. contr.). Eine trotzdem vorgenommene Veräußerung ist aber nicht unwirksam (s. Anm. 1 zu § 104). Schuldhafter Verstoß begründet disziplinarische Verantwortlichkeit und zivilrechtliche Haftung nach allgemeinen Grundsätzen (nicht nach § 92, vgl. Anm. 4 zu § 92).

2. Siehe § 2 Abs. 2 und 3 sowie Anm. 8 daselbst.

3. Der in § 60 Abs. 1 ausgesprochene Grundsatz wirtschaftlicher Verwaltung des Gemeindevermögens verpflichtet nur zur Erhaltung des Vermögens dem Werte nach (vgl. Anm. 2 zu § 60). Die deutsche Gesamtwirtschaft ist zu wenig kapitalkräftig, um auch unrentable Kapitalinvestierungen der öffentlichen Hand zu tragen. Gerade im Interesse der Wirtschaftlichkeit muß die Vermögenspolitik der Gemeinden dahin streben, entbehrliche Teile des vorhandenen Vermögens, die nur einen Ballast darstellen, zu veräußern (vgl. Gutachten des Reichssparkommissars über die Verwaltung der Stadt Halle, abgedruckt bei Loschelder a. a. O. S. 39).

Der Erlös ist nach § 63 dem Vermögen zur Erhaltung seines Wertes zuzuführen. Vor der Veräußerung sind die Gemeinderäte zu hören (§ 55 Nr. 8), sofern es sich nicht um ein Geschäft der laufenden Verwaltung handelt.

4. Ohne Genehmigung sind Rechtsgeschäfte der unter Nr. 1 bis 3 genannten Art **unwirksam** (darüber sowie über nachträgliches Wirksamwerden durch spätere Genehmigung s. Anm. 6

zu § 104). Die Unwirksamkeit erfaßt nicht nur das dingliche **Veräußerungsgeschäft** (Übereignung vgl. §§ 925ff., 929ff. BGB.), sondern nach dem Zwecke der Vorschrift auch das obligatorische **Verpflichtungsgeschäft** (vgl. Abs. 2 Nr. 2, wo ausdrücklich von „verkaufen" und „tauschen" gesprochen wird).

5. Siehe § 107. Die Aufsichtsbehörde wird neben der Frage der Entbehrlichkeit (§ 62 Abs. 1) die der Angemessenheit der Veräußerungsbedingungen und im Falle des Abs. 2 Nr. 3 auch ideelle Gesichtspunkte (Erhaltung des Kunstbesitzes, historischer Archive usw.) berücksichtigen müssen.

6. Aus der Fassung „wenn sie ... veräußern usw. ... **will**" geht hervor, daß es Pflicht der Gemeinde ist, die Genehmigung bereits **vor** Abschluß derartiger Geschäfte einzuholen.

7. Insbesondere durch **Schenkung** (§§ 516ff. BGB.), wozu auch die **gemischte** Schenkung gehört. Letztere enthält zugleich ein entgeltliches Geschäft, wie z. B. der schenkungshalber erfolgende Verkauf eines Gegenstandes unter dem Werte. Eine unentgeltliche Veräußerung wäre auch die Hingabe eines zinslosen Darlehens.

Außerdem ist Anhörung der Gemeinderäte vorgeschrieben, § 55 Nr. 8.

8. Vor der Veräußerung sind die Gemeinderäte zu hören, § 55 Nr. 8.

9. Rechte, die mit dem Eigentum an einem Grundstücke verbunden sind, gelten als Bestandteile des Grundstücks (§ 96 BGB.). Daneben gibt es gewisse gesetzlich den Grundstücken gleichgestellte und daher teilweise auf besonderem Grundbuchblatt eingetragene Rechte, wie Erbbaurecht (§ 1017 BGB.), Erbpachtrecht (Art. 63 EGBGB.), Grunddienstbarkeiten (§ 1018 BGB.), Vorkaufsrecht und Reallasten zu Gunsten eines Grundstückseigentümers (§§ 1094, 1105 BGB.), Bahneinheiten (Art. 112 EGBGB.; § 16 G. vom 8. Juli 1902, GS. S. 237), Bergwerkseigentum, verschiedene Realgewerbeberechtigungen usw.

10. Gemeint ist Verkauf oder Tausch durch **Rechtsgeschäft** im Sinne der §§ 433ff., 515 BGB. Auf Gemeinheitsteilungen, Verkoppelungs- und Umlageverfahren, Enteignungen und Zwangsversteigerungen findet die Vorschrift keine Anwendung.

Diese **kraft Gesetzes** erfolgenden Veräußerungen erfolgen in besonderen Verfahren, bei denen einer unzulässigen Schädigung des Gemeindeinteresses in anderer Weise vorgebeugt ist. Wegen Zwangsversteigerung s. § 116.

Nicht getroffen wird ferner die Verpachtung (§§ 581 ff. BGB.) oder die Vermietung (§§ 535 ff. BGB.) gemeindeeigener Grundstücke oder die Einbringung in eine Gesellschaft (§§ 705 ff. BGB., 105 ff. HGB.). Wohl aber die Einräumung eines Wiederkaufs- oder Vorkaufsrechts (§§ 497 ff., 504 ff. BGB.), da diese Geschäfte einen bedingten Verkauf enthalten. Über die Bestellung eines dinglichen Vorkaufsrechts vgl. unten.

Auch die **Belastung** von Grundstücken oder grundstücksgleichen Rechten mit Hypotheken, Grund- und Rentenschulden, Nießbrauch, Erbbaurechten, Grunddienstbarkeiten, Erbpachtrechten usw. fällt nicht unter § 62 Abs. 2 Nr. 2. Für die wichtigsten Fälle der Belastung ist die Aufsichtsbehörde aber an anderer Stelle weitgehend eingeschaltet. Nach § 78 bedarf die Gemeinde zur Bestellung von Sicherheiten, wozu insbesondere Hypotheken, Grund- und Rentenschulden und die Bestellung eines Nießbrauchs gehören, ebenfalls aufsichtsbehördlicher Genehmigung, sofern die Sicherheiten für **fremde** Schuld bestellt werden (vgl. Anm. 3 zu § 78). Die Bestellung einer derartigen Sicherheit für eine **eigene Darlehensschuld** der Gemeinde ist, falls es sich nicht um eine von der Aufsichtsbehörde zugelassene Ausnahme handelt, nach § 79 in Verbindung mit § 104 Abs. 2 sogar ungültig (vgl. Anm. 2 zu § 79). Dagegen folgt die Notwendigkeit der Genehmigung für die Begründung eines dinglichen Verkaufsrechts (§§ 1094 ff. BGB.) unmittelbar aus § 62 Abs. 2 Nr. 2, da der Verkauf, zu dessen Sicherung es dient, einen bedingten Verkauf darstellt (vgl. oben).

11. D. h. wenn sie unabhängig von der geldlichen Werthöhe besonderen Wissenschafts-, Geschichts- oder Kunstwert haben (vgl. OVG. 47 S. 52).

Daneben sind die Vorschriften der VO. über die Ausfuhr von Kunstwerken vom 11. Dezember 1919 (RGBl. S. 1961), abg. durch G. vom 21. Dezember 1925 (RGBl. I S. 470) und G. vom 21. Dezember 1927 (RGBl. I S. 485), Pr. Ausführungsbest.

vom 7. Februar 1921 (GS. S. 336) zu beachten. Für Preußen s. wegen der Genehmigung auch: Erl. vom 24. Januar 1844 (MBliV. S. 38), 5. November 1854 (MBliV. 1855 S. 2), 28. August 1857 (MBliV. S. 144), 17. Februar 1859 (MBliV. S. 89 betr. Archive), 6. Mai 1904 (ZentrBlUV. S. 482 betr. Anhörung des Provinzialkonservators). Durch § 64 Abs. 1 Pr. GemFinG. ist für Landgemeinden und nicht kreisfreie Städte die bisherige Zuständigkeit des RP. (§ 30 Abs. 1 ZG.) auf den LR. übergegangen.

12. Die Verordnung ist noch nicht ergangen. Hierbei ist an ähnliche Ausnahmen gedacht wie in der Pr. VO. vom 3. Juli 1934 (MBliV. S. 933). Dort sind Rechtsgeschäfte, die die entgeltliche Veräußerung oder den Tausch von Grundstücken zum Gegenstand haben, von der Genehmigung befreit:

1. ohne Rücksicht auf die Höhe des Wertes, wenn sie erfolgen
   a) im Zusammenhang mit der Festsetzung von Straßen- und Baufluchtlinien,
   b) aus Anlaß des Baues, der Unterhaltung und der Verbesserung von Straßen, Plätzen, Wegen, Schienen- und Wasserläufen,
   c) zur Förderung der Errichtung von Wohnstätten, ihrer Versorgung mit Gartenland sowie der Versorgung mit Gas, Wasser, Elektrizität und dem Anschluß an Kanalisationsanlagen, außer wenn das Grundstück größer als 2500 qm ist,
   d) im Zusammenhang mit Fluß- und Bachregulierungen,
   e) zur Wiederveräußerung solcher Grundstücke, die von der Gemeinde erworben worden sind, um eine ihr zustehende Hypothek zu erhalten;
2. ohne Rücksicht auf die Art des Rechtsgeschäfts, wenn der Wert
   a) in hauptamtlich verwalteten Gemeinden mit nicht mehr als 5000 Einwohnern 500 *RM*,
   b) in kreisangehörigen Gemeinden mit mehr als 5000 Einwohnern 2500 *RM*,
   c) in Stadtkreisen 5000 *RM*,
   d) in Städten mit mehr als 100000 Einwohnern 10000 *RM*

   nicht übersteigt.

§ 63.

Der Erlös[1] aus der Veräußerung[2] von Vermögensgegenständen ist[3] dem Vermögen zur Erhaltung seines Wertes zuzuführen[4] oder zur außerordentlichen[5] Tilgung von Darlehen[6] zu verwenden. Ausnahmsweise[7] darf er zur Verminderung des Darlehensbedarfs des außerordentlichen[8] Haushaltsplans oder zur Deckung von Fehlbeträgen[9] aus Vorjahren[10] verwendet werden, wenn dies nach den Grundsätzen einer ordentlichen Finanzwirtschaft vertretbar ist.

1. Der Erlös gehört zu den außerordentlichen Einnahmen (s. Anm. 5 zu § 85).

2. Siehe § 62.

3. Pflicht der Gemeinde, der die Aufsichtsbehörde nötigenfalls mit den Mitteln der Staatsaufsicht (§§ 109 ff.) Geltung verschaffen muß. Schuldhafter Verstoß begründet außerdem disziplinarische Verantwortlichkeit und zivilrechtliche Haftung nach allgemeinen Grundsätzen (nicht nach § 92, vgl. Anm. 4 zu § 92).

Ausnahmen sind nur nach Abs. 2 zulässig.

4. Grundsatz der **Erhaltung** des Vermögens **dem Werte nach.** Der Erlös darf auch einer zweckentsprechenden Rücklage zugeführt werden. Aber nur Rücklagen, die zu Investierungszwecken angesammelt werden, nicht Rücklagen, die einem anderen Verbrauch dienen, der aus ordentlichen Mitteln zu bestreiten ist, wie Betriebs- oder Ausgleichsrücklagen, vgl. § 81 Abs. 2, oder Tilgungsrücklagen, vgl. § 80 Abs. 3 (s. Amtl. Begr.).

5. Siehe Anm. 5 zu § 85. Die **ordentliche** Tilgung hat aus ordentlichen Haushaltsmitteln zu erfolgen. Ebenso die Abdeckung von Zahlungsrückständen. Die Verwendung des Erlöses zu einem dieser Zwecke ist unzulässig.

6. Siehe Anm. 2 zu § 76.

7. Die Vorschrift trägt besonders liegenden Ausnahmefällen Rechnung.

8. Siehe Anm. 5 zu § 85.

9. Fehlbeträge sind grundsätzlich unter Einbeziehung in die ordentlichen Ausgaben mit den ordentlichen Einnahmen des nächsten Rechnungsjahres auszugleichen (s. § 85 Abs. 1 S. 2).

10. Nicht zur Deckung von Fehlbeträgen des laufenden Rechnungsjahres.

§ 64.

Für die Bewirtschaftung der Gemeindewaldungen gilt das bisherige Recht[1].

1. Vgl. Reichsgesetz gegen Waldverwüstung vom 18. Januar 1934 (RGBl. I S. 37); Reichsgesetz zur Überleitung des Forst- und Jagdwesens auf das Reich vom 3. Juli 1934 (RGBl. I S. 534); Forstliches Artgesetz vom 13. Dezember 1934 (RGBl. I S. 1236). Im übrigen gilt Landesrecht, z. B.

in **Preußen:**

DurchfVO. vom 24. Februar 1934 (GS. S. 70) zum Gesetz gegen Waldverwüstung, ferner

für die sieben östlichen Provinzen: G. vom 14. Juli 1876 (GS. S. 373);

für Westfalen und Rheinland: VO. vom 24. Dezember 1816 (GS. 1817 S. 57) und AusfInstruktion

a) für RegBez. Koblenz und Trier vom 31. August 1839 (von Kamptz, Annalen 23 S. 14), erg. durch VO. vom 1. März 1858 (GS. S. 103),

b) für RegBez. Minden und Arnsberg vom 19. Mai 1857 (MBliV. S. 163);

für Hannover: VO. für das Fürstentum Hildesheim vom 21. Oktober 1815 (Hagemann, Samml. d. hann. LdsV. S. 886) nebst AusfAnw. vom 12. März 1849 (HannGS. III S. 10), 26. August 1857 (HannGS. III S. 40) und vom 26. Juli 1859 (HannGS. I S. 739);

für die Fürstentümer Calenberg, Grubenhagen und das Eichsfeld G. vom 10. Juli 1859 (HannGS. I S. 725), ausgedehnt auf die Grafschaft Hohenstein durch G. vom 30. Oktober 1860 (HannGS. I S. 164) nebst AusfAnw. vom 26. Juli 1859 (HannGS. I S. 739);

für **Hessen-Nassau**: neben § 116 KrO., § 60 StO. und § 44 LGO. gelten als Sondervorschriften

a) für RegBez. Kassel: Ausschreiben vom 30. Januar 1817 (KurhGS. S. 14); § 132 G. vom 29. Juni 1821 KurhGS. S. 29); Ausschr. vom 28. August 1824 (KurhGS. S. 71, 89); desgl. vom 26. November 1827 (KurhGS. S. 57); Regulativ vom 5. März 1840; in den fr.-bayr. Gebieten gilt G. vom 28. März 1852 (Bayr. GBl. S. 69);

b) für RegBez. Wiesbaden:

aa) ehem. Herzogtum Nassau: Edikt vom 9. November 1816 (Nass. VBl. S. 166), VO. vom 24. Juli 1854 (Nass. VBl. S. 160) und G. vom 12. Oktober 1897 (GS. S. 411);

bb) für die fr. großherzogl. hess. Gebiete: VO. vom 16. Januar 1811 (HessArch. S. 11) und vom 29. Dezember 1823 (RegBl. S. 429);

cc) für die fr. Ldgrf. Hess.-Homburg: G. vom 6. Februar und VO. vom 15. April 1835 (Behlen, Arch. d. Forstgesetze XIV. 2. 43 S. 179);

für **Hohenzollern**: G. vom 22. April 1902 (GS. S. 95).

in **Sachsen**: Gesetz über Holzschläge und Wiederaufforstungen in nichtstaatlichen Waldungen vom 28. Dezember 1923 (GBl. S. 5) nebst Ausführungsverordnung vom 12. Mai 1924 (GBl. S. 8), geändert durch Verordnungen vom 22. Juli 1924 (GBl. S. 428) und vom 9. August 1926 (GBl. S. 329);

in **Baden**: Gemeindewaldwirtschaftsordnung vom 28. Juli 1915 (Bad. Ges.- u. VOBl. S. 199);

in **Thüringen**: Forstordnung (Anlage 15 des Gesetzes vom 14. Februar 1931 zu den auf Grund des Ermächtigungsgesetzes erlassenen Verordnungen, Ges.S. S. 111) nebst AusführungsVO. vom 10. Februar 1932 (Ges.S. S. 23).

in **Mecklenburg**: Waldschutzgesetz vom 8. März 1923 (Rbl. S. 226);

für **Braunschweig**: Gesetz über die Ausübung der Forsthoheit und Forstwirtschaft über Privatforsten vom 30. April 1861 (GuVS. Nr.26 S. 109), geändert durch Gesetz vom 6. April 1908

(GuVS. Nr. 22 S. 69) und durch die Bekanntmachung vom 25. März 1903 (GuVS. Nr. 17 S. 77);

in **Württemberg**: Art. 138 Abs. 3 und Art. 221 Württ. Gemeindeordnung vom 19. März 1930 (RegBl. S. 45) in Verbindung mit dem Körperschaftsforstgesetz vom 19. Februar 1902 (RegBl. S. 45);

in **Lippe**: Lippische Verordnung vom 25. Mai 1819 betr. die Bewirtschaftung der Privat- und Gemeindeholzungen (Lipp. Ges.-Slg. Bd. 6 S. 459).

§ 65.

(1) Für die Nutzung[1a] des Gemeindevermögens, dessen Ertrag nach bisherigem Recht nicht der Gemeinde, sondern sonstigen Berechtigten zusteht (Gemeindegliedervermögen)[1], verbleibt es bei den bisherigen Vorschriften und Gewohnheiten[2].

(2) Gemeindevermögen[3] darf[4] nicht in Gemeindegliedervermögen[1] umgewandelt[5] werden.

1a. Für die **Verwaltung** gelten die §§ 60 ff.

1. Siehe Vorbem. zum 1. Abschnitt. Auch Allmende, Gemeinheiten, Realgemeinheiten (Hannover!) und, wenn die Nutzungen nur bestimmten Gruppen von Einwohnern (z. B. Hausbesitzern) zustehen, Gemeindegliederklassenvermögen genannt.

2. Die darüber bestehenden vielgestaltigen landesgesetzlichen, ortsrechtlichen oder observanzmäßigen Vorschriften (für Preußen vgl. v. Lympius-Küchenhoff a. a. O. Anm. 4 zu § 70 Pr. GemFinG.) sind den besonderen Bedürfnissen der einzelnen Landesteile und Gemeinden angepaßt und im Bewußtsein der Bevölkerung zu stark verankert, als daß sie eine einheitliche Regelung vertragen könnten (s. Amtl. Begr.).

3. Gemeint ist **Kämmereivermögen**, s. Vorbem. zum 1. Abschnitt.

4. Die verbotswidrig erfolgte Umwandlung ist aber nicht ungültig (s. Anm. 1 zu § 104). Die Gemeinde hat jedoch das Recht, die Nutzungsrechte jederzeit wieder an sich zu ziehen (vgl.

Anm. 5), worauf gegebenenfalls die Aufsichtsbehörde mit den Mitteln der Staatsaufsicht (§§ 109 ff.) hinzuwirken hat.

5. Eine solche Umwandlung würde die Einnahmen der Gemeinde verringern und damit die Gemeinde selbst schädigen. Erst recht unzulässig ist die Umwandlung von Gemeindegliedervermögen in Privatvermögen der Nutzungsberechtigten (vgl. § 70 Abs. 2 S. 1 Pr. GemFinG.). Dagegen ist der umgekehrte Vorgang, Umwandlung von Gemeindegliedervermögen in freies Gemeindevermögen, zulässig (vgl. § 55 Nr. 9, der auch für diesen Fall Anhörung der Gemeinderäte vorschreibt), soweit nicht —, was beim Gemeindegliederklassenvermögen der Fall ist (s. § 70 Abs. 3 Pr. GemFinG. und v. Lympius-Küchenhoff Anm. 2 u. 4 zu § 70), — landesrechtliche Beschränkungen (Entschädigungspflicht!) entgegenstehen. Ebenso steht Abs. 2 einem Austausch von Bestandteilen beiden Vermögensarten nicht entgegen. Nur die Neuschaffung von Gliedervermögen auf Kosten des Gemeindevermögens ist verboten.

§ 66.

(1) Die Gemeinde[1] verwaltet[2] die örtlichen Stiftungen[3] nach den Vorschriften dieses Gesetzes[4], soweit nicht durch Gesetz oder Stifter anderes bestimmt ist[1a]. Das Stiftungsvermögen[5] ist von dem übrigen Gemeindevermögen getrennt zu halten und so anzulegen, daß es für seinen Verwendungszweck greifbar ist.

(2) Ist die Erfüllung des Stiftungszwecks unmöglich geworden oder gefährdet die Stiftung das Gemeinwohl, so sind die Vorschriften des § 87 des Bürgerlichen Gesetzbuchs[6] anzuwenden[7]. Die Umwandlung des Stiftungszwecks und die Aufhebung der Stiftung steht der Gemeinde[8] zu; sie bedarf[9] der Genehmigung der Aufsichtsbehörde[10].

1. Als Sachwalterin der örtlichen Gemeinschaft ist die Gemeinde zur Verwaltung örtlicher, insbesondere wohltätiger Stiftungen besonders berufen. Diese durch Jahrhunderte er-

probte Erfahrung läßt es zweckmäßig erscheinen, die Gemeinde als Trägerin aller örtlichen Gemeinschaftsaufgaben (vgl. Anm. 8 zu § 2) an der Verwaltung von örtlichen Stiftungen an erster Stelle zu beteiligen (s. Amtl. Begr.).

2. § 66 hat nicht die Bedeutung, daß der Gemeinde die Verwaltung aller örtlichen Stiftungen gesetzlich **übertragen** wird, sondern besagt nur, nach welchen Vorschriften die Verwaltung zu führen ist, **wenn** (nach Gesetz oder Willen des Stifters) der Gemeinde die Verwaltung zusteht.

3. Sowohl **selbständige** wie **unselbständige** (fiduziarische) Stiftungen (s. Vorbem. zum 1. Abschnitt). Erstere sind juristische Personen des öffentlichen Rechts, die den §§ 80 ff., 89 BGB. unterstehen. Ihr Vermögen (Stiftungsvermögen) gehört nicht der Gemeinde, ist kein eigentliches Gemeindevermögen, sondern steht im Eigentum der Stiftungen selber. Nur die Verwaltung ist den Gemeindeorganen übertragen. Bei den unselbständigen (fiduziarischen) Stiftungen hat der Stifter ein bestimmtes Vermögen ohne selbständige Rechtspersönlichkeit der Gemeinde zugewandt mit der Auflage (s. §§ 525, 2194 BGB.) dauernder Verwendung für besondere örtliche Zwecke. Verwaltung und Eigentum der unselbständigen Stiftung steht der Gemeinde zu. Nur in diesem Falle haben wir es mit, wenn auch zweckgebundenem, Gemeindevermögen (sog. Gemeindestiftungsvermögen) zu tun.

4. Demnach sind für die Verwaltung der Stiftungen sowohl die Verfassungsvorschriften, insbesondere die von der Verwaltung der Gemeinde handelnden §§ 32 ff., als auch die Wirtschaftsvorschriften (§§ 60 ff.) maßgebend.

4a. Insbesondere dürfen die Erträge nur dem Stiftungszwecke entsprechend verwendet werden (vgl. § 71 S. 2 Pr. GemFinG.).

5. Selbständiger wie unselbständiger Stiftungen (vgl. Anm. 3). In beiden Fällen nimmt das Vermögen eine Sonderstellung ein, insofern es nicht wie das sonstige Gemeindevermögen für allgemeine Gemeindezwecke verwendet, sondern ausschließlich dem Stiftungszweck zugeführt werden darf (s. Amtl. Begr.).

6. § 87 BGB. lautet:

Ist die Erfüllung des Stiftungszwecks unmöglich geworden oder gefährdet sie das Gemeinwohl, so kann die zuständige Behörde der Stiftung eine andere Zweckbestimmung geben oder sie aufheben.

Bei der Umwandlung des Zweckes ist die Absicht des Stifters tunlichst zu berücksichtigen, insbesondere dafür Sorge zu tragen, daß die Erträge des Stiftungsvermögens dem Personenkreise, dem sie zustatten kommen sollten, im Sinne des Stifters tunlichst erhalten bleiben. Die Behörde kann die Verfassung der Stiftung ändern, soweit die Umwandlung des Zweckes es erfordert.

Vor der Umwandlung des Zweckes und der Änderung der Verfassung soll der Vorstand der Stiftung gehört werden.

7. § 87 BGB. galt bisher nur für **selbständige** Stiftungen und auch nur für solche des **Privatrechts**. Für **unselbständige** und für **öffentlich-rechtliche** Stiftungen fehlte eine entsprechende Bestimmung. Diese Lücke füllt § 66 Abs. 2 aus. Er dehnt den Anwendungsbereich des § 87 BGB. auf unselbständige Stiftungen und auf Stiftungen des öffentlichen Rechts aus, **sofern** diese der Verwaltung einer Gemeinde unterliegen.

8. Die Gemeinde ist nunmehr zuständige Behörde im Sinne des § 87 BGB. bei allen Stiftungen (selbständigen wie unselbständigen, privaten wie öffentlich-rechtlichen), **sofern** sie ihrer Verwaltung unterstehen (vgl. Anm. 7).

9. Ohne Genehmigung ist die Auflösung der Umwandlung unwirksam (s. § 104 Abs. 1 u. Anm. 6 daselbst).

10. Siehe § 107. Durch das Genehmigungserfordernis wird sichergestellt, daß derartige Entschließungen in Achtung des Willens des Stifters (vgl. § 87 Abs. 2 BGB.) nur dann gefaßt werden, wenn sie wirklich zwingend notwendig sind (s. Amtl. Begr.).

2. Abschnitt.

Wirtschaftliche Betätigung der Gemeinde.

Vorbemerkung.

Es gehört zu den Eigenarten der Entwicklung der gemeindlichen Selbstverwaltung in Deutschland, daß die Gemeinden schon früh und in verhältnismäßig weitem Umfange neben ihren öffentlichen Verwaltungsaufgaben auch rein wirtschaftliche Aufgaben übernommen haben (s. Amtl. Begr. zu § 67). Hierbei treten die Gemeinden selber als Unternehmer von Wirtschaftsbetrieben in das Wirtschaftsleben ein. Die moderne Entwicklung städtischer Wirtschaftsbetriebe begann Ende des 19. Jahrhunderts, als mit den Fortschritten der Hygiene die Forderung nach Versorgung mit gesundem Trinkwasser laut wurde und infolge der Entwicklung der Technik Gasanstalten, Elektrizitätswerke und moderne Verkehrsmittel entstanden (vgl. Boldt a. a. O. S. 149).

Die Frage, ob Gemeinden selbst Wirtschaftsbetriebe betreiben oder die wirtschaftliche Betätigung der privaten Initiative überlassen sollen, war von jeher umkämpft. Die Expansionspolitik zahlreicher Gemeinden, die sich nicht mit der Betätigung auf dem Gebiete der sog. öffentlichen Versorgungswirtschaft, auf dem die öffentliche Hand anerkanntermaßen große Leistungen vollbrachte, begnügte, sondern, vor allem während der Inflationszeit, infolge der Finanzschwierigkeiten und des scheinbar großen Ertrages aller geschäftlichen Unternehmen — dazu kam der Drang, selbst zu wirtschaften, und der Glaube, durch Eigenproduktion und Eigenhandel bei Waren des gemeindlichen Bedarfs billiger wirtschaften zu können — zu einer Angliederung aller möglichen Wirtschaftsunternehmen in Handwerk, Handel und Industrie führte und auf Gebiete übergriff, die vordem ausschließlich privater Wirtschaftsbetätigung vorbehalten waren, hat, teils hervorgerufen durch Mißerfolge und teils aus grundsätzlichen Erwägungen, besonders in letzter Zeit immer größeren Widerspruch erfahren. Zu einem freiwilligen Abbau waren die Gemeindevertretungen, selbst seit diese Unternehmen sich als Verlustquellen erwiesen hatten, in der vergangenen Zeit schon aus weltanschaulichen Erwägungen (Sozialisierung!) nicht bereit (vgl. Begründung zu Kap. VIII Teil V NotVO. vom 6. Oktober 1931 in Drucks. des Reichsr. 1933 Nr. 18). Auch die Bestrebungen einzelner Länder, die gemeindliche Wirtschaftsbetätigung in gesunde Schranken zu verweisen, blieben in den Landtagen ohne Erfolg (vgl. Loschelder a. a. O. S. 46). Erstmalig die Reichsgesetzgebung hat in der NotVO. vom 6. Oktober 1931 Kap. VIII

Teil V (RGBl. I S. 537) den Versuch gemacht, durch regelmäßige Prüfungen der gemeindlichen Wirtschaftsbetriebe auf einen Abbau solcher Betriebe hinzuwirken, die durch den öffentlichen Zweck gemeindlicher Wirtschaftsführung nicht gerechtfertigt sind und die demnach eine unzulässige Konkurrenz der freien Wirtschaft darstellen. Eingehende Vorschriften über die Prüfungspflicht öffentlicher Betriebe brachte dann die DurchfVO. vom 30. März 1933 (RGBl. I S. 180). Darüber hinaus hat das Pr. GemFinG. es unternommen, Grundsätze zu entwickeln, die einer Ausuferung gemeindlicher Wirtschaftsbetätigung vorbeugen sollen (vgl. §§ 86ff. Pr. GemFinG.) und auch für die DGemO. richtungweisend gewesen sind.

Die Grundsätze, die die DGemO. für die Errichtung und Führung wirtschaftlicher Unternehmen aufstellt, insbes. die Forderung eines öffentlichen Zweckes (§ 67) und der Rentabilität (§ 72), gelten für sämtliche Unternehmen, einerlei in welcher Rechtsform sie betrieben werden. Neben den **Eigenbetrieben** (vgl. §§ 74, 75), die ohne selbständige Rechtspersönlichkeit in eigener Regie der Gemeinde verwaltet werden, und den **rechtlich selbständigen** Unternehmen (vgl. § 75), die in Form selbständiger juristischer Personen (Aktiengesellschaft, Gesellschaft mit beschr. Haftung usw.) betrieben werden und aus der Gemeindeverwaltung herausgelöst sind, befaßt sich die DGemO. in den §§ 68 bis 71 eingehend mit den sog. **gemischtwirtschaftlichen** Unternehmen, die ebenfalls selbständige juristische Personen darstellen, an denen aber außer der Gemeinde auch das Privatkapital beteiligt ist, wobei sich die öffentliche Hand allerdings durch Mehrheit des Gesellschaftskapitals oder Mehrheit im Aufsichtsrat den entscheidenden Einfluß auf die Leitung vorzubehalten pflegt.

§ 67.

(1) Die Gemeinde darf[1] wirtschaftliche Unternehmen[2] nur errichten[3], [4] oder wesentlich[5] erweitern[3], wenn

1. **der öffentliche Zweck das Unternehmen rechtfertigt[6],**
2. **das Unternehmen nach Art und Umfang in einem angemessenen Verhältnis zu der Leistungsfähigkeit[7]**

der Gemeinde und zum voraussichtlichen Bedarf[8] steht,

3. der Zweck nicht besser und wirtschaftlicher durch einen anderen[9] erfüllt wird oder erfüllt werden kann[10].

(2) Wirtschaftliche Unternehmen im Sinne dieses Abschnitts sind nicht[11]

1. Unternehmen, zu denen die Gemeinde gesetzlich verpflichtet ist[12],

2. Einrichtungen des Unterrichts-, Erziehungs- und Bildungswesens[13], der körperlichen Ertüchtigung[14], der Kranken-, Gesundheits- und Wohlfahrtspflege[15].

Auch diese Unternehmen und Einrichtungen sind nach wirtschaftlichen Gesichtspunkten zu verwalten[16].

(3) Bankunternehmen darf die Gemeinde nicht errichten[17].

(4) Für das öffentliche Sparkassenwesen verbleibt es bei den besonderen Vorschriften[18].

1. Rechtsgeschäfte, die zur Errichtung oder Erweiterung wirtschaftlicher Unternehmen abgeschlossen werden, ohne daß die Voraussetzungen des § 67 Abs. 1 vorliegen, sind gültig (siehe Anm. 1 zu § 104). Die Vorschrift begründet nur eine öffentlich-rechtliche Pflicht der Gemeinde, deren Befolgung die Aufsichtsbehörde zu überwachen hat, insbesondere durch Versagung der Genehmigung eines zu diesem Zwecke nachgesuchten Darlehens (vgl. §§ 76 und 78).

2. Die DGemO. hat es absichtlich unterlassen, den Begriff des wirtschaftlichen Unternehmens von sich aus gesetzlich festzulegen. Diese Frage läßt sich durch eine praktisch brauchbare und alle Fälle deckende Formulierung schwerlich beantworten, so daß die nähere Regelung insoweit der Ausführungsanweisung (§ 121) vorbehalten bleiben mußte (s. Amtl. Begr.). Dagegen hat das Gesetz in § 67 Abs. 2 negativ bestimmt, welche Unternehmen es nicht als wirtschaftliche im Sinne des 2. Abschnitts angesehen wissen will (s. Anm. 11). Zur Auslegung wird man den § 86 Pr. GemFinG. heranziehen können, der unter wirtschaftlichen

Unternehmen Einrichtungen versteht, „die gegen Entgelt Anlagen vorhalten oder Leistungen bewirken, die auch durch private Unternehmen mit der Absicht der Gewinnerzielung den Abnehmern zur Verfügung gestellt werden können". Gleichgültig ist, ob das Benutzungsentgelt privatrechtlicher Natur ist, wie bei den auf Gewinnerzielung gerichteten gewerblichen Unternehmen (vgl. die Unterscheidungen in den §§ 3 und 4 ff. Pr. KAG.), oder ob es in Form öffentlich-rechtlicher Gebühren und Beiträge erhoben wird, wie bei den kraft öffentlichen Gemeinderechts den Gemeindeangehörigen zur Verfügung gestellten öffentlich-rechtlichen Veranstaltungen (vgl. § 86 Abs. 1 Nr. 1 Pr. GemFinG., v. Lympius-Küchenhoff a. a. O. Anm. 1 zu § 86 Pr. GemFinG. sowie mit eingehender Begründung Popitz a. a. O. S. 46/47). Der gewerbliche Charakter wird dadurch nicht ausgeschlossen, daß die Einrichtung gleichzeitig auch öffentlich-rechtlichen Zwecken dient (s. VBl. 50 S. 145), und umgekehrt steht der öffentlich-rechtlichen Natur nicht entgegen, daß nebenher mit dem Betriebe auch Gewinn erzielt wird (OVG. 46 S. 125). Ebenso ist es unerheblich, ob tatsächlich (tatsächliches Monopol!) oder rechtlich (Anschluß- und Benutzungszwang gemäß § 18 bei Wasserleitung, Kanalisation, Müllabfuhr, Straßenreinigung usw.!) ein Zwang zur Benutzung oder Entgegennahme der Leistungen besteht (vgl. § 86 Abs. 1 Nr. 2 Pr. GemFinG.). Kein wirtschaftliches Unternehmen liegt, abgesehen von den in § 67 Abs. 2 genannten Fällen z. B. vor, wenn die Gemeinde lediglich als Zwischenglied zwischen dem liefernden oder leistenden Unternehmer (Elektrizitätswerk, Abfuhranstalt usw.) und den Gemeindeangehörigen auftritt. Denn in diesem Falle ist sie selbst weder Unternehmerin noch an dem Unternehmen beteiligt. Da aber durch solche langjährigen Verträge u. U. die Gemeindeangehörigen schwer geschädigt werden können und die Gemeinde sich die Möglichkeit zur Errichtung eines eigenen Betriebs, sei es als Gewinnquelle, sei es als gemeinnützige Anstalt, verschließt, wodurch gegebenenfalls das wirtschaftliche Interesse der Gemeinde geschädigt wird, erscheint es de lege ferenda erwägenswert, auch den Abschluß derartiger Verträge einer bestimmten Kontrolle zu unterwerfen.

Im übrigen umfaßt der Abschnitt wirtschaftliche Unternehmen jeder Art, gleich in welcher Rechtsform sie betrieben werden (Eigenbetriebe, rechtlich selbständige Unternehmen und gemischtwirtschaftliche Betriebe, vgl. § 69), s. Vorbem. zum 2. Abschnitt.

Die wichtigsten Unternehmen dieser Art sind die gemeindlichen **Versorgungsbetriebe** (z. B. Wasserwerke, Gasanstalten, Elektrizitätswerke usw.) und die gemeindlichen **Verkehrsunternehmen** (z. B. Straßenbahn-, Kraftwagenlinien, Hafen- oder Werftanlagen, Flugplätze usw.).

Über Prüfungspflicht wirtschaftlicher Unternehmen s. § 103.

3. Vorherige Anhörung der Gemeinderäte erforderlich, § 55 Nr. 6. Nicht dagegen Genehmigung durch die Aufsichtsbehörde, vgl. § 68.

4. Der Errichtung steht der **Erwerb** bestehender Unternehmen gleich. Wegen der **Beteiligung** an wirtschaftlichen Unternehmen s. § 69.

5. Entscheidend ist der bisherige Umfang.

6. Gewinnerzielung darf nie das einzige Ziel gemeindlicher Wirtschaftsbetätigung sein. Es muß sich vielmehr stets um Betätigungen handeln, die nach der ganzen Entwicklung und den herrschenden Anschauungen eine im öffentlichen Interesse gebotene Versorgung der Einwohnerschaft zum Gegenstande haben. Leistungen und Lieferungen müssen einem öffentlichen Zweck dienen (s. Amtl. Begr.). Bei den öffentlichen Versorgungsbetrieben (Gas, Wasser, Elektrizität) ist dies in besonderem Maße der Fall. Die Aufbesserung der Gemeindefinanzen ist allein kein öffentlicher Zweck. Die Grenzen werden sich oft überschneiden. Z. B. wird man den Erwerb eines Kohlenbergwerks dann noch als einem öffentlichen Zweck dienend ansprechen können, wenn damit gleichzeitig die Versorgung der ärmeren Bevölkerung mit billigerem Heizmaterial verbunden wird.

7. Ebenso wie die Hoheitsverwaltung, muß sich auch jede wirtschaftliche Betätigung in den Schranken halten, die der Leistungsfähigkeit der Gemeinde gesetzt sind (s. Amtl. Begr.).

8. Ausschluß jeder Überkapazität. Der in § 72 ausgesprochene Grundsatz der Rentabilität läßt sich nur dann verwirklichen,

wenn bereits bei Errichtung des Wirtschaftsunternehmens hierauf Rücksicht genommen wird (s. Amtl. Begr.).

9. Z. B. Privatmann, übergeordneter Kommunalverband oder Staat.

10. Die deutsche Wirtschaft soll so zweckmäßig und rationell gestaltet werden als irgend möglich. Bei jeder gemeindlichen Wirtschaftsbetätigung bedarf deshalb die Frage, ob bei Berücksichtigung des Gesamtaufbaues der Wirtschaft die Gemeinde im einzelnen Fall der geeignetste Träger dieser Betätigung ist, ganz besonderer Prüfung (s. Amtl. Begr.).

11. Die Ausscheidung entspricht der kommunalwirtschaftlichen Entwicklungs- und Betrachtungsweise (s. Amtl. Begr.). Im allgemeinen wird es sich bei den Unternehmen der in Abs. 2 Nr. 1 und 2 genannten Art ohnehin um hoheitliche Betätigung handeln. Derartige Veranstaltungen dienen ausschließlich sozialen Zwecken und sind daher keine wirtschaftlichen Unternehmungen. Da sie aber auch von Privatpersonen in der Absicht der Gewinnerzielung betrieben werden können und deshalb unter die Begriffsbestimmung des Abs. 1 fallen, war die Hervorhebung der Ausnahmestellung notwendig.

12. Z. B. Schlachthäuser (für Preußen vgl. § 4 des Ges. vom 18. März 1868 [GS. S. 277]) oder Feuerwehren.

13. Z. B. Schulen (auch Handels- und Gewerbeschulen, Winter- und Sonntagsschulen), Leihbüchereien und Lesehallen (vgl. Hettlage a. a. O. S. 136).

14. Z. B. Turn-, Spiel- und Sportplätze.

15. Z. B. Krankenhäuser, Erholungsstätten, Alters- und Siechenhäuser, Obdachlosenasyle, Leihhäuser, Kanalisation, Müllabfuhr, Straßenreinigung u. a. m. (vgl. Hettlage a. a. O. S. 136).

16. Sie sollen nicht kaufmännisch, aber wirtschaftlich vernünftig, vor allem sparsam verwaltet werden. Vor der Festsetzung von Tarifen sind die Gemeinderäte zu hören (§ 55 Nr. 5).

17. Wegen der weitgehenden Risiken, die mit dem Betriebe besonderer Gemeindebanken verbunden sind (s. Amtl. Begr.). Das Gesetz verbietet nur die Errichtung **neuer** Banken. Soweit solche dagegen bereits bestehen, behält es bei ihnen sein Be-

wenden (vgl. Popitz a. a. O. S. 53). Wegen Spar- und Girokassen s. Abs. 4.

18. Das sind: Kap. I Teil 5 NotVO. vom 6. Oktober 1931 i. d. Fass. Kap. VIII Teil 4 NotVO. vom 8. Dezember 1931 (RGBl. I S. 537, 554 und 699, 716) Art. 1 § 2: Umgestaltung zu Anstalten mit eigener Rechtspersönlichkeit, § 4: Verbot der Darlehensgewährung an Gemeinden usw.; VO. vom 5. August 1931 (RGBl. I S. 429); Teil 5 NotVO. vom 19. März 1932 (RGBl. I S. 135, 140); Kap. IV Teil 1 NotVO. vom 4. September 1932 (RGBl. I S. 425, 430, 431); VO. vom 21. November 1932 (RGBl. I S. 534); Ges. vom 6. April 1933 (RGBl. I S. 166); VO. vom 13. März und 18. Dezember 1933 (RGBl. I S. 103 und 1080); Reichsgesetz über das Kreditwesen vom 5. Dezember 1934 (RGBl. I S. 1203); Gesetz über Spar- und Girokassen, kommunale Kreditinstitute und Giroverbände sowie Girozentralen vom 13. Dezember 1934 (RGBl. I S. 1242).

Ferner:

Für **Preußen**: Reglement betr. die Errichtung des Sparkassenwesens vom 12. Dezember 1838 (GS. 1839 S. 5), VO. vom 20. Juli/4. August 1932 (GS. S. 241, 275); VO. vom 14. März 1932 (GS. S. 279); VO. vom 14. März 1933 (GS. S. 41); Ges. vom 17. Mai 1934 (GS. S. 301); VO. vom 2. Juli 1934 (GS. S. 336); VO. vom 19. November 1934 (GS. S. 434).

Für **Bayern**: Ges. über die öffentlichen Sparkassen vom 21. Dezember 1933 nebst Sparkassenordnung vom gleichen Tage (GVBl. Nr. 53 S. 489 bzw. 498) und die am 29. Dezember 1933 veröffentlichte Mustersatzung.

Für **Sachsen**: Sparkassen- und Girokassenverordnung vom 12. Mai 1932 (Sächs. Gesetz-Blatt Nr. 13 vom 14. Mai 1932).

Für **Baden**: Sparkassengesetz vom 23. April 1931 in der Fassung der Bekanntmachung vom 29. Mai 1931 (GVBl. S. 175) und der Verordnung des Staatsministeriums vom 26. Oktober 1932 (GVBl. S. 259); Ges. vom 23. April 1931 (GVBl. S. 153); Vollzugsordnung zum Sparkassengesetz vom 29. Mai 1931 (GVBl. S. 180); Sparkassenrechnungsordnung vom 9. Juli 1924 (GVBl. S. 193); Vollzugserlaß des Min. d. Inn. vom 3. November 1932 Nr. 103 158.

Für Thüringen: Ges. vom 29. April 1930 (GS. für Thür. Nr. 15 vom 16. Mai 1930); VO. über die Sparkassen vom 27. Februar 1933 nebst Durchführungsbestimmungen vom 27. Februar 1933 (GS. für Thür. Nr. 9 vom 3. März 1933).

Für Hessen: Sparkassenges. vom 8. August 1902 nebst Mustersatzung vom 20. Februar 1903, mit Änderungen von 1924 und 1933.

Für Mecklenburg: vgl. die Landesherrlichen Akte der einzelnen Sparkassen, z. B. Reglement vom 14. Mai 1821 der Ersparnis-Anstalt in Schwerin. Während die Sparkassen früher Privatinstitute waren, die behördlicher Aufsicht unterstanden, wurde seit 1918 allgemein die Verstadtlichung derselben durchgeführt.

Für Lippe: VO. über die kommunalen Sparkassen vom 31. Dezember 1932 (Lipp. GS. Nr. 1 von 1933).

§ 68.

Wenn die Gemeinde wirtschaftliche Unternehmen[1] errichten[2] oder wesentlich[3] erweitern[2] will, so hat sie der Aufsichtsbehörde[4] rechtzeitig[5], mindestens sechs Wochen vor Beginn oder Vergebung der Arbeiten darüber zu berichten[6]. Aus dem Bericht muß zu ersehen sein, ob die gesetzlichen Voraussetzungen[7] erfüllt sind und ob die Deckung der Kosten tatsächlich[8] und rechtlich[9] gesichert ist[10].

1. Siehe Anm. 2 zu § 67.
2. Siehe Anm. 3 und 4 zu § 67.
3. Siehe Anm. 5 zu § 67.
4. Siehe § 107.
5. Die Aufsichtsbehörde muß genügend Zeit haben, das Vorhaben zu prüfen (vgl. § 108) und seine Ausführung gegebenenfalls zu verhindern, bevor sich noch die Gemeinde in finanzielle Bindungen verstrickt hat.
6. Genehmigung ist nicht vorgeschrieben, weil derartige Vorhaben i. d. R. nur durch Inanspruchnahme von Darlehen möglich sind, jede Darlehnsaufnahme aber nach § 78 ohnehin aufsichtsbehördlicher Genehmigung bedarf (s. Amtl. Begr.).

7. Das sind die Voraussetzungen des § 67. Zu diesem Zweck müssen alle Unterlagen miteingereicht werden, die zur Beurteilung des Unternehmens und seiner Wirtschaftlichkeit erforderlich sind (Kostenberechnungen, Ertragsberechnungen usw., vgl. § 88 Abs. 1 Pr. GemFinG.).

8. Zahlungsfähigkeit des Darlehensgebers!

9. Dazu gehört bei Aufnahme eines Darlehens auch die Genehmigung nach § 78.

10. Andernfalls muß die Aufsichtsbehörde die Inangriffnahme des Projektes mit den Mitteln der Staatsaufsicht (§ 109) verhindern. Ein besonders gestaltetes Einspruchsverfahren wie in § 88 Abs. 2 Pr. GemFinG. ist nicht vorgesehen.

§ 69.

(1) Die Gemeinde darf[1] sich an einem wirtschaftlichen Unternehmen[2] nur beteiligen[3], wenn die Voraussetzungen des § 67 vorliegen[4] und wenn[5] für die Beteiligung eine Form gewählt wird, die die Haftung der Gemeinde auf einen bestimmten Betrag begrenzt[6]. § 68 gilt entsprechend[7].

(2) Die Beteiligung der Gemeinde an einem Zweckverband[8], an dem ausschließlich öffentliche Körperschaften beteiligt sind, bleibt hiervon unberührt[9].

1. Siehe Anm. 1 zu § 67.

2. Siehe Anm. 2 zu § 67.

3. § 69 betrifft die Beteiligung an sog. **gemischtwirtschaftlichen** Unternehmen, (vgl. Vorbem. zum 2. Abschnitt), gilt aber auch, wenn die Gemeinde sämtliche Anteile eines rechtlich selbständigen Unternehmens erwerben oder ein solches Unternehmen als alleinige Gesellschafterin errichten will. Unter „Beteiligung" ist nicht nur Kapitalbeteiligung im Sinne des Gesellschaftsrechts verstanden. § 69 umfaßt sowohl die Beteiligung am **Unternehmerkapital** (Übernahme von Aktien, Geschäftsanteilen usw.) wie am **Unternehmungskapital** (Gewährung von Darlehen, Zuschüssen usw.) und erstreckt sich auch auf die Übernahme von Bürgschaften, Gewährleistungen oder sonstigen Sicherheiten zugunsten wirtschaft-

licher Unternehmen, sofern diese Geschäfte ihrem wirtschaftlichen Zwecke nach als Beteiligungen anzusehen sind (a. A. Hettlage-Loschelder-Spielhagen a.a.O. S. 319). Die Gewährung von Zuschüssen ist zudem als unentgeltliche Zuwendung nach § 62 Abs. 2 Nr. 1 genehmigungsbedürftig. Die Übernahme von Bürgschaften, Verpflichtungen aus Gewährverträgen und die Bestellung von Sicherheiten bedürfen nach § 78 Abs. 1 ebenfalls aufsichtsbehördlicher Genehmigung.

Von einer „Beteiligung" wird man ferner nur dann sprechen können, wenn die Gemeinde — was § 89 Abs. 3 Pr. GemFinG. ausdrücklich vorschreibt — einen Einfluß auf die Leitung oder Gewinnverteilung erstrebt oder an dem Bestehen des Unternehmens (etwa im öffentlichen Interesse) sonst interessiert ist. Ob die Gemeinde, vom Falle der hier behandelten Beteiligung abgesehen, im übrigen Aktien u. dgl. erwirbt, ist nicht eine Frage der wirtschaftlichen Betätigung, sondern der Vermögensverwaltung und Vermögensanlage (s. Abschnitt 1).

4. Siehe § 67 Abs. 1 Nr. 1—3 und Abs. 2 sowie Anm. daselbst.

5. Da die Gemeinde bei einer bloßen Beteiligung die Wirtschaftsführung des Unternehmens nicht selbst ausschließlich bestimmt, sondern günstigstenfalls nur mittelbar beeinflussen kann, liegen in solchen Beteiligungen besondere Gefahren (s. Amtl. Begr.). Deshalb fügt § 69 für diesen Fall den allgemeinen Voraussetzungen des § 67 noch ein besonderes, die Begrenzung der Haftung betreffendes Erfordernis hinzu.

Vorschriften der Landesgesetze, die den nötigen Einfluß der Gemeinde auf die Geschäftsführung des Unternehmens (insbes. durch angemessene Vertretung im Aufsichtsrat) sicherstellen sollen, bleiben unberührt. Vgl. z. B. § 89 Abs. 3 Pr. GemFinG.:

„Soweit es der von der Gemeinde verfolgte Zweck erfordert, soll ferner die Beteiligung davon abhängig gemacht werden, daß der Gemeinde in der Satzung folgende Rechte eingeräumt werden:

1. Die Geschäftsführung der Unternehmung ist durch einen dem Leiter der Gemeinde genehmen sachverständigen Prüfer (Bilanzprüfer, Prüfungsgesellschaft) zu prüfen. Die Prüfungsberichte sind dem Leiter der Gemeinde vorzulegen.

2. Der Leiter der Gemeinde kann einem sachverständigen Prüfer (Bilanzprüfer, Prüfungsgesellschaft) auf Kosten der Unternehmung unmittelbar Aufträge erteilen, wenn
   a) eine von der Unternehmung veranlaßte Prüfung nicht dem Gesetze, der Satzung oder den Vereinbarungen zwischen der Gemeinde und der Unternehmung entspricht,
   b) die Unternehmung einem Ersuchen des Leiters der Gemeinde um Vornahme einer Prüfung oder um Erteilung eines Prüfungsauftrags nicht nachkommt.

Die Rechte nach Nr. 1 und 2 sollen auch für die Aufsichtsbehörde ausbedungen werden."

6. Das ist z. B. der Fall bei der Aktiengesellschaft (§§ 178 ff., 211 HGB.), der Gesellschaft mit beschränkter Haftung (§§ 1 ff., 13 Abs. 2 GmbHG.), der eingetragenen Genossenschaft mit **beschränkter** Haftpflicht (§§ 1 ff. GenG., insbes. § 2 Nr. 2 in der Änderung des Ges. vom 20. Dezember 1933, RGBl. I S. 1089), der **Kommanditisteneinlage** bei der Kommanditgesellschaft (§§ 161 ff., 171 HGB.) und der Kommanditgesellschaft auf Aktien (§§ 320 ff. HGB.), sowie bei der stillen Gesellschaft (§§ 335 ff. HGB.),

nicht dagegen bei der eingetragenen Genossenschaft mit **unbeschränkter** Haftpflicht (vgl. § 2 Nr. 1 des oben zitierten Ges. vom 20. Dezember 1933), der offenen Handelsgesellschaft (§§ 105 ff. HGB.) sowie der Beteiligung als **persönlich haftender** Gesellschafter bei der Kommanditgesellschaft und bei der Kommanditgesellschaft auf Aktien.

Weitergehende landesgesetzliche Beschränkungen (z. B. § 89 Abs. 6 Pr. GemFinG., der die Beteiligung an Erwerbs- und Wirtschaftsgenossenschaften schlechthin, auch an solchen mit beschränkter Haftpflicht, untersagte) sind durch § 69 beseitigt.

7. Demnach ist über die Absicht der Beteiligung der Aufsichtsbehörde rechtzeitig, mindestens 6 Wochen vor dem rechtsverbindlichen Abschluß der Beteiligung, zu berichten. Zu den „gesetzlichen Voraussetzungen", die nach § 68 S. 2 erfüllt sein müssen, gehört hier auch, daß eine die Haftung auf einen bestimm-

ten Betrag begrenzende Form der Beteiligung (s. Anm. 6) gewählt ist. Ist dies nicht der Fall, so muß die Aufsichtsbehörde die Beteiligung unterbinden (§§ 109ff.).

8. Für Preußen s. Zweckverbandsgesetz vom 19. Juli 1911 (GS. S. 115).

9. D. h. die einschränkenden Vorschriften der §§ 68, 69 Abs. 1 kommen nicht zur Anwendung. Die Aufsichtsbehörden sind bei Errichtung und Erweiterung derartiger Zweckverbände überall so weitgehend eingeschaltet, daß sich besondere Maßnahmen erübrigen (s. Amtl. Begr.).

§ 70.

(1) Der Bürgermeister[1] vertritt[2] die Gemeinde in der Gesellschafterversammlung[3] oder in dem dieser gleichgestellten Organ[3] der Unternehmen, an denen die Gemeinde beteiligt ist[4]. Bestellt der Bürgermeister Beamte oder Angestellte als Vertreter[5], so sind sie an seine Weisungen gebunden[6].

(2) Abs. 1 gilt entsprechend[7], wenn der Gemeinde das Recht eingeräumt ist[8], Mitglieder des Vorstandes[9], des Aufsichtsrats[10] oder eines ähnlichen Organs[11] von Unternehmen zu bestellen.

(3) Werden Beamte[12] oder Angestellte[13] der Gemeinde aus dieser Tätigkeit[14] haftbar gemacht[15], so hat ihnen die Gemeinde den Schaden zu ersetzen[16], es sei denn[17], daß sie ihn vorsätzlich oder grob fahrlässig[18] herbeigeführt haben. Auch in diesem Falle[19] ist die Gemeinde schadenersatzpflichtig[20], wenn Beamte oder Angestellte nach Anweisung[21] gehandelt haben.

1. Siehe §§ 32ff. Oder sein allgemeiner Vertreter (s. § 35 Abs. 1) oder der für das Arbeitsgebiet zuständige Beigeordnete (s. § 35 Abs. 2), insbes. der Stadtkämmerer (s. § 34 Abs. 2 S. 2).

2. Unterfall des § 36.

3. Gesellschafterversammlung bei der Gesellschaft m. beschr. Haftung (§§ 48 ff. GmbHG.), Generalversammlung bei der Aktiengesellschaft und Kommanditgesellschaft auf Aktien (§§ 250 ff., 320 ff. HGB.), Generalversammlung bei der eingetragenen Genossenschaft (§§ 43 ff. GenG.). Der Kommanditist bei der Kommanditgesellschaft und der stille Gesellschafter sind zwar von der Führung der Geschäfte ausgeschlossen (vgl. § 164 HGB.). Bei Ausübung der übrigen Gesellschafterrechte (z. B. Widerspruchsrecht, § 164 HGB., Büchereinsicht, §§ 166, 338 HGB.) wird die Gemeinde aber gleichfalls durch den Bürgermeister vertreten (vgl. § 36).

4. Siehe Anm. 3 zu § 69. § 70 kommt aber auch dann zur Anwendung, wenn die Gemeinde Aktien und dergl. lediglich als Vermögensanlage besitzt.

5. Siehe § 35 Abs. 3. Dritte, die weder Beamte noch Angestellte der Gemeinde sind, sollen mit der Vertretung nach Möglichkeit nicht betraut werden, weil in diesem Falle die Bindung an Weisungen des Gemeindeleiters Schwierigkeiten bereiten kann (vgl. auch § 100 S. 2 Pr. GemFinG.).

6. Das folgt schon aus der Stellung des Bürgermeisters als Dienstvorgesetzten. Die Bindung besteht selbstverständlich nicht nur für Beamte und Angestellte im Sinne des § 35 Abs. 3, sondern auch für den allgemeinen Vertreter des Bürgermeisters und die übrigen Beigeordneten. Verstoß begründet disziplinarische und zivilrechtliche Verantwortlichkeit.

7. Besonders wichtig ist, daß Beamte und Angestellte, die mit der Vertretung der Gemeinde im Vorstand, Aufsichtsrat usw. betraut sind, auch in ihrer Eigenschaft als Mitglieder des Vorstandes, Aufsichtsrats oder ähnlichen Organs an die Weisungen des Bürgermeisters gebunden sind (s. Abs. 1 S. 2). Die Frage war vordem streitig. Die betr. Beamten (Angestellten) können durch ihre Doppelstellung in Pflichtenkollisionen geraten (vgl. im einzelnen Staub a. a. O. Anm. 2c bis g zu § 243 HGB.). Auf der einen Seite müssen sie als Beamte (Angestellte) das Interesse der Gemeinde wahrnehmen; auf der anderen Seite sind sie **persönlich** — Mitglied des Vorstandes oder Aufsichtsrats kann nicht eine juristische Person (Gemeinde), sondern nur

eine **physische** sein (vgl. Staub a. a. O. Anm. 10 zu § 231 HGB.) — Organe der Gesellschaft und haben als Vorstands- bzw. Aufsichtsratsmitglieder der Gesellschaft gegenüber **eigene** Rechtspflichten, durch deren Verletzung sie sich schadensersatzpflichtig machen können (vgl. Anm. 15). Das Gesetz entscheidet die Frage, indem es die Bindung der Beamten (Angestellten) an die Weisungen des Bürgermeisters ausspricht, zugunsten des **Gemeindeinteresses**.

8. Das ist bei gemischtwirtschaftlichen Unternehmen, an deren **Grundkapital** die Gemeinde beteiligt ist (vgl. Anm. 3 zu § 69), häufig der Fall. Das Recht, Mitglieder in den Vorstand, Aufsichtsrat usw. zu bestellen, kann der Gemeinde aber auch bei solchen Unternehmen eingeräumt werden, an deren **Kapital** sie nicht beteiligt ist, auf deren **Leitung** sie aber aus sonstigen Gründen Einfluß zu haben wünscht (insbes. wenn sie Darlehen oder Beihilfen gegeben oder Bürgschaften, Gewährleistungen oder sonstige Sicherheiten übernommen hat).

9. Bei Aktiengesellschaft (§§ 231 ff. HGB.), eingetragener Genossenschaft (§§ 24 ff. GenG.). Bei der Gesellschaft mit beschr. Haftung werden die Funktionen des Vorstandes durch einen oder mehrere Geschäftsführer ausgeübt (§§ 35 ff. GmbHG.).

10. Bei Aktiengesellschaft (§§ 243 ff. HGB.), Kommanditgesellschaft auf Aktien (§§ 320 ff. HGB.), eingetragener Genossenschaft (§§ 36 ff. GenG.), Gesellschaft mit beschr. Haftung (§§ 52 ff. GmbHG.).

11. Z. B. **Verwaltungsrat**, der sich vielfach neben dem Aufsichtsrat herausgebildet hat (vgl. Näheres bei Staub a. a. O. Anm. 15 zu § 246 HGB.).

12. Bezieht sich sowohl auf den Bürgermeister selbst, seinen allgemeinen Vertreter und sonstige Beigeordnete als auch auf andere Beamte und Angestellte im Sinne des § 35 Abs. 3.

13. Vgl. §§ 35 Abs. 3 und 71 Abs. 1 S. 2.

14. Betrifft sowohl die Tätigkeit in der Gesellschafterversammlung (Abs. 1) wie diejenige als Vorstands-, Aufsichtsratsmitglied usw. (Abs. 2).

15. Vgl. z. B. für den Vorstand und Aufsichtsrat der Aktiengesellschaft §§ 241, 249 HGB., für den Aufsichtsrat der Kom-

manditgesellschaft auf Aktien §§ 320 Abs. 3, 249 HGB., für den Vorstand und Aufsichtsrat der eingetragenen Genossenschaft §§ 27, 34, 99, 41 GenG., für die Geschäftsführer und den Aufsichtsrat der Gesellschaft mit beschr. Haftung §§ 43, 52 GmbHG.

16. Die Regelung entspricht den §§ 17, 20 des Gesetzes zur Änderung von Vorschriften auf dem Gebiete des allgem. Beamten-, des Besoldungs- und des Versorgungsrechts vom 30. Juni 1933 (RGBl. I S. 433).

Die Ersatzpflicht der Gemeinde im **Innenverhältnis** den Beamten (Angestellten) gegenüber besteht auch dann, wenn diese bei der die Haftung begründenden Handlung nicht an Weisungen gebunden waren (vgl. Anm. 6 u. 7). Das folgt unzweideutig aus Abs. 3 S. 2. Dem Beamten (Angestellten) ist dadurch die nötige Rückendeckung gegeben, Kollisionen zwischen Gemeinde- und Gesellschaftsinteresse auch ohne besondere Anweisung von sich aus zugunsten des ersteren entscheiden zu können. Wenn auch nach **außen**, der Gesellschaft gegenüber, der betr. Beamte (Angestellte) **persönlich** Vorstands- oder Aufsichtsratsmitglied ist (vgl. Anm. 7), ist doch, von der **Gemeinde** aus gesehen, nicht der betr. Beamte (Angestellte), sondern durch ihn die Gemeinde im Vorstand bzw. Aufsichtsrat vertreten. Andererseits beschränkt sich die Ersatzpflicht nicht auf Fälle derartiger Kollisionen. Sie greift z. B. auch Platz, wenn der Beamte (Angestellte) als Vorstandsmitglied einer Bank, an der die Gemeinde beteiligt ist, einen Kredit gewährt hat, ohne daß die Gemeinde an der Krediteinräumung interessiert war, und von der Bank wegen des aus der Kreditgewährung entstandenen Schadens in Anspruch genommen wird.

Die Ersatzpflicht, deren Umfang sich nach den §§ 249 ff. BGB. richtet — hat der Beamte (Angestellte) den Schaden noch nicht ersetzt, so kann er entsprechend § 257 BGB. Befreiung von der Ersatzpflicht verlangen —, ist gegebenenfalls im ordentlichen Rechtswege zu verfolgen. Selbst wenn der Beamte (Angestellte) auf die Klage der Gesellschaft zum Schadensersatz verurteilt worden ist, kann die Gemeinde gegenüber der Ersatzklage des Beamten (Angestellten) einwenden, daß eine Schadensersatzpflicht des Beamten (Angestellten) nicht bestanden habe. Um die Wirkung der Rechtskraft des ihn verurteilenden Erkenntnisses auch der Gemeinde gegenüber eintreten zu lassen, muß der Beamte (Angestellte) in dem Prozeß, den die Gesellschaft gegen ihn führt, der Gemeinde den Streit verkünden (vgl. §§ 72ff., 68ff. ZPO.).

17. Der Beamte (Angestellte) braucht nur darzutun, daß die Gesellschaft ihn aus seiner Tätigkeit als Vorstands- oder Aufsichtsratsmitglied haftbar macht. Für die Ausnahme, daß der Beamte (Angestellte) den Schaden vorsätzlich oder grob fahrlässig verschuldet habe, ist die Gemeinde beweispflichtig.

18. Besonders grobe Form der Fahrlässigkeit.

19. D. h. bei vorsätzlicher oder grob fahrlässiger Herbeiführung des Schadens.

20. Im Innenverhältnis dem Beamten (Angestellten) gegenüber (s. Abs. 3 S. 1 und Anm. 16). Die Vorschrift begründet nicht eine besondere Schadensersatzpflicht der Gemeinde gegenüber der von ihrem Beamten (Angestellten) geschädigten Gesellschaft. Wohl aber kann nach sonstigen Vorschriften eine Haftung der Gemeinde auch nach außen, der Gesellschaft gegenüber, gegeben sein, z. B. nach §§ 31, 81 BGB. (bei verfassungsmäßig berufenen Vertretern), § 831 BGB. (bei zu einer Verrichtung Bestellten) oder § 830 Abs. 2 BGB. (bei Anstiftung zu unerlaubter Handlung).

21. Siehe Anm. 6 und 7.

§ 71.

(1) Vertreter[1] der Gemeinde in dem Vorstand[2], dem Aufsichtsrat[3] oder einem sonstigen Organ[4] einer Gesellschaft, an der Gemeinden[5] oder Gemeindeverbände[6] mit mehr als 75 vom Hundert beteiligt sind[7], dürfen[8] der Aufnahme von Darlehen[9] und Kassenkrediten[10] nur mit Genehmigung der Aufsichtsbehörde[11] zustimmen[12].

(2) Sind mehrere Gemeinden beteiligt, die verschiedenen Aufsichtsbehörden unterstehen, so hat die nächsthöhere gemeinsame Aufsichtsbehörde[13] auf Antrag

des Vorstandes eine für alle Beteiligten zuständige Aufsichtsbehörde zu bestimmen.

(3) Diese Vorschriften sind entsprechend[14] anzuwenden, wenn ein Unternehmen, an dem Gemeinden oder Gemeindeverbände mit mehr als 75 vom Hundert beteiligt sind, sich an einem anderen Unternehmen beteiligen will.

1. Bürgermeister, allgemeiner Vertreter, übrige Beigeordnete (s. §§ 32, 34 ff., 70 Abs. 1 S. 1 und Anm. 1 zu § 70), andere Beamte und Angestellte (s. §§ 35 Abs. 3, 70 Abs. 1 S. 2 und Anm. 5 zu § 70).

2. Siehe Anm. 9 zu § 70.

3. Siehe Anm. 10 zu § 70.

4. Siehe Anm. 11 zu § 70.

5. Die Beschränkung des § 71 gilt nicht nur, wenn eine einzelne Gemeinde mit mehr als 75 v. H. beteiligt ist. Es genügt, wenn die **Gesamtheit** der in der Hand von Gemeinden und Gemeindeverbänden befindlichen Anteile 75 v. H. übersteigt.

6. Die Anteile von Gemeinde**verbänden** (Kreise, Provinzen usw., nicht auch Reich oder Länder) rechnen mit, obgleich reichsrechtlich — weil die DGemO. sich nur auf Einzelgemeinden bezieht (s. Vorbem. vor Teil 6) — die Vertreter von Gemeindeverbänden keiner Genehmigung bedürfen. **Landesrechtlich** kann allerdings auch für Vertreter von Gemeindeverbänden aufsichtsbehördliche Genehmigung vorgeschriebene sein (vgl. für Preußen §§ 77, 142 Pr. GemFinG.).

7. Über Beteiligung s. Anm. 3 zu § 69. Bei Abgrenzung des Kreises der Unternehmen, die der Beschränkung des § 71 unterliegen, hat das Gesetz eine besondere Kreditaufsicht nur dort für berechtigt erachtet, wo Gemeinden und Gemeindeverbände **überwiegend** beteiligt sind (s. Amtl. Begr.). Das ist der Fall, wenn die öffentliche Hand mit mehr als 75 v. H. beteiligt ist, weil sie dann die wichtigsten Beschlüsse, für die das Aktienrecht eine Dreiviertelmehrheit vorschreibt (Nachgründung § 207 HGB., Änderung des Gesellschaftsvertrages § 275 HGB., Auflösungsbeschluß § 292 HGB., Verwertung des Gesellschaftsvermögens durch Veräußerung im ganzen § 303 HGB.), allein zu fassen

imstande ist und das private Kapital nicht einmal über die Minderheitsrechte verfügt, um derartige Beschlüsse zu verhindern. Daraus folgt, daß § 71 unter „Beteiligung" nur eine solche am **Unternehmerkapital**, und zwar am **Grundkapital**, versteht.

8. Ohne Genehmigung ist die Zustimmung unwirksam (s. § 104 Abs. 1 und Anm. 6 daselbst). Über die Bedeutung der Zustimmung und ihrer Unwirksamkeit vgl. Anm. 12.

9. Siehe Anm. 2 zu § 76.

10. Siehe Anm. 3 zu § 81.

11. Siehe § 107. Die §§ 78 und 81 fordern aufsichtsbehördliche Genehmigung für Darlehen und Kassenkredite, wenn solche von der Gemeinde selbst aufgenommen werden. Die Aufsicht des Staates über die Schuldenwirtschaft der Gemeinden wäre aber lückenhaft, wenn ihr nicht auch solche Schuldenaufnahmen unterstellt würden, die nicht von den Gemeinden selbst, sondern von Unternehmen getätigt werden, an denen Gemeinden maßgebend beteiligt sind (s. Amtl. Begr.).

12. Die „Zustimmung" von der § 71 spricht, hat nur **interne, innergesellschaftliche** Bedeutung (vgl. z. B. §§ 115, 238 HGB.) Das betr. Vorstands- oder Aufsichtsratsmitglied, das gleichzeitig Gemeindevertreter ist, ist im **Innenverhältnis**, der **Gesellschaft** gegenüber, nicht befugt, ohne Genehmigung der Aufsichtsbehörde Darlehen und Kassenkredite aufzunehmen oder innerhalb des Vorstandes (Aufsichtsrates usw.) einer solchen Schuldenaufnahme zuzustimmen. Fehlt die Genehmigung, so ist eine gleichwohl erteilte Zustimmung **dieses** Vorstands- oder Aufsichtsratsmitgliedes unwirksam (s. § 104 Abs. 1 und Anm. 6 daselbst sowie Anm. 8 zu § 71). War für den betreffenden Vorstands- oder Aufsichtsratsbeschluß eine bestimmte Mehrheit vorgeschrieben und wird diese mangels Wirksamkeit der Stimme des Gemeindevertreters nicht erreicht, so ist auch der unter Mißachtung des § 71 Abs. 1 gefaßte **Beschluß** unwirksam. Wird er gleichwohl ausgeführt, so haften der Gesellschaft für einen eventuellen Schaden nicht nur die Gemeindevertreter, die dem Beschluß ohne Genehmigung der Aufsichtsbehörde zugestimmt haben, sondern auch diejenigen **anderen** Vorstands- usw. -mitglieder **persönlich**, die den unwirksamen Beschluß ausgeführt haben. Da die öffentliche

Hand im Falle des § 71 über eine Mehrheit von mindestens 75 v. H. verfügt, ist sie auch in der Lage, die Haftbarkeit nicht nur der Gemeindevertreter, sondern auch der betr. **anderen** Vorstands- usw. -mitglieder geltend zu machen (vgl. für die Aktiengesellschaft § 268 HGB.), nötigenfalls auf Anweisung der Aufsichtsbehörde (§§ 109 ff.).

Nicht dagegen berührt das Fehlen der aufsichtsbehördlichen Genehmigung die Gültigkeit eines von der Gesellschaft im Widerspruch mit § 71 aufgenommenen Darlehens oder Kassenkredits als solchen. Die Unwirksamkeit der **internen** Zustimmung bzw. Beschlußfassung hat keinen Einfluß auf das **Außenverhältnis** (vgl. Popitz a. a. O. S. 45). Die Vertretungsmacht der zur Vertretung der Gesellschaft nach **außen** berufenen Personen (Vorstandsmitglieder, Geschäftsführer) erleidet durch § 71 keine Einschränkung. An der Unbeschränkbarkeit der Vertretungsmacht Dritten gegenüber (vgl. §§ 126, 161 Abs. 2, 235, 320 Abs. 2 HGB., § 37 GmbHG., § 27 GenG.) wird durch § 71 nichts geändert. Eine Darlehensaufnahme wäre daher selbst dann gültig, wenn der Gemeindevertreter selber, trotzdem ihm dies ohne Genehmigung der Aufsichtsbehörde verboten ist, in seiner Eigenschaft als vertretungsberechtigtes Vorstandsmitglied den Darlehensvertrag abschließt.

13. Das ist, wenn die Gemeinden verschiedenen Ländern angehören, der Reichsminister des Innern (§ 107 S. 1).

14. Der Wortlaut „... sich ... beteiligen **will**" könnte die Auslegung nahelegen, daß die Zustimmung eines Gemeindevertreters im Vorstand usw. zur **Beteiligung** an einer Tochtergesellschaft aufsichtsbehördlicher Genehmigung bedarf. Das kann jedoch nicht der Sinn des Abs. 3 sein. Braucht die Gemeinde, wenn sie sich **selber** an einem wirtschaftlichen Unternehmen beteiligen will, nach § 68 keine ausdrückliche Genehmigung der Aufsichtsbehörde, so ist nicht einzusehen, weshalb aufsichtsbehördliche Genehmigung gefordert werden sollte für den Fall, daß sich ein von einer Gemeinde, wenn auch maßgeblich beeinflußtes Unternehmen an einem anderen Unternehmen beteiligen will (arg. a maiore ad minus). Der Sinn des § 71 Abs. 3 kann vielmehr nur der sein, daß, wenn ein Unternehmen, an

dem Gemeinden oder Gemeindeverbände mit mehr als 75 v. H. beteiligt sind, an einem anderen Unternehmen **seinerseits** oder **mit Gemeinden und Gemeindeverbänden zusammen** mit mehr als 75 v. H. beteiligt ist, **Gemeindevertreter**, die von der Gemeinde oder von dem erstgenannten Unternehmen entsandt sind, im **Vorstand, Aufsichtsrat** usw. der **Tochtergesellschaft** der Aufnahme eines Darlehens oder Kassenkredits dieser Tochtergesellschaft nur mit Genehmigung der für die Gemeinde zuständigen Aufsichtsbehörde zustimmen dürfen. Dasselbe ist gemeint, wenn es in der Amtl. Begr. zu § 71 letzter Satz heißt: „Die Beschränkung (ergänze: des Abs. 1 und 2) gilt darüber hinaus auch für solche Unternehmen, bei denen der maßgebende Einfluß nicht den Gemeinden selbst, sondern von ihnen maßgeblich beeinflußten Unternehmen in dem obengenannten Sinne zusteht (§ 71 Abs. 3)".

§ 72.

(1) Wirtschaftliche Unternehmen[1] sollen einen Ertrag[2] für den Haushalt[3] der Gemeinde abwerfen.

(2) Die Einnahmen jedes[4] Unternehmens sollen mindestens alle Aufwendungen[5] decken[6] und angemessene Rücklagen[7] ermöglichen[8]. Zu den Aufwendungen gehören[9] auch die Steuern[10], die Zins- und Tilgungsbeträge für die zu Zwecken des Unternehmens aufgenommenen Schulden, die marktübliche[11] Verzinsung[12] der von der Gemeinde zur Verfügung gestellten Betriebsmittel sowie die angemessene Vergütung[13] der Leistungen und Lieferungen von Unternehmen und Verwaltungszweigen der Gemeinde für das Unternehmen.

1. Siehe Anm. 2 zu § 67. **Nichtwirtschaftliche** Unternehmen sind nach § 67 Abs. 2 gleichfalls nach wirtschaftlichen Gesichtspunkten zu verwalten.

2. **Gewinnbringende Unternehmen.** Im Gegensatz zur Hoheitsverwaltung soll die **wirtschaftliche** Betätigung der Gemeinden grundsätzlich **ertragswirtschaftlich** eingestellt sein. Ausnahmen, nach denen gewisse Unternehmen keinen Ertrag ab-

werfen dürfen, sondern nur wirtschaftlich **ausgeglichen** sein sollen, bleiben unberührt, vgl. z. B. für Schlachthäuser in Preußen § 5 des Ges. vom 18. März 1868 (GS. S. 277). Vor der Festsetzung von Tarifen sind die Gemeinderäte zu hören (§ 55 Nr. 5).

3. Siehe §§ 82ff. Der Gewinn ist in den **ordentlichen** Haushalt einzustellen (s. Anm. 5 zu § 85).

4. Gemeint sind nur **wirtschaftliche** Unternehmen. „Jedes" Unternehmens bedeutet: soweit das Unternehmen nicht nach Abs. 1 einen Ertrag abwirft.

5. Siehe Abs. 2 S. 2.

6. Mindesterfordernis ist das wirtschaftlich **ausgeglichene Unternehmen.** Über Unternehmen (z. B. Schlachthäuser), die nur ausgeglichen sein **dürfen**, vgl. Anm. 2.

7. Z. B. Unterhaltungs-, Erneuerungs-, Erweiterungs- oder Ausgleichsrücklagen (vgl. § 60 Abs. 2 und 3).

8. Zuschüsse aus allgemeinen Haushaltsmitteln (**Zuschuß- oder verlustbringende Unternehmen**) sind grundsätzlich untersagt. Gleichwohl gibt es Fälle, in denen die Gemeinden zu wirtschaftlicher Betätigung genötigt sind, ohne die Grundsätze des § 72 Abs. 1 und 2 sofort oder auch überhaupt durchführen zu können (s. Amtl. Begr.). Die Ausnahmen, die § 90 Abs. 2 Pr. GemFinG. anführt, haben, trotzdem das Gesetz selbst schweigt, allgemeine Bedeutung. Dazu gehören Unternehmen, die

a) aus gesundheitlichen Gründen der erforderlichen Versorgung der Bevölkerung mit Wasser dienen (Wasserwerke, insbes. bei Anschlußzwang nach § 18),
b) im Interesse der Verkehrsförderung, insbesondere zur Aufschließung von Gelände für Bebauungs- und Siedlungszwecke (z. B. Straßenbahn, Autobusse, Schiffe, Fähren), oder
c) aus überwiegenden Gründen des öffentlichen Wohles, insbesondere sozialer und kultureller Art (z. B. Theater- und Konzertunternehmen), errichtet werden.

Soweit die Landesgesetze, wie § 90 Abs. 2 Pr. GemFinG., für derartige Zuschußbetriebe die Genehmigung der Aufsichtsbehörde vorschreiben, ist anzunehmen, daß die DGemO. die Genehmigungspflicht nicht beseitigen wollte.

9. § 72 Abs. 2 S. 2 klärt in einer Reihe von Grenzfällen, die bisher verschieden gehandhabt wurden, die Zugehörigkeit zu den Aufwendungen. Dazu gehören außer den vom Gesetz selbst genannten Posten auch Abschreibungen und Rückstellungen, die für die Aufrechterhaltung des Unternehmens erforderlich sind (vgl. Popitz a. a. O. S. 50).

10. Nur Steuern, die das Unternehmen **tatsächlich** zahlt. **Fiktive** Steuern, von denen das Unternehmen nur deshalb befreit ist, weil es ein gemeindliches ist, sind in die Aufwendungen absichtlich nicht einbezogen worden (s. Amtl. Begr.).

11. Richtet sich nach den jeweiligen Verhältnissen am Geldmarkt.

12. Auch wenn die Verzinsung, wie bei Eigenbetrieben, nur eine rechnungsmäßige (fiktive) ist.

13. Auch die nur rechnungsmäßige (fiktive).

§ 73.

Bei Unternehmen, für die kein Wettbewerb gleichartiger Privatunternehmen besteht[1], darf[1a] der Anschluß[2] und die Belieferung[3] nicht davon abhängig gemacht werden[4], daß auch andere Leistungen oder Lieferungen abgenommen werden[5].

1. Insbesondere für Versorgungsbetriebe, namentlich bei Anschlußzwang nach § 18, haben die Gemeinden i. d. R. ein tatsächliches **Monopol.**

1a. Verstoß hat Nichtigkeit zur Folge (§ 104 Abs. 2).

2. Über Anschlußzwang s. § 18.

3. Auch die **Benutzung.** Über Benutzungszwang s. § 18.

4. Die Gemeinden dürfen ihre Monopolstellung nicht auf Kosten berechtigter Interessen der Belieferten sowie des freien Handels und Handwerks ausnutzen (s. Amtl. Begr.).

5. Dadurch sollen vornehmlich die mancherorts noch bestehenden Installationsmonopole (Verlegung und Reparatur der Hausleitungen, Lieferung von Beleuchtungskörpern, Gasöfen usw.) beseitigt werden, soweit Handel und Handwerk die Versorgung durchzuführen in der Lage sind (s. Amtl. Begr.).

Mit dieser Vorschrift ist eine neben der Besteuerung der öffentlichen Betriebe in Gewerbekreisen hauptsächlich erhobene Forderung zur Beseitigung der Konkurrenz der öffentlichen Betriebe erfüllt.

§ 74.

(1) Für die Unternehmen ohne Rechtspersönlichkeit (Eigenbetriebe)[1] sind Betriebssatzungen[2] aufzustellen.

(2) Für jedes[3] Unternehmen sind Beiräte[4] zu bestellen[5]. Für mehrere Unternehmen können gemeinsame Beiräte bestellt werden. Als Beiräte sind wirtschaftlich besonders sachkundige Bürger[6] zu berufen.

(3) Haushaltsführung, Vermögensverwaltung und Rechnungslegung jedes[7] Unternehmens sind so einzurichten, daß sie eine besondere Betrachtung der Verwaltung und des Ergebnisses ermöglichen[8].

1. Über Eigenbetriebe im Gegensatz zu rechtlich selbständigen und gemischtwirtschaftlichen Unternehmen s. Vorbem. zum 2. Abschnitt.

2. Eigenbetriebe entbehren zwar eigener Rechtspersönlichkeit. Sie sind aber **wirtschaftliche Einheiten**. § 72 Abs. 2 setzt eine gewisse Verselbständigung auch der Eigenbetriebe voraus. Dieser Besonderheit tragen die **Betriebssatzungen** Rechnung. Sie stellen Sonderregelungen dar, die ohne Änderung des Rechtscharakters der Eigenbetriebe den Bedürfnissen einer möglichst elastischen Wirtschaftsführung entgegenkommen sollen (s. Amtl. Begr.). In ihnen wird vor allem die Führung des Betriebes, seine Vertretung nach außen, seine Haushaltsführung und Rechnungslegung zu regeln sein (vgl. §§ 92 ff. Pr. GemFinG.).

3. Nicht nur für Eigenbetriebe im Sinne des Abs. 1, sondern auch für die Verwaltung rechtlich selbständiger Unternehmen bzw. für die Verwaltung der Beteiligungen der Gemeinde an solchen (vgl. § 102 Pr. GemFinG.).

4. Vgl. §§ 58, 59. Berufung durch den Bürgermeister. Ihre Tätigkeit besteht in beratender Mitwirkung. Während aber § 58

die Bestimmung der Arbeitsgebiete, für die Beiräte zu bestellen sind, der Hauptsatzung überläßt, schreibt § 72 Abs. 2 die Bestellung derartiger Beiräte für Wirtschaftsunternehmen **zwingend** vor.

5. Nach Anhörung der Gemeinderäte (§ 55 Nr. 4).

6. Daß sie im **praktischen** Wirtschaftsleben stehen, wie § 95 Pr. GemFinG. vorschrieb, ist nicht unbedingte Voraussetzung.

7. Abs. 3 hat nur für Eigenbetriebe im Sinne des Abs. 1 Bedeutung. Für rechtlich selbständige Unternehmen, zu denen auch die gemischtwirtschaftlichen gehören, gelten die weitergehenden Vorschriften des Handelsrechts über Buchführung, Bilanzen u. dgl. (vgl. §§ 38ff. HGB. und bei den einzelnen Gesellschaftsarten).

8. Damit ist eine bestimmte Art der Buchführung (kaufmännische oder kameralistische) nicht vorgeschrieben, wenn sich auch die kaufmännische i. d. R. empfiehlt (vgl. Humpert a. a. O. S. 65—66). Die nähere Ausgestaltung bleibt der Betriebssatzung vorbehalten. Richtlinien, durch die dafür gesorgt werden wird, daß eine gewisse Einheitlichkeit dieser Regelung auch die Möglichkeit eines zwischengemeindlichen Vergleichs sichert, sind in Aussicht genommen (s. Amtl. Begr.), vgl. auch Schönwandt „Der Jahresabschluß der gemeindeeigenen Versorgungsbetriebe", Berlin 1934.

§ 75.

Zur Umwandlung[1] eines Eigenbetriebes[2] in ein rechtlich selbständiges Unternehmen[2] bedarf[3] die Gemeinde der Genehmigung der Aufsichtsbehörde[4].

1. Vor der Umwandlung sind die Gemeinderäte zu hören (§ 55 Nr. 7).

2. Siehe Vorbem. zum 2. Abschnitt. Unter Umwandlung in ein rechtlich selbständiges Unternehmen ist auch die Umwandlung in ein gemischt-wirtschaftliches zu verstehen.

3. Ohne Genehmigung ist die Einbringung gemeindlichen Vermögens in das rechtlich selbständige Unternehmen unwirksam (s. § 104 Abs. 1 und Anm. 6 daselbst).

4. Siehe § 107. Die früher jederzeit mögliche parteipolitische Beeinflussung der Betriesführung bei Eigenbetrieben hatte in der Vergangenheit die Gemeinden vielfach veranlaßt, derartige Betriebe in rechtlich selbständige Unternehmen umzuwandeln. Diese Erscheinung beeinträchtigt die Einheit der Gemeindeverwaltung und -aufsicht (s. Amtl. Begr. zu § 74). Nach Umgestaltung der Gemeindeverfassung ist der genannte Grund, der diese Entwicklung besonders gefördert hatte, fortgefallen. Deshalb erschwert § 75 die Umwandlung durch das Erfordernis der Genehmigung. Die Aufsichtsbehörde wird diese nur erteilen, wenn im Einzelfalle überwiegende Gründe für die Verselbständigung sprechen (z. B. Schwerfälligkeit der Wirtschaftsführung, mit der Eigenbetriebe auch heut noch oft belastet sind).

3. Abschnitt.

Schulden.

Vorbemerkung.

Die Schuldenwirtschaft ist seit langem ein Sorgenkind der gemeindlichen Finanzpolitik. Die Verschuldung der Gemeinden hat im letzten Jahrzehnt einen Stand erreicht, der vielfach die Grenzen des Tragbaren übersteigt. Der Bedeutung entsprechend, die dieser Kernfrage für die Gesundung der öffentlichen Finanzen zukommt, hat das Reich schon früh auf die Schuldenwirtschaft der Gemeinden Einfluß genommen. Erinnert sei an die Einführung des Genehmigungserfordernisses für Anleihen und Darlehen und an die Umschuldungsbestimmungen in Kap. I bzw. II Teil III NotVO. vom 6. Oktober 1931/Kap. VII Teil IV NotVO. vom 8. Dezember 1931 (RGBl. I S. 537, 699).

Die **Umschuldung** der Gemeinden hat dann eine umfassende Regelung gefunden in dem Gesetz über die Umschuldung kurzfristiger Inlandsschulden (Gemeindeumschuldungsgesetz) vom 21. September 1933 (RGBl. I S. 647), abgeändert durch Gesetz vom 14. November 1934 (RGBl. I S. 971). Das Gesetz regelt nur die Umwandlung **kurzfristiger** Schulden und betraf ursprünglich nur **Inlands**schulden. Durch Gesetz vom 5. Juli 1934 (RGBl. I

S. 575) ist die Umschuldung dann unter bestimmten Voraussetzungen auf kurzfristige **Auslandsschulden** ausgedehnt worden. Im einzelnen, insbesondere über das Umschuldungs**verfahren** s. Anm. 4 zu § 80.

Während hiernach die Abwicklung der bestehenden alten Schulden, eine mehr vorübergehende Aufgabe, in besonderen Gesetzen sichergestellt ist, wendet sich die DGemO. durch Aufstellung bestimmter materieller und formeller Erfordernisse für die Aufnahme neuer Darlehen, Bestimmungen, die bleibende Geltung beanspruchen, der künftigen Schuldengebarung der Gemeinden zu, unter gesonderter Behandlung der Darlehen im engeren Sinne (§§ 76—80) und der Kassenkredite (§ 81).

§ 76.

(1) Die Gemeinde darf[1] Darlehen[2] (Anleihen, Schuldscheindarlehen[2a], sonstige Kredite mit Ausnahme der Kassenkredite) nur im Rahmen des außerordentlichen[3] Haushaltsplans aufnehmen. Der Gesamtbetrag der Darlehen, die zur Bestreitung von Ausgaben des außerordentlichen Haushaltsplans dienen sollen[4], bedarf[5] im Rahmen der Haushaltssatzung[6] der Genehmigung der Aufsichtsbehörde[7]. Die Genehmigung wird vorbehaltlich der Genehmigung zur Aufnahme der einzelnen Darlehen (§ 78) ausgesprochen[8]; sie ist zu versagen, soweit sich schon in diesem Zeitpunkt erkennen läßt, daß die Voraussetzungen für die Aufnahme der einzelnen Darlehen offenbar nicht vorliegen.

(2) Darlehensermächtigungen im außerordentlichen Haushaltsplan erlöschen unbeschadet der Vorschrift des § 87[9] mit Ablauf des Rechnungsjahres[10].

1. Nimmt die Gemeinde dem Abs. 1 S. 1 zuwider ein Darlehen zur Bestreitung **ordentlicher** Ausgaben auf (vgl. Anm. 3), so ist die Darlehensaufnahme gleichwohl gültig, vorausgesetzt, daß die Aufsichtsbehörde das Darlehen nach § 78 (unzulässigerweise) genehmigt.

2. Man unterscheidet **vorübergehenden** oder **Kassenkredit**, auch **schwebende** Schuld genannt, und **kurz-** oder **langfristige Darlehen**, auch **fundierte** Schuld genannt, die meist in Form von Anleihen aufgenommen werden. Über Kassenkredit siehe § 81 und Anm. 3 daselbst. Die §§ 76—80 betreffen nur Darlehen im engeren Sinne, und zwar sowohl **kurzfristige** wie **langfristige**. Erstere sind Anleihen, die von vornherein durch hierfür bestimmte Einnahmen innerhalb verhältnismäßig kurzer Frist zurückgezahlt oder durch eine langfristige Schuld ersetzt werden sollen (vgl. § 77 Abs. 2), während es sich bei den langfristigen Anleihen durchweg um längere Tilgungsschulden handelt, für die i. d. R. Schuldverschreibungen (Obligationen) ausgegeben sind (vgl. Bleicher a. a. O. S. 635—637).

Bei Ausgabe von Inhaberschuldverschreibungen genügt an Stelle der in § 36 Abs. 2 für Verpflichtungsgeschäfte sonst vorgeschriebenen **handschriftlichen** Unterzeichnung eine im Wege der mechanischen Vervielfältigung hergestellte Namensunterschrift (vgl. § 793 Abs. 2 S. 2 BGB. und Anm. 9 zu § 36).

Über Darlehen vgl. im übrigen die §§ 607 ff. BGB.

2a. Schuldscheindarlehen werden bei einem bestimmten Geldgeber aufgenommen, während sich bei Anleihen die Gemeinde an einen unbegrenzten Kreis von Personen wendet.

3. Siehe Anm. 5 zu § 85. Darlehensmittel dürfen nur zur Bestreitung **außerordentlicher** Ausgaben Verwendung finden (vgl. aber Anm. 1). Verwendet die Gemeinde unzulässigerweise Darlehensmittel zur Bestreitung **ordentlicher** Ausgaben, so kann sie das Geleistete gleichwohl nicht zurückfordern. Die Zahlung bzw. sonstige Leistung ist gleichwohl gültig. Die schuldigen Beamten (Angestellten) machen sich aber disziplinarisch verantwortlich und zivilrechtlich nach den §§ 92, 93 schadensersatzpflichtig.

4. Siehe § 83 Nr. 4.

5. Die Vorschrift hat nicht die Bedeutung, daß ein über den genehmigten Gesamtbetrag hinaus aufgenommenes Darlehen schon aus diesem Grunde unwirksam ist. Der Darlehensvertrag ist vielmehr, auch wenn das Darlehen den im Rahmen der Haushaltssatzung genehmigten Gesamtbetrag überschreiten

sollte, gültig, sofern nur die Einzelgenehmigung nach § 78 erteilt ist. § 104 Abs. 1 findet im Falle des § 76 Abs. 1 S. 2 keine Anwendung, weil es sich in § 76 anders als bei § 78 nicht um die Genehmigung eines **Rechtsgeschäfts**, sondern um die des Gesamtbetrages der in einem Rechnungsjahr aufzunehmenden Darlehen, also um die Genehmigung einer **Summe**, handelt (vgl. auch Anm. 6 zu § 104). Anders bei Kassenkrediten, s. Anm. 1 zu § 81.

6. Siehe Anm. 2 zu § 83. Tritt im Laufe des Rechnungsjahres ein im außerordentlichen Haushaltsplan nicht berücksichtigter Darlehensbedarf ein, so muß eine Nachtragssatzung gemäß § 88 erlassen werden.

7. Siehe § 107 und § 86 Nr. 3.

8. Neben der Genehmigung, die § 76 für den Gesamtbetrag der Darlehen vorschreibt, ist nach § 78 eine besondere Genehmigung für die Aufnahme jedes einzelnen Darlehens erforderlich. Das Genehmigungserfordernis des § 76 bezweckt Planmäßigkeit und Übersichtlichkeit der Schuldenwirtschaft im gesamten Rechnungsjahr. Die Prüfung der Aufsichtsbehörde erfolgt unter dem Gesichtspunkt, ob und bis zu welcher Grenze die finanziellen Verhältnisse der Gemeinde eine Neubelastung mit Darlehen überhaupt zulassen und ob die materiellen Voraussetzungen des § 77 vorliegen. Da die Prüfung sich auf derartige allgemeine Gesichtspunkte beschränkt, ist die Genehmigung nach § 76 auch nur dann zu versagen, wenn sich schon in diesem Zeitpunkt erkennen läßt, daß die Voraussetzungen für die Aufnahme der einzelnen Darlehen offenbar nicht vorliegen. Die Einzelgenehmigung des § 78 dagegen erstreckt sich vor allem auf die Prüfung der Darlehensbedingungen des einzelnen Darlehens (s. Anm. 5 zu § 78).

Um die Prüfung nach § 76 vornehmen zu können, muß die Aufsichtsbehörde ein vollständiges Bild von den finanziellen Verhältnissen, insbesondere den Deckungsmöglichkeiten, erhalten. Gleichzeitig werden hierdurch die Gemeinden veranlaßt, sich schon zu Beginn des Rechnungsjahres ein Bild über alle aus Darlehen zu finanzierenden Projekte zu machen und zugleich zu prüfen, ob die dadurch eintretende Belastung mit den Möglichkeiten des ordentlichen Haushaltsplanes vereinbar ist (s. Amtl. Begr.).

Wegen des in § 13 UmschuldungsG. für die Zeit bis zum 31. März 1935 ausgesprochenen Verbots neuer Darlehnsaufnahmen s. Anm. 4 zu § 78.

9. Siehe § 87 Nr. 4.

10. Siehe § 82. Entsprechend der Natur des Haushaltsplans als einer Jahresrechnung.

§ 77.

(1) Die Gemeinde darf[1] Darlehen[2] nur zur Bestreitung eines außerordentlichen[3] und unabweisbaren[4] Bedarfs und nur insoweit aufnehmen, als sie zu seiner anderweitigen Deckung[5] nicht in der Lage ist. Kann der Aufwand für die Verzinsung und Tilgung voraussichtlich nicht durch Mehreinnahmen oder Ausgabenersparnisse, die sich aus der Verwendung der Darlehensmittel ergeben, dauernd ausgeglichen werden[6], so muß die Gemeinde nachweisen[7], daß die Verzinsungs- und Tilgungsverpflichtungen mit ihrer dauernden[8] Leistungsfähigkeit im Einklang stehen. Der Nachweis gilt in der Regel[9] als erbracht, wenn die Gemeinde vor Aufnahme des Darlehens bereits einen wesentlichen Betrag für den Darlehenszweck aus Mitteln des ordentlichen Haushalts angesammelt hat.

(2) Die Gemeinde darf[1] ein Darlehen, das sie bis zur Fälligkeit aus Mitteln des ordentlichen[10] Haushalts nicht zurückzahlen kann[11], nur aufnehmen, wenn es sich als Vorwegnahme eines langfristigen[12] Darlehens darstellt[13], das für den gleichen Zweck rechtlich[14] und tatsächlich[15] gesichert ist, oder wenn ein zur Abdeckung des Darlehens ausreichender Erlös aus der Veräußerung von Gemeindevermögen[16] bis zur Fälligkeit bestimmt eingeht.

1. Die Vorschrift gibt materielle Schranken für die Aufnahme von Darlehen, die sowohl Bürgermeister und Gemeinderäte bei Aufstellung der Haushaltssatzung (§ 84) als auch die Aufsichtsbehörde vor Erteilung der Gesamtgenehmigung (§ 76) und Einzelgenehmigung (§ 78) zu beachten haben. Schuldhafter Verstoß begründet disziplinarische Verantwortung und zivilrechtliche Ersatzpflicht (§§ 92, 93), berührt aber nicht die Gültigkeit eines im Widerspruch mit § 77 genehmigten Darlehens (s. Amtl. Begr. und Anm. 1 zu § 104).

2. Siehe Anm. 2 zu § 76.

3. Das ist ein Bedarf, der seiner Natur nach nur aus Mitteln des außerordentlichen Haushalts gedeckt zu werden pflegt (s. Anm. 5 zu § 85 und Anm. 3 zu § 76).

4. Sachlich und zeitlich unabweisbar. Darlehensaufnahmen für Zwecke, die erst später bestimmt werden sollen oder deren Erfüllung vollkommen dahinsteht, sind unzulässig (vgl. Loschelder bei Freisler-Grauert a. a. O. Anm. 2 zu § 73 Pr. GemFinG.). Materielle Gesichtspunkte sind aber nicht unbedingt allein ausschlaggebend.

5. Z. B. durch Mehreinnahmen, Ausgabenersparnisse oder Verwendung von Rücklagen.

6. **Unrentable** Darlehen im Gegensatz zu **rentablen**, deren Verwendung Mehreinnahmen oder Ausgabenersparnisse zuläßt, durch die der Aufwand für den Zins- und Tilgungsdienst mindestens ausgeglichen wird.

7. Darüber, wie dieser Nachweis regelmäßig zu führen ist, vgl. Abs. 1 S. 3.

8. Dadurch wird die Gemeinde genötigt, vor der Aufnahme eines Darlehens zu unrentablen Zwecken sich und der Aufsichtsbehörde über die künftige Finanzgebahrung auf lange Sicht Klarheit zu verschaffen, wozu eine Gemeinde nur dann in der Lage sein wird, wenn ihre Finanzwirtschaft geordnet und übersichtlich ist. Einer Gemeinde, bei der diese Voraussetzung nicht erfüllt ist, fehlt die innere Berechtigung zur Aufnahme derartiger Darlehen.

9. Hat die Gemeinde Rücklagen in wesentlicher Höhe angesammelt, so besteht eine Vermutung, daß sie zur Tragung

des Zins- und Tilgungsdienstes in der Lage ist. Bleibt jedoch die jährliche Rücklage hinter dem künftigen Zins- und Tilgungssatz erheblich zurück; so wird sich eine Nachprüfung der dauernden Leistungsfähigkeit im Sinne des Abs. 1 S. 2 nicht immer vermeiden lassen.

10. Siehe Anm. 5 zu § 85. Die Aufbringung des Zins- und Tilgungsdienstes hat aus ordentlichen Einnahmen zu erfolgen.

11. Das sind kurzfristige Darlehen (s. Anm. 2 zu § 76).

12. Siehe Anm. 2 zu § 76.

13. Zwischenkredit.

14. Dazu gehört, daß das langfristige Darlehen bereits nach § 78 genehmigt ist.

15. Zahlungsfähigkeit des Darlehensgebers!

16. Siehe §§ 62 und 63.

§ 78.

(1) Die Gemeinde bedarf[1] zur Aufnahme der Darlehen[2], deren Gesamtbetrag nach § 76 genehmigt worden ist, zur Übernahme von Bürgschaften[3] und Verpflichtungen aus Gewährverträgen[3] und zur Bestellung anderer Sicherheiten[3] der Genehmigung der Aufsichtsbehörde[4, 5].

(2) Der Genehmigung unterliegen auch Rechtsgeschäfte, die einem der im Abs. 1 bezeichneten Rechtsgeschäfte wirtschaftlich gleichkommen[6].

(3) Eine Genehmigung ist nicht erforderlich für die im Rahmen der laufenden Verwaltung abzuschließenden, ihrer Natur nach regelmäßig wiederkehrenden Geschäfte[7], es sei denn, daß es sich unmittelbar oder mittelbar um Verpflichtungen gegenüber Ausländern[8] oder in einer anderen als der Reichswährung handelt. Die Aufnahme von Darlehen[2] ist in jedem Falle[9] genehmigungspflichtig.

1. Ohne Genehmigung ist der Darlehensvertrag unwirksam (s. § 104 Abs. 1 und Anm. 6 daselbst). Über Ausnahmen s. Abs. 3.

Der Darlehensgeber kann die Darlehenssumme im Falle der Unwirksamkeit nur nach den Vorschriften über die Herausgabe einer ungerechtfertigten Bereicherung zurückfordern (vgl. §§ 812 ff., 818 BGB.).

Anderseits ist der Darlehensvertrag, sofern er nach § 78 genehmigt ist, gültig, auch wenn die Darlehensaufnahme im Widerspruch mit den §§ 76 oder 77 stehen sollte (s. Anm. 1 und 5 zu § 76 und Anm. 1 zu § 77).

Über weitere Erfordernisse s. Anm. 4.

2. Siehe Anm. 2 zu § 76. „Darlehensaufnahmen" sind zweiseitige Rechtsgeschäfte. Daher ist zwar zu Kreditverlängerungen, die auf Vereinbarungen beider Parteien beruhen, Genehmigung erforderlich, nicht aber, wenn sie lediglich dadurch entstehen, daß der Gläubiger von seinem Rückforderungsrecht keinen Gebrauch macht, da in Fällen der bloßen Nichtrückforderung eine Rechtshandlung der Gemeinde, die der Genehmigung fähig wäre, nicht vorliegt. Ebenso ist Genehmigung erforderlich für jede Änderung der Darlehensbedingungen (z. B. Zins- oder Tilgungssatz), die **zuungunsten** der Gemeinde erfolgt.

Für die Genehmigungspflicht bei **Schuldübernahmen** (vgl. 1. Ausführungsanw. z. Pr. GemFinG. § 74) gilt folgendes:

Genehmigung ist erforderlich:

a) bei Eintritt in eine bestehende Darlehensschuld, sei es privativ (§§ 414, 415 BGB.) oder kumulativ. Der Eintritt steht einer Darlehensaufnahme gleich,

b) wenn bei freihändigem Erwerb eines Grundstücks eine Schuld des Veräußerers übernommen wird, für die an dem Grundstück eine Hypothek besteht (vgl. § 416 BGB.),

c) wenn bei Erwerb eines Grundstücks in der Zwangsversteigerung mit dem Gläubiger einer an sich nicht bestehen bleibenden Hypothek das Bestehenlassen vereinbart wird (vgl. §§ 59, 91 Abs. 2 ZVG.).

Genehmigung ist nicht erforderlich:

a) bei Erwerb eines Grundstücks in der Zwangsversteigerung, das mit einer Hypothek belastet ist, die gemäß § 53 ZVG. bestehen bleibt, falls der Vollstreckungsschuldner persönlich haftet. Grund: Die Übernahme der persönlichen Schuld in Höhe der bestehen bleibenden Hypothek tritt durch den Zuschlag kraft Gesetzes ein.

b) bei Erwerb eines mit einer Hauszinssteuerhypothek belasteten Grundstücks in der Zwangsversteigerung, wenn die persönliche Schuld für Vorhypotheken übernommen wird.

3. Erfahrungsgemäß bringen diese Geschäfte für die Gemeinde besondere Gefahren mit sich und können ihre Finanzwirtschaft weitgehend beeinflussen (s. Amtl. Begr.).

Im **Bürgschaftsvertrag** verpflichtet sich der Bürge gegenüber dem Gläubiger eines Dritten, für die Erfüllung der Verbindlichkeit des Dritten einzustehen (§ 765 BGB.). Gegenstand des **Gewährvertrages** (Garantievertrages) ist dagegen die Haftung für einen bestimmten Erfolg, für ein bestimmtes Verhalten des Schuldners, die Übernahme einer Gefahr oder eines Schadens, die aus dem Schuldverhältnis eines Dritten entstehen kann (vgl. RGZ. 90 S. 417; 92 S. 122). Was unter **„anderen Sicherheiten"** zu verstehen ist, sagt die DGemO. ebensowenig wie vor ihr beispielsweise § 1 des Preuß. Ges. vom 29. Mai 1931 (GS. S. 73), § 1 Kap. I Teil III der NotVO. vom 7. Oktober 1931 (RGBl. I S. 537, 543) oder § 74 Pr. GemFinG. Darunter sollen nach der 1. Ausführungsanw. z. Pr. GemFinG. Garantieübernahmen fallen, die nicht Bürgschaft oder Gewährleistung sind, und ausschließlich zugunsten eines Dritten, nicht auch zur Sicherung einer eigenen Anleihe dienen sollen. Beispiele: Aval (Wechselbürgschaft), Ausbietungsgarantie. Trotz § 105 Abs. 2 Nr. 1, der nur von „sonstigen **Verpflichtungen** im Sinne des § 78" spricht, wird man jedoch unter „Sicherheiten" auch **dingliche** Sicherungen verstehen müssen, die i. d. R. sogar eine schwerere Belastung bedeuten als bloße obligatorische Bindungen, z. B. **Pfandrechte** (§§ 1204ff. BGB.), **Hypotheken-, Grund-** und Rentenschulden (§§ 1113ff., 1191ff., 1199ff. BGB.), **Nießbrauch** (§§ 1030ff. BGB.), **Reallasten** (§§ 1105ff. BGB.) — Nießbrauch und Reallast z. B. zur Sicherung des Zins- und Tilgungsdienstes — und **Sicherungsübereignungen.**

Zu beachten ist aber, daß § 78, wie sich aus der Zusammenstellung mit Bürgschaften und Verpflichtungen aus Gewährverträgen sowie aus der Gegenüberstellung mit der Sicherung eigener Darlehen der Gemeinde in § 79 ergibt, nur die Bestellung von Sicherheiten für **fremde** Verbindlichkeiten, nicht auch für eigene Schulden der Gemeinde im Auge hat (vgl. Zschietzsch a. a. O. S. 45).

Die Bestellung von Sicherheiten zugunsten **eigener** Schulden der Gemeinde mit Ausnahme der Spezialsicherung eigener **Darlehen** (darüber s. § 79 und Anm. 2, 3 und 4 zu § 79) dürfte nach wie vor keinen Sonderbeschränkungen unterliegen.

Für Bürgschaften, zu denen außer der selbstschuldnerischen Bürgschaft (vgl. § 773 Nr. 1 BGB.) auch die Nach-, Rück- und Ausfallbürgschaft gehören, ist (vgl. 1. Ausführungsanw. z. Pr. GemFinG. § 74) folgendes zu beachten:

a) Wird das Darlehen, für welches eine Gemeinde die Bürgschaft übernommen hat, durch ausdrückliche Vereinbarung oder stillschweigend verlängert, so ist eine Genehmigung nicht erforderlich, weil keine neue Bürgschaftsverpflichtung übernommen wird. Dagegen ist Genehmigung erforderlich, wenn die Bürgschaft zeitlich **befristet** war und ausdrücklich neu übernommen wird.

b) Willigt eine Gemeinde, die eine Bürgschaft übernommen hat, gemäß § 418 Abs. 1 S. 3 BGB. in die Schuldübernahme, so bedarf die Einwilligung der Genehmigung, da sie wirtschaftlich eine neue Bürgschaftsübernahme darstellt.

4. Siehe § 107. Die Vorschrift entspricht den Bestimmungen in § 1, § 2 Nr. 2, § 3 Kap. I Teil III VO. vom 6. Oktober i. d. Fass. § 1 Kap. VII Teil IV VO. vom 8. Dezember 1931 (RGBl. I S. 543, 716). — Durch § 13 UmschuldungsG. (vgl. Vorbem. zum 3. Abschnitt) ist den Gemeinden bis zum 31. März 1935 die Aufnahme neuer Darlehen grundsätzlich verboten. Ausnahmen bedürfen der Genehmigung der Aufsichtsbehörde, die nur im Einvernehmen mit dem Reichsfinanzminister zu erteilen ist. Dieses Verbot findet auf Kassenkredite, auf Darlehensverlängerungen sowie auf gesetzlich bereitgestellte Kredite, z. B. auf die Darlehen für Notstandsarbeiten gemäß Kap. II Teil IV VO. vom 14. Juni 1932 (RGBl. I S. 273), insbesondere auf Darlehen bei der Deutschen Gesellschaft für öffentliche Arbeiten

AG., keine Anwendung. Im übrigen dürfen Ausnahmen nur gewährt werden, wenn die Verzinsung im wirtschaftlichen Gesamtergebnis 4 % nicht übersteigt. Wegen des notwendigen Inhalts des Ausnahmeantrages s. Erl. vom 19. Januar 1934 (MBliV. S. 100). Hält die Aufsichtsbehörde einen Ausnahmefall für gegeben, so hat sie die in § 78 vorgeschriebene Genehmigung unter Vorbehalt der Genehmigung nach § 13 UmschuldungsG. auszusprechen und alsdann wegen Einholung des Einverständnisses des RFM. das weitere zu veranlassen. Auf Umgehungen des Verbots durch vermehrte Aufnahme von Bürgschaften ist besonders zu achten, Erl. vom 6. Oktober 1933 (MBliV. S. 1135).

Erfolgt die Darlehensaufnahme durch Ausgabe von Inhaberpapieren, so ist die dafür nach § 795 BGB. und G. vom 23. Juni 1923 (RGBl. I S. 407) erforderliche Genehmigung, sowie die nach § 6 Kap. III Teil I VO. vom 8. Dezember 1931 (RGBl. I S. 699) zur Inverkehrsetzung notwendige Zustimmung der RReg. noch neben der kommunalaufsichtlichen Genehmigung einzuholen.

5. Die Einzelgenehmigung des § 78, die neben die nach § 76 erforderliche Gesamtgenehmigung tritt, bezweckt in erster Linie Sicherstellung der Angemessenheit der Darlehensbedingungen im Einzelfalle (s. Anm. 8 zu § 76; Verzinsung, Tilgung, Vermittlungsprovisionen, Valuta [Reichsmark!], Nichtabtretungsklausel, Spezialverpfändung [vgl. § 79] u. dgl. mehr, vgl. Hettlage-Loschelder-Spielhagen a. a. O. S. 289/290). Insoweit ist die Innehaltung bestimmter Grenzen zur Vermeidung jeder Kreditverteuerung, schädlichen Konkurrenz auf dem Kapitalmarkt usw. unentbehrlich (s. Amtl. Begr.). Außerdem wird die Aufsichtsbehörde aber prüfen müssen, ob die Voraussetzungen der §§ 76 und 77 erfüllt sind und ein vorschriftsmäßiger Tilgungsplan gemäß § 80 aufgestellt ist.

Richtlinien für die bei der Genehmigung zu beachtenden Gesichtspunkte und für die Beibringung der Genehmigungsunterlagen bleiben etwaigen Ausführungsbestimmungen (§ 105 Abs. 2 Nr. 1) vorbehalten (vgl. 1. Ausführungsanw. z. Pr. GemFinG. § 74).

6. **Umgehungsgeschäfte.** Beispiel: Der Kaufpreis oder Werklohn, zu dessen Bezahlung normalerweise ein Darlehen auf-

genommen worden wäre, wird langfristig kreditiert. Umwandlung einer Schuld in ein Darlehen (vgl. § 607 Abs. 2 BGB.) ist kein Umgehungsgeschäft, sondern ein Darlehensvertrag. Die Tatsache der Umgehung ist allein kein ausreichender Grund, die Genehmigung zu versagen (vgl. 1. Ausführungsanw. z. Pr. GemFinG. § 74).

7. Dazu gehören die unter Kreditierung des Kaufpreises getätigten Anschaffungsgeschäfte oder die Übernahme von Bürgschaften (Verpflichtungen) zugunsten Dritter (Werke und Anstalten) im regelmäßigen Geschäftsverkehr der laufenden Verwaltung. Typische Beispiele: Anschaffung von Heizmaterial, Bürobedarf, Ausrüstung der Krankenanstalten usw., Bürgschaften (Sicherheiten) für gestundete Kaufpreise von Kohlen für Gas- und Elektrizitätswerke (vgl. 1. Ausführungsanw. z. Pr.GemFinG. § 74).

8. Vgl. G. vom 21. März 1925 (RGBl. I S. 27); die zwischen der Reichsregierung und den Landesregierungen vereinbarten Richtlinien vom 21. Oktober 1927 (MBliV. 1931 S. 121); § 5 Kap. I Teil III NotVO. vom 6. Oktober/8. Dezember 1931 (RGBl. I S. 537, 543 und S. 699, 716); Kreditabkommen für deutsche öff. Schuldner von 1934 (Deutscher Reichsanzeiger 1934 Nr. 78). Die Genehmigung für Auslandskredite darf nur erteilt werden, wenn es sich um einen dringlichen, unmittelbar produktiven Zweck handelt, d. h. um Verwendung für werbende, mittelbar der Gesamtwirtschaft des Reiches dienende Anlagen, deren Einnahmen die Deckung der Unkosten einschließlich Verzinsung und Tilgung des Anlagekapitals gewährleisten. Die in den Richtlinien vorgesehene Anhörung der Beratungsstelle für Auslandskredite ist nicht mehr erfoderlich, RFM.Erl. vom 12. Dezember 1933 (MBliV. 1934 S. 74). Doch muß das Vorhaben vorher dem RFM., in Eilfällen dem RWirtschaftsminister und dem RBankdirektorium unmittelbar angezeigt werden. Wegen Aufnahme von Auslandskrediten (in dem nach vorstehendem zulässigen Rahmen) auf Registermark und Sperrmark s. Erl. vom 18. Mai 1933 (MBliV. S. 585) bei IV. Vgl. auch RdErl. v. 10. Januar 1934 (MBliV. S. 74).

9. Auch im Rahmen der laufenden Verwaltung.

§ 79.

Die Gemeinde[1] darf[2] zur Sicherung des Darlehensgebers[3] keine besonderen Sicherheiten[4] bestellen[5]. Die Aufsichtsbehörde kann Ausnahmen zulassen, wenn und soweit die Bestellung von Sicherheiten der Verkehrsübung entspricht[6].

1. Über die Bestellung von Sicherheiten durch **Dritte** s. Anm. 5.

2. Verstoß hat Nichtigkeit der Sicherheitsvereinbarung zur Folge (s. § 104 Abs. 2). Der Gläubiger muß die Sicherheiten gegebenenfalls als ungerechtfertigte Bereicherung (§§ 812 ff. BGB.) herausgeben. Im Falle der Nichtigkeit von Grundstücksbelastungen hat die Gemeinde den Grundbuchberichtigungsanspruch des § 894 BGB. Ob die Nichtigkeit der Sicherheitsbestellung die Ungültigkeit des gesamten Darlehensvertrages nach sich zieht, richtet sich nach § 139 BGB. Vgl. aber Satz 2 und Anm. 6.

3. § 79 gilt nur für **Darlehen** (s. Anm. 2 zu § 76). Die Bestellung von Sicherheiten zugunsten **anderer** Schuldverhältnisse (aus Kauf, Werkvertrag usw.) wird nicht getroffen.

4. Z. B. Pfandrechte (§§ 1204 ff. BGB.), Hypotheken, Grund- und Rentenschulden (§§ 1113 ff., 1191 ff., 1199 ff. BGB.), Nießbrauch (§§ 1030 ff. BGB.), Reallasten (§§ 1105 ff. BGB.) — Nießbrauch und Reallasten zur Sicherung des Zins- und Tilgungsdienstes —, Sicherungsübereignung usw.

5. Grundlage des Gemeindekredits ist nicht das Vermögen, sondern die allgemeine Steuer- und Leistungskraft der Gemeinde. Die Bestellung besonderer Sicherheiten bedeutet eine Bevorzugung einzelner Gläubiger auf Kosten des Gemeindevermögens und hat deshalb grundsätzlich zu unterbleiben (s. Amtl. Begr.).

Das Verbot trifft nur die Sicherung **eigener** Darlehen der Gemeinde. Die Übernahme einer Bürgschaft, Gewähr oder sonstigen Sicherheit für **fremde** Darlehen fällt unter § 78 (s. Anm. 3 daselbst). Das Verbot trifft ferner nur solche Sicherheiten, die die Gemeinde **selbst** (aus ihrem Vermögen) bestellt. Bestellt ein **Dritter** für ein Darlehen der Gemeinde ein Pfandrecht oder eine Hypothek oder übernimmt ein Dritter für ein solches Darlehen eine Bürgschaft — letzten Endes kann die Gemeinde Gewährleistungen Dritter nicht verhindern —, so sind diese Sicherheiten voll gültig.

Das Verbot gilt schließlich sowohl für Sicherheitsbestellungen, die bei **Aufnahme** eines Darlehens vereinbart werden, wie für solche, die erst nachträglich zur Sicherung einer schon **bestehenden** Darlehensschuld gegeben werden.

6. Z. B. Restkaufgeld, landwirtschaftliche Beleihung, hypothekarische Belastung von Wohngrundstücken bei gemeindlichem Wohnungsbau, bankmäßige Lombardierung von Wertpapieren (s. Amtl. Begr. und § 75 Pr. GemFinG.). Im übrigen entscheidet das Ermessen der Aufsichtsbehörde. Läßt sie eine nicht verkehrsübliche Sicherheitsbestellung zu, so ist diese (vgl. Anm. 2) gleichwohl gültig.

§ 80.

(1) Die Gemeinde hat für jedes[1] Darlehen[2] einen Tilgungsplan[3] aufzustellen[4].

(2) In dem Tilgungsplan ist eine Tilgung in der Mindesthöhe der Rückzahlungsbedingungen des Darlehensvertrages vorzusehen[5]. Darlehen zur Befriedigung wiederkehrender Bedürfnisse sind bis zur Wiederkehr des Bedürfnisses zu tilgen[6]. Allgemein sind die Tilgungsbeträge um so höher zu bemessen, je geringer der unmittelbare wirtschaftliche Nutzen des Darlehenszweckes ist[7].

(3) Für Darlehen, die mit dem Gesamtbetrag[8] fällig werden oder für die der Tilgungsplan eine von den Rückzahlungsbedingungen abweichende Tilgung[9] vorsieht, sind die Tilgungsbeträge planmäßig anzusammeln und bereitzuhalten (Tilgungsrücklage)[10].

1. Nicht nur für Tilgungsdarlehen, sondern auch für Darlehen, die mit dem Gesamtbetrage fällig werden (s. Abs. 3).

2. Siehe Anm. 2 zu § 76.

3. Eine bestimmte Form ist nicht vorgeschrieben. Gewöhnlich setzt der Tilgungsplan einen bestimmten Prozentsatz des Kapitals zur jährlichen Rückzahlung fest, die durch Auslosung einer entsprechenden Zahl umlaufender Obligationen erfolgt.

4. Dadurch soll die Planmäßigkeit der Tilgung gesichert und die Möglichkeit einer Überwachung geschaffen werden.

Eine solche Tilgung war von Reichs wegen bereits durch die Umschuldungsbestimmungen in Kap. II Teil III VO. vom 6. Oktober 1931, abg. durch Kap. VII Teil IV VO. vom 8. Dezember 1931 (RGBl. I S. 537, 699) angeordnet. Sie sind durch das Umschuldungsgesetz vom 29. September/14. November 1933 (RGBl. I S. 647, 971)/5. Juli 1934 (RGBl. I S. 575) ersetzt. Dazu sind ergangen: die DurchfVO. vom 21. September und 14. November 1933 (RGBl. I S. 650, 973) sowie 7. Juli 1934 (RGBl. I S. 598); AusfErl. d. RFM. vom 24. Oktober 1933 (MBliV. S. 1291); Pr. Erl. vom 6. Oktober und 25. November 1933 (MBliV. S. 1135, 1367); Erl. betr. Bildung der Schiedsstelle für Umschuldung vom 26. Dezember 1933 (MBliV. 1934 S. 11). Das G. regelt die Umwandlung kurzfristiger Schulden der Gemeinden (vgl. Vorbem. zum 3. Abschnitt) durch Vermittlung eines aus ihnen freiwillig gebildeten Umschuldungsverbandes. Ihre Beitrittsmeldung, die gegebenenfalls von der Aufsichtsbehörde abgegeben werden kann, ist von der obersten Landesbehörde zu genehmigen. Die Genehmigung ist zu versagen, wenn die Finanzlage der Gemeinde die Aufrechterhaltung ihres bisherigen Schuldendienstes gestattet. Kurzfristige Schulden sind bereits fällige oder bis 31. März 1935 fällig werdende oder bis dahin seitens des Gläubigers tilgbare Kapitalforderungen. Dazu gehören auch erhobene, aber bis zum Inkrafttreten des Gesetzes (23. September 1933) noch nicht abgelieferte Staatssteuern (s. Erl. vom 5. Dezember 1933, MBliV. S. 636), nicht aber andere öffentlich-rechtliche Forderungen, Lieferungsforderungen, Zins- und Tilgungsraten für langfristige, planmäßig zu tilgende Kapitalforderungen, Aufwertungsforderungen, Kassenkredite, Erl. vom 24. Oktober 1933 (s. oben). Die Gläubiger erhalten an Stelle ihrer bisherigen Forderungen Schuldverschreibungen des Verbandes, die mit 4 % verzinst und binnen 20 Jahren getilgt werden. Bei Ablehnung des Umtauschangebots seitens der Gläubiger gilt ihre Forderung als auf fünf Jahre gestundet. Die Gemeinden haben an den Verband die Zinsen und eine jährliche Tilgungsrate von 3% zu entrichten. Die Vorschriften der VO. vom 24. September 1932 (RGBl. I S. 447) über die gemeinsamen Rechte der Besitzer von Schuldverschreibungen finden keine Anwendung. Über Einzelheiten vgl. Bayrhoffer-Fuchs „Gemeindeumschuldungsgesetz".

5. Der (interne) Tilgungssatz muß mindestens den (externen) Rückzahlungsbedingungen entsprechen. Darüber hinaus ist in den Fällen des Abs. 2 S. 2 und 3 eine verstärkte (interne) Tilgung vorgeschrieben.

6. Auch wenn die (externen) Rückzahlungsbedingungen eine längere Tilgung zulassen. Grund: Die Wiederkehr des Bedürfnisses macht i. d. R. die Aufnahme eines neuen Darlehens erforderlich, dessen Tilgung sonst in Frage gestellt sein könnte.

7. Derartige Darlehen sollen Gemeinden nur aufnehmen, wenn sie nach ihrer gesamten Finanzlage zu einer schnellen Tilgung in der Lage sind (s. Amtl. Begr.).

8. Gegensatz: in Teilbeträgen.

9. Gesetzlich vorgeschrieben in Abs. 2 S. 2 und 3. Die Vorschrift gilt aber auch, wenn die Gemeinde aus freien Stücken eine verstärkte Tilgung beschlossen hat.

10. Eine Verwendung oder auch nur vorübergehende Festlegung für andere Zwecke ist grundsätzlich ausgeschlossen.

§ 81.

(1) Die Gemeinde darf[1] Kredite zur rechtzeitigen Leistung von Ausgaben des ordentlichen[2] Haushaltsplans (Kassenkredite)[3] nur bis zu dem in der Haushaltssatzung festgesetzten[4] und von der Aufsichtsbehörde[5] genehmigten[6] Höchstbetrag[7] aufnehmen. Die Genehmigung[6] darf[8] nur in Ausnahmefällen für einen höheren Betrag als ein Sechstel des haushaltsmäßigen ordentlichen Einnahmesolls erteilt werden[9]. Kassenkredite, die im Zeitpunkt einer neuen Genehmigung nicht zurückgezahlt

sind, sind bei der neuen Genehmigung einzurechnen[10]. Die Genehmigung zur Aufnahme weiterer Kassenkredite erlischt unbeschadet der Vorschrift des § 87[11] mit Ablauf des Rechnungsjahres[12].

(2) Die Aufnahme von Kassenkrediten ist nur zu genehmigen, wenn der Bedarf nicht aus Mitteln der Betriebsrücklage, zu deren Ansammlung jede Gemeinde verpflichtet ist, gedeckt werden kann[13].

(3) Kassenkredite sind aus ordentlichen[14] Einnahmen des laufenden Haushaltsplans oder sonst innerhalb von neun Monaten[15] zurückzuzahlen. Für Ausgaben des außerordentlichen[2] Haushaltsplans dürfen sie nicht verwendet werden[16].

1. Überschreitet die Gemeinde den in der Haushaltssatzung festgesetzten und von der Aufsichtsbehörde genehmigten Höchstbetrag, so sind derartige Kreditverträge unwirksam (s. § 104 Abs. 1 und Anm. 6 daselbst). Die aufsichtsbehördliche Genehmigung des Höchstbetrages der Kassenkredite hat eine andere Bedeutung als die Genehmigung des Gesamtbetrages der Darlehen nach § 76 Abs. 1 S. 2. Zur Aufnahme eines Darlehens im Sinne der §§ 76—80 (s. Anm. 2 zu § 76) ist jeweils noch eine besondere Einzelgenehmigung gemäß § 78 erforderlich (s. Anm. 5 zu § 78), während eine besondere Genehmigung jedes einzelnen Kassenkredits nicht erfolgt (s. Anm. 7). Die Genehmigung des Höchstbetrages der Kassenkredite bedeutet daher nicht nur die Genehmigung einer bloßen **Summe** (vgl. Anm. 5 zu § 76), sondern konkludent auch die von Rechtsgeschäften im Sinne des § 104 Abs. 1, nämlich sämtlicher innerhalb des Höchstbetrages aufzunehmenden Kassenkredite.

Die Rückforderung hiernach unwirksamer Kassenkredite unterliegt den Grundsätzen der ungerechtfertigten Bereicherung (§§ 812ff., 818 BGB.). Die Kreditaufnahme wird aber (mit rückwirkender Kraft) wirksam, sobald der Kassenkredit (z. B. durch Rückzahlung anderer Kassenkredite) nachträglich in den genehmigten Höchstbetrag fällt.

2. Siehe Anm. 5 zu § 85. **Außerordentliche** Ausgaben dürfen mit Kassenkrediten nicht bestritten werden, vgl. Abs. 3 S. 2.

3. Kassenkredite stellen einen kassentechnischen Notbehelf dar, der vorübergehenden Ersatz für noch nicht fällige ordentliche Einnahmen schaffen soll, um die durch sie zu deckenden Ausgaben rechtzeitig leisten zu können. Sie sind ihrer rechtlichen Natur nach ebenfalls Darlehen im Sinne der §§ 607 ff. BGB., stehen aber finanzwirtschaftlich im Gegensatz zu den Darlehen der §§ 76—80 (s. Anm. 2 zu § 76).

4. Siehe § 83 Nr. 3.

5. Siehe § 107.

6. Siehe § 86 Abs. 1 Nr. 2.

7. Nur der Höchstbetrag der Kassenkredite, nicht die Aufnahme jedes einzelnen Kassenkredits (letzteres wäre technisch unmöglich) ist genehmigungspflichtig (im Gegensatz zur Aufnahme von Darlehen, vgl. §§ 76 und 78); vgl. auch Anm. 1. Dagegen wird die Einzelgenehmigung nach § 78 erforderlich, wenn ein Kassenkredit gelegentlich seiner Verlängerung zu einem kurzfristigen Darlehen wird (vgl. v. Lympius-Küchenhoff Anm. 3 zu § 81 Pr. GemFinG.). Ebenso ist Einzelgenehmigung nötig, wenn es sich bei dem Kassenkredit mittelbar oder unmittelbar um die Aufnahme eines Auslandskredits handelt (vgl. § 2 Kap. I Teil III der NotVO. vom 6. Oktober 1931, RGBl. I S. 537, 543).

8. Die Vorschrift wendet sich nur an die Aufsichtsbehörde. Die Gültigkeit der Aufnahme eines Kassenkredits (s. Anm. 1) wird dadurch nicht berührt, daß die Aufsichtsbehörde einen zu hohen Höchstbetrag genehmigt hat (s. Anm. 1 zu § 104).

9. Kassenkredite müssen ihrer Natur nach in einem angemessenen Verhältnis zu den Einnahmen des ordentlichen Haushaltsplans stehen, aus denen sie nach Abs. 3 abgedeckt werden. Die Höchstgrenze (ein Sechstel des ordentlichen Einnahmesolls) ist absichtlich hoch bemessen (s. Amtl. Begr.). Nur in Ausnahmefällen darf die Aufsichtsbehörde eine Überschreitung zulassen. Stets hat sie innerhalb dieser Höchstgrenze zu prüfen, welcher Kassenkredite die Gemeinde zur Aufrechterhaltung des Kassenbetriebes tatsächlich bedarf (insbes. unter Berücksichtigung einer etwaigen Betriebsrücklage, vgl. Abs. 2). Eine

Ausschöpfung des Höchstbetrages kommt in aller Regel nicht in Betracht (vgl. 1. Ausführungsanw. z. Pr. GemFinG. § 81).

10. Dadurch wird einem Wachsen der Verschuldung durch Nichtzurückzahlung von Kassenkrediten vorgebeugt. Kassenkredite bergen infolge ihrer Kurzfristigkeit besondere Gefahren in sich.

11. Siehe § 87 Nr. 3.

12. Siehe § 82 und Anm. 10 zu § 76.

13. Vgl. § 26 Abs. 4 RHO. Nach Möglichkeit soll die Gemeinde ohne Kassenkredite auskommen. Sie soll bestrebt sein, einen Kreditbedarf zur Überbrückung des Auseinanderfallens von Einnahmen und Ausgaben im ordentlichen Haushalt aus eigenen Mitteln, der Betriebsrücklage, zu decken, zu deren Ansammlung jede Gemeinde rechtlich verpflichtet ist.

14. Siehe Anm. 5 zu § 85. Mit **außerordentlichen** Einnahmen dürfen Kassenkredite nicht abgedeckt werden.

15. Die kurze Laufzeit entspricht geordneter Finanzwirtschaft.

16. Durch derartige mißbräuchliche Verwendung würde der Haushalt gefährdet, vgl. auch Anm. 4 zu § 90.

4. Abschnitt.

Haushalt.

Vorbemerkung.

Wie in Reich und Ländern kann auch die Wirtschaft der Gemeinden in Einnahme und Ausgabe sich nur nach einem, für eine bestimmte Rechnungsperiode von vornherein festgelegten Plan, dem sog. Haushaltsplan, vollziehen. Über die rechtliche Bedeutung des Haushaltsplans s. Anm. 5 zu § 83. Aus Gründen der veränderten verfassungsrechtlichen Struktur ergeht er nunmehr im Rahmen einer Satzung, die außerdem die in § 83 Nr. 2 bis 4 genannten Angaben enthält (s. Anm. 2 zu § 83). Das Etat- und Steuerbewilligungsrecht der früheren Vertretungskörperschaften ist dem Führerprinzip gewichen (s. Vorbem. zum 6. Teil). Der Leiter der Gemeinde ist für die Feststellung und Ausführung der Haushaltsatzung allein verantwortlich.

Die DGemO. beschränkt sich darauf, die wichtigsten Grundsätze über Feststellung (§§ 83—86) und Ausführung (§§ 89—90) der Haushaltssatzung gesetzlich zu verankern (Öffentlichkeit, Wirtschaftlichkeit, Haushaltsausgleich usw.). Daneben sind Bestimmungen getroffen über Änderung der Satzung (§ 88), Haushaltsführung in der sog. Interimszeit (§ 87), Haushaltsüberschreitungen (§ 91) und Haftung wegen Verletzung haushaltsrechtlicher Vorschriften (§§ 92—93).

Über die von der DGemO. vorausgesetzte formelle Gliederung des Haushaltsplans in einen ordentlichen und einen außerordentlichen Teil s. Anm. 5 zu § 85. Einzelheiten über die Aufstellung und Ausführung des Haushaltsplans sind den nach § 105 Abs. 2 Nr. 3 zu erlassenden Durchführungsverordnungen überlassen, die diese Fragen in Anlehnung an die Grundsätze der Reichshaushaltsordnung einheitlich regeln werden. Bis dahin behalten die entsprechenden Vorschriften der Landesgesetze Geltung (vgl. Anm. 5 zu § 85 und Anm. 4 zu § 89 am Ende).

§ 82.

Das Rechnungsjahr[1] der Gemeinde deckt sich mit dem Rechnungsjahr des Staates[2]. Es wird nach dem Kalenderjahr benannt, in dem es beginnt.

1. Rechnungsjahr ist der für die Wirtschaftsperiode des Gemeinwesens maßgebende Zeitraum. Für jedes Rechnungsjahr ist eine Haushaltssatzung zu erlassen (§ 83). Die Einnahmen und Ausgaben eines jeden Rechnungsjahres sind in dem, einen Bestandteil der Haushaltssatzung bildenden Haushaltsplan zu veranschlagen (§ 85), dessen zeitliche Geltung grundsätzlich auf das betr. Rechnungsjahr beschränkt ist. Über die Einnahmen und Ausgaben jedes Rechnungsjahres ist in einer Jahresrechnung Rechnung zu legen (§ 95).

2. Aus Gründen einheitlicher Finanzgebarung soll sich das Rechnungsjahr der Gemeinden jeweils mit dem des Staates, d. h., da die Länder keine Staaten mehr sind, mit dem des Reiches, decken. Praktisch gilt nunmehr für Reich, Länder und Gemeinden dasselbe Rechnungsjahr, da die Länder ihre Haushaltsperiode der des Reiches bereits von sich aus angeglichen haben (für **Preußen** vgl. Gesetz über die Staatshaushaltsordnung

vom 15. Dezember 1933 (GS. S. 475). Nach § 2 RHO. beginnt das Rechnungsjahr des Reiches mit dem 1. April und endet mit dem 31. März. Eine Änderung des Rechnungsjahres des Reiches würde eine solche des gemeindlichen automatisch nach sich ziehen.

Dadurch werden länger dauernde, insbesondere mehrjährige Haushalts- und Rechnungsperioden, soweit sie landesrechtlich noch bestanden — bis 1922 in Bayern und Baden, früher auch in Sachsen und Württemberg (vgl. Schulze-Wagner a. a. O. Anm. 1 zu § 2 RHO.) — beseitigt.

§ 83.

Für jedes Rechnungsjahr[1] hat die Gemeinde eine Haushaltssatzung[2] zu erlassen[3]. Sie enthält[4] die Festsetzung

1. **des Haushaltsplans[5],**
2. **der Steuersätze[6] für die Gemeindesteuern, die für jedes Rechnungsjahr neu festzusetzen sind[7],**
3. **des Höchstbetrags der Kassenkredite[8],**
4. **des Gesamtbetrags der Darlehen[9], die zur Bestreitung von Ausgaben des außerordentlichen[10] Haushaltsplans bestimmt sind[11].**

1. Siehe § 82 und Anm. daselbst.

2. Die Haushaltssatzung kommt in einem bestimmten formellen Verfahren zustande (s. §§ 84, 86). Ihre Änderung ist nur in dem gleichen Verfahren, durch Erlaß einer Nachtragssatzung, möglich (s. § 88 und Anm. 3 daselbst). Der Grund für diese Förmlichkeit liegt in dem grundlegenden Strukturwandel, den die DGemO. für das gesamte Reichsgebiet herbeiführt. Vordem gehörte das Haushalts- und Steuerbewilligungsrecht zu den wichtigsten Befugnissen der gemeindlichen Vertretungskörperschaften (s. Vorbem. zum 4. Abschnitt). Diese ermächtigten durch den Haushalts- und Steuerbewilligungsbeschluß den Leiter der Gemeinde zur Bewirkung bestimmter Ausgaben und zur Erhebung bestimmter Einnahmen. Die so gesteckten Grenzen

durfte er nicht überschreiten. Nach Wegfall der Vertretungskörperschaften liegt die gesamte Verwaltung in der **Hand** des Bürgermeisters. Er stellt den Haushaltsplan fest und **führt** ihn auch aus. Ohne besondere Vorsorge würde der Haushaltsplan zu einem bloßen **Wirtschaftsplan** herabsinken, den der Bürgermeister ebenso, wie er ihn feststellt, auch jederzeit ändern könnte. Dieser Zustand würde die Stetigkeit und Ordnung der gemeindlichen Wirtschaftsführung gefährden (s. Amtl. Begr.). Deshalb kleidet § 83 die Feststellung des Haushaltsplanes in die Form einer **Satzung** (vgl. § 3), eines Gesetzes im formellen Sinne — materiell haben wir es mit einem Verwaltungsakt zu tun —, an den der Leiter der Gemeinde **gebunden** ist. Er hat, wie § 89 vorschreibt, die Verwaltung in Einnahme und Ausgabe **nach der Haushaltsatzung** zu führen.

Über den Inhalt der Haushaltsatzung s. Anm. 4.

3. Über das für den Erlaß der Haushaltsatzung vorgeschriebene Verfahren s. §§ 84 und 86.

4. Mit dem Haushaltsplan werden weitere Entschließungen von finanzieller Bedeutung zu einem organischen Ganzen verbunden. Die nach § 83 Nr. 1—4 zu fassenden Entschließungen müssen in einer **einzigen** Satzung erfolgen. Steuern, Kassenkredite und Darlehen außerhalb der durch die Haushaltsatzung bestimmten Ermächtigung können nicht erhoben bzw. aufgenommen werden. Die Zusammenfassung bezweckt, „daß in Zukunft mit der Feststellung des Haushaltsplanes zugleich über die Deckung der vorgesehenen Ausgaben Entscheidung getroffen wird (§ 83 Nr. 2), daß Kassenkredite entsprechend ihrem Wesen nur in engster Anlehnung und voller Anpassung an die Einnahmeseite des ordentlichen Haushaltsplanes aufgenommen werden (§ 83 Nr. 3), und daß der Darlehensbedarf des außerordentlichen Haushaltsplanes von vornherein planmäßig auf die Gesamtfinanzlage der Gemeinde abgestellt wird (§ 83 Nr. 4)", s. Amtl. Begr. Damit wird die Haushaltsatzung zu einem wirksamen Mittel zur Verwirklichung des Grundsatzes: Keine Ausgabe ohne gleichzeitige Deckung (vgl. Loschelder bei Freisler-Grauert a. a. O. Anm. 2 zu § 1 Pr. GemFinG.).

5. Der Haushaltsplan enthält alle voraussehbaren Einnahmen und Ausgaben des Rechnungsjahres (§ 85). Über Inhalt und Gliederung im einzelnen s. Anm. 2 und 5 zu § 85.

Seine rechtliche Bedeutung besteht in der Ermächtigung des Gemeindeleiters zur Leistung der im Haushaltsplan vorgesehenen Ausgaben und zur Erhebung der daselbst bestimmten Einnahmen. Wegen der Ausführung des Haushaltsplanes, insbes. über die Frage, inwieweit die Ermächtigung auch eine Verpflichtung des Gemeindeleiters in sich schließt, vgl. Anm. 4 zu § 89.

Ansprüche Dritter oder Verpflichtungen Dritter werden durch den Haushaltsplan weder begründet noch aufgehoben (vgl. § 24 RHO.). Aus der Tatsache, daß in den Haushaltsplan Mittel für einen bestimmten Zweck eingestellt sind, kann niemand einen Rechtsanspruch für sich herleiten, wie umgekehrt kein Schuldner die ihm obliegende Leistung unter Berufung darauf, daß entsprechende Einnahmeposten im Haushaltsplan nicht vorgesehen sind, mit Erfolg verweigern kann (vgl. Schulze-Wagner a. a. O. Anm. 1 und 2 zu § 24 RHO.).

6. Siehe § 86 Nr. 1 und Anm. 4 und 5 daselbst.

7. Hierunter fallen nur diejenigen Steuern, die nach gesetzlicher Vorschrift alljährlich neu festzusetzen sind, das sind die direkten Gemeindesteuern (Grundvermögenssteuer und Gewerbesteuer) und zur Zeit die Bürgersteuerzuschläge, nicht aber sonstige Gemeindeabgaben, bei denen die alljährliche Festsetzung der Höhe lediglich auf Ortsrecht beruht, wie z. B. bei Gebühren, Beiträgen und indirekten Steuern (vgl. auch § 85 Abs. 2 und Anm. 8 bis 10 daselbst). Zur Feststellung gehört auch die Festsetzung von Mehr- oder Minderbelastungen, da diese einen Teil der direkten Gemeindesteuern bilden. Die DGemO. regelt nur die Festsetzung. Im übrigen gelten die kommunalen Abgaben- und VerfassungsG.

8. Siehe § 81 und Anm. 3 daselbst sowie § 86 Nr. 2.

9. Über Darlehen s. Anm. 2 zu § 76. Die Verwendungszwecke der Darlehen sind in der Haushaltssatzung anzugeben. Sonst hat die Aufsichtsbehörde keine ausreichende Unterlage für die Erteilung der Genehmigung (vgl. Anm. 8 zu § 76).

10. Siehe Anm. 5 zu § 85. Zur Bestreitung ordentlicher Ausgaben dürfen Darlehen nicht verwandt werden (s. Anm. 3 zu § 76).

11. Siehe § 86 Nr. 3.

§ 84.

Die Haushaltssatzung[1] ist vom Bürgermeister[2] so rechtzeitig[3] aufzustellen[4], daß sie den Gemeinderäten[5] zugeleitet[6], mit ihnen beraten[7] und spätestens einen Monat vor Beginn des Rechnungsjahres[8] der Aufsichtsbehörde[9] vorgelegt[10] werden kann.

1. Siehe § 83 und Anm. 2 und 4 daselbst. Entsprechendes gilt für die Nachtragssatzung (s. § 88 und Anm. 3 daselbst) mit der Maßgabe, daß sie so rechtzeitig aufzustellen ist, daß sie zu dem Zeitpunkt vorliegt, in dem sie sachlich notwendig wird (vgl. Hettlage-Loschelder-Spielhagen a. a. O. S. 117).

2. Siehe § 32.

3. Eine bestimmte Frist ist nicht vorgeschrieben. Sie ergibt sich aber mittelbar aus dem Nachsatz.

4. Entwurf.

5. Siehe §§ 48 ff.

6. Möglichst nicht erst in, sondern schon angemessene Zeit vor der Beratung (vgl. auch § 56 Abs. 1).

7. Der Bürgermeister muß den Gemeinderäten Gelegenheit zur Äußerung geben, da es sich um den Erlaß einer Satzung handelt (§ 55 Nr. 4).

8. Siehe § 82 und Anm. daselbst.

9. Siehe § 107. Wegen Genehmigung durch die Aufsichtsbehörde s. § 86. Wegen aufsichtsbehördlichen Einschreitens bei Mißbilligung des sonstigen Inhalts der Haushaltssatzung oder bei nicht rechtzeitiger Vorlegung derselben s. §§ 109 ff.

10. Die Verpflichtung zur Vorlegung besteht auch, soweit keine Genehmigung vorgeschrieben ist (vgl. § 86).

§ 85.

(1) Der Haushaltsplan[1] hat alle[2] voraussehbaren[3] Ausgaben und Einnahmen des Rechnungsjahres[4] zu enthalten[5]. Die Ausgaben sind unter Einbeziehung von Fehlbeträgen[6] aus Vorjahren mit den Einnahmen auszugleichen[7].

(2) Die Gemeinde kann Steuern[8] und Abgaben[9] nach den gesetzlichen Vorschriften[10] erheben, soweit die sonstigen Einnahmen[11] zur Deckung der Ausgaben nicht ausreichen[12].

1. Siehe Anm. 5 zu § 83.

2. Das bedeutet

a) Grundsatz der **Vollständigkeit.** Alle wesentlichen finanziellen Vorgänge müssen (nach dem **Bruttoprinzip,** vgl. § 7 RHO.) im Interesse durchsichtiger Finanzgebarung aus dem Haushaltsplan erkennbar sein,

b) Grundsatz der **sachlichen Einheit. Sonderhaushaltspläne,** durch die bestimmte Einnahmen einem Sonderhaushalt zugeführt werden und als Deckungsmittel dem Gesamthaushalt entzogen werden, sind unzulässig. Nicht dagegen **Einzelpläne,** welche die Einnahmen und Ausgaben eines einzelnen Verwaltungszweiges (z. B. der Liegenschaftsverwaltung) oder bestimmter Gruppen von Einnahmen und Ausgaben enthalten, wobei der Gesamtplan sämtliche Einnahmen und Ausgaben der Einzelpläne in größeren Zusammenfassungen widergibt (vgl. § 5 RHO.). Die Aufstellung von Einzelplänen ist im Interesse der Übersichtlichkeit sogar erwünscht.

3. § 85 spricht nur davon, daß alle **voraussehbaren** Ausgaben und Einnahmen in den Haushaltsplan einzustellen sind. Daneben ist oberster Grundsatz, auch für die Gestaltung des Haushaltsplanes, **sparsamste** und **wirtschaftliche** Finanzgebarung. Das versteht sich von selbst und folgt überdies aus § 89 S. 3. Es gilt in dieser Hinsicht, was § 13 Pr. GemFinG. besagt, daß der Leiter der Gemeinde in den Haushaltsplan außer den Ausgaben, die zur Bestreitung der rechtlichen Verpflichtungen die Gemeinde notwendig sind, nach gewissenhafter Prüfung nur

solche aufnehmen darf, die für die Aufrechterhaltung der Verwaltung und die Erfüllung der Aufgaben der Gemeinde erforderlich sind. Er darf die Haushaltswirtschaft der Zukunft nicht ungebührlich zugunsten der Gegenwart belasten und soll insbes. durch Ansammlung von Fonds, Sicherungen gegen Schwankungen der allgem. Wirtschaft schaffen.

4. Siehe § 82 und Anm. daselbst.

5. Die Gliederung des Haushaltsplanes in einen **ordentlichen** und in einen **außerordentlichen** Teil wird in verschiedenen Bestimmungen der DGemO. vorausgesetzt (vgl. §§ 60 Abs. 2 und 3, 61 Abs. 3, 63, 76, 77, 81). Vom **finanzwirtschaftlichen** Standpunkt sind **ordentliche** Einnahmen und Ausgaben die in der Verwaltung regelmäßig wiederkehrenden, während unter **außerordentlichen** Einnahmen und Ausgaben die einmaligen oder wenigstens nicht regelmäßig wiederkehrenden zu verstehen sind (vgl. Mueller a. a. O. S. 672). **Haushaltsrechtlich** ist für die Behandlung der Einnahmen und Ausgaben lediglich ihre formale Unterbringung im ordentlichen oder außerordentlichen Haushaltsplan bedeutsam, die sich mit der finanzwirtschaftlichen Einordnung nicht unbedingt zu decken braucht.

Im Anschluß an § 3 RHO, § 14 Pr. GemFinG. sowie im Hinblick auf die in der DGemO. selbst enthaltenen Bestimmungen lassen sich für die haushaltsrechtliche Betrachtung folgende Grundsätze aufstellen:

a) Zu den **ordentlichen Einnahmen** gehören die **Verwaltungseinnahmen** und die **allgemeinen Deckungsmittel.** Verwaltungseinnahmen sind diejenigen Einnahmen, deren Entstehung mit der Verwaltungstätigkeit der Gemeinde in unmittelbarem Zusammenhange steht (z. B. Gebühren und Beiträge), vgl. Hettlage a. a. O. S. 156. Allgemeine Deckungsmittel sind die Steuereinnahmen und der Reinertrag des Finanz- sowie des Betriebsvermögens (vgl. § 72 Abs. 1 DGemO.).

b) **Ordentliche Ausgaben** sind die aus den ordentlichen Einnahmen zu deckenden Ausgaben. Dazu gehören neben dem **persönlichen** Aufwand für die Gehälter der Beamten, Angestellten und Arbeiter und neben den **sächlichen** Ausgaben (z. B. für die Unterhaltung des Gemeindevermögens, vgl. § 60

Abs. 2 DGemO.) vor allem der **Schuldendienst** (Zins- und Tilgungsdienst, Bildung von Tilgungsrücklagen, vgl. § 80 DGemO.) und die **Zuführung zu Rücklagen** (sowohl zu den Rücklagen im engeren Sinne, z. B. Unterhaltungs- und Erneuerungsrücklagen, vgl. § 60 Abs. 2 und 3 DGemO., Ausgleichs- und Betriebsrücklagen, vgl. § 81 Abs. 2 DGemO., als auch zu den sog. **Ansammlungsstöcken**, die allmählich angesammelt, zur Deckung einmaliger, ihrem Wesen nach meist außerordentlicher Ausgaben dienen, z. B. Anschaffungsrücklagen, vgl. § 61 Abs. 2 DGemO., Erweiterungsrücklagen, vgl. § 60 Abs. 3 DGemO., Tilgungsrücklagen, vgl. § 80 Abs. 3 DGemO.).

c) Zu den **außerordentlichen Einnahmen** gehören in erster Linie **Darlehen** (vgl. § 76 DGemO.), **Entnahmen aus Rücklagen** (Ansammlungsstücken), vgl. unter b, und **Erlöse aus der Veräußerung von Gemeindevermögen** (vgl. §§ 62, 63 DGemO.).

d) **Außerordentliche Ausgaben** sind alle Ausgaben, die aus außerordentlichen Einnahmen zu decken sind (z. B. außerordentliche Tilgung, vgl. § 63 S. 1 DGemO., Neubauten, Anschaffungen).

Die Trennung der ordentlichen und außerordentlichen Einnahmen und Ausgaben im ordentlichen und außerordentlichen Haushaltsplan „gibt eine gewisse Gewähr dafür, daß Ausgaben, die zur Herstellung von Einrichtungen dienen, die für längere Zeit ein Bedürfnis befriedigen und darum auf die Zeit der Bedürfnisbefriedigung verteilt werden müssen, nicht auf einmal aus den laufenden Einnahmen **eines** Jahres bestritten werden und hierdurch die Gegenwart zugunsten der Zukunft ungerecht belastet wird. Auf der anderen Seite wird vermieden, daß laufende, alljährlich wiederkehrende Ausgaben, die aus regelmäßig wiederkehrenden Einnahmen gedeckt werden müssen, aus außerordentlichen Einnahmen einer Anleihe bestritten und damit auf eine Reihe von Jahren verteilt werden, wodurch die Zukunft zugunsten der Gegenwart ungerecht belastet werden würde" (vgl. Mueller a. a. O. S. 672).

Über die sonstige Gestaltung des Haushaltsplanes gibt die DGemO. keine Vorschriften. Diese Fragen — z. B. Zerlegung in Abteilungen und Unterabteilungen (Kapitel und Titel), vgl.

§ 6 RHO., Erläuterung von Einnahmen und Ausgaben, vgl. § 8 RHO., Veranschlagung regelmäßig wiederkehrender Posten nach dem Durchschnitt, vgl. § 10 RHO., Einsetzung von Mitteln für denselben Zweck nur an **einer** Stelle, vgl. § 18 RHO., Bezeichnung gewisser Ausgaben als „einseitig" oder „gegenseitig deckungsfähig", vgl. § 31 RHO., oder als „übertragbar", vgl. § 30 RHO., „K-W"-Vermerk bei künftig wegfallenden Ausgaben, vgl. § 35 RHO. — sind den nach § 105 Abs. 2 Nr. 3 zu erlassenden Durchführungsvorschriften überlassen, die diese Fragen in Anlehnung an die Reichshaushaltsordnung einheitlich regeln werden (vgl. Amtl. Begr. „Allgemeiner Teil" 3 a). Bis dahin bleiben die entsprechenden Vorschriften der Landesgesetze, die das Reichsrecht der DGemO. insoweit ergänzen, in Kraft (s. Vorbem. zum 4. Abschnitt). Für **Preußen** vgl. §§ 12 ff. Pr. GemFinG. und die Erläuterungen bei v. Lympius-Küchenhoff a. a. O.

6. Diese sind als **ordentliche** Ausgaben einzustellen. Über ausnahmsweise Deckung von Fehlbeträgen aus Veräußerungserlösen s. § 63 S. 2.

7. Grundsatz des **Haushaltsausgleichs**, dem die Aufsichtsbehörde nötigenfalls mit den Mitteln der Staatsaufsicht (§§ 109 ff.) Geltung zu verschaffen hat. Gilt sowohl für den ordentlichen wie für den außerordentlichen Haushalt (s. Anm. 5). Der ordentliche und der außerordentliche Haushaltsplan müssen jeder in sich ausgeglichen sein.

8. Zulässig und üblich sind:

a) an **direkten** Steuern:

Grundvermögensteuer, Gewerbesteuer und Bürgersteuer,

b) an **indirekten** Steuern:

Getränkesteuer, insbes. Biersteuer, Hundesteuer, Vergnügungssteuer, Wertzuwachssteuer.

9. Gebühren und Beiträge.

10. Abs. 2 bestätigt lediglich das bestehende Steuer- und Abgabeerhebungsrecht der Gemeinden. Vgl. §§ 14 ff. des Finanzausgleichsgesetzes vom 27. April 1926 mit zahlreichen Änderungen, das Bürgersteuergesetz vom 16. Oktober 1934 (RGBl. I S. 985) nebst DurchfVO. vom 17. Oktober 1934 (RGBl. I S. 987) sowie die Kommunalabgaben- und Steuergesetze der

Länder. Geplant ist ein **Reichsgemeindeabgabengesetz** (s. Amtl. Begr.).

Für **Preußen** vgl. wegen **Steuern**: §§ 15, 16, 16a, 18, 20ff., insbes. 23 Pr. KAG., Gesetz über die Erhebung einer vorläufigen Steuer vom Grundvermögen vom 14. Februar 1923 (GS. S. 29) mit Nachträgen (Verordnung vom 30. Mai 1930 [GS. S. 101]) (Gemeinden sind zur Erhebung von Zuschlägen zur Grundvermögensteuer berechtigt): In größeren Städten: Haupteinnahmequelle der Gemeinde. Ferner: Verordnung über die vorläufige Neuregelung der Gewerbesteuer vom 23. November 1923 (GS. S. 519) in der Fassung vom 15. März 1927 (GS. S. 21), Gesetz über die Regelung der Gewerbesteuer für 1930 vom 17. April 1930 (GS. S. 93), Gesetz über die Regelung der Gewerbesteuer für 1931 vom 16. März 1931 (GS. S. 15) (jetzt noch gültig auf Grund von Verlängerungsgesetzen). Hauszinssteuerverordnung vom 9. März 1932 (GS S. 114ff.). Gemeinden können Zuschläge erheben auf Grund des Runderlasses des Finanzministers vom 30. Mai 1930 (Fin-MinBl. 1930 Nr. 7); wegen **Gebühren und Beiträgen**: §§ 4, 6, 9, 12 Pr. KAG.

Für **Bayern** vgl. Gemeindeabgabengesetz vom 30. August 1933 (Ges. u. VOBl. S. 263).

Für **Sachsen** vgl. Sächs. **Gemeindesteuergesetz** vom 20. Oktober 1920 (GVBl. S. 430) mit mehreren Abänderungen.

Für **Baden** vgl. Bad. Grund- und Gewerbesteuergesetz vom 3. Mai 1932 (Bad. Ges.- u. VOBl. S. 115).

Für **Thüringen** vgl.

a) Gemeinde- und Kreisabgabengesetz vom 28. März 1923 (Ges.S. S. 211), abgeändert durch Notgesetz vom 2. Oktober 1923 (Ges.S.S. 702), Gesetz vom 9. Juni 1925 (Ges.S. S. 169), die VO. vom 3. August 1926 (Ges.S. S. 365), die Zuständigkeitsordnung vom 14. Februar 1931 (Ges.S. S. 111 Anlage 6) und die VO. vom 17. Dezember 1931 (Ges.S. S. 388),

b) AusführungsVO. zum Gemeinde- und Kreisabgabengesetz vom 28. Mai 1923 (Ges.S. S. 379),

c) AusführungsVO. zum Gemeinde- und Kreisabgabengesetz vom 24. Juni 1925 (Ges.S. S. 170),

d) AusführungsVO. über die Hundesteuer vom 26. Januar 1923 (Ges.S. S. 63),

e) VO. über die Sätze der Wanderlagersteuer vom 25. Januar 1924 (Ges.S. S. 78),

f) Wandergewerbesteuergesetz (Fassung der Bekanntmachung vom 30. Juni 1924, Ges.S. S. 300),

g) Notgesetz über Vergnügungssteuer vom 30. Januar 1924 (Ges.S. S. 85),

h) Gesetz über die Steuersätze für Vorführung von Bildstreifen vom 16. Dezember 1932 (Ges.S. S. 235),

i) Gesetz über die Inflationswertzuwachssteuer vom 28. April 1928 (Ges.S. S. 167),

k) Gesetze über die allgemeine Wertzuwachssteuer vom 28. April 1928 (Ges.S. S. 175),

l) AusführungsVO. zu den Wertzuwachssteuergesetzen vom 30. Juli 1928 (Ges.S. S. 207) nebst ÄnderungsVO. vom 14. Juli 1933 (Ges.S. S. 325),

m) Landesbauordnung vom 14. Februar 1931 (Ges.S. S. 111 bis 145),

n) VO. über Gemeindebiersteuer vom 31. März 1933 (Ges.S. S. 230),

o) VO. über Bürgersteuer vom 24. Oktober 1934 (Ges.S. S. 135).

Für **Mecklenburg** vgl. Landesabgabengesetz vom 7. April 1933 (Rbl. S. 159).

Für **Braunschweig** vgl. Gemeindeabgabengesetz vom 5. November 1923 (GuVS. Nr. 285 S. 357) in der Fassung des § 8 des Gesetzes vom 4. April 1927 (GuVS. Nr. 30 S. 93) und des Gesetzes vom 15. Mai 1930 (GuVS. Nr. 42 S. 55).

Für **Württemberg** vgl. Gemeindesteuergesetz in der Fassung vom 27. Juli 1929 (RegBl. S. 283).

Für **Lippe** vgl. Lippisches Gemeindeabgabengesetz vom 8. November 1930 (Lipp. Ges.-Slg. 31 S. 243).

11. Z. B. aus Steuerüberweisungen, Vermögen oder privatrechtlichen Entgelten.

12. Die Erhebung von Steuern und Abgaben ist zwecks Schonung der Einwohner nur subsidiär zulässig (vgl. § 7 S. 2 „unter Rücksichtnahme auf die wirtschaftlichen Kräfte der Abgabepflichtigen").

§ 86.

(1) Die Haushaltssatzung[1] bedarf[2] der Genehmigung der Aufsichtsbehörde[3] für

1. **die Höhe der Steuersätze[4] nach den darüber bestehenden Vorschriften[5],**
2. **den Höchstbetrag der Kassenkredite[6],**
3. **den Darlehensbetrag im außerordentlichen Haushaltsplan[7].**

(2) Die Satzung ist öffentlich bekanntzumachen[8], bei Genehmigungspflicht der Satzung nach Ausspruch der Genehmigung[9].

(3) Gleichzeitig mit der Bekanntmachung der Haushaltssatzung ist der Haushaltsplan[10] eine Woche lang öffentlich auszulegen[11].

1. Siehe § 83 und Anm. 2 daselbst.

2. Satzungen bedürfen mit Ausnahme der Hauptsatzung an sich keiner aufsichtsbehördlichen Genehmigung (vgl. § 3). Wegen Fehlens der Genehmigung s. Anm. 1 und 6 zu § 104, Anm. 1 und 5 zu § 76 und Anm. 1 zu § 81.

3. Siehe § 107. Soweit die Haushaltssatzung keiner Genehmigung bedarf, ist die Aufsichtsbehörde bei Verstößen gegen zwingende Vorschriften oder Grundsätze des formellen oder materiellen Haushaltsrechtes zum Einschreiten mit den Mitteln der Staatsaufsicht (§§ 109 ff.) verpflichtet. Die Vorlage spätestens einen Monat vor Beginn des Rechnungsjahres gemäß § 84 setzt die Aufsichtsbehörde in den Stand, sich über die Finanzverhältnisse der Gemeinde zu unterrichten und die Satzung nach der formellen und materiellen Seite eingehend zu prüfen. Es dürfen z. B. keine Einnahmen aus Abgaben angesetzt sein, deren Erhebung reichs- oder landesrechtlich verboten ist (z. B. Lebens-

mittelsteuern, Wegesteuern und Brückengelder von Kraftfahrzeugen, Sondersteuern auf landwirtschaftliche oder gewerbliche Betriebsmittel, Mietsteuern) oder für deren Erhebung es an einer rechtlichen Grundlage (Abgabensatzung) mangelt (bereits schwebende Verhandlungen wegen Neueinführung von Abgaben dürfen natürlich berücksichtigt werden). Ebenso dürfen etwaige gesetzliche Steuerhöchstsätze (siehe Anm. 5) sowie eine von der Genehmigungsbehörde angeordnete wechselseitige Abgrenzung gleichartiger indirekter Gemeinde- und Kreissteuern (§ 6 KruProvAbgG.) nicht verletzt sein. Auf der anderen Seite ist auf die Einstellung der Einnahmen aus nach Reichs- oder Landesrecht obligatorischen Steuern (Vergnügungs-, Wertzuwachs-, Hauszins-, Bier-, Bürgersteuer) zu halten. Wenn auch die Bestimmung in § 7 FAG., daß alle Besteuerungsmöglichkeiten ausgenutzt werden sollen, nur einen finanzpolitischen Grundsatz darstellt, so hat doch die sog. Dietramszeller VO. vom 24. August 1931 (RGBl. I S. 453) die Landesregierungen zum Erlaß aller der Herbeiführung des Haushaltsausgleichs dienenden Vorschriften, die demnach auch Eingriffe im Einzelfall vorsehen können, ermächtigt, und Preußen hat von dieser Ermächtigung in dem Gesetz betr. die Durchführung der Bürger-, Bier- und Getränkesteuer, vom 28. November 1930 (GS. S. 284)/ 24. März 1931 (GS. S. 25) Gebrauch gemacht. Wegen zwangsweiser Erhöhung der Mehreinnahmen zwecks Erfüllung von Verbindlichkeiten s. u.

Ein gleiches Eingriffsrecht steht der Aufsichtsbehörde auch hinsichtlich der Ausgabengestaltung zu. Sie hat dafür zu sorgen, daß die Grundsätze einer wirtschaftlichen Finanzgebahrung gewahrt sind. Andererseits ist die Aufsichtsbehörde gemäß § 110 befugt, die Einstellung von Ausgaben für die der Gemeinde gesetzlich obliegenden Verpflichtungen zu erzwingen. Weiter ist in Preußen nach § 46 VereinfachungsVO. vom 3. September 1932 (GS. S. 283) in Verbindung mit § 9 Gesetz vom 15. Dezember 1933 (GS. S. 479) die Aufsichtsbehörde berechtigt, die Herabsetzung von Ausgabeposten oder die Einstellung von Mehreinnahmen in den Haushaltsplan anzuordnen, wenn die Gemeinde eine fällige Verbindlichkeit nicht erfüllt.

Mittelbar kann die Aufsichtsbehörde auf die Gestaltung des Haushaltsplanes dadurch einwirken, daß sie die etwa für die Feststellung der Steuern erforderliche Genehmigung (s. Anm. 5) oder die Genehmigung für die Aufnahme von Kassenkrediten und Darlehen (s. Anm. 6 und 7) von einer bestimmten Einnahmeerhöhung oder Ausgabendrosselung abhängig macht. Diese bereits früher bestehende, aber in der Nachkriegszeit vielfach nicht genügend ausgenutzte Befugnis (Popitz a. a. O. S. 174) hat jetzt durch die gegenseitige Abhängigkeit der einzelnen Teile der Haushaltssatzung (s. § 83 Anm. 2) eine besondere Bedeutung gewonnen. Unter Umständen würde die Aufsichtsbehörde bei der Festsetzung des Kreditbedarfes im Haushaltsplan sogar eine Erhöhung der Steuersätze verlangen können, soweit nicht die Bestimmungen über die Realsteuersperre und über die Grenzen für die Genehmigung zur Überschreitung der Steuerhöchstsätze entgegenstehen.

4. Siehe § 83 Nr. 2 und Anm. 7 daselbst. Zu beachten sind die in den **Realsteuersperrgesetzen** enthaltenen Beschränkungen; vgl. Realsteuersperrgesetz v. 7. März 1935 (RGBl. I S. 349), nebst DurchführungsVO. vom gleichen Tage (RGBl I S. 353), wonach bis zur weiteren gesetzlichen Regelung die gemeinderechtlichen Vorschriften über die Realsteuern vorbehaltlich gewisser Ausnahmen die Steuerpflichtigen nicht ungünstiger stellen dürfen als im letzten Rechnungsjahr und insbes. keine höheren als die im letzten Rechnungsjahr zuletzt maßgebend gewesenen Steuersätze zugrunde gelegt werden dürfen.

5. Da das Gesetz ausdrücklich auf die bestehenden Vorschriften verweist, ergibt sich, daß eine Erteilung der Genehmigung nur insoweit in Frage kommt, als sie bisher notwendig war. Das ist nach **Reichsrecht** der Fall,

a) wenn ein höherer Hundertsatz des Reichssatzes zur Bürgersteuer festgesetzt wird als derjenige des vorhergehenden Kalenderjahres oder ein Satz von mehr als 500 v. H. des Reichssatzes, § 5 des Bürgersteuergesetzes vom 16. Oktober 1934 (RGBl. I S. 985);

b) bei ausnahmsweiser Erhöhung der Realsteuersätze, § 7 des

Realsteuersperrgesetzes vom 7. März 1935 (RGBl. I S. 349), vgl. Anm. 4;

ferner in **Preußen**

a) wenn die Zuschläge bei der GrundvermögenSt. 100 v. H., bei der GewerbeSt. 200 v. H. übersteigen sollen, § 18 GrdStG., § 41 GewStVO.;

b) wenn höhere Zuschläge zur Grundvermögen- als zur GewerbeSt. erhoben werden sollen oder umgekehrt, weil die eine Art von Steuerobjekten größere Vorteile genießt oder größere Kosten verursacht als die andere; § 56 Abs. 2 KAG.;

c) wenn in derartigen Fällen eine ungleiche Belastung der GrundvermögenSt. vom bebauten im Verhältnis zu derjenigen vom unbebauten Grundbesitz stattfinden soll, § 56 Abs. 4 KAG.;

d) wenn bei der GewerbeSt. die ErtragsSt. höher belastet werden soll als diejenige nach dem Kapital oder der Lohnsumme oder umgekehrt, § 41 GewStVO.;

e) bei Mehr- oder Minderbelastung, § 20 KAG.

Die Erteilung der Genehmigung erfolgt in Preußen gemäß § 77 KAG. durch die Aufsichtsbehörde; die nach Art. II VO. vom 17. März 1933 (GS. S. 43) für die Versagung der Genehmigung g. g. F. erforderliche Zustimmung der Beschlußbehörde ist gemäß § 8 des Gesetzes vom 15 Dezember 1933 (GS. S. 479) fortgefallen.

Von den vorstehend erwähnten Genehmigungen der Aufsichtsbehörde zu unterscheiden ist die nach § 56 Abs. 3 KAG. von den Fachministern auszusprechende, durch Erl. vom 18. März 1933 (MBliV. S. 311) allgemein den RegPräs. (in Berlin dem OberPräs.) übertragene Zulassung von Ausnahmen von den Verteilungsregeln des § 56 Abs. 2 KAG., d. h. also, wenn die Voraussetzungen (s. o. bei b) für eine ungleiche Belastung der Realsteuern oder der GrundvermögenSt. vom unbebauten und vom bebauten Besitz nicht erfüllt sind oder dieser Unterschied 200 v. H. übersteigt. Ebenso ist für den Fall, daß bei einer ungleichen Belastung der einzelnen Gewerbesteuerarten der Unterschied 200 v. H. übersteigt, besondere ministerielle Genehmigung erforderlich, § 41 GewStVO.; sie ist auf die RegPräs.

für den Fall delegiert, daß die Ertragssteuer 400 v. H. übersteigt, Erl. vom 10. April 1924 (MBliV. S. 407); 25. Februar 1926 (MBliV. S. 206); 18. März 1933 (MBliV. S. 311). — Neben dieser nach preußischem Landesrecht schon immer bestehenden Genehmigungspflicht, kommt noch die Genehmigung zur Wahrnehmung der in dem Realsteuersperrgesetz (vgl. oben) zugelassenen Abweichung von den Realsteuersperrvorschriften in Frage; sie ist in Preußen für Gemeinden bis zu 100000 Einwohnern vom RegPräs., sonst vom MdJ. zu erteilen, Erl. vom 24. Dezember 1931 (MBliV. S. 1290). 1. April 1932 (MBliV. S. 373), 29. April 1933 (MBliV. S. 493).

6. Siehe §§ 81 und 83 Nr. 3.

7. Siehe §§ 76 und 83 Nr. 4.

8. Siehe § 3 Abs. 3. Erst mit der Bekanntmachung wird die Satzung rechtsgültig und vollziehbar.

Die Bekanntmachung enthält nicht das Gesamtzahlenwerk des Haushaltsplanes, sondern gibt nur einen Überblick über gewisse Endzahlen des Haushaltsplanes, über die Steuersätze, den summenmäßigen Höchstbetrag der Kassenkredite und den Gesamtdarlehensbetrag im außerordentlichen Haushaltsplan (vgl. die insoweit bestehen gebliebene Bestimmung des § 8 Pr. GemFinG.).

9. Sonst angemessene Zeit nach Vorlage an die Aufsichtsbehörde, § 84 (s. Amtl. Begr.).

10. Siehe Anm. 5 zu § 83 und Anm. 5 zu § 85.

11. Um den kommunalpolitisch interessierten Einwohnern die Möglichkeit eines Einblicks in den vollständigen Haushaltsplan (s. Anm. 8) zu geben (Grundsatz der Publizität).

§ 87.

Ist die Haushaltssatzung[1] bei Beginn des Rechnungsjahres[2] noch nicht bekanntgemacht[3], so darf[4] der Bürgermeister

1. nur die Ausgaben leisten, die bei sparsamster Verwaltung nötig sind, um[5]

a) die bestehenden Gemeindeeinrichtungen in geordnetem Gang zu erhalten und den gesetzlichen

Aufgaben[6] und rechtlichen Verpflichtungen[7] der Gemeinde zu genügen,

b) Bauten, Beschaffungen und sonstige Leistungen fortzusetzen, für die durch den Haushaltsplan eines Vorjahres bereits Beträge festgesetzt worden sind, die haushaltsrechtlich noch verausgabt werden können[8];

2. die feststehenden Einnahmen[9] und die Einnahmen aus den für ein Rechnungsjahr festzusetzenden Steuern[10] und Abgaben[11] nach den Sätzen des Vorjahres forterheben, soweit gesetzlich nichts anderes bestimmt ist[12]; Zahlungen, die der Pflichtige hiernach geleistet hat, sind auf die nach der Haushaltssatzung für das neue Rechnungsjahr zu erhebenden Beträge anzurechnen;

3. im Rahmen der Genehmigung des Vorjahres noch nicht in Anspruch genommene Kassenkredite aufnehmen[13];

4. im Rahmen der Ansätze des außerordentlichen Haushaltsplans des Vorjahres noch nicht in Anspruch genommene Darlehen aufnehmen[14].

1. Siehe § 83 und Anm. 2 daselbst.

2. Siehe § 82.

3. Z. B., weil die Genehmigung nach § 86 nicht erteilt ist.

4. Gegebenenfalls muß der Bürgermeister von den Rechten des § 87 Gebrauch machen. Die Verwaltung der Gemeinde darf nicht stillstehen.

Selbstverständlich müssen die während der Zwischenzeit getätigten Einnahmen und Ausgaben auf die betr. Posten in dem später zustandekommenden Haushaltsplan angerechnet werden. Die Bestimmungen des § 91 darüber, in welchen Fällen außer- und überplanmäßige Ausgaben geleistet werden dürfen, finden auf die Zwischenwirtschaft keine Anwendung, da in dieser Zeit noch kein Plan vorliegt. — Die Ermächtigung gilt bis zum Zustandekommen der neuen Haushaltssatzung.

5. Entspricht dem Art. 64 PrVU.

6. Siehe § 2 Abs. 2 und 3. Die Inangriffnahme neuer Aufgaben ist unter allen Umständen zu vermeiden.

7. Zur Erfüllung ihrer rechtlichen Verpflichtungen könnte die Gemeinde (gegebenenfalls im ordentlichen Rechtswege) gezwungen werden.

8. **Übertragbare** Ausgabebewilligungen; vgl. § 30 Abs. 1 S. 2 RHO. „Bei den ausdrücklich als übertragbar bezeichneten Ausgabemitteln und bei den zu einmaligen und zu außerordentlichen Ausgaben bewilligten Mitteln (übertragbare Ausgabebewilligungen) bleiben die nicht ausgegebenen Beträge für die unter die Zweckbestimmung fallenden Ausgaben über das Rechnungsjahr hieraus zur Verfügung." Die Zulässigkeit richtet sich vorläufig noch nach Landesrecht (vgl. Anm. 5 zu § 85). Für **Preußen** s. §§ 22 und 36 Pr. GemFinG. nebst Erläuterungen bei v. Lympius-Küchenhoff a. a. O.

9. Z. B. Miet- und Pachtzinsen.

10. Siehe § 83 Nr. 2 und Anm. 6 und 7 daselbst.

11. Siehe Anm. 9 zu § 85.

12. Die Vorauszahlungen auf GewSt. nach § 53 Pr. GewStVO. sind von der vorläufigen Forterhebung aller Gemeindesteuern nach § 59 Pr. KAG. wesensverschieden, VBl. 50, 401. Das gilt auch für die an Stelle des § 59 Abs. 3 Pr. KAG. getretene Vorschrift des § 87 Nr. 2; sie wird also durch die Befristung der Lohnsummensteuervorauszahlungen in § 53 Abs. 2 Pr. GewStVO. nicht berührt (a. M. Loschelder bei Freisler-Grauert, Das neue Recht in Preußen, II b 23). Einer besonderen Ermächtigung zur Forterhebung derjenigen Abgaben, für die gesetzlich keine alljährliche Festsetzung vorgeschrieben ist (indirekte Steuern, Gebühren, Beiträge), bedurfte es nicht, da für diese die betr. Abgabenordnungen die Grundlage bilden, und nicht der Haushaltsplan.

13. Ausnahme von § 81 Abs. 1 S. 4. In der Interimszeit aufgenommene Kassenkredite sind auf den Betrag, der für das neue Rechnungsjahr aufgenommen werden darf, anzurechnen.

14. Ausnahme von § 76 Abs. 2. Zur Rechtswirksamkeit ist aber auch in diesem Falle aufsichtsbehördliche Genehmigung nach § 78 erforderlich.

§ 88.

(1) Die Haushaltssatzung[1] kann im Laufe des Rechnungsjahres[2] nur durch eine Nachtragssatzung[3] geändert werden.

(2) Der Bürgermeister ist zum Erlaß einer Nachtragssatzung verpflichtet[4], wenn sich im Laufe des Rechnungsjahres zeigt, daß

1. der im Haushaltsplan vorgesehene Ausgleich[5] der Einnahmen und Ausgaben auch bei Ausnützung jeder Sparmöglichkeit nur durch eine Änderung der Haushaltssatzung erreicht werden kann[6];

2. über- oder außerplanmäßige[7] Ausgaben in erheblichem Umfange[8] geleistet werden müssen; § 91 Abs. 2 bleibt unberührt[9].

1. Siehe Anm. 2 zu § 83.

2. Siehe § 82.

3. Der Bürgermeister ist an die Haushaltssatzung rechtlich gebunden (s. Anm. 2 zu § 83). Die Nachtragssatzung unterliegt den gleichen formalen Vorschriften hinsichtlich ihres Zustandekommens wie die Haushaltssatzung (vgl. §§ 84 ff.). Auch der Grundsatz des Haushaltsausgleichs (vgl. § 85 Abs. 1 S. 2) ist zu beachten. Es muß also z. B., wenn sich die Höhe eines Ausgabenansatzes oder die Neueinstellung eines solchen erforderlich macht, gleichzeitig für haushaltsmäßige Deckung gesorgt werden.

4. Auch eine gewissenhaft aufgestellte Haushaltssatzung kann sich im Laufe des Rechnungsjahres als unzureichend erweisen, wenn sich z. B. die wirtschaftlichen Verhältnisse oder bestimmte gesetzliche Grundlagen ändern. In solchen Fällen ist die Aufstellung einer Nachtragssatzung unabweisbar (s. Amtl. Begr.). In den Fällen der Nr. 1 und 2 besteht eine **gesetzliche Pflicht** zum Erlaß einer Nachtragssatzung, die erforderlichenfalls im

Wege der Staatsaufsicht (§§ 109 ff.) erzwungen werden kann. Auch macht schuldhafte Verletzung den Bürgermeister schadensersatzpflichtig (§ 92). Darüber hinaus kann auch in anderen Fällen der Erlaß einer Nachtragssatzung geboten sein, vgl. z. B. den in § 11 Pr. GemFinG. erwähnten Fall, daß nach der Entwicklung der Einnahmen eine Senkung der Steuersätze oder sonstigen Abgaben möglich ist.

5. Der bei Feststellung der Haushaltssatzung nach § 85 Abs. 1 S. 2 zu beachtende Ausgleich muß auch im Laufe des Rechnungsjahres erhalten bleiben. Sonst entsteht ein Fehlbetrag.

6. Z. B. durch Erhöhung der Einnahmen.

7. Siehe Anm. 1 zu § 91.

8. § 91 läßt über- und außerplanmäßige Ausgaben im ordentlichen Haushaltsplan unter bestimmten Voraussetzungen zu. Nur wenn die über- oder außerplanmäßigen Ausgaben **erheblichen** Umfang annehmen, ist der Erlaß einer Nachtragssatzung notwendig. Ob der Umfang erheblich ist, beurteilt sich nach der Größe der Ausgabe im Verhältnis zu dem im Haushaltsplan vorgesehenen Ausgabeposten unter Berücksichtigung der allgemeinen finanziellen Verhältnisse der einzelnen Gemeinde. Solange der Begriff nicht durch Ausführungsanweisung oder durch Festsetzung der Aufsichtsbehörde umgrenzt ist, dürfte es sich empfehlen eine entsprechende Regelung durch Satzung oder Verwaltungsverordnung zu treffen. . . . . . .

9. Über- oder außerplanmäßige Ausgaben, die zum **außerordentlichen** Haushalt gehören. machen stets, ohne Rücksicht auf ihren Umfang, den Erlaß einer Nachtragssatzung erforderlich.

§ 89.

Die Haushaltssatzung[1] bildet die Grundlage[2] für die Verwaltung aller[3] Einnahmen und Ausgaben. Der Bürgermeister hat die Verwaltung nach der Haushaltssatzung zu führen[4]. Er darf die Haushaltsmittel nur insoweit[5] und nicht eher[6] in Anspruch nehmen, als es bei einer wirtschaftlichen und sparsamen Verwaltung erforderlich ist[7].

1. Siehe Anm. 2 zu § 83. Über eine etwaige Nachtragssatzung (§ 88).

2. Zentrale Bedeutung der Haushaltssatzung. Die Gliederung des Haushaltsplans ist auch der Buchführung und Rechnungslegung zugrunde zu legen (vgl. § 12 Pr. GemFinG.).

3. Entsprechend dem Grundsatz der Vollständigkeit des Haushaltsplans, s. § 85 Abs. 1 S. 1 und Anm. 2 daselbst.

4. Ausgaben die im Haushaltsplan nicht vorgesehen sind, darf er grundsätzlich nicht leisten. Über- und außerplanmäßige Ausgaben sind nur in den Grenzen des § 91 zulässig. Die im Haushaltsplan bewilligten Beträge dürfen auch nur für die daselbst genannten Zwecke, soweit und solange diese fortdauern, und nur innerhalb des Rechnungsjahres verausgabt werden, vgl. § 30 RHO. (Grundsatz der Spezialität). Die etatsmäßigen Einnahmen (Steuern, Abgaben usw.) muß der Bürgermeister grundsätzlich voll einziehen. Ausgenommen sind lediglich solche Einnahmen, zu deren Erhebung er in der Haushaltssatzung ausdrücklich nur **ermächtigt** worden ist (z. B. Aufnahme von Anleihen), vgl. Hettlage-Loschelder-Zschintzsch a. a. O. S. 104.

Einzelheiten über die Ausführung des Haushaltsplanes sind, abgesehen von § 89 S. 2 und § 90, in der DGemO. nicht enthalten. Bis zum Erlaß entsprechender Ausführungsverordnungen (§ 105 Abs. 2 Nr. 3) bleiben daher — z. B. über Leistung von Vorschüssen (vgl. § 27 RHO.), Verwendung nicht ausgegebener Beträge bei übertragbaren Bewilligungen (vgl. § 30 RHO.) und ersparter Mittel bei gegenseitiger Deckungsfähigkeit (vgl. § 31 RHO.) — die Vorschriften der Landesgesetze, die insoweit das Reichsrecht **ergänzen**, in Kraft (vgl. Vorbem. zum 4. Abschnitt). Für **Preußen** s. §§ 31 ff. Pr. GemFinG. und die Erläuterungen bei v. Lympius-Küchenhoff a. a. O. sowie Sparerlaß vom 20. Juni 1933 (MBliV. S. 817), der auch für Gemeinden gilt (vgl. RdErl. vom 14. Juli 1933 MBliV. S. 822) und die Richtlinien im RdErl. vom 18. Juli 1934 (MBliV. S. 981) und vom 26. Januar 1935 (MBliV. S. 101).

5. Läßt sich eine Ausgabe ganz oder teilweise einsparen, so dürfen die Mittel nicht verausgabt werden, trotzdem sie im Haushaltsplan bewilligt sind.

6. Über den Zeitpunkt entscheidet pflichtmäßiges Ermessen.

7. **Grundsatz der Sparsamkeit und Wirtschaftlichkeit** (vgl. § 60 Abs. 1). Insbesondere bei Übernahme neuer freiwilliger Aufgaben zu beachten. Gilt erst recht für die Verausgabung über- und außerplanmäßiger Mittel (§ 91), vgl. Schulze-Wagner a. a. O. Anm. 3 zu § 26 RHO.

§ 90.

Die Vorhaben, deren Kosten aus Mitteln des außerordentlichen[1] Haushaltsplans ganz oder teilweise zu decken sind[2], dürfen erst in Angriff genommen werden, wenn die dafür vorgesehenen Einnahmen eingegangen sind[3] oder wenn der rechtzeitige[4] Eingang rechtlich[5] und tatsächlich[6] gesichert ist.

1. Siehe Anm. 5 zu § 85.

2. Das sind Vorhaben, die im außerordentlichen Haushaltsplan vorgesehen oder ihrer Natur nach aus Mitteln des außerordentlichen Haushalts zu decken sind, z. B. Bauten (vgl. Anm. 5 zu § 85).

3. D. h. sich in der Verfügungsgewalt der Gemeinde befinden (Einzahlung auf Bankkonto genügt).

4. Mit dem Eingang muß zu rechnen sein, noch bevor sich aus der Inangriffnahme Schwierigkeiten hinsichtlich der Bezahlung ergeben könnten. Die Vorschrift will dem vielfach geübten Mißbrauch vorbeugen, außerordentliche Ausgaben vorläufig aus Mitteln des ordentlichen Haushalts oder gar aus Kassenkrediten zu bestreiten. Ist der Eingang aber in der bezeichneten Weise gesichert, so erscheint eine Vorfinanzierung aus anderen Mitteln (mit Ausnahme von Kassenkrediten, vgl. § 81 Abs. 3 S. 2) nicht ausgeschlossen (vgl. 1. Ausführungsanw. zu Pr. GemFinG. zu § 32; v. Lympius-Küchenhoff a. a. O. Anm. 4 zu § 32).

5. Bei Darlehen gehört dazu auch die Genehmigung nach § 78.

6. Zahlungsfähigkeit des Schuldners bzw. Geldgebers!

§ 91.

(1) Überplanmäßige[1] und außerplanmäßige[1] Ausgaben dürfen[2] nur mit Zustimmung[3] des Bürgermeisters[4] oder des von ihm ermächtigten Beigeordneten[5] geleistet werden[6]; die Zustimmung darf nur bei unabweisbarem Bedürfnis erteilt werden.

(2) Überplanmäßige und außerplanmäßige Ausgaben, die zum außerordentlichen[7] Haushaltsplan gehören, dürfen nur nach Änderung der Haushaltssatzung[8] geleistet werden.

(3) Entsprechendes gilt für Anordnungen[9], durch die Verbindlichkeiten der Gemeinde entstehen können, für die ausreichende Mittel im Haushaltsplan nicht vorgesehen sind[10].

1. Eine „überplanmäßige" Ausgabe liegt vor, wenn der für einen bestimmten Zweck im Haushaltsplan zur Verfügung stehende Betrag einschließlich der aus dem Vorjahr übertragenen Reste überschritten wird, eine „außerplanmäßige", wenn für den betreffenden Zweck Haushaltsmittel überhaupt nicht ausgeworfen sind oder Reste aus Vorjahren nicht zur Verfügung stehen.

2. Da der Haushaltsplan auf Schätzung der voraussehbaren Ausgaben und Einnahmen beruht, die Ausgaben und Einnahmen eines ganzen Rechnungsjahres sich im voraus nicht stets voll übersehen lassen, läßt § 91 die Leistung über- und außerplanmäßiger Ausgaben in gewissem Umfange auch ohne Änderung der Haushaltssatzung zu, jedoch nur unter der doppelten Voraussetzung, daß die Ausgaben

a) **keinen erheblichen** Umfang haben (s. § 88 Abs. 2 Nr. 2 und Anm. 8 daselbst), und

b) zum **ordentlichen** Haushalt gehören (s. § 91 Abs. 2).

In allen anderen Fällen muß eine Nachtragssatzung gemäß § 88 erlassen werden.

Die Vorschrift hat aber nur interne haushaltsrechtliche Bedeutung. Unter Außerachtlassung der Vorschrift verausgabte Mittel können nicht zurückgefordert werden (s. Amtl. Begr.).

Der schuldige Beamte oder Angestellte macht sich aber disziplinarisch verantwortlich und zivilrechtlich schadensersatzpflichtig (vgl. §§ 92, 93).

3. Die Zustimmung ist **vor** Leistung der einzelnen Ausgabe einzuholen.

4. In Stadtkreisen des Oberbürgermeisters (§ 32 Abs. 2). Der Erste Beigeordnete, in Stadtkreisen Bürgermeister genannt (§ 34 Abs. 2 S. 1), bedarf, trotzdem er allgemeiner Vertreter ist (§ 35 Abs. 1 S. 1), ebenfalls **besonderer** Ermächtigung.

5. Ohne Ermächtigung darf der Beigeordnete eine über- oder außerplanmäßige Ausgabe, auch wenn sie in sein Arbeitsgebiet gehört (§ 35 Abs. 2), nicht leisten. Praktisch wird die Ermächtigung neben dem allgemeinen Vertreter (vgl. Anm. 4) ausschließlich dem Stadtkämmerer (§ 34 Abs. 2 S. 2) zu geben sein (s. Amtl. Begr.).

6. Vorher sind die Gemeinderäte zu hören (§ 55 Nr. 12).

7. Ihrer Natur nach, vgl. Anm. 5 zu § 85.

8. Siehe § 88.

9. Z. B. Anordnung einer kostspieligen Reparatur. Was für die Anweisung der eine Haushaltsüberschreitung darstellenden Zahlung gilt, muß entsprechend auf die Anordnung von Maßnahmen Anwendung finden, durch die später über- oder außerplanmäßige Ausgaben notwendig werden, da die Gemeinde sich den durch derartige Maßnahmen entstehenden Folgen, insbesondere etwaigen Rechtsansprüchen, regelmäßig nicht mehr entziehen kann (s. Amtl. Begr.). Es kommt also darauf an, ob die Auswirkungen solcher Anordnungen den ordentlichen oder den außerordentlichen Haushalt berühren. Letzterenfalls ist die Feststellung einer Nachtragssatzung unerläßlich (§ 91 Abs. 2). Ebenso wenn die Überschreitung erheblichen Umfang annehmen kann (§ 88 Abs. 2 Nr. 2). Im ersteren Falle dagegen genügt Zustimmung des Bürgermeisters (§ 99 Abs. 1).

10. § 91 Abs. 3 setzt voraus, daß die durch die Anordnung entstehenden Verbindlichkeiten **selbst** keine ausreichende Deckung im Haushaltsplan finden, während die Maßnahmen des § 93 S. 2, bei denen **Anzeige** an den Bürgermeister oder zuständigen Beigeordneten genügt, sich selbst **innerhalb** des Haushaltsplanes

halten und zu Haushaltsüberschreitungen nur **mittelbar** führen, insofern für **andere** notwendige Ausgaben nicht mehr genügend Mittel übrig bleiben (s. Anm. 17 zu § 93). Da sich im voraus nicht immer mit Sicherheit entscheiden läßt, ob die Anordnung unmittelbar oder nur mittelbar eine Haushaltsüberschreitung im Gefolge hat, wird es sich empfehlen, im Zweifel nach § 91 zu verfahren und die **Zustimmung** nach Abs. 1 einzuholen.

§ 92.

Beamte[1] und Angestellte[2] der Gemeinde, die schuldhaft[3] gegen die Vorschriften dieses Abschnitts[4] verstoßen[5], haften[6] der Gemeinde[7] für den daraus entstandenen[8] Schaden[9].

1. Die vermögensrechtliche Haftung der Beamten aus dem Amts- und Dienstverhältnis ihrem Dienstherrn (Staat, Gemeinde) gegenüber ist an sich dem Landesrecht vorbehalten (Art. 80 EGBGB.). Für **Preußen** vgl. §§ 45—49 I 6 und §§ 88 bis 91, 127—144 II 10 ALR., eingeführt in die neuen Provinzen durch § 1 Abs. 2 Nr. 1 VO. vom 23. September 1867 (GS. S. 1919), § 1 Nr. 1 Ges. vom 25. Februar 1878 (GS. S. 97), § 1 Nr. 1 Ges. vom 22. März 1891 (GS. S. 39).

Beamte der Gemeinde sind der Bürgermeister (§§ 32 ff.), die Beigeordneten (§§ 34 ff.) und sonstige Gemeindebeamte (vgl. § 35 Abs. 3 und Anm. 14 daselbst).

2. Z. B. Werksdirektoren (vgl. § 35 Abs. 3). Die gesetzliche Regelung der Haftung von **Angestellten** ist neu. Dem Landesrecht war, da der Vorbehalt des Art. 80 EGBGB. (s. Anm. 1) nur für Beamte gilt, eine besondere Regelung der **Angestelltenhaftung** verwehrt. Eine Schadensersatzpflicht ließ sich bisher nur aus einer Verletzung des Dienstvertrages (§§ 611 ff., 276 BGB.) herleiten. Selbstverständlich konnte eine entsprechende Haftung für Haushaltsverstöße im Dienstvertrage vereinbart werden.

3. **Subjektiver Tatbestand:** Vorsatz oder (leichte oder grobe) Fahrlässigkeit (§§ 276 ff. BGB.). Von dem Sachbearbeiter in einer großen Gemeinde wird man nicht verlangen, daß er

vor jeder, eine kleine Ausgabe verursachenden Maßnahme sich erst vergewissert, ob der dafür vorgesehene Haushaltsansatz nicht schon überschritten ist oder ob sie sich überhaupt unter einen solchen Ansatz einreihen läßt. Anderseits würde er z. B. schuldhaft handeln, wenn er in Rücksicht darauf, daß Reparaturkosten vorgesehen sind, ohne weiteres eine große Dachreparatur anordnen wollte, ohne vorher die Deckungsmöglichkeit zu prüfen. Im übrigen ist es Pflicht des Kassenbeamten, bei Empfang einer Zahlungsanweisung festzustellen, ob deren Erfüllung eine über- oder außerplanmäßige Ausgabe darstellt und den Aussteller zwecks Erfüllung der Formvorschriften hierauf hinzuweisen.

4. Der **objektive** Tatbestand setzt Verstoß gegen eine der Vorschriften des 4. Abschnittes (§§ 82—91) voraus. **Andere** Gesetzesverletzungen, z. B. bei Verwaltung des Gemeindevermögens (§§ 60 ff.) oder, wenn entgegen § 55 Nr. 12 vor einer Haushaltsüberschreitung die Gemeinderäte nicht gehört worden sind, begründen eine Haftung nur nach **allgemeinen** Vorschriften (für **Preußen** s. die in Anm. 1 zitierten Paragraphen des ALR.). Praktisch ist dieser Unterschied insofern, als der Grad der Haftung ein verschiedener ist (vgl. Anm. 6).

5. Jeder Verstoß genügt, der zu einer Schädigung der Gemeinde führt. Dadurch erübrigt sich die Prüfung der Frage, ob der Beamte in Ausübung der ihm anvertrauten öffentlichen Gewalt gehandelt hat, wie es für die Anwendung des Art. 131 RV. und der Beamtenhaftpflichtgesetze (für Preußen vgl. Ges. vom 1. August 1909, GS. S. 691) Voraussetzung ist.

6. Über Ausnahmen s. § 93. Die Haftung besteht schlechthin, ohne Rücksicht darauf, ob andere Mittel zur Schadensabwendung gegeben sind. Dadurch ist die nur **subsidiäre** Haftung der Beamten, wie sie die Landesrechte teilweise vorsehen (z. B. Preußen, vgl. die in Anm. 1 zitierten Vorschriften des ALR.), für das Gebiet des **Haushaltsrechtes** beseitigt.

7. Gläubigerin des Anspruchs ist die Gemeinde. Die Geltendmachung obliegt dem Bürgermeister (§ 36 Abs. 1) bzw., wenn der Anspruch sich gegen ihn selbst richtet, der Aufsichtsbehörde (§ 115). Schuldhaftes Unterlassen begründet disziplinarische und zivilrechtliche Verantwortung nach **allgemeinen** Vorschriften

(nicht nach § 92, vgl. Anm. 4). Verzicht ist nur nach Anhörung der Gemeinderäte zulässig (§ 55 Nr. 10).

8. Ursächlicher Zusammenhang fehlt z. B., wenn die Gemeinde zu der von dem Beamten (Angestellten) haushaltsrechtswidrig geleisteten Ausgabe rechtlich **verpflichtet** war.

9. Der Umfang der Schadensersatzpflicht bestimmt sich nach bürgerlichem Recht (§§ 249 ff. BGB.). Eine etwaige, durch die rechtswidrige Anordnung eingetretene Bereicherung ist auf den Schaden anzurechnen (Schadensausgleichung). Die **Beweispflicht** der Gemeinde beschränkt sich aber auf den **Betrag** der rechtswidrigen Ausgabe. Sache des in Anspruch genommenen Beamten (Angestellten) ist es, den etwa höheren Betrag nachzuweisen, um den seiner Meinung nach die Gemeinde bereichert ist (vgl. Amtl. Begr. zu § 33 RHO., zitiert bei Schulze-Wagner a. a. O. Anm. 12 zu § 33 RHO.).

§ 93.

Leistet ein Beamter[1] oder Angestellter[2] der Gemeinde ohne Zustimmung des Bürgermeisters oder des zuständigen[3] Beigeordneten eine überplanmäßige oder außerplanmäßige Ausgabe[4] oder trifft er ohne Zustimmung eine Anordnung, durch die Verbindlichkeiten der Gemeinde entstehen können, für die Mittel im Haushaltsplan nicht vorgesehen sind[5], so ist er der Gemeinde[6] zum Schadenersatz[7] verpflichtet[8], es sei denn[9], daß er zur Abwendung einer nicht voraussehbaren[10] dringenden Gefahr[11] für die Gemeinde sofort handeln mußte[12], hierbei nicht über das durch die Notlage gebotene Maß hinausgegangen ist[13] und mit dem Antrag auf Zustimmung unverzüglich[14] Anzeige[15] erstattet. Das gleiche gilt[16], wenn er ohne vorherige rechtzeitige Anzeige[15] beim Bürgermeister oder zuständigen Beigeordneten eine Zahlung leistet oder eine Anordnung trifft, obwohl er erkennt oder erkennen muß, daß durch die Zahlung oder Anordnung später[17] der Haushaltsplan überschritten werden muß.

1. Siehe Anm. 1 zu § 92.

2. Siehe Anm. 2 zu § 92.

3. D. h. des zur Erteilung der Zustimmung ermächtigten Beigeordneten (s. Anm. 5 zu § 91).

4. Betrifft § 91 Abs. 1.

5. Betrifft § 91 Abs. 3.

6. Siehe Anm. 7 zu § 92.

7. Siehe Anm. 9 zu § 92.

8. Auf Grund von § 92. Der Schwerpunkt des § 93 S. 1 liegt in dem, im Nachsatz zugelassenen Entlastungsbeweis.

9. **Notstandshandlung.** Für das Vorliegen der Ausnahme ist der Beamte (Angestellte) beweispflichtig. Er muß das Vorliegen sämtlicher drei Voraussetzungen, die der Nachsatz aufstellt, nachweisen.

10. War sie voraussehbar, so haftet er selbst dann, wenn er bei Eintritt der Gefahr sofort handeln mußte (vgl. Schulze-Wagner a. a. O. Anm. 11 zu § 33 RHO.).

11. Z. B. Dammbruch. Hielt er ohne Fahrlässigkeit eine dringende Gefahr für gegeben, obwohl sie tatsächlich nicht bestand, so ist er nach dem Sinne des Gesetzes ebenfalls haftungsfrei (vgl. Schulze-Wagner a. a. O. Anm. 11 zu § 33 RHO.).

12. Pflichtgemäßes Ermessen entscheidet. Nur darf ihm keine Fahrlässigkeit zur Last fallen (vgl. Anm. 3 zu § 92).

13. Soweit er dieses Maß überschreitet, haftet er.

14. Ohne schuldhaftes Zögern (vgl. § 121 Abs. 1 BGB.).

15. Der Bürgermeister oder zuständige Beigeordnete soll von der Maßnahme alsbald Kenntnis erhalten, um geeignete Gegenmaßnahmen zur Verhütung einer Gefährdung des Haushalts treffen zu können (z. B. Erlaß einer Nachtragssatzung, § 88).

16. D. h. der Beamte (Angestellte) haftet, es sei denn, daß er den Entlastungsbeweis des Satz 1 Halbs. 2 führen kann. Die Vorschrift begründet einen selbständigen Haftungstatbestand entsprechend § 32 RHO. Zahlungen oder Anordnungen, die zu einer späteren Überschreitung des Haushaltsplans führen, sind, sofern sie sich **selber** im Rahmen der Haushaltsatzung halten, in den vorhergehenden Paragraphen nicht von vorheriger An-

zeige an den Bürgermeister bzw. zuständigen Beigeordneten abhängig gemacht (wegen des Unterschiedes zu § 91 Abs. 3 s. Anm. 17).

Der Beamte (Angestellte) muß sich also von vornherein einen Plan über die Verwendung der ihm zur Verfügung stehenden Mittel machen und sich bei jeder Maßnahme vergewissern, daß durch die von ihr verursachten Ausgaben die Zulänglichkeit des Fonds für andere notwendige Ausgaben nicht gefährdet wird (vgl. Schulze-Wagner a. a. O. Anm. 2 zu § 32 RHO.).

17. Weil für **andere** notwendige Ausgaben, die aus dem betr. Fonds zu bestreiten sind, nicht mehr genügend Mittel übrig bleiben. Im Falle des § 91 S. 2 hält sich die Zahlung oder Anordnung **selbst** im **Rahmen** der Haushaltssatzung und gefährdet nur **andere spätere** Zahlungen, während die durch Anordnungen der in § 91 Abs. 3 bezeichneten Art begründeten Verbindlichkeiten den Haushaltsplan **unmittelbar** überschreiten (s. auch Anm. 10 zu § 91).

5. Abschnitt.

Kassen-, Rechnungs- und Prüfungswesen.

Vorbemerkung.

Ohne geordnetes Kassen-, Rechnungs- und Prüfungswesen ist eine geordnete Finanzwirtschaft nicht denkbar. Die Begriffe sind nicht neu. Die Gesetze der Länder hatten diesem Gebiet der Gemeindewirtschaft in den letzten Jahren steigende Aufmerksamkeit gewidmet. Auch hier ging die Anregung vom Reiche aus. § 2 Kap. IV Teil II der VO. vom 5. Juni 1931 (RGBl. I S. 279) hatte die Überwachung der gesamten Gemeindefinanzwirtschaft und Rechnungsführung als eine Aufgabe der Aufsichtsbehörde bezeichnet und in Art. 2 § 2 Nr. 3e Kap. II Teil IV a. a. O. für eine Beteiligung der Gemeinden an Wohlfahrtsbeihilfen eine satzungsmäßig sichergestellte Prüfung der Haushaltsrechnung durch eine unabhängige Stelle zur Bedingung gemacht. Dadurch wurde mittelbar ein Druck ausgeübt, das Rechnungs- und Prüfungswesen der Gemeinden einer strengen Kontrolle zu unterziehen. **Preußen** hatte dann in der Pr. GemFinVO. vom 2. November 1932 (GS. S. 341) einzelne grundlegende Bestimmungen über das Kassen-, Rechnungs- und Prüfungswesen erlassen und im übrigen den Erlaß einer dieses Gebiet regelnden Finanzordnung den Gemeinden zwingend vorgeschrieben. Desgleichen enthält das Pr. GemFinG. vom 15. Dezember 1933 (GS. S. 442) in dem mit „Rechnungs- und Prüfungswesen" überschriebenen 6. Teil eine eingehende Regelung dieser Materie, der sich die DGemO. im wesentlichen angeschlossen hat.

Die DGemO. hat im Gegensatz zum Pr. GemFinG. davon abgesehen, das Kassen-, Rechnungs- und Prüfungswesen abschließend zu regeln. Nur einzelne grundsätzliche Vorschriften sind in der DGemO. selbst verankert. Die nähere Regelung des „Kassen- und Rechnungswesens", des „Rechnungsprüfungswesens" sowie der „überörtlichen Prüfung" ist den Durchführungsverordnungen vorbehalten worden (vgl. § 105 Abs. 2 Nr. 5 und 6 und § 103 Abs. 1). Soweit die DGemO. zu einer speziellen Regelung Raum läßt, behalten die Gesetze der Länder und die Finanzordnungen der einzelnen Gemeinden vorläufig Geltung.

§ 94[1].

(1) Die Kassengeschäfte[2] führt[3] ein besonderer[4] Kassenverwalter[5]; er hat einen Stellvertreter[6].

(2) Die Kassen[7] der Gemeinde sollen[8] in einer Hand vereinigt werden[9]. Ist ein hauptamtlicher[10] Kassenverwalter bestimmt, so müssen[11] sie in seiner[11] Hand vereinigt werden; die Aufsichtsbehörde[12] kann Ausnahmen[13] zulassen.

1. § 94 stellt nur einzelne kassenorganisatorische und kassenwirtschaftliche Grundforderungen auf. Für die Organisation der Kasse, für ihren Betrieb im einzelnen, für die Kassenkontrolle, für die Rechnungslegung der Kassen u. a. m. bleibt im übrigen bis zum Erlaß der in § 105 Abs. 2 Nr. 5 angekündigten Durchführungsverordnung das Landesrecht maßgebend. Für Preußen vgl. §§ 104 ff. Pr. GemFinG. und die Erläuterungen bei v. Lympius-Küchenhoff a. a. O.

2. Dazu gehören neben den Geschäften der Kassenleitung die des Kassierers, Buchhalters, Geldzählers usw.

3. D. h. hat die Leitung.

4. Haupt-, neben- oder ehrenamtlicher. Nicht der Bürgermeister selbst oder ein Beigeordneter.

5. Er ist für den gesamten Betrieb der Kasse verantwortlich und hat die Geschäfte auf die einzelnen Arbeitskräfte so zu verteilen, daß ein Höchstmaß von Kassensicherheit und Durchsichtigkeit in der Geschäftsführung erreicht wird und die Aufgaben der Arbeitskräfte so gegeneinander abgegrenzt werden, daß eine Verschiebung der Verantwortlichkeit ausgeschlossen wird (vgl. Humpert a. a. O. S. 57). Zu seinen besonderen Obliegenheiten gehört ferner die Mitvollziehung der Schecks und Überweisungsaufträge, die Informierung des Bürgermeisters über die Entwicklung der Einnahmen und Ausgaben und die Beratung bei Anlegung überflüssiger Barmittel (vgl. Humpert a. a. O. S. 58).

6. Über Stellvertretung s. §§ 164 ff. BGB.

7. Z. B. Hauptkasse, Steuerkasse, Werkskasse, Schlachthofkasse usw.

8. Pflicht der Gemeinde! (s. Anm. 1 zu § 104). **Ausnahmen** können jedoch — vgl. „sollen" im Gegensatz zu „müssen" in Satz 2 — aus besonderen Gründen geboten sein. Aufsichtsbehördliche Genehmigung ist, wenn kein **hauptamtlicher** Kassenverwalter bestellt ist, zu einer solchen Ausnahme nicht notwendig (im Gegensatz zu Satz 2).

9. Die Vereinigung in einer Hand verwirklicht zwei kassenpolitische Forderungen:

a) den organisatorischen Grundsatz der **Einheitskasse**. In jeder Gemeinde soll es nur **eine** zentrale Kasse (**Stadthauptkasse**), nicht daneben noch **selbständige** Einzelkassen geben. Das schließt selbstverständlich die Einrichtung **unselbständiger** Nebenkassen und Zahlstellen nicht aus;

b) den kassenwirtschaftlichen Grundsatz der **zentralen Bewirtschaftung** der Geldmittel. Alle Einnahmen und Ausgaben, auch soweit sie bei Nebenkassen und Zahlstellen anfallen, sollen nach Möglichkeit in die Bücher und Rechnungen der Hauptkasse übergehen. Nur dann ist ein hinreichender Überblick über den

Zahlungs- und Kassenstand und eine hinreichende Zusammenfassung aller Gelder zum Ausgleich der Bedürfnisse auf sämtlichen Gebieten gewährleistet (s. Amtl. Begr.).

Lassen sich aus örtlichen oder sonstigen Gründen selbständige Kassen ausnahmsweise nicht vermeiden (vgl. Anm. 8), so ist zu fordern, daß sie in ständigem Abrechnungsverkehr mit der Hauptkasse stehen (vgl. Humpert a. a. O. S. 53). Dadurch wird vermieden, daß die Hauptkasse bei einer Bank ins Debet kommt und hohe Zinsen zahlen muß, während eine Nebenkasse bei einer anderen Bank mäßig verzinste Guthaben unterhält.

10. Vgl. Anm. 4.

11. Ist ein hauptamtlicher Kassenverwalter bestellt, so **müssen** die Kassen vereinigt werden (im Gegensatz zu „sollen" in Satz 1), und zwar in **seiner** Hand. Ausnahmen sind in diesem Falle im Gegensatz zu Satz 1 (vgl. Anm. 8) nur mit Genehmigung der **Aufsichtsbehörde** zulässig.

12. Siehe § 107.

13. Von Satz 2. Ausnahmen von Satz 1 bedürfen keiner Genehmigung der Aufsichtsbehörde (vgl. Anm. 8 und 11).

§ 95.

Der Bürgermeister[1] hat über die[2] Einnahmen und Ausgaben des Rechnungsjahres[3] im ersten Viertel[4] des neuen Rechnungsjahres Rechnung zu legen[5].

1. Siehe §§ 32ff. Die Rechnungslegung obliegt dem Bürgermeister. Bei **Aufstellung** der Jahresrechnung kann er sich, wie üblich, der Hilfe des Kassendezernenten, des Kassenverwalters oder sonstiger Hilfskräfte bedienen. Eine **Übertragung** an das Rechnungsprüfungsamt (§§ 96 Abs. 2, 97ff.) aber wäre unzulässig, da dieses gerade zur Prüfung der Rechnung berufen ist (vgl. Anm. 3 zu § 102).

2. D. h. über **sämtliche** Einnahmen und Ausgaben, seien es planmäßige, über- oder außerplanmäßige (vgl. § 91), des ordentlichen und außerordentlichen Haushalts (s. Anm. 5 zu § 85); siehe auch Anm. 5.

3. Siehe § 82.

4. Zur Zeit also bis 30. Juni (vgl. Anm. 2 zu § 82). Bis zu diesem Zeitpunkt muß die Jahresrechnung der **ersten**, zu ihrer Prüfung berufenen Stelle, dem Rechnungsprüfungsamt (§ 96 Abs. 2) oder, wo ein solches nicht besteht, den Gemeinderäten (§ 96 Abs. 1) vorgelegt werden. Daß die Jahresrechnung innerhalb des ersten Viertels auch der Aufsichtsbehörde vorgelegt wird (§ 99), ist nicht zu verlangen, zumal sich die Einflußnahme des Bürgermeisters auf die Tätigkeit des Rechnungsprüfungsamtes in gewissen, auf der Stellung desselben beruhenden Schranken halten muß (s. Anm. 1 und 3 zu § 101).

5. Die Jahresrechnung bildet das formelle und inhaltliche Gegenstück zum Haushaltsplan (über diesen s. Anm. 5 zu § 83 sowie Anm. 1, 2 und 5 zu § 85). Sie ist der Rechenschaftsbericht über das Ergebnis der Jahreswirtschaft und bildet die Grundlage für die Rechnungsprüfung (§§ 96 ff.) und Entlastung (§ 99). Deshalb muß sie ein vollständiges Bild aller tatsächlich geleisteten Ausgaben und erhobenen Einnahmen geben (vgl. Anm. 2), wie der Haushaltsplan alle voraussehbaren Einnahmen und Ausgaben enthalten muß (§ 85 Abs. 1), s. Amtl. Begr. In ihrer äußeren Gestaltung muß sie der Einteilung des Haushaltsplanes folgen; denn nach § 89 bildet der Haushaltsplan die Grundlage für die Verwaltung der Einnahmen und Ausgaben und damit auch für den Rechenschaftsbericht eben dieser Verwaltung. Im übrigen sind Form und Inhalt der Jahresrechnung (Nachweis von Mehreinnahmen und Mehrausgaben, Anlagen, Aufstellung eines Sollabschlusses neben dem Istabschluß u. dgl. mehr) bis zum Erlaß der in § 105 erwähnten Durchführungsverordnung dem Landesrecht überlassen. Für **Preußen** vgl. §§ 109 ff. Pr. GemFinG. und die Erläuterungen bei v. Lympius-Küchenhoff a. a. O.

§ 96.

(1) Der Bürgermeister legt die Rechnung[1] den Gemeinderäten[2] zur Beratung[3] vor. Über die Beratung ist eine Niederschrift[4] aufzunehmen. Jeder Gemeinderat ist außerdem[5] berechtigt, sich vor[6] Abschluß der Beratung schriftlich zu äußern[7]. Auf sein Verlangen[8] ist

der Abschluß[9] der Beratung eine Woche auszusetzen[10], um ihm Gelegenheit zur schriftlichen Äußerung zu geben. Der Gemeinderat hat die schriftliche Äußerung in der Beratung der Gemeinderäte zu vertreten[11].

(2) In Gemeinden, in denen ein Rechnungsprüfungsamt[12] besteht[13], hat der Bürgermeister zunächst[14] diesem die Rechnung zuzuleiten[15].

1. Die Jahresrechnung, s. § 95 und Anm. 5 daselbst.

2. Siehe §§ 48 ff. Die Beteiligung der Gemeinderäte bei der Rechnungslegung und Rechnungsprüfung soll ihr Interesse an der Arbeit nicht erlahmen lassen. Sie haben beim Zustandekommen des Haushaltsplanes beratend mitgewirkt (§ 84) und wollen auch über die Abwicklung desselben unterrichtet werden. Die abweichende Regelung des Pr. GemFinG., das in allzu starrer Durchführung des Grundsatzes ausschließlicher Verantwortlichkeit des Bürgermeisters nach oben eine Beteiligung der Gemeinderäte nicht vorsah, wurde vielfach als Mangel empfunden (s. Amtl. Begr.).

Besteht ein Rechnungsprüfungsamt, so ist die Jahresrechnung zunächst **diesem** und **nachher** erst den Gemeinderäten vorzulegen (vgl. Abs. 2 und Anm. 14).

3. Siehe §§ 56 ff.

4. Keine sachliche Abweichung gegenüber § 57 Abs. 3 S. 1. Besonderheiten ergeben sich aus den folgenden Sätzen.

5. D. h. außer den Rechten, die § 57 Abs. 3 ihm in **jeder** Beratung gibt (abweichende Äußerungen der Gemeinderäte sind in die Niederschrift aufzunehmen; jeder Gemeinderat ist berechtigt, seine Auffassung zur Niederschrift zu geben).

6. **Spätere** Äußerungen haben nicht die in Anm. 7 besprochene Bedeutung.

7. Die schriftlichen Bemerkungen der Gemeinderäte muß der Bürgermeister mit der Jahresrechnung an die Aufsichtsbehörde weiterreichen (§ 99 Abs. 1).

8. Begründung nicht notwendig (s. aber Anm. 10).

9. Siehe § 57 Abs. 1 S. 1.

10. Die Aussetzung verfolgt den Zweck, dem Gemeinderat Gelegenheit zur schriftlichen Äußerung zu geben. Eine Verpflichtung zur Aussetzung besteht deshalb — auf Grund dieser Vorschrift jedenfalls — dann nicht, wenn der Gemeinderat Aussetzung aus einem anderen Grunde beantragt.

11. Entsprechend dem Grundsatz der Eigenverantwortlichkeit (vgl. § 48 Abs. 1 S. 2).

12. Siehe §§ 97ff.

13. Stadtkreise müssen nach § 100 ein Rechnungsprüfungsamt einrichten. Für größere Gemeinden sind Rechnungsprüfungsämter landesrechtlich bereits eingeführt. Vgl. z. B.

für **Preußen**: § 116 Pr. GemFinG.: In Gemeinden mit mehr als 25000 Einwohnern obligatorisch; sonst fakultativ;

für **Bayern**: Rechnungsprüfungsämter besitzen die größeren Gemeinden und Städte;

für **Sachsen**: Sächs. Gemeindefinanzverordnung vom 19. März 1933 nebst Durchführungsverordnungen vom 19. und 26. März 1933 (GBl. S. 24, 28 und 39);

für **Baden**: §§ 72ff. der VO. über das Kassen- und Rechnungswesen der Gemeinden vom 30. März 1922 (Ges. u. VOBl. S. 318): in Städten und Gemeinden mit über 4000 Einwohnern;

für **Thüringen**: Rechnungsprüfungsämter besitzen grundsätzlich die Stadtkreise und außerdem einige größere kreisangehörige Gemeinden;

für **Mecklenburg**: § 16 der Gemeindefinanzordnung vom 28. März 1933 (RBl. S. 123): nur in **Städten**,

für **Braunschweig**: Ein Rechnungsamt gibt es nur in der Stadt Braunschweig;

für **Württemberg**: Art. 185 der Württembergischen Gemeindeordnung vom 19. März 1930 (RegBl. S. 45): in großen (mehr als 50000 Einwohner) und mittleren (10000 bis 50000 Einwohner) Gemeinden;

für **Lippe**: § 19 der Gemeindefinanzverordnung vom 15. Mai 1933 (Lipp. GS. Bd. 32 S. 67): in Städten, soweit nicht der Anschluß an einen anerkannten Prüfungsverband erfolgt.

14. D. h. **vor** der Vorlegung an die Gemeinderäte nach Abs. 1; vgl. auch Anm. 15.

15. In größeren Gemeinden, bei denen die zutreffende Beurteilung des umfangreichen Rechnungswerkes Schwierigkeiten bietet, sollen die Gemeinderäte durch den Prüfungsbericht (§ 98 Abs. 2) Unterlagen für ihre Meinungsbildung erhalten (s. Amtl. Begr.).

§ 97.

Das Rechnungsprüfungsamt[1] hat[2] die Rechnung[3] mit allen Unterlagen[4] dahin zu prüfen[5],

1. **ob der Haushaltsplan[6] eingehalten ist[7],**
2. **[8]ob die einzelnen Rechnungsbeträge sachlich und rechnerisch in vorschriftsmäßiger Weise begründet und belegt sind[9],**
3. **[8]ob bei den Einnahmen und Ausgaben nach dem Gesetz und sonstigen Vorschriften verfahren worden ist[10].**

1. Siehe §§ 96 Abs. 2 und 100 ff.

2. § 97 enthält die **notwendigen** Aufgaben des Rechnungsprüfungsamtes. § 102 handelt von den fakultativen.

3. Jahresrechnung, s. § 95 und Anm. 5 daselbst sowie § 96 Abs. 2.

4. Sämtliche Unterlagen (Bücher, Belege usw.) sind dem Rechnungsprüfungsamt miteinzureichen. Auch Sonderrechnungen wirtschaftlicher Unternehmen (§§ 67 ff.) der Gemeinde.

5. Über Unstimmigkeiten ist zu berichten (§ 98).

6. Über **Haushaltsplan** vgl. Anm. 5 zu § 83, Anm. 1, 2 und 5 zu § 85 und Anm. 2 zu § 89. Über eine eventuelle **Nachtragssatzung**, vgl. § 88.

7. **Etatskontrolle.** Abweichungen vom Haushaltsplan oder von der Nachtragssatzung (§ 88) stellen über- oder außerplanmäßige Ausgaben (§ 91) dar. Dagegen interessieren Ersparnisse unter dem Gesichtspunkt der Etatskontrolle nicht.

8. **Verwaltungskontrolle.**

9. **Förmliche, rechnerische und sachliche Prüfung.** Sie erstreckt sich vor allem darauf, ob die Belege (einschließlich der Kassenanweisungen in der vorgeschriebenen Form mit den dazugehörigen Bescheinigungen aufgestellt sind, ob der Betrag der Anweisung mit dem der Rechnung übereinstimmt, ferner ob die in der Jahresrechnung aufgeführten Beträge in Einnahme und Ausgabe mit denjenigen übereinstimmen, die in den Kassenrechnungen in Einnahme und Ausgabe ausgewiesen sind (vgl. 2. Ausführungs-Anw. zum Pr. GemFinG. vom 27. Juni 1934 [MBliV. S. 901] 3. Abschnitt I), sowie ob der Ausgang und Eingang der verkauften und gekauften Gegenstände nach Art, Zahl, Maß und Gewicht mit den Angaben in den Belegen übereinstimmt und ob die darin bezeichneten Leistungen erfolgt sind, ob z. B. der bestellte oder gekaufte Gegenstand eingegangen ist (vgl. Hettlage-Loschelder-Spielhagen a. a. O. S. 379).

10. **Rechtliche Prüfung.** Sie erstreckt sich darauf, ob die getätigten Einnahmen und geleisteten Ausgaben nach den für die Verwaltung der Einnahmen und Ausgaben sowie des Gemeindevermögens bestehenden Gesetzen — dazu gehören auch die Satzungen und Finanzordnungen der Gemeinden selbst —, Verordnungen und Verwaltungsvorschriften zulässig sind (vgl. die in Anm. 9 zitierte 2. AusfAnw.).

§ 98.

(1) Ergibt die Prüfung[1] der Rechnung Unstimmigkeiten[2], so berichtet[3] das Rechnungsprüfungsamt dem Bürgermeister[4]. Dieser veranlaßt die erforderliche Aufklärung[5].

(2) Das Rechnungsprüfungsamt faßt seine Bemerkungen[6] in einem Schlußbericht[7] zusammen.

1. Vgl. § 97.
2. Der in § 97 Nr. 1—3 bezeichneten Art.
3. Schriftlich.

4. Da die Kritik des Rechnungsprüfungsamtes sich gegen Maßnahmen des Bürgermeisters oder der ihm nachgeordneten Beamten und Angestellten richtet, muß dieser vor Niederlegung des Prüfungsergebnisses gehört werden (s. Amtl. Begr.).

5. Indem er die Beanstandung entkräftet oder sie anerkennt und ihr, wenn möglich, abhilft.

6. Die Stellungnahme des Bürgermeisters bindet den Leiter des Rechnungsprüfungsamtes nicht. Dieses muß vielmehr selbständig entscheiden, ob es eine Erinnerung aufrechterhalten will oder ob die „Aufklärung" des Bürgermeisters (Abs. 1 S. 2) die anfänglichen Bedenken ausgeräumt hat. Das Rechnungsprüfungsamt untersteht zwar dem Bürgermeister (§ 101 Abs. 1). § 101 enthält jedoch ausreichende Garantien, die es dem Rechnungsprüfungsamt ermöglichen, seine Aufgaben eigenverantwortlich und in voller Unabhängigkeit zu erledigen (s. Anm. 1 zu § 101).

7. Dieser dient den Gemeinderäten als Unterlage für ihre Beratung (§ 90 Abs. 1). Ferner wird er als Grundlage für die überörtliche Prüfung mit der Rechnung der Aufsichtsbehörde vorgelegt (§ 99 Abs. 1).

§ 99.

(1) Der Bürgermeister legt die Rechnung[1] mit dem Schlußbericht[2] des Rechnungsprüfungsamtes, der Niederschrift über die Beratung[3] und den schriftlichen Bemerkungen[4] der Gemeinderäte der Aufsichtsbehörde[5] vor[6].

(2) Nach Prüfung der Rechnung (§ 103)[7] beschließt die Aufsichtsbehörde[8] über die Entlastung[9] des Bürgermeisters. Hat die Prüfung[10] erhebliche Verstöße gegen die Grundsätze einer geordneten Haushaltsführung[11] ergeben, so hat die Aufsichtsbehörde[12] den Bürgermeister zu veranlassen[13], die erforderlichen Maßnahmen zu treffen, und dies zu überwachen[13].

(3) Der Entlastungsbeschluß[14] ist dem Bürgermeister unter Mitteilung des Ergebnisses der Prüfung[10] zuzu-

stellen. Dieser hat ihn mit dem Ergebnis der Prüfung den Gemeinderäten zur Kenntnis zu bringen[15].

1. Jahresrechnung, s. Anm. 5 zu § 95.

2. Siehe § 98 Abs. 2.

3. Siehe § 96 Abs. 1.

4. Das sind die schriftlichen Äußerungen, zu denen jeder Gemeinderat vor Abschluß der Beratung berechtigt ist (s. § 96 Abs. 1 S. 3—5).

5. Siehe § 107.

6. Die Frist des § 95 gilt hier nicht (vgl. Anm. 4 zu § 95).

7. Sog. **überörtliche Prüfung** (s. Anm. 2 und 9 zu § 103).

8. Die Erteilung der Entlastung war früher Sache der Vertretungskörperschaften. § 99 Abs. 2 trägt, indem er die Entlastungserteilung in die Hand der Aufsichtsbehörde legt, den veränderten staatsrechtlichen Verhältnissen Rechnung. Den Gemeinderäten ist die Jahresrechnung nur noch zur Beratung vorzulegen (§ 96 Abs. 1).

9. Sie bedeutet einen förmlichen Schlußstrich unter die Wirtschaft des abgelaufenen Rechnungsjahres. Andererseits erschöpft sie sich in dem Ausspruch der Aufsichtsbehörde, daß auf Grund ihrer Prüfung und des bei der Prüfung vorgelegten Materials (s. § 99 Abs. 1) Einwendungen gegen die Haushaltsführung nicht zu erheben sind. Eine spätere Inanspruchnahme **lediglich** auf Grund des bei Erteilung der Entlastung bekannten Materials ist nicht mehr möglich. Dagegen schließt die Entlastung ein Eingreifen der Aufsichtsbehörde bei Bekanntwerden **neuer** Tatsachen ebensowenig aus wie zivil-, straf- und dienststrafrechtliche Maßnahmen gegen die verantwortlichen Beamten (s. Amtl. Begr.; Mittelstaedt-Schraber a. a. O. S. 371; Oertel a. a. O. S. 607). Verweigert die Aufsichtsbehörde die Entlastung, so bringt sie damit zum Ausdruck, daß sie in diesen Punkten die Verwaltungsführung mißbilligt und den Bürgermeister oder die schuldigen Beamten in Anspruch nimmt (vgl. Hettlage-Loschelder-Zschintzsch a. a. O. S. 143). Die zivilrechtliche Verantwortlichkeit (§§ 92, 93) wird nötigenfalls im ordentlichen Rechtswege verfolgt. Soweit sich die Ansprüche gegen den Bürger

meister wenden, werden sie von der Aufsichtsbehörde geltend gemacht (§ 115 Abs. 1).

10. Gemeint ist die überörtliche Prüfung des Abs. 2 S. 1.

11. Damit sind nicht nur Verstöße gegen die vom Gesetz selbst in den §§ 87, 89 ff. aufgestellten Grundsätze gemeint, sondern auch solche des Kassen- und Prüfungswesens (z. B. mangelhafte Buchführung), die mit einer geordneten Haushaltsführung nicht verträglich sind.

12. Unter Aussetzung der Erteilung der Entlastung, zumindest hinsichtlich der den Verstoß enthaltenden Punkte.

13. Mit den Mitteln der §§ 108 ff.

14. Entsprechend der Bedeutung der Entlastung ergeht sie durch förmlichen Beschluß (s. Amtl. Begr.).

15. Mit Rücksicht auf die Bedeutung des Entlastungsbeschlusses und, weil die Gemeinderäte vor der Vorlegung an die Aufsichtsbehörde über die Jahresrechnung beraten haben (§ 96).

§ 100.

Stadtkreise[1] müssen[2] ein Rechnungsprüfungsamt[3] einrichten[4], andere Gemeinden können es einrichten, wenn ein Bedürfnis dafür besteht und die Kosten im angemessenen Verhältnis zum Umfang der Verwaltung stehen[5].

1. Siehe § 32 Abs. 2 und Anm. 8 daselbst.

2. Pflicht, die mit den Mitteln der Staatsaufsicht (§§ 109 ff.) erzwungen werden kann.

3. Siehe §§ 97 ff., insbes. § 101. Die örtliche Vorprüfung durch das Rechnungsprüfungsamt ist eine Aufgabe der **Selbstverwaltung** (vgl. § 2 Abs. 2) im Gegensatz zu den überörtlichen Prüfungsstellen des § 103, deren Tätigkeit im Zusammenhang mit der Staatsaufsicht steht und i. d. R. eine rein staatliche Funktion darstellt (vgl. Anm. 2, 6 und 9 zu § 103).

4. Soweit ein solches nicht schon besteht (vgl. § 96 Abs. 2 und Anm. 13 daselbst). Rechnungsprüfungsämter, die den Anforderungen des § 101 (Unabhängigkeit!) nicht genügen, müssen entsprechend umgestaltet werden.

5. Entscheidend ist einerseits das sachliche Bedürfnis, andererseits die Verhältnismäßigkeit der Kosten zu dem Umfange der Verwaltung und dem durch die Errichtung eines Rechnungsprüfungsamtes erzielbaren Verwaltungserfolg (s. Amtl. Begr.).

§ 101[1].

(1) Das Rechnungsprüfungsamt[2] untersteht[3] unmittelbar[4] dem Bürgermeister[5] oder dem von ihm bestimmten Beigeordneten[6].

(2) Der Bürgermeister kann die Leitung[7] des Prüfungsamts nur mit Genehmigung der Aufsichtsbehörde[8] einem Beamten übertragen[9] und entziehen[9].

(3) Der Leiter[7] des Rechnungsprüfungsamts darf mit dem Bürgermeister, den Beigeordneten[10] sowie dem Kassenverwalter[11] nicht bis zum dritten Grade verwandt oder bis zum zweiten Grade verschwägert sein[12].

(4) Der Leiter[7] des Rechnungsprüfungsamts darf Zahlungen für die Gemeinde weder anordnen[13] noch ausführen[13].

1. Ein vollwertiges Rechnungsprüfungsamt muß seine Aufgaben in möglichster Unabhängigkeit und Eigenverantwortlichkeit erfüllen. In Reich und Ländern erfolgt die Rechnungsprüfung durch mit richterlicher Unabhängigkeit ausgestattete Stellen. Da das Rechnungsprüfungsamt organisationsmäßig nur eine Dienststelle der Gemeinde sein kann, mußten auch für die Unabhängigkeit und Eigenverantwortlichkeit des gemeindlichen Rechnungsprüfers gewisse Garantien geschaffen werden, die allerdings den Rahmen der Organisation der Gemeinde nicht sprengen dürfen (s. Amtl. Begr.).

2. Abs. 1 bezieht sich im Gegensatz zu den folgenden Absätzen nicht nur auf den Leiter, sondern auf sämtliche Mitglieder des Rechnungsprüfungsamtes.

3. Die Unterstellung unter den Leiter der Gemeinde darf aber keine Behinderung der sachlichen Erledigung der Prüfungsaufgaben und keine Beeinflussung der objektiven Berichterstattung

zur Folge haben. Die Unterstellung bedeutet lediglich, daß der Bürgermeister sich im Wege der Dienstaufsicht von der ordnungsmäßigen und rechtzeitigen Erledigung der Prüfungsaufgaben jederzeit Überzeugung verschaffen kann (vgl. Schick a. a. O. S. 85).

4. Da das Rechnungsprüfungsamt in weitem Umfange Kontrollstelle der dem Bürgermeister nachgeordneten Verwaltung ist, muß verhindert werden, daß eine nachgeordnete Dienststelle auf seine Maßnahmen Einfluß nimmt (s. Amtl. Begr.).

5. Siehe §§ 32 ff. Im Falle der Verhinderung des Bürgermeisters übt sein allgemeiner Vertreter (§ 35 Abs. 1 S. 1) die Aufsicht aus (ebenso v. Lympius-Küchenhoff a. a. O. Anm. 1 zu § 117 Pr. GemFinG.).

6. Siehe §§ 34, 35. Größere Städte haben i. d. R. einen besonderen Kassendezernenten. **Anderen** Beamten oder Angestellten kann die Dienstaufsicht nicht übertragen werden (Ausnahme von § 35 Abs. 3).

7. Die Abs. 2—4 betreffen nur den **Leiter** des Rechnungsprüfungsamtes (vgl. Anm. 2).

8. Siehe § 107.

9. Der Leiter des Rechnungsprüfungsamtes wird die für sein Amt gebotene Unabhängigkeit und Unbeeinflußbarkeit nur aufbringen, wenn er die erforderlichen fachlichen und charakterlichen Eigenschaften besitzt und in seiner persönlichen Stellung möglichst gefestigt wird (s. Amtl. Begr.). Die Auswahl einer geeigneten Persönlichkeit sucht das Gesetz dadurch sicherzustellen, daß es die Übertragung der Leitung an die Genehmigung der Aufsichtsbehörde knüpft. Eine im Vergleich zu anderen Gemeindebeamten ungewöhnliche Sicherung seiner persönlichen Stellung genießt der Leiter dadurch, daß ihm die Leitung nur mit Genehmigung der Aufsichtsbehörde wieder entzogen werden kann. Die Aufsichtsbehörde wird ihr Augenmerk darauf zu richten haben, ob der Bürgermeister sich etwa nur eines ihm unbequemen Leiters zu entledigen wünscht. Über einen Fall, in dem die Genehmigung zur Entziehung erteilt werden **muß**, siehe Anm. 12.

10. **Sämtliche** Beigeordneten sind gemeint. Denn jeder hat mit der Verwaltung von Haushaltsmitteln unmittelbar oder mittelbar zu tun.

11. Siehe § 94.

12. Entspricht der Regelung des § 43. Entstehen derartige Beziehungen während der Amtszeit, so wird der Leiter alsbald in eine andere Dienststelle zu versetzen sein (vgl. § 43 Abs. 2 und Amtl. Begr. zu § 101). In diesem Falle muß die Aufsichtsbehörde ihre Genehmigung zur Entlassung geben (vgl. Abs. 2 und Anm. 9).

Entferntere Grade der Verwandtschaft oder Schwägerschaft können einen Beamten als für den Posten des Leiters ungeeignet erscheinen lassen.

13. Die bedenklichste Form der Beeinträchtigung seiner Unabhängigkeit ist die aktive Anteilnahme des Leiters an Geschäften, deren spätere Überprüfung zu seinem eigentlichen Aufgabengebiet gehört (vgl. Amtl. Begr. und Schick a. a. O. S. 85).

§ 102.

Der Bürgermeister kann[1] dem Rechnungsprüfungsamt weitere[2] Aufgaben übertragen, insbesondere[3]

1. **die laufende Überwachung der Kassen[4] der Gemeinde und ihrer Unternehmen sowie die Kassen- und Vorratsprüfungen[5],**
2. **die laufende Prüfung der Wirtschaftsführung[6] der wirtschaftlichen Unternehmen[7], die Prüfung der Betätigung der Gemeinde als Gesellschafter oder Aktionär in Unternehmen mit eigener Rechtspersönlichkeit[8] und die Buch- und Betriebsprüfungen, die sich die Gemeinde bei einer Beteiligung, bei der Hingabe eines Darlehens oder sonst vorbehalten hat[9],**
3. **die Prüfung von Vergebungen[10],**
4. **die Prüfung der Verwaltung auf Zweckmäßigkeit und Wirtschaftlichkeit[11].**

1. Während § 97 die Mußaufgaben enthält, handelt § 102 von den Kannaufgaben.

2. Außer den Mußaufgaben des § 97.

3. Das Gesetz gibt nur Beispiele. Dem Rechnungsprüfungsamt können daher noch weitere Aufgaben übertragen werden. Nur darf das Rechnungsprüfungsamt nicht mit einer Tätigkeit befaßt werden, deren spätere Nachprüfung ihm obliegt (vgl. § 101 Abs. 4 und Anm. 13 daselbst).

4. Vgl. § 94.

5. Zeitpunkt und Zahl der ordentlichen und außerordentlichen Kassen- und Vorratsprüfungen richtet sich bis zu der in § 105 Abs. 2 Nr. 5 in Aussicht genommenen Regelung durch Durchführungsverordnung nach Landesrecht. Für **Preußen** vgl. v. Lympius-Küchenhoff a. a. O. Anm. 6 zu § 116 Pr. GemFinG.

6. Betrifft auch Fragen zweckmäßiger Organisation und läßt die jährlichen Pflichtprüfungen auf Grund der VO.en vom 6. Oktober 1931 (RGBl. I S. 537) und vom 30. März 1933 (RGBl. I S. 180) unberührt.

7. Betrifft Eigenbetriebe (s. Vorbem. zum 2. Abschnitt und § 74).

8. Z. B. Aktiengesellschaft, Kommanditgesellschaft auf Aktien, Gesellschaft mit beschränkter Haftung, eingetragene Genossenschaft (vgl. Anm. 6 zu § 69).

9. Zwecks Feststellung, ob eine Inanspruchnahme der Gemeinde möglicherweise eintreten kann. Bei Übernahme einer Bürgschaft, Gewährleistung oder sonstigen Sicherheit (vgl. § 78 Abs. 1) ist die Ausbedingung dieses Rechtes den Gemeinden mitunter zur Pflicht gemacht. So in **Preußen** durch § 49 Pr. GemFinG., dessen Weitergeltung außer Frage steht.

10. Einschließlich der zugrunde liegenden Entwürfe und Kostenanschläge.

11. Diese sog. **wirtschaftliche und Organisationsprüfung** (vgl. Anm. 7 und 8 zu § 97) erstreckt sich darauf, ob bei den Ausgaben wirtschaftlich und sparsam verfahren worden und bei den Einnahmen das Interesse der Gemeinde überall gewahrt ist, ob nicht Einrichtungen und Stellen aufrechterhalten oder in sonstiger Weise Mittel verausgabt sind, die ohne Gefährdung des Verwaltungszweckes hätten eingeschränkt oder eingespart werden können (vgl. § 119 Abs. 1 Nr. 4 Pr. GemFinG. und 2. AusfAnw.

zum Pr. GemFinG. vom 27. Juni 1934 [MBliV. S. 901] 3. Abschnitt I, 4). Auch hier ist die Regelung einer überörtlichen Prüfung durch Durchführungsverordnung in Aussicht genommen (§ 103 Abs. 1).

§ 103.

(1) Der Reichsminister des Innern regelt im Einvernehmen mit dem Reichsminister der Finanzen durch Verordnung[1] die überörtliche Prüfung[2] des Haushalts-, Kassen- und Rechnungswesens[3], der Wirtschaftlichkeit und Zweckmäßigkeit der Verwaltung[4] sowie der wirtschaftlichen Unternehmen[5] der Gemeinde.

(2) Zu diesem Zweck wird eine Anstalt des öffentlichen Rechts[6] errichtet, die dem Reichsminister des Innern untersteht[7]. Bis zu ihrer Errichtung[8] setzen die bestehenden[9] überörtlichen Prüfungseinrichtungen ihre Tätigkeit fort.

1. Die Verordnung ist noch nicht ergangen.

2. Die **überörtliche Prüfung** der Gemeindewirtschaft entspricht einem dringenden Bedürfnis (s. Amtl. Begr.). Sie soll der Aufsichtsbehörde eine sichere und letzte Unterlage geben für ihre Entscheidung über die Erteilung der Entlastung (vgl. § 99 Abs. 2 S. 1). Die größeren deutschen Länder sind in den letzten Jahren in steigendem Maße dazu übergegangen, das überörtliche Prüfungswesen von sich aus gesetzlich zu regeln (vgl. Anm. 9).

3. Vgl. Vorbem. zum 5. Abschnitt.

4. Siehe § 102 Nr. 4.

5. Siehe § 102 Nr. 2.

6. Eine besondere, dem Reichsinnenminister (vgl. § 107) unterstellte Anstalt des öffentlichen Rechts. Gegen eine rein staatliche Gestaltung der Prüfungseinrichtungen wurden, namentlich aus Kreisen der Selbstverwaltung, Bedenken erhoben (s. Amtl. Begr.).

7. Dem Reichsinnenminister soll nach dem Willen des Gesetzgebers außer der obersten Aufsicht (§ 107) sowohl auf die Aus-

gestaltung als auch auf die Arbeit der Anstalt entscheidender Einfluß zustehen (insbes. Besetzung der leitenden Beamtenstellen!), s. Amtl. Begr.

8. Die Errichtung ist erst in Aussicht genommen, wenn über die Neueinteilung des Reiches und die endgültige Abgrenzung der Zuständigkeiten, namentlich auf dem Gebiete der Kommunalaufsicht, Klarheit besteht (s. Amtl. Begr.).

9. Bei aller Einheitlichkeit in Zweck und Ziel gehen Form und Aufgaben der bestehenden landesgesetzlichen Prüfungsstellen weit auseinander.

Preußen hat in den §§ 122ff. Pr. GemFinG. besondere staatliche Stellen (Gemeindeprüfungsämter) geschaffen — für die der Aufsicht des Landrats unterstehenden Gemeinden bei den Landratsämtern, für die der Aufsicht des Regierungspräsidenten unterstehenden Gemeinden bei den Regierungen —, denen sowohl die Vornahme sog. Ordnungsprüfungen als auch die Durchführung von Wirtschaftlichkeits- und Organisationsprüfungen sowie der Kassen- und Vorratsprüfungen übertragen worden ist (im einzelnen s. die Erläuterungen bei v. Lympius-Küchenhoff zu §§ 122ff. Pr. GemFinG.).

In **Bayern** obliegt die Prüfung dem Bayrischen Prüfungsverband öffentlicher Kassen, einer Körperschaft des öffentlichen Rechts unter der Aufsicht des Staatsministers des Innern (vgl. Bekanntmachung vom 19. Mai 1934, Bayr. Ministerialamtsblatt S. 69).

Bezüglich **Sachsen** vgl. die Gemeindefinanzverordnung vom 19. März 1933 nebst Durchführungsverordnungen vom 19. und 26. März 1933 (GBl. S. 24, 28 und 39).

Baden hat durch Gesetz vom 9. Januar 1934 und VO. vom 22. Januar 1934 (Ges. u. VOBl. S. 13ff.) die Rechnungsprüfung der Gemeinden teils überörtlichen Ämtern, teils der Aufsichtsbehörde anvertraut.

In **Thüringen** ist ein Prüfungsverband als Körperschaft des öffentlichen Rechts errichtet (vgl. VO. vom 28. März 1933, Ges.S. S. 225, nebst 1. und 2. AusführungsVO. vom 15. November 1933 und 23. März 1934, GS. S. 387 bzw. 58).

In **Mecklenburg** ist durch die §§ 16, 17 der Gemeindefinanzordnung vom 28. März 1933 (RgBl. S. 123) eine überörtliche Prüfung für Städte vorgeschrieben.

Für **Braunschweig** ist die überörtliche Prüfung im Gemeindefinanzgesetz vom 24. April 1933 (GuVS. Nr. 42 S. 51) und der Ersten Verordnung zur Durchführung dieses Gesetzes vom 1. August 1934 (GuVS. Nr. 90 S. 164) geregelt.

Württemberg hat durch Gesetz vom 27. Januar 1934 (RegBl. S. 37) zur Prüfung der Haushaltsrechnungen, Verwaltungen und Unternehmen die „Württembergische Prüfungsanstalt für Körperschaften" als rechtsfähige Anstalt des öffentlichen Rechts geschaffen.

In **Lippe** ist eine überörtliche Prüfung des Rechnungswesens für Dorfgemeinden durch den Landrat oder das Rechnungsprüfungsamt des Kreises, außerdem eine Wirtschaftlichkeits- und Organisationsprüfung für diejenigen gemeindlichen Wirtschaftsbetriebe, welche den Reichsvorschriften über die Prüfungspflicht nicht unterlagen, durch geeignete überörtliche Prüfungsstellen vorgesehen (vgl. §§ 19, 20 der Gemeindefinanzverordnung vom 15. Mai 1933 [Lipp. Gesetzs. Bd. 32 S. 67]).

6. Abschnitt.

Gemeinsame Vorschriften zum 1. bis 5. Abschnitt.

§ 104[1].

(1) Geschäfte des bürgerlichen[2] Rechtsverkehrs, die ohne die nach den Vorschriften der Abschnitte 1 bis 5[3] erforderliche Genehmigung[4] der Aufsichtsbehörde[5] abgeschlossen werden, sind unwirksam[6].

(2) Rechtsgeschäfte, die gegen das Verbot der §§ 73[7] und 79[8] verstoßen, sind nichtig[9].

1. Die Vorschrift behandelt die Unwirksamkeit und die Nichtigkeit von Rechtsgeschäften. Aus der ausdrücklichen Begrenzung der Unwirksamkeit (Abs. 1) auf Rechtsgeschäfte, die der Genehmigung der Aufsichtsbehörde bedürfen, und der Nichtigkeit (Abs. 2) auf die Fälle der §§ 73 und 79 ergibt sich, daß in allen

übrigen Fällen, in denen das Gesetz die Ausdrucksweise „darf nicht", „soll nicht", „darf nur" u. dgl. gebraucht (vgl. z. B. §§ 61, 63, 65 Abs. 2, 67, 69, 77, 91) die Verletzung des gesetzlichen Verbots nicht die Unwirksamkeit oder Nichtigkeit der betr. Rechtshandlung zur Folge hat. Im einzelnen vgl. die Erläuterungen zu den einzelnen Paragraphen. In diesen Fällen handelt es sich nur um Ordnungsvorschriften, deren Einhaltung gesetzliche Pflicht der Gemeinde ist (s. § 1 Abs. 2 S. 3 und § 106), an deren Schranken die Aufsichtsbehörden gebunden sind und denen sie nötigenfalls mit den Mitteln der Staatsaufsicht (§§ 109 ff.) Geltung zu verschaffen haben. Außerdem macht Verletzung dieser Vorschriften die schuldigen Beamten (Angestellten) disziplinarisch, gegebenenfalls auch strafrechtlich, verantwortlich und verpflichtet zivilrechtlich zum Schadensersatz, sei es nach allgemeinen Vorschriften oder, bei Verletzung haushaltsrechtlicher Vorschriften, nach den besonderen Haftungsbestimmungen der §§ 92, 93 (vgl. Anm. 1, 2, 4, 6 und 9 zu § 92).

2. Soweit die Entschließungen der Gemeinde auf rein öffentlich-rechtlichem Gebiet liegen (z. B. Erlaß der Hauptsatzung § 3 Abs. 2, Einführung des Anschluß- oder Benutzungszwanges § 18 Abs. 1), sind sie bis zur Erteilung der vorgeschriebenen Genehmigung ohne weiteres unwirksam (s. Amtl. Begr.).

3. Die Rechtswirksamkeit oder Rechtsunwirksamkeit von Rechtsgeschäften, die ohne die in **anderen** Gesetzen vorgeschriebene Genehmigung der Aufsichtsbehörde abgeschlossen werden (z. B. Aufnahme von Auslandskrediten nach § 5 Kap. I Teil 3 VO. vom 6. Oktober/8. Dezember 1931 vgl. Anm. 8 zu § 78), beurteilt sich nicht nach § 104, sondern nach den einschlägigen Sondergesetzen.

4. Siehe z. B. §§ 62 Abs. 2, 71, 75, 78, 81.

5. Siehe § 107.

6. **Unwirksamkeit** ist nicht gleichbedeutend mit **Nichtigkeit**. Ein **nichtiges** Rechtsgeschäft, z. B. in den Fällen des Abs. 2 oder ein vom Bürgermeister entgegen § 36 Abs. 2 mündlich abgeschlossenes Verpflichtungsgeschäft, ist absolut nichtig und kann durch nichts wirksam werden. Es muß, um Gültigkeit zu erlangen, in wirksamer Weise neu vorgenommen werden, wenn dies über-

haupt möglich ist. Aber auch dann beruht die Gültigkeit nicht auf dem nichtigen Geschäft, sondern ausschließlich auf dem Neuabschluß, der auch, was Vertretungsbefugnis, Willensmängel, Zeitpunkt des Wirksamwerdens usw. anlangt, allein entscheidend ist. Im Gegensatz dazu besitzt das **unwirksame** Rechtsgeschäft, von dem § 104 Abs. 1 spricht, gewissen Rechtswert insofern, als es durch Erteilung der vorgeschriebenen Genehmigung nachträglich wirksam werden kann und bis zur endgültigen Versagung der Genehmigung die Parteien bindet (schwebende Nichtigkeit). Wird die Genehmigung erteilt, so erlangt das **alte** (vorher unwirksame) Rechtsgeschäft volle Gültigkeit. Vertretungsbefugnis des Abschließenden, etwaiges Vorhandensein von Willensmängeln (§§ 117 ff. BGB.) usw. richten sich ausschließlich nach dem Zeitpunkt und den Besonderheiten des ursprünglichen Geschäfts, da ein Neuabschluß nicht erfolgt.

Wenn auch die Genehmigung der Aufsichtsbehörde als Betätigung der Staatsaufsicht ein öffentlich-rechtlicher Akt ist, so beurteilt sich die Bedeutung der Genehmigung für das genehmigungspflichtige Rechtsgeschäft, da dieses ein bürgerlich-rechtliches ist, doch nach Privatrecht, nämlich nach den §§ 182 ff. BGB. Danach kann die Genehmigung sowohl vor wie nach Abschluß des Rechtsgeschäfts erteilt werden (im ersteren Falle spricht das BGB. von „Einwilligung"). Sie kann sowohl der Gemeinde wie deren Vertragsgegner gegenüber erklärt werden (§ 182 Abs. 1 BGB.). Die vorherige Zustimmung ist grundsätzlich bis zur Vornahme des Rechtsgeschäfts widerruflich (§ 183 BGB.), auch wenn man, da die aufsichtsbehördliche Genehmigung ein Staatshoheitsakt ist, mit RGZ. 106, 145 nicht von den §§ 182 ff. BGB., sondern von allgemeinen Verwaltungsgrundsätzen ausgeht. Die nachträgliche Genehmigung wirkt auf den Zeitpunkt der Vornahme des Rechtsgeschäfts zurück (§ 184 BGB., Wirkung ex tunc), außer wenn beim Vertragsschluß die Rückwirkung ausgeschlossen worden ist, was u. U. dann beabsichtigt sein wird, wenn der Vertrag unter der Bedingung (dem Vorbehalt) der Genehmigung geschlossen wurde. Endgültige Unwirksamkeit (Nichtigkeit) tritt in diesen Fällen erst ein, wenn die Genehmigung endgültig versagt worden ist. Bis dahin sind die Parteien, trotz der Unwirksamkeit, an das genehmigungsbedürftige Rechtsgeschäft insofern gebunden, als sich keine von ihnen, bevor nicht die Versagung der Genehmigung feststeht, einseitig davon lossagen kann und es der Gemeinde obliegt, darauf hinzuwirken, daß die Aufsichtsbehörde die Genehmigung erteilt (vgl. RGZ. 64, 154 und 98, 48). Durch Willenseinigung der Kontrahenten kann während des Schwebezustandes selbstverständlich auch das unwirksame Rechtsgeschäft aufgelöst werden. Geschieht dies, so wird es durch nachträgliche Genehmigung nicht etwa wirksam.

7. Unberechtigte Ausnutzung einer Monopolstellung.

8. Bestellung von Sicherheiten für Darlehen der Gemeinde.

9. **Absolute Nichtigkeit** (vgl. Anm. 6) im Gegensatz zur bloßen Unwirksamkeit des Abs. 1. Unterfall des § 134 BGB. (Verstoß gegen ein gesetzliches Verbot).

§ 105.

(1) Der Reichsminister des Innern[1] kann im Einvernehmen mit dem Reichsminister der Finanzen durch Verordnung[2] Entschließungen[3], die nach den Vorschriften der Abschnitte 1 bis 5 der Genehmigung der Aufsichtsbehörde bedürfen[4], von der Genehmigung allgemein[2] freistellen und dafür die vorherige Anzeige an die Aufsichtsbehörde vorschreiben[4a].

(2) Der Reichsminister des Innern kann im Einvernehmen mit dem Reichsminister der Finanzen durch Verordnung die Wirtschaftsführung der Gemeinden näher regeln, namentlich

1. **die Aufnahme von Darlehen[5] und die Übernahme sonstiger Verpflichtungen im Sinne des § 78[6],**
2. **die Bildung von Rücklagen[7],**
3. **die Aufstellung und Ausführung des Haushaltsplans in Anlehnung an die Reichshaushaltsordnung[8],**
4. **die Nachweisungen und die Bewertung des Gemeindevermögens[9],**

5. das Kassen- und Rechnungswesen[10],

6. das Rechnungsprüfungswesen[10].

1. Siehe § 107.

2. Durch Verordnung allgemein, nicht auch durch Verfügung im Einzelfall.

3. Betrifft nicht nur Rechtsgeschäfte des bürgerlichen Rechtsverkehrs im Sinne des § 104 Abs. 1.

4. Vgl. die in Anm. 4 zu § 104 genannten Beispiele. Auf andere Genehmigungsvorbehalte außerhalb der Abschnitte 1—5 des 6. Teils erstreckt sich die Ermächtigung nicht, auch wenn solche an sonstigen Stellen der DGemO. enthalten sind.

4a. Eine Freistellung von der Genehmigung, ohne daß an ihrer Stelle die vorherige Anzeige an die Aufsichtsbehörde vorgeschrieben wird, ist nicht statthaft. Macht der Reichsinnenminister von dieser Ermächtigung Gebrauch, so ist anzunehmen, daß die Wirksamkeit bürgerlicher Rechtsgeschäfte im Sinne des § 104 Abs. 1 und 2 von der vorherigen Anzeige an die Aufsichtsbehörde nicht abhängig sein soll.

5. Siehe Anm. 2 zu § 76.

6. Siehe Anm. 7 und 8 zu § 78.

7. Siehe §§ 60 Abs. 3, 61 Abs. 2, 72 Abs. 2, 77 Abs. 1 letzter Satz, 80 Abs. 3, 81 Abs. 2.

8. Siehe Anm. 5 zu § 85 und Anm. 4 zu § 89.

9. Siehe §§ 60 ff.

10. Siehe §§ 94 ff.

Siebenter Teil.

Aufsicht.

Vorbemerkung.

1. Der Begriff der Staatsaufsicht hat sich entsprechend der Wandlung der Auffassung vom Wesen der Gemeinde verändert. Während im liberalistischen Staate ein abgezirkeltes System von Ermächtigungen, auf Grund deren der Staat in das Selbstverwaltungsrecht der Gemeinde eingreifen durfte, vorhanden war, ein System, das dem Staat außer bei der Genehmigung zu gewissen Veräußerungen, Steuererhebungen und Anleihe-

aufnahmen nur eine Rechtskontrolle gab, ist die dualistische Betrachtung des Verhältnisses von Staat und Gemeinde im nationalen Gemeinschaftsstaate mit Führerprinzip*) weggefallen. Es gibt keine Gegensätzlichkeit mehr zwischen Staat und Gemeinde. Die Gemeinde ist vielmehr eine mit Eigenleben ausgestattete Zelle des gesamten Staatskörpers. Inhalt der Staatsaufsicht ist daher: Erhaltung des organischen, d. h. gesunden und mit den Zielen der Staatsführung im Einklange stehenden Zellenlebens. Um das Eigenleben der Zelle zu erhalten, soll die Staatsaufsicht so gehandhabt werden, daß die Entschlußkraft und Verantwortungsfreudigkeit der gemeindlichen Stellen gefördert und nicht beeinträchtigt wird (§ 106 Satz 2). Der Eigenbetätigung der Zelle, die allein Inhalt der Selbstverwaltung ist — nicht eine Summe von Rechten gegen den Staat! —, ist mithin erhalten geblieben. Wenn die Staatsaufsicht gegenüber dem bisherigen Recht erweitert worden ist, so liegt darin keine Beschränkung des gesunden Eigenlebens der Gemeinde, sondern eine Sicherung des Funktionierens des Zellenaufbaues im Gesamtorganismus.

Der Inhalt der Selbstverwaltung wird durch diese Sicherungen für die Gesundheit und die einheitliche Führung aller Glieder des Organismus nicht berührt.

2. Von der Staatsaufsicht ist die Dienstaufsicht der Staatsbehörden gegenüber den Kommunalbehörden in den Auftragsangelegenheiten zu unterscheiden (in der Amtl. Begr. zu § 106 sogenannte „Fachaufsicht"). Diese Dienstaufsicht ist eine vollinhaltliche Leitungsgewalt mit unbeschränktem Anweisungsrecht, während die Kommunalaufsicht sich grundsätzlich von der laufenden Verwaltung freihält. Wegen einer Besonderheit für die Zwangsmittel s. § 114 mit Bem.

3. Durch die **spezielle Staatsaufsicht** der §§ 106 ff. (s. auch Vorbem. 5) wird die **allgemeine**, sich nicht nur auf Gemeinden erstreckende, **Aufsicht** der Reichsstatthalter und der Preußischen Oberpräsidenten nicht berührt. Von der speziellen Staats-

---

*) Vgl. dazu: Küchenhoff: Nationaler Gemeinschaftsstaat, Volksrecht und Volksrechtsprechung, Berlin (Walter de Gruyter) 1934; derselbe in Juristische Rundschau 1934 S. 17 ff.

aufsicht über die Gemeinden unterscheidet sich diese allgemeine Aufsicht in Aufgabe und Mitteln. Während die spezielle Staatsaufsicht für den geordneten Gang der Gemeindeverwaltung sorgt und in den mannigfaltigsten Formen (Vorbem. 6) an der Grundgestaltung der Gemeinden, ja sogar bei besonders bedeutsamen Verwaltungsakten mitwirkt, sich also auf die **Verwaltung** bezieht, hat die allgemeine Aufsicht der Reichsstatthalter und der Preußischen Oberpräsidenten vor allem einen **staatspolitischen Inhalt**. Die Genannten haben für die **Erhaltung der Einheitlichkeit der politischen Führung**, „für die Beobachtung der vom Führer und Reichskanzler aufgestellten Richtlinien der Politik“ (§ 1 Abs. 2 des Reichsstatthaltergesetzes) in ihrem Bezirke zu sorgen. Hierzu haben Reichsstatthalter und Oberpräsidenten die Befugnis, sich von sämtlichen Reichs- und Landesbehörden sowie von den Dienststellen der unter Aufsicht des Reichs oder Landes stehenden öffentlich-rechtlichen Körperschaften (also auch den Gemeinden) innerhalb ihres Amtsbezirkes (bzw. ihrer Provinz) unterrichten zu lassen, sie auf die maßgebenden Gesichtspunkte und die danach erforderlichen Maßnahmen aufmerksam zu machen, sowie bei Gefahr im Verzuge einstweilige Anordnungen zu treffen. Eigenes Anweisungsrecht haben die Reichsstatthalter und Oberpräsidenten als ständige Vertreter der **Reichsregierung** nicht (vgl. §§ 1, 2 des Reichsstatthaltergesetzes vom 30. Januar 1935, RGBl. I S. 65, §§ 1, 2 der 2. Verordnung über den Neuaufbau des Reichs vom 27. November 1934,. RGBl. I S. 1190). Die Oberpräsidenten als ständige Vertreter der **Preußischen** Staatsregierung in der Provinz haben zwar, über ihre Stellung als ständige Vertreter der Reichsregierung hinaus, das Recht, die Behörden der allgemeinen und inneren Verwaltung im Rahmen der den Ministern zustehenden Befugnisse mit Anweisungen zu versehen (Artikel I des Preuß. Oberpräsidentengesetzes vom 15. Dezember 1933, GS. S. 477). Zu diesen Behörden der allgemeinen und inneren Verwaltung gehören jedoch nicht die Gemeindebehörden.

Dagegen können die Reichsminister bei Durchführung der ihnen obliegenden Reichsaufgaben die Reichsstatthalter wie die Oberpräsidenten unmittelbar mit Weisungen versehen (§§ 3 des

Reichsstatthaltergesetzes vom 30. Januar 1935 und der 2. VO. über den Neuaufbau des Reichs vom 27. November 1934).

Die politische Aufsicht und die verwaltungsmäßige Kommunalaufsicht überschneiden sich also in keiner Weise.

Darüber, daß den Trägern der politischen Aufsicht bestimmte Entscheidungen über die grundsätzliche Verfassungsgestaltung der Gemeinden eingeräumt sind, vgl. Vorbem. 2 zum 5. Teil.

Über die Trägerschaft der Aufgaben des Reichsstatthalters in Preußen s. § 117 Abs. 3 DGemO. mit Bem.

4. Die Kommunalaufsicht beschränkt sich nicht mehr auf die negative Aufsicht, sie ist vielmehr auch gestaltend und fördernd (wegen des Inhalts der Kommunalaufsicht im einzelnen s. § 8 mit Anmerkungen).

5. Es sind folgende **Formen** der Staatsaufsicht zu unterscheiden:

a) **Unterrichtung** über die Gemeindeangelegenheiten und die Gemeindeverwaltung (Prüfungen an Ort und Stelle, Akteneinsicht, Anforderung von schriftlichen und mündlichen Berichten) (§ 108),

b) Mitwirkung bei dem Verwaltungs- und Rechtsaufbau der Gemeinde:

aa) Mitwirkung (wenn auch beschränkte!) bei der Berufung von Bürgermeistern und Beigeordneten sowie bei der Abberufung der Gemeinderäte (§§ 40 Satz 2, 41 Abs. 2 Ziff. 3, Abs. 3 und 4, 42 Abs. 2 Satz 2, 43 Abs. 1 Satz 2; § 54 Satz 2), Beeidigung der Bürgermeister (§ 46),

bb) Genehmigungen zu Gemeindeakten:

1. zum Erlaß der Hauptsatzung und besonders wichtiger Ortssatzungen (§ 3 Anm. 3, § 3 Abs. 2, s. auch Abs. 3 Satz 2, § 33 bei Ziff. 20, 23, 24, § 18),

2. zu Darlehnsaufnahmen, Bürgschaftsübernahmen, Grundstücksveräußerungen und sonstigen bedeutsamen Akten der Gemeindefinanzverwaltung §§ 62 II, 66 II, 71, 75, 76, 78, 81, 86 Abs. 1,

cc) Entscheidung von Grenzstreitigkeiten, Mitwirkung bei Gebietsänderungen (Verhandlungen und Auseinandersetzungen): §§ 14 Abs. 1, 2; 15, dd) Zustimmung und Entscheidung in Ehrenangelegenheiten (§§ 21 I 2, II, 28 II, 31 II),

c) Sorge für die Gesetzmäßigkeit der Gemeindeverwaltung und die Übereinstimmung mit den Zielen der Staatsführung (§§ 1 Abs. 2, 106):

aa) Aufhebung zuwiderlaufender Entschließungen und Anordnungen des Gemeindeleiters (§ 109),

bb) Aufforderung zur Rückgängigmachung bereits erfolgter Maßnahmen (§ 109),

cc) Anweisung zur Erfüllung der gesetzlichen Pflichten unter Bestimmung der Entschließung oder Anordnung im einzelnen, bei Vermeidung von Zwangsstrafen und Ersatzvornahme (§§ 110, 111),

dd) Einsetzung von Staatskommissaren (§ 112).

6. Bestimmungen über Aufsichtsbefugnisse des Staates außer §§ 106ff.:

§§ 3, 12, 14, 15, 18, 21, 26, 28, 31, 33 Abs. 2, 40, 41, 42, 43, 45, 46, 54, 62, 66, 68, 71, 75, 78, 79, 81, 84, 86, 94, 99, 101.

§ 106.

Der Staat[1] beaufsichtigt die Gemeinde, um sicherzustellen, daß sie im Einklang mit den Gesetzen[2] und den Zielen der Staatsführung[3] verwaltet wird[4]. Die Aufsicht soll so gehandhabt werden, daß die Entschlußkraft und Verantwortungsfreudigkeit der Gemeindeverwaltung gefördert und nicht beeinträchtigt wird[5].

1. Das Reich! Vgl. § 8 Anm. 1.

2. Sog. Rechtskontrolle. Das Wirken der Gemeinden muß nach der positiven wie nach der negativen Seite im Einklang mit den Gesetzen stehen.

3. Grundsatz der Einheit der Staatsführung. Vgl. dazu § 8 Anm. 2 und Vorbem. 1 zum 7. Teil. Der Begriff, der sich in § 1 Abs. 2 Satz 3 wiederfindet, ist für die organische Auffassung vom Verhältnis von Staat zu Gemeinde kennzeichnend. Die Amtl. Begr. bemerkt dazu im Allgemeinen Teil Ziff. 2: „Der

Staat will die Selbstverwaltung der Gemeinden nicht bis ins einzelne regeln. Davon kann er aber nur absehen, wenn die Gemeinden unter das höhere Gebot der Gleichrichtung des Verwaltungskurses in Staat und Gemeinden gestellt werden. Hierfür wählt das Gesetz die feierliche Fassung „im Einklang mit den Zielen der Staatsführung", um auszudrücken, daß es sich nicht um kleinliche, sondern um sachlich oder politisch bedeutsame Angelegenheiten handeln muß, wenn die Staatsaufsicht einen Eingriff in die Selbstverwaltung auf eine Verletzung dieses Gebotes stützen will."

4. Daß die Verwaltung der Gemeinde wirtschaftlich, sparsam und sauber sein muß, ist im Gegensatz zu § 59 Pr. GemVerfG. in der Deutschen Gemeindeordnung nicht ausdrücklich erwähnt. Die Amtl. Begr. zu § 106 letzter Absatz bemerkt dazu, daß die Wirtschaftlichkeit und Sparsamkeit der Gemeindeverwaltung durch die Vorschriften über die Wirtschaftführung so fest geordnet ist, „daß den Aufsichtsbehörden genügend gesetzliche Handhaben geboten sind, um Mängeln und Verstößen entgegenzutreten". Die Sauberkeit der Verwaltung ist, wie die Amtl. Begr. ebenfalls hervorhebt, selbstverständlicher Grundsatz des nationalsozialistischen Staates, zu dessen Durchsetzung das Dienststrafrecht ausreicht. „In sachlich und politisch schwerwiegenden Fällen bedeutet zudem eine Verletzung der Grundsätze der Wirtschaftlichkeit, Sparsamkeit und Sauberkeit einen Verstoß gegen die Ziele der Staatsführung."

5. Hierin liegt die wesentliche materielle Grenze für Maßnahmen der Staatsaufsicht. Je gesünder sich das Eigenleben der Zelle zum Wohle des Gesamtorganismus entfaltet, um so mehr wird die Aufsichtsbehörde sich zurückhalten können. Die laufende Verwaltung einer geordneten Gemeinde wird daher den Gemeindeorganen zu überlassen sein (vgl. auch § 8 Anm. 2 und 3). Siehe Amtl. Begr. zu § 106 Abs. 4.

§ 107.

Oberste Aufsichtsbehörde ist der Reichsminister des Innern[1]. Er bestimmt durch Verordnung, welche Behörden obere Aufsichtsbehörden und Aufsichtsbehörden sind[2].

1. Darin gelangt zum Ausdruck, daß die Kommunalaufsicht Reichsangelegenheit ist.

2. Die Amtl. Begr. zu § 107 bemerkt dazu, daß bis zur endgültigen Behördengliederung im Zuge der Reichsreform der Reichsminister des Innern „die bisher nach Landesrecht zuständigen Aufsichtsbehörden als obere Aufsichtsbehörden und Aufsichtsbehörden" bestimmen wird.

§ 108.

Die Aufsichtsbehörde kann sich jederzeit über alle Angelegenheiten der Gemeinde unterrichten[1]; sie kann an Ort und Stelle prüfen und besichtigen[2], mündliche[3] und schriftliche Berichte einfordern sowie Akten und sonstige Unterlagen einsehen[4].

1. Das Recht auf Unterrichtung ist Bestandteil jeder Aufsichtsgewalt. Siehe vergleichsweise Art. 1 des Preußischen Oberpräsidentengesetzes vom 15. Dezember 1933, GS. S. 477 (Abs. 1 Satz 3), § 2 Satz 1 der Zweiten Verordnung über den Neuaufbau des Reichs vom 27. November 1934 (RGBl. I S. 490) und § 2 des Reichsstatthaltergesetzes vom 30. Januar 1935.

2. Auch durch Beauftragte.

3. Sie kann also den Bürgermeister zum Vortrag laden.

4. Die Amtl. Begr. zu § 108 hebt noch hervor, „daß die Aufsichtsbehörde auch an allen Beratungen des Bürgermeisters und seiner Vertreter mit den Gemeinderäten und Beiräten teilnehmen kann", da dies „zum Wesen des staatsaufsichtlichen Informationsrechts" gehöre. Die Grundsätze des § 61 Abs. 1 Satz 1 und Abs. 2 Pr. GemVerfG. gelten daher auch ohne ausdrückliche Bestimmung im neuen Gemeinderecht. Entsprechend § 56 wird der Bürgermeister der Aufsichtsbehörde den Sitzungstag rechtzeitig mitteilen. Die Vertreter der Aufsichtsbehörde können in den Beratungen jederzeit das Wort nehmen. Der Aufsichtsgewalt des Bürgermeisters unterstehen sie nicht.

Die Einberufung der Gemeinderäte zu bestimmten Beratungen kann die Aufsichtsbehörde nur gemäß §§ 55, 110 verlangen.

§ 109.

Die Aufsichtsbehörde[1] kann Entschließungen[2] und Anordnungen[3] des Bürgermeisters[4], die das bestehende Recht[5] verletzen oder den Zielen der Staatsführung zuwiderlaufen[6], aufheben[7] und verlangen[8], daß Maßnahmen, die auf Grund derartiger Entschließungen oder Anordnungen getroffen worden sind, rückgängig[8] gemacht werden.

1. § 107.

2. Das sind beispielsweise: Beschlüsse vor der Ausführung, ferner auch solche Entschlüsse, die „ihrem Inhalt nach nicht ausführbar sind, die also eine bloße Meinungsäußerung enthalten oder lediglich eine Rechtsauffassung ausdrücken, sowie rein negative Entschließungen" (vgl. Amt. Begr. zu § 109 Abs. 2).

3. Verfügungen im inneren Dienstbetriebe oder Maßnahmen (Verfügungen oder Verordnungen) nach außen.

4. Oder des in Vertretung oder im Auftrage des Bürgermeisters tätig gewordenen Beamten (§ 35)!

5. Rechtskontrolle!

6. Überwachung der Einheit von Staat und Gemeinde, Organismus und Zelle; vgl. auch §§ 1 Abs. 2 Satz 3, 106. Siehe Vorbem. 1 und § 8 Anm. 2 und 3. — Im Falle des § 110 findet, abweichend von § 109, nur eine Rechtskontrolle statt.

7. Mit unmittelbarer Wirkung! Sogenannte **negative Staatsaufsicht**, früher Beanstandungsrecht! Die positiven Maßnahmen nach § 110 können dagegen nicht mit unmittelbarer Wirkung, sondern nur im Wege der Ersatzvornahme getroffen werden (vgl. § 111).

8. Die Wirkungen in der Außenwelt werden also von der Aufsichtsbehörde nicht selbst rückgängig gemacht, vielmehr wird ihre Beseitigung dem Leiter aufgegeben. Durchsetzung: § 111, Rechtsbehelf: § 113.

§ 110.

Unterläßt[1] es der Bürgermeister, Entschließungen zu fassen oder Anordnungen zu treffen, die zur Erfüllung

einer der Gemeinde gesetzlich[2] obliegenden Verpflichtung[3] erforderlich sind, so kann die Aufsichtsbehörde anordnen[4], daß er[5] innerhalb einer bestimmten Frist das Erforderliche veranlaßt[5]. Sie hat dabei den Inhalt der Entschließung oder Anordnung im einzelnen[6] zu bezeichnen.

1. Ausdehnung des Gedankens (nicht des Verfahrens!) der Zwangsetatisierung nach § 19 des preußischen Zuständigkeitsgesetzes vom 1. August 1883 auf alle Gebiete der Gemeindeverwaltung. Positive Kommunalaufsicht! — Wie die Amtl. Begr. zu § 110 Abs. 4 ausführt, fällt auch jetzt unter § 110 besonders das Zwangsetatisierungsrecht der Aufsichtsbehörde, d. i. „die Befugnis zur Durchsetzung einer der Gemeinde gesetzlich obliegenden Verpflichtung, einen Betrag in den Haushaltsplan einzustellen, oder, falls die Gemeinde es überhaupt unterläßt, eine geordnete Haushaltssatzung aufzustellen, diese Haushaltssatzung (einschließlich des Haushaltsplans) von Aufsichts wegen aufzustellen und zu erlassen".

2. Gesetz im Sinne von § 110 ist jede Rechtsnorm, also auch die Rechtsverordnung. Wie in § 109 Anm. 6 hervorgehoben ist, erstreckt sich die positive Staatsaufsicht des § 110 nur auf die Gesetzmäßigkeit, nicht (soweit das darüber hinausgeht) auf die Übereinstimmung der Gemeindeverwaltung mit den Zielen der Staatsführung (vgl. Amtl. Begr. zu § 110 Abs. 1, siehe aber auch unten Anm. 3). Gemeint sind in erster Reihe öffentlich-rechtliche, im Rechtswege nicht durchzusetzende Pflichten. Doch kommen auch solche im Rechtswege durchsetzbaren öffentlichen Pflichten in Betracht, deren Erfüllung im öffentlichen Interesse liegt (Zahlung von Beamtengehältern). Nicht hierher gehören jedoch bürgerlich-rechtliche Verpflichtungen der Gemeinden, deren Durchsetzung das Gesetz dem in der ZPO. geregelten Verfahren überläßt (vgl. Amtl. Begr. zu § 110 Abs. 2).

3. Vgl. z. B. § 2 Anm. 1, § 2 Abs. 3 Satz 2, § 15 Abs. 2 Satz 2. Allgemein ergibt sich aus § 106 die Verpflichtung der Gemeinde zu Entschließungen und Anordnungen, die im Interesse einer gesetzmäßigen, sauberen und im Einklang mit den Zielen der

Staatsführung stehenden Verwaltung, also einer geordneten Verwaltung, erforderlich sind. Von der Aufsichtsbehörde können daher allgemeine Anordnungen wie Einzelverfügungen zur Durchsetzung dieser Pflicht der Gemeinde getroffen werden. Inhalt der Staatsaufsicht ist daher (s. auch schon § 139 der preußischen rev. StO. von 1831): Die Erhaltung des geordneten Ganges der Gemeindeverwaltung. Vgl. hierzu auch § 112.

4. Schriftlich! Vgl. Amtl. Begr. zu § 110 Abs. 3a.

5. Die Aufsichtsbehörde handelt also zunächst nicht selbst. Sie hat kein allgemeines Eintrittsrecht (sog. Devolutionsrecht) für den Gemeindeleiter.

Die Aufsichtsbehörde hat jedoch den Inhalt der Entschließung oder Anordnung im einzelnen zu bestimmen (Satz 2).

Durchsetzung der Pflicht der Gemeinde im Wege der Ersatzvornahme nach § 111.

6. So eindeutig, daß die Entschließung oder Anordnung vom Bürgermeister ohne weiteres verwirklicht werden kann (vgl. Amtl. Begr. zu § 110 Abs. 2c).

§ 111.

Die Aufsichtsbehörde[1] kann Anordnungen nach §§ 108 bis 110 an Stelle und auf Kosten der Gemeinde selbst durchführen[2] oder die Durchführung einem Dritten übertragen[3].

1. § 107.

2. Die Ersatzvornahme besteht hier im **eigenen Handeln der Aufsichtsbehörde an Stelle der Gemeinde.** Der Zusammenhang der Bestimmung (Vergleich der ersten mit der zweiten Alternative) zeigt, daß auch beim Vorgehen der Aufsichtsbehörde rechtlich eine Ersatzvornahme, nicht etwa ein allgemeines Selbsteintrittsrecht der Aufsichtsbehörde vorliegt. Infolgedessen kann die Aufsichtsbehörde nur dann selbst handeln, wenn ihre Anordnungen von der Gemeinde innerhalb angemessener Frist nicht befolgt worden sind.

3. Wegen weiterer Einzelheiten genügt es auf die Amtl. Begr. zu § 111 (im Anhang abgedruckt) zu verweisen.

§ 112.

Wenn und solange der geordnete Gang der Verwaltung[1] der Gemeinde es erfordert und die Befugnisse der Aufsichtsbehörde nach §§ 109 bis 111 nicht ausreichen[2], kann die Aufsichtsbehörde[3] einen Beauftragten[4] bestellen, der alle[5] oder einzelne Aufgaben[6] der Gemeinde auf ihre Kosten wahrnimmt.

1. Der Begriff „geordneter Gang der Verwaltung" findet sich schon in § 139 der preußischen revidierten Städteordnung von 1831. Der Gang der Verwaltung der Gemeinde ist geordnet, wenn die Gemeinde „gesetzmäßig, sauber und im Einklange mit den Zielen der Staatsführung verwaltet wird" (§ 106, § 110 Anm. 3).

2. Die Einsetzung des Staatskommissars ist also letztes Mittel der Aufsichtsgewalt (vgl. auch Amtl. Begr. zu § 112).

3. § 107.

4. Der sog. Staatskommissar! Staatskommissare waren bereits am Ende des Weimarer Systems eingesetzt worden, um der sich breitmachenden Korruption in den Gemeinden Einhalt zu tun. Man griff zur Rechtfertigung auf § 191 Teil II Titel 6 des Allgemeinen Landrechts für die Preußischen Staaten zurück; nach anderer Auffassung war die Befugnis des Staates zur Einsetzung von Kommissaren aus dem Wesen der Staatsaufsicht als einer Sorge für den geordneten Gang der Gemeindeverwaltung herzuleiten; vielfach wurde die Einsetzung eines Staatskommissars für unzulässig gehalten, weil darin ein Verstoß gegen die garantierte Selbstverwaltung liege. In einzelnen Bestimmungen wurden daraufhin Staatskommissare für bestimmte steuerrechtliche Befugnisse positivrechtlich vorgesehen.

Für eine organische Auffassung der Selbstverwaltung als Eigenleben der mit dem Staatsganzen organisch verbundenen Zelle ist es eine Selbstverständlichkeit, daß der Staat bei Vorliegen eines tatsächlichen Bedürfnisses Beauftragte einsetzen kann, die den organischen Zusammenhalt und das gesunde Eigenleben der Zellen wiederherstellen. § 112, der § 66 Pr. GemVerfG. entspricht, ist daher nicht nur als Klarstellung einer früheren

Streitfrage, sondern als Ausdruck der organischen Auffassung vom Verhältnis von Staat und Selbstverwaltungskörperschaft zu werten.

5. In diesem Falle tritt der Staatsbeauftragte an die Stelle des Bürgermeisters mit dessen Funktionen aus §§ 32ff. Der Beauftragte bleibt aber Staatsorgan, unterliegt also den Dienstanweisungen der Aufsichtsbehörde, für seine etwaigen Amtspflichtverletzungen haftet das Reich gemäß Art. 131 RV., Reichsges. vom 22. Mai 1910, RGBl. I S. 798.

6. Der Kreis der Angelegenheiten ist von der Aufsichtsbehörde genau zu bestimmen. Der Beauftragte schließt in diesen Angelegenheiten den Bürgermeister aus. Dessen Verwaltungsakte auf dem dem Beauftragten übertragenen Gebiete wären unwirksam.

§ 113.

(1) Die Gemeinde[1] kann gegen Anordnungen[2] der Aufsichtsbehörde[3] binnen zwei Wochen nach[4] Zustellung Beschwerde[5] erheben. Über die Beschwerde entscheidet[6] die nächsthöhere Aufsichtsbehörde endgültig[7].

(2) Die Beschwerde hat aufschiebende Wirkung[8], es sei denn, daß die Anordnung ohne Nachteil für das öffentliche Wohl nicht ausgesetzt werden kann. Dies ist in der Anordnung festzustellen.

1. Der Bürgermeister oder der zuständige Vertreter (§§ 32, 35).

2. Vgl. §§ 12 I, 15 II, 108—112. Wenn in § 12 Abs. 1 auch von „Entscheidung" und in § 15 Abs. 2 von Regelung und „Spruch" die Rede ist, so liegt in der Entscheidung doch nicht nur ein Ausspruch, was rechtens ist, sondern zugleich die **Anordnung**, dem Spruch gemäß zu verfahren. In den Fällen der §§ 31 Abs. 2 und 26 Satz 3 am Ende ist dagegen die Entscheidung der Aufsichtsbehörde ausdrücklich als endgültig bezeichnet. Siehe jedoch auch Anm. 5. Kein Beschwerderecht ist gegen die Versagung der Genehmigung gegeben.

3. § 109 Satz 2.

4. Die zwei Wochen beginnen vom Tage nach der Zustellung der Verfügung der Aufsichtsbehörde zu laufen.

5. Sachliche Beschwerde. Klagen der Gemeinden im Verwaltungsstreitverfahren gegen Verfügungen und Bescheide, die Verwaltungsbehörden im Wege der Kommunalaufsicht erlassen haben, finden nicht mehr statt (siehe § 11 des Preuß. Gesetzes über die Anpassung der Landesverwaltung an die Grundsätze des nationalsozialistischen Staates vom 15. Dezember 1933).

Dem organischen Wesen des Gemeinschaftsstaates würde der Kampf der Zellen gegen den Gesamtorganismus widersprechen.

Dem Führerprinzip würde es ferner widersprechen, wenn Fragen der Staatsführung (denn um solche handelt es sich bei der für das gesunde Eigenleben der Zelle sorgenden Staatsaufsicht) zum Gegenstande eines justizmäßigen Verfahrens, das Gleichgeordnete voraussetzt, gemacht würden (vgl. dazu insbesondere Carl Schmitt „Staat, Volk, Bewegung" 1934 S. 40ff.).

Aus diesen Erwägungen heraus kommt auch eine Klage beim Staatsgerichtshof gemäß Art. 19 RV. 1919 nicht mehr in Betracht.

6. Bei der Entscheidung hat die Beschwerdebehörde die Gesetzmäßigkeit, aber auch die Zweckmäßigkeit der von der Aufsichtsbehörde getroffenen Anordnungen zu prüfen. Falls die Amtl. Begr. zu § 113 Abs. 1 Satz 4 nur eine Prüfung der Gesetzmäßigkeit für zulässig hält, kann ihr nicht beigetreten werden, da eine derartige Beschränkung weder dem Wortlaut des Gesetzes, noch dem Wesen der Aufsichtsbeschwerde entsprechen würde. Außerdem könnte eine Nachprüfung in jeder Hinsicht durch eine Dienstaufsichtsbeschwerde erreicht werden. In dem Beschwerdeverfahren ist der Gemeinde wie der Aufsichtsbehörde Gelegenheit zu erschöpfender Darlegung ihres Standpunktes zu geben. Die Entscheidung der Beschwerdebehörde ist mit Gründen zu versehen, was sich aus dem Wesen der Entscheidung ergibt. Das Nähere wird die Durchführungsverordnung regeln (vgl. Amtl. Begr. zu § 113 Abs 3).

7. Eine Dienstaufsichtsbeschwerde an den Reichsminister des Innern dürfte allerdings stets zulässig sein. Die Endgültigkeit will nur besagen, daß kein förmliches Verfahren mehr gegeben ist.

8. Von diesem Grundsatz darf nur ausnahmsweise abgewichen werden, nämlich dann, „wenn ganz besondere Gründe vorliegen, die entweder im Interesse des Gemeinwohls oder aus Gründen der Staatsautorität eine sofortige Durchsetzung eines aufsichtlichen Verlangens erfordern" (vgl. Amtl. Begr. zu § 113 Abs. 2).

§ 114.

Andere Behörden[1] und Stellen[2] als die Aufsichtsbehörden (§ 107) sind zu Eingriffen[3] in die Gemeindeverwaltung nach §§ 108 ff. nicht befugt.

1. Nach der Amtl. Begr. zu § 114 gehören hierzu auch die Staatsbehörden, die den Gemeinden in Auftragsangelegenheiten vorgeordnet sind. § 112 Pr. LVG., der bisher bei Auftragsangelegenheiten der Gemeinden den vorgesetzten Staatsbehörden eigene Zwangsbefugnisse gab, gilt daher nicht mehr, da sein Zweck durch § 111 DGemO. erreicht wird. Die Behörden müssen sich daher auch in Auftragsangelegenheiten an die Aufsichtsbehörden (§ 107) zur Durchsetzung ihrer Anordnungen wenden. — Daß die Reichsstatthalter und Oberpräsidenten keine eigenen Zwangsmittel haben, ergibt sich bereits aus den in der Vorbem. 3 zum 7. Teil genannten Bestimmungen. Doch gilt ihr Recht, bei **Gefahr im Verzuge** (d. i. wenn die Kommunalaufsichtsbehörde zu spät kommen würde) einstweilige Anordnungen zu treffen (§ 1 a. a. O.), ohne Rücksicht auf § 114.

Wie die Amtl. Begr. zu § 106 Abs. 3 und zu § 114 Satz 2 bemerkt, dient die Beschränkung der Zwangsmittel auf die Aufsichtsbehörden der Einheit der Aufsicht.

2. Dazu gehört auch der BdNSDAP.

3. Wohl aber, wie die Staatsbehörden in Auftragsangelegenheiten, zu Dienstanweisungen!

§ 115.

(1) Ansprüche der Gemeinde gegen den Bürgermeister[1] werden von der Aufsichtsbehörde[2] geltend gemacht[3]. Die Kosten der Rechtsverfolgung trägt die Gemeinde[4].

(2) Verträge des Bürgermeisters mit der Gemeinde[5] bedürfen der Genehmigung der Aufsichtsbehörde[2], es sei denn, daß es sich um Verträge nach feststehendem Tarif[6] handelt. § 104 Abs. 1 gilt entsprechend[7].

1. Entweder auf Grund von § 2 des Reichshaftungsgesetzes vom 22. Mai 1910, §§ 4, 1 des Preußischen Haftungsgesetzes vom 1. August 1909 (Rückgriff) oder gemäß §§ 89 II, 10 des Allgemeinen Landrechts oder §§ 92, 93 DGemO. (unmittelbare Haftung). Dasselbe gilt für sonstige Ansprüche jeder Art.

2. § 107.

3. Die Ansprüche stehen der Gemeinde zu. Nur die Geltendmachung obliegt der Aufsichtsbehörde. Partei ist mithin die Gemeinde, vertreten durch den Regierungspräsidenten, den Landrat oder die sonst zuständige Aufsichtsbehörde.

4. Weil sie Partei ist! Die Kosten trägt also nicht der Staat. Nur dies sollte offenbar durch Abs. 1 Satz 2 klargestellt werden. Es kann aber nicht angenommen werden, daß das Gesetz eine Abweichung von § 91 ZPO. schaffen wollte und der Gemeinde auch im Falle ihres Obsiegens im Rechtsstreite die Kosten auferlegen wollte. Die Kostenlast selbst richtet sich also nach §§ 91 ff. ZPO.

5. Über die Gründe der Bestimmung vgl. Amtl. Begr. zu § 115 Ziff. 2. — Beim Vertragsschluß mit dem Bürgermeister muß namens der Gemeinde der Erste Beigeordnete oder ein sonstiger Sachbearbeiter handeln (§ 181 BGB., s. auch §§ 38, 25 DGemO.). Falls die Gemeinde verpflichtet werden soll, ist die Form des § 36 Abs. 2 Satz 3 zu beachten.

6. Z. B. zum Bezug von elektrischem Strom, Gas, Wasser. Soll aber „im Rahmen des Tarifs von einer individualisierenden Bestimmung Gebrauch gemacht werden, so gilt auch hierfür die Genehmigungspflicht "(so Amtl. Begr. zu § 115 Ziff. 2 am Ende).

7. Vgl. die Anmerkungen zu dieser Bestimmung.

§ 116.

(1) Zur Einleitung der Zwangsvollstreckung gegen die Gemeinde[1] wegen einer Geldforderung[2] bedarf der Gläubiger einer Zulassungsverfügung[3] der Aufsichtsbehörde[4], es sei denn, daß es sich um die Verfolgung dinglicher Rechts handelt. In der Verfügung hat die Aufsichtsbehörde[4] die Vermögensgegenstände zu bestimmen, in die die Zwangsvollstreckung zugelassen wird, und über den Zeitpunkt zu befinden, in dem sie stattfinden soll[5]. Die Durchführung der Zwangsvollstreckung regelt sich nach den Vorschriften der Zivilprozeßordnung[6].

(2) Ein Konkursverfahren[7] über das Vermögen der Gemeinde findet nicht statt.

1. Das Recht der Zwangsvollstreckung gegen Gemeinden war nach dem Vorbehalt in § 15 Ziff. 3 EGZPO. landesrechtlich in der mannigfaltigsten Weise geregelt, vgl. Stein-Jonas, Erläuterungswerk zur ZPO., 14. Auflage, 2. Bd., § 15 EGZPO. Anm. 3 mit Anmerkungen 12 bis 14; für Preußen siehe Waldecker „Die Zwangsvollstreckung gegen die Kommunalverbände in Preußen" 1918; für Bayern: Döring „Zwangsvollstreckung gegen Gemeinden" in der Bayrischen Gemeinde- und Verwaltungszeitung 1927 Spalte 441 ff. Die Materie wurde in Preußen durch die Verordnung zur Vereinfachung und Verbilligung der Verwaltung vom 1. September 1932 (Pr. GS. S. 283 ff.) §§ 43 ff. neu geregelt. Eine Anpassung an die Grundsätze des nationalsozialistischen Staates brachte das Preußische „Gesetz über die Zwangsvollstreckung gegen juristische Personen des öffentlichen Rechtes" vom 11. Dezember 1934 (Pr. GS. S. 457 ff.) §§ 2 ff. Die hier niedergelegten Grundsätze sind im wesentlichen in das Reichsrecht übergegangen. Über dessen Grundgedanken vgl. Amtl. Begr. zu § 116.

2. § 803 ff. ZPO. Für Zwangsvollstreckungen zur Erwirkung der Herausgabe von Sachen und zur Erwirkung von Handlungen oder Unterlassungen (§§ 883—898 ZPO.) ist eine Zulassungsverfügung der Aufsichtsbehörde nicht erforderlich. Doch

ist der Beschluß nach § 887 Abs. 2 ZPO. gemäß § 803 ff. ZPO. zu vollstrecken. Da somit insoweit die Zwangsvollstreckung wegen einer Geldforderung vorliegt, ist § 116 DGemO. hierfür zu beachten.

3. Sie ist rechtsgestaltender Verwaltungsakt, dem Gläubiger von der Aufsichtsbehörde zuzustellen und von dem Gläubiger dem Gerichtsvollzieher auszuhändigen, für den die Zulassungsverfügung (s. § 116 Abs. 1 Satz 2 DGemO.) bindend ist. Steht die Gemeinde auf dem Standpunkte, daß der Gerichtsvollzieher sich nicht vollkommen an die Zulassungsverfügung der Aufsichtsbehörde hält, so kann sie gemäß § 766 ZPO. Erinnerung einlegen, über die das Vollstreckungsgericht (zweckmäßiger Weise nach Anhörung der Aufsichtsbehörde) entscheidet.

4. Siehe § 107.

5. Die Bestimmung der Aufsichtsbehörde ist für das weitere Verfahren bindend, siehe oben Anm. 3. Maßgebend werden für den Inhalt der Bestimmung die in § 3 Abs. 3 des Preußischen Gesetzes vom 11. Dezember 1934 (s. Anm. 1) niedergelegten, aus der Verwaltungspraxis entwickelten Grundsätze sein: Die Staatsaufsichtsbehörde darf also die Zwangsvollstreckung in Vermögensgegenstände der Gemeinden nicht zulassen, wenn dadurch die Erfüllung ihrer öffentlich-rechtlichen Aufgaben, der geordnete Gang der Verwaltung oder die Versorgung der Bevölkerung gefährdet würde.

6. Vgl. §§ 803 ff., 808 ff., 828 ff., 864 ff., 872 ff.

7. Die Bestimmung fand sich bereits in § 44 der Preußischen Verordnung vom 1. September 1932 (siehe Anm. 1) sowie in dem Preußischen Gesetz vom 11. Dezember 1934 (s. Anm. 1) § 4. Anhängige Konkursverfahren gegen Gemeinden sind in Preußen daher nicht vorhanden. Soweit in anderen Gebietsteilen Konkursverfahren schweben, sind die Verfahren mit Inkrafttreten der Deutschen Gemeindeordnung (1. April 1935) ex lege beendet. Nach Abs. 2 findet ein Konkursverfahren **nicht** statt, die anhängige Sache ist also nur der Schein eines Konkursverfahrens. Zweckmäßigerweise wird aber das Konkursgericht die Beendigung des Konkursverfahrens (deklaratorisch) durch Verfügung feststellen.

Achter Teil.
Schlußvorschriften.

Vorbemerkung.

Die Schlußvorschriften enthalten im wesentlichen Zuständigkeitsregelungen (§§ 117, 118) und die Ermächtigungen für den Reichsminister des Innern, Übergangsvorschriften, auch unter Abweichung von der Deutschen Gemeindeordnung (§ 121 I 2), sowie Durchführungsverordnungen und Ausführungsvorschriften zu erlassen (§§ 121, 119).

§ 117.

(1) Der Reichsminister des Innern kann durch Verordnung Aufgaben, die dem Reichsstatthalter nach den §§ 9 bis 11, 15 dieses Gesetzes zustehen, auf nachgeordnete Behörden übertragen[1].

(2) Ist der Reichsstatthalter nicht zugleich örtlich zuständiger Gauleiter der NSDAP.[2], so ist in dem Falle des § 45 Abs. 1 neben dem Reichsstatthalter auch der Gauleiter zu hören. Unter der gleichen Voraussetzung hat der Reichsstatthalter in den Fällen des § 45 Abs. 1 und des § 54 letzter Halbsatz im Einvernehmen mit dem Gauleiter zu handeln; kommt kein Einvernehmen zustande, so entscheidet der Reichsminister des Innern.

(3) Die Aufgaben des Reichsstatthalters nimmt in Preußen der Oberpräsident[3], in den Hohenzollerischen Landen der Regierungspräsident wahr. Abs. 1 und 2 gelten entsprechend.

1. Dadurch soll eine weitere Dezentralisation der Verwaltung ermöglicht werden (s. Amtl. Begr. zu § 117 Ziff. 1).

2. Die Amtl. Begr. bemerkt dazu (§ 117 Ziff. 2): „Die Vorschrift hat Übergangscharakter, weil damit zu rechnen ist, daß in der künftigen Behördengliederung das Amt des Reichsstatthalters und des Gauleiters von einem Amtsträger wahrgenommen wird.“ System der Realunionen! Vgl. dazu Vorbem. 2 zum 5. Teil.

3. Vgl. 2. VO. über den Neuaufbau des Reichs vom 27. November 1934 (RGBl. I S. 1190), die inhaltlich mit dem Reichsstatthaltergesetz vom 30. Januar 1935 (RGBl. I S. 65), übereinstimmt. Die Befugnisse des Preußischen Ministerpräsidenten auf Grund des Reichsstatthaltergesetzes vom 30. Januar 1935 in Verbindung mit dem Erlaß des Führers und Reichskanzlers vom 30. Januar 1935 (Pr. GS. S. 9), werden durch § 117 Abs. 3 DGemO. nicht berührt. Die Aufsichtsbefugnisse des Ministerpräsidenten nach §§ 2, 3 des Reichsstatthaltergesetzes beziehen sich daher auch auf Gemeinden. Ebenso hat der Oberpräsident seine allgemeinen Aufsichtsbefugnisse aus der Reichsverordnung vom 27. November 1934 (s. o.) neben seinen Rechten aus der Deutschen Gemeindeordnung.

§ 118.

Der Stellvertreter des Führers bestimmt[1], wer Beauftragter der NSDAP[2] im Sinne dieses Gesetzes ist.

1. Speziell oder allgemein durch Verordnung. Näheres s. Amtl. Begr. zu § 118.

2. Der BdNSDAP ist Hoheitsträger der Bewegung (Inhaber eines Parteiamtes), er ist jedoch nicht Beamter. Über seine Rechtsstellung im einzelnen s. Vorbem. 2 zum 5. Teil.

§ 119.

Der Reichsminister des Innern kann durch Verordnung

1. **für einzelne Gemeinden[1] die Aufrechterhaltung des bisherigen Rechtszustandes auf eine befristete Übergangszeit anordnen,**
2. **für gemeindefreie Grundstücke (Gutsbezirke) Vorschriften erlassen[2],**
3. **an Stelle der Amtsbezeichnungen Bürgermeister, Beigeordneter und Gemeinderat für Gemeinden, die nicht Städte sind, andere herkömmliche Amtsbezeichnungen[3] vorschreiben,**

4. **den Ablauf der Amtszeit der bisherigen ehrenamtlichen Gemeindeorgane[4] regeln, an deren Stelle die Gemeinderäte treten,**

5. **die Vorschriften des Reichs- und Landesrechts bezeichnen, die durch dieses Gesetz außer Kraft gesetzt werden[5],**

6. **die weiter geltenden Vorschriften des Reichs- und Landesrechts an den neuen Rechtszustand angleichen und in neuer Fassung und Ordnung bekanntmachen[6].**

1. Es ist beabsichtigt, von dieser Ermächtigung nur für die drei Hansestädte Gebrauch zu machen (Amtl. Begr. zu § 119 Ziff. 1).

2. Gutsbezirke sollen jedoch nur in besonderen Ausnahmefällen bestehen bleiben oder eingerichtet werden! Siehe § 12 Anm. 8, § 13 Anm. 6, Amtl. Begr. zu § 119 Ziff. 2.

3. Ortsschulze, Dorfschulze, Schöffe. Wenig charakteristisch und daher am besten nicht zu erhalten: **Ortsrichter.**

4. Z. B. Gemeinderäte des Pr. GemVerfG. §§ 40 ff. — Es bleiben nur die Organträger, nicht aber ihre bisherigen Funktionen. Diese richten sich vielmehr überall ausschließlich nach der DGemO. — Im übrigen vgl. Amtl. Begr. zu § 119 Ziff. 4.

5. Es treten sämtliche Verfassungsbestimmungen für Gemeinden außer Kraft. Erhalten bleiben im wesentlichen landesrechtliche Gemeindeabgabenbestimmungen! Einen Überblick über die bisher bestehenden Verfassungsbestimmungen vermittelt Walter Jellinek, Verwaltungsrecht § 4 IV 1. — Über die durch das Pr. GemVerfG. bereits aufgehobenen Bestimmungen s. v. Lympius-Küchenhoff § 70 Anm. 2.

6. Siehe dazu Amtl. Begr. zu § 119 Ziff. 6.

§ 120.

Der Reichsminister des Innern kann im Einvernehmen mit den beteiligten Reichsministern und nach Benehmen mit der obersten Landesbehörde durch Verordnung den Zusammenschluß kreisangehöriger Gemeinden, auch in

einzelnen Teilen des Reiches, zu engeren Gemeindeverbänden regeln, ihnen Aufgaben der Gemeinden übertragen und die Rechtsverhältnisse dieser Verbände ordnen. Er kann ferner im Verordnungswege für mehrere kreisangehörige Gemeinden Gemeinschaftseinrichtungen vorschreiben, die einen geordneten Gang der Verwaltung gewährleisten.

Anmerkung: Durch diese Bestimmung zeigt das Gesetz, daß der Zusammenschluß der selbständig bleibenden Gemeinden zu Gemeindeverbänden und die Schaffung von Gemeindeeinrichtungen stark erwogen wird. Siehe im einzelnen § 4 mit Bemerkungen. Als vorbildlich dürfte die Preußische Amtsordnung vom 8. Oktober 1934 (Pr. GS. S. 393ff.) gelten. Vgl. zu dieser: Loschelder „Amtsordnung vom 8. Oktober 1934. Text des Gesetzes. Das Gemeindeverfassungsgesetz in der Fassung für Ämter und Kirchspiellandsgemeinden. Mit Durchführungsverordnungen und Ausführungsanweisungen, sämtlichen Erlassen und einer Einführung. Zusammengestellt und erläutert", Berlin 1935.

§ 121.

(1) Der Reichsminister des Innern kann zur Durchführung des Gesetzes Rechtsvorschriften und Verwaltungsvorschriften erlassen. Er kann Übergangsvorschriften treffen, die von diesem Gesetz abweichen.

(2) Vorschriften über die Wirtschaftsführung der Gemeinden (§ 105) sind im Einvernehmen mit dem Reichsminister der Finanzen zu erlassen.

Vgl. dazu Amtl. Begr. zu § 121.

§ 122.

Dieses Gesetz gilt nicht für die Hauptstadt Berlin.

Vgl. für Berlin: Gesetz über die Verfassung der Hauptstadt Berlin vom 29. Juni 1934 (Pr. GS. S. 319ff.), Gesetz über die

Erweiterung der Aufgaben des Staatskommissars der Hauptstadt Berlin vom 28. März 1934 (GS. S. 239).

Zu dem Gesetz über die Verfassung der Hauptstadt Berlin vom 29. Juni 1934 sind bisher folgende Durchführungsverordnungen und Ausführungsanweisungen ergangen:

1. DVO. v. 30. Juni 1934 — MBliV. S. 931 —,
2. DVO. v. 10. Oktober 1934 — MBliV. S. 1227 —,
1. AusfAnw. v. 14. August 1934 — MBliV. S. 1063 —,
2. AusfAnw. v. 10. Oktober 1934 — MBliV. S. 1229 —.

Weiter gelten für die Verwaltung der Hauptstadt Berlin das Gemeindeverfassungsgesetz vom 15. Dezember 1933 — GS. S. 427 — und das Gemeindefinanzgesetz vom gleichen Tage — GS. S. 442 — (im Rahmen der §§ 15, 16 des Gesetzes über die Verfassung der Hauptstadt Berlin vom 29. Juni 1934).

Das Gesetz über die Änderung der Staatsaufsicht über die Hauptstadt Berlin vom 15. Dezember 1933 — GS. S. 483 — ist durch § 5 des Gesetzes über die Erweiterung der Aufgaben des Staatskommissars für die Hauptstadt Berlin vom 28. März 1934 — GS. S. 239 — aufgehoben worden. Zu dem Gesetz vom 28. März 1934 ist die Durchführungsverordnung vom 26. September 1934 — GS. S. 402 — ergangen.

Siehe schließlich auch Drittes Gesetz zur Änderung des Gesetzes über den Provinzialrat vom 25. Oktober 1934 (Pr. GS. S. 411). Wegen der früheren Bestimmungen vgl. die Zusammenstellung bei v. Lympius-Küchenhoff a. a. O. § 69 Anmerkung.

§ 123.

Dieses Gesetz tritt am 1. April 1935 in Kraft.

Begründung zur Deutschen Gemeindeordnung*).

(RGBl. I S. 49.)

Allgemeiner Teil.

Die Selbstverwaltung der deutschen Gemeinden hat sich in dem Jahrzehnt vor der Machtübernahme in einer schweren, steigenden Krise befunden. Neben der wirtschaftlichen Bedrängnis der Zeit trat gerade auf kommunalpolitischem Gebiet der allgemeine Zerfall des liberal-demokratischen Staates immer stärker zutage. Dazu kam, daß der Gesetzgeber in der Verwaltungsform der Gemeinden der völligen Umschichtung des Volks- und Wirtschaftskörpers nicht gefolgt ist; es wurde lediglich die parlamentarisch-demokratische Grundanlage immer wieder abgewandelt und deren Unzulänglichkeit von Stufe zu Stufe gesteigert. Diese Mängel wirkten sich in der Zeit der Blüte nicht so offensichtlich aus; die wachsende Notlage aber ließ sie, vor allem bei ihrer unmittelbaren Auswirkung auf die Bürger, klar und fühlbar hervortreten.

So übernahm der neue Staat die deutschen Gemeinden in einer organisatorischen und stärksten finanziellen Zerrüttung. In Preußen allein waren über 600 Staatskommissare eingesetzt. Eine große Reihe von Städten konnte ihre Zahlungsfähigkeit nur notdürftig mit Reichs- und Staatshilfe aufrechterhalten. Innere Spannungen und Gegensätze vermochten die Gemeinden immer weniger auszugleichen.

Entsprechend seiner grundsätzlich positiven Einstellung zur gemeindlichen Selbstverwaltung folgerte aber der nationalsozialistische Staat aus diesen Zuständen nicht etwa die Beseitigung der gemeindlichen Selbstverwaltung, sondern unternahm es unverzüglich, zunächst durch eine Reihe von Einzelmaßnahmen den Gang der Verwaltung wieder zu ordnen und die allmähliche,

*) Veröffentlicht vom Reichs- und Preußischen Ministerium des Innern im Deutschen Reichsanzeiger und Preußischen Staatsanzeiger 1935 Nr. 25—28.

finanzielle Gesundung der Gemeinden einzuleiten. Ersterem dienten insbesondere die Gleichschaltungsgesetze, die neue Männer in die Verwaltungsstellen der Gemeinden brachten und damit auch dem nationalsozialistischen Gedankengut Eingang in die Verwaltung der Gemeinden verschafften, und die Wiederherstellung eines lauteren Berufsbeamtentums. Die Grundlage für die finanzielle Gesundung der Gemeinden wurde geschaffen durch bedeutsame Maßnahmen zur Behebung der Arbeitslosigkeit und Wiederbelebung der Wirtschaft sowie durch Entstrickung der Gemeinden aus der besonders bedrohlichen Gefahr ihrer kurzfristigen Verschuldung. Gleichzeitig versuchten die einzelnen deutschen Länder, die Struktur der Gemeindeverwaltung den Grundgedanken der neuen Staatsführung anzugleichen. Vor allem griff das preußische Gemeindeverfassungsgesetz vom 15. Dezember 1933 den Fragenkreis in seinem vollen Umfang auf und bereitete damit den Boden für die einheitliche Neuregelung des Gemeindewesens im ganzen Reiche. Auf Grund der so in den Ländern gemachten Erfahrungen geht nunmehr das Reich daran, den deutschen Gemeinden in einem umfassenden Gesetz die endgültig neue Lebensgrundlage im neuen Staate zu geben.

Der staatspolitische Sinn und Gehalt der Selbstverwaltung der Gemeinden wird bejaht: Die unterste, volksnächste Stufe der öffentlichen Verwaltung im Staate soll unmittelbar aus dem Volk selbst herauswachsen. Die eigenverantwortliche Erfüllung der örtlichen Aufgaben durch die Gemeinden, gestützt auf die vertrauten Kenntnisse, bereiten Kräfte und auf das unmittelbare Interesse der Bürger an der örtlichen Gemeinschaft, wird für die einzig mögliche Regelung erachtet; sie macht gleichzeitig den Staat für überörtliche, staatsnotwendige Zwecke und Aufgaben frei. Diese organisierte, örtliche Gemeinschaft soll die tätige Mitarbeit aller der gewinnen, die mit ihr durch geschichtliche Zugehörigkeit, Verbundenheit mit dem Boden der Heimat und innere Bereitschaft verwachsen sind und so im wahren Geiste des Reichsfreiherrn vom Stein den Sinn für die staatliche Gemeinschaft im Volke selbst tief verankern. Deshalb wird am Begriff der Gemeinde als Trägerin der örtlichen Aufgaben, an den Grundlagen der gemeindlichen Selbstverwaltung und hierbei insbesondere an der vorzugsweise ehrenamtlichen Verwaltung sowie am grundsätzlich unbeschränkten Aufgabenkreis der Gemeinde festgehalten.

Die Schäden der Vergangenheit zeigen, daß die Reform in folgender anderer Richtung notwendig ist:

1. in der Umgestaltung der Verwaltungsform der Gemeinde unter besonderer Berücksichtigung der Stellung der Partei im nationalsozialistischen Staate,
2. in der stärkeren Eingliederung der Gemeinde in das Staatsganze,
3. in der festen Ordnung des gemeindlichen Finanzwesens,
4. in der Neugliederung der Gemeinden oder ihrer Zusammenfassung zu leistungsfähigen engeren Verbänden,
5. in der Sicherung der Einheit der örtlichen Verwaltung.

1. Verwaltungsform der Gemeinde.

Selbstverwaltung ist nicht an starre Formen und Begriffe gebunden. Sie erhält ihr Gepräge von den Grundgedanken, auf denen der Staat selbst beruht.

Die Vergangenheit sah das wesentlichste Kennzeichen der Selbstverwaltung nicht in der Schaffung eines eigenverantwortlichen Trägers der örtlichen Aufgaben, auch nicht in der ehrenamtlichen Beteiligung der Bürger an der Verwaltung, sondern unrichtigerweise in der Selbstbestimmung der Verwaltungsorgane durch Wahl der Bürgerschaft (Einwohnerschaft), und zwar solcher Organe, die aus einer Vielzahl gewählter Vertreter bestanden und im Wege der Abstimmung über die Gemeindeangelegenheiten entschieden. Dies lag in der liberal-demokratischen Auffassung begründet, die schließlich das deutsche Volk einer staatszersetzenden Parteienwirtschaft auslieferte.

Der neue Staat beruht auf dem Grundsatz der unbeschränkten Führerverantwortlichkeit. Er lehnt Einrichtungen parlamentarisch-demokratischer Art, die die Verantwortung des einzelnen verwischen oder auslöschen, unbedingt ab. „Autorität nach unten und uneingeschränkte Verantwortung nach oben" ist der Grundsatz des nationalsozialistischen Staates.

Sollen die Gemeinden nicht Fremdkörper im staatlichen Organismus sein, so muß schon aus Gründen der Folgerichtigkeit der Führergrundsatz auch in ihnen verwirklicht werden. Aber auch abgesehen hiervon zwingen folgende Gründe dazu: In den Gemeinden, vor allem in den Städten, traten unmittelbarer und greifbarer als anderswo die mit dem Gewicht der toten Zahl verbundenen Schäden zutage, angefangen von der Auslese der Verwaltungsorgane durch Wahl bis zu den Beschlüssen, die oft durch Flucht vor der Verantwortung, Parteikompromisse, ja sogar Parteikorruption bestimmend beeinflußt waren. Hier grundstürzend und auf die Dauer Wandel zu schaffen, ist unerläßlich. In den zwei Jahren seit der Machtübernahme haben sich die Vorzüge der auf den Führergrundsatz abgestellten Verwaltungsform auch in den Gemeinden bewährt. Nur sie gewährleistet eine geschlossene, einheitliche, schlagkräftige und straffe Verwaltungsführung und stellt die Verantwortlichkeit klar heraus.

Die rechtlichen Folgen des Führergrundsatzes sind, daß Willensbildung und Vollzug (Führung und Durchführung) in einer Hand liegen und daß deshalb alle dem entgegenstehenden gemeindlichen Verwaltungsformen (Einkammersystem, Zweikammersystem, Bürgermeisterverfassung usw.) ausnahmslos beseitigt werden. Hierdurch wird aber weder die vorzugsweise ehrenamtliche Führung der Geschäfte noch auch das genossenschaftliche Element in der Verwaltung, nämlich die Mitwirkung der Bürgerschaft, ausgeschlossen. Beides wird vielmehr als hoher Wert der Selbstverwaltung anerkannt. Jedoch ist die Mitwirkung der Bürgerschaft nach dem Wesen des Führergrundsatzes auf die eigenverantwortliche **Beratung** des Leiters der Gemeinde umzustellen. Die zur Beratung berufenen Bürger stehen dem Leiter der Gemeinde nicht wie früher als geschlossene Vertretungskörperschaft mit Kontrollbefugnis gegenüber, sondern werden unter Ausschaltung jedes Dualismus im engsten Zusammenwirken und in einheitlicher Zielsetzung mit ihm tätig.

Den notwendigen Ausgleich findet der Grundsatz der unbeschränkten Führerverantwortlichkeit des Leiters der Gemeinde

a) in der Art der Berufung des Leiters,
b) in der Kontrolle des Leiters durch den Staat,
c) in der Ordnung seines Verhältnisses zur Partei und
d) zur Bürgerschaft.

Zu a: Die volle Verantwortung des Leiters der Gemeinde für ihre Gesamtverwaltung, die vielfachen Aufgaben, die er auch im Auftrag des Staates zu erfüllen hat, erfordern, daß seine Auslese unter die Gewähr größter Sorgfalt gestellt wird. Zugleich soll diese Auslese in enger Verbundenheit mit dem zur örtlichen Selbstverwaltung berufenen Volke geschehen. Dies wird gesichert durch ein Verfahren, in dem Partei, Bürgerschaft und Staat zur Berufung des Leiters der Gemeinde zusammenwirken. Dadurch wird gewährleistet, daß nur solche Persönlichkeiten berufen werden, die das Vertrauen von Partei und Staat sowie der örtlichen Gemeinschaft genießen und willens und geeignet sind, die Verwaltung der Gemeinde im nationalsozialistischen Geiste zu führen.

Zu b: Die dem Führergrundsatz wesentliche Autorität nach unten und Verantwortung nach oben verbieten die Kontrolle des Leiters der Gemeinde von untenher. Diese Aufgabe konnte deshalb nicht den Gemeinderäten übertragen werden, sondern mußte in vollem Umfange auf den Staat übergehen. Hierzu wird auf die näheren Ausführungen unter Ziffer 2 verwiesen.

Zu c: Die Stellung der Gemeinden als Glieder des Staates erfordert, daß der in der Verfassung des Reichs ausgeprägte Grundsatz der Einheit von Partei und Staat auch in der Gemeinde seinen Ausdruck findet. Auch der Sinn der gemeindlichen Selbstverwaltung führt dazu: Die NSDAP vertritt als Trägerin der Staatsidee das Gesamtvolk. Sie trägt vor den Augen des Volkes eine weitgehende Mitverantwortung für alles öffentliche Geschehen. Deshalb wird sie in die Verwaltung der Gemeinde maßgebend eingeschaltet, aber zur Wahrung des Führergrundsatzes in gesetzlich so bestimmt geregelter Weise, daß die Verantwortlichkeit des Leiters der Gemeinde nicht verwischt wird.

Die Partei wird in zweifacher Weise eingeschaltet, nämlich bei der Berufung der Gemeindeorgane und bei einzelnen besonders hervortretenden Verwaltungsakten.

Bei der Berufung der Gemeindeorgane ist die Partei in maßgebender Weise beteiligt. Die Gemeinderäte, die Berater des Bürgermeisters aus dem Kreise der Bürgerschaft, werden ausschließlich, ohne daß sie von der Aufsichtsbehörde zu bestätigen wären, von dem Beauftragten der NSDAP berufen. Auch bei der Berufung der leitenden Gemeindebeamten ist der Partei weitgehender Einfluß eingeräumt. Zur Auslese der Bürgermeister und Beigeordneten macht der Beauftragte der NSDAP (bei hauptamtlich verwalteten Stellen grundsätzlich nach vorheriger Ausschreibung) bis zu drei Vorschläge. Erklärt sich die nach dem Gesetz zuständige Staatsbehörde mit einem dieser Vorschläge einverstanden, so ernennt die Gemeinde den so Berufenen. Dabei ist darauf hinzuweisen, daß bei allen größeren Städten entweder der Reichsstatthalter, also die Stelle, die in einer Person eines der höchsten Partei- und Staatsämter vereinigt, oder der Reichsminister des Innern selbst zuständig ist.

Für den Gang der Verwaltung hat grundsätzlich der durch das Vertrauen von Partei und Staat berufene Leiter der Gemeinde die ausschließliche Verantwortung zu tragen. Bei zwei besonders hervorstechenden Entschließungen ist jedoch der Beauftragte der NSDAP eingeschaltet, und zwar bei Erlaß und

Änderung der Hauptsatzung, die die Verfassung und Verwaltung der Gemeinde im Rahmen der Deutschen Gemeindeordnung näher ausgestaltet und auf längere Zeit festlegt, sowie dann, wenn Verdienste um Volk und Staat oder um die Gemeinde besonders geehrt werden sollen. Von einer weiteren Einschaltung des Beauftragten der NSDAP ist Abstand genommen worden, um nicht in die Verwaltung einen Dualismus hineinzutragen und damit den Führergrundsatz und die Verantwortlichkeit des Leiters der Gemeinden zu verwischen. Der Beauftragte der NSDAP ist aber berechtigt, an den Beratungen des Bürgermeisters mit den Gemeinderäten teilzunehmen, wenn es sich um Angelegenheiten handelt, bei denen ihm das Gesetz ausdrücklich eine Mitwirkung einräumt; er soll sich dadurch selbst ein unmittelbares Urteil bilden können.

Zu d: Die Führung der Gemeinde durch eine einzige verantwortliche Persönlichkeit trägt die Gefahr in sich, daß sich die Verwaltung von der zu betreuenden Bevölkerung entfernt, ihr entfremdet und in eine gewisse bürokratische Erstarrung gerät. Die fortdauernde Belebung der Verwaltung von außen her ist aber gerade in der Gemeinde unerläßlich. Außerdem ist es ja gerade ein Hauptziel der Selbstverwaltung, die Mitarbeit aller erfahrenen, an der örtlichen Gemeinschaft interessierten Kräfte zu gewinnen, sie im Dienst an der Gemeinde zusammenzuführen und so Gemeinsinn und Heimatliebe zu wecken und zu fördern. Hierzu ist die tätige Mitwirkung der Bürger bei der Verwaltung in jeder Form notwendig, die sich mit dem Gedanken des Führerprinzips verträgt. Deshalb soll die dauernde Fühlung des Leiters der Gemeinde und seiner Vertreter mit allen Schichten der Bevölkerung durch Berufung von verdienten und erfahrenen Bürgern zu Beratern als Gemeinderäte und Beiräte gesichert werden. Diese Berater werden nach nationaler Zuverlässigkeit, Verdienst und Sachkunde auserlesen. Beides bedeutet eine grundsätzliche Abkehr vom vergangenen System: Das aus Wahlen hervorgegangene Kollegium einer Vielzahl von Personen, deren Meinungen in Abstimmungen nur gezählt wurden, soll beseitigt sein; der einzelne soll mit dem Gewicht seiner Persönlichkeit, seines Verdienstes und seiner Sachkunde eigenverantwortlich ohne Bindung an Weisungen seinen Rat geben. Das Gesetz fördert die freie verantwortungsvolle Meinungsäußerung, indem es die Gemeinderäte und Beiräte sogar verpflichtet, ihre abweichende Auffassung kundzutun. Diese auf die Persönlichkeit abgestellte Mitwirkung wird dazu beitragen, das gemeindliche Ehrenamt wieder zu einem wirklichen Ehrendienst zu machen und so die Mitwirkung der Bürgerschaft fruchtbarer als früher zu gestalten.

Die Gemeinderäte sind zu allen wichtigen Angelegenheiten der Gemeinde, auch zur Besetzung der Stellen der eigentlichen Amtsträger der Gemeinde (des Bürgermeisters und seiner Vertreter, der Beigeordneten), zu hören. Niemals kann der Leiter der Gemeinde eine Haushaltssatzung ohne Beratung mit den Gemeinderäten feststellen. Ebenso muß er seine jährliche Rechenschaftslegung zuerst den Gemeinderäten unterbreiten. Sie sind von dem endgültigen Ergebnis der Prüfung, also auch von den Beanstandungen bei der Entlastung durch die Aufsichtsbehörde, in vollem Umfang in Kenntnis zu setzen.

Die Beiräte wirken an einem bestimmten Verwaltungszweig, insbesondere bei der Verwaltung der Eigenbetriebe (Werke) der Gemeinde, beratend mit und ersetzen so die früheren Deputationen und Ausschüsse.

Dieses genossenschaftliche Element in der Gemeindeverwaltung wird dadurch verstärkt, daß die Gemeindeordnung auch auf die ehrenamtliche Besetzung der Stellen des Leiters der Gemeinde und seiner Vertreter, soweit es der Umfang und die Eigenart der Verwaltungsgeschäfte zulassen, großes Gewicht legt.

2. Einordnung der Gemeinde in den Staat.

Die Gemeinden sind Zellen des Staates. Ihr Eigenleben muß daher mit dem Wohl des Staats- und Volksganzen im Einklang stehen.

Die Gesetzgebung der Vergangenheit hat sich beim Gestaltungswandel der Selbstverwaltung von der Grundeinstellung des Reichsfreiherrn vom Stein gerade in diesem Punkt immer weiter entfernt. Der Staat ist von Stufe zu Stufe weiter von den Gemeinden abgerückt und hat sich schließlich ganz auf die Kontrolle der Gesetzmäßigkeit des Wirkens der Gemeinden zurückgezogen. Auch hierbei hat er sich durch Einräumung eines weitestgehenden verwaltungsgerichtlichen Schutzes des Selbstverwaltungsrechts der Gemeinden Beschränkungen auferlegt, die ihn zwangen, in langwierigen Prozessen vor Verwaltungsgerichten die Gesetzmäßigkeit seines eigenen obrigkeitlichen Handelns gegenüber seinen Gliedkörperschaften zu verteidigen. Er nahm keinen oder nur schwachen Einfluß auf die Besetzung der Stellen der

Amtsträger der Gemeinden, obwohl er gleichzeitig infolge der vielfachen Verflechtung der Selbstverwaltung mit der Staatsverwaltung in der untersten Instanz gezwungen war, diese Amtsträger mit wichtigsten staatlichen Rechten und Pflichten auszustatten. Er mußte deshalb zusehen, daß die Gemeinden sich — ausgehend von der damaligen Staatsauffassung, die Wahrung der Individualität sei höchste Pflicht der Gemeinde — offen mit den Zielen der Staatsführung in Widerspruch setzten, ja vor dem Verfassungsgerichtshof des Reiches als gleichberechtigte Gegner im Streit mit dem Staate um Verfassungsfragen auftraten.

Mit der Auffassung des neuen Staates über eine feste und sichere Staatsführung unter stärkster Betonung des Vorrangs der Interessen der Volksgemeinschaft vor jedem individualistischen Sonderanspruch ist dies unvereinbar. Es ist daher notwendig, die Gemeinden und ihre Verwaltung im Sinne engster Staatsverbundenheit so fest in das Staatsganze einzubauen, daß ein Kampf, ja ein gegensätzliches Verhalten gegen den Staat in grundsätzlichen Zielen der Staatsführung und in der Erfüllung gesamtdeutscher Aufgaben völlig ausgeschlossen ist. Damit will der neue Staat keineswegs das berechtigte Eigenleben der Gemeinden einschnüren oder durch die staatliche Bürokratie die gemeindliche Selbstverwaltung lähmen. Bei der Neuordnung des Verhältnisses der Gemeinden zum Staate will dieser vielmehr die freie Entfaltung der Entschlußkraft und Verantwortungsfreudigkeit der Gemeinden im Rahmen des Gesetzes und der eigenen Leistungsfähigkeit fördern und macht dies den Aufsichtsbehörden ausdrücklich zur Pflicht; dem Gesamtinteresse muß er aber im gebotenen Fall rückhaltlos Geltung verschaffen können.

Hieraus ergibt sich die im Gesetze vorgesehene Regelung.

a) Das Wirken der Gemeinden muß nicht nur mit den Gesetzen, sondern auch mit den Zielen der Staatsführung in Einklang stehen. Der Staat will die Selbstverwaltung der Gemeinden nicht bis ins einzelne regeln. Davon kann er aber nur absehen, wenn die Gemeinden unter das höhere Gebot der Gleichrichtung des Verwaltungskurses in Staat und Gemeinden gestellt werden. Hierfür wählt das Gesetz die feierliche Fassung „im Einklang mit den Zielen der Staatsführung", um auszudrücken, daß es sich nicht um kleinliche, sondern um sachlich oder politisch bedeutsame Angelegenheiten handeln muß, wenn die Staatsaufsicht einen Eingriff in die Selbstverwaltung auf eine Verletzung dieses Gebotes stützen will.

Im übrigen verbleibt es dabei, daß das Wirken der Gemeinden nach der positiven und negativen Seite im Einklang mit den Gesetzen stehen muß.

In jedem Falle aber muß es ausgeschlossen sein, daß der Staat für sein obrigkeitliches Eingreifen in öffentlich-rechtlichen Angelegenheiten seiner Gliedkörperschaften Recht vor Verwaltungsgerichten suchen muß. Es soll daher darüber, ob eine Aufsichtsbehörde mit Recht in die Selbstverwaltung einer Gemeinde zur Wiederherstellung des Einklangs mit den Gesetzen und Zielen der Staatsführung eingegriffen hat, die vorgesetzte Behörde, letzten Endes die oberste Aufsichtsbehörde entscheiden.

b) Daß sich der Staat des maßgebenden Einflusses auf die Besetzung der Stellen der leitenden Amtsträger der Gemeinden nicht begeben kann, ist bereits oben ausgeführt worden.

c) Bei der unlöslichen Verbundenheit der Finanzen des Reiches mit den Finanzen seiner Gliedkörperschaften erachtet es der Staat für unerläßlich, die Wirtschaftsführung der Gemeinden auf einheitlicher Grundlage so fest zu ordnen, daß hieraus weder für die Gemeinde noch für das Staatsganze eine Gefahr entstehen kann. Nur dadurch können die Schäden der Vergangenheit überwunden und für die Zukunft ausgeschlossen werden. Hinsichtlich der Einzelheiten wird auf die eingehenderen Ausführungen unter Ziffer 3 verwiesen.

3. Ordnung des gemeindischen Finanzwesens.

An die Neugestaltung der Verfassung und Verwaltung der Gemeinden schließt das Gesetz unmittelbar die Normen für ihre Wirtschaftsführung an. Die Verbindung in einem Gesetz ist bewußt geschehen, nicht nur, um die Grundlagen der gesamten Gemeindeverwaltung rein äußerlich in einem geschlossenen Gesetze zu bringen, sondern um mit aller Deutlichkeit hervorzuheben, daß eine fruchtbare Gemeindeverwaltung unter allen Umständen durch eine geordnete Finanzwirtschaft bedingt ist. Zur Sicherung einer solchen bedürfen auch die Gemeinden bestimmter fester Normen, wie sie für das Reich in der Reichshaushaltsordnung und für die Länder in den entsprechenden Gesetzen längst festgelegt sind. Durch solche Normen wird es zugleich dem Leiter der Gemeinde leichter gemacht, die volle und ausschließliche Verantwortung für die Verwaltung zu tragen. Denn seine Entschließungen von größerer finanzieller Bedeutung werden von vornherein in solche Bahnen gelenkt, die sich gerade auf Grund der Erfahrungen des letzten Jahrzehnts als die allein richtigen erwiesen haben. Auch macht der Staatsführung nur die grundsätzlich gleiche Ordnung eine mit den Zielen des Staates im Einklang stehende Lenkung der Kommunalwirtschaft und eine wirksame Staatsaufsicht möglich. Eine auf Ordnung ihrer Finanzen bedachte Selbstverwaltung aber wird dadurch in keiner Weise gehemmt oder eingeschnürt, denn alle diese Normen sollten für jede vernünftige Verwaltung Selbstverständlichkeit und damit Richtschnur ihrer Betätigung sein.

Die Aufstellung solcher Normen für die Finanzwirtschaft der Gemeinden duldete keinen Aufschub, wie es z. B. im Hinblick darauf angeregt war, daß die gegenwärtige, noch mit dem Bleigewicht der finanzwirtschaftlichen Mißgriffe der Vergangenheit belastete Zeit die restlose Durchführung aller notwendigen Grundsätze nicht möglich erscheinen lasse. Es wurde dabei insbesondere darauf hingewiesen, daß auch bei allen Anstrengungen nicht alle Gemeinden in der Lage seien, z. B. ihren Haushalt auszugleichen und Rücklagen zu bilden. Demgegenüber war daran festzuhalten, daß es nur mit der Anerkennung solcher Grundsätze möglich ist, das Erbe der Vergangenheit zu überwinden und in allen Gemeinden zu gesunden wirtschaftlichen Verhältnissen zu gelangen. Wenn das Ziel erreicht werden soll, muß der Weg zu ihm unter allen Umständen festliegen, damit ihn auch diejenigen Gemeinden sobald als möglich betreten können, denen im Augenblick noch das eine oder andere Hindernis entgegensteht.

Anderseits durfte auch die inzwischen eingetretene Entlastung vieler Gemeinden nicht dazu verleiten, von der Aufstellung fester Normen für die Gemeindefinanzwirtschaft in dem Gesetz Abstand zu nehmen. Denn bis auch diese Gemeinden ihre volle Bewegungsfreiheit wiedergewinnen und festhalten können, hat noch unendlich viel zu geschehen. Es ist nicht nur der Haushaltsausgleich nachhaltig zu sichern, es ist vielmehr auch ein übergroßer Schuldenblock zu verkleinern, es sind zahlreiche Rückstände in Verbindlichkeiten und Leistungen (auch in der eigenen Wirtschaft der Gemeinde) zu bereinigen, es sind die voll ausgeschöpften Rücklagen, soweit solche überhaupt vorhanden waren, wieder anzusammeln, und vor allem muß die für die Wirtschaft dringend notwendige Herabminderung der untragbar erhöhten Steuer- und Gebührensätze allmählich erreicht werden. Ebenso ist aber zu verhüten, daß wirklich gesund gewordene Gemeinden wieder in alte Fehler zum Nachteil des Staats- und Volksganzen zurückfallen.

Das Preußische Gemeindefinanzgesetz vom 15. Dezember 1933 hat zum erstenmal die von namhaften Vertretern der Finanzwissenschaft schon in den Vorjahren gemachten Vorschläge ausgewertet und ihnen damit in bahnbrechender Weise für den größten Teil des Reiches bereits Geltung verschafft. Diese Grundsätze sind ein Jahr lang erprobt worden und haben sich im allgemeinen bewährt. Sie bilden daher mit Recht im wesentlichen auch die Grundlage für die Regelung des Gegenstandes in diesem Gesetz.

Das Ziel der Neuordnung ist, die gesamte Wirtschaftsführung der Gemeinden, ihre Haushaltsführung, ihre Vermögensverwaltung und ganz allgemein ihren Willen zu Leistungen im Dienste des Gemeinwohls mit ihrer eigenen nachhaltigen Leistungsfähigkeit und mit der gebotenen Rücksicht auf die Wirtschaftskraft der pflichtigen Volksgenossen in Einklang zu bringen.

Das Gesetz sucht dieses Ziel zu erreichen:

a) durch Aufstellung fester Normen für die gemeindliche Wirtschaftsführung in formaler und materieller Hinsicht,

b) durch stärkere Einschaltung der Staatsaufsicht auf diesem Gebiet als auf anderen,

c) durch Ordnung des Kassen-, Rechnungs-, insbesondere aber des Prüfungswesens.

a) Den Kernpunkt der Ordnung der formalen Finanzwirtschaft der Gemeinden bilden die Vorschriften über die Haushaltsführung. Der Übergang zum Führerprinzip bedingt eine wesentliche Veränderung der früheren Regelung. Die frühere Zweiteilung in — im wesentlichen — bewilligende und ausführende Gemeindeorgane und die darin nach gesetzgeberischer Absicht liegende Sicherung für die Einhaltung des jährlichen Wirtschaftsplanes der Gemeinde wird durch die formale Feststellung der Haushaltssatzung und die materielle Bindung an sie ersetzt.

Die elementarsten Grundsätze einer geordneten Haushaltsführung, die für sämtliche Gemeinden ohne Rücksicht auf ihre Größenordnung unterschiedslos gelten müssen, werden im Gesetz selbst festgelegt: Rechtliche Bedeutung des Haushaltsplanes, der Öffentlichkeit des Haushaltsplanes, Grundsatz der Wirtschaftlichkeit und der Sparsamkeit, Trennung in einen ordentlichen und außerordentlichen Haushaltsplan unter besonderer Ausgestaltung des letzteren für die Vermögenswirtschaft und insbesondere für die Schuldenwirtschaft, Grundsatz des Haushaltsausgleichs, Sicherung des Haushalts gegen wirtschaftliche Schwankungen und zeitliche Verteilung der Lasten (Rücklagen). Das Gesetz sieht aber bewußt davon ab, die Einzelheiten der Aufstellung und Abwicklung des Haushaltsplans über die für alle Gemeinden gleicherweise geltenden Vorschriften hinaus selbst näher zu regeln; es überläßt dies einer Verordnung, die sich an die Reichshaushaltsordnung anlehnen wird.

Zu diesen Vorschriften über das formale Haushaltswesen treten materielle Bestimmungen über die Vermögensverwaltung, die wirtschaftliche Betätigung und die Schuldenwirtschaft. Auch hierzu werden insbesondere über die Bildung von Erneuerungs- und Erweiterungsrücklagen sowie über die Veräußerung von Gemeindevermögen nähere Bestimmungen getroffen werden. Dabei ist der Notwendigkeit Rechnung zu tragen, einheitliche Grundsätze für die Bewertung des Gemeindevermögens aufzustellen.

b) Die Staatsaufsicht über die gemeindliche Wirtschaftsführung beschränkt sich nicht darauf, die Einhaltung der gesetzlichen Vorschriften in materieller und formeller Hinsicht zu sichern; sie ist vielmehr bei wichtigen Tatbeständen durch das Erfordernis ihrer Genehmigung eingeschaltet. Dies gilt namentlich bei der Veräußerung von Gemeindevermögen und in ganz besonderem Maße — mit Rücksicht auf die Erfahrungen der zurückliegenden Zeit — bei Schuldaufnahmen. Die Haushaltssatzung ist als Ganzes nicht genehmigungspflichtig. Wohl aber ist für einzelne, allerdings wichtige haushaltswirtschaftliche Maßnahmen im Rahmen der Haushaltssatzung (wie Aufnahme von Darlehen, Höchstbetrag der Kassenkredite, Steuerfestsetzungen) die Genehmigung der Aufsichtsbehörde vorgesehen. Große Bedeutung kommt auch der Vorschrift zu, nach der Unternehmen, die mit Mitteln des außerordentlichen Haushalts ausgeführt werden sollen, nicht in Angriff genommen werden dürfen, bevor die vorgesehenen Einnahmen eingegangen sind oder ihr rechtzeitiger Eingang einwandfrei rechtlich und tatsächlich gesichert ist. Viel zu oft sind in der Vergangenheit zum schwersten Schaden der betroffenen Gemeinde gerade auf diesem Gebiet durch Inangriffnahme von weittragenden Unternehmen ohne rechtzeitige und lückenlose Finanzierung vollendete Tatsachen geschaffen worden, die zu den unerfreulichsten Folgewirkungen, insbesondere zum Abgleiten der Gemeinden in schwerste und bedrohliche kurzfristige Verschuldung geführt haben.

c) Diese im wesentlichen vorbeugenden Befugnisse der Staatsaufsicht werden ergänzt durch die Einrichtung einer planmäßigen nachträglichen Prüfung der gemeindlichen Haushalts- und Rechnungsführung. Dazu dienen die Vorschriften über die Errichtung gemeindlicher Prüfungsämter, über die Entlastung des Bürgermeisters und insbesondere über die Errichtung einer eigenen öffentlichen Anstalt für die Durchführung der überörtlichen Ordnungs- und Wirtschaftlichkeitsprüfung, die dem Reichsminister des Innern unterstellt wird. Auf diesem Gebiet sind in den einzelnen Ländern, teils in längerer Entwicklung, teils in jüngster Zeit, Einrichtungen ausgebildet worden, die ihrem Zwecke nach als notwendig anerkannt werden müssen und deshalb nunmehr einheitlich für das ganze Reich ausgestaltet werden sollen. Hierzu ist Voraussetzung, daß über die verwaltungsorganisatorische Gliederung des Reiches Klarheit besteht. Das Nähere wird auch für dieses Teilgebiet zu gegebener Zeit durch eine Verordnung bestimmt werden.

Daß ein großer Teil der hier einschlägigen Vorschriften nicht durch das Gesetz, sondern erst auf Grund des Gesetzes im Verordnungswege erlassen werden soll, ist in erster Linie dadurch begründet, daß diese Vorschriften sich in vielen Teilen nach der Größe der Gemeinden und damit ihrer Verwaltung werden unterscheiden müssen. Auch soll das Gesetz nicht durch zu weitgehende Einzelheiten belastet werden und so die Übersichtlichkeit und Klarheit verlieren. Vor allem aber sollen die Vorschriften über Einzelheiten den wechselnden Verhältnissen leichter angepaßt werden können.

4. Neugliederung der Gemeinden oder Zusammenfassung zu engeren Verbänden.

Seit Jahren bemühen sich die Länder, das Problem der Vereinfachung und Verbilligung unter gleichzeitiger Hebung des Wirkungsgrades der Verwaltung und der Leistungsfähigkeit der Gemeinden zu lösen; es beschränkt sich in der Hauptsache auf die kreisangehörigen Gemeinden. Der Ausgangspunkt und der Fragenkreis war so verschiedenartig, daß die vielfältigsten Wege einer Lösung beschritten wurden. Zumeist ging man von der durchaus berechtigten Beseitigung zu kleiner und leistungsschwacher Gemeinden aus; in der letzten Auswirkung gipfelte dieses Vorgehen in der Bildung großräumiger Gemeinden mit fachlich geschulten Verwaltungskräften. Teils schloß man die kleineren, grundsätzlich auf ehrenamtliche Führung der Geschäfte gestellten Gemeinden in engere Verbände zusammen oder ebnete wenigstens durch Gesetz die Möglichkeit des Zusammenschlusses mit dem Ziel, dadurch die Erledigung gemeinsamer, gleichartiger Geschäfte durch fachlich geschulte Dienstkräfte zu erreichen und durch gesammelten Einsatz der gemeinsamen Kräfte für gemeinsame Aufgaben auch die Leistungsfähigkeit zu heben. Teils handelte es sich um die bloße Sicherung der verwaltungstechnischen Ordnung des einen oder anderen wichtigen Verwaltungszweiges, wie z. B. des Haushalts-, Kassen- und Rechnungswesens, indem für mehrere Gemeinden geeignete Fachkräfte zur gemeinsamen Führung dieses Verwaltungszweiges bestellt wurden (Steuer- und Gemeindeeinnehmer, Verwaltungsaktuare u. ä.). Teils wurde die Verwaltungsreform der Gemeinden nach einem einheitlichen Plan für ein ganzes Land durchgeführt; teils wurde nur der gesetzliche Rahmen geschaffen, innerhalb dessen die Verwaltung das für „Land und Leute" Entsprechende ausgestaltete.

Unter den verschiedenen Lösungsmöglichkeiten spielen gegenwärtig in der öffentlichen Erörterung des Fragenkreises zwei eine besondere Rolle: Die sogenannte oldenburgische Verwaltungsreform, die auf einer rein territorialen Neugliederung und Bildung großräumiger Gemeinden und dementsprechend großer Kreise beruht, und die Amtsordnung für Rheinland und Westfalen, die unter Aufrechterhaltung der auf der Grundlage der Siedlungseinheit naturgewachsenen Gemeinden den Zusammenschluß der kreisangehörigen Gemeinden zu engeren Gemeindeverbänden mit in der Hauptsache hauptamtlicher, fachlich geschulter Verwaltung zusammenfaßt.

Zweifellos ist ein unabweisbares Bedürfnis für eine Verwaltungsreform der Gemeinden gegeben. Zwerggemeinden mit geringster Leistungsfähigkeit sind nicht nur der Bewältigung der Aufgaben der Gegenwart und Zukunft nicht gewachsen, sondern hemmen auch durch ihre Vielzahl die Bildung entsprechend großer Kreise und Verwaltungsbezirke für die unteren staatlichen Verwaltungsbehörden. Hierdurch werden sogar die Grundlagen für die Neugliederung des Reichs nach Art, Größe und Grenzen seiner Glieder, ihren Aufgaben und Verantwortlichkeiten und der Neuregelung des Finanzausgleichs berührt. Es ist daher unerläßlich, daß das Reich durch den Reichsminister des Innern als oberste Kommunalaufsichtsbehörde die Verwaltungsreform der Gemeinden unverzüglich in die Hand nimmt. Wenn die

Deutsche Gemeindeordnung dieses Problem nicht auf gesetzlichem Wege zu lösen versucht, so ist damit angedeutet, daß es in erster Linie eine Aufgabe der Verwaltung sein soll, die individuell richtigen Wege zu beschreiten. Es wird ferner damit ausgedrückt, daß sich weder die eine noch die andere Lösungsmöglichkeit auf alle Landstriche einheitlich und gleichmäßig übertragen läßt. Die geographischen, siedlungsmäßigen, wirtschaftlichen und geschichtlichen Voraussetzungen sind zu verschiedenartig, als daß ein einziges, für das ganze Reich gültiges Schema, das die Auflösung naturgewachsener Verhältnisse zur Folge haben würde, aufgestellt und ohne Schaden angewendet werden könnte.

Das Gesetz geht aber an dieser grundlegend wichtigen Frage keineswegs vorbei, sondern läßt verschiedene Lösungsmöglichkeiten mit einem weiten Spielraum für die Verwaltung offen:

Es ist grundsatzmäßig ausgesprochen, daß das Gebiet der Gemeinde so bemessen sein soll, daß die örtliche Verbundenheit der Einwohner gewahrt und die Leistungsfähigkeit der Gemeinde zur Erfüllung ihrer Aufgaben gesichert ist. Wenn dazu die Änderung der Gemeindegrenzen ausschließlich von Gründen des öffentlichen Wohls abhängig gemacht und die Verwaltung zur Änderung der Gemeindegrenzen, zur Auflösung und Neubildung von Gemeinden gesetzlich ermächtigt wird, so ist damit der Weg für eine territoriale Neugliederung der Gemeinden an sich geebnet. Dabei stellt sich das Gesetz auf den Standpunkt, daß die soziologische Grundlage der Gemeinde, nämlich die örtliche Verbundenheit der Einwohner, grundsätzlich nicht verlassen werden soll; Ausnahmen können in Einzelfällen nur dort Platz greifen, wo es aus zwingenden Gründen der Leistungsfähigkeit unbedingt geboten ist, Träger der örtlichen Verwaltung zur Erfüllung der öffentlichen Aufgaben einwandfrei instand zu setzen.

Neben der Möglichkeit, Gemeinden flächenmäßig zu vergrößern, sieht das Gesetz die Ermächtigung für den Zusammenschluß von Gemeinden zu engeren Gemeindeverbänden und zur Schaffung von Gemeinschaftseinrichtungen für kreisangehörige Gemeinden vor, die einen geordneten Gang der Verwaltung gewährleisten. Die Bezugnahme auf die Amtsverfassung in Rheinland und Westfalen ist hierbei deutlich. Die Vorzüge dieser Einrichtung, die, neben der Schaffung einer fachlich geschulten Verwaltung und der Hebung der Leistungsfähigkeit, auch die Aufrechterhaltung der Gemeinden als naturgewachsener Siedlungseinheiten unter ehrenamtlicher Verwaltung sichert, werden als so wertvoll erachtet, daß ihre Übertragung auf Verhältnisse gleicher Struktur ernstlich zu erwägen ist.

Der Schwerpunkt für die endgültige Lösung wird, wie bereits erwähnt, bei der Verwaltung liegen. Eine zentrale einheitliche Regelung ist abzulehnen. Trotzdem wäre es falsch, wenn gerade jetzt für einzelne Länder vollendete Tatsachen in der einen oder anderen Richtung geschaffen würden, die im Rahmen einer Gesamtbetrachtung vielleicht verfehlt wären. Es ist deshalb notwendig, die im Gange befindliche Würdigung des gesamten Fragenkreises abzuwarten. Sie wird in allernächster Zeit abgeschlossen sein.

5. Einheit der örtlichen Verwaltung.

Es gehört zum staatspolitischen Sinn der Selbstverwaltung, daß die Gemeinden unmittelbar der Bevölkerung gegenüber also als volksnächster Teil des Verwaltungsorganismus, alle öffentlichen Aufgaben nach örtlichem Bedürfnis und örtlicher Leistungsfähigkeit im Rahmen des Gesetzes verwalten, soweit nicht ganz besondere Staatsnotwendigkeiten die Ausführung durch Staatsbehörden verlangen. Die Gemeinde soll die von den verschiedensten zentralen Stellen ausgehenden Absichten und Pläne in der Ausführung zu einer Einheit zusammenfassen, damit Wille und Wirtschaftskraft der Bevölkerung möglichst gleichgerichtet den öffentlichen Aufgaben zugewendet werden. Ein Auseinanderstreben wird in der Gemeinde der Bevölkerung am unmittelbarsten fühlbar. Wenn neben der Gemeindeverwaltung eine immer größer werdende Reihe öffentlicher Aufgabenträger und Sonderbehörden tätig wird oder wenn der Gemeindeverwaltung durch eine zu weitgehende Regelung von oben her die Möglichkeit genommen wird, die einzelnen Aufgaben im Rahmen des Gesamten nach Leistungsfähigkeit und abgestufter Dringlichkeit zu verwalten, so geht dieser staatspolitische Sinn der gemeindlichen Selbstverwaltung verloren. Es schwindet das Interesse, wenn die Gemeinde nur noch Lastenträger ist, auf die Entwicklung des Aufgabengebietes aber keinen Einfluß mehr nehmen kann. Das Herausreißen der Einzelaufgaben aus dem Gesamtrahmen macht auch für die Bevölkerung die Zuständigkeiten unübersichtlich. In einer Sache muß oft eine Reihe von Behörden angegangen werden. Die Auseinandersetzungen „zuständigkeitshalber", die Notwendigkeit der Herstellung des „Einvernehmens" einer Reihe sachbeteiligter Behörden hemmen den

Gang der Verwaltung zum Schaden des Verwaltungserfolges und der Bevölkerung. Am fühlbarsten aber wird für die Bevölkerung, daß sie von einer Reihe von Aufgabenträgern mit Sonderabgaben, -umlagen, -beiträgen und -gebühren in Anspruch genommen wird.

Es ist daher unbedingt notwendig, die Einheit der Verwaltung in der örtlichen Instanz soweit als möglich wieder herzustellen und sie vor allem für die Zukunft zu sichern Gilt dies auch in erster Linie für die größeren Gemeinden (Stadtkreise), so hat es seine Bedeutung auch für die übrigen Gemeinden.

Das Gesetz trifft deshalb eine Reihe dahinzielender Vorschriften:

a) Staatliche Aufgaben zur Erfüllung nach Anweisung können den Gemeinden nur durch Gesetz übertragen werden.
b) Neue Pflichten können den Gemeinden nur durch Gesetz auferlegt werden. Eingriffe in die Verwaltung der Gemeinden sind nur im Wege des Gesetzes zulässig.
c) Verordnungen zur Durchführung solcher Gesetze bedürfen der Zustimmung des Reichsministers des Innern.
d) Innerhalb der Gemeinde wird die Geschlossenheit und Einheit der Verwaltung dadurch gewährleistet, daß der Leiter der Gemeinde ausschließlich und allein die Verantwortung für die Führung der Geschäfte trägt. Jede Schaffung von Organen oder von besonderen Dienstkräften der Gemeinde, die die Verantwortung für die einheitliche Führung der Verwaltung teilen würde, wird abgelehnt. Alle Beamten und sonstigen Dienstkräfte der Gemeinde unterstehen ausschließlich dem Leiter der Gemeinde als Dienstvorgesetzten.
e) Die staatliche Aufsicht über die Gemeinden wird einer Stelle übertragen und gipfelt bei einer obersten Kommunalaufsichtsbehörde, dem Reichsminister des Innern. Die fachliche Aufsicht anderer Behörden nach Maßgabe von Sondergesetzen, wonach diese Behörden Weisungen allgemeiner Art und im Einzelfall erteilen können, wird hierdurch nicht beeinträchtigt. Doch ist es ausdrücklich ausgeschlossen, daß diese oder andere Behörden und Stellen in die Gemeindeverwaltung mit Zwangsmitteln, die nur der Kommunalaufsichtsbehörde zustehen, eingreifen.

Zu erwähnen ist noch, daß die Deutsche Gemeindeordnung es unterläßt, das Recht der Gemeindebeamten näher zu regeln. Dies hat darin seinen Grund, daß die Verhältnisse der deutschen

Beamten in Kürze einheitlich durch ein Reichsgesetz geordnet werden, und daß dessen Vorschriften grundsätzlich auch für die Gemeindebeamten gelten werden. Gegenüber diesem Reichsbeamtengesetz wird die Deutsche Gemeindeordnung als Sondergesetz erklärt werden, so daß die wenigen in ihr selbst getroffenen beamtenrechtlichen Vorschriften durch das Reichsbeamtengesetz nicht berührt werden.

Einzelbegründung.

Zum Ersten Teil.

Grundlagen der Gemeindeverfassung.

Zu § 1: Der § 1 bestimmt die allgemeine Aufgabe der Gemeinden im Staatsganzen und regelt ihre Rechtsstellung.

1. Das Gesetz sieht davon ab, eine ausdrückliche Begriffsbestimmung der Gemeinde zu geben; eine praktische Notwendigkeit, in den wissenschaftlichen Streit über diese Frage einzugreifen, liegt nicht vor, da für die Anwendung des Gesetzes im allgemeinen feststeht, welche Gebietskörperschaften als Gemeinden zu betrachten sind. Soweit auf Grund der bisherigen Rechtsentwicklung Grenzfälle vorhanden sind, kann es den Durchführungsverordnungen überlassen bleiben, Klarheit zu schaffen und damit den Kreis der Gebietskörperschaften, die als Gemeinden im Sinne der Deutschen Gemeindeordnung zu betrachten sind, eindeutig festzulegen. Dabei wird davon auszugehen sein, daß die Gemeinde der unterste Träger der öffentlichen Verwaltung ist, und daß demgemäß für gemeindeähnliche Erscheinungsformen unterhalb der Gemeinde (z. B. Ortschaften) in Zukunft kein Raum bleibt.

   Statt einer Begriffsbestimmung umreißt der § 1 Abs. 1 jedoch die allgemeine Aufgabe, die den Gemeinden im Rahmen des Staatsganzen zufällt. Danach fassen sie auf bestimmtem Gebiet, dem Gemeindegebiet (§§ 4, 12), die lebendigen Kräfte des Volkes, die Einwohner und Bürger der Gemeinde (§§ 5, 17ff.), zur Erfüllung örtlicher öffentlicher Aufgaben (§ 2) zu einer Einheit zusammen. Im einzelnen darf hierzu auf die Begründung zu den angezogenen Vorschriften Bezug genommen werden.

2. Die Gemeinden sind, wie schon bisher, öffentliche Gebietskörperschaften. Ihre Stellung als Gebietskörperschaften

unterscheidet sie von sonstigen Körperschaften des öffentlichen Rechts, deren Tätigkeitsgebiet zwar auch an ein bestimmtes Gebiet gebunden sein kann, die aber stets nur innerhalb dieses Gebiets tätig werden, während bei den Gemeinden das Gebiet Objekt ihrer Tätigkeit ist. Hieraus leitet sich neben der Steuerhoheit der Gemeinden vor allem die Befugnis her, nach § 18 der Gemeindeordnung einen Anschluß- und Benutzungszwang an bestimmte Einrichtungen vorzuschreiben.

3. Die Gemeinden haben in ihrem Gebiet alle öffentlichen Aufgaben unter eigener Verantwortung zu verwalten, soweit diese Aufgaben nicht nach gesetzlicher Vorschrift anderen Stellen ausdrücklich zugewiesen sind oder auf Grund gesetzlicher Vorschriften von anderen Stellen übernommen werden (§ 2 Abs. 2). Die Grenzen dieser Selbstverwaltung bestimmen die Gesetze in ihrem jeweiligen Bestande, insbesondere die gesetzlichen Vorschriften über die Staatsaufsicht (§§ 106 ff.) und weitergehend als die Gemeindeordnungen der früheren Zeit die Ziele der Staatsführung (vgl. hierzu die Begründung zu § 106). Im übrigen darf hinsichtlich des Wandels der Selbstverwaltung im neuen Staat auf die Ausführungen in dem allgemeinen Teil der Begründung Bezug genommen werden.

Zu § 2: Der § 2 legt den Aufgabenkreis der Gemeinden fest und bestimmt, daß die Übertragung neuer Pflichten auf die Gemeinden und Eingriffe in ihre Rechte nur im Wege des Gesetzes zulässig sind.

1. Die Gemeinden haben danach als Träger der örtlichen Verwaltung (§ 1) das Wohl ihrer Einwohner zu fördern und die geschichtliche und heimatliche Eigenart zu erhalten. Darin liegt die Verpflichtung, die zur Erfüllung dieser Aufgaben notwendigen Verwaltungseinrichtungen zu treffen und der örtlichen Gemeinschaft die erforderlichen öffentlichen und gemeinnützigen Anlagen und Anstalten zur Verfügung zu stellen. Darin liegt aber auch die Verpflichtung, insbesondere zur Förderung des Heimatsinnes Kulturdenkmäler, heimatliche Naturschönheiten und heimatliches Brauchtum zu erhalten und zu betreuen. Allgemeine Grenzen der Betätigung der Gemeinde sind dabei ihre eigene Leistungsfähigkeit und die wirtschaftlichen Kräfte der Abgabepflichtigen (§ 7), die nicht nur von den Gemeinden selbst,

sondern auch von jeder sonstigen Stelle zu achten sind, die Anforderungen finanzieller Art an die Gemeinden stellt.

Die Aufgaben der Gemeinden umfassen wie bisher Selbstverwaltungs- und Auftragsangelegenheiten.

a) Der § 2 Abs. 2 hält den Grundsatz der Unbeschränktheit des Aufgabenkreises der Gemeinden, den Grundsatz der sogenannten Totalität oder Universalität, aufrecht. Danach haben die Gemeinden in ihrem Gebiet grundsätzlich alle öffentlichen Aufgaben unter eigener Verantwortung zu verwalten. Die Gemeindeordnung bekennt sich damit zu dem bewährten Gedanken einheitlicher Verwaltungsführung in der Ortsinstanz, weil dieser allein geeignet ist, die vielfältigen, oft widerstrebenden Verwaltungsinteressen und -ziele zu einem der Allgemeinheit förderlichen Ausgleich zu bringen. Dieser Grundsatz erheischt nur nach zwei Richtungen hin Ausnahmen.

aa) Die Gemeinden sind zur Vermeidung eines unfruchtbaren Nebeneinanders von der Verwaltung solcher öffentlicher Aufgaben ausgeschlossen, die nach gesetzlicher Vorschrift anderen Stellen ausdrücklich zugewiesen sind. Dieser Ausschluß gilt sowohl gegenüber Sonderbehörden als auch gegenüber Gemeindeverbänden. Erforderlich ist dabei jedoch stets, daß deren Zuständigkeit **durch Gesetz** begründet ist.

bb) Das gleiche gilt in denjenigen Fällen, in denen öffentliche Aufgaben auf Grund gesetzlicher Vorschrift auf andere Stellen übernommen werden. Hierdurch soll vor allem eine zweckmäßige Aufgabenteilung zwischen Gemeinden und Gemeindeverbänden ermöglicht werden. Auch für die Gemeindeverbände besteht nach der bisherigen Rechtsentwicklung der für den Rechtsgedanken der gemeindlichen Selbstverwaltung bezeichnende Grundsatz der Unbeschränktheit ihrer Aufgabenkreise. Dieser Grundsatz führt in der Praxis nicht selten zu der Tatsache eines kostspieligen und zwecklosen Nebeneinanders, wenn nicht sogar Gegeneinanders, im Verhältnis von Gemeinden und Gemeindeverbänden. Derartige Widerstreite muß der Gesetzgeber in der Weise zu einem vernünftigen Ausgleich bringen, daß er dem Gemeindeverband die Übernahme bestimmter Aufgaben, vor allem solcher, die überörtlichen Charakter haben oder annehmen, in seine ausschließliche Zuständigkeit gestattet. Eine Regelung dieser Fragen wird den Gesetzen vorzubehalten sein, die die Verfassung der Gemeindeverbände ordnen.

b) Wie bisher nehmen die Gemeinden Aufgaben wahr, die ihnen der Staat nicht zur eigenverantwortlichen Erledigung, sondern zur Erfüllung nach Anweisung überträgt (§ 2 Abs. 3). Der Staat beschränkt sich hier also nicht darauf, den Einklang der Verwaltung solcher Aufgaben mit den Gesetzen und den Zielen der Staatsführung zu überwachen, er behält sich insoweit vielmehr auch das Recht der Anweisung in reinen Ermessensfragen jeder Art vor. Von grundlegender Bedeutung ist dabei, daß den Gemeinden in Zukunft derartige Aufgaben nur noch durch Gesetz, nicht mehr durch Rechtsverordnung oder einfache Verwaltungsanweisung, übertragen werden dürfen. Nimmt aber der Staat durch Gesetz eine derartige Aufgabenübertragung vor, so ist die Durchführung dieser Aufgaben verwaltungs- und kostenmäßig Sache der Gemeinden, die deshalb auch die erforderlichen Dienstkräfte, Einrichtungen und Mittel zur Verfügung zu stellen haben. Die hierdurch den Gemeinden entstehenden Belastungen auszugleichen ist Aufgabe des Finanzausgleichs, soweit nicht im Einzelfalle sondergesetzlich eine von dem obengenannten Grundsatz abweichende Regelung getroffen wird.

2. Eine ruhige und stete Verwaltungsführung in den Gemeinden, die für den Neuaufbau des Reichs unentbehrlich ist, erfordert es, für die Gemeinden einen nur durch Gesetz veränderbaren Pflichtenkreis festzulegen und ihnen ihre Rechte insoweit zu sichern, als ein Eingriff in diese nur durch Gesetz erfolgen darf. Eine solche Festlegung und Sicherung allein wird es auch ermöglichen, das oben gekennzeichnete Ziel der Einheit örtlicher Verwaltung zu erreichen. Der § 2 Abs. 4 läßt demnach die Auferlegung neuer Pflichten und Eingriffe in die Rechte der Gemeinden nur durch Gesetz,

nicht durch Verordnung oder Verwaltungsanordnung, zu. Er schreibt darüber hinaus vor, daß Verordnungen zur Durchführung solcher Gesetze der Zustimmung des Reichsministers des Innern als des für die Betreuung der Gemeinden zuständigen Ministers bedürfen. Diese letztere Vorschrift ist erforderlich, um auch bei Durchführung der Gesetze die Beachtung der großen Gesichtspunkte einer einheitlichen Gemeindepolitik zu sichern und unbegründete Eingriffe in die Sphäre gemeindlicher Verwaltung abzuwehren. Dabei ist es selbstverständlich, daß es der Zustimmung des Reichsministers des Innern nur zum Erlaß solcher Verordnungen bedarf, die in Durchführung von Gesetzen ergehen, die den Pflichtenkreis und die Rechtsstellung der Gemeinden im besonderen berühren. Soweit derartige Gesetze die Allgemeinheit betreffen und Auswirkungen auf die Gemeinden nur deshalb haben, weil sie wie private Dritte etwa als Grundbesitzer oder Gewerbetreibende am Rechtsverkehr teilnehmen, gilt die Beschränkung nicht.

Zu § 3: Das Gesetz gibt den Gemeinden im § 3 auch das Recht örtlicher Gesetzgebung. Dieses Recht besitzen die Gemeinden „in ihren eigenen Angelegenheiten", also in den Angelegenheiten ihrer Verfassung und Verwaltung, soweit sie nicht gesetzlich abschließend geregelt sind oder soweit die Gesetze eine ausdrückliche Ermächtigung zum Erlaß von Satzungen vorsehen.

Das Gesetz sieht davon ab, für derartige Satzungen eine allgemeine Genehmigungspflicht der Aufsichtsbehörde, wie sie z. B. in Preußen bis zum Jahre 1918 durchgehend bestand, vorzuschreiben. Es geht vielmehr davon aus, daß das Zustandekommen tatsächlich und rechtlich einwandfreier Satzungen sich auch ohne besondere Genehmigung durch eine verständnisvolle Zusammenarbeit zwischen Gemeinde und Aufsichtsbehörde erreichen läßt. Dabei wird zur Klarstellung im übrigen bemerkt, daß der Grundsatz der Genehmigungsfreiheit von Satzungen insoweit nicht gilt, als einzelne Vorschriften dieses Gesetzes oder sonstiger Gesetze den Erlaß von Satzungen ausdrücklich unter Genehmigungsvorbehalt stellen. Das gilt auch insoweit, als derartige Vorbehalte in Landesgesetzen vorgesehen sind, soweit sie nach Inkrafttreten der Gemeindeordnung aufrechterhalten bleiben.

Im Interesse der Klarheit und Sicherheit des Rechtsverkehrs bejaht die Vorschrift des § 3 Abs. 3 die bisher sehr bestrittene Frage, ob Satzungen zu ihrer Rechtsgültigkeit öffentlicher Bekanntmachung bedürfen. Sie regelt zugleich den Tag des Inkrafttretens der Satzungen; danach gilt, daß eine Satzung am Tage nach der öffentlichen Bekanntmachung in Kraft tritt, wenn die Satzung nicht selbst einen anderen Zeitpunkt bestimmt. Im Zusammenhang hiermit wird auch die bisher nicht einheitlich beantwortete Frage, ob eine Satzung sich rückwirkende Kraft beilegen kann, dahin geregelt, daß eine solche Rückwirkung mit Genehmigung der Aufsichtsbehörde zulässig ist. Die besondere Genehmigung der Aufsichtsbehörde entspricht in diesem Falle dem Bedürfnis, unbillige Beschwerungen der betroffenen Kreise durch rückwirkende Vorschriften möglichst zu beschränken.

Die vorerwähnten Grundsätze gelten auch für die Änderung von Satzungen und entsprechend auch für die Aufhebung von Satzungen, ohne daß es insoweit im Gesetz besonderer Erwähnung bedarf.

Eine besondere Stellung unter den Satzungen nimmt die Hauptsatzung (§ 3 Abs. 2) ein. Die Hauptsatzung ist das Verfassungsstatut der Gemeinde, das sie selbst feststellt. Dabei sind die Gegenstände, die in der Hauptsatzung zu regeln sind, in der Gemeindeordnung selbst abschließend bestimmt. Im einzelnen ist danach der Hauptsatzung zugewiesen:

1. die Bewilligung angemessener Aufwandsentschädigungen an ehrenamtlich tätige Bürgermeister, Beigeordnete und Kassenverwalter sowie die Festsetzung von Durchschnittssätzen für die Entschädigung anderer ehrenamtlich tätiger Bürger (§ 27),
2. die Regelung der Frage, ob und welche Ehrenbezeichnungen solchen Bürgern verliehen werden können, die mindestens 20 Jahre ein Ehrenamt ohne Tadel verwaltet haben (§ 28),
3. die Bestimmung der Zahl der Beigeordneten (§ 34),
4. die Regelung der Haupt- oder Ehrenamtlichkeit von Stellen der Bürgermeister und Beigeordneten (§ 39),
5. die Vorbildung für hauptamtliche Bürgermeister und Beigeordnete in Stadtkreisen (§ 40),
6. die Wiederberufung hauptamtlicher Bürgermeister und Beigeordneten auf Lebenszeit (§ 44),
7. die Regelung der Frage, ob der Bürgermeister, die Beigeordneten und die Gemeinderäte bei feierlichen Anlässen eine Amtstracht oder ein Amtszeichen tragen (§ 47),
8. die Bestimmung der Zahl der Gemeinderäte (§ 49),
9. die Bestellung von Beiräten für bestimmte Verwaltungszweige (§ 58).

Bei der Bedeutung dieser Satzung für das gesamte Gemeindeleben ist sie gegenüber den sonstigen Satzungen insofern hervorgehoben, als sie nur mit Zustimmung des Beauftragten der NSDAP erlassen werden kann (§ 33) und der Genehmigung der Aufsichtsbehörde bedarf.

Zu § 4: Wie bereits im allgemeinen Teil der Begründung hervorgehoben worden ist, steht die Frage der territorialen Gliederung der Gemeinden als der untersten Verwaltungseinheit zur Zeit im Mittelpunkt lebhafter Erörterungen. Es ist deshalb geboten, in der Deutschen Gemeindeordnung wenigstens in einem Grundsatz zu dieser Frage Stellung zu nehmen. Das geschieht in § 4.

1. Der § 1 bezeichnet es als allgemeine Aufgabe der Gemeinde, die in der örtlichen Gemeinschaft lebendigen Kräfte des Volkes zur Erfüllung öffentlicher Aufgaben der engeren Heimat zusammenzufassen. Diese Aufgabe kann die Gemeinde nur erfüllen, wenn ihr Gebiet so bemessen ist, daß die örtliche Verbundenheit der Einwohner gewahrt bleibt. Diesem Grundsatz würde es widersprechen, Gemeinden zu schaffen, die nach ihrem Gebietsumfang diese Voraussetzung nicht mehr erfüllen.
2. Die Gemeinde kann den ihr in § 2 übertragenen Aufgaben nur gerecht werden, wenn sie über eine ausreichende Leistungsfähigkeit verfügt. Soweit dies nicht der Fall ist, muß die Möglichkeit gegeben sein, durch Bildung engerer Gemeindeverbände und durch sonstige Gemeinschaftseinrichtungen die Erfüllung der öffentlichen Aufgaben auch für solche Gemeinden sicherzustellen. Diese Möglichkeiten eröffnet die Vorschrift des § 120.

   Die Durchführung der Grenzänderungen bei Gemeinden ist im übrigen in den §§ 13ff. im einzelnen geregelt.

Zu § 5:

1. Die Gemeindeordnung geht von dem Grundsatz der Einwohnergemeinde aus. Wer in der Gemeinde wohnt, unterliegt danach als Einwohner der Herrschaftsgewalt der Gemeinde (vgl. z. B. §§ 17, 18). Dabei legt das Gesetz den öffentlich-rechtlichen Wohnsitzbegriff zugrunde.

   Eine besondere Stellung unter den Einwohnern nehmen die Bürger ein. Bürger sind, wie sich aus § 19 der Gemeindeordnung ergibt, die deutschen Staatsbürger, die das fünfundzwanzigste Lebensjahr vollendet haben, seit mindestens einem Jahr in der Gemeinde wohnen und die bürgerlichen Ehrenrechte besitzen.

Das Gesetz hält an dieser schon früher gebräuchlichen Trennung zwischen Einwohnern und Bürgern auch nach Fortfall der öffentlichen Wahlen deshalb fest, weil die Bekleidung gemeindlicher Ehrenämter nicht jedem Einwohner, sondern nur solchen Persönlichkeiten offenstehen kann, die die besonderen Voraussetzungen des Bürgers erfüllen. Im übrigen wird auf die Begründung zu § 19 Bezug genommen.

2. Es ist ein charakteristisches Merkmal gemeindlicher Selbstverwaltung, daß in ihr der ehrenamtlichen Mitwirkung der Bürger in weitem Umfange Raum gegeben ist. Die Gemeindeordnung ist in zahlreichen Vorschriften bemüht, das ehrenamtliche Element in der Selbstverwaltung nicht nur zu erhalten, sondern nach Möglichkeit auszubauen. Diesem Bestreben entspricht auf der anderen Seite die Verpflichtung des Bürgers, sich zur Übernahme ehrenamtlicher Tätigkeit jederzeit zur Verfügung zu stellen und ehrenamtliche Tätigkeit als uneigennützigen Dienst an der Gemeinschaft zu betrachten (§ 5 Abs. 2).

Zu § 6: Der § 6 gibt in wenigen Sätzen eine zusammenfassende Darstellung des Aufbaues der neuen Gemeindeverfassung, wie sie in dem Fünften Teil der Gemeindeordnung geregelt ist. Auf die Begründung zu den einzelnen Vorschriften dieses Teiles wird Bezug genommen.

Zu § 7: Auf die besondere Bedeutung einer geordneten und gesunden Finanzwirtschaft der Gemeinden ist bereits in dem allgemeinen Teil der Begründung hingewiesen. Der § 7 bringt in grundsätzlicher Form die den Gemeinden auf diesem Gebiet obliegenden Pflichten zum Ausdruck und bezeichnet die Gesunderhaltung der Gemeindefinanzen unter Rücksichtnahme auf die wirtschaftlichen Kräfte der Abgabepflichtigen als oberstes Ziel gemeindlicher Wirtschaftsführung. Die Vorschriften, die im einzelnen diese Zielsetzung sichern, enthält der Sechste Teil der Gemeindeordnung, auf dessen Begründung Bezug genommen wird.

Zu § 8:

1. Die Vorschrift des § 8 Abs. 1 hat im Zuge des Neuaufbaues des Reiches grundlegende Bedeutung. Während die Aufsicht über die Gemeinden bisher ausschließlich Aufgabe der Länder war, überführt die Gemeindeordnung diese Aufsicht nunmehr

auf das Reich und zieht damit die Folgerungen aus der reichsrechtlichen Regelung des Gemeinderechts. Das schließt selbstverständlich nicht aus, daß der Reichsminister des Innern im Wege der Durchführungsverordnung für eine Übergangszeit Aufsichtsbefugnisse bei den Zentralbehörden der Länder beläßt; auch in diesem Falle wird jedoch das Reich die großen Richtlinien für die Handhabung der Aufsicht geben.

2. Im nationalsozialistischen Staate ist für eine Betrachtung des Verhältnisses von Staat und Gemeinde, wie sie den liberalistischen und parlamentarischen Staat beherrschte, kein Raum (vgl. den allgemeinen Teil der Begründung). Die Aufsicht des Staates kann deshalb ihre Aufgabe nicht mehr allein darin erblicken, die Innehaltung der der Selbstverwaltung gezogenen Schranken zu überwachen; sie muß sich darüber hinaus als vornehme Pflicht angelegen sein lassen, die Gemeinden in ihren Rechten zu schützen und die gemeindliche Selbstverwaltung nach Kräften zu fördern. Diese Grundgedanken bringt § 8 Abs. 2 zum Ausdruck.

Zum Zweiten Teil.

Benennung und Hoheitszeichen der Gemeinden.

Zu § 9: Die Deutsche Gemeindeordnung schafft einheitliches Recht für alle deutschen Gemeinden. Damit verläßt sie den in zahlreichen Ländern bestehenden Zustand der Sonderregelung der Verfassungsverhältnisse für einzelne Gemeindearten (vgl. die früheren Städte- und Landgemeindeordnungen). Diesen Sonderregelungen liegen weitgehend historische Gegebenheiten zugrunde, für die eine sachliche Begründung im Laufe der Entwicklung immer mehr verlorengegangen ist. Die durch die Gemeindeordnung herbeigeführte Vereinheitlichung des Verfassungsstandes schließt im übrigen nicht aus, daß Einzelfragen der Gemeindeverfassung für Gemeinden bestimmter Größe (vgl. z. B. § 39) und besonderer Bedeutung wie etwa die Stadtkreise (vgl. § 40) besonders geregelt werden.

Die Gemeindeordnung hat auch den Versuch des preußischen Gemeindeverfassungsgesetzes nicht weiter verfolgt, für bestimmte typische Gemeinden, wie z. B. die Bauerndörfer, verfassungsrechtliche Besonderheiten vorzusehen, da ein zwingendes Bedürfnis für solche Einrichtungen kaum vorliegt.

Bei diesen Ausgangspunkten bleibt für eine Einteilung der Gemeinden nach ihrer besonderen verfassungsrechtlichen Stellung kein Raum mehr. In § 9 sind deshalb lediglich die Bezeichnungen der Gemeinden geregelt. Danach führen sie grundsätzlich die Bezeichnung „Gemeinde". Ausnahmen bestehen nur nach folgenden Richtungen:

1. Gemeinden, die nach der bisherigen Rechtslage die Bezeichnung „Stadt" führten, behalten diese Bezeichnung, gleichgültig, ob sie daneben früher nach einer Städteordnung verwaltet wurden oder nicht.
2. Soweit Gemeinden bisher sonstige besondere Bezeichnungen führten, wie z. B. Kreisstadt, Bad, Flecken, Markt usw., verbleibt es hierbei. Dagegen fällt die Bezeichnung „Landgemeinde", die keine besondere Bezeichnung im Sinne des § 9 Abs. 1 Satz 2 ist, allgemein fort.

Diesen durch die Gemeindeordnung geschaffenen Zustand kann nicht die einzelne Gemeinde, sondern nur der Reichsstatthalter ändern, dem diese Zuständigkeit im Interesse möglichster Entlastung der Zentralstellen übertragen ist. Derartige Änderungen können stets nur nach Anhörung der Gemeinde ausgesprochen werden und haben sich im Rahmen allgemeiner Richtlinien zu halten, die der Reichsminister des Innern vorschreiben wird.

Nur die durch § 9 bestimmten oder auf seiner Grundlage festgesetzten Bezeichnungen sind für den amtlichen Verkehr maßgebend. Andere Bezeichnungen sind insoweit unzulässig.

Zu § 10: Die Änderung von Gemeindenamen und die Bestimmung der Namen neugebildeter Gemeinden galten bereits bisher als Hoheitsrechte des Staates, wenn auch auf diesem Gebiete der Staat regelmäßig nur dann tätig wurde, wenn die Gemeinde selbst entsprechende Anregungen gab. § 10 behält diesen Zustand bei. Daraus folgt, daß die Gemeinde im amtlichen Verkehr nur den Namen führen darf, den sie entweder bisher führt oder der ihr durch staatshoheitlichen Akt verliehen worden ist.

Zuständig zum Ausspruch von Namensänderungen, zur Bestimmung der Namen neugebildeter Gemeinden und zur besonderen Benennung von Gemeindeteilen ist ausschließlich der Reichsstatthalter, der zuvor die beteiligte Gemeinde zu hören hat. Auch hier soll die Zuständigkeit des Reichsstatthalters die Zentralinstanzen entlasten; dabei wird sich allerdings im Interesse einer

Abstimmung der Gemeindenamen für das ganze Reich nicht vermeiden lassen, in der Ausführungsanweisung vor Ausspruch von Namensänderungen usw. die Herbeiführung der Stellungnahme des Statistischen Reichsamts vorzusehen. Ebenso wird vorgeschrieben werden, daß sonstige interessierte Dienststellen, wie z. B. Reichsbahn, Reichspost usw., vorher zu hören sind.

Zu § 11:

1. Die Sonderstellung der Gemeinden als öffentlicher Hoheitsträger kommt auch darin zum Ausdruck, daß sie ein Dienstsiegel führen.
2. Aus den gleichen Erwägungen sieht § 11 Abs. 2 die Möglichkeit der Verleihung des Rechts zur Wappen- und Flaggenführung an Gemeinden vor. Dieses Recht verleiht nach Anhörung der Gemeinde der Reichsstatthalter, der auch Wappen und Flaggen ändern kann. Die Zuständigkeit des Reichsstatthalters rechtfertigt sich aus den zu §§ 9, 10 erörterten Gründen, wobei vorbehalten bleibt, auch hinsichtlich der Gemeindewappen im Interesse einer guten und einheitlichen Heraldik die Archivbehörden im Wege der Ausführungsanweisung in diesen Fragen einzuschalten.

Zum Dritten Teil.

Gemeindegebiet.

Zu § 12:

1. § 12 Abs. 1 geht bei der Festlegung des Gebietes der einzelnen Gemeinden von dem Zustand aus, der bei Inkrafttreten der Gemeindeordnung besteht. Dabei ist jedoch nicht der tatsächliche, sondern der rechtliche Zustand maßgebend. Soweit bei dieser Regelung über die Grenzen einzelner Gemeinden Zweifel offen bleiben oder in Zukunft entstehen, trifft die Aufsichtsbehörde hierüber Entscheidung; diese Entscheidung ist endgültig. In Abkehr von der Regelung in einzelnen Ländern findet demnach in Zukunft ein Verwaltungsstreitverfahren über diese Fragen unmittelbar oder im Anschluß an die Entscheidung der Aufsichtsbehörde nicht mehr statt, da die Aufsichtsbehörde weit eher in der Lage ist, bei derartigen Streitigkeiten auf einen gütlichen Ausgleich hinzuwirken. Damit läßt sich in vielen Fällen eine auch praktisch zweckmäßige Lösung erreichen, die bei rein rechtlicher Entscheidung nicht immer gewährleistet ist. Im übrigen wird

das Verfahren für die Entscheidung derartiger Grenzstreitigkeiten in der Ausführungsanweisung näher geregelt werden.

2. § 12 Abs. 2 stellt grundsätzlich fest, daß jedes Grundstück zu einer Gemeinde gehören soll. Soweit dieser Zustand bisher deshalb noch nicht herbeigeführt ist, weil hier und dort die Eingliederung sogenannter kommunalfreier Grundstücke in Gemeinden aus Versehen usw. noch nicht erfolgte, wird eine allgemeine Vereinigung durchgeführt werden. Abweichend von dieser grundsätzlichen Regelung läßt jedoch der § 12 Abs. 2 Satz 2 die Möglichkeit des Verbleibs von Grundstücken außerhalb des Gemeindegebiets aus besonderen Gründen zu. Diese Ausnahme, für die stets ganz besondere Gesichtspunkte vorliegen müssen, ist in bestimmten Fällen (z. B. große Waldgebiete, Wassergebiete usw.) auch im Interesse der Gemeinden selbst zweckmäßig. Die für die Wahrnehmung öffentlicher Aufgaben bei solchen Grundstücken notwendigen Vorschriften erläßt der Reichsminister des Innern gemäß § 119 Nr. 2 durch Verordnung. Bis zum Erlaß dieser Verordnung wird das bestehende Landesrecht auf Grund der Vorschrift des § 121 aufrechterhalten bleiben.

Zu § 13: Der § 13 bedeutet einen Schlußschritt in der Entwicklung, die das sogenannte Eingemeindungsrecht im letzten Jahrzehnt genommen hat. Er stellt als obersten Grundsatz die alleinige Maßgeblichkeit des öffentlichen Wohles für die Änderung von Gemeindegrenzen fest und entzieht damit diese Frage der subjektiven Sphäre der Interessenten. Gemeindegrenzänderungen sind danach nicht mehr von irgendeiner Zustimmung von Gemeinden abhängig, sondern werden lediglich durch das übergeordnete Interesse der Allgemeinheit bestimmt. Welche Grundsätze für die staatliche Grenzänderungspolitik im einzelnen und bei einer Neugliederung der Gemeinden nach territorialer Größe zur Anwendung kommen sollen, ist in § 4 angedeutet.

§ 13 bezieht sich auf jede Form der Änderung des Gemeindegebiets (z. B. Eingliederung, Zusammenlegung, Auflösung und Neubildung von Gemeinden). Er sieht darüber hinaus auch die Möglichkeit der Erklärung von Gemeinden und Gemeindeteilen zu gemeindefreien Grundstücken (§ 12 Abs. 2) vor, wobei selbstverständlich ist, daß solche Gebietsänderungen ebenso wie die Aufrechterhaltung gemeindefreier Grundstücke durch ganz besondere Gründe gerechtfertigt sein müssen.

Zu § 14:

1. Die Änderung von Gemeindegrenzen erfolgt durch Hoheitsakt des Staates (vgl. § 15). Es sprechen jedoch Gründe verwaltungsmäßiger Zweckmäßigkeit dafür, bei der Vorbereitung derartiger Grenzänderungen den Gemeinden zur Klärung der zahlreichen mit einer solchen Maßnahme zusammenhängenden Fragen eine Mitwirkungsmöglichkeit zu geben. § 14 Abs. 1 läßt demnach Verhandlungen der Gemeinden über die Änderung ihres Gebiets grundsätzlich zu. Derartige Verhandlungen sind jedoch nur dann sinnvoll, wenn sie nach den allgemeinen Grundsätzen staatlicher Grenzänderungspolitik irgendwie Aussicht auf spätere Verwirklichung haben. Ist dies nicht der Fall, so führen derartige Verhandlungen nur zu einer zwecklosen Beunruhigung der beteiligten Bevölkerung. Aus diesem Grunde verpflichtet § 14 Abs. 1 die Gemeinden, die Absicht solcher Verhandlungen vor ihrer Einleitung der Aufsichtsbehörde rechtzeitig mitzuteilen, die nach § 14 Abs. 2 in geeigneten Fällen auch die Leitung der Verhandlungen übernehmen kann. Macht sie von dieser Befugnis Gebrauch, so sind den Gemeinden in der Folgezeit Verhandlungen nur noch auf Anberaumung durch die Aufsichtsbehörde hin gestattet.

2. Das Rechtsinstitut der sog. Eingemeindungsverträge ist in den letzten Jahren lebhaft umstritten gewesen. In der Vergangenheit ist es wiederholt vorgekommen, daß die Bereitwilligkeit von Gemeinden zu einer Grenzänderung durch weitgehende, wirtschaftlich nicht immer vertretbare Versprechungen der aufnehmenden Gemeinden erkauft worden ist, deren spätere Durchführung im übrigen sehr oft unterblieb. Das hat in eingegliederten Gebietsteilen vielfach zu Verstimmungen und Verärgerungen geführt, die besser vermieden worden wären. Das preußische Gemeindeverfassungsgesetz hat deshalb den Abschluß derartiger Verträge überhaupt für unzulässig erklärt. § 14 Abs. 3 geht nicht so weit, sieht aber bei Bejahung der grundsätzlichen Zulässigkeit solcher Verträge vor, daß sie nur wirksam werden, wenn sie bei Änderung des Gemeindegebiets bestätigt werden. Damit kann den oben erwähnten Bedenken hinreichend vorgebeugt werden. Im übrigen wird auch dafür Sorge getragen werden, daß die Durchführung von Zusagen in Eingemeindungsverträgen auch dann erfolgt, wenn durch die

Eingemeindung die Rechtspersönlichkeit einer vertragschließenden Gemeinde und damit der Vertragsberechtigte untergeht.

Zuständig zum Ausspruch der Bestätigung ist, wie sich aus § 15 ergibt, der Reichsstatthalter.

Zu § 15:

1. § 15 stellt zunächst klar, daß Gemeindegrenzänderungen im Einzelfalle entsprechend ihrem Wesen als organisatorischer Staatshoheitsakte nicht Gegenstand der Gesetzgebung, sondern der verwaltungsmäßigen Entscheidung sind. Sie spricht der Reichsstatthalter nach Anhörung der Gemeinde und nach näherer Vorschrift der Ausführungsanweisungen der sonst beteiligten Stellen (z. B. Justizverwaltung wegen der Rückwirkung auf die Gerichtsbezirke usw.) aus. Auch hier ist ebenso wie in den Fällen der §§ 9 bis 11 die Zuständigkeit des Reichsstatthalters aus Gründen möglichster Entlastung der Zentralinstanzen vorgesehen. Es bleibt jedoch vorbehalten, im Wege der Anweisung an die Reichsstatthalter, einheitliche Richtlinien zu geben und zugleich folgende Anordnungen zu treffen:
   a) Die Erledigung geringfügiger Gebietsänderungen läßt entsprechend der bisherigen Praxis eine Übertragung der Zuständigkeit des Reichsstatthalters auf nachgeordnete Behörden zu.
   b) Bei Gebietsänderungen von größerer Bedeutung bleibt im Interesse einheitlicher Handhabung eine über den Erlaß von Richtlinien hinausgehende Einschaltung der Zentralinstanzen vorbehalten.

Im übrigen wird zur Klarstellung bemerkt, daß sich die Zuständigkeit des Reichsstatthalters nach § 15 nur auf die Änderung von Gemeindegrenzen bezieht. Hat die Änderung der Gemeindegrenzen zugleich eine Änderung der Grenzen von Landkreisen und Provinzen im Gefolge, so behält es bis zum Erlaß der neuen Verfassungsgesetze für die Gemeindeverbände bei den bestehenden Vorschriften sein Bewenden.

Im Zusammenhang mit der Änderung des Gemeindegebiets hat der Reichsstatthalter in jedem Falle auch den Tag ihrer Rechtswirksamkeit zu bestimmen. Des weiteren ist, soweit hierfür ein Bedürfnis besteht, im Interesse klarer Rechtsverhältnisse vorbehaltlich der späteren Auseinandersetzung (§ 15 Abs. 2) die Rechtsnachfolge zu regeln, die reibungslose Überleitung des Ortsrechts zu sichern und die neue Verwaltung zu ordnen. Anordnungen der letztgenannten Art sind insbesondere die Anrechnung der Wohndauer in der früheren Wohngemeinde zum Erwerb des Bürgerrechts, die Ergänzung ehrenamtlicher Gemeindeorgane, die Beendigung ihrer Amtszeit u. a. m. Dagegen beziehen sich derartige Anordnungen nicht auf die Rechtsverhältnisse der hauptamtlichen Gemeindebeamten, die in dem Reichsgesetz vom 30. Juni 1933 (Reichsgesetzbl. I S. 433) besonders geregelt sind.

2. Hinsichtlich der Regelung der Auseinandersetzung zwischen den Beteiligten in § 15 bedarf nur die Frage der Erörterung, wem die Bewirkung dieser Auseinandersetzung zu übertragen war. Nach früherem Recht waren insoweit die Verwaltungsbeschlußbehörden und die Verwaltungsgerichte weitgehend beteiligt. Nach Beseitigung der Beschlußbehörden in großen Ländern kommt diese Lösung ohnehin in Fortfall. Aber auch eine Übertragung der Auseinandersetzung auf die Verwaltungsgerichte empfiehlt sich nicht. Die in diesem Verfahren zu entscheidenden Fragen liegen weit weniger auf dem Gebiete der Rechtsfindung als vielmehr auf dem des billigen Ausgleichs zwischen den Beteiligten, der viel zweckmäßiger durch eine Verwaltungsbehörde als durch ein Verwaltungsgericht herbeigeführt werden kann. Dabei ist nicht verkannt worden, daß es sich hier für die Gemeinden um oft recht weittragende Fragen namentlich finanzieller Art handelt. Es wird deshalb in der Ausführungsanweisung ein in gewissem Umfang förmliches Verfahren vor der Aufsichtsbehörde vorgeschrieben werden, das den Beteiligten nicht nur rechtliches Gehör sichert, sondern auch die Möglichkeit einer kontradiktorischen Verhandlung offen läßt.

Die Frage, ob die Auseinandersetzung nicht ebenso wie der Ausspruch der Grenzänderungen dem Reichsstatthalter zu übertragen sei, hat das Gesetz verneint. Die Auseinandersetzung erfordert möglichste Nähe der entscheidenden Behörde zu den Beteiligten, die nur die Aufsichtsbehörde besitzt.

Die weiter in § 15 Abs. 2 vorgesehenen Vorschriften sollen der möglichst schnellen Herbeiführung eines klaren Rechtszustandes zwischen den Beteiligten nach Abschluß der Auseinandersetzung dienen. Aus diesem Grunde ist auch der

Aufsichtsbehörde, nicht den Gemeinden, die Aufgabe zugewiesen, die zuständigen Behörden um die Berichtigung des Grundbuches, des Wasserbuches und anderer öffentlicher Bücher zu ersuchen.

Zu § 16: Es entspricht der Auffassung des Gesetzes über die Rechtsnatur von Grenzänderungen als ausschließlich staatlicher Hoheitsakte, wenn § 16 die Rechtshandlungen, die aus Anlaß der Änderung des Gemeindegebiets erforderlich werden, von öffentlichen Abgaben, Stempeln und Gebühren freistellt. Diese Kosten und die weiter in § 16 Satz 2 genannten den Gemeinden aufzuerlegen, ist bei dem oben genannten Ausgangspunkt sachlich nicht begründet.

Zur Klarstellung wird im übrigen bemerkt, daß Rechtshandlungen im Sinne des § 16 nicht nur solche sind, die sich unmittelbar aus der Grenzänderung ergeben, sondern auch solche, die in Durchführung einer Auseinandersetzung gemäß § 15 Abs. 2 erforderlich werden.

Zum Vierten Teil.

Einwohner und Bürger.

Zu § 17: § 17 regelt die allgemeinen Rechte und Pflichten der Einwohner. Diese Rechte erschöpfen sich anders als bei den Bürgern in der Mitbenutzung der öffentlichen Einrichtungen der Gemeinde, der es im übrigen überlassen bleibt, in Ermangelung gesetzlicher Vorschriften Voraussetzungen, Bedingungen und Art dieser Benutzung zu regeln. Auf der anderen Seite sind die Einwohner ebenso wie die Bürger verpflichtet, die Gemeindelasten zu tragen. Der Umfang dieser Verpflichtung wird in der Gemeindeordnung selbst nicht näher geregelt. Bis zum Erlaß eines Reichsgemeindeabgabengesetzes bleiben insoweit die bestehenden gesetzlichen und ortsrechtlichen Vorschriften maßgebend.

Im Rahmen des § 17 Abs. 2 werden den Einwohnern solche Grundbesitzer und Gewerbetreibende gleichgestellt, die zwar nicht in der Gemeinde wohnen, dafür aber Grundbesitz oder Gewerbebetrieb in der Gemeinde haben. Im übrigen finden nach § 17 Abs. 3 die für die Einwohner und die außerhalb wohnenden Grundbesitzer und Gewerbetreibenden getroffenen Vorschriften für juristische Personen und Personenvereinigungen entsprechende Anwendung. Eine nähere Begründung zu diesen Vorschriften ist nicht erforderlich.

Zu § 18: Die Frage, inwieweit die Gemeinde die Einwohner zum Anschluß und zur Benutzung bestimmter öffentlicher Einrichtungen zwingen kann, war in den bisherigen Landesgesetzen nicht einheitlich beantwortet. Während einzelne Länder die Einführung eines derartigen Zwanges nur durch Polizeiverordnung zuließen, gaben andere, wie z. B. Preußen im Gemeindeverfassungsgesetz, Bayern und Thüringen, den Gemeinden die Befugnis, im Satzungswege teils einen Anschlußzwang, teils einen Anschluß- und Benutzungszwang vorzuschreiben. Dabei waren jedoch weder der Umfang dieser Zwangsrechte noch ihre Voraussetzungen übereinstimmend geregelt.

Bei der in der Gemeindeordnung zu treffenden Regelung war vorab die Frage zu entscheiden, ob die Einführung des Anschluß- und Benutzungszwanges der Polizei vorzubehalten oder der Gemeinde selbst zu überlassen sei. Die Gemeindeordnung entscheidet sich für die letztere Lösung. Dafür war weniger der Gedanke maßgebend, daß das Nebeneinander gemeindlicher Regelung, durch die die betreffende Einrichtung den Einwohnern zur Verfügung zu stellen war, und polizeilicher Ordnung, die den Anschluß- und Benutzungszwang anordnete, nicht befriedigend sei, als vielmehr der, daß die Voraussetzungen für polizeiliche Maßnahmen jeder Art, Gefährdung der öffentlichen Sicherheit und Ordnung, auf diesem Gebiete zu eng sind. Die Gemeinschaft erfordert nach den heutigen Anschauungen den unbedingten Vorrang vor den Interessen des einzelnen. Wenn eine Gemeinde bereit ist, den Einwohnern, einem dringenden öffentlichen Bedürfnis entsprechend, eine den gesundheitlichen Erfordernissen dienende Einrichtung zur Verfügung zu stellen und dies nur bei Beteiligung aller Einwohner möglich ist, so muß sie nach dem oben erwähnten Grundgedanken in der Lage sein, auch etwa widerstrebende Elemente in den Dienst der Gemeinschaftsaufgabe zu zwingen. Diese Möglichkeit ist heute durch § 18 eröffnet. Dabei sei jedoch ausdrücklich klargestellt, daß ein derartiger Zwang aus rein fiskalischen Gründen nicht eingeführt werden kann.

Diese weitgehende Befugnis gemeindlicher Selbstgesetzgebung darf selbstverständlich nicht zu unbilligen Belastungen der Einwohnerschaft führen. Deshalb läßt § 18 die Einführung eines Anschluß- oder Benutzungszwanges nur durch Satzung zu, die nach dem Willen des Gesetzes die allgemeine Zurverfügungstellung der Einrichtung, ihre Benutzung unter Ausspruch des Anschluß- oder Benutzungszwanges und auch das von den Einwohnern zu entrichtende Entgelt zu regeln hat. Abweichend von der Regelung des § 3 bedürfen solche Satzungen in vollem Umfange, also bezüglich aller oben genannten Bestandteile, der Genehmigung der Aufsichtsbehörde; die Aufteilung des Satzungsinhaltes auf mehrere Satzungen beseitigt diese Genehmigungspflicht nicht. Darüber hinaus bleibt es der Ausführungsanweisung überlassen, vor der Genehmigung solcher Satzungen ein Verfahren vorzuschreiben, das auch die Einwohner mit ihren Wünschen zu Worte kommen läßt. Den besonderen Bedürfnissen einzelner Teile der Einwohnerschaft trägt im übrigen auch bereits die Vorschrift des § 18 Abs. 2 Rechnung, die eine Beschränkung des Anschluß- und Benutzungszwanges nach sachlichen Gesichtspunkten zuläßt. Diese Ausnahmevorschrift ermöglicht es z. B., bestimmte Industriewerke, die auf die Benutzung besonderen Wassers angewiesen sind oder die bei besonders großem Verbrauch durch die Wasserentnahme aus der gemeindlichen Wasserleitung unbillig belastet würden, von der Benutzung der allgemeinen Wasserleitung freizustellen.

Der Kreis der Einrichtungen, zu deren Gunsten ein Anschluß- und Benutzungszwang vorgeschrieben werden kann, ist im Gesetz nicht abschließend bestimmt. Diese Art der Regelung empfahl sich deshalb, weil das Bedürfnis auf diesem Gebiet sehr stark dem Wandel und der Entwicklung unterliegt. Dabei wird jedoch die Ausführungsanweisung dafür Sorge tragen, daß einer zu weitgehenden Anwendung derartiger Zwangsrechte über das sachliche Bedürfnis hinaus durch Richtlinien an die zur Genehmigung zuständigen Aufsichtsbehörden vorgebeugt wird. Zur Klarstellung wird im übrigen noch darauf hingewiesen, daß die in § 18 genannten Einrichtungen nicht notwendig im Eigentum der Gemeinde stehen müssen. Es genügt vielmehr, daß die Gemeinde sich auf derartige Einrichtungen im Wege des Vertrages oder sonstwie so weit Einfluß verschafft, daß ein allgemeines Benutzungsrecht der Einwohner zu angemessenen Bedingungen gesichert ist.

In § 18 Abs. 3 werden den Gemeinden die zur Durchsetzung des Anschluß- und Benutzungszwanges erforderlichen Zwangsmittel gegeben. Das Verfahren, in dem diese Mittel zur Anwendung kommen, ist in den Satzungen selbst zu regeln. Wegen der Rechtsmittel gegen die Verhängung derartiger Zwangsmittel wird im übrigen auf § 29 Bezug genommen.

Zu § 19: Der Gemeindebürger ist insoweit aus den sonstigen Einwohnern herausgehoben, als nur, wer das Bürgerrecht besitzt, zu ehrenamtlicher Tätigkeit herangezogen werden kann und zur Übernahme ehrenamtlicher Tätigkeit verpflichtet ist. Von diesen Gesichtspunkten aus waren demgemäß die Voraussetzungen des Bürgerrechts zu regeln.

1. Es ist selbstverständlich, daß nur deutsche Staatsbürger zu ehrenamtlicher Tätigkeit in der Gemeinde herangezogen werden können. Diese Vorschrift wird nach der Neuregelung des deutschen Staatsbürgerrechts erhöhte Bedeutung erlangen.
2. Bei der Bestimmung des Lebensalters, das für den Erwerb des Bürgerrechts maßgebend sein soll, war zu erwägen, ob insoweit die Vollendung des 21. Lebensjahres, der Beginn der Volljährigkeit, oder ein späterer Zeitpunkt festzusetzen sei. Das Gesetz hat sich hier für die Vollendung des 25. Lebensjahres entschieden. Dafür war einerseits die Erwägung maßgebend, daß die Bekleidung gemeindlicher Ehrenämter ein gewisses Maß von Erfahrungen voraussetzt, das vor Erreichung des 25. Lebensjahres regelmäßig nicht erworben ist, anderseits aber auch das Beispiel anderer Gesetze des neuen Reiches, die die Wahrnehmung ehrenamtlicher Aufgaben an die Vollendung des 25. Lebensjahres binden.
3. Wer in eine Gemeinde zuzieht, gewinnt erst allmählich die tiefere Einfühlung in die örtliche Gemeinschaft und lernt erst allmählich die örtlichen Verhältnisse und Gegebenheiten so weit kennen, daß er mit Erfolg eine ehrenamtliche Tätigkeit wahrnehmen kann. Aus diesen Gründen war es geboten, den Erwerb des Bürgerrechts an eine mindestens einjährige Wohndauer in der Gemeinde zu knüpfen.

   Von dieser Regelung sind jedoch nach zwei Richtungen hin Ausnahmen zugelassen oder möglich:

   a) Hauptamtliche Bürgermeister und Beigeordnete werden im Regelfalle nicht aus der Bürgerschaft der eigenen Gemeinde, sondern von auswärts berufen. Es ist selbstverständlich, daß sie das Bürgerrecht auch ohne einjährige Wohndauer in der Gemeinde mit dem Antritt des Bürgermeister- bzw. Beigeordnetenamtes erwerben müssen (vgl. § 19 Abs. 2).
   b) Auch in anderen Sonderfällen kann es geboten sein, einem Einwohner das Bürgerrecht ohne Rücksicht auf die Wohndauer zu verleihen. Diese Durchbrechung des

gesetzlichen Grundsatzes darf jedoch immer nur Ausnahmeerscheinung sein und ist deshalb an die Genehmigung der Aufsichtsbehörde gebunden (§ 19 Abs. 3). Dazu wird ausdrücklich bemerkt, daß die Verleihung des Bürgerrechts unter Abweichung von sonstigen Voraussetzungen des § 19 Abs. 1 schlechthin ausgeschlossen ist.

4. Das Ruhen des Bürgerrechts der Soldaten entspricht der Sonderstellung, die die Wehrmacht im Staate einnimmt.

Zu § 20: Der § 20 unterscheidet zwischen dem Erlöschen und der Verwirkung des Bürgerrechts. Die besondere Erwähnung der Verwirkung soll die Bedeutung des Bürgerrechts für das bürgerliche Leben und die bürgerliche Ehre hervorheben; sie hat, wie sich aus § 20 Abs. 3 ergibt, den Charakter einer Strafe und soll zugleich auch die Ämterannahme- und -führungspflicht (§§ 23, 24) sichern.

Die Gründe, die zum Erlöschen und zur Verwirkung des Bürgerrechts führen, brauchen nicht näher erörtert zu werden. Es bedarf lediglich noch eines Hinweises darauf, daß § 20 Abs. 3 die öffentliche Bekanntmachung der Verwirkung des Bürgerrechts nicht zwingend vorschreibt, sie vielmehr in das pflichtgemäße Ermessen der Gemeinde stellt, die damit auch besonderen Fällen Rechnung tragen kann.

Zu § 21: Es war nach dem früheren Recht in manchen Ländern ein Vorrecht der Städte, Ehrenbürgerrechte zu verleihen. Nach der Vereinheitlichung der Gemeindeverfassung für alle Gemeinden steht dieses Recht nunmehr jeder Gemeinde zu, da heute ein innerer Grund für die Beschränkung nicht mehr besteht. Dabei geht das Gesetz selbstverständlich davon aus, daß auch nach Ausdehnung des Kreises der berechtigten Gemeinden Ehrenbürgerrechte nur in solchen Fällen verliehen werden sollen, in denen hierzu ein ganz besonderer Anlaß für die Gemeinde besteht, da nur unter dieser Voraussetzung das Ehrenbürgerrecht die vom Gesetz gewollte Bedeutung und Wertschätzung behalten wird.

Das Ehrenbürgerrecht kann sowohl deutschen Staatsbürgern als auch Ausländern verliehen werden. Im letzteren Falle ist die Verleihung aus verständlichen Gründen nur mit Genehmigung der Aufsichtsbehörde zulässig. Für die Aberkennung des Ehrenbürgerrechts ist die Genehmigung allgemein vorgeschrieben; dadurch soll ein Schutz gegen willkürliche und sachlich nicht gerechtfertigte Aberkennungen gegeben werden, die Verstimmungen und Strömungen entspringen und für den betroffenen Ehrenbürger eine ungerechtfertigte Beeinträchtigung seiner Ehre bedeuten würden.

Daß im Falle der Verwirkung des Bürgerrechts auch etwa verliehene Ehrenbürgerrechte verwirkt sein müssen, ist selbstverständlich (§ 21 Abs. 3).

Zu § 22:

1. Die Auswahl einer Reihe von gemeindlichen Ehrenbeamten, wie z. B. der ehrenamtlichen Bürgermeister und Beigeordneten sowie der Gemeinderäte, ist in der Gemeindeordnung besonders geregelt (vgl. §§ 41, 51). Ihre Ernennung richtet sich im übrigen nach § 37 der Gemeindeordnung.

   Die Vorschrift des § 22 Abs. 1 bezieht sich unter diesen Einschränkungen nur auf sonstige Ehrenbeamte und auf die zur Wahrnehmung einer sonstigen ehrenamtlichen Tätigkeit Bestellten, die nicht zu Ehrenbeamten ernannt werden. Die Bestellung zu solchen Ehrenämtern und zu sonstiger ehrenamtlicher Tätigkeit legt die Gemeindeordnung in die Hand des Bürgermeisters. Sie sieht im übrigen davon ab, die Zeit dieser ehrenamtlichen Tätigkeit festzusetzen, da die Verhältnisse zu verschieden sind, als daß sie einheitlicher Regelung zugänglich wären. Es bleibt deshalb dem Bürgermeister überlassen, diese Zeit im Einzelfalle zu bestimmen; darüber hinaus hat er die Möglichkeit, die Bestellung jederzeit zurückzunehmen.

2. Wenn nur der Bürger eine ehrenamtliche Tätigkeit wahrnehmen kann, so ergibt sich daraus von selbst, daß der Verlust des Bürgerrechts jede ehrenamtliche Tätigkeit beendet. Das gilt nicht nur für die in § 22 Abs. 1 Satz 1 genannten Ehrenbeamten und zu ehrenamtlicher Tätigkeit bestellten Personen, sondern ebenso auch für die in § 22 Abs. 1 Satz 3 erwähnten Ehrenbeamten.

Zu § 23:

1. In § 5 Abs. 2 ist die Verpflichtung des Bürgers ausgesprochen, seine Kräfte jederzeit ehrenamtlich dem Wohle der Gemeinde zu widmen. Aus § 23 Abs. 1 ergibt sich, daß der Bürger auf Grund dieser Pflicht eine ehrenamtliche Tätigkeit übernehmen und sie während bestimmter Zeit, nämlich bis zur Höchstdauer von 6 Jahren (§ 23 Abs. 1 Nr. 3), ausüben muß. Entzieht er sich der Übernahme ehrenamtlicher Tätigkeit oder ihrer mindestens sechsjährigen Ausübung, so verstößt er damit gegen seine Bürgerpflicht, es

sei denn, daß ihm ein wichtiger Grund zur Seite steht. Der § 23 Abs. 1 zählt in Fortentwicklung des früheren Rechtszustandes eine Reihe von Gründen auf, die regelmäßig als wichtig zu betrachten sind. Diese Aufzählung ist jedoch nicht erschöpfend, so daß auch sonstige wichtige Gründe Berücksichtigung finden können.

In der Aufzählung des § 23 Abs. 1 ist im übrigen bemerkenswert, daß die Bekleidung eines öffentlichen Amtes nicht ohne weiteres von der Wahrnehmung ehrenamtlicher Tätigkeit in der Gemeinde freistellt, sondern nur dann, wenn die Anstellungsbehörde feststellt, daß die ehrenamtliche Tätigkeit mit den dienstlichen Pflichten eines Beamten nicht vereinbar ist. Diese Feststellung ist alsdann für die Gemeinde bei ihrer Entscheidung gemäß § 23 Abs. 2 bindend.

2. § 23 Abs. 2 gibt der Gemeinde die erforderlichen Mittel zur Sicherung der in §§ 5, 23 vorgesehenen Bürgerpflichten. Sie kann danach Bußen verhängen und das Bürgerrecht bis zur Dauer von 6 Jahren aberkennen, wenn sie bei Ablehnung oder Niederlegung ehrenamtlicher Tätigkeit das Vorliegen eines wichtigen Grundes verneint. Die Entscheidung dieser Frage und die Verhängung der in § 23 Abs. 2 genannten Nachteile steht der Gemeinde auch dann zu, wenn eine andere Stelle zur Berufung des Ehrenbeamten zuständig ist (vgl. z. B. §§ 41, 51). Wegen der Rechtsmittel für die Betroffenen wird im übrigen auf § 29 Bezug genommen.

Zu § 24:

1. Die in § 24 erwähnte Verschwiegenheitspflicht, der Ehrenbeamten entspricht der für das Reichsbeamtengesetz vorgesehenen Regelung. Eine besondere Vorschrift war an dieser Stelle jedoch deshalb geboten, weil auch die lediglich ehrenamtlich tätigen Bürger, die ein Ehrenamt im eigentlichen Sinne nicht innehaben, getroffen werden mußten. Das ist erforderlich, um die Geheimhaltung zu sichern und jede Ausnutzung der bei ehrenamtlicher Tätigkeit gewonnenen Einblicke für persönliche Zwecke im Interesse der Sauberkeit ehrenamtlicher Tätigkeit auszuschließen.
2. Die Rechtsfolgen im Falle einer Verletzung der in § 24 vorgesehenen Pflichten und die Rechtsmittel sind die gleichen wie im Falle des § 23 Abs. 2.

Zu § 25:

1. Es entspricht ungeschriebenen Grundsätzen jeder Verwaltungsführung, daß ein Beamter, der bei einer bestimmten Angelegenheit persönlich beteiligt ist, sich bei Vermeidung der Ungültigkeit seiner Handlungen jeder entscheidenden Mitwirkung zu enthalten hat. Bei der Bedeutung, die nach den Vorschriften der Gemeindeordnung auch der beratenden Mitwirkung zukommt, gebietet sich eine Ausdehnung dieses Grundsatzes auch auf die Beratung z. B. der Gemeinderäte und Beiräte von selbst.

   Wann eine persönliche Beteiligung im Sinne des Gesetzes vorliegt, ist in § 25 tatbestandsmäßig festgelegt. Der Kreis dieser Tatbestände ist bewußt weit gezogen, um Vettern- und Cliquenwirtschaft von vornherein unmöglich zu machen.

2. Ob ein Tatbestand vorliegt, der einen ehrenamtlich tätigen Bürger von der Entscheidung und Beratung ausschließt, kann mitunter zweifelhaft sein. Deshalb überträgt § 25 Abs. 2 die endgültige Entscheidung dieser Frage dem Bürgermeister. Ein Rechtsmittel gegen seine Entscheidung ist nicht gegeben. Handelt es sich um den Bürgermeister selbst, so ist zur Vermeidung jeder Umständlichkeit, die eine Anrufung der Aufsichtsbehörde im Gefolge haben könnte, der allgemeine Vertreter des Bürgermeisters zur Entscheidung zuständig, dem nach der Konstruktion der Gemeindeverfassung in der neuen Gemeindeordnung ja auch sonst in Angelegenheiten, in denen der Bürgermeister persönlich beteiligt ist (z. B. Besoldungsfestsetzung für den Bürgermeister, Abschluß von Verträgen der Gemeinde mit dem Bürgermeister), die Entscheidung obliegt.

Zu § 26:

1. Ehrenamt und ehrenamtliche Tätigkeit sind Dienst an der Gemeinschaft und knüpfen zwischen Gemeinde- und dem ehrenamtlich tätigen Bürger ein besonderes Treueverhältnis. Vornehmste Pflicht des Bürgers ist es deshalb, in allem das Interesse der Gemeinde zu vertreten und sich jeder Betätigung zu enthalten, die mit diesem besonderen Treueverhältnis nicht vereinbar ist. Dazu gehört auch die Geltendmachung von Ansprüchen Dritter gegen die Gemeinde, sei es als beruflicher Vertreter dieses Dritten, sei es auf Grund anderen Tatbestandes. Deshalb ist es ehrenamtlichen Bürgermeistern, Beigeordneten und Gemeinderäten, wenn sie nicht

als gesetzliche Vertreter handeln, untersagt, Dritte gegenüber der Gemeinde zu vertreten. So darf z. B. ein Rechtsanwalt, der ehrenamtlicher Bürgermeister ist, kein Mandat gegen die Gemeinde übernehmen. Ebensowenig darf ein Ehrenbeamter, auch wenn er die Übernahme von Mandaten nicht berufsmäßig ausübt, etwa die Ansprüche eines Gemeindebeamten gegen die Gemeinde in dem Vorverfahren (z. B. § 7 des preuß. Kommunalbeamtengesetzes) vor der Aufsichtsbehörde vertreten.

Für sonstige ehrenamtlich tätige Bürger, die ein Ehrenamt nicht bekleiden, ist das Verbot der Geltendmachung von Ansprüchen Dritter gegen die Gemeinde eingeschränkt. Ihr Verhältnis zur Gemeinde ist weniger eng als das der Ehrenbeamten, so daß kein begründeter Anlaß besteht, ihnen die Geltendmachung solcher Ansprüche dann zu versagen, wenn der Auftrag in keinem Zusammenhang mit den Aufgaben ihrer ehrenamtlichen Tätigkeit steht.

2. Die endgültige Entscheidung darüber, ob ein Tatbestand des § 26 vorliegt, ist dem Bürgermeister übertragen, wenn es sich um ihn selbst handelt, der Aufsichtsbehörde. In diesem Falle erschien abweichend von der Regelung des § 25 die Einschaltung der Aufsichtsbehörde zweckmäßig, da es sich hier nur um verhältnismäßig seltene Fälle handeln wird, die zudem anders als im Falle des § 25 einer besonders schleunigen Entscheidung regelmäßig nicht bedürfen. Im übrigen wird bemerkt, daß die Entscheidung des Bürgermeisters oder der Aufsichtsbehörde allgemein, also auch gegenüber den Gerichten, bindend ist.

3. Anders als das preußische Gemeindeverfassungsgesetz knüpft § 26 an die Verletzung des dort ausgesprochenen Gebotes keine besonderen Rechtsfolgen. Verstöße sind demnach nach den Vorschriften des Dienststrafrechts und gegebenenfalls durch Zurücknahme der Bestellung (§ 22) zu ahnden.

Zu § 27:

1. In § 27 war die Frage zu entscheiden, inwieweit mit der Wahrnehmung ehrenamtlicher Tätigkeit die Gewährung einer besonderen Entschädigung vereinbar ist. Das Gesetz geht dabei grundsätzlich davon aus, daß das Ehrenamt nicht zur Pfründe werden darf, sondern uneigennütziger Dienst an der Gemeinschaft ist. Deshalb werden für die Wahrnehmung ehrenamtlicher Tätigkeit regelmäßig nur die Aus-

lagen und der entgangene Arbeitsverdienst ersetzt. Zur Vereinfachung des Verfahrens ist dabei zugelassen, daß dieser Ersatz auf Grund näherer Regelung in der genehmigungspflichtigen Hauptsatzung nach Durchschnittssätzen geleistet werden darf; vorausgesetzt wird jedoch, daß hierdurch im Gesamtergebnis eine höhere Belastung der Gemeinde nicht eintritt.

Eine Ausnahme von den oben entwickelten Grundsätzen läßt § 27 Abs. 1 nach näherer Regelung der Hauptsatzung für ehrenamtliche Bürgermeister, Beigeordnete und Kassenverwalter zu. Insoweit entspricht es dem bisherigen Recht, wenn das Gesetz dem Bürgermeister für seine Mühewaltung eine angemessene Aufwandsentschädigung zubilligt. Darüber hinaus ist die Gewährung einer solchen Entschädigung an die Kassenverwalter (§ 94) auch schon im Hinblick auf das mit diesem Amt verbundene besondere Risiko gerechtfertigt. Wenn ferner auch die ehrenamtlichen Beigeordneten in diese Regelung einbezogen sind, so geschah dies deshalb, weil nach dem Willen des Gesetzes im Interesse einer Stärkung des ehrenamtlichen Elements in der Selbstverwaltung auch ehrenamtlichen Beigeordneten nach Möglichkeit bestimmte Arbeitsgebiete übertragen werden sollen. Dieser Gedanke läßt sich sehr oft nur dann durchführen, wenn solchen Beigeordneten entsprechend der Inanspruchnahme durch ein solches Dezernat eine Aufwandsentschädigung gewährt wird. Dagegen wird ein Anlaß zur Gewährung einer besonderen Entschädigung an solche Beigeordnete, denen kein Arbeitsgebiet zugewiesen ist, nicht vorliegen.

2. Die Vorschrift des § 27 Abs. 3, derzufolge Ansprüche auf die in § 27 Abs. 1 und 2 genannten Bezüge nicht übertragbar sind, entzieht diese Bezüge damit auch der Pfändung. Das ist gerechtfertigt, da es sich um eine Entschädigung für einen durch Ausübung des Ehrenamtes bedingten Aufwand handelt und nicht zugelassen werden kann, daß ehrenamtliche Tätigkeit in der Gemeinde durch den Zugriff des Gläubigers auf diese Bezüge behindert wird.

Zu § 28:

1. Wer seine Kraft durch lange Jahre ehrenamtlich dem Wohle der Allgemeinheit widmet, erwirbt sich damit den Dank der Gemeinde. Es entspricht einem auch früher geübten Brauche, wenn § 28 vorsieht, daß nach näherer Regelung

der Hauptsatzung einem solchen Bürger eine Ehrenbezeichnung (z. B. Stadtältester) verliehen wird, die die Anerkennung der Gemeinde für die geleisteten Dienste auch nach außen zum Ausdruck bringt.

2. Die Aberkennung einmal verliehener Ehrenbezeichnungen ist aus den gleichen Gründen, wie sie zu § 21 Abs. 2 erörtert sind, an die Genehmigung der Aufsichtsbehörde gebunden. Auch hinsichtlich der Vorschrift des § 28 Abs. 3 gilt gleiches wie zu § 21 Abs. 3.

Zu § 29:

1. Die Vorschriften des Vierten Teils der Gemeindeordnung geben den Gemeinden in einer Reihe von Fällen die Möglichkeit, in die Rechtsstellung des Einwohners und Bürgers tiefgehend einzugreifen. Soweit die Ausübung derartiger Befugnisse an eine besondere Genehmigung der Aufsichtsbehörde gebunden ist (vgl. §§ 21 Abs. 2, 28 Abs. 2) oder soweit Entscheidungen der Gemeinde ausdrücklich als endgültig bezeichnet sind (§§ 25 Abs. 2, 26), ist für ein besonderes Rechtsmittelverfahren kein Raum. Dagegen kann in den übrigen Fällen auf einen Rechtsschutz der Einwohner und Bürger nicht verzichtet werden. Hierbei war die Frage zu beantworten, wie dieser Rechtsschutz zu gestalten sei. Das Gesetz entscheidet sich dahin, daß die in § 29 genannten Angelegenheiten, bei denen die Entscheidung von Rechtsfragen im Vordergrund steht, dem Verwaltungsstreitverfahren nach vorausgegangenem Einspruchsverfahren, die in § 31 genannten Angelegenheiten, bei denen es sich in erster Linie um Ermessensentscheidungen handelt, dem Beschwerdeverfahren zu überweisen sind. Soweit danach das Verwaltungsstreitverfahren eröffnet ist, soll damit der in einem Reichsverwaltungsgesetz endgültig zu treffenden Entscheidung der Frage, ob und inwieweit im heutigen Staate für ein Verwaltungsstreitverfahren überhaupt Raum bleibt, nicht vorgegriffen werden. Es war jedoch geboten, bis zum Erlaß eines solchen Reichsverwaltungsgesetzes in der Deutschen Gemeindeordnung vorläufig eine Regelung zu treffen, die sich wesentlich der bisherigen Rechtsentwicklung auf diesem Gebiete anschließt.

2. Die Abs. 2 und 3 des § 29 regeln das dem Verwaltungsstreitverfahren vorgeschaltete Einspruchsverfahren und bestimmen, daß der Einspruch grundsätzlich aufschiebende

Wirkung hat. Eine nähere Begründung zu diesen Vorschriften erübrigt sich.

Zu § 30: § 30 läßt entsprechend den in der Begründung zu § 29 entwickelten Grundsätzen gegen die im Einspruchsverfahren ergehende Entscheidung die Klage im Verwaltungsstreitverfahren zu. Dabei ist lediglich darauf hinzuweisen, daß in diesem Verfahren nur die Gesetzmäßigkeit der Verfügung der Gemeinde geprüft werden kann, während Ermessensfragen nicht zur Entscheidung kommen.

Die Zuständigkeitsregelung für das Verwaltungsstreitverfahren bleibt im übrigen bis zum Erlaß eines Reichsverwaltungsgesetzes der Durchführungsverordnung vorbehalten.

Zu § 31: Dem Bürgermeister steht nach § 22 die Befugnis zu, die Bestellung ehrenamtlich tätiger Bürger mit Ausnahme der Fälle des § 22 Abs. 1 Satz 3 jederzeit zurückzunehmen. Dieser weitgehenden Befugnis gegenüber eröffnet § 31 den Beschwerdeweg an die Aufsichtsbehörde. Im übrigen darf auf die Begründung zu § 29 Bezug genommen werden.

Zum Fünften Teil.

Verwaltung der Gemeinde.

1. Abschnitt.

Bürgermeister und Beigeordnete.

Zu § 32:

1. Es ist bereits im Allgemeinen Teil der Begründung ausgeführt, daß im neuen Reich die Verwirklichung des Führerprinzips auch in der Verwaltung der Gemeinde eine zwingende Notwendigkeit ist. Dementsprechend schreibt § 32 vor, daß in Zukunft der Leiter der Gemeinde, der Bürgermeister, die Verwaltung in voller und ausschließlicher Verantwortung führt. Darin liegt ein Doppeltes:
   a) In der Hand des Bürgermeisters sind heute Entschließung und Ausführung in allen Gemeindeangelegenheiten vereinigt. Damit ist die dem früheren Verfassungszustande eigene Aufteilung dieser Funktionen auf eine von der Bürgerschaft gewählte beschließende Vertretungskörperschaft (Stadtverordnetenversammlung, Gemeinderat usw.) und auf ein wesentlich nur zur Ausführung dieser Beschlüsse berufenes Verwaltungsorgan endgültig überwunden.

Die ausschließliche Führerstellung des Bürgermeisters wird grundsätzlich dadurch nicht beeinträchtigt, daß das Gesetz bestimmte Entschließungen zur Wahrung ihres Einklanges mit der Partei und mit den Zielen der Staatsführung an die Zustimmung eines Beauftragten der NSDAP oder an die Genehmigung der Aufsichtsbehörde knüpft, und daß es für andere Entschließungen zur Wahrung der Verbundenheit der Gemeindeverwaltung mit der Bürgerschaft eine vorherige Beratung des Bürgermeisters mit den Gemeinderäten vorschreibt.

b) Der Führerstellung des Bürgermeisters entspricht es auf der anderen Seite, daß er für die Gemeindeverwaltung die volle und ausschließliche Verantwortung in zivil-, straf- und dienststrafrechtlicher Hinsicht trägt. Das gilt sowohl für seine Entschließungen als auch für die zu ihrer Durchführung erforderlichen Vollzugshandlungen. Von dieser Verantwortung wird er auch nicht dadurch befreit, daß er bei seiner Verwaltung den Ratschlägen dritter Stellen, z. B. der Gemeinderäte, gefolgt ist, daß er in den Fällen des § 33 seine Entschließung entsprechend den Wünschen des Beauftragten der NSDAP gefaßt hat, oder daß die Aufsichtsbehörde seine Entschließung genehmigte. Nur in den Fällen, in denen eine Entschließung an seiner Stelle von einem Dritten gefaßt worden ist (§§ 33 Abs. 2, 111, 112) oder in denen er einer für ihn bindenden Anweisung gefolgt ist, wie z. B. bei weisungsgemäßer Erledigung einer ihm übertragenen Auftragsangelegenheit, fällt seine eigene Verantwortung regelmäßig fort.

Inwieweit im übrigen im Falle der Vertretung des Bürgermeisters (§ 35) seine Verantwortung gemindert oder aufgehoben wird, bestimmt sich nach allgemeinen Grundsätzen.

2. § 32 Abs. 2 schreibt als grundsätzlich einheitliche Amtsbezeichnung für die Leiter der Gemeinden die Bezeichnung „Bürgermeister" vor.

In den Stadtkreisen behält es jedoch auch in Zukunft bei der dort traditionellen Amtsbezeichnung „Oberbürgermeister" sein Bewenden. Dabei bleibt vorbehalten, in Reichsteilen, die Stadtkreise nach dem preußischen Vorbild nicht kennen, diejenigen Städte im Wege der Durchführungsverordnung ausdrücklich zu bezeichnen, die den Stadtkreisen gleichzustellen sind.

Die Amtsbezeichnung „Oberbürgermeister" ist in § 32 den Bürgermeistern der Stadtkreise vorbehalten. Daraus folgt, daß fürderhin die Verleihung der Amtsbezeichnung „Oberbürgermeister" an die Leiter kreisangehöriger Städte nicht mehr in Betracht kommt.

Dagegen hält § 119 Nr. 3 die Möglichkeit offen, durch Verordnung an Stelle der Amtsbezeichnung „Bürgermeister" für Gemeinden, die nicht Städte sind, andere herkömmliche Amtsbezeichnungen vorzuschreiben.

Zu § 33: Die NSDAP ist die den Staat tragende Partei. Die Staatsführung kann deshalb nicht anders als nach den politischen Zielen dieser Partei ausgerichtet sein. Was für die Staatsführung gilt, muß selbstverständlich auch für jede im Staate ausgeübte Verwaltungstätigkeit gelten. Daraus ergibt sich von selbst die zwingende Notwendigkeit, im Bereich der Gemeinden den Einklang der Gemeindeverwaltung mit der Partei zu sichern, und zwar in einer Form, die dem Charakter der Selbstverwaltung der Gemeinden besonders Rechnung trägt.

1. Ausschlaggebend für die Sicherung des Einklangs der Gemeindeverwaltung mit der Partei ist die Besetzung der Stellen der leitenden Gemeindebeamten mit Persönlichkeiten, die unbedingte Gewähr dafür bieten, daß sie das ihnen übertragene Amt in steter Ausrichtung auf die politischen Ziele der NSDAP zu führen gewillt und befähigt sind. Deshalb erfolgt nach § 41 die Berufung dieser leitenden Gemeindebeamten, der Bürgermeister und Beigeordneten, in Zukunft unter weitgehender Einschaltung der zuständigen Parteidienststellen. Dadurch ist bereits gesichert, daß der durch das Vertrauen von Partei und Staat berufene leitende Gemeindebeamte es als seine Aufgabe betrachten wird, seine gesamte Tätigkeit in stetem Einklang mit den politischen Zielen der Bewegung zu halten.

   § 33 gibt darüber hinaus in der Linie der oben angedeuteten Zielsetzung dem Beauftragten der NSDAP, der gemäß § 118 durch Verordnung des Stellvertreters des Führers bestimmt wird, in gewissen Fällen ein Mitwirkungsrecht in Angelegenheiten der Gemeindeverwaltung. Dabei mußten für die Abgrenzung dieses Rechts folgende Gesichtspunkte maßgebend sein:

Die neue Gemeindeordnung beruht auf dem Grundsatz der ausschließlichen Führerverantwortung. Mit diesem Gedanken ist eine dualistische Gestaltung der Gemeindeverfassung grundsätzlich unvereinbar, da sie sowohl die einheitliche und straffe Führung als auch die klare Verantwortung zerstört. Deshalb verbot es sich von selbst, den Bürgermeister, der durch das Vertrauen auch der Partei in sein Amt gelangt ist, in der eigentlichen Gemeindeverwaltung bei jeder Betätigung an die Mitwirkung einer anderen Stelle zu binden. Auf der anderen Seite ist jedoch nicht zu verkennen, daß auf bestimmte Entschließungen des Bürgermeisters infolge ihres eigenartigen Charakters dem politischen Willen der Bewegung Einfluß eingeräumt werden muß. Das gilt vor allem für den Erlaß der Hauptsatzung, des Verfassungsstatuts der Gemeinde, das auf lange Zeit hinaus die ihm nach dem Gesetz zugewiesenen Fragen abschließend regelt. Das gilt ferner auch für solche Entschließungen, bei denen es sich um die Anerkennung besonderer Verdienste um Volk, Staat oder Gemeinde handelt. In diesen Fällen hat deshalb das Gesetz die Entschließung des Bürgermeisters ausdrücklich an die Zustimmung des Beauftragten der NSDAP gebunden und damit sein Mitwirkungsrecht sowohl festgelegt als auch begrenzt.

2. Wenn das Gesetz in diesem Umfange Entschließungen des Bürgermeisters von der Zustimmung des Beauftragten der NSDAP abhängig macht, so muß eine Regelung für den Fall getroffen werden, daß der Beauftragte seine Zustimmung versagt. Das geschieht im § 33 Abs. 2.

   a) Die Versagung der Zustimmung durch den Beauftragten der NSDAP wird in politischen Erwägungen ihren Grund haben, während die Entschließung des Bürgermeisters in erster Linie von verwaltungsmäßigen Erwägungen bestimmt sein wird. Der Ausgleich abweichender politischer und verwaltungsmäßiger Erwägungen kann grundsätzlich nur von einer Stelle getroffen werden, die ihrer funktionellen Stellung nach beide Interessen zu wahren hat. Das ist der Reichsstatthalter, der einerseits eines der höchsten Staatsämter und anderseits eines der höchsten Parteiämter, das des Gauleiters, in seiner Person vereinigen wird. Er ist deshalb auf Anrufen des Bürgermeisters zur Entscheidung derartiger Streitfälle in Zukunft insoweit zuständig, als sie sich in Stadtkreisen ergeben. Wenn abweichend von diesen Grundgedanken die Entscheidung in den übrigen Fällen, also in den kreisangehörigen Gemeinden, nicht dem Reichsstatthalter, sondern der Aufsichtsbehörde übertragen worden ist, so waren hierfür ausschließlich Gründe verwaltungsmäßiger Zweckmäßigkeit durchschlagend. Die Zuständigkeit des Reichsstatthalters auch in diesen Fällen hätte zu einer unerträglichen Zentralisierung und Verwaltungserschwerung geführt, die in keinem Verhältnis zu der erheblich geringeren Bedeutung dieser Fälle in kleineren Gemeinden gestanden hätte.

Die Hauptsatzung bedarf nach § 3 Abs. 2 der Genehmigung der Aufsichtsbehörde. Wenn im Falle der Versagung der Zustimmung der Reichsstatthalter zur Entscheidung zuständig ist, so ergibt sich damit die Notwendigkeit einer Klärung, inwieweit diese Entscheidung des Reichsstatthalters, der selbst nicht Kommunalaufsichtsbehörde ist, später die zur Genehmigung berufene nachgeordnete Aufsichtsbehörde binden soll. Dabei entstehen insoweit keine Schwierigkeiten, als der Reichsstatthalter und die Aufsichtsbehörde den einzelnen Fall übereinstimmend beurteilen. Glaubt der Reichsstatthalter jedoch, der Stellungnahme der Aufsichtsbehörde zu der von dem Bürgermeister beantragten Entscheidung nicht folgen zu können, so erfordert es die unbedingt notwendige Einheitlichkeit der Kommunalaufsicht, auf die nach den Ausführungen der Ziffer 5 der allgemeinen Begründung das Gesetz größten Wert legt, diese Meinungsverschiedenheit durch die oberste Aufsichtsbehörde, den Reichsminister des Innern, auszugleichen. Unter diesen Voraussetzungen ist gegebenenfalls nach Zustimmung des Reichsministers des Innern die Entscheidung des Reichsstatthalters für die Aufsichtsbehörde in allen Fällen bindend. Auch die Verleihung des Ehrenbürgerrechts an Ausländer sowie die Aberkennung des Ehrenbürgerrechts und von Ehrenbezeichnungen bedürfen der Genehmigung der Aufsichtsbehörde (§§ 21

28); hierbei handelt es sich anders als bei der Hauptsatzung überwiegend um Entschließungen politischen Charakters, die die Kommunalaufsicht wenig berühren, so daß in diesen Fällen die freie Entscheidung dem Reichsstatthalter überlassen bleibt.

b) Im Interesse eines möglichst reibungslosen Ablaufs der Gemeindeverwaltung ist in § 33 Abs. 2 ein besonderes Verfahren für die Fälle vorgeschrieben, in denen der Beauftragte der NSDAP ein Zustimmungsrecht hat. Insbesondere wird ihm dort die Pflicht auferlegt, die Versagung seiner Zustimmung schriftlich zu begründen und bei der Hauptsatzung die Vorschriften zu bezeichnen, die seine Zustimmung nicht finden. Damit soll von vornherein die Grundlage für eine spätere sachgemäße Entscheidung geschaffen werden.

Zu § 34:

1. Wie nach der bisherigen Rechtslage stehen dem Bürgermeister auch in Zukunft Beigeordnete als Stellvertreter zur Seite, die ihn vertreten und unterstützen. Diese Beigeordneten bleiben auch nach der neuen Gemeindeordnung aus dem Kreis der übrigen Gemeindebeamten dadurch herausgehoben, daß sie allein Vertreter des Bürgermeisters kraft Gesetzes sind (vgl. hierzu § 35). Ihre Rechtsstellung hat sich jedoch gegenüber dem Rechtszustand nach einzelnen früheren Gemeindeordnungen insofern grundlegend gewandelt, als sie nicht mehr Mitglieder eines die Verwaltung der Gemeinde führenden Kollegiums, sondern in jeder Beziehung den Anweisungen des Bürgermeisters unterstehende Beamte sind.

   Die Zahl der Beigeordneten ist im Gesetz selbst nicht bestimmt. Ihre Regelung bleibt unter Berücksichtigung der örtlichen Verhältnisse und Bedürfnisse der Hauptsatzung überlassen. Dabei kann vorbehalten bleiben, im Interesse einer möglichst sparsamen Personalpolitik in der Ausführungsanweisung gewisse Richtlinien für die Höchstzahl namentlich der hauptamtlichen Beigeordneten zu geben.

2. Die Amtsbezeichnungen der Beigeordneten sind in § 34 Abs. 2 im Anschluß an die in weiten Reichsteilen bestehende Übung gesetzlich bestimmt. Abweichende Bezeichnungen sind in Zukunft nur noch in Gemeinden, die nicht Städte sind,

und zwar auf Grund besonderer Verordnung nach § 119 Nr. 3, möglich.

Die Vorschrift des § 34 Abs. 2 hat jedoch nicht nur Bedeutung für die Amtsbezeichnungen der Beigeordneten, sondern, wie sich aus ihr in Verbindung mit den Vorschriften der §§ 35, 40 und 41 ergibt, auch für ihre Rechtsstellung. Danach sind die Stellen des Ersten Beigeordneten und des Stadtkämmerers aus der Zahl der übrigen Beigeordnetenstellen wegen ihrer besonderen Bedeutung bewußt herausgehoben. Das hat z. B. zur Folge, daß der zum Ersten Beigeordneten oder zum Stadtkämmerer berufene Beamte nur dieses Amt wahrzunehmen hat und im Falle des § 44 nur die Wiederberufung in dieses Amt anzunehmen verpflichtet ist. Maßgebend für diese Regelung war die Erwägung, daß die hier genannten Stellen nur mit Persönlichkeiten besetzt werden können, die eine ganz besondere Eignung für das betreffende Amt haben, und daß es nach der Gestaltung des Berufungsrechts auch dem sonst für die Verteilung der Arbeitsgebiete zuständigen Bürgermeister nicht überlassen bleiben kann, durch spätere Maßnahmen die von Partei und Staat getroffene Entscheidung über die Besetzung dieser besonders herausgehobenen Ämter zu ändern

Zu § 35:

1. Nach der früheren Rechtslage war Voraussetzung der Vertretung des Bürgermeisters durch die Beigeordneten, daß er selbst an der Wahrnehmung seiner Aufgaben behindert war. Dieser Zustand war weder rechtlich zweifelsfrei, noch entsprach er weithin geübter Praxis, namentlich in größeren Gemeinden. § 35 legt deshalb für die Vertretung des Bürgermeisters andere Gesichtspunkte zugrunde.

a) Die Zusammenfassung der gesamten Verwaltung in der Person des Bürgermeisters (§ 32) läßt es geboten erscheinen, dem Ersten Beigeordneten das Recht der allgemeinen Vertretung des Bürgermeistes auch ohne Rücksicht auf dessen etwaige Behinderung einzuräumen. Der allgemeine Vertreter ist dementsprechend nach außen hin jederzeit berechtigt, Verwaltungshandlungen jeder Art an Stelle des Bürgermeisters vorzunehmen. Dabei bleibt es dem Bürgermeister unbenommen, im Innenverhältnis diese Vertretungsbefugnis nach jeder beliebigen Richtung hin zu beschränken.

Die übrigen Beigeordneten, die nach § 35 Abs. 2 nur

Sondervertreter sind, sind zur allgemeinen Vertretung nur nach Maßgabe des § 35 Abs. 1 Satz 2 bis 4 berufen.

b) Aus den oben erwähnten Gründen erweist es sich weiterhin als erforderlich, den Beigeordneten allgemein eine gesetzliche Vertretungsbefugnis auf den ihnen nach § 37 vom Bürgermeister zugewiesenen Arbeitsgebieten einzuräumen. Sie sind danach nach außen hin berechtigt, auf ihrem Arbeitsgebiet für die Gemeinde jederzeit rechtsverbindlich zu handeln. Auch hier ist der Bürgermeister im Innenverhältnis befugt, diese Vertretungsbefugnis zu beschränken, was auch schon darin zum Ausdruck kommt, daß er nach § 35 Abs. 2 Satz 2 jede Angelegenheit jederzeit an sich ziehen kann.

2. Den Bedürfnissen einer größeren Verwaltung ist durch die nach § 35 Abs. 1 und 2 vorgesehenen Vertretungsmöglichkeiten noch nicht genügt. § 35 Abs. 3 läßt deshalb die Beauftragten auch sonstiger Beamter und Angestellten zum Handeln für die Gemeinde zu. Diese Beamten und Angestellten sind an die Grenzen ihres jederzeit widerruflichen Auftrages gebunden.

Zu § 36:

1. Aus der Führerstellung des Bürgermeisters folgt bereits, daß er die Gemeinde nach außen vertritt und daß Beigeordnete sowie sonstige Beamte und Angestellte namens der Gemeinde nur in Vertretung bzw. im Auftrage des Bürgermeisters handeln können. Dabei wird zur Klarstellung bemerkt, daß hierdurch eine Vertretung der Gemeinde durch Dritte kraft Vollmacht nicht ausgeschlossen wird. Rechtshandlungen, die danach Vertretungsberechtigte im Rahmen ihrer Vertretungsbefugnis für die Gemeinde vornehmen, sind für sie grundsätzlich verbindlich.

2. Die Vertretung der Gemeinden bei Vornahme sog. Verpflichtungsgeschäfte war nach dem bisherigen Landesrecht in großem Umfange besonderen Vorschriften unterworfen. Insoweit war in manchen früheren Gemeindeordnungen vorgesehen, daß derartige Verpflichtungen nur schriftlich und bei Unterzeichnung durch zwei Beamte, im Preußischen Gemeindefinanzgesetz bei Erklärung des Bürgermeisters nur nach Herbeiführung eines Kenntnisvermerks übernommen werden konnten. Diese Vorschriften verfolgten gleichmäßig das Ziel, die Gemeinden vor unüberlegten und übereilten Erklärungen möglichst zu sichern. Dabei ist allerdings nicht

zu verkennen, daß diese Sonderregelung zu einer nicht unerheblichen Beeinträchtigung der Rechtssicherheit geführt hat, wie schon die recht umfangreiche Rechtsprechung des Reichsgerichts auf diesem Gebiet zeigt.

Bei der endgültigen Regelung dieser Fragen in der Deutschen Gemeindeordnung mußten diese widerstreitenden Gesichtspunkte zu einem möglichst zweckmäßigen Ausgleich gebracht werden.

a) Im Interesse der Rechtsklarheit schreibt § 36 Abs. 2 vor, daß Erklärungen, durch die die Gemeinde verpflichtet werden soll, der schriftlichen Form bedürfen. Eine bloß mündliche Verpflichtung der Gemeinden gibt es danach in keinem Falle mehr. Auch sog. laufende Verpflichtungen, die nach der bisherigen Rechtsprechung des Reichsgerichts schriftlicher Form nicht bedurften, sind in Zukunft an die Schriftform gebunden. Werden diese Formvorschriften verletzt, so sind die Erklärungen nach § 125 BGB. nichtig.

Unberührt sollen dabei Vorschriften anderer Gesetze bleiben, die für bestimmte Geschäfte weitergehende Formvorschriften, wie z. B. notarielle Beurkundung usw., vorschreiben. Insoweit werden in der Durchführungsverordnung und in der Ausführungsanweisung die erforderlichen Vorschriften und Anweisungen gegeben werden.

Zur Klarstellung wird noch darauf hingewiesen, daß der Kreis der sog. Verpflichtungsgeschäfte im Sinne des § 36 Abs. 2 gegenüber der in § 45 des Preußischen Gemeindefinanzgesetzes getroffenen Regelung auf solche Geschäfte beschränkt wird, die eine Verpflichtung der Gemeinde zum Ziele haben. Der Formvorschrift unterliegen danach solche Geschäfte nicht, die ohne dieses unmittelbare Ziel lediglich eine Verpflichtung der Gemeinde im Gefolge haben können. Auf der anderen Seite ist der Kreis der sog. Verpflichtungsgeschäfte aber dadurch erweitert, daß nicht mehr allein Erklärungen im bürgerlichen Rechtsverkehr, sondern auch jede sonstige Erklärung, durch die die Gemeinde verpflichtet werden soll, unter die Vorschrift des § 36 fallen.

b) Die besondere Verantwortlichkeit bei Abgabe derartiger Erklärungen bringt die Vorschrift des § 36 Abs. 2 Satz 2 zum Ausdruck, derzufolge diese Erklärungen unter der Amtsbezeichnung des Leiters der Gemeinde handschriftlich zu vollziehen sind. Eine Vollziehung durch Stempel (Faksimile usw.) kommt demnach in Zukunft nicht mehr in Betracht. Auf der anderen Seite sind aber auch weitere Formen, wie z. B. die Beidrückung eines Siegels für die Verbindlichkeit der Erklärung nicht mehr erforderlich.

c) In Abkehr von der Regelung früherer Gesetze und des Preußischen Gemeindefinanzgesetzes sieht § 36 Abs. 2 davon ab, die Verbindlichkeit solcher Erklärungen, die der Bürgermeister selbst unterzeichnet, von der Mitzeichnung durch einen zweiten Beamten oder von einem besonderen Kenntnisvermerk abhängig zu machen. Eine solche Beschränkung wäre mit dem die Gemeindeordnung beherrschenden Grundsatz der Führerverantwortlichkeit nicht recht zu vereinbaren. Dagegen erscheint die Einschaltung eines Kontrollelements bei Vertretung des Bürgermeisters durch seinen allgemeinen Vertreter, die übrigen Beigeordneten oder sonstige Beamte und Angestellte zweckmäßig. Deshalb schreibt § 36 Abs. 2 letzter Satz vor, daß die Erklärung im Falle der Vertretung des Bürgermeisters durch zwei vertretungsberechtigte Beamte oder Angestellte unterzeichnet werden muß.

Zu § 37:

1. Die Dienstvorgesetztenstellung, die § 37 dem Bürgermeister zuspricht, ist eine natürliche Folge des Führergrundsatzes und der Zusammenfassung der gesamten Verwaltung in der Hand des Bürgermeisters. Als Dienstvorgesetzter verteilt der Bürgermeister die Geschäfte auf die Gemeindebeamten, gibt er die allgemeinen und im Einzelfall erforderlichen Anordnungen und hat er im Rahmen der dienststrafrechtlichen Vorschriften Disziplinargewalt u. a. m. Dabei wird zur Klarstellung bemerkt, daß sich diese Befugnisse auch auf die Beigeordneten beziehen, soweit sich nicht aus Sonderregelungen Abweichendes ergibt.

2. Als Leiter der Gemeinde steht dem Bürgermeister in Zukunft in allen Fällen die Anstellung und Entlassung der haupt- oder ehrenamtlichen Beamten, der Angestellten und Arbeiter

der Gemeinde zu. Dabei ist seine Entschließungsfreiheit jedoch nach mehreren Richtungen eingeschränkt.

a) Soweit die Berufung, d. h. die Auswahl zum Beamten einer anderen Stelle zusteht (vgl. z. B. §§ 41, 51), ist der Bürgermeister zur Anstellung verpflichtet. Das gleiche gilt für die Entlassung, soweit eine Zurücknahme der Berufung oder der Ausspruch des Ausscheidens ausdrücklich anderen Stellen übertragen ist (vgl. z. B. §§ 45, 54). In jedem dieser Fälle ist es jedoch der Ausspruch des Bürgermeisters, der das Beamtenverhältnis begründet oder beendet. Zur Klarstellung wird dabei bemerkt, daß über das Ausscheiden von Beamten aus sonstigen Gründen, z. B. infolge Dienstunfähigkeit, auf eigenen Antrag, ausschließlich der Bürgermeister entscheidet, und zwar auch dann, wenn die Berufung einer anderen Stelle zusteht.

b) Eine sparsame Personalpolitik der Gemeinden ist nach den Erfahrungen der Vergangenheit nur gewährleistet, wenn sie sich nach einem auf die notwendigen Bedürfnisse der Verwaltung abgestellten Stellenplan richtet. Deshalb schreibt § 37 Satz 2 ausdrücklich vor, daß bei der Anstellung der Stellenplan einzuhalten ist. Damit ist zugleich die Einrichtung derartiger Stellenpläne jedenfalls für alle Gemeinden, die hauptamtliche Beamte beschäftigen, zwingend vorgeschrieben.

c) In einer Reihe von Gesetzen hat sich der Staat hinsichtlich der Besetzung von Gemeindebeamtenstellen aus besonderen Gründen, die teils im allgemeinen Interesse (z. B. Wehrmachtversorgung), teils in der Eigenart bestimmter Gemeindebeamtenstellen (z. B. Polizeibeamte) liegen, ein Mitwirkungsrecht vorbehalten. Diese Vorschriften bleiben auch, soweit sie in Landesgesetzen vorgesehen sind, grundsätzlich aufrechterhalten, es sei denn, daß einzelne dieser Vorschriften als mit den Vorschriften der Gemeindeordnung nicht vereinbar bezeichnet werden (vgl. § 119).

Zu § 38: Es bedarf keiner näheren Begründung, daß auch die hauptamtlichen Bürgermeister und Beigeordneten in Angelegenheiten, die ihr eigenes Interesse im Rahmen des § 25 berühren, nicht mitwirken können, und daß die aus der Treupflicht der gemeindlichen Ehrenbeamten herzuleitenden besonderen Bindungen (§ 26) auch für sie gelten müssen.

Zu § 39:

1. Es ist eines der Ziele der Deutschen Gemeindeordnung, das ehrenamtliche Element in der Selbstverwaltung nicht nur zu erhalten, sondern nach Möglichkeit zu stärken und auszubauen. Sie darf dabei mit weit besserem Recht als zur Zeit des Parteienstaates davon ausgehen, daß die Besten des Volkes sich in Zukunft bereitwillig in den Dienst der Gemeinschaft stellen werden und abseits von Parteigezänk dem Wohl der Gemeinde zu dienen gewillt sind. Aus diesen Gründen schreibt § 39 Abs. 1 die grundsätzlich ehrenamtliche Verwaltung der Bürgermeister- und Beigeordnetenstellen in allen Gemeinden mit weniger als 10000 Einwohnern vor. Dabei verkennt die Gemeindeordnung jedoch nicht, daß die Möglichkeit der ehrenamtlichen Verwaltung auch in kleineren Gemeinden sehr stark von ihrer Besonderheit abhängen kann. Es ist deshalb unvermeidlich, z. B. bei besonders schwierigen wirtschaftlichen Verhältnissen, in Bade- und Fremdenverkehrsorten usw., auch für Gemeinden mit weniger als 10000 Einwohnern die Möglichkeit der hauptamtlichen Verwaltung der Bürgermeister- oder einer Beigeordnetenstelle vorzusehen. In derartigen Fällen bedarf es jedoch stets besonderer Regelung in der genehmigungspflichtigen Hauptsatzung, um sicherzustellen, daß Ausnahmen von dem Grundsatz der Ehrenamtlichkeit auf das unabweisbar nötige Maß beschränkt bleiben.
2. Gemeinden, die eine Einwohnerzahl von 10000 erreicht haben, lassen sich nach allen Erfahrungen nicht mehr ehrenamtlich verwalten. So entschieden die Gemeindeordnung bei kleineren Gemeinden um eines Wesensmerkmals der Selbstverwaltung willen den Gedanken ehrenamtlicher Verwaltung herausstellt, so muß sie in Gemeinden mit mehr als 10000 Einwohnern im Interesse einer geordneten Verwaltung die Hauptamtlichkeit der Stelle des Bürgermeisters oder eines Beigeordneten fordern. In diesen Gemeinden stehen bereits so erhebliche Interessen auf dem Spiele, erfordert die Verwaltung bereits so weitgehende Sonderkenntnisse und den vollen Einsatz der Person, daß eine ehrenamtliche Verwaltung diesen Erfordernissen nicht genügen kann.

Mit einer solchen Regelung ist dem Bedürfnis größerer Gemeinden jedoch noch nicht genügt. In ihnen muß vielmehr die Möglichkeit der Einrichtung weiterer hauptamtlicher Stellen eröffnet sein. Namentlich in Stadtkreisen ist zur Bewältigung des Arbeitsmaßes eine mehr oder weniger große Anzahl von Beigeordneten unentbehrlich. Bei der örtlichen Verschiedenheit überläßt es aber § 39 Abs. 2 der Hauptsatzung, eine nähere Regelung zu treffen.

Zu § 40: § 40 enthält gegenüber der Vorschrift des § 39 für Stadtkreise weitergehende Bindungen hinsichtlich der Einrichtung hauptamtlicher Stellen und der Vorbildung der Persönlichkeiten, die in diese Stellen berufen werden sollen.

1. Während nach § 39 Abs. 2 in Gemeinden mit mehr als 10000 Einwohnern je nach den örtlichen Bedürfnissen die Stelle des Bürgermeisters oder eines beliebigen Beigeordneten hauptamtlich zu besetzen ist, kann bei dem Umfang und der Bedeutung eines Stadtkreises im allgemeinen nicht darauf verzichtet werden, daß in ihm entweder die Stelle des Bürgermeisters oder seines allgemeinen Vertreters, des Ersten Beigeordneten, hauptamtlich verwaltet wird.
2. Eine weitere Bindung ergibt sich für Stadtkreise insofern, als die hauptamtlich eingerichtete Stelle des Oberbürgermeisters oder des Bürgermeisters regelmäßig nur mit einer Persönlichkeit besetzt werden darf, die die Befähigung zum Richteramt oder zum höheren Verwaltungsdienst hat. Diese durch die Vorbildung gewährleistete Sachkunde ist bei einer dieser Stellen in Gemeinden von der Bedeutung von Stadtkreisen in der Regel unentbehrlich.

   Besonderen Fällen wird jedoch dadurch Rechnung getragen, daß die Aufsichtsbehörde Ausnahmen sowohl hinsichtlich der Hauptamtlichkeit der Stellen als auch hinsichtlich der Vorbildung zulassen kann.
3. Inwieweit darüber hinaus eine besondere Vorbildung für sonstige Stellen vorzuschreiben ist, überläßt das Gesetz der Hauptsatzung. Dabei hebt es die Stelle des Stadtkämmerers besonders hervor, da die mit der Verwaltung des städtischen Geldwesens zusammenhängenden Fragen sachlich so bedeutungsvoll und auf der anderen Seite so schwierig sind, daß ihre Bewältigung nur in der Hand eines entsprechend vorgebildeten Fachbeamten gewährleistet erscheint.

Zu § 41: Es bedarf keiner besonderen Begründung, daß im neuen Staat für eine Wahl des leitenden Gemeindebeamten kein Raum ist. Die Wahl durch die Bevölkerung unmittelbar oder durch eine sie zu repräsentierende Vertretungskörperschaft ist nach keiner Richtung hin geeignet, die Berufung des Besten und Geeignetsten in die wichtigen Stellen leitender Gemeindebeamten zu sichern. Sie würde zudem mit dem vom Gesetz gewollten Führerprinzip und der Verantwortung des Bürgermeisters nach oben nicht zu vereinbaren sein. Daraus ergibt sich zwangsläufig, daß das Berufungsverfahren für die leitenden Gemeindebeamten in der Deutschen Gemeindeordnung grundsätzlich anders geregelt werden muß. Dabei mußten, entsprechend der Stellung dieser leitenden Gemeindebeamten als Wahrer des Einklangs von Gemeindeverwaltung und Partei, als Verwalter örtlicher bürgerschaftlicher Angelegenheiten und als Träger öffentlicher Verwaltung drei Elemente in dieses Berufungsverfahren eingeschaltet werden, Partei, Bürgerschaft und Staat:

Die Partei als Repräsentant des Volkes muß in der Lage sein, auf die Besetzung der Stellen leitender Gemeindebeamten maßgebenden Einfluß zu üben, damit das Ziel des Gesetzes, den Einklang der Gemeindeverwaltung mit der Partei herzustellen, von vornherein gesichert ist. Die Rechte der Partei übt ihr Beauftragter aus, der im Ausleseverfahren (bei der Berufung) zuerst tätig wird, indem er Vorschläge für die Besetzung der Stellen macht. Dabei muß den Gemeinderäten als der dem genossenschaftlichen Element der Selbstverwaltung entsprechenden Einrichtung Gelegenheit gegeben werden, die aus der örtlichen Sphäre sich ergebenden Wünsche und Bedürfnisse zur Geltung zu bringen. Durch dieses Verfahren soll die Auslese der gemeindlichen Amtsträger in enger Verbundenheit mit dem zur örtlichen Selbstverwaltung berufenen Volke gewährleistet werden.

Der Staat trägt die letzte Verantwortung für jede in ihm geübte öffentliche Verwaltung. Ihm muß deshalb auf dem personellen Gebiet auch der Gemeindeverwaltung entscheidender Einfluß, insbesondere hinsichtlich der sachlichen Eignung der zu berufenden Persönlichkeiten, zustehen.

Nach diesen Gesichtspunkten ist in § 41 das Berufungsverfahren für alle Bürgermeister und Beigeordneten, sowohl für die hauptamtlichen wie für die ehrenamtlichen, einheitlich geregelt. Dabei ist im einzelnen auf zwei Besonderheiten hinzuweisen.

1. Die Berufung der bestgeeigneten Persönlichkeit in die Stelle des Bürgermeisters oder Beigeordneten ist nur dann gewährleistet, wenn die Bewerbung um derartige Stellen einem möglichst weiten Personenkreis offensteht. Deshalb schreibt § 41 Abs. 1 zwingend die öffentliche Ausschreibung der Stellen hauptamtlicher Bürgermeister und Beigeordneten vor und gestattet Ausnahmen nach Abs. 4 nur bei besonderer Zulassung durch die zuständige Behörde. Derartige Ausnahmen können z. B. im Falle der Wiederberufung in Betracht kommen.

   Für ehrenamtliche Bürgermeister und Beigeordnete hat die Ausschreibung regelmäßig keine Bedeutung. Es ist deshalb in Abs. 4 vorgesehen, daß derartige Stellen nicht ausgeschrieben zu werden brauchen.

2. Die Beigeordneten sind die nächsten Mitarbeiter des Bürgermeisters. Daraus rechtfertigt sich, daß ihm auf die Berufung dieser Beamten Einfluß gegeben wird. § 41 Abs. 1 letzter Satz sieht deshalb vor, daß dem Bürgermeister Gelegenheit zur Stellungnahme gegeben werden muß.

Zu § 42: Eine Reihe früherer Gemeindeordnungen schloß bestimmte Personenkreise von der Bekleidung des Amtes eines Bürgermeisters oder Beigeordneten oder von der Innehabung eines Gemeindevertretermandates aus. Für diese Regelung war der Gedanke maßgebend, daß Inhaber bestimmter Wirkungskreise nicht in vollem Umfange die Gewähr für eine wirklich unabhängige, nur auf das Interesse der Gemeinde ausgerichtete Amtsführung oder Mandatsausübung bieten, und daß sie bei Bekleidung eines solchen Amtes oder bei Ausübung eines derartigen Mandates mit hoher Wahrscheinlichkeit in unerwünschte Interessenkonflikte geraten.

Wenn schon es heute in der Hand der zur Berufung zuständigen Behörde liegt, derartige Personenkreise von der Berufung auszuschließen, erscheint es doch zweckmäßig, diese Frage gesetzlich ausdrücklich zu regeln. Diese Regelung trifft § 42.

1. Der Ausschluß der in § 42 Abs. 1 Nr. 1 genannten besoldeten Beamten rechtfertigt sich, abgesehen von dem allgemeinen Gesichtspunkt, daß sie ihre volle Arbeitskraft ihren Dienstherren zur Verfügung zu stellen verpflichtet sind, teilweise aus der Eigenart ihrer Stellung (z. B. Beamte der Aufsichts-

behörde, Beamte der eigenen Gemeinde), teils deshalb, weil die Interessen, die sie auf Grund ihrer hauptamtlichen Tätigkeit zu wahren haben, sehr leicht mit den Interessen der Gemeinde in Widerspruch treten können. Dabei wird zur Klarstellung darauf hingewiesen, daß Voraussetzung des Ausschlusses stets die Innehabung eines besoldeten Amtes ist; Beamte, die lediglich Gebühren beziehen, wie z. B. Notare, sind demgemäß nicht ausgeschlossen.

2. Die in den Nummern 2 und 3 genannten Angestellten und Arbeiter sind wegen ihres engen Verhältnisses zur Gemeinde von der Berufung ausgeschlossen.

3. Zwischen den Krankenkassen und den Gemeinden bestehen namentlich auf dem Gebiete des Fürsorgewesens enge Zusammenhänge und gewisse Interessengegensätze. Aus diesen Gründen war auch der Ausschluß der Angestellten öffentlicher Krankenkassen geboten.

4. Der Ausschluß der Geistlichen entspricht der Entwicklung der rechtlichen Beziehungen zwischen Staat und Kirche.

Einer ausnahmslosen Durchführung dieser Grundsätze stehen jedoch nach zwei Richtungen hin Bedenken entgegen:

1. Die in § 45 vorgesehene Einrichtung des Probejahres wird insbesondere Beamte, die bereits im öffentlichen Dienst fest angestellt sind, sehr oft davon abhalten, einer Berufung in das Amt eines hauptamtlichen Bürgermeisters oder Beigeordneten zu folgen, wenn sie gezwungen sind, vor Ausspruch der Berufung aus ihrem bisherigen Amte auszuscheiden. Deshalb läßt § 42 Abs. 2 Satz 1 die Berufung der in Nr. 1 bis 4 genannten Beamten, Angestellten und Arbeiter zum hauptamtlichen Bürgermeister und Beigeordneten dann zu, wenn diese Personen bis zur Unwiderruflichkeit ihrer Berufung, also regelmäßig für die Dauer eines Jahres, beurlaubt sind.

2. Namentlich in kleinen Gemeinden, die eine typische Bevölkerungszusammensetzung haben (z. B. Eisenbahnergemeinden), wird in Ermangelung sonstiger geeigneter Personen mitunter das Bedürfnis bestehen, zur Verwaltung ehrenamtlicher Beigeordnetenstellen auch auf den in Abs. 1 Nr. 1 bis 4 genannten Personenkreis zurückzugreifen. Diese Möglichkeit eröffnet § 42 Abs. 2 Satz 2 mit besonderer Genehmigung der Aufsichtsbehörde.

Zu § 43:

1. § 43 entspricht dem selbstverständlichen Erfordernis einer sauberen Gemeindeverwaltung. Es muß in Zukunft nach den Erfahrungen vergangener Jahre auch nur der Anschein einer Vetternwirtschaft in den Gemeinden unter allen Umständen vermieden werden. Deshalb dürfen nach § 43 Bürgermeister und Beigeordnete miteinander nicht bis zum dritten Grade verwandt oder bis zum zweiten Grade verschwägert sein. Nur in Gemeinden mit weniger als 1000 Einwohnern wird sich dieser Grundsatz bei den dort mitunter weitgehenden Verwandtschaftsverhältnissen und bei der natürlichen Beschränktheit des für die Besetzung leitender Gemeindeämter in Betracht kommenden Personenkreises nicht immer durchführen lassen. Deshalb sieht Abs. 1 Satz 2 für diese Gemeinden eine Ausnahmemöglichkeit mit besonderer Genehmigung der Aufsichtsbehörde vor.
2. Treten Verwandtschafts- und Schwägerschaftsverhältnisse der obengenannten Art erst im Laufe der Amtszeit ein, so muß zur Erreichung des vorhin bezeichneten Zieles dafür Sorge getragen werden, daß eine der beteiligten Personen alsbald ausscheidet. Die nähere Regelung trifft insoweit § 43 Abs. 2. Dabei bleibt die Frage, welche Ansprüche einem hauptamtlichen Beamten im Falle seines Ausscheidens zustehen, der Regelung im Wege der Durchführungsverordnung vorbehalten.

Zu § 44:

1. § 44 übernimmt die der Entwicklung des Gemeindeverfassungsrechts entsprechende Berufung der Bürgermeister und Beigeordneten auf bestimmte Amtszeit. Diese Regelung geht von dem zutreffenden Gedanken aus, daß eine stets lebensvolle Gemeindeverwaltung dadurch am besten gewährleistet wird, wenn sie nach bestimmten Zeitabschnitten durch den Wechsel der leitenden Gemeindebeamten neue Impulse erhält. Hinzu kommt, daß gerade diese Regelung hervorragend geeignet ist, bei entsprechender Befähigung den Aufstieg leitender Gemeindebeamten aus kleineren Gemeinden in große Gemeinden zu fördern. Bei einer zeitlichen Beschränkung der Amtszeit dieser Beamten ist es auf der anderen Seite selbstverständlich erforderlich, Vorsorge zu treffen, daß die Stetigkeit der Gemeindeverwaltung nicht durch allzu häufigen Wechsel leidet. Unter Berücksichti-

gung dieser Gesichtspunkte hält die Festsetzung einer grundsätzlich zwölfjährigen Amtszeit für hauptamtliche Bürgermeister und Beigeordnete die richtige Mitte. Demgegenüber mußte für die ehrenamtlichen Bürgermeister und Beigeordneten ein anderer Maßstab angelegt werden. Auch für ehrenamtlich verwaltete Gemeinden kann auf eine gewisse Stetigkeit der Gemeindeverwaltung nicht verzichtet werden. Auf der anderen Seite bedeutet aber die ehrenamtliche Wahrnehmung eines solchen Amtes eine so weitgehende Belastung des einzelnen, daß insoweit die Festlegung einer sechsjährigen Amtszeit zutreffend erschien.

2. Nach Ablauf der Amtszeit scheiden Bürgermeister und Beigeordnete grundsätzlich aus ihrem Amte aus und erhalten, soweit sie hauptamtlich tätig waren, das ihnen nach der Beamtengesetzgebung zustehende Ruhegehalt. Diese grundsätzliche Regelung erfährt jedoch durch die Vorschrift des § 44 nach zwei Richtungen hin Ausnahmen:
   a) Ist die Wiederberufung eines hauptamtlichen Bürgermeisters oder Beigeordneten zu gleichen Bedingungen, insbesondere zu gleichen Bezügen, in Aussicht genommen, so muß er der Berufung auf jeweils zwölf weitere Jahre Folge leisten; andernfalls geht er seiner Rechte aus der bisherigen Anstellung verlustig. Diese Regelung ist deshalb erforderlich, weil es nicht verantwortet werden kann, daß Beamte lediglich auf Grund ihrer eigenen Entschließung mitunter im besten Mannesalter mit relativ hohen Bezügen in den Ruhestand treten.
   b) Ehrenamtliche Bürgermeister und Beigeordnete sind verpflichtet, auch über den Ablauf ihrer Amtszeit hinaus das Amt bis zum Amtsantritt des Nachfolgers fortzuführen. Diese Vorschrift ist im Interesse eines reibungslosen Fortgangs der Verwaltung erforderlich.

3. Die Vorschrift des § 44 Abs. 2 stellt insoweit eine Neuerung dar, als sie nach Lage des Einzelfalles und nach näherer Bestimmung in der Hauptsatzung zuläßt, daß hauptamtliche Bürgermeister und Beigeordnete nach Ablauf mindestens einer zwölfjährigen Amtszeit auf Lebenszeit wiederberufen werden. Dadurch soll den Gemeinden ermöglicht werden, Beamte, die in ihrer bisherigen Amtsführung ganz besondere Eignung erwiesen haben, endgültig an die Gemeinde zu binden.

Zu § 45: Die Vorschrift des § 45 übernimmt aus dem Preußischen Gemeindeverfassungsgesetz die Einrichtung des sogenannten Probejahres. Danach kann die zuständige Behörde unter Mitwirkung der in Abs. 1 Satz 2 genannten Stellen die Berufung zum Bürgermeister oder Beigeordneten bis zum Schluß des ersten Amtsjahres jederzeit zurücknehmen. Diese Regelung entspricht der Erfahrung, daß bei der Bedeutung der Stellen der Bürgermeister und Beigeordneten für Gemeinde, Volk und Staat unbedingte Vorsorge dagegen getroffen werden muß, daß nicht solche Persönlichkeiten auf zwölf Jahre in diese wichtigen Ämter gelangen, die hierfür nicht in vollem Umfange geeignet sind. Dabei liegt es in der besonderen Eigenart dieser Stellen, daß sich die Eignung einer Persönlichkeit nicht ohne weiteres aus einer bestimmten Vorbildung oder aus der bisherigen Tätigkeit ergibt, daß sie sich vielmehr regelmäßig erst bei der Amtsführung in einer derartigen Stelle erweist.

Bei dieser Regelung ist auf der anderen Seite nicht verkannt worden, daß die Einrichtung des Probejahrs die Stellung der Bürgermeister und Beigeordneten im ersten Amtsjahre unsicher gestaltet. Dieser Nachteil muß aber gegenüber dem obengenannten Ziel der Sicherung bester Besetzung dieser Stellen in Kauf genommen werden. Er wird im übrigen durch zwei besondere Vorschriften erheblich herabgemindert:

1. Nach § 45 Abs. 2 kann die zuständige Behörde schon vor Ablauf des ersten Amtsjahres auf die Zurücknahme der Berufung verzichten. Steht danach schon nach einer gewissen Zeit auf Grund der bisherigen Amtsführung die Eignung eines Bürgermeisters oder Beigeordneten für dieses Amt außer jedem Zweifel, so kann das Probejahr abgekürzt werden. Dabei wird darauf hingewiesen, daß die Gemeindeordnung abweichend von der Regelung des Preußischen Gemeindeverfassungsgesetzes diese Möglichkeit nicht auf frühere Beamte des Reichs, eines Landes, einer Gemeinde oder eines Gemeindeverbandes beschränkt, sondern für jeden zum Bürgermeister und Beigeordneten Berufenen offenhält.
2. Auf Grund des § 45 Abs. 3 wird der Reichsminister des Innern die rechtlichen Folgen im Falle der Zurücknahme der Berufung bei hauptamtlichen Bürgermeistern und Beigeordneten regeln. Dabei ist in Aussicht genommen, solchen Personen, die vor ihrer Berufung nicht im Beamtenverhältnis gestanden haben, ein Übergangsgeld zu geben. Personen,

die vor ihrer Berufung als Beamte im Dienst des Staates (des Reiches einschließlich der Länder), einer Gemeinde oder eines Gemeindeverbandes standen, sollen grundsätzlich in ihr früheres Dienstverhältnis zurückübernommen werden. Dabei wird auch die Rechtsstellung dieser Personen für den Fall geregelt werden, daß ihre Rückübernahme nicht sofort möglich ist oder daß sie aus Gründen, die auch sonst der Ernennung eines Beamten entgegenstehen, nicht in Betracht kommt.

Zu § 46: Daß die Bürgermeister und Beigeordneten vor ihrem Amtsantritt zu vereidigen sind, entspricht den allgemeinen Grundsätzen des Beamtenrechts. Die Vereidigung nimmt bei dem Bürgermeister die Aufsichtsbehörde, bei den Beigeordneten der Bürgermeister vor; dabei ist Gelegenheit gegeben, entsprechend der Bedeutung der Neuberufung eines leitenden Gemeindebeamten, mit dieser Vereidigung eine feierliche Einführung in öffentlicher Sitzung der Gemeinderäte zu verbinden.

Zu § 47: § 47 ermöglicht die Beibehaltung altüberkommenen Brauchtums in manchen Gemeinden und die Einführung besonderer Amtstrachten und Amtszeichen für Bürgermeister, Beigeordnete und Gemeinderäte, die der Würde und Bedeutung dieser Ämter auch nach außen hin Ausdruck verleihen.

2. Abschnitt.

Gemeinderäte.

Zu § 48:

1. Die Gemeinderäte verkörpern, wie bereits in dem allgemeinen Teil der Begründung ausgeführt ist, das genossenschaftliche Element in der Selbstverwaltung; sie gewährleisten, aus der Bürgerschaft kommend und mit der Bürgerschaft lebend, die stete enge Fühlung der Verwaltung mit allen Schichten der Bevölkerung.

   Dabei muß jedoch mit aller Klarheit der grundlegende Unterschied hervorgehoben werden, der zwischen den Gemeinderäten der Gemeindeordnung und den Mitgliedern der früheren Vertretungskörperschaften besteht. Die Gemeinderäte sind nicht wie die früheren Gemeindevertreter Inhaber eines Mandats, das ihnen eine politische Partei und die Wahl der Bürgerschaft verlieh, sondern auf Grund besonderen Berufungsverfahrens ausgewählte Ehrenbeamte der Gemeinde. Daraus ergibt sich schon, daß sie nach keiner

Richtung hin die Aufgabe der früheren Vertretungskörperschaften übernehmen, Gegenspieler der Gemeindeverwaltung zu sein, daß sie vielmehr in gleicher Richtung mit dem Bürgermeister zum Wohle der Gemeinde zu wirken haben. Ein weiterer grundlegender Unterschied liegt darin, daß die Gemeinderäte anders als die Vertretungskörperschaften kein Kollegium bilden, das mit anonymer Mehrheit Beschlüsse faßt und die Verwaltung kontrolliert, daß sie vielmehr als einzelverantwortliche sachverständige Berater dem Bürgermeister zur Seite stehen. Bei Ausübung ihrer Tätigkeit, die ausschließlich das Gemeinwohl zu wahren und zu fördern hat, sind sie Weisungen dritter Stellen nicht unterworfen und können sich ihrer eigenen Verantwortung auch nicht durch den Hinweis auf derartige Weisungen entziehen.

Welche Bedeutung das Gesetz der Einrichtung der Gemeinderäte beimißt, ergibt sich aus einer Reihe seiner Vorschriften. Abgesehen von den bindenden Richtlinien für ihre Auslese (§ 51), von der Möglichkeit jederzeitiger Abberufbarkeit (§ 54), schreibt § 55 die vorherige Beratung mit den Gemeinderäten bei allen wichtigen Gemeindeangelegenheiten vor. Dazu ergibt sich ferner aus § 57 Abs. 4, daß diese Beratung sich unter allen Umständen in den Formen absolut freier Meinungsäußerung, aber auch unter voller Verantwortung des einzelnen vollziehen soll.

2. Während die Gemeinderäte allgemein die Bezeichnung „Gemeinderat" führen, sieht § 48 Abs. 2 für die Gemeinderäte in Städten die Bezeichnung „Ratsherr" bindend vor. Für Gemeinden, die nicht Städte sind, eröffnet jedoch § 119 Nr. 3 die Möglichkeit, an Stelle der Amtsbezeichnung „Gemeinderat" andere herkömmliche Amtsbezeichnungen vorzuschreiben.

Zu § 49: Die Zahl der Gemeindevertreter wurde in der Vergangenheit weitgehend durch das Bedürfnis der politischen Parteien bestimmt, möglichst viele ihrer Angehörigen in ein Mandat zu bringen. Dadurch entstanden, namentlich in den Städten, auch der Größe nach parlamentarische Gebilde, deren Arbeitsfähigkeit und -leistungen in keinem Verhältnis zur Zahl ihrer Mitglieder standen.

Für die Bestimmung der Zahl der Gemeinderäte in der neuen Gemeindeordnung müssen andere Gesichtspunkte maßgebend sein. Die Gemeinderäte haben in erster Linie die Aufgabe, den Bürgermeister zu beraten. Eine wirklich fruchtbare Beratung ist aber erfahrungsgemäß immer nur dann gewährleistet, wenn der Kreis der zur Beratung herangezogenen Personen nicht zu weit gespannt wird. Auf der anderen Seite haben die Gemeinderäte die stete Verbundenheit der Verwaltung mit der Bürgerschaft zu sichern. Dementsprechend ist auch eine zu weitgehende Beschränkung der Zahl der Gemeinderäte nicht vertretbar. Beiden Erfordernissen genügen die in § 49 festgesetzten Höchstzahlen, in deren Rahmen die Gemeinden die ihren Bedürfnissen entsprechende Regelung durch die Hauptsatzung zu treffen haben.

Zu § 50. Die dem Beauftragten der NSDAP zugewiesenen Aufgaben sind in § 33 Abs. 1 abschließend aufgezählt. Diese Aufgaben liegen zum überwiegenden Teil nicht auf dem Gebiete der Gemeindeverwaltung, sondern auf dem der Berufung und Abberufung gemeindlicher Amtsträger. Da hiermit der Kreis der Aufgaben des Beauftragten nur ganz bestimmte Angelegenheiten umfaßt, ist davon abgesehen worden, ihn zum Gemeinderat zu machen. Damit er sich jedoch in seinem Aufgabenkreis selbst ein unmittelbares Urteil bilden kann, ist ihm die Möglichkeit eröffnet, an den Beratungen des Bürgermeisters mit den Gemeinderäten teilzunehmen, wenn es sich um Angelegenheiten handelt, bei denen ihm das Gesetz eine Mitwirkung einräumt; zu diesen Beratungen ist er zu laden.

Zu § 51:

1. Die NSDAP als Repräsentantin des Volkes vertritt durch ihren Beauftragten innerhalb der Gemeinde die Gemeindebürgerschaft. Wenn man nun die Gemeinderäte als den Ausdruck des genossenschaftlichen Elementes der Selbstverwaltung betrachtet, so muß an Stelle der Wahl durch die Bürgerschaft die Berufung der Gemeinderäte durch den Beauftragten der NSDAP eben als Repräsentanten dieses Volkes treten.

   Auf der anderen Seite sind die Gemeinderäte in erster Linie die Berater des Bürgermeisters. Es ist deshalb anzuerkennen, daß der Bürgermeister an deren Berufung weitgehend interessiert ist, da hiervon die Fruchtbarkeit seiner Amtsführung ganz wesentlich abhängt. Dem trägt die Regelung des § 51 Abs. 1 dadurch Rechnung, daß der Beauftragte der NSDAP sich vor der Berufung der Gemeinderäte mit dem Bürgermeister ins Benehmen zu setzen hat, dem damit Gelegenheit gegeben ist, seine Wünsche und Anregungen für diese Berufung vorzubringen. Dabei kann im Regelfalle ohne weiteres angenommen werden, daß sich der Beauftragte und der Bürgermeister über die zu berufenden Persönlichkeiten verständigen werden.

2. Für die Frage, nach welchen Gesichtspunkten die Berufung zu erfolgen hat, stellt das Gesetz bindende Richtlinien auf. Wer zum Gemeinderat berufen werden soll, muß national zuverlässig, geeignet und gut beleumundet sein. Da den Gemeinderäten aber neben der Beratung die besondere Aufgabe zugewiesen ist, die Verbundenheit der Verwaltung mit der Bürgerschaft zu sichern, ist darüber hinaus erforderlich, daß sich in ihrer Zusammensetzung die Struktur der Bürgerschaft widerspiegelt, daß also bei der Berufung Persönlichkeiten berücksichtigt werden, deren Wirkungskreis für die Gemeinde typisch ist, der Gemeinde besondere Bedeutung gibt oder das gemeindliche Leben wesentlich beeinflußt. Nähere Richtlinien gerade in dieser Hinsicht bleiben den Ausführungsanweisungen vorbehalten.

Beamte, Angestellte und Arbeiter der Gemeinde und Beamte der Aufsichtsbehörde sind grundsätzlich von der Berufung zum Gemeinderat ausgeschlossen. Soweit dieser Ausschluß sich auf Beamte der Aufsichtsbehörde bezieht, bedarf es näherer Begründung nicht. Hinsichtlich der Bediensteten der Gemeinde war in erster Linie die Erwägung maßgebend, daß der Bürgermeister sie auf Grund ihrer Stellung ohnehin jederzeit zu seiner Beratung heranziehen kann und daß zudem nach § 56 Abs. 3 auch ihre Zuziehung zu den Beratungen mit den Gemeinderäten jederzeit möglich ist. Es mußte auch vom Standpunkt der gebotenen Disziplin bedenklich erscheinen, daß ein gemeindlicher Beamter, Angestellter oder Arbeiter als Gemeinderat auf Grund der ihm obliegenden Pflicht eigenverantwortlicher Beratung in gemeinsamer Beratung mit den Gemeinderäten dem Bürgermeister in bestimmten Fragen entgegentritt. Da aber immerhin Sonderfälle denkbar sind, in denen die Berufung auch eines gemeindlichen Beamten, Angestellten und Arbeiters oder eines Beamten der Aufsichtsbehörde zum Gemeinderat wünschenswert sein kann, sieht das Gesetz eine Ausnahmemöglichkeit vor.

Zu § 52: Nach § 52 werden die Gemeinderäte auf sechs Jahre

berufen. Die Festlegung ihrer Amtszeit entspricht damit der der ehrenamtlichen Bürgermeister und Beigeordneten.

Für die Bestimmung einer sechsjährigen Amtszeit war auf der einen Seite der Gesichtspunkt maßgebend, daß eine zu kurz bemessene Amtszeit die Stetigkeit der Verwaltung gefährdet, und daß jeder Gemeinderat einer gewissen Zeit zur Einarbeitung bedarf. Auf der anderen Seite durfte die Amtszeit aber auch nicht zu weit ausgedehnt werden, da dadurch der unter manchen Gesichtspunkten förderliche Wechsel der Gemeinderäte allzu sehr behindert worden wäre.

Dagegen hat die Gemeindeordnung das turnusmäßige Ausscheiden eines Drittels der Gemeinderäte aus dem Preußischen Gemeindeverfassungsgesetz nicht übernommen. Diese Regelung, die eine erhöhte Stetigkeit der Verwaltung gewährleisten sollte, erscheint nicht unbedingt erforderlich, da die Möglichkeit einer Wiederberufung der nach sechs Jahren ausscheidenden Gemeinderäte offensteht.

Zu § 53: Es ist bereits in der Begründung zu § 45 darauf hingewiesen worden, daß die Gemeinderäte anders als die Mitglieder der früheren Vertretungskörperschaft ein Ehrenamt bekleiden. Sie sind damit in die Gemeindeverwaltung eingeschaltet und ihr nicht mehr wie früher gegengeschaltet. Aus ihrer Stellung als Ehrenbeamte folgt, daß sie den für alle Beamten geltenden Vorschriften unterliegen. Besonderheiten bestehen nur nach zwei Richtungen:

1. Da sie nach § 45 verpflichtet sind, den Bürgermeister eigenverantwortlich zu beraten, unterliegen sie insoweit trotz ihrer Stellung als Ehrenbeamte seinem Anweisungsrechte nicht.
2. Ihr Ausscheiden aus dem Amte ist in § 54 für bestimmte Fälle besonders geregelt.

Zu § 54: Als Ehrenbeamte würden die Gemeinderäte nach den allgemein geltenden Vorschriften bei Verfehlungen nur im Wege des förmlichen Dienststrafverfahrens aus ihrem Amte entfernt werden können. Bei der sehr erheblichen Zahl dieser Ehrenbeamten ist es schon aus rein verwaltungsmäßigen Gründen unabweisbar, jedenfalls in bestimmten Fällen eine erleichterte Form ihres Ausscheidens aus dem Amte vorzusehen. Es genügt aber auch nicht, die Möglichkeit eines solchen Ausscheidens auf die Fälle zu beschränken, in denen ein Tatbestand vorliegt, der ihre Entlassung im Wege des Dienststrafverfahrens rechtfertigen würde. Es gibt bei der Eigenart ihrer Stellung eine ganze

Reihe von Fällen, in denen die Entfernung des Gemeinderats aus seinem Amte auch aus anderen Gründen möglich sein muß. Hat er z. B., auch ohne daß darin eine mit Dienstentlassung zu ahnende dienststrafrechtliche Verfehlung läge, durch seinen Lebenswandel die Achtung des Bürgermeisters und der Bürgerschaft verloren, wird er aus der Partei ausgestoßen, so kann er nicht Gemeinderat bleiben. Hinzu kommt aber noch ein weiterer Gesichtspunkt. Das Gesetz will, daß die Gemeinderäte die Struktur der Bürgerschaft widerspiegeln (§ 51). Auf Grund dieser Vorschrift werden zum Gemeinderat sehr oft Persönlichkeiten gerade mit Rücksicht auf ihre Tätigkeit in einem bestimmten Wirkungskreis oder auf ihre Stellung berufen. Scheiden sie aus diesem Wirkungskreis oder aus dieser Stellung aus, so entspricht die Zusammensetzung der Gemeinderäte nicht mehr dem Willen des Gesetzes. Auch in diesen Fällen muß die Möglichkeit einer vorzeitigen Abberufung der Gemeinderäte gegeben sein.

Bei der Frage, wie diese Abberufung zu gestalten sei, durfte nicht übersehen werden, daß eine eigenverantwortliche Beratung durch die Gemeinderäte nur dann gesichert ist, wenn sie sowohl gegenüber dem Bürgermeister als auch gegenüber dem Beauftragten der NSDAP in ihrer sachlichen Arbeit Unabhängigkeit besitzen. Es konnte aus diesem Grunde nicht in Betracht kommen, die Möglichkeit jederzeitiger Abberufung unter den im Gesetz genannten weiten Voraussetzungen einer örtlichen Stelle ausschließlich zu überlassen. Auf der anderen Seite ist folgerichtig, daß der Beauftragte der NSDAP, in dessen Hand die Berufung der Gemeinderäte liegt, auch bei ihrer Abberufung eingeschaltet bleibt. Deshalb überträgt § 54 die Entscheidung über das Ausscheiden von Gemeinderäten der Aufsichtsbehörde als einer von örtlichen Erwägungen unabhängigen Stelle im Einvernehmen mit dem Beauftragten der NSDAP. Kommt kein Einvernehmen zustande, so entscheidet der Reichsstatthalter. Dabei wird zur Klarstellung bemerkt, daß die Aufsichtsbehörde im Einvernehmen mit dem Beauftragten lediglich die Tatsache des Ausscheidens feststellt. Die förmliche Entlassung bleibt Aufgabe des Bürgermeisters (§ 37).

Zu § 55:

1. Die besondere Bedeutung, die das Gesetz der Mitwirkung der Gemeinderäte beimißt, kommt am klarsten in der Vorschrift des § 55 zum Ausdruck, die dem Bürgermeister zur Pflicht macht, wichtige Angelegenheiten der Gemeinde mit

den Gemeinderäten zu beraten. Dabei überläßt es das Gesetz nicht etwa ausschließlich dem Ermessen des Bürgermeisters, den Kreis dieser wichtigen Angelegenheiten selbst zu bestimmen: es bezeichnet vielmehr ausdrücklich gewisse, für das Gemeindeleben besonders wesentliche Entschließungen, bei denen der Bürgermeister den Gemeinderäten vorher Gelegenheit zur Äußerung geben muß. Dabei ist die Aufzählung in § 55 Abs. 1 bewußt weit gezogen, weil eine wirklich eingehende Anteilnahme der Gemeinderäte an den Geschicken der Gemeinde nur dann gesichert ist, wenn sie in allen wichtigen Angelegenheiten zur Beratung herangezogen werden.

Nur unter den Voraussetzungen des § 55 Abs. 2 darf der Bürgermeister von einer vorherigen Beratung mit den Gemeinderäten Abstand nehmen. Diese Ausnahmevorschrift war erforderlich, weil es erfahrungsgemäß in jeder Gemeindeverwaltung Fälle gibt, die keinen Aufschub dulden und in denen jeder Aufschub der Gemeinde schaden würde. Es würde aber den Absichten des Gesetzes durchaus widersprechen, wenn von dieser Ausnahmevorschrift über das unbedingt nötige Maß hinaus Gebrauch gemacht würde.

2. Der Bürgermeister ist nach § 55 zur Beratung wichtiger Gemeindeangelegenheiten mit den Gemeinderäten verpflichtet. Er muß ihnen zu bestimmten Fragen Gelegenheit zur Äußerung geben. Eine Verletzung dieser dem Bürgermeister obliegenden Pflichten hat jedoch nicht zur Folge, daß dadurch eine ohne Beratung gefaßte Entschließung ungültig und daß Rechtshandlungen, die zu ihrer Durchführung vorgenommen werden, unwirksam wären. Das folgt daraus, daß die Beratung kein Teil der dem Bürgermeister ausschließlich übertragenen Willensbildung und Willensäußerung für die Gemeinde ist, und daß demnach durch das Fehlen der Beratung diese nicht fehlerhaft werden. Das schließt selbstverständlich nicht aus, daß sich aus einer derartigen Pflichtverletzung für den Bürgermeister Haftungen und dienststrafrechtliche Folgen ergeben können.

Zu § 56: § 56 trifft die erforderlichen Vorschriften für die gemeinsamen Beratungen der Gemeinderäte:

1. Die Einberufung der Gemeinderäte steht ausschließlich dem Bürgermeister zu. Ein Selbstversammlungsrecht besteht ebensowenig wie der Anspruch eines Gemeinderats oder

eines bestimmten Teils der Gemeinderäte, die Zusammenberufung zu verlangen. Die Einberufung der Gemeinderäte erfolgt durch besondere Ladung, deren Form sich nach dem Ortsgebrauch richten kann, unter Angabe der Beratungsgegenstände. Dabei ist selbstverständlich, daß der Bürgermeister bemüht sein muß, den Gemeinderäten namentlich in wichtigen Angelegenheiten vor der Beratung auch etwa erforderliches sonstiges Material zuzuleiten.

2. In der Frage, ob die Beratungen mit den Gemeinderäten öffentlich oder nicht öffentlich sein sollen, überläßt es die Gemeindeordnung dem Bürgermeister, von Fall zu Fall hierüber Entscheidung zu treffen. Durch diese Regelung wird den Bedürfnissen des Einzelfalles am besten Rechnung getragen.

3. Die Beigeordneten als Vertreter des Bürgermeisters müssen über alle wesentlichen Vorgänge in der Gemeindeverwaltung unterrichtet sein. Sie nehmen deshalb nach § 56 Abs. 3 Satz 1 an den Beratungen mit den Gemeinderäten teil. Darüber hinaus kann der Bürgermeister auch sonstige Beamte und Angestellte der Gemeinde sowie Sachverständige zu den Beratungen nach Lage des Einzelfalles hinzuziehen. Auch das ist im Interesse einer sachlichen Klärung zur Beratung stehender Fragen zweckmäßig. Dabei bleibt dem Bürgermeister überlassen, sowohl den Beigeordneten als auch diesen Beamten und Angestellten im Einzelfalle den Sachvortrag zu übertragen.

4. Es gehört zu den Amtspflichten der Gemeinderäte, an den Beratungen teilzunehmen. Ihr Fernbleiben bedarf ausdrücklicher Beurlaubung durch den Bürgermeister. Verletzen sie diese Amtspflicht, so kann das dienststrafrechtliche Ahndung und unter Umständen auch ihr Ausscheiden nach § 54 zur Folge haben. Bei dieser starken Bindung der Gemeinderäte kann das Gesetz davon absehen, für die Beratungen eine bestimmte Anwesenheitszahl von Gemeinderäten vorzusehen, um so mehr als der nationalsozialistische Staat auf eine wirklich rege Beteiligung der Ehrenbeamten an den Beratungen ohnehin rechnen kann.

Zu § 57:

1. Für die gemeinsamen Beratungen der Gemeinderäte sind — wie überall — bestimmte Vorschriften erforderlich, die die Ordnung dieser Beratungen sichern. Diese Vorschriften

trifft § 57 Abs. 1 und 2. Ihnen unterliegen alle Personen, die an den Beratungen mit den Gemeinderäten teilnehmen.

Im einzelnen sind hierbei drei Fragen von besonderer Bedeutung:

a) Die unbedingte Sachlichkeit der Beratungen der Gemeinderäte hat der Bürgermeister dadurch sicherzustellen, daß er die Erörterung solcher Angelegenheiten nicht zuläßt, die nicht zum Aufgabengebiet der Gemeinde gehören.

b) Jeder Gemeinderat hat, wie sich aus § 57 Abs. 2 ergibt, die Verpflichtung, sich auf Verlangen des Bürgermeisters zu bestimmten Beratungsgegenständen zu äußern. Diese Verpflichtung liegt ihm auch ohne solches Verlangen stets ob, wenn seine Meinung von der des Bürgermeisters abweicht. Damit soll sichergestellt werden, daß der Gemeinderat seine Auffassung in den gemeinsamen Beratungen kundgibt und nicht später Entschließungen des Bürgermeisters angreift, denen er in der Beratung zu widersprechen unterlassen hat.

2. § 57 Abs. 3 trifft nähere Vorschriften über die Niederschrift der Beratungen mit den Gemeinderäten. Er gibt dabei den einzelnen Gemeinderäten das Recht, ihre Auffassungen zur Niederschrift zu geben.

3. Abschnitt.
Beiräte.

Zu § 58. Namentlich in größeren Gemeinden besteht ein Bedürfnis dafür, daß dem Bürgermeister und seinen Beigeordneten außer den Gemeinderäten noch sonstige Berater beigegeben werden. In diesen Gemeinden kommen zahlreiche Fragen zur Entscheidung, die entweder wegen ihrer verhältnismäßig geringen Bedeutung mit den Gemeinderäten überhaupt nicht beraten werden, oder die vor der Beratung mit den Gemeinderäten zweckmäßig in kleinerem Kreise vorberaten werden. Außerdem gibt es zahlreiche Verwaltungszweige, bei denen darüber hinaus eine regelmäßige Beratung erwünscht und förderlich ist.

Deshalb schafft § 58 die Möglichkeit, nach den örtlichen Bedürfnissen Beiräte für bestimmte Verwaltungszweige (z. B. Finanzwesen, Wohlfahrtswesen, Kulturwesen usw.) einzurichten. Derartige Beiräte können auch für Einzelfragen bestellt werden.

Die Berufung der Beiräte ist dem Bürgermeister übertragen. Diese Regelung hat ihren Grund darin, daß die Beiräte einzig und allein Berater der Verwaltung sind. Die besonderen Aufgaben der Gemeinderäte nach § 48 fallen ihnen nicht zu.

Für die Berufung der Beiräte gibt das Gesetz bestimmte Weisungen. Aus ihnen folgt, daß als Beiräte außer Gemeinderäten auch sonstige sachkundige Bürger berufen werden können. Als Beiräte für einen bestimmten Verwaltungszweig können demnach entweder Gemeinderäte allein oder Gemeinderäte zusammen mit anderen sachkundigen Bürgern berufen werden. Diese weitgehende Beteiligung der Gemeinderäte ist deshalb zweckmäßig, weil mit den Beiräten sehr oft Angelegenheiten vorberaten werden, die später nochmals der Beratung mit den Gemeinderäten unterliegen. In diesen Fällen ist es sachdienlich, daß das Beratungsergebnis der Beiräte durch Vermittlung der als Beiräte berufenen Gemeinderäte ihren Beratungen nutzbar gemacht wird.

Aus den §§ 58, 59 ergibt sich im übrigen, daß stets mehrere Personen zu Beiräten für einen bestimmten Verwaltungszweig zu berufen sind, und daß die Beratungen des Bürgermeisters oder eines Beigeordneten mit diesen Beiräten stets in gemeinsamen Sitzungen erfolgt.

Beiräte sind, soweit sie nicht als Gemeinderäte Ehrenbeamte sind, ehrenamtlich tätig. Ob sie ein Ehrenamt bekleiden und demgemäß als Ehrenbeamte anzustellen sind, richtet sich nach der in der Hauptsatzung gemäß den Bedürfnissen des Einzelfalles getroffenen Regelung.

Zu § 59. Während für die Beratungen mit den Gemeinderäten Ausnahmen von dem Grundsatz der Nichtöffentlichkeit möglich sind, sind die Beratungen mit den Beiräten stets nicht öffentlich. Für diese Regelung sind in verstärktem Maße die Gründe ausschlaggebend, die zu § 56 Abs. 2 dargelegt sind. Im übrigen erklärt § 59 die für die Beratungen mit den Gemeinderäten geltenden Vorschriften der §§ 56, 57 auf die Beratung mit den Beiräten für entsprechend anwendbar.

Zum Sechsten Teil.

Gemeindewirtschaft.

1. Abschnitt.

Gemeindevermögen.

Zu § 60.

1. Die Gemeinden sind als Träger erheblichen Vermögens Treuhänder der Volksgemeinschaft. Das verpflichtet sie, das Gemeindevermögen pfleglich und wirtschaftlich zu verwalten.

Darin liegt einerseits, daß sie ihr Vermögen nach Möglichkeit zu erhalten haben und daß sie das Erbe früherer Generationen regelmäßig auch nicht zur Behebung augenblicklicher Finanzschwierigkeiten veräußern dürfen. Darin liegt aber weiter, daß sie ihr Vermögen nach den Grundsätzen möglichster Wirtschaftlichkeit verwalten müssen. Soweit es sich um Vermögensgegenstände handelt, die gemeinnützigen Zwecken dienen, haben sie in Verfolg dieser Vorschrift anzustreben, daß der gemeinnützige Zweck mit dem geringsten Aufwand erfüllt wird, während beim gemeindlichen Finanz- und Betriebsvermögen der mit diesem Vermögen regelmäßig verbundene Ertragsgedanke nach besten Kräften zu verwirklichen ist.

Im übrigen kann zu diesem Fragenkreis auf eine eingehende Begründung verzichtet werden, nachdem der frühere Reichssparkommissar die Grundsätze für eine zweckmäßige und wirtschaftliche Verwaltung des gemeindlichen Vermögens in seinen verschiedenen Städtegutachten in vorbildlicher Weise herausgearbeitet hat.

2. Es bedarf keiner näheren Begründung, daß die laufende Unterhaltung des Gemeindevermögens, zu der auch die ordnungsmäßige Instandhaltung der einzelnen Vermögensgegenstände gehört, nur aus Mitteln des ordentlichen Haushalts bestritten werden darf. Eine Deckung der hierfür notwendigen Ausgaben aus Mitteln des außerordentlichen Haushaltsplanes, etwa aus Darlehen oder aus Veräußerungserlösen, ist ausnahmslos unzulässig. Das gilt anders als nach § 68 Abs. 2 des Preußischen Gemeindefinanzgesetzes auch für die Unterhaltung des Liegenschaftsvermögens.

3. Das Vermögen der Gemeinde ist aus natürlichen Gründen einer allmählichen Verringerung unterworfen; ebenso kann es wachsender Bedarf auf die Dauer unzureichend werden lassen. In dem ersteren Falle gebietet es schon die Pflicht der Gemeinde zur Erhaltung ihres Vermögens, in dem letzteren eine vorsorgliche Wirtschaftsführung, diese Minderungen und Mehrerfordernisse beizeiten auszugleichen. Deshalb schreibt § 60 Abs. 3 die Ansammlung von Erneuerungs- und Erweiterungsrücklagen aus Mitteln des ordentlichen Haushalts vor.

Zu § 61.

1. Es kann nicht Aufgabe der Gemeinden sein, ohne Bedarf alle möglichen Vermögensgegenstände nur um der Ver-

mehrung des Gemeindevermögens willen zu erwerben. Jeder Vermögenserwerb durch die Gemeinde muß vielmehr im Rahmen sofort oder alsbald zu lösender gemeindlicher Aufgaben liegen und für die Durchführung dieser Aufgaben erforderlich sein. Deshalb ist Vermögenserwerb, der in keinem inneren Zusammenhang mit den Aufgaben der Gemeinde steht, grundsätzlich abzulehnen. Das gleiche gilt für einen Vermögenserwerb, der für Zwecke getätigt wird, die noch in durchaus unsicherer Ferne liegen. Damit soll jedoch auf der anderen Seite eine vernünftige Vorratswirtschaft der Gemeinde, die sich im Rahmen des sachlich Gebotenen und der gemeindlichen Leistungsfähigkeit hält, nicht gehindert werden.

Die Vorschrift des § 61 Abs. 1 hat, wie schon ihre Fassung ergibt, nicht die Wirkung, daß ihr zuwider abgeschlossene Geschäfte als gegen ein gesetzliches Verbot verstoßend nichtig wären. Sie spricht jedoch einen Grundsatz aus, dem auch die Aufsichtsbehörden, namentlich bei Prüfung der Haushaltsatzungen, Geltung verschaffen sollen.

2. Erwerb von Vermögensgegenständen mit geliehenem Geld ist doppelt kostspielig. Die Vorschrift des § 61 Abs. 2 will deshalb die Gemeinden in möglichst weitem Umfange wieder auf den Weg des Vermögenserwerbs aus Mitteln des ordentlichen Haushalts oder aus Rücklagen zurückführen. Nur in den Fällen des § 61 Abs. 2 Satz 2 sollen Ausnahmen von diesem Grundsatz zulässig sein.

Hinsichtlich der rechtlichen Bedeutung des § 61 Abs. 2 gilt gleiches wie zu § 61 Abs. 1.

Zu § 62.

1. Nach § 60 ist die Gemeinde zur Erhaltung ihres Vermögens verpflichtet (vgl. die Begründung zu § 60). Dieser Grundsatz hat jedoch hinsichtlich solcher Vermögensgegenstände keine innere Berechtigung, die die Gemeinde für ihre Aufgaben in absehbarer Zeit nicht braucht. Derartige Vermögensgegenstände verursachen zudem sehr oft eine laufende Belastung der Gemeinde, so daß auch unter rein finanziellen Gesichtspunkten ihre Abstoßung von Vorteil sein kann. Deshalb eröffnet § 62 Abs. 1 die Möglichkeit zur Veräußerung solcher Vermögensgegenstände. Dabei ist im § 63 dafür Sorge getragen, daß eine Minderung des Gesamtvermögens der Gemeinde durch solche Geschäfte grundsätzlich nicht eintritt.

2. Die Vorschrift des § 62 Abs. 2 sieht für bestimmte Veräußerungsgeschäfte der Gemeinden eine Genehmigung der Aufsichtsbehörde vor. Dieser Genehmigungsvorbehalt soll jede Veräußerung von Gemeindevermögen, die nicht in den Grenzen des § 62 Abs. 1 liegt oder die zu Bedingungen erfolgen soll, die für die Gemeinde nicht angemessen sind, verhindern. Dabei kommt bei den in Abs. 2 Ziffer 3 genannten Geschäften noch der Gesichtspunkt hinzu, daß die Gemeinden ihren Kunstbesitz usw., dessen Wert nach früheren Erfahrungen nicht überall hinreichend gewürdigt worden ist, behalten.

Der Zweck des in § 62 Abs. 2 vorgesehenen Genehmigungsvorbehalts läßt für bestimmte Gemeindegruppen bei regelmäßig wiederkehrenden und geringwertigen Geschäften Ausnahmen zu. Es ist deshalb im § 62 Abs. 3 die Möglichkeit offengehalten, derartige Geschäfte nach näherer Regelung des Reichsministers des Innern von der Genehmigungspflicht freizustellen. Als Beispiel einer solchen Regelung darf auf die preußische Verordnung vom 3. Juli 1934 (MBliV. S. 933) Bezug genommen werden.

Die rechtliche Bedeutung der Vorschrift des § 62 Abs. 1 entspricht der des § 61 Abs. 1. Dagegen macht das Fehlen der Genehmigung nach § 62 Abs. 2 das Veräußerungsgeschäft unwirksam.

Zu § 63. Auch die Vorschrift des § 63 dient dem Bestreben der Gemeindeordnung, das Gemeindevermögen, wenn auch nicht in seinem tatsächlichen, so doch in seinem wertmäßigen Bestande zu erhalten. Deshalb ist der Erlös aus der Veräußerung von Vermögensgegenständen grundsätzlich dem Vermögen zur Erhaltung seines Wertes zuzuführen. Dabei ist es auch zulässig, daß der Erlös einer zweckbestimmten Rücklage zugeführt wird, jedoch nur solchen Rücklagen, die zu Investierungszwecken angesammelt werden, nicht Rücklagen, die einem anderen Verbrauch dienen (wie Betriebs- oder Ausgleichsrücklagen). Der Erhaltung des Vermögenswerts dient auch die Verwendung des Erlöses zur außerordentlichen Tilgung von Darlehen. Unzulässig aber wäre die Verwendung zur Abdeckung von Zahlungsrückständen, die grundsätzlich aus Mitteln des ordentlichen Haushalts zu bewirken ist.

Die in § 63 Satz 1 genannten Verwendungszwecke sind jedoch nicht ausschließlich. Besondere Verhältnisse können es geboten erscheinen lassen, derartige Erlöse ausnahmsweise auch für Zwecke des laufenden außerordentlichen und ordentlichen Haushalts zu verwenden (§ 63 Satz 2).

Zu § 64. Die Bewirtschaftung der Gemeindewaldungen unterliegt nach dem Verlaufe der Rechtsentwicklung in weitem Umfange einem Sonderrecht. Dieses Sonderrecht wird durch die Vorschriften der Gemeindeordnung nicht berührt.

Zu § 65.

1. In zahlreichen Landesteilen steht die Nutzung bestimmter Teile des Gemeindevermögens nicht der Gemeinde, sondern ihren Einwohnern oder einzelnen Teilen der Einwohnerschaft zu (sog. Gemeindegliedervermögen, Allmende, Gemeindegliederklassenvermögen). Die insoweit bestehenden landesrechtlichen, ortsrechtlichen oder observanzmäßigen Vorschriften sind nach den besonderen Bedürfnissen der einzelnen Landesteile und Gemeinden so vielgestaltig und in ihrer Besonderheit auch so sehr im Bewußtsein der Bevölkerung verankert, daß es weder nötig noch angebracht war, diese Fragen einer einheitlichen Regelung zuzuführen. § 65 Abs. 1 beläßt es deshalb insoweit bei den bisherigen Vorschriften und Gewohnheiten.
2. Soweit Teile des Gemeindevermögens bisher die Eigenschaft von Gemeindegliedervermögen besitzen, behält es hierbei nach § 65 Abs. 1 sein Bewenden. Dagegen besteht kein Anlaß, in Zukunft noch weiterhin die Umwandlung von Gemeindevermögen in Gemeindegliedervermögen zuzulassen. Eine solche Umwandlung hat regelmäßig eine Verringerung der Einnahmen der Gemeinde im Gefolge, die nur unerwünscht ist.

Zu § 66:

1. Die Gemeinde ist als Sachwalterin der örtlichen Gemeinschaft zur Verwaltung örtlicher, insbesondere wohltätiger Stiftungen besonders berufen. Seit jeher ist ihr deshalb durch freien Entschluß des Stifters die Verwaltung derartiger Stiftungen entweder in der Form anvertraut worden, daß ihr ein bestimmtes Vermögen ohne selbständige Rechtspersönlichkeit zu Eigentum mit der Auflage dauernder Verwendung für besondere örtliche Zwecke übertragen wurde, oder auch in der Form, daß die Gemeindeorgane lediglich die Verwaltung einer als selbständige Rechtsperson errichteten Stiftung übernahmen. Diese durch Jahrhunderte

praktische Übung läßt es zweckmäßig erscheinen, der Gemeinde als der Trägerin aller örtlicher Gemeinschaftsaufgaben (vgl. die Begründung zu § 2) auch die Verwaltung aller örtlichen Stiftungen zu übertragen und für diese Verwaltung die Vorschriften der Gemeindeordnung für anwendbar zu erklären; das bedeutet, daß für diese Verwaltung in Zukunft sowohl die Verfassungs- als auch die Wirtschaftsvorschriften der Gemeindeordnung maßgebend sind. Anderes gilt nur dann, wenn das Gesetz oder der Stifter im Einzelfall abweichende Bestimmungen treffen. Dabei wird zur Klarstellung darauf hingewiesen, daß als örtliche Stiftungen in diesem Sinne sowohl die mit selbständiger Rechtspersönlichkeit errichteten Stiftungen des öffentlichen und privaten Rechts als auch die sog. fiduziarischen Stiftungen zu verstehen sind, soweit der Stiftungszweck ein öffentlicher (nicht rein privater) ist und im Rahmen örtlicher Aufgaben liegt.

Das Stiftungsvermögen ist bei den sog. fiduziarischen Stiftungen Gemeindevermögen, im übrigen Vermögen einer selbständigen Rechtsperson, bei dem lediglich die Verwaltung der Gemeinde zusteht. In beiden Fällen nehmen diese Vermögensteile jedoch insoweit eine Sonderstellung ein, als sie nicht wie das übrige Gemeindevermögen für allgemeine Gemeindezwecke verwendet, sondern ausschließlich dem Stiftungszweck zugeführt werden dürfen. Deshalb schreibt § 66 Abs. 1 Satz 2 vor, daß das Stiftungsvermögen von dem übrigen Gemeindevermögen getrennt zu halten und so anzulegen ist, daß es für seinen Verwendungszweck stets greifbar bleibt.

2. Nach § 87 BGB. kann die zuständige Behörde der Stiftung eine andere Zweckbestimmung geben oder sie aufheben, wenn die Erfüllung des Stiftungszwecks unmöglich geworden ist oder das Gemeinwohl gefährdet. Eine ähnliche allgemeine Vorschrift fehlte bisher sowohl für die selbständigen Stiftungen des öffentlichen Rechts als auch für die sog. fiduziarischen Stiftungen. Das hat sich in vielen Fällen als empfindliche Lücke erwiesen, so daß die Gemeinden heute noch zahlreiche Stiftungen weiterverwalten müssen, trotzdem der Stiftungszweck gar nicht mehr erreicht werden kann. Deshalb empfiehlt es sich, auch für diese Stiftungen die gleichen Möglichkeiten zu geben wie für

die Stiftungen des bürgerlichen Rechts. Dabei wird als zuständige Behörde im Sinne des § 87 BGB. die Gemeinde, der nach § 66 Abs. 1 die Verwaltung der Stiftung zusteht, bestimmt. Die besondere Genehmigung der Aufsichtsbehörde zur Umwandlung des Stiftungszwecks und zur Aufhebung der Stiftung soll dabei sicherstellen, daß derartige Entschließungen der Gemeinden in Achtung des Willens des Stifters nur dann gefaßt werden, wenn sie wirklich zwingend geboten sind.

2. Abschnitt.

Wirtschaftliche Betätigung der Gemeinde.

Zu § 67.

1. Es gehört zu den Eigenarten der Entwicklung der gemeindlichen Selbstverwaltung in Deutschland, daß die deutschen Gemeinden auf der Grundlage der Unbeschränktheit ihres Wirkungsbereichs (vgl. die Begründung zu § 2) schon sehr früh und in verhältnismäßig weitem Umfange neben ihren Aufgaben auf dem Gebiete der öffentlichen Verwaltung auch rein wirtschaftliche Aufgaben übernommen haben. Diese Betätigung hat sich von jeher in erster Linie dem Gebiete der sogenannten öffentlichen Versorgungswirtschaft zugewendet und hier anerkanntermaßen große Leistungen vollbracht. Die vielfachen Angriffe der letzten Jahre gegen die wirtschaftliche Betätigung der Gemeinden richteten sich denn auch weniger gegen die von ihnen betriebenen Versorgungsunternehmungen, als vielmehr gegen ein Übergreifen der Gemeindewirtschaft auf sonstige Gebiete, die bisher ausschließlich privater Wirtschaftsbetätigung vorbehalten waren.

Diese Angriffe haben erstmalig zu besonderen gesetzlichen Vorschriften in Kap. VIII Teil V der Dritten Verordnung des Reichspräsidenten vom 6. Oktober 1931 Veranlassung gegeben. Dort wird versucht, durch regelmäßige Prüfungen der gemeindlichen Wirtschaftsbetriebe auf einen Abbau solcher Betriebe hinzuwirken, die durch den öffentlichen Zweck gemeindlicher Wirtschaftsführung nicht gerechtfertigt sind und die danach als unzulässige Konkurrenz mit der privaten Wirtschaft erscheinen. Darüber hinaus hat erstmalig das Preußische Gemeindefinanzgesetz es unternommen, Grundsätze zu entwickeln, die in Zukunft einer Ausuferung gemeindlicher Wirtschaftsbetätigung vorbeugen sollen. Diesen Grundsätzen schließt sich die Regelung des 2. Abschnitts der Deutschen Gemeindeordnung im wesentlichen an. Sie legt demgemäß in § 67 zunächst die Grenzen fest, die die Gemeinden bei der Errichtung oder wesentlichen Erweiterung wirtschaftlicher Unternehmen zu beachten haben.

a) Für die Zulässigkeit gemeindlicher Wirtschaftsbetätigung ist in jedem Falle ausschlaggebend, daß sie durch einen öffentlichen Zweck gerechtfertigt ist. Es kann einer Gemeinde nie erlaubt sein, zu wirtschaften, wenn ihr einziges Ziel dabei das der Gewinnerzielung ist; vielmehr muß es sich bei der gemeindlichen Wirtschaft stets um Betätigungen handeln, die nach der ganzen Entwicklung und den herrschenden Anschauungen eine im öffentlichen Interesse gebotene Versorgung der Einwohnerschaft zum Gegenstand haben. Demnach müssen Leistungen und Lieferungen des gemeindlichen Unternehmens selbst einem öffentlichen Zweck dienen.

b) Die Gemeinden sind in erster Linie Träger öffentlicher Verwaltung. Wie schon für den Aufgabenkreis dieser Verwaltung der Grundsatz gilt, daß er stets im Einklang mit der gemeindlichen Leistungsfähigkeit stehen muß, so muß sich auch jede wirtschaftliche Betätigung in den Grenzen halten, die der Leistungsfähigkeit der Gemeinde gezogen sind. Jede Überschreitung der Schranke schlägt nach allen Erfahrungen früher oder später immer gegen die Gemeinde selbst aus. Dazu tritt noch ein zweiter Gesichtspunkt: Der in § 72 ausgesprochene Grundsatz der Rentabilität gemeindlicher Wirtschaft läßt sich nur dann verwirklichen, wenn die Gemeinde von vornherein bei der Errichtung eines Wirtschaftsunternehmens hierauf hinreichend Rücksicht nimmt. Dazu gehört vor allem, daß das Unternehmen nach Art und Umfang in ein richtiges Verhältnis zu dem voraussichtlichen Bedarf gebracht wird und daß jede Überkapazität, soweit sie nicht durch eine in sicherer, naher Aussicht stehende Bedarfssteigerung gerechtfertigt ist, vermieden wird.

c) Es kommt bei der heutigen Gesamtlage des Reiches entscheidend darauf an, die deutsche Wirtschaft so zweckmäßig und rationell zu organisieren, als dies irgend möglich ist. Deshalb bedarf auch bei jeder gemeindlichen

Wirtschaftsbetätigung die Frage der Prüfung, ob bei Berücksichtigung des Gesamtaufbaues der Wirtschaft die Gemeinde im einzelnen Falle der geeignetste Träger dieser Betätigung ist. Ergibt die Prüfung, daß die betreffende Aufgabe besser und wirtschaftlicher bereits durch einen anderen erfüllt wird oder erfüllt werden kann und ist ein anderer zur Erfüllung der Aufgabe bereit, so bleibt für eine gemeindliche Betätigung grundsätzlich kein Raum.

Diese Grundsätze sollen in Zukunft für jede Errichtung und wesentliche Erweiterung wirtschaftlicher Unternehmen der Gemeinden gelten. Dabei läßt das Gesetz die Frage offen, was wirtschaftliche Unternehmen in diesem Sinne sind. Diese Frage ist durch eine praktisch brauchbare und alle Fälle deckende Gesetzesformulierung kaum zu beantworten, so daß es richtiger erschien, die nähere Regelung insoweit der Ausführungsanweisung vorzubehalten. Für diese Regelung gibt das Gesetz bereits insoweit einen Hinweis, als es in § 67 Abs. 2 diejenigen Unternehmen und Einrichtungen aufzählt, die es nicht als wirtschaftliche Unternehmen behandelt wissen will. Diese Unterscheidung entspricht der gesamten kommunalwirtschaftlichen Entwicklungs- und Betrachtungsweise. Auch für diese Unternehmen und Einrichtungen muß jedoch der allgemeine Grundsatz gelten, daß sie nach wirtschaftlichen Gesichtspunkten, d. h. so zu verwalten sind, daß sie mit dem geringsten Aufwand den bestmöglichen Erfolg erreichen.

2. Die Gemeinden haben namentlich in der Nachkriegs- und Inflationszeit hier und dort neben ihren Spar- und Girokassen besondere Gemeindebanken ins Leben gerufen. Eine solche Betätigung schließt so weitgehende Risiken für die Gemeinden in sich, daß es geboten erscheint, sie in Zukunft den Gemeinden überhaupt zu untersagen, zumal die bisherigen Erfahrungen auf diesem Gebiete nicht als günstig bezeichnet werden können.

3. Unberührt von dem Verbot des § 67 Abs. 3 und der in § 67 Abs. 1 getroffenen Regelung bleiben die öffentlichen Spar- und Girokassen. Bei diesen bewendet es auch nach Inkrafttreten der Deutschen Gemeindeordnung bei den bestehenden Vorschriften.

Zu § 68: Die Vorschrift des § 68 hat rechtlich nicht die Bedeutung, daß Rechtsgeschäfte, die zur Errichtung eines nach § 67 unzulässigen Wirtschaftsunternehmens getätigt werden, nichtig wären (vgl. hierzu § 104). Vielmehr wird die Innehaltung dieser Vorschrift durch die rechtzeitige Vorlage jedes Errichtungs- und Erweiterungsprojekts an die Aufsichtsbehörde ausreichend gesichert. Diese hat, wie § 68 Satz 2 ergibt, derartige Projekte in erster Linie unter zwei Gesichtspunkten zu prüfen:

Es müssen sowohl die gesetzlichen Voraussetzungen des § 67 erfüllt als auch die Deckung der Kosten tatsächlich und rechtlich in vollem Umfange gesichert sein. Liegen diese Voraussetzungen nicht vor, so hat die Aufsichtsbehörde die Inangriffnahme des Projekts mit den Mitteln der Staatsaufsicht (§ 109) zu verhindern. Darüber hinaus ist der Aufsichtsbehörde ein besonderes Genehmigungsrecht bewußt nicht eingeräumt. Eine so weitgehende Einschaltung der Aufsichtsbehörde erschien schon deshalb nicht erforderlich, weil die Errichtung oder Erweiterung solcher Unternehmen sehr oft nur durch Inanspruchnahme von Darlehen möglich ist und jede Darlehnsaufnahme ohnehin aufsichtsbehördlicher Genehmigung bedarf. Aber auch in den anderen Fällen sind durch die Vorschrift des § 68 der Aufsichtsbehörde ausreichende Möglichkeiten zur Sicherstellung des gesetzmäßigen Zustandes eröffnet.

Zu § 69:

1. Die wirtschaftliche Betätigung der Gemeinden vollzieht sich nicht ausschließlich in der Form sog. Eigenbetriebe; die Gemeinden sind vielmehr in die Wirtschaft weitgehend auch dadurch eingeschaltet, daß sie sich an selbständigen Wirtschaftsunternehmungen (erinnert sei z. B. an die großen gemischtwirtschaftlichen Unternehmungen) beteiligen. Eine solche Beteiligung kann grundsätzlich nicht anders beurteilt werden als die in § 67 behandelte Eigenbetätigung. Deshalb gelten auch für diese Beteiligungen die dort genannten einschränkenden Vorschriften. Da die Gemeinde bei einer solchen Beteiligung die Wirtschaftsführung des Unternehmens aber günstigstenfalls nur mittelbar beeinflussen kann und sie nicht selbst ausschließlich bestimmt, können in solchen Beteiligungen besondere Gefahren liegen. Deshalb schreibt § 69 Abs. 1 noch weiter vor, daß diese Beteiligung nur zulässig ist, wenn für sie eine Form gewählt wird, die die Haftung der Gemeinde auf einen bestimmten

Betrag begrenzt. Dadurch wird z. B. die Beteiligung einer Gemeinde an einer Genossenschaft mit unbeschränkter Haftpflicht in jedem Falle ausgeschlossen.

Ebenso wie im Falle des § 67 ist auch im Falle des § 69 jede Absicht einer Beteiligung rechtzeitig vorher der Aufsichtsbehörde mitzuteilen, der alsdann die gleichen Befugnisse zustehen, wie sie in der Begründung zu § 68 erörtert sind.

2. Die einschränkenden Vorschriften des § 69 Abs. 1 haben dann keine Berechtigung, wenn eine Gemeinde sich an einem öffentlichen Zweckverband beteiligen will. Nach der Gesetzeslage sind die Aufsichtsbehörden bei der Errichtung und Erweiterung derartiger Verbände überall so weitgehend eingeschaltet, daß sich in diesen Fällen besondere Maßnahmen erübrigen.

Zu § 70:

1. Nach § 36 vertritt der Bürgermeister die Gemeinde. § 70 hebt insoweit nur einen Sonderfall dieser Vertretungsbefugnis hervor und klärt dabei, inwieweit Vertreter des Bürgermeisters bei ihrer Tätigkeit in einer Gesellschafterversammlung usw. an seine Weisungen gebunden sind. Eine derartige Bindung ist namentlich bei Bestellung mehrerer Vertreter unabweisbar, wenn die Interessen der Gemeinde hinreichend gewahrt werden sollen.
2. Was für die Vertretung der Gemeinde in Gesellschafterversammlungen usw. gilt, wird durch § 70 Abs. 2 auch in dem Fall für anwendbar erklärt, daß der Gemeinde das Recht eingeräumt ist, Mitglieder des Vorstandes, des Aufsichtsrats oder eines ähnlichen Organs von Gesellschaften zu bestellen. Hier war insbesondere nach der bisherigen Rechtsprechung streitig, inwieweit derartige Mitglieder an die Weisungen der Gemeinde gebunden seien. Auch hier ist es jedoch im Gemeindeinteresse unvermeidlich, eine derartige Bindung auszusprechen. Dem entspricht es auf der anderen Seite, daß die Mitglieder, wenn sie entsprechend ihrer Weisung handeln, bei Schadensersatzansprüchen von einer persönlichen Haftung regelmäßig freigestellt werden. Die insoweit in § 70 Abs. 3 getroffene Regelung deckt sich mit den Vorschriften des Reichsbeamtengesetzes; sie gilt auch in den Fällen des § 70 Abs. 1.

Zu § 71: Die Gemeinden unterliegen aus den Gründen, die zu § 76 im einzelnen erörtert sind, einer weitgehenden Sonderaufsicht hinsichtlich ihrer Schuldenwirtschaft. Diese Aufsicht ist jedoch so lange lückenhaft, als in sie nicht auch solche Schuldenaufnahmen einbezogen werden, die nicht von der Gemeinde selbst, sondern von solchen Unternehmen getätigt werden, an denen Gemeinden maßgebend beteiligt sind. Diese Lücke wird nunmehr durch den § 71 geschlossen. Dabei ist, da solche Unternehmen einer Aufsicht unmittelbar nicht unterstehen, der Weg gewählt, daß gemeindliche Vertreter im Vorstand, im Aufsichtsrat oder in einem sonstigen Organ der Gesellschaft der Aufnahme von Darlehen und Kassenkrediten nur mit Genehmigung der für die Gemeinde zuständigen Aufsichtsbehörde zustimmen dürfen. Ohne eine solche Genehmigung ist die Zustimmung unwirksam (vgl. § 104).

Bei der Abgrenzung des Kreises der Unternehmen, die dieser Beschränkung unterliegen sollen, ist das Gesetz davon ausgegangen, daß eine solche besondere Aufsicht nur dort gerechtfertigt ist, wo die Gemeinden überwiegend beteiligt sind. Diese Grenze ist zweckmäßig dort zu ziehen, wo sich das private Kapital nicht einmal die Minderheitsrechte im Sinne des Aktienrechts gesichert hat. Die Beschränkung gilt darüber hinaus aber auch für solche Unternehmen, bei denen der maßgebende Einfluß nicht den Gemeinden selbst, sondern von ihnen maßgeblich beeinflußten Unternehmen in dem obengenannten Sinne zusteht (§ 71 Abs. 3).

Zu § 72:

1. Die Gemeindeordnung geht davon aus, daß sich die Gemeinden bei jeder wirtschaftlichen Betätigung grundsätzlich von wirtschaftlichen Gesichtspunkten leiten lassen müssen. Deshalb muß, unbeschadet der Möglichkeit, in besonderen Fällen auch andere Momente zu berücksichtigen, über jeder Wirtschaftsführung auch der Gemeinden der Grundsatz stehen, daß das Unternehmen einen Ertrag für den Haushalt abwirft. Darin liegt ja gerade der Wesensunterschied zwischen gemeindlicher Wirtschaft und gemeindlicher Verwaltung. Mindesterfordernis ist dabei, daß die Erträge jedes Unternehmens mindestens alle Aufwendungen decken und angemessene Rücklagen ermöglichen. Es ist also in Zukunft grundsätzlich ausgeschlossen, daß zur Deckung dieser Aufwendungen Zuschüsse aus allgemeinen Haushaltsmitteln herangezogen werden. Diese auch im Interesse der Gemeindefinanzen notwendige Regelung wird noch dadurch verstärkt, daß das Gesetz in einer Reihe von Grenzfällen,

in denen bisher weitgehend eine unterschiedliche Behandhandlung üblich war, die Zugehörigkeit zu den Aufwendungen des Unternehmens eindeutig klärt. Danach gehören zu den Aufwendungen auch die tatsächlich, nicht die nur fiktiv zu leistenden Steuern, die Zins- und Tilgungsbeträge für die zu Zwecken des Unternehmens aufgenommenen Schulden, die marktübliche Verzinsung der von der Gemeinde zur Verfügung gestellten Betriebsmittel sowie die angemessene Vergütung der Leistungen und Lieferungen von Unternehmen und Verwaltungszweigen der Gemeinde für das Unternehmen. Der hier und da erhobenen Forderung, auch die fiktiven Steuern in die Aufwendungen einzubeziehen, hat die Gemeindeordnung nicht entsprochen, weil hiergegen erhebliche Bedenken bestehen. Es bleibt jedoch vorbehalten, in der Ausführungsanweisung vorzusehen, daß in den Jahresabschlüssen gemeindlicher Unternehmen auch die fiktiven Steuern nachrichtlich anzugeben sind, um so eine Beurteilung der Rentabilität unter Zugrundelegung gleicher Maßstäbe, wie sie für die Privatwirtschaft gelten, zu ermöglichen.

2. Es gibt Fälle, in denen die Gemeinden zwangsläufig zu wirtschaftlicher Betätigung veranlaßt werden, ohne daß sich die Grundsätze des § 72 Abs. 1 und 2 sofort oder auch überhaupt durchführen lassen. Es darf insoweit z. B. auf die in § 90 des Preußischen Gemeindefinanzgesetzes besonders erwähnten Tatbestände (Versorgung der Bevölkerung mit Wasser aus gesundheitlichen Gründen, Verkehrseinrichtungen zur Erschließung von Gelände für Bebauungs- und Siedlungszwecke) verwiesen werden. In diesen Fällen kann ausnahmsweise von den Grundsätzen des § 72 abgewichen werden.

Zu § 73: Die Gemeinden haben für bestimmte Unternehmen, insbesondere für Versorgungsbetriebe ein tatsächliches Monopol. Es ist selbstverständlich, daß sie ein derartiges Monopol nur so handhaben dürfen, daß hierdurch berechtigte Interessen, namentlich auch des Handels und des Handwerks, nicht verletzt werden. § 73 verbietet deshalb, daß in Zukunft der Anschluß und die Benutzung bei solchen Monopolbetrieben davon abhängig gemacht werden, daß auch andere Leistungen oder Lieferungen abgenommen werden. Dadurch sollen vor allem die hier und dort noch bestehenden gemeindlichen Installationsmonopole in Zukunft unmöglich gemacht werden, soweit Handel und Handwerk die Versorgung auf diesem Gebiete durchzuführen in der Lage sind. Die Verletzung des gesetzlichen Verbots hat Nichtigkeit des Rechtsgeschäfts zur Folge (§ 104).

Zu § 74:

1. Die enge Verflechtung gemeindlicher Regiebetriebe, der sogenannten Eigenbetriebe, mit der Gemeindeverwaltung überhaupt, die damit verbundene Schwerfälligkeit der Wirtschaftsführung wie auch die früher jederzeit mögliche parteipolitische Beeinflussung der Betriebsführung haben die Gemeinden in den verflossenen Jahren vielfach veranlaßt, derartige Betriebe in selbständige Unternehmen (Aktiengesellschaften, G. m. b. H. usw.) umzuwandeln. Diese Erscheinung, der nur eine zweckmäßige Gesetzgebung hätte vorbeugen können, ist im Grunde unerwünscht, da sie die Einheit der Gemeindeverwaltung und -aufsicht beeinträchtigt. Durch die Umgestaltung der Gemeindeverfassung ist bereits heute eine Reihe von Gründen, die zu dieser Entwicklung Anlaß gegeben haben, fortgefallen. Darüber hinaus ist es aber erforderlich, für diese Eigenbetriebe noch Sonderregelungen zuzulassen, die ohne Änderung des Rechtscharakters dieser Betriebe den Bedürfnissen einer möglichst elastischen Wirtschaftsführung entgegenkommen. Hinzu kommt, daß auch die in § 72 Abs. 2 aufgestellten Grundsätze eine gewisse Verselbständigung dieser Eigenbetriebe voraussetzen. Deshalb schreibt § 74 Abs. 1 nunmehr zwingend vor, daß für derartige Betriebe besondere Satzungen, sogenannte Betriebssatzungen, aufzustellen sind. In ihnen wird vor allem die Führung des Betriebes, seine Vertretung nach außen, seine Haushaltsführung und seine Rechnungslegung zu regeln sein.
2. Gerade in wirtschaftlichen Fragen kann die Gemeinde des Rates wirtschaftlich besonders sachkundiger Bürger nicht entbehren. Während § 58 es der näheren Regelung der Hauptsatzung überläßt, die Arbeitsgebiete zu bestimmen, für die Beiräte zu bestellen sind, schreibt deshalb § 74 Abs. 2 die Bestellung derartiger Beiräte für jedes Unternehmen, gegebenenfalls für mehrere Unternehmen gemeinsam, zwingend vor. Bei der Berufung dieser Beiräte ist dabei auf ihre wirtschaftliche Sachkunde ganz besonderes Gewicht zu legen.

3. Die Durchführung der in § 72 aufgestellten Grundsätze läßt sich nur dann erreichen, wenn die Eigenbetriebe auch auf dem Gebiete der Haushaltsführung, der Vermögensverwaltung und der Rechnungslegung in gewissem Umfange verselbständigt werden. Die nähere Ausgestaltung der zwingenden Vorschrift des § 74 Abs. 3 bleibt der Regelung in der Betriebssatzung vorbehalten. Dabei wird durch Richtlinien dafür gesorgt werden, daß eine gewisse Einheitlichkeit dieser Regelung auch die Möglichkeit eines zwischengemeindlichen Vergleichs sichert.

Zu § 75: Es ist bereits in der Begründung zu § 74 darauf hingewiesen worden, daß die Umwandlung gemeindlicher Eigenbetriebe in rechtlich selbständige Unternehmen grundsätzlich unerwünscht ist und daß für eine solche Umwandlung künftig durchschlagende Gründe auch nicht mehr vorliegen. Deshalb wird in Zukunft eine solche Umwandlung durch den besonderen Genehmigungsvorbehalt des § 75 erschwert. Die Einbringung gemeindlichen Vermögens in ein rechtlich selbständiges Unternehmen ohne Genehmigung ist rechtsunwirksam (§ 104 Abs. 1).

3. Abschnitt.

Schulden.

Zu § 76: Die Aufnahme von Darlehen durch Gemeinden hat aus Gründen, die einer Darlegung nicht bedürfen, von jeher besonderen Vorschriften unterlegen. In allen Landesrechten war insoweit grundsätzlich für Darlehensaufnahmen eine ausdrückliche Genehmigung der Aufsichtsbehörde vorgesehen; darüber hinaus enthalten einzelne Landesgesetze auch besondere Vorschriften über die materielle Zulässigkeit von Darlehensaufnahmen durch die Gemeinden.

Wenn derartige Vorschriften schon in einer Zeit wirtschaftlicher Blüte für unerläßlich erachtet wurden, so sind sie heute erst recht unentbehrlich. Die Gesamtverschuldung der Gemeinden hat in dem letzten Jahrzehnt einen Stand erreicht, der bei Berücksichtigung aller Umstände nahe an die Grenze des Tragbaren herankommt, sie bei manchen Gemeinden sogar übersteigt. Hinzu kommt, daß die allgemeine Lage des Kapitalmarktes in Deutschland sicherlich noch lange zu vorsichtigster Verwendung der verfügbaren Mittel, zur Vermeidung jeder Fehlinvestierung und infolgedessen zu einer möglichst wirksamen Kreditkontrolle auch gegenüber den Gemeinden zwingt.

Bei Bejahung dieser Vorfragen war demnach in der Deutschen Gemeindeordnung vor allem zu entscheiden, in welcher Form eine derartige Kreditkontrolle am zweckmäßigsten eingerichtet wird. Die Gemeindeordnung hat sich nach eingehenden Erwägungen dabei im wesentlichen der Regelung des Preußischen Gemeindefinanzgesetzes angeschlossen. Sie schafft infolgedessen bestimmte formelle und materielle Bindungen für künftige Schuldenaufnahmen der Gemeinden.

1. Erste Voraussetzung einer gesunden Schuldenwirtschaft der Gemeinde ist Planmäßigkeit und Übersichtlichkeit. Es war zweifellos ein grundlegender Fehler früherer gemeindlicher Finanzpolitik, daß die Darlehen sehr oft nicht nach einem von vornherein festliegenden, auf die allgemeine Finanzkraft der Gemeinde abgestimmten Plan, sondern nach dem jeweils auftretenden Bedarf aufgenommen wurden. Damit war der weitere Nachteil verbunden, daß bei einer so isolierten Betrachtung häufig nicht hinreichend gewürdigt und geprüft wurde, ob denn die aus der Darlehnsaufnahme folgenden Belastungen überhaupt gedeckt werden konnten.

Aus diesen Gründen sieht § 76 nunmehr vor, daß die Gemeinden Darlehen jeder Art (mit Ausnahme der Kassenkredite — vgl. hierzu § 81 —) in Zukunft nur noch im Rahmen des außerordentlichen Haushaltsplans aufnehmen dürfen. Dadurch werden die Gemeinden veranlaßt, sich schon zu Beginn des Rechnungsjahres ein Bild über alle aus Darlehen zu finanzierenden Projekte zu machen und zugleich zu prüfen, ob die dadurch eintretende Belastung mit den Möglichkeiten des ordentlichen Haushaltsplans vereinbar ist. Darüber hinaus schaltet das Gesetz aber auch die Aufsichtsbehörden schon in diesem Stadium in diese für die Finanzwirtschaft der Gemeinde ausschlaggebende Entschließung ein, indem es den Gesamtbetrag der Darlehen, die zur Bestreitung von Ausgaben des außerordentlichen Haushaltsplans dienen sollen, der Genehmigung unterwirft. Hierdurch wird auch erreicht, daß die Gemeinden möglichst frühzeitig Klarheit darüber gewinnen, welche der in den außerordentlichen Haushaltsplan eingestellten Darlehen überhaupt Aussicht auf spätere Genehmigung haben. Die Aufsichtsbehörde hat demgemäß vor Ausspruch der Genehmigung des Gesamtbetrages auch nur zu prüfen, ob die Voraussetzungen für die Aufnahme der Darlehen allgemein, insbesondere die Voraussetzungen des § 77 vorliegen; dagegen erfolgt die Prüfung vor allem der Bedingungen für die Einzeldarlehen erst vor Ausspruch der besonderen Genehmigung nach § 78.

Es entspricht der Rechtsnatur der Haushaltssatzung als einer Jahressatzung, daß die in ihr enthaltenen Ermächtigungen grundsätzlich mit Ablauf des Rechnungsjahres enden. Von diesem Grundsatz des Erlöschens der Ermächtigungen gilt jedoch insoweit eine Ausnahme, als bei nicht rechtzeitiger Feststellung der Haushaltssatzung in der sogenannten Interimszeit von noch nicht erschöpften Darlehensermächtigungen noch Gebrauch gemacht werden darf (vgl. §§ 76 Abs. 2, 87).

2. Der in § 76 vorgesehenen Gesamtgenehmigung folgt vor Aufnahme jedes einzelnen Darlehens nochmals eine besondere Einzelgenehmigung, die sich in erster Linie mit der Prüfung der Darlehnsbedingungen zu befassen hat (vgl. § 78).

3. Neben diesen formalen Sicherungen stellt § 77 bestimmte materielle Grundsätze auf, die für die Genehmigungspraxis der Aufsichtsbehörde unbedingt bindend sind (vgl. die Begründung zu § 77).

Zu § 77: Die in § 77 enthaltenen Grundsätze sollen in Zukunft jede weitere Verschuldung, die unter den Gesichtspunkten einer ordentlichen Finanzwirtschaft nicht vertretbar und für die Gemeinde nicht tragbar ist, unmöglich machen. Diese Grundsätze sind bewußt so streng; sie sollen in Abkehr von der bisherigen Übung die Gemeinden in Zukunft weitgehend wieder auf den Weg der Eigenfinanzierung durch Rücklagen usw. zurückführen. Dabei wird hinsichtlich ihrer rechtlichen Bedeutung darauf hingewiesen, daß sie eine bindende Anweisung an die zur Genehmigung zuständige Aufsichtsbehörde enthalten, die Rechtswirksamkeit eines im Widerspruch mit ihnen genehmigten Darlehns aber nicht berühren.

Im einzelnen enthalten diese Grundsätze die selbstverständliche Vorschrift, daß die Gemeinden Darlehen nur zur Bestreitung eines außerordentlichen und unabweisbaren Bedarfs aufnehmen dürfen. Darüber hinaus spricht § 77 eindeutig aus, daß eine Darlehensaufnahme stets nur dann erfolgen darf, wenn eine anderweite Deckung nicht möglich ist. Sind danach die Voraussetzungen für die Aufnahme eines Darlehens gegeben, so ist eine weitere Verschuldung der Gemeinde unter dem Gesichtspunkt ihrer Leistungsfähigkeit dann verhältnismäßig unbedenklich, wenn der Aufwand für die Verzinsung und Tilgung durch Mehreinnahmen oder Ausgabeersparnisse, die sich aus der Verwendung der Darlehnsmittel ergeben, dauernd ausgeglichen werden kann. Ist dies nicht der Fall, so ist stets der besondere Nachweis der Gemeinde erforderlich, daß die Verzinsungs- und Tilgungsverpflichtungen mit ihrer dauernden Leistungsfähigkeit in Einklang stehen. In welcher Form dieser Nachweis regelmäßig zu erbringen ist, ergibt sich aus § 77 Abs. 1 letzter Satz.

Besonders strenge Vorschriften sind im Interesse eines gesunden Gemeindekredits für solche Darlehensaufnahmen erforderlich, die bis zur Fälligkeit aus Mitteln des ordentlichen Haushalts nicht zurückgezahlt werden können. Es kann in Zukunft unter keinen Umständen zugelassen werden, daß die Rückzahlung derartiger Darlehen allein auf die Erwartung gegründet wird, daß sie später durch irgendwelche andere Darlehen abgelöst werden. Die insoweit erforderlichen Sicherungen trifft deshalb § 77 Abs. 2.

Zu § 78:

1. Die neben der nach § 76 erforderlichen Gesamtgenehmigung in § 78 vorgeschriebene Einzelgenehmigung jeden Darlehens einer Gemeinde bezweckt insbesondere, die Angemessenheit der Darlehensbedingungen im Einzelfalle sicherzustellen. Insoweit ist die Innehaltung bestimmter Grenzen zur Vermeidung jeder Kreditverteuerung, jeder schädlichen Konkurrenz auf dem Kapitalmarkt usw. unentbehrlich. Neben den Darlehen unterstellt § 78 aber noch eine Reihe sonstiger Geschäfte der Genehmigung, da sie erfahrungsgemäß für die Gemeinde besondere Gefahren mit sich bringen und ihre Finanzwirtschaft weitgehend beeinflussen können. Aus diesen Gründen sind nach der genannten Vorschrift auch Bürgschaften, Verpflichtungen aus Gewährverträgen und Bestellung anderer Sicherheiten an die Genehmigung der Aufsichtsbehörde gebunden. Der Mangel der Genehmigung macht die Rechtsgeschäfte unwirksam (§ 104 Abs. 1).

2. Es kann nicht zugelassen werden, daß die Gemeinden die in § 78 Abs. 1 vorgesehene Genehmigungspflicht durch eine andere bürgerlichrechtliche Gestaltung des Rechtsgeschäfts umgehen. Entsprechend einem allgemeinen Rechtsgedanken, der heute schon auf zahlreichen Gebieten namentlich des öffentlichen Rechts Geltung erlangt hat, sind deshalb in § 78 Abs. 2 auch solche Rechtsgeschäfte der Genehmigung unterworfen, die einem der in Abs. 1 bezeichneten Rechtsgeschäfte wirtschaftlich gleichkommen.
3. Zur Vermeidung jeder Erschwerung der gemeindlichen Verwaltungsführung und jeder unnötigen Belastung der Aufsichtsbehörden sind in § 78 Abs. 3 bestimmte geringfügige Geschäfte von der Genehmigungspflicht freigestellt. Die dort vorgesehenen Ausnahmen greifen jedoch auch bei Geringfügigkeit dann nicht Platz, wenn es sich um Auslandsgeschäfte, um Geschäfte in anderer als Reichswährung und um Darlehen handelt. Eine nähere Begründung dieser Ausnahmen ist nicht erforderlich.

Zu § 79: Der Gemeindekredit beruht seinem ganzen Wesen nach auf der allgemeinen Steuer- und Leistungskraft der Gemeinden. Mit diesem Grundgedanken ist es unvereinbar, daß für Darlehen an Gemeinden im Einzelfall besondere Sicherheiten verlangt und bestellt werden. § 79 erklärt demgemäß derartige Sicherheiten grundsätzlich für unzulässig. Ausnahmen von diesem Verbot kann nur die Aufsichtsbehörde zulassen, wenn und soweit die Bestellung von Sicherheiten der Verkehrsübung entspricht (z. B. hypothekarische Belastung von Wohngrundstücken bei gemeindlichem Wohnungsbau). Die Bestellung von Sicherheiten durch Gemeinden ohne Zustimmung der Aufsichtsbehörde widerspricht einem gesetzlichen Verbot und ist demgemäß nichtig (§ 104 Abs. 2).

Zu § 80: Es ist für die Zukunft des Gemeindekredits von ausschlaggebender Bedeutung, daß die regelmäßige laufende Tilgung von Darlehen oder ihre fristgemäße Rückzahlung in einem Gesamtbetrage unter allen Umständen gewährleistet sind. Deshalb trifft § 80 besondere Vorschriften, die der Sicherung dieses Zieles dienen.

1. In formeller Hinsicht ist in Zukunft für jedes Darlehen ein Tilgungsplan aufzustellen und mit der Darlehensaufnahme von der Aufsichtsbehörde nach § 78 zu genehmigen. Das gilt sowohl dann, wenn das Darlehen laufend getilgt

werden soll, als auch dann, wenn es mit einem Gesamtbetrage fällig wird (§ 80 Abs. 3). Durch die Tilgungspläne soll die unbedingte Planmäßigkeit der Tilgung gesichert und die Möglichkeit einer Überwachung geschaffen werden.

2. Nach der materiellen Seite hin sieht das Gesetz mit bindender Wirkung für die zur Genehmigung berufenen Aufsichtsbehörden vor, daß der Mindesttilgungssatz den Rückzahlungsbedingungen des Darlehensvertrages entsprechen muß. Darüber hinaus ist in zwei Fällen eine verstärkte Tilgung geboten. Jedes Darlehen muß unter finanzwirtschaftlichen Gesichtspunkten bis zu dem Zeitpunkt getilgt sein, in dem das Bedürfnis, für das das Darlehen aufgenommen worden ist, wiederkehrt. Das gilt auch dann, wenn die Rückzahlungsbedingungen an sich eine längere Tilgung vorsehen. Darüber hinaus ist eine gegenüber den Normalsätzen erhöhte Tilgung auch dann erforderlich, wenn der unmittelbare wirtschaftliche Nutzen des Darlehens gering ist. Derartige Darlehen sollen die Gemeinden überhaupt nur dann aufnehmen, wenn sie nach ihrer gesamten Finanzlage zu einer schnellen Tilgung in der Lage sind. Soweit die Gemeinden nach den oben erwähnten Grundsätzen verpflichtet sind, Darlehen intern zu tilgen, ist es von ausschlaggebender Wichtigkeit, daß sie die zu diesem Zweck angesammelten Tilgungsbeträge ausschließlich für die Rückzahlung bereithalten. Deshalb schließt § 80 Abs. 3 die Verwendung derartiger Tilgungsrücklagen für andere Zwecke grundsätzlich aus.

Zu § 81: Die Vorgänge der Vergangenheit haben gezeigt, daß die Aufnahme sogenannter Kassenkredite für die Gemeinden besondere Gefahren in sich tragen kann. Das Gesetz geht deshalb grundsätzlich davon aus, daß jede Gemeinde in erster Linie bestrebt sein muß, einen Kreditbedarf zur Überbrückung des Auseinanderfallens von Einnahmen und Ausgaben im ordentlichen Haushaltsplan aus eigenen Mitteln, der sogenannten Betriebsrücklage, zu decken (vgl. § 81 Abs. 2). Ist dies nicht möglich, so läßt es die Aufnahme von Kassenkrediten zu, jedoch nur unter folgenden Voraussetzungen:

1. Es ist bei der Notwendigkeit des reibungslosen Ablaufs der gemeindlichen Kassenführung nicht möglich, jeden Kassenkredit einer Gemeinde der besonderen Genehmigung

zu unterwerfen. Auf der anderen Seite kann aber auf eine Beaufsichtigung der Kassenkreditgebarung der Gemeinden nicht völlig verzichtet werden. Deshalb schreibt § 81 Abs. 1 vor, daß Kassenkredite nur auf Grund einer Ermächtigung in der Haushaltssatzung aufgenommen werden dürfen und daß der dafür in der Haushaltssatzung vorgesehene Höchstbetrag der aufsichtlichen Genehmigung bedarf. Die Aufnahme von Kassenkrediten jeder Art außerhalb einer solchen Ermächtigung ist danach in Zukunft unwirksam. Entsprechend der Rechtsnatur der Haushaltssatzung als einer Jahressatzung sieht § 81 darüber hinaus vor, daß mit Ablauf des Rechnungsjahres die Ermächtigung zur Aufnahme weiterer Kassenkredite vorbehaltlich der Ausnahmefälle des § 87 endet. Dabei sind am Schluß des Rechnungsjahres noch nicht zurückgezahlte Kassenkredite in den für das neue Rechnungsjahr zu genehmigenden Höchstbetrag einzurechnen.

2. Nach der materiellen Seite hin bestimmt § 81 eine Höchstgrenze, bis zu der Kassenkredite aufgenommen werden dürfen. Er geht dabei davon aus, daß Kassenkredite ihrer Natur nach stets in einem angemessenen Verhältnis zu den Einnahmen des ordentlichen Haushaltsplans, aus denen sie später wieder abgedeckt werden, stehen müssen. Die im Gesetz für die Aufnahme von Kassenkrediten vorgesehene Höchstgrenze (ein Sechstel des haushaltsmäßigen ordentlichen Einnahmesolls) ist — insbesondere bei größeren Gemeinden — sehr hoch. Nur in Ausnahmefällen darf deshalb die Aufsichtsbehörde bei der Genehmigung des Gesamtbetrages eine Überschreitung dieses Höchstsatzes zulassen.

Hinsichtlich der Rückzahlungsdauer schreibt das Gesetz vor, daß jeder Kassenkredit aus Einnahmen des ordentlichen Haushaltsplans des laufenden Rechnungsjahres oder sonst innerhalb von neun Monaten abzudecken ist. Von besonderer Bedeutung ist ferner, daß die Verwendung von Kassenkrediten für Ausgaben des außerordentlichen Haushaltsplans in jedem Falle ausgeschlossen wird. Diese Vorschrift findet ohne weiteres ihre Begründung in den Folgen, die sich aus der Finanzgebarung mancher Gemeinden in früheren Jahren ergeben haben.

4. Abschnitt.

Haushalt.

Zu § 82: Der § 82 bestimmt die Dauer der gemeindlichen Haushalts- und Rechnungsperiode. In Verbindung mit den Vorschriften der §§ 83, 95 ergibt er, daß jede Gemeinde für einen bestimmten Zeitraum, das Rechnungsjahr, die Einnahmen und Ausgaben in einem Haushaltsplan zu veranschlagen hat und daß nach Ablauf des Rechnungsjahres über diese Einnahmen und Ausgaben Rechnung zu legen ist.

§ 82 verzichtet darauf, selbständig für die Gemeinden das Rechnungsjahr zu bestimmen. Aus zwingenden Gründen einheitlicher Finanzgebarung des Reichs und der Gemeinden schreibt er vielmehr vor, daß das Rechnungsjahr der Gemeinde sich jeweils mit dem Rechnungsjahr des Staates (Reiches) deckt. Dieses ist zur Zeit in § 2 RHO. dahin begrenzt, daß es mit dem 1. April beginnt und mit dem 31. März schließt. Sollte der Staat diese Festlegung einmal ändern, so hat das die Änderung des gemeindlichen Rechnungsjahres ohne weiteres im Gefolge.

Durch die Vorschrift des § 82 werden länger dauernde, insbesondere mehrjährige Haushalts- und Rechnungsperioden, soweit sie landesrechtlich für bestimmte Gemeinden noch zugelassen sind, beseitigt. Das ist gerechtfertigt, weil sich die Einnahmen und Ausgaben für einen längeren Zeitraum als ein Rechnungsjahr nicht hinreichend übersehen lassen.

Zu § 83: Die Übernahme des Rechtsinstituts der Haushaltssatzung in die Deutsche Gemeindeordnung trägt dem grundlegenden Strukturwandel Rechnung, den sie auch hinsichtlich des sogenannten Haushalts- und Steuerbewilligungsrechts herbeiführt. Nach den früheren Gemeindeordnungen gehörten diese Rechte zu den hervorragendsten Befugnissen der gemeindlichen Vertretungskörperschaften. Diese ermächtigten durch ihre Beschlüsse den Leiter der Gemeinde zur Bewirkung bestimmter Ausgaben im Rahmen der Ansätze und Zweckbestimmungen des Haushaltsplanes und zur Erhebung der bestimmten Einnahmen. Eine Überschreitung der durch diese Beschlüsse gesteckten Grenzen war dem Leiter der Gemeinde grundsätzlich verwehrt.

Nach der Neuordnung der Gemeindeverfassung gibt es in Zukunft eine Vertretungskörperschaft nicht mehr. Vielmehr liegt nunmehr die gesamte Verwaltung, d. h. sowohl die Entschließung als auch der Vollzug beim Bürgermeister. Daraus ergibt sich, daß er den Haushaltsplan feststellt und zugleich ausführt. Ohne besondere Vorsorge würde der Haushaltsplan damit bestenfalls zu einem bloßen Wirtschaftsplan herabsinken, den der Bürgermeister ebenso, wie er ihn feststellt, auch jederzeit ohne weitere Bindungen ändern könnte. In einem solchen Zustande würden für eine stetige, geordnete und sparsame Wirtschaftsführung ganz erhebliche Gefahren liegen.

Aus diesem Grunde kleidet § 83 die Feststellung des Haushaltsplanes in die Form einer Satzung, die damit die wesentlich gleiche Funktion übernimmt wie der frühere Haushalts- und Steuerbewilligungsbeschluß. Diese Haushaltssatzung kommt in einem bestimmten formalen Verfahren zustande (§§ 84, 86); ihre Änderung ist nur in dem gleichen Verfahren, durch Festsetzung einer Nachtragssatzung, zulässig (§ 88). Der in diesem Verfahren im Rahmen der Haushaltssatzung festgestellte Haushaltsplan bildet die Grundlage für die Verwaltung aller Einnahmen und Ausgaben der Gemeinde. Der Bürgermeister hat die Verwaltung nach diesem Plane zu führen (§ 89) und darf die durch den Plan gezogenen Grenzen nur im Rahmen der Vorschrift des § 91 und bis zu dem in § 88 bestimmten Höchstmaß überschreiten.

Durch diese Vorschriften wird erreicht, daß das Wesen des Haushaltsplanes als einer die Wirtschaftsführung des Bürgermeisters bindend bestimmten Norm auch in Zukunft aufrechterhalten bleibt.

Darin erschöpft sich die rechtliche Bedeutung der Haushaltssatzung aber nicht. In ihr werden mit dem Haushaltsplan weitere Entschließungen des Bürgermeisters von finanzieller Bedeutung zu einem organischen Ganzen verbunden. Damit soll erreicht werden, daß in Zukunft mit der Feststellung des Haushaltsplanes zugleich über die Deckung der vorgesehenen Ausgaben Entscheidung getroffen wird (§ 83 Nr. 2), daß Kassenkredite entsprechend ihrem Wesen nur in engster Anlehnung und voller Anpassung an die Einnahmeseite des ordentlichen Haushaltsplanes aufgenommen werden (§ 83 Nr. 3), und daß der Darlehensbedarf des außerordentlichen Haushaltsplanes von vornherein planmäßig auf die Gesamtfinanzlage der Gemeinde abgestellt wird (§ 83 Nr. 4). Diese organische Verbindung verpflichtet den Bürgermeister, die nach § 83 Nr. 1—4 zu fassenden Entschließungen im Rahmen einer einzigen Satzung zu vereinigen; sie schließt aus, daß in Zukunft Realsteuern, Kassenkredite und Darlehen außerhalb der durch die Haushaltssatzung gegebenen Ermächtigungen erhoben bzw. aufgenommen werden können.

Zu § 84: Bei der Bedeutung der Haushaltssatzung für das Gemeindeleben muß unter allen Umständen angestrebt werden, daß diese Satzung rechtzeitig vor Beginn des Rechnungsjahres vorliegt. Der § 84 verpflichtet deshalb den Bürgermeister, die Vorbereitung der Satzung so zeitig in Angriff zu nehmen, daß sie dementsprechend rechtzeitig festgestellt und öffentlich bekanntgemacht werden kann. Er muß danach dafür Sorge zu tragen, daß die Verhandlungen mit den Gemeinderäten und seine endgültige Entschließung spätestens einen Monat vor Beginn des Rechnungsjahres erledigt sind. Andernfalls ist die Aufsichtsbehörde zum Eingreifen berechtigt.

Zu § 85:

1. Der § 85 Abs. 1 enthält zwei für das Haushaltsrecht besonders wesentliche Vorschriften. Er legt den Grundsatz der Vollständigeit des Haushaltsplanes und den für jede auf die Dauer gesunde Finanzwirtschaft unerläßlichen Grundsatz des Haushaltsausgleichs gesetzlich fest.
   a) Zweck des Haushaltsplanes ist, ein völlig umfassendes Bild der Jahresfinanzwirtschaft der Gemeinde zu geben. Dazu gehört in erster Linie, daß alle voraussehbaren Einnahmen und Ausgaben nach zuverlässiger Schätzung in dem Gesamtwerk des Haushaltsplanes vereinigt werden (Grundsatz der Vollständigkeit des Haushaltsplanes). Durch die Vorschrift des § 85 wird so die Bewirtschaftung irgendwelcher Einnahmen und Ausgaben außerhalb des Haushaltsplanes, auch im Rahmen etwaiger Sonderhaushaltspläne, grundsätzlich ausgeschlossen (Grundsatz der sachlichen Einheit des Haushaltsplanes).
   b) Der finanzpolitische Zweck des Haushaltsplanes liegt darin, daß in ihm die Ausgaben, die durch Verfolgung bestimmter kommunalpolitischer Ziele entstehen, und die zur Verfügung stehenden Deckungsmittel zum Ausgleich gebracht werden müssen. Ohne ausgeglichene Haushaltspläne ist eine gesunde Finanzwirtschaft öffentlicher Körperschaften, wie eine nicht weit zurückliegende Vergangenheit lehrt, un-

denkbar. Deshalb stellt § 85 Abs. 1 mit Recht den Grundsatz auf, daß die Ausgaben unter Einbeziehung von Fehlbeträgen aus Vorjahren mit den Einnahmen auszugleichen sind. Das Gesetz stellt damit mit vollem Bewußtsein und mit voller Eindeutigkeit fest, daß in der Gemeinde für finanzpolitische Experimente irgendwelcher Art auf Kosten des Haushaltsausgleichs kein Raum ist. Verletzen die Gemeinden diese Vorschrift, so ist es unter allen Umständen Sache der Aufsichtsbehörde, diesem eindeutigen Willen des Gesetzes Geltung und Anerkenung zu schaffen.

2 Die Vorschrift des § 85 Abs. 2 bestätigt das Steuer- und Abgabeerhebungsrecht der Gemeinden, dessen nähere Regelung im übrigen einem Reichsgemeindeabgabengesetz vorbehalten bleibt. Sie stellt jedoch bereits im Anschluß an den früheren Rechtszustand fest, daß eine Belastung der Einwohner mit Steuern und Abgaben nur dann zulässig ist, wenn sonstige Einnahmen, z. B. aus Steuerüberweisungen, Vermögen, privatrechtlichen Entgelten usw., zur Deckung der Ausgaben nicht verfügbar sind.

Zu § 86:

1. Aus § 84 ergibt sich, daß jede Haushaltssatzung der Aufsichtsbehörde spätestens einen Monat vor Beginn des Rechnungsjahres vorzulegen ist. Diese Vorlage dient in erster Linie der Unterrichtung der Staatsaufsicht über die Finanzverhältnisse der Gemeinden im Aufsichtsbezirk; stellt die Aufsichtsbehörde in den Haushaltssatzungen Verstöße gegen zwingende Vorschriften und Grundsätze des formellen und materiellen Haushaltsrechts fest, so hat sie hiergegen nach den Vorschriften über die Staatsaufsicht einzuschreiten.

In § 86 ist demgegenüber die Frage beantwortet, inwieweit die Haushaltssatzungen der Genehmigung der Aufsichtsbehörde bedürfen. Die Vorschrift geht dabei von dem Grundsatz der Genehmigungsfreiheit dieser Satzungen aus, da ein Anlaß, die Aufsichtsbehörde über die nach § 84 gegebene Informationsmöglichkeit hinaus in das Feststellungsverfahren einzuschalten, dann nicht vorliegt, wenn nicht einer der in § 86 Abs. 1 genannten Tatbestände gegeben ist. Dagegen ist ein Genehmigungsvorbehalt dann geboten, wenn

a) die Höhe der Steuersätze der sogenannten Jahressteuern gesetzlich vorgesehene Grenzen überschreitet, wenn also die Finanzwirtschaft der Gemeinde die Leistungskraft der Einwohner über bestimmte Sätze und Maßstäbe hinaus in Anspruch nimmt,

b) die Gemeinde Kassenkredite aufnehmen will, da nach den Erfahrungen der Vergangenheit eine strenge Überwachung solcher Kreditaufnahmen auf ihre Verhältnismäßigkeit zu den Einnahmen des ordentlichen Haushaltsplanes unabweisbar ist,

c) Darlehensaufnahmen im außerordentlichen Haushaltsplan vorgesehen sind, da jede weitere Verschuldung der Gemeinden sorgsamster Prüfung bedarf.

2. An der Haushaltssatzung ist die Einwohnerschaft als Trägerin der Gemeindelasten in hervorragendem Maße interessiert. Deshalb schreibt § 86 Abs. 2 die öffentliche Bekanntmachung der Haushaltssatzung vor. Erst mit dieser Veröffentlichung wird die Haushaltssatzung rechtsgültig und damit vollziehbar. Zeitlich darf die Bekanntmachung bei Genehmigungspflicht der Satzung nach § 86 Abs. 1 erst nach Ausspruch der Genehmigung, im übrigen erst angemessene Zeit nach Vorlage der Satzung an die Aufsichtsbehörde erfolgen.

3. Die Haushaltssatzung gibt in der Form, wie sie nach § 86 Abs. 2 veröffentlicht wird, nur einen Überblick über gewisse Endzahlen des Haushaltsplanes, über die Steuersätze, den summenmäßigen Höchstbetrag der Kassenkredite und den Gesamtdarlehensbetrag im außerordentlichen Haushaltsplan. Das Gesamtzahlenwerk des Haushaltsplanes ist in der Veröffentlichung nicht enthalten. Es entspricht jedoch einem anzuerkennenden Bedürfnis nach Publizität der Gemeindefinanzwirtschaft, wenn den kommunalpolitisch interessierten Einwohnern auch die Möglichkeit eines Einblicks in den Haushaltsplan gegeben wird. Deshalb schreibt § 86 Abs. 3 vor, daß der Haushaltsplan gleichzeitig mit der Bekanntmachung der Haushaltssatzung eine Woche lang öffentlich auszulegen ist.

Bemerkt wird hierbei, daß eine Auslegung des Entwurfs des Haushaltsplanes, wie sie nach früherem Recht in manchen Landesteilen vorgesehen war, nicht mehr stattfindet. Diese landesrechtlichen Vorschriftn haben in der

Vergangenheit ihre Zielsetzung kaum erreicht; von der Einsichtnahme in den Entwurf wurde nur ein unerwartet geringer Gebrauch gemacht.

Zu § 87: Wenn auch § 85 bestrebt ist, die rechtzeitige Feststellung der Haushaltssatzung zu sichern, werden sich immer wieder Fälle ergeben, in denen bei Beginn des Rechnungsjahres eine rechtsgültige Satzung noch nicht vorliegt. Hinzuweisen ist hier z. B. auf die Fälle, in denen eine Genehmigung nicht erteilt wird (§ 86). Es ist selbstverständlich, daß auch in diesen Fällen bis zum späteren Zustandekommen der Satzung die Gemeindewirtschaft möglichst reibungslos weitergeführt werden muß. In der Finanzwissenschaft und der Finanzwirtschaft haben sich für diese Fälle bestimmte Grundsätze ausgebildet, die die Wirtschaft der Gemeinde in diesem Zeitraum regeln. Die Vorschrift des § 87 schließt sich diesen Grundsätzen an und trifft Vorschriften für die Ausgabe- und Einnahmewirtschaft, für die Aufnahme von Kassenkrediten und von Darlehen bis zum Zustandekommen der Haushaltssatzung. Einer besonderen Begründung bedürfen diese Vorschriften nicht.

Zu § 88:

1. Es ist bereits in der Begründung zu § 83 ausgeführt, daß die in der Haushaltssatzung getroffenen Festsetzungen den Bürgermeister binden. Diese Bindung wirkt sich nach zwei Richtungen aus: er darf auf der einen Seite die in der Haushaltssatzung getroffenen Festsetzungen grundsätzlich nicht überschreiten; er darf andererseits diese Festsetzungen nicht beliebig ändern. Nun kann sich allerdings auch eine gewissenhaft aufgestellte Haushaltssatzung im Laufe des Rechnungsjahres als unzureichend erweisen, wenn sich etwa die wirtschaftlichen Verhältnisse oder auch bestimmte gesetzliche Grundlagen ändern. In solchen Fällen wird eine Änderung der Haushaltssatzung oft unabweisbar sein. Diese Änderung kann der Leiter der Gemeinde um des bindenden Charakters der Haushaltssatzung willen jedoch nicht durch einfache Entschließung, sondern immer nur durch Erlaß einer Nachtragssatzung herbeiführen, die nach den gleichen formalen Vorschriften zustande kommt wie die Haushaltssatzung selbst.

2. § 88 Abs. 2 spricht für bestimmte Fälle die für den Bürgermeister bindende Verpflichtung zum Erlaß einer Nachtragssatzung aus.
   a) Auf die Bedeutung eines ausgeglichenen Haushaltsplanes für eine gesunde und geordnete Finanzwirtschaft ist bereits in der Begründung zu § 85 hingewiesen. Es kommt nun nicht nur darauf an, einen ausgeglichenen Haushaltsplan aufzustellen; ebenso wichtig ist es, daß der Ausgleich im Laufe des Rechnungsjahres aufrechterhalten bleibt. Es ist deshalb vornehmste Pflicht des Bürgermeisters, die Haushaltswirtschaft, insbesondere die Ausgabenwirtschaft, so zu gestalten, daß jeder Fehlbetrag vermieden wird. Ist dies auch bei Ausnutzung aller Sparmöglichkeiten nicht zu erreichen, so muß der Bürgermeister eine Nachtragssatzung erlassen, wenn hierdurch z. B. im Wege der Erhöhung von Einnahmen ein Ausgleich herbeigeführt werden kann. Grundgedanke dieser Regelung ist, daß es finanzwirtschaftlich stets vorzuziehen ist, Fehlbeträge überhaupt nicht entstehen zu lassen, als ihre Deckung der Sorge späterer Jahre vorzubehalten.
   b) Der § 91 hält die Möglichkeit überplanmäßiger und außerplanmäßiger Ausgaben im ordentlichen Haushaltplan unter bestimmten Voraussetzungen offen. Eine unbeschränkte Zulassung derartiger Haushaltsüberschreitungen würde jedoch die vom Gesetz gewollte Bindung des Bürgermeisters an die Festsetzungen der Haushaltssatzung weitgehend gegenstandslos machen. Deshalb sieht § 88 Abs. 2 Nr. 2 vor, daß eine Nachtragssatzung auch dann aufgestellt werden muß, wenn über- oder außerplanmäßige Ausgaben in erheblichem Umfange zu leisten sind. Wann dies der Fall ist, ist Tatfrage.

Zu § 89:

1. § 89 bringt die zentrale Bedeutung der Haushaltssatzung und insbesondere des Haushaltsplanes für die Verwaltung aller Einnahmen und Ausgaben zum Ausdruck. Wie nach § 85 Abs. 1 der Haushaltsplan alle voraussehbaren Einnahmen und Ausgaben des Rechnungsjahres enthalten muß, so ist auch im Laufe des Rechnungs-

jahres keine Einnahme oder Ausgabe denkbar, die nicht im Rahmen der Haushaltssatzung abgewickelt werden müßte. Die Vorschrift entspricht demnach dem Bedürfnis einer jederzeit klaren Finanzgebarung und der Unterbindung jeder Verschleierung (z. B. schwarze Fonds usw.).

2. Schon aus der rechtlichen Bedeutung der Haushaltssatzung ergibt sich die Bindung des Bürgermeisters an die Zweckbestimmungen und Ansätze des Haushaltsplanes. § 89 spricht diese Verpflichtung nochmals besonders aus. Darüber hinaus stellt er im Einklang mit Wissenschaft und Rechtsentwicklung klar, daß die Ausgabenseite des Haushaltsplanes für den Bürgermeister nur eine Ermächtigung darstellt. Der Bürgermeister wird danach durch den Haushaltsplan zur Leistung von Ausgaben zu den im Haushaltsplan bezeichneten Zwecken und bis zur dort vorgesehenen Höhe nur ermächtigt, nicht auch verpflichtet. Er darf von dieser Ermächtigung zeitlich und sachlich nur insoweit Gebrauch machen, als dies mit den Grundsätzen wirtschaftlicher und sparsamer Verwaltung in Einklang steht. Verletzt er diese Grundsätze, so kann dies bei Vorliegen der Voraussetzungen des § 92 seine persönliche Haftung zur Folge haben.

Zu § 90: Es hat in der Vergangenheit nicht unwesentlich zu den finanziellen Schwierigkeiten mancher Gemeinden beigetragen, daß sie in Verkennung der Grundsätze einer vorsichtigen Finanzpolitik in weitem Umfange Vorhaben des außerordentlichen Haushaltsplanes aus laufenden Einnahmen oder aus Kassenkrediten vorfinanziert haben in der Erwartung, diese Vorgriffe später durch Aufnahme von Darlehen abdecken zu können. In zahlreichen Fällen hat sich diese Erwartung nicht erfüllt und damit die Folgen herbeigeführt, die zum Teil noch heute die Finanzgebarung mancher Gemeinden aufs schwerste belasten. Es war deshalb geboten, eine solche mißbräuchliche Verwendung von Mitteln des ordentlichen Haushaltsplanes und von Kassenkrediten für Zwecke des außerordentlichen Haushaltsplanes in Zukunft ausdrücklich zu verbieten. Es ist nunmehr den Gemeinden durch die Vorschrift des § 90 allgemein untersagt, Vorhaben, deren Kosten aus Mitteln des außerordentlichen Haushaltsplanes ganz oder teilweise zu decken sind, in Angriff zu nehmen, bevor die dafür vorgesehenen Einnahmen eingegangen sind oder bevor der rechtzeitige Eingang dieser Einnahmen rechtlich und tatsächlich gesichert ist.

Dabei wird zur Klarstellung darauf hingewiesen, daß sich dieses Verbot nicht nur auf solche Vorhaben erstreckt, die im außerordentlichen Haushaltsplan vorgesehen sind, sondern auf jedes Vorhaben, das seiner Natur nach aus Mitteln des außerordentlichen Haushaltsplanes ganz oder teilweise zu decken ist.

Zu § 91:

1. Es ist bereits in der Begründung zu § 88 angedeutet, daß der Haushaltsplan das Ergebnis einer Schätzung ist und sich dementsprechend im Laufe des Rechnungsjahres in seinen Ansätzen und Zweckbestimmungen als unzureichend erweisen kann. Die Gemeinde muß deshalb jedenfalls in gewissem Umfange die Möglichkeit haben, in solchen besonderen Fällen von den Festsetzungen des Haushaltsplanes abzuweichen. Deshalb läßt § 91 Abs. 1 die Leistung überplanmäßiger und außerplanmäßiger Ausgaben, die zum ordentlichen Haushaltsplan gehören, insoweit zu, als sie nicht erheblichen Umfang annehmen (vgl. § 88). Es ist aber mit einer geordneten Finanzwirtschaft nicht vereinbar, wenn jeder mit der Ausführung des Haushaltsplanes befaßte Beamte oder Angestellte derartige Überschreitungen selbständig verfügen kann. Deshalb bindet § 91 Abs. 1 jede Haushaltsüberschreitung an die ausdrückliche vorherige Zustimmung des Bürgermeisters oder des von ihm besonders ermächtigten Beigeordneten, die eine solche Zustimmung nur bei unabweisbarem Bedürfnis erteilen dürfen (vgl. § 33 RHO.). Praktisch wird dabei diese Ermächtigung neben dem allgemeinen Vertreter ausschließlich dem Stadtkämmerer zu geben sein, der allein einen hinreichenden Überblick über die gesamte Finanzlage der Gemeinde hat. Eine weitere Sicherung gegen ein Übermaß von Haushaltsüberschreitungen liegt auch darin, daß der § 55 Abs. 1 Nr. 13 grundsätzlich die vorherige Beratung über- und außerplanmäßiger Ausgaben mit den Gemeinderäten vorschreibt.

In ihrem rechtlichen Gehalt hat die Vorschrift des § 91 Abs. 1 nur interne haushaltsrechtliche Bedeutung.

Ausgaben, die unter Außerachtlassung dieser Vorschrift geleistet werden, sind demnach zivilrechtlich gültig.

Wegen der Haftung von Gemeindebeamten und Angestellten, die ohne Zustimmung gemäß § 91 Abs. 1 den Haushaltsplan überschreiten, wird auf § 93 Bezug genommen.

2 Besondere Vorsichtsmaßnahmen sind bei Haushaltsüberschreitungen geboten, die zum außerordentlichen Haushaltsplan gehören. Hier liegen nach allen Erfahrungen ganz erhebliche Gefahrenmomente für die Gemeinden. Im übrigen greifen derartige Ausgaben sehr leicht auch späteren Entschließungen der Aufsichtsbehörde, z. B. über die Genehmigung eines durch die Überschreitung eintretenden Darlehnsbedarfs, vor. Aus diesen Gründen verbietet § 91 Abs. 2 Überschreitungen des außerordentlichen Haushaltsplanes durch über- und außerplanmäßige Ausgaben ausnahmslos. Es ist in jedem Falle eine Nachtragssatzung erforderlich. Die Gemeinden sollen hierdurch gerade auf dem Gebiet, das zur Verschuldung führt, zur absoluten Planmäßigkeit in der Haushaltsführung gezwungen werden.

Hinsichtlich der Rechtswirkung einer Übertretung dieser Vorschrift wird auf das zu Abs. 1 Gesagte verwiesen; es gilt entsprechend.

3 Es genügt praktisch nicht, Haushaltsüberschreitungen im eigentlichen Sinne den strengen Vorschriften des § 91 zu unterstellen. Die die Mehrausgabe herbeiführende Zahlungsanweisung folgt häufig mehr oder weniger zwangsläufig aus den vorhergegangenen Schritten der Verwaltung. Was deshalb für die Anweisung der eine Haushaltsüberschreitung darstellenden Zahlung gilt, muß entsprechend auch auf die Anordnung von Maßnahmen Anwendung finden, durch die später über- oder außerplanmäßige Ausgaben notwendig entstehen müssen. Sind derartige Maßnahmen erst einmal getroffen, so ist die Gemeinde regelmäßig nicht mehr in der Lage, sich den Folgen, insbesondere etwaigen Rechtsansprüchen auf Leistung, zu entziehen. Es muß deshalb auch hier gefordert werden, daß, soweit ausreichende Mittel für derartige Maßnahmen im Haushaltsplan nicht zur Verfügung stehen, die für Haushaltsüberschreitungen bestehen-

den Bindungen entsprechend gelten. Diesen Gedanken verwirklicht § 91 Abs. 3. Die Auswirkungen solcher Anordnungen können den ordentlichen, aber auch den außerordentlichen Haushaltsplan berühren. Je nachdem gilt deshalb für solche Anordnungen die Vorschrift des Abs. 1 oder des Abs. 2.

Zu § 92: Wenn der § 92 neben den Haftungsvorschriften des Reichsbeamtengesetzes eine besondere Haftungsbestimmung bei Verstößen gegen die Vorschriften des 4. Abschnitts vorsieht, so waren hierfür zwei Erwägungen maßgebend:

1. Eine unbedingte Beachtung der für eine gesunde Finanzgebarung unerläßlichen Vorschriften dieses Abschnitts erfordert es, daß den mit der Ausführung des Haushaltsplanes befaßten Beamten und Angestellten ihre persönliche Verantwortlichkeit stets vor Augen steht.
2. Mit der Ausführung des gemeindlichen Habshaltsplanes sind nach den praktischen Gegebenheiten in weitem Umfange auch Angestellte befaßt (z. B. Werksdirektoren usw.). Für diese gelten die Vorschriften des Reichsbeamtengesetzes überhaupt nicht, so daß sich insoweit eine besondere Vorschrift von selbst gebot.

Zu § 93: Die Vorschrift des § 93 entspricht im wesentlichen der des § 33 Abs. 3 RHO. und der des § 140 des Preuß. Gemeindefinanzgesetzes. Sie stellt gegenüber der des § 92 eine Sondervorschrift dar, die deshalb erforderlich ist, weil es in jeder öffentlichen Finanzwirtschaft Fälle gibt, die eine unbedingte Beachtung bestimmter Vorschriften des Gesetzes nicht zulassen.

Nach der Vorschrift des § 91 dürfen über- und außerplanmäßige Ausgaben des ordentlichen Haushalts grundsätzlich nur mit Zustimmung des Bürgermeisters oder des von ihm ermächtigten Beigeordneten, solche Ausgaben, die zum außerordentlichen Haushaltsplan gehören, nur auf Grund einer Nachtragshaushaltssatzung geleistet werden. Entsprechendes gilt für Maßnahmen, durch die Verbindlichkeiten entstehen können, für die Mittel im Haushaltsplan nicht hinreichend vorgesehen sind. Ein Beamter oder Angestellter, der ohne eine Zustimmung des Bürgermeisters oder des von ihm ermächtigten Beigeordneten derartige Zahlungen leistet oder Maßnahmen trifft, würde demnach bei Vorliegen des subjektiven Tatbestandes nach § 92 in jedem Falle haften. Eine solche Haftung wäre jedoch in den Notfällen, die § 93 aufzählt, unbillig. In solchen Fällen schließt deshalb die genannte Vorschrift die Haftung der gemeindlichen Beamten und Angestellten für Haushaltsüberschreitungen usw. ohne ausdrückliche Zustimung des Bürgermeisters oder des zuständigen Beigeordneten aus, falls der Beamte oder Angestellte den Erfordernissen des § 93 nachkommt. Auf der anderen Seite schärft er die strenge Haftung ein durch die Aufstellung dieser Erfordernisse.

5. Abschnittt.

Kassen-, Rechnungs- und Prüfungswesen.

Zu § 94: Das Gesetz sieht davon ab, das Gebiet des gemeindlichen Kassenwesens eingehend zu regeln. Es behält vielmehr eine solche Regelung der Durchführungsverordnung (§ 105) vor und enthält selbst nur wenige grundsätzliche Vorschriften über die Gestaltung des gemeindlichen Kassenwesens.

1. Für die Frage, wer die Kassengeschäfte in der Gemeinde führen soll, geht das Gesetz davon aus, daß es sich im Interesse möglichster Sorgfalt der Kassenführung empfiehlt, die Kassengeschäfte in die Hand eines besonderen Kassenverwalters zu legen.
2. § 94 Abs. 2 betont die Grundsätze der Einheitskasse für alle Kassengeschäfte und der zentralen Bewirtschaftung aller gemeindlichen Geldmittel. Sie dienen einer zweckmäßigen und wirtschaftlichen gemeindlichen Kassenverwaltung.

   Der organisatorische Grundsatz der Einheitskasse soll in der Gemeinde seine Verwirklichung durch die Einrichtung einer Hauptkasse und durch möglichste Beseitigung selbständiger Einzelkassen finden. Der Grundsatz der zentralen Bewirtschaftung der gemeindlichen Geldmittel bildet das kassenwirtschaftliche Seitenstück zu dem organisatorischen Grundsatz der Einheitskasse. Danach sollen nach Möglichkeit alle Einnahmen und Ausgaben, auch soweit sie bei Nebenkassen und Zahlstellen anfallen, in die Bücher und Rechnungen der Hauptkasse übergehen. Nur hierdurch kann ein hinreichender Überblick über den Zahlungs- und Kassenstand und eine hinreichende Zusammenfassung aller Gelder zum Ausgleich der Bedürfnisse auf sämtlichen Gebieten gewährleistet werden.

Zu § 95: Das formelle und inhaltliche Gegenstück zum Haushaltsplan ist die Haushaltsrechnung, die der Bürgermeister über die Einnahmen und Ausgaben des Rechnungsjahres im ersten Viertel des neuen Rechnungsjahres zu legen hat. Sie ist der Rechenschaftsbericht über das Ergebnis der Jahreswirtschaft und bildet damit die Grundlage für die Rechnungsprüfung und Entlastung.

Ebenso wie der Haushaltsplan alle voraussehbaren Einnahmen und Ausgaben des Rechnungsjahres enthalten muß, so muß auch die Rechnung ein vollständiges Bild aller tatsächlich geleisteten Ausgaben und erhobenen Einnahmen geben. Eine Abwicklung von Ausgaben und Einnahmen außerhalb der Rechnung gibt es grundsätzlich nicht.

Es ist selbstverständlich, daß nach Übertragung der Rechnungsprüfung auf eine überörtliche Stelle und der Entlastung auf die Aufsichtsbehörde eine möglichste Einheitlichkeit des gemeindlichen Rechnungswesens unabweisbar ist.

Zu § 96:

1. Es ist vielfach als ein Mangel des Preußischen Gemeindefinanzgesetzes empfunden worden, daß es in Durchführung des Grundsatzes ausschließlicher Verantwortlichkeit des Bürgermeisters nach oben eine Beteiligung der Gemeinderäte bei der Rechnungslegung und Rechnungsprüfung nicht vorsah. Eine solche Regelung birgt die Gefahr in sich, daß das Interesse der Gemeinderäte an ihrer Arbeit erlahmt, wenn sie über die Abwicklung des Haushaltsplans, bei dessen Zustandekommen sie beratend mitwirken, nicht ausreichend unterrichtet werden.

   Auf der anderen Seite kann es nach der Konstruktion der Deutschen Gemeindeordnung eine Entlastung des Bürgermeisters durch die Gemeinderäte nicht geben. Dagegen ist es zweckmäßig, sie bei der Rechnungsprüfung beratend einzuschalten. Bei der Bedeutung der Rechnungslegung sieht das Gesetz im übrigen die Möglichkeit besonderer schriftlicher Äußerung der Gemeinderäte vor.
2. In größeren Gemeinden bietet die zutreffende Beurteilung des meist sehr umfangreichen Rechnungswerkes erhebliche Schwierigkeiten. Eine fruchtbare Beratung durch die Gemeinderäte ist deshalb davon abhängig, daß ihnen gewisse Unterlagen für ihre Meinungsbildung gegeben werden. Unter diesen Unterlagen ist vor allem der Prü-

fungsbericht des örtlichen Rechnungsprüfungsamts von Bedeutung. Es ist deshalb in § 96 Abs. 2 vorgesehen. daß der Bürgermeister in Gemeinden, in denen ein derartiges Amt besteht, zunächst diesem die Rechnung zuleitet. Erst nach Prüfung der Rechnung durch das Prüfungsamt werden die Gemeinderäte mit ihr befaßt.

Zu § 97: Die Einrichtung örtlicher Prüfungsämter, ihre Stellung und ihre sonstigen Aufgaben sind in den §§ 100 bis 102 geregelt. Auf die Begründung zu diesen Vorschriften darf im einzelnen Bezug genommen werden.

§ 97 nimmt die Aufgaben vorweg, die dem Rechnungsprüfungsamte bei der Prüfung der Rechnung obliegen. Diese Aufgaben sind unter folgenden Gesichtspunkten bedeutsam:

1. In großen Gemeinden ist eine fachlich geeignete Stelle mit dem nötigen Überblick unentbehrlich, die durch ihre ständige Beobachtung der Haushaltsentwicklung und durch die Prüfung der Rechnung dem Bürgermeister die Gewähr gibt, daß auch die nachgeordneten Dienststellen in der Gemeinde nach den Vorschriften des Gesetzes verfahren.
2. Die in § 103 vorgesehene überörtliche Prüfung läßt sich in großen Gemeinden nur dann durchführen, wenn ihr eine örtliche Stelle weitgehend vorarbeitet. Es ist für eine überörtliche Prüfungseinrichtung in aller Regel unmöglich, sich in einer großen Verwaltung jede Rechnungszahl und jeden Beleg anzusehen.

Demgemäß überträgt § 97 dem örtlichen Rechnungsprüfungsamt die Prüfung der Rechnung mit allen ihren Unterlagen. Dabei hat sich diese Prüfung sowohl auf die Einhaltung des Haushaltsplanes (Etatkontrolle), auf die förmliche, rechnerische und sachliche Richtigkeit der Belege und auf die Innehaltung sonstiger Vorschriften zu erstrecken.

Zu § 98:

1. Das Rechnungsprüfungsamt hat die ihm nach § 97 zustehenden Aufgaben in eigener Verantwortung und in voller Unabhängigkeit zu erledigen. Da seine Kritik sich gegen Maßnahmen des Bürgermeisters oder der ihm nachgeordneten Beamten und Angestellten richtet, ist es jedoch geboten, vor Niederlegung des Prüfungsergebnisses in einem Prüfungsbericht dem Bürgermeister Gelegenheit zur Klärung zu geben. Dabei ist ausdrücklich

darauf hinzuweisen, daß die Stellungnahme des Bürgermeisters den Leiter des Rechnungsprüfungsamts nicht bindet, daß vielmehr das Rechnungsprüfungsamt in eigener pflichtgemäßer Entschließung darüber befindet, ob es eine Erinnerung aufrechterhalten und demgemäß in den Prüfungsbericht aufnehmen will.

2. Der Prüfungsbericht des Rechnungsprüfungsamts faßt das Prüfungsergebnis zusammen. Er hat einen doppelten Zweck: Er kann den Gemeinderäten als Material für ihre Beratung zugeleitet werden (§ 96); er wird mit der Rechnung der Aufsichtsbehörde zugeleitet (§ 99).

Zu § 99: Es ist bereits in der Begründung zu § 96 darauf hingewiesen worden, daß eine Entlastung des Bürgermeisters durch die Gemeinderäte nicht mehr in Betracht kommen kann; da es andererseits der Übung in Reich und Ländern entspricht, durch eine förmliche Maßnahme einen Schlußstrich unter die Wirtschaft des abgelaufenen Rechnungsjahres zu setzen, empfiehlt sich auch für die Gemeinden die Beibehaltung des Rechtsinstituts der Entlastung, die nach der überörtlichen Prüfung (§ 103) künftig von der Aufsichtsbehörde ausgesprochen wird. Die Entlastung bedeutet den Ausspruch der Aufsichtsbehörde, daß auf Grund ihrer Prüfung und des bei der Prüfung vorgelegten Materials Einwendungen gegen die Haushaltsführung des Bürgermeisters nicht zu erheben sind. Daraus ergibt sich ohne weiteres, daß die Entlastung ein späteres Eingreifen der Aufsichtsbehörde bei Bekanntwerden neuer Tatsachen ebensowenig ausschließt wie zivil-, straf- und dienststrafrechtliche Maßnahmen gegen die verantwortlichen Beamten.

Entsprechend der besonderen Bedeutung der Entlastung wird sie in Zukunft durch förmlichen Beschluß der Aufsichtsbehörde ausgesprochen, der dem Bürgermeister übermittelt und von ihm mit dem Ergebnis der Prüfung auch den Gemeinderäten zugeleitet wird.

Zu § 100: Die Errichtung besonderer Rechnungsprüfungsämter zur Erledigung namentlich der in § 97 bezeichneten Aufgaben hat sich in den größeren Gemeinden des Reichs im wesentlichen ohne besondere gesetzliche Vorschriften vollzogen. Der ihr zugrunde liegende Gedanke ist so wertvoll, daß auch die Deutsche Gemeindeordnung diese Einrichtung übernimmt.

Worin der besondere Wert dieser Ämter besteht, ist bereits in der Begründung zu § 97 ausgeführt.

Bei der Entscheidung der Frage, in welchen Gemeinden solche Ämter zwingend vorzuschreiben und in welchen sie zuzulassen sind, war davon auszugehen, daß in Stadtkreisen derartige Ämter zur Durchführung einer ordnungsmäßigen Finanzwirtschaft unentbehrlich sind. Stadtkreise sind auch ohne weiteres in der Lage, derartige Ämter mit geeignetem Personal zu besetzen. Demgegenüber besteht für andere, insbesondere kleinere Gemeinden, weder ein gleiches sachliches Bedürfnis noch die gleiche Möglichkeit personeller Ausstattung. Insoweit ist es im wesentlichen Tatfrage, ob kleinere Gemeinden ein derartiges Amt einrichten sollen. Richtunggebende Gesichtspunkte hierfür sind einerseits das sachliche Bedürfnis, andererseits die Verhältnismäßigkeit der Kosten zu dem Umfange der Verwaltung und dem durch die Einrichtung eines solchen Amtes erzielbaren Verwaltungserfolg.

Zu § 101: Das Rechnungsprüfungsamt soll seine Aufgaben in möglichster Unabhängigkeit und Eigenverantwortlichkeit erfüllen. Da das Rechnungsprüfungsamt konstruktiv aber immer nur eine Dienststelle der Gemeinde sein kann, mußte versucht werden, diese Unabhängigkeit und Eigenverantwortlichkeit durch Maßnahmen zu sichern, die den Rahmen der gemeindlichen Organisation nicht sprengen.

Der § 101 erreicht dieses Ziel durch folgende Vorschriften:

1. Das Rechnungsprüfungsamt ist in weitem Umfange Kontrollstelle der dem Bürgermeister nachgeordneten Verwaltung. Es muß deshalb ausgeschlossen werden, daß eine nachgeordnete Dienststelle des Bürgermeisters auf die Maßnahmen des Amts irgendwelchen Einfluß nehmen kann. Deshalb unterstellt § 101 Abs. 1 das Rechnungsprüfungsamt unmittelbar dem Bürgermeister oder einem von ihm bestimmten Beigeordneten.
2. Der Leiter des Rechnungsprüfungsamtes wird die in seinem Amte gebotene Unabhängigkeit und Unbeeinflußbarkeit nur aufbringen können, wenn er die erforderlichen fachlichen und charakterlichen Eigenschaften besitzt und wenn seine persönliche Stellung möglichst gefestigt wird. Deshalb sieht § 101 Abs. 2 vor, daß die Leitung des Prüfungsamtes einem Beamten nur mit Genehmigung der Aufsichtsbehörde übertragen und entzogen werden kann.

3. Die Unabhängigkeit des Leiters des Prüfungsamtes ist nur dann gewährleistet, wenn er mit solchen Beamten, deren Tätigkeit er in erster Linie zu überprüfen hat, nicht in verwandtschaftlichen Beziehungen steht (§ 101 Abs..3), Entstehen derartige Beziehungen im Laufe der Amtszeit, so wird der Leiter des Amtes alsbald in einer anderen Dienststelle zu verwenden sein.
4. Der Leiter des Rechnungsprüfungsamtes darf grundsätzlich bei solchen Geschäften nicht mitwirken, deren spätere Überprüfung zu seinem eigentlichen Aufgabengebiet gehört. Deshalb darf er nach § 101 Abs. 4 Zahlungen für die Gemeinde weder anweisen noch ausführen.

Zu § 102: § 97 bestimmt die Aufgaben, die dem Rechnungsprüfungsamt in jedem Falle kraft Gesetzes obliegen. Darüber hinaus eröffnet § 102 die Möglichkeit, dem Amte weitere Aufgaben zu übertragen. Inwieweit der Bürgermeister von dieser Möglichkeit Gebrauch machen kann, wird von den Gegebenheiten des einzelnen Falles abhängen. Die in § 102 Nr. 1 genannte Aufgabe wird dabei dem Rechnungsprüfungsamt wohl in jedem Falle übertragen werden können, während die Übertragung der in Nr. 2—4 genannten Aufgaben wesentlich von der Ausgestaltung des einzelnen Amtes und der Verwaltung überhaupt abhängt.

Zu § 103: Es besteht heute kein ernsthafter Streit darüber, daß die überörtliche Prüfung der gesamten Gemeindewirtschaft einem dringenden Bedürfnis entspricht. Diese Erkenntnis hat bereits in den letzten Jahren zahlreiche gesetzliche Maßnahmen des Reichs bestimmt. Sie hat darüber hinaus eine ganze Reihe von Ländern zur Errichtung solcher Prüfungseinrichtungen veranlaßt. So hat insbesondere Preußen durch das Gemeindefinanzgesetz besondere staatliche Dienststellen eingerichtet, denen sowohl die Vornahme der sogenannten Ordnungsprüfungen als auch die Durchführung von Wirtschaftlichkeits- und Organisationsprüfungen und von unvermuteten Kassen- und Vorratsprüfungen übertragen ist. Des weiteren hat Baden durch Gesetz vom 9. Januar 1934 die Prüfung der Rechnungen größerer Gemeinden und Städte durch ein überörtliches, unabhängiges Amt (Gemeinderechnungsprüfungsamt) mit der Eigenschaft einer selbständigen Anstalt des öffentlichen Rechts vorgeschrieben, während in den kleinen und mittleren Gemeinden die Prüfung durch die

Aufsichtsbehörde vorgenommen wird. In Bayern liegt bereits seit längerem die Prüfung dem Bayerischen Prüfungsverband öffentlicher Kassen ob, der als Körperschaft des öffentlichen Rechts mit dem Recht der Selbstverwaltung unter der Aufsicht des Staatsministeriums des Innern tätig wird. Württemberg hat durch Gesetz vom 27. Januar 1934 zur Prüfung der Haushaltsrechnungen, Verwaltungen und Unternehmungen von Gemeinden usw. „die Württembergische Prüfungsanstalt für Körperschaften" als rechtsfähige Anstalt des öffentlichen Rechts errichtet.

Ein Blick auf diese Einrichtungen zeigt, daß die Auffassungen über die richtige Form derartiger Prüfungsstellen bei aller Einheitlichkeit ihres Zwecks und ihres Zieles weitgehend auseinandergehen. Da auf der anderen Seite die praktischen Erfahrungen mit diesen verschieden gestalteten Einrichtungen noch gering sind, geben auch sie keinen hinreichenden Anhalt für die beste Form einer solchen Einrichtung.

Das Reich stand bei dieser Sachlage vor der Frage, ob es auf eine Regelung zunächst überhaupt verzichten sollte, um zunächst weitere Erfahrungen abzuwarten, oder ob bereits in der Deutschen Gemeindeordnung eine bestimmte Lösung vorzusehen sei. Es hat sich für letzteres entschieden, weil die Vereinheitlichung des Gemeinderechts und der Staatsaufsicht auch eine Lösung der Frage des überörtlichen Prüfungswesens erforderlich macht. In der Zielsetzung kam es dabei darauf an, eine Prüfungseinrichtung zu schaffen, die bei Berücksichtigung der Umgestaltung des Gemeindeverfassungsrechts einen möglichst guten Erfolg für Staat und Gemeinden verspricht. Dabei konnte aus dem Gesichtspunkt heraus, daß eine derartige Einrichtung von den zu prüfenden Gemeinden unter allen Umständen unabhängig sein muß, nur eine Rechtsform in Betracht kommen, die diesem Erfordernis unter allen Umständen gerecht wird. Auf der anderen Seite ist aber auch davon abgesehen worden, die Prüfungseinrichtungen rein staatlich zu gestalten, da hiergegen, namentlich aus den Kreisen der Selbstverwaltung, Bedenken erhoben worden sind.

Das Gesetz sieht demnach vor, daß demnächst eine Anstalt des öffentlichen Rechts für die Durchführung der überörtlichen Prüfungen errichtet wird, die dem Reichsminister des Innern untersteht. Dabei ist bewußt davon abgesehen worden, diese Anstalt nur der Aufsicht des Reichsministers des

Innern zu unterstellen. Ihm soll vielmehr nach dem Willen des Gesetzes sowohl auf die Ausgestaltung als auch auf die Arbeit dieser Anstalt entscheidender Einfluß eingeräumt sein, der vor allem darin bestehen wird, daß er die Stellen der leitenden Beamten in dieser Anstalt besetzt.

Die Errichtung dieser Anstalt ist erst dann möglich, wenn über die Neueinteilung des Reiches und die endgültige Abgrenzung der Zuständigkeiten, namentlich auf dem Gebiete der Kommunalaufsicht, Klarheit besteht. Aus diesem Grunde sieht § 103 Abs. 2 Satz 2 vor, daß bis zur Errichtung der Anstalt die bestehenden überörtlichen Prüfungseinrichtungen ihre Tätigkeit fortsetzen.

Zu § 104:

1. Verschiedene Vorschriften des Gesetzes sehen vor, daß die Gemeinde zu Rechtsgeschäften oder Verwaltungshandlungen der Genehmigung der Aufsichtsbehörde bedarf. Soweit die Entschließung der Gemeinde rein auf öffentlich-rechtlichem Gebiete liegt (z. B. Erlaß der Hauptsatzung — § 3 Abs. 2, Einführung des Anschlußzwangs oder Benutzungszwangs durch Satzung — § 18 Abs. 1), bedarf es keiner weiteren Ausführung darüber, daß sie bis zur Erteilung der Genehmigung der Aufsichtsbehörde unwirksam ist. Das gleiche gilt auch auf dem Gebiete des bürgerlichen Rechtsverkehrs. Im Interesse der Rechtssicherheit gibt jedoch § 104 Abs. 1 für die Rechtsgeschäfte, zu denen in den Vorschriften des Sechsten Teils die Genehmigung der Aufsichtsbehörde vorgeschrieben ist, die ausdrückliche Klarstellung, daß diese Geschäfte bis zur Erteilung der Genehmigung unwirksam sind.

   Die Begrenzung des § 104 Abs. 1 auf die Rechtsgeschäfte, für die in den Vorschriften des Sechsten Teils der Deutschen Gemeindeordnung die Genehmigung der Aufsichtsbehörde vorgeschrieben ist, schafft für diese Rechtsgeschäfte eine gesetzliche Klarheit, besagt aber nicht, daß die übrigen Rechtsgeschäfte einer Gemeinde, für die in anderen Gesetzen die Genehmigung der Aufsichtsbehörde vorgeschrieben ist, auch ohne diese Genehmigung rechtswirksam sind. Diese Frage beurteilt sich vielmehr nach den einschlägigen Sondergesetzen.

2. Die Deutsche Gemeindeordnung gebraucht in einer Reihe von Vorschriften die Ausdrucksweise „Die Gemeinde

darf ..." oder „Die Gemeinde darf nicht ...". Bei diesen Vorschriften handelt es sich um ein gesetzliches Verbot. Aus Gründen der Rechtssicherheit ist daher klarzustellen, ob die Verletzung dieses gesetzlichen Verbots die Folge der Nichtigkeit des Geschäfts nach sich zieht, wie es § 134 BGB. für die Fälle vorsieht, für die das Gesetz nichts anderes bestimmt. § 104 Abs. 2 schreibt vor, daß die Nichtigkeit in den Fällen der Verletzung der §§ 73 und 79 eintritt. Hinsichtlich der Geschäfte des § 73 bedarf dies keiner näheren Begründung. Für die Fälle des § 79 wird klargestellt, daß das gesetzliche Verbot des Satzes 1 dann nicht besteht, wenn und soweit die Aufsichtsbehörde Ausnahmen zugelassen hat.

Aus der ausdrücklichen Begrenzung des § 104 Abs. 2 auf die Fälle der §§ 73 und 79 ergibt sich, daß in den übrigen Fällen die Verletzung des gesetzlichen Verbots nicht die Nichtigkeit des Geschäfts als Folge nach sich zieht. In diesen Fällen handelt es sich demnach um Ordnungsvorschriften, deren Einhaltung aber eine gesetzliche Pflicht der Gemeinden im Sinne der §§ 1 und 106 ist. Auch binden sie die Aufsichtsbehörden und verpflichten sie, diesen Vorschriften Geltung zu verschaffen.

Zu § 105:

1. Die weitere Entwicklung kann einzelne der in den Abschnitten 1—5 vorgesehenen Genehmigungsvorbehalte entbehrlich werden lassen. Deshalb ermächtigt § 105 Abs. 1 den Reichsminister des Innern, im Einvernehmen mit dem Reichsminister der Finanzen an Stelle solcher Genehmigungen lediglich eine vorherige Anzeigepflicht allgemein vorzuschreiben.
2. Die Deutsche Gemeindeordnung hat die Wirtschaftsführung der Gemeinden aus den Gründen, die bereits in dem allgemeinen Teil der Begründung angedeutet sind, nur in ihren Grundzügen geregelt. Der Vorteil einer solchen Regelung liegt sowohl in der besseren Übersichtlichkeit des Gesetzes als auch darin, daß zahlreiche Fragen der gemeindlichen Wirtschaftsführung für die verschiedenen Gemeindearten und Gemeindegrößengruppen besonders geregelt werden und darüber hinaus elastisch gehalten werden müssen, so daß sich eine gesetzliche Regelung insoweit nicht empfiehlt. Es ist vielmehr zweckmäßig, diese Fragen

der Regelung durch Verordnung zu überlassen. Die hierzu erforderlichen Ermächtigungen gibt der § 105 dem Reichsminister des Innern im Einvernehmen mit dem Reichsminister der Finanzen.

Dabei ist jedoch zu betonen, daß die Gemeindeordnung mit der Rahmenvorschrift des § 105 das Bedürfnis nach Erlaß näherer Durchführungsvorschriften aus den Gründen, die gleichfalls bereits im allgemeinen Teil der Begründung erwähnt sind, ausdrücklich bejaht, und daß beabsichtigt ist, von der im § 105 gegebenen Ermächtigung im Rahmen des Notwendigen alsbald Gebrauch zu machen.

Zum Siebenten Teil.

Aufsicht.

Zu § 106: Die Vorschriften der §§ 106—116 regeln die Aufsicht des Staates über die Gemeinden. Schon in § 8 ist grundsatzmäßig der Wesenskern der Kommunalaufsicht umrissen; es kann hierauf und auf die eingehenden Ausführungen unter Ziffer 2 der allgemeinen Begründung über die Einordnung der Gemeinde in das Staatsganze verwiesen werden.

Die Vorschriften über die Gemeindeaufsicht sind in dem Siebenten Teil des Gesetzes nicht erschöpfend zusammengefaßt. Ein größerer Teil einschlägiger Vorschriften findet sich bei dem einzelnen Sachgegenstand. Es ist in erster Linie für die Praxis zweckmäßiger, wenn zusammengehörige Vorschriften bei dem einzelnen Gegenstand erscheinen.

Nicht näher geregelt ist in der Deutschen Gemeindeordnung die sogenannte Fachaufsicht, die sich aus dem Wesen der Auftragsangelegenheiten (§ 2 Abs. 3) ergibt. Das Wesen der Fachaufsicht, das die Deutsche Gemeindeordnung unberührt läßt, besteht darin, daß die Gemeinden als gesetzlich beauftragte Träger staatlicher Aufgaben den vorgesetzten Staatsbehörden wie nachgeordnete Dienststellen gegenüberstehen und deshalb den Anweisungen dieser Staatsbehörden wie Dienstbefehlen unterworfen sind. Das Gesetz muß davon absehen, die Befugnisse dieser vorgesetzten Staatsbehörden einheitlich zu regeln, weil Art und Umfang dieser Befugnisse nach dem inneren Wesen der einzelnen Auftragsangelegenheiten (z. B. Polizei, Schulwesen) zu verschiedenartig sind, als daß sie einer gleichmäßigen Regelung zugänglich wären. Nur nach einer Seite nimmt die Deutsche Gemeindeordnung zu Fragen der Fachaufsicht insofern Stellung, als durch § 114 auch den Fachaufsichtsbehörden (wie anderen Behörden und Stellen) untersagt wird, von den Zwangsmitteln der Staatsaufsicht, die in den §§ 108 ff. geregelt sind und nur den Kommunalaufsichtsbehörden zustehen, Gebrauch zu machen. Die Fachaufsichtsbehörden sind deshalb grundsätzlich gehalten, sich zur Durchsetzung erteilter Anweisungen im Zwangswege an die Kommunalaufsichtsbehörde zu wenden.

Wesen und Inhalt der Staatsaufsicht ergeben sich aus § 106. Danach hat die Aufsichtsbehörde die Gemeinden zu überwachen und dafür zu sorgen, daß die Gemeinde im Einklang mit den Gesetzen und mit den Zielen der Staatsführung verwaltet wird. In dem folgenden unmittelbar angefügten und deshalb für das Wesen der Aufsicht, so wie sie das Gesetz gehandhabt wissen will, bedeutsamen Satz wird den Aufsichtsbehörden ausdrücklich zur Pflicht gemacht, die Entschlußkraft und Verantwortungsfreudigkeit der Gemeindeverwaltung zu fördern und nicht zu beeinträchtigen. Dem Geiste des Gesetzes würde es demnach widersprechen, wenn die Aufsichtsbehörden in alle Einzelheiten der Gemeindeverwaltung hin-
einregieren und versuchen würden, auch in reinen Ermessens-
einregieren und versucht würden, auch in reinen Ermessens-
fragen ihre Auffassung stets durchzusetzen, oder wenn sie sich irgendwie von staatsfiskalischen oder, soweit die Landräte die Aufsicht führen, von kreisfiskalischen Gesichtspunkten bestimmen ließen. Das gleiche Ziel wie § 106 Satz 2 verfolgt auch § 8 Abs. 2, wo ausdrücklich den Aufsichtsbehörden zur Pflicht gemacht wird, die Gemeinden auch in ihren Rechten zu schützen. Diese Vorschrift bringt zum Ausdruck, daß die Aufsichtsbehörden nicht nur das Recht und die Pflicht haben, bei Mängeln und Verstößen einzuschreiten, sondern die überwachte Körperschaft auch zu betreuen, sie also zu fördern und in ihren Rechten zu schützen haben.

Auf dieser Grundlage rechtfertigt es sich andererseits, die Aufsichtsbehörden instand zu setzen, dem Gesamtinteresse durch schnelle, bestimmte und durchgreifende Maßnahmen dort Geltung zu verschaffen, wo klare Gesetzesverletzungen oder offenbare Mißbräuche der den Gemeinden eingeräumten Freiheit vorliegen.

Dementsprechend hat die Aufsichtsbehörde sicherzustellen, daß die Gemeinde

a) im Einklang mit den Gesetzen und
b) im Einklang mit den Zielen der Staatsführung

verwaltet wird.

Sie hat also dafür zu sorgen, daß die Gemeinde die Schranken des Gesetzes einhält und die ihr durch Gesetz auferlegten oder freiwillig übernommenen Pflichten erfüllt. Dabei handelt es sich grundsätzlich nur um öffentlich-rechtliche Pflichten der Gemeinden. Die Wahrung des Einklangs der Gemeindeverwaltung mit den Zielen der Staatsführung bedeutet eine graduelle Ausweitung der Staatsaufsicht. Über Gründe, Sinn und Zweck dieser Regelung sind eingehende Ausführungen unter Ziffer 2 der allgemeinen Begründung gemacht.

Es ist davon abgesehen worden, die Überwachung der Gemeinden, ähnlich wie es das Preußische Gemeindeverfassungsgesetz tut, auch auf die Wirtschaftlichkeit, Sparsamkeit und Sauberkeit ihrer Verwaltungsführung abzustellen. Die Wirtschaftlichkeit und Sparsamkeit der Gemeindeverwaltung wird durch die Vorschriften über die Wirtschaftsführung der Gemeinden so fest geordnet, daß den Aufsichtsbehörden genügend gesetzliche Handhaben geboten sind, um Mängeln und Verstößen entgegenzutreten. Die Sauberkeit der Verwaltung ist ein so selbstverständlicher Grundsatz des neuen Staates, daß unlauteres Gebaren mit den Mitteln des Dienststrafrechts rücksichtslos geahndet werden kann. In sachlich und politisch schwerwiegenden Fällen bedeutet zudem eine Verletzung der Grundsätze der Wirtschaftlichkeit, Sparsamkeit und Sauberkeit einen Verstoß gegen die Ziele der Staatsführung.

Zu § 107: Zu § 8 ist bereits ausgeführt worden, daß der Übergang der obersten Kommunalaufsicht auf das Reich auf Grund der Vereinheitlichung des Gemeinderechts und im Zuge des Neuaufbaues des Reichs unerläßlich ist.

Das Gesetz räumt die oberste Kommunalaufsicht dem Reichsminister des Innern ein und ermächtigt ihn, im Verordnungswege zu bestimmen, welche Behörden obere Aufsichtsbehörden und Aufsichtsbehörden sind. Die endgültige Regelung wird erst dann möglich sein, wenn im Zuge der Reichsreform die endgültige Behördengliederung feststeht. Bis dahin werden die bisher nach Landesrecht zuständigen Aufsichtsbehörden als obere Aufsichtsbehörden und Aufsichtsbehörden bestimmt werden.

Zu § 108: Die Vorschrift räumt der Aufsichtsbehörde das Informationsrecht ein, das ihr von jeher zustand. Seine Notwendigkeit braucht nicht näher begründet zu werden. Als selbstverständlich ist im Gesetz nicht ausdrücklich ausgesprochen, daß die Aufsichtsbehörde auch an allen Beratungen des Bürgermeisters und seiner Vertreter mit den Gemeinderäten und Beiräten teilnehmen kann; dies gehört zum Wesen des staatsaufsichtlichen Informationsrechts.

Zu § 109: Die Vorschrift regelt die sogenannte negative Staatsaufsicht oder — nach früherer Ausdrucksweise — das Beanstandungsrecht der Aufsichtsbehörde.

Das Aufsichtsmittel des § 109 richtet sich gegen Entschließungen und Anordnungen des Bürgermeisters. Ihnen stehen solche gleich, die in Vertretung oder im Auftrage des Bürgermeisters von anderen Beamten getroffen worden sind. Entschließungen sind auch solche, die ihrem Inhalt nach nicht ausführbar sind, die also eine bloße Meinungsäußerung enthalten oder lediglich eine Rechtsauffassung ausdrücken, sowie rein negative Entschließungen.

Für den Einsatz des Aufsichtsmittels des § 109 ist Voraussetzung, daß die Entschließung oder Anordnung entweder das bestehende Recht verletzt oder den Zielen der Staatsführung zuwiderläuft. Wegen der Abgrenzung dieser Begriffe wird auf die Ausführung zu § 106 verwiesen. Es wird ausdrücklich bemerkt, daß das Aufsichtsmittel des § 109 weitergreift als das sogenannte positive Aufsichtsmittel des § 110, insofern als das letztere auf die Erfüllung einer der Gemeinde gesetzlich obliegenden Verpflichtung beschränkt ist.

Zu § 110: Aus den Ausführungen zu § 109 ergibt sich, daß das im § 110 geregelte sogenannte positive Aufsichtsmittel enger umgrenzt ist als das im § 109 vorgesehene Beanstandungsrecht. Es kommt nicht in Betracht, wenn es sich darum handelt, eine Entschließung oder Anordnung des Bürgermeisters herbeizuführen, die im Hinblick auf die Ziele der Staatsführung geboten wäre, sondern nur dann, wenn die Entschließung oder Anordnung zur Erfüllung einer der Gemeinde gesetzlich obliegenden Verpflichtung erforderlich ist.

Der Begriff der gesetzlichen Verpflichtungen der Gemeinde ist nicht näher abgegrenzt. Dazu gehören alle Verpflichtungen, die auf einer gültigen Rechtsnorm beruhen. Nicht hierher gehören die rein bürgerlichrechtlichen Verpflichtungen der Gemeinden, deren Durchsetzung (vgl. § 116) das Gesetz dem in der ZPO. geregelten Verfahren überläßt.

Das Gesetz schreibt für den Eingriff der Aufsichtsbehörde ein bestimmtes Verfahren vor:

a) wie sich aus der Fassung des § 113 („Zustellung") ergibt, muß das Verlangen der Aufsichtsbehörde schriftlich gestellt werden;

b) die Aufsichtsbehörde muß dem Bürgermeister eine bestimmte Frist für die Durchführung des aufsichtlichen Verlangens stellen;

c) die Aufsichtsbehörde hat in der schriftlichen Verfügung den Inhalt der verlangten Entschließung oder Anordnung im einzelnen zu bezeichnen. Die Bezeichnung muß inhaltlich so eindeutig sein, daß die Entschließung oder Anordnung vom Bürgermeister ohne weiteres verwirklicht werden kann.

Unter diese Vorschrift fällt insbesondere das sogenannte Zwangsetatisierungsrecht der Aufsichtsbehörde, d. h. die Befugnis zur Durchsetzung einer der Gemeinde gesetzlich obliegenden Verpflichtung, einen Betrag in den Haushaltsplan einzustellen oder, falls die Gemeinde es überhaupt unterläßt, eine geordnete Haushaltssatzung aufzustellen, diese Haushaltssatzung (einschließlich des Haushaltsplans) von Aufsichts wegen aufzustellen und zu erlassen.

Zu § 111: Die Vorschrift stellt klar, daß sich die Gemeinde, deren Wirken nicht im Einklang mit den Gesetzen und den Zielen der Staatsführung steht, ihres Selbstbestimmungsrechts begibt, wenn sie dem gesetzlich begründeten und ordnungsmäßig gestellten aufsichtlichen Verlangen nach den §§ 108—110 nicht genügt. Die Aufsichtsbehörde kann danach an Stelle und auf Kosten der Gemeinde die zur Wiederherstellung des vom Gesetz vorgeschriebenen Zustandes erforderlichen Anordnungen entweder selbst bewirken oder durch einen Dritten durchführen lassen. Bei dieser Ersatzvornahme können je nach Erfordernis alle Abstufungen des aufsichtlichen Vorgehens in Betracht kommen. Die Aufsichtsbehörde kann danach jede erforderliche rechtserhebliche Erklärung abgeben, jedes Recht der Gemeinde, und zwar sowohl auf dem Gebiete des öffentlichen wie des Privatrechts, mit voller Rechtswirkung für die Gemeinde und Dritte ausüben.

Zu § 112: Das schärfste Mittel der Staatsaufsicht und der schwerste Eingriff in die Selbstverwaltung einer Gemeinde ist die Bestellung eines Beauftragten zur Wahrnehmung aller oder einzelner Befugnisse der Gemeinde. Es ist deshalb der Einsatz dieses Mittels davon abhängig gemacht, daß der geordnete Gang der Verwaltung es erfordert und die der Aufsichtsbehörde nach den §§ 109—111 eingeräumten Befugnisse zur Sicherung des geordneten Gangs der Verwaltung nicht ausreichen. Es müssen also schwere Erschütterungen des Gemeindelebens zu befürchten sein, wenn für die Aufsichtsbehörde ein hinreichender Anlaß bestehen soll, durch Einsetzung eines Staatskommissars das Selbstbestimmungsrecht der Gemeinde in weitem Umfange oder ganz auf einen Staatskommissar zu übertragen.

Die Einsetzung von Staatskommissaren ist bisher in den Gemeindeordnungen der einzelnen Länder nicht durchweg vorgesehen. Nach dem Grundgedanken des Gesetzes über die Einordnung von Gemeinden in das Staatsganze muß aber der letzte und rückhaltlose Einsatz staatlicher Machtmittel möglich sein, falls es im Gesamtinteresse geboten ist.

Zu § 113: Die Vorschrift des § 113 stellt eine grundsätzliche Abkehr von dem in der Vergangenheit der Selbstverwaltung der Gemeinden eingeräumten weitgehenden verwaltungsgerichtlichen Schutz dar. Über die Gründe hierfür kann auf die allgemeine Begründung unter Ziffer 2 verwiesen werden. An Stelle der Klage im verwaltungsgerichtlichen Verfahren räumt nunmehr das Gesetz der Gemeinde das Recht der Beschwerde an die nächsthöhere Aufsichtsbehörde ein. Materiell kann diese Beschwerde im wesentlichen nur auf den gleichen Grund wie die frühere Klage gestützt werden, nämlich darauf, daß die Aufsichtsbehörde in ihrem Verlangen gegenüber der Gemeinde weitergegangen sei, als es das Gesetz zuläßt.

Über die Beschwerde entscheidet die nächsthöhere Aufsichtsbehörde. Die Beschwerde hat grundsätzlich aufschiebende Wirkung. Die Aufsichtsbehörde soll, wie sich aus der Fassung des § 113 Abs. 2 ergibt, nur ausnahmsweise die aufschiebende Wirkung dann ausschließen, wenn ganz besondere Gründe vorliegen, die entweder im Interesse des Gemeinwohls oder aus

Gründen der Staatsautorität eine sofortige Durchsetzung eines aufsichtlichen Verlangens erfordern.

Es wird einer Durchführungsverordnung vorbehalten, vorzuschreiben, daß die Entscheidung der Beschwerde mit Gründen zu versehen ist. Außerdem wird für das Verfahren vorgeschrieben werden, daß der Gemeinde jede Möglichkeit einer erschöpfenden, auch mündlichen Begründung ihres eigenen Verhaltens eröffnet werden muß.

Zu § 114: Es bestand Anlaß, ausdrücklich vorzuschreiben, daß die Mittel der Staatsaufsicht, wie sie in den §§ 108 ff. vorgesehen sind, nur den Aufsichtsbehörden, nicht auch anderen Behörden und Stellen zustehen. Dies war vor allem notwendig, um die Einheit der Kommunalaufsicht, auf deren Sicherung das Gesetz großen Wert legt, zu gewährleisten. Ist es z. B. geboten, gesetzlich begründete Weisungen anderer Behörden zwangsweise durchzusetzen, so haben sich diese an die zuständige Aufsichtsbehörde zu wenden.

Zu § 115:

1. Zur Vermeidung einer Interessenkollision und zur Sicherung der Interessen der Gemeinde wird durch den Abs. 1 vorgeschrieben, daß Ansprüche der Gemeinde gegen den Bürgermeister nicht von der Gemeinde selbst, sondern von der Aufsichtsbehörde geltend zu machen sind. Dies bedeutet, daß außer der Aufsichtsbehörde niemand die Aktivlegitimation zur Geltendmachung solcher Ansprüche besitzt. Die Art der hierunter fallenden Ansprüche umgrenzt das Gesetz absichtlich nicht. Es fallen daher hierunter nicht nur auf bürgerlichem Recht beruhende Ansprüche, sondern auch die sich aus der Haftung des Bürgermeisters nach dem Reichsbeamtengesetz und nach der Vorschrift des § 92 der Gemeindeordnung ergebenden Haftungsverpflichtungen.
2. Die Vorschrift des Abs. 2 hat ihren Grund in ähnlichen Erwägungen. Das Treueverhältnis des Bürgermeisters zur Gemeinde, die absolute Lauterkeit vertraglicher Regelungen zwischen dem Bürgermeister und der Gemeinde soll dadurch vor der öffentlichen Kritik den erforderlichen Schutz erhalten, daß all diese Verträge der Genehmigung der Aufsichtsbehörde unterliegen und ohne diese Genehmigung rechtsunwirksam sind. Eine Ausnahme hiervon ist nur für solche Verträge veranlaßt, die nach allgemeinem Tarif (z. B. für den Bezug von elektrischem Strom, von

Gas, von Wasser usw.) abgeschlossen werden. Soll im Rahmen des Tarifs von einer individualisierenden Bestimmung Gebrauch gemacht werden, so gilt auch hierfür die Genehmigungspflicht.

Zu § 116: Im Gegensatz zur Regelung in einzelnen Ländern, nach der die Zwangsvollstreckung gegen die Gemeinden wegen Geldforderungen (soweit es sich nicht um dingliche Rechte handelt) den Aufsichtsbehörden obliegt, stellt sich das Gesetz auf den Standpunkt, den das Preußische Gesetz über die Zwangsvollstreckungen gegen juristische Personen des öffentlichen Rechts vom 11. Dezember 1934 einnimmt. Hiernach richtet sich die Zwangsvollstreckung gegen die Gemeinden im allgemeinen nach den Vorschriften der Zivilprozeßordnung. Es ist lediglich vorgesehen, daß die Durchführung der Zwangsvollstreckung von einer Zulassungsverfügung der Aufsichtsbehörde abhängig ist. In dieser Verfügung sind auch die Vermögensgegenstände zu bestimmen, in die die Zwangsvollstreckung zugelassen wird, und ist über den Zeitpunkt zu befinden, in dem sie stattfinden soll. Hierdurch kann der geordnete Gang der Verwaltung sichergestellt werden, ohne daß der Gläubiger mit seiner Forderung auf einen anderen Weg als auf den für bürgerlichrechtliche Ansprüche allgemein eröffneten verwiesen, und ohne daß die Aufsichtsbehörde mit der eigentlichen Zwangsvollstreckung belastet zu werden braucht.

Zum Achten Teil.

Schlußvorschriften.

Zu § 117: Die Vorschriften der §§ 117—121 enthalten in der Hauptsache die erforderlichen Ermächtigungen an den Reichsminister des Innern, um den gegenwärtigen Rechtszustand an die durch die Deutsche Gemeindeordnung geschaffene Rechtslage anzugleichen und insbesondere für die Übergangszeit die notwendigen Regelungen — auch unter Abweichung von den Vorschriften der Gemeindeordnung (z. vgl. § 121 Abs. 1 Satz 2) — zu treffen.

1. Die Vorschrift des § 117 Abs. 1 soll sicherstellen, daß der Grundsatz der Dezentralisation der Verwaltung, der Anlaß gegeben hat, die Befugnisse nach den §§ 9—11, 15 von der obersten Kommunalaufsichtsbehörde auf den Reichsstatthalter zu übertragen, auch nach unten weiterverfolgt

wird. Es erscheint nicht erforderlich, daß z. B. geringfügige Grenzänderungen der Gemeinden auf dem Dienstwege bis zum Reichsstatthalter von einer Reihe von Behörden behandelt werden. Durch Verordnung wird der Kreis der nach unten abzugebenden Aufgaben bestimmt, näher umgrenzt und die Zuständigkeit der an die Stelle des Reichsstatthalters tretenden Behörden geregelt werden.

2. Durch Abs. 2 wird bestimmt, daß dort, wo das Amt des Reichsstatthalters nicht vom Gauleiter der NSDAP. wahrgenommen wird, sowie dort, wo im Verwaltungsbezirk eines Reichsstatthalters mehrere Gauleiter der NSDAP. bestellt sind, bei dem überwiegend politischen Charakter der hier in Frage stehenden Aufgaben jeweils auch der örtlich zuständige Gauleiter der NSDAP. miteingeschaltet wird. Die Vorschrift hat Übergangscharakter, weil damit zu rechnen ist, daß in der künftigen Behördengliederung des Reiches das Amt des Reichsstatthalters und des Gauleiters von einem Amtsträger wahrgenommen wird.

3. Die Vorschrift des Abs. 3 ist erforderlich, weil für das Land Preußen mit Rücksicht auf seine Größe eine einheitliche Ausübung der dem Reichsstatthalter übertragenen Aufgaben nicht möglich ist. Diese Aufgaben sind deshalb den Oberpräsidenten übertragen, die, abgestellt auf die hier in Frage kommenden Aufgaben, im Behördenaufbau die gleiche Stellung einnehmen wie die Reichsstatthalter.

Zu § 118: Es ist Sache der Partei, die nähere Regelung darüber zu treffen, wer Beauftragter der NSDAP. im Sinne der Gemeindeordnung ist. Die Regelung erfolgt durch eine Verordnung des Stellvertreters des Führers. Da die Aufgaben, die das Gesetz dem Beauftragten der NSDAP. überträgt, in der Hauptsache politischer Natur sind, ist daran gedacht, zum Beauftragten den politischen Hoheitsträger der Partei zu bestimemn, der auf der Höhe der Kommunalaufsichtsbehörde die parteiamtlichen Funktionen wahrnimmt.

Zu § 119: Die Vorschrift räumt dem Reichsminister des Innern eine weitgehende Ermächtigung zum Angleich des bisherigen Rechtszustandes und der nach den bisherigen Gesetzen eingerichteten Verwaltung der Gemeinden an die einheitliche Neuregelung ein.

1. Der Reichsminister des Innern kann für einzelne Gemeinden auf eine befristete Übergangszeit den bisherigen Rechtszustand aufrechterhalten. Es ist beabsichtigt, von dieser Ermächtigung für die drei Hansestädte — und nur für diese — Gebrauch zu machen, bis die künftige Einordnung dieser nach wie vor als Länder fungierenden Städte in die Neugliederung des Reichs festliegt.
2. § 12 Abs. 2 bestimmt, daß aus besonderen Gründen Grundstücke außerhalb des Gebiets einer Gemeinde verbleiben können; ebenso können nach § 13 Gemeinden oder Gemeindeteile zu gemeindefreien Grundstücken erklärt werden. Bei dem Ausnahmecharakter der gemeindefreien Grundstücke unterläßt es die Deutsche Gemeindeordnung, die weitere Frage näher zu regeln, durch wen und auf welchem Wege die öffentlichen Aufgaben, die im Gemeindegebiet der Gemeinde obliegen, wahrgenommen werden sollen. Deshalb ist es erforderlich, durch eine Verordnung die näheren Vorschriften hierüber zu treffen. In der Hauptsache wird es bei der Aufrechterhaltung der bisher geltenden Bestimungen verbleiben.
3. § 119 Nr. 3 schafft die Möglichkeit für Gemeinden, die nicht Städte sind, herkömmliche Amtsbezeichnungen an Stelle der Amtsbezeichnungen, „Bürgermeister, Beigeordneter oder Gemeinderat" beizubehalten.
4. Auf Grund der Gleichschaltungsgesetze, des Gesetzes zur Wiederherstellung des Berufsbeamtentums und der seit der Machtübernahme in den einzelnen Ländern ergangenen Änderungen des Gemeinderechts ist eine völlige Erneuerung der Gemeindeverwaltungen in ihrer personellen Besetzung durchgeführt worden. Bei der Vielzahl der Gemeinden (über 50 000) und bei der Notwendigkeit, die Stetigkeit der Verwaltung nicht ohne zwingenden Grund zu beeinträchtigen, wird deshalb davon abgesehen, die Neubesetzung der Stellen der Amtsträger der Gemeinden mit dem Inkrafttreten der Deutschen Gemeindeordnung in vollem Umfange anzuordnen. Nur insoweit, als die bisherigen ehrenamtlichen Organe der Gemeindeverwaltung durch die Vorschriften der Deutschen Gemeindeordnung eine Änderung ihres Wesens erfahren, erscheint es unerläßlich, den Ablauf der Amtszeit dieser ehrenamtlichen Gemeindeorgane und ihre Neubesetzung zu ermöglichen.

5. In den Nummern 4 und 5 des § 119 wird der Reichsminister des Innern ermächtigt, den gegenwärtigen Rechtszustand an die Neuregelung des Gemeindewesens allgemein anzupassen. Hierdurch ist Vorsorge getroffen, daß die Erfordernisse der Rechtseinheit mit der Rücksichtnahme auf berechtigte Bodenständigkeit abgewogen werden können. Zur Klarstellung wird beigefügt, daß die Ermächtigung des Reichsministers des Innern zur Angleichung des gegenwärtigen Rechtszustandes an die Vorschriften der Deutschen Gemeindeordnung nicht etwa eine einmalige und nach Erlaß der Verordnung abgeschlossene ist. Die Anpassung des Reichs- und Landesrechts an den neuen Rechtszustand kann vielmehr stufenweise erfolgen.

Zu § 120 kann auf Ziffer 4 der allgemeinen Begründung verwiesen werden.

Zu § 121: Abs. 1 enthält die Ermächtigung an den Reichsminister des Innern, der als oberste Kommunalaufsichtsbehörde zum Vollzuge des Gesetzes zuständig ist, zum Erlaß von Rechts- und Verwaltungsvorschriften zur Durchführung und Ausführung des Gesetzes. Satz 2 enthält darüber hinaus die Ermächtigung, übergangsweise von Vorschriften der Deutschen Gemeindeordnung abzuweichen. Es läßt sich augenblicklich nicht übersehen, ob es nicht notwendig ist, besonderen Eigenheiten der landesrechtlichen Regelung auch dort, wo eine dauernde Aufrechterhaltung im Interesse der Rechtseinheit nicht erwünscht ist, dadurch Rechnung zu tragen, daß bestehende Verhältnisse in natürlicher Weise abgebaut werden.

Abs. 2 sieht vor, daß der Reichsminister der Finanzen bei der verordnungsmäßigen Regelung der Wirtschaftsführung der Gemeinden stets beteiligt wird. Bei der unlöslichen Verbundenheit der Finanzen des Reichs mit den Finanzen seiner Gliedkörperschaften ist es unerläßlich, daß die für die Gemeinden geplanten Vorschriften im Einvernehmen mit dem Reichsminister der Finanzen ergehen, um auch hierdurch möglichste Gleichrichtung im Reich und in den Gemeinden zu sichern.

Zu § 122: Größe und Struktur der Hauptstadt Berlin verlangen eine Sonderregelung ihrer Verfassung und Verwaltung. Die Bedeutung der Regelung gebietet, daß sie im Wege des Gesetzes ergeht.

Alphabetisches Sachregister.

Abkürzungen.

A. = Anmerkung.
Abs. = Absatz.
Arabische Zahlen = Zahlen der Paragraphen bezw. Nr. der Anmerkung.
E. = Einleitung.
Vorb. = Vorbemerkung.

A.

B.

F.

H.

T.

U.

V.

W.

Z.

Gedruckt bei A. W. Hayn's Erben, Potsdam.

Nachweis wichtiger Gesetzesausgaben

mit und ohne Erläuterungen, größere und kleinere Kommentare, Lehrbücher, Sammelwerke, Entscheidungssammlungen, Zeitschriften

Verlag Walter de Gruyter & Co., Berlin W 10 Genthiner Str. 38

Winter 1934

Inhaltsübersicht

. Allgemeines, Sammelwerke.

Handwörterbuch der Rechtswissenschaft. Unter Mitberatung von Reichsgerichtspräsident Dr. Dr. E. Bumke, Reichsgerichtsrat Dr. L. Busch, Oberreichsanwalt Prof. Dr. Dr. L. Ebermayer, Geh. Rat Professor Dr. Dr. Fr. Endemann, Geh. Justizrat Professor Dr. Dr. E. Heymann, Senatspräsident am Reichsgericht Dr. O. Strecker, Präsident des Bayerischen Obersten Landesgerichts Staatsrat Dr. K. v. Unzner †, herausgegeben von Dr. jur. **Fritz Stier-Somlo,** o. Professor an der Universität Köln, und Dr. jur. **Alexander Elster,** Berlin. 6 Bände. Lexikon-Oktav. 1926/29. 1 Ergänzungsband 1931.
In Halbleder geb. RM. 312.—

„Es zeigt sich doch jetzt immer mehr, daß Ihr Handwörterbuch ein ganz großer Wurf war. Wie ich höre, wird es auch in der Praxis in steigendem Maße benutzt." Professor Dr. Nipperdey, Köln.

Die Reichsgerichtspraxis im deutschen Rechtsleben. Festgabe der juristischen Fakultäten zum 50jährigen Bestehen des Reichsgerichts (1. Oktober 1929), unter Mitwirkung der Professoren Gerhard Anschütz, Heidelberg, Ernst Heymann, Berlin, Theodor Kipp, Berlin, Wilhelm Kisch, München, Alfred Schultze, Leipzig, Heinrich Siber, Leipzig, herausgegeben von Otto Schreiber, weiland Professor in Königsberg i. Pr. 6 Bde. Groß-Oktav. 1929.
Geh. RM. 110.—, in Halbfranz geb. RM. 134.—

I. Band: Öffentliches Recht. II. Band: Zivil- und Handelsrecht. III. Band: Zivil- und Handelsrecht (Fortsetzung). IV. Band: Handels- und Wirtschaftsrecht. V. Band: Strafrecht und Strafprozeß. VI. Band: Zivilprozeßrecht.
Die Bände werden einzeln abgegeben.

Fünfzig Jahre Reichsgericht am 1. Oktober 1929. Von Dr. Adolf **Lobe,** Senatspräsident am Reichsgericht i. R., M. d. R. unter Mitarbeit von Mitgliedern und Beamten des Reichsgerichts, der Reichsanwaltschaft und der Rechtsanwaltschaft am Reichsgericht. Mit **14** Porträts und **15** Abbildungen. Lexikon-Oktav. VI, 436 Seiten. 1929.
RM. 20.—, in Halbfranz RM. 24.—

Fehr, Hans, **Das kommende Recht.** Groß-Oktav. 28 Seiten. 1933.
RM. 1.—

Die kleine lesenswerte Schrift des bekannten Rechtslehrers enthält viele Gedanken und Anregungen für die kommende Rechtsreform und gibt auf realer Grundlage an der Hand von Beispielen eine interessante Skizze der neuen Rechtslehre.

Küchenhoff, Nationaler Gemeinschaftsstaat, Volkrecht und Volkrechtsprechung. Oktav. 46 Seiten. 1933 . . . . RM. 2.—

Das aus der Weltanschauung des Nationalsozialismus stammende Recht hat sein eigenes neuartiges Gepräge. — Der Verfasser legt die allgemeinen geschichtlichen, weltanschaulichen und staatsrechtlichen Zusammenhänge dar, deren Kenntnis zum Verständnis des neuen Rechts unbedingt erforderlich ist. Seine Ausführungen werden dazu beitragen, weiter methodisch fundierte Grundsätze für die Rechtsanwendung im Dritten Reich zu gewinnen.

Schriften der Akademie für Deutsches Recht. Herausgegeben vom Präsidenten der Akademie für Deutsches Recht Reichsjustizkommissar Dr. Hans Frank. Nr. 5: Meriggi, Lea, Faschismus und Recht. Vortrag, gehalten in der II. Vollsitzung der Akademie für Deutsches Recht am 29. Januar 1934. Oktav. 73 Seiten. 1934 . . . . RM. 1.80

Flügge, Ludwig, **Erbbiologisches Denken in Justiz und Verwaltung.** Oktav. 58 Seiten. 1933 . . . . RM. 2.50

Inhalt: Einleitung. — I. Die Bedeutung der Erbmasse und der Umwelt. — II. Die kritische Zeitlage. — III. Praktischer Teil: Erbbiologische Gesichtspunkte bei Verteilung von Ämtern und Arbeitsposten. — Zubilligung und Versagung öffentlicher Ehren und Beeinflussung der Volkssitte. — IV. Rassenhygiene. — V. Das Durchdringen in der gesamten öffentlichen Verwaltung. — VI. Überwindung von Hemmungen.

Bürgerliches Rechtslexikon. (Nach dem Bürgerlichen Gesetzbuch, dem Handelsgesetzbuch und sonstigen Reichs- und Landesgesetzen.) Von E. **Christiani,** weil. Amtsgerichtsrat. Vierte, durchgearbeitete und verbesserte Auflage von Dr. Alexander **Elster,** Rechtsanwalt Dr. Hugo **Hoormann,** Amtsgerichtsrat Georg **Krause,** Lexikon-Oktav. IV, 474 Seiten. 1930 . . . . Geb. RM. 15.—

Crisolli, Karl-August, **Verordnung des Reichspräsidenten über Maßnahmen auf dem Gebiete der Rechtspflege und Verwaltung vom 14. Juni 1932.** Textausgabe mit Einleitung, Vorbemerkungen und Sachregister. Taschenformat. 84 Seiten. 1932. (Guttentagsche Sammlung Deutscher Reichsgesetze Bd. 181.) . . . . RM. 2.15

Die Vierte Notverordnung. (Vierte Notverordnung des Reichspräsidenten zur Sicherung von Wirtschaft und Finanzen und zum Schutze des inneren Friedens. Vom 8. XII. 1931.) Erläuterte Textausgabe mit Durchführungsverordnungen. Taschenformat. XVI, 364 Seiten. 1932. Mit Nachträgen enthaltend die Änderungen bis April 1932. (Guttentagsche Sammlung Dtsch. Reichsgesetze, Bd. 180.) . . . Geb. RM. 5.40

Hedemann, J. W., **Einführung in die Rechtswissenschaft.** Zweite, erweiterte und umgestaltete Auflage. Oktav. XXII, 566 Seiten. 1927. (Lehrbücher und Grundrisse der Rechtswissenschaft Bd. IX.)
RM. 12.60, geb. RM. 14.40

Wegner, Arthur, **Einführung in die Rechtswissenschaft.**
I. Band: Aufbau des Rechtes, geschichtlich und systematisch. Rechtswissenschaftliche Arbeitsweise. Bürgerliches Recht. Handelsrecht. Arbeitsrecht. 144 Seiten. 1931. (Sammlung Göschen Bd. 1047.)
Geb. RM. 1.62
II. Band: Drei Bücher Öffentliches Recht: Staat, Völkergemeinschaft, Kirche. 140 Seiten. 1931. (Sammlung Göschen Bd. 1048.)
Geb. RM. 1.62

Schröder, Richard, und **Künßberg,** F., **Lehrbuch der deutschen Rechtsgeschichte.** Siebente Auflage. Groß-Oktav. Mit einer Abbildung im Text und einem Bildnis. IV, 1083 Seiten. 1932 . Geb. RM. 33.30

Dieses bekannte Lehrbuch hat sich seit langen Jahren bestens bewährt.

Fehr, Hans, **Deutsche Rechtsgeschichte.** Zweite, verbesserte und ergänzte Auflage. Oktav. 416 Seiten. 1925. (Lehrbücher und Grundrisse der Rechtswissenschaft Bd. X.) . . RM. 11.70, geb. RM. 13.—

Schröder, Richard, und **Glitsch,** Heinrich, **Deutsche Rechtsgeschichte.** Zweite Auflage. Neudruck.
I. Bis zum Ende des Mittelalters. 160 Seiten. 1929. (Sammlung Göschen Bd. 621.) . . . . Geb. RM. 1.62
II. Die Neuzeit. 90 Seiten. 1929. (Sammlung Göschen Bd. 664.)
Geb. RM. 1.62

Giese, Friedrich, **Preußische Rechtsgeschichte.** Übersicht über die Rechtsentwicklung der preußischen Monarchie und ihrer Landesteile. Ein Lehrbuch für Studierende. Groß-Oktav. 256 Seiten. 1920.
RM. 5.—, geb. RM. 6.50

von Mayr, Robert, **Römische Rechtsgeschichte.** I. Buch. Die Zeit des Volksrechtes. 1. Hälfte: Das öffentliche Recht. 150 Seiten. 1912. (Sammlung Göschen Bd. 577.) . . . . Geb. RM. 1.62

2. Hälfte: Das Privatrecht. 117 Seiten. 1912. (Sammlung Göschen Bd. 578.) . . . . Geb. RM. 1.62
II. Buch: Die Zeit des Amts- und Verkehrsrechtes. 1. Hälfte: Das öffentliche Recht. 158 Seiten. 1912. (Sammlung Göschen Bd. 645.) Geb. RM. 1.62
2. Hälfte: Das Privatrecht I. 122 Seiten. 1913. (Sammlung Göschen Bd. 646.) . . . . Geb. RM. 1.62
Das Privatrecht II. 150 Seiten. 1913. (Sammlung Göschen Bd. 647.) Geb. RM. 1.62
III. Buch. Die Zeit des Reichs- und Volksrechtes. 111 Seiten. 1913. (Sammlung Göschen Bd. 648.) . . . . Geb. RM. 1.62
IV. Buch. Die Zeit der Orientalisierung des römischen Rechtes. 155 Seiten. 1913. (Sammlung Göschen Bd. 697.) . . . . Geb. RM. 1.62

Schott, Richard, **Hilfsbüchlein für die Vorlesungen über Institutionen, Geschichte und Zivilprozeß des römischen Rechts.** 2. Auflage. Oktav. 42 Seiten. 1933 . . . . RM. 1.60

„Ein Büchlein, das sehr brauchbares Material bietet. Kein Lehrbuch, kein Grundriß, sondern eine gut aufgebaute und juristisch klar durchgearbeitete Sammlung von Belegstellen und Quellen zur Erleichterung des Studiums des römischen Rechts. . ."

Der Referendar Nr. 8, v. 15. IX. 1931.

Stammler, Rudolf. **Lehrbuch der Rechtsphilosophie.** Dritte, vermehrte Auflage. Groß-Oktav. XVI, 390 Seiten. 1928. RM. 13.—, geb. RM. 15.—

„. . . kann das Buch wegen der Meisterschaft der Darstellung, wegen der Klarheit und Genauigkeit seiner Formulierungen und wegen des außerordentlich reichen literarischen Apparates auf das Wärmste empfohlen werden. Ein ausführliches Register erleichtert den Gebrauch."

Leipziger Ztsch. f. deutsches Recht Nr. 22, v. 15. XI. 1929.

Stammler, Rudolf, **Rechts- und Staatstheorien der Neuzeit.** Leitsätze zu Vorlesungen. Zweite, vermehrte und verbesserte Auflage. Oktav. IV, 110 Seiten. 1925. . . . . RM. 3.50, geb. RM. 4.50

Ein unentbehrlicher Führer durch die Rechts- und Staatstheorien der Neuzeit.

Stammler, Rudolf. **Wirtschaft und Recht** nach der materialistischen Geschichtsauffassung. Eine sozialphilosophische Untersuchung. Fünfte, durch einen Nachtrag ergänzte Auflage. Oktav. VIII, 704 Seiten. 1924. . . . . RM. 14.—, geb. RM. 16.—

Friedrichs, Karl, **Der Allgemeine Teil des Rechts.** Eine Darstellung der gemeinsamen Lehren des öffentlichen und des privaten Rechts. Groß-Oktav. X, 306 Seiten. 1927. . . . . . . RM. 12.—, geb. RM. 13.50

„Eine solche Arbeit fehlte bisher in der juristischen Literatur. Friedrichs ist wie kein anderer berufen, eine grundlegende Arbeit über dieses Gebiet zu schreiben."

Mitteilungen des Preuß. Richtervereins Nr. 4, v. 15. IV. 1927.

Maas, Georg, und **Magnus**, Julius, **Abkürzungsverzeichnis der Rechtssprache.** Abkürzungen der Bezeichnungen von Rechtsquellen, Behörden, Entscheidungen usw. des deutschen und österreichischen Rechts. Oktav. IV, 131 Seiten. 1929 . . . . RM. 4.—, geb. RM. 5.—

„Bis jetzt fehlte eine Zusammenstellung, die in zuverlässiger Weise die gebräuchlichsten Abkürzungen wiedergab. Diese Lücke füllt das neue Buch in glücklicher Weise aus."

Der junge Rechtsgelehrte Nr. 5, v. 1. III. 1929.

Endemann, Friedrich, **Grundriß des römischen Privatrechts.** Oktav. X, 256 und 30 Seiten. 1925. (Lehrbücher und Grundrisse der Rechtswissenschaft Bd. XII.) . . . . RM. 8.10, geb. RM. 9.50

„. . . Die Sprache ist einfach, klar, leicht und verständlich. Anmerkungen, die so oft in anderen Werken stören, sind ganz ver-

mieden. . . So hat Endemann ein nach jeder Richtung hochstehendes Werk geschaffen."

Der junge Rechtsgelehrte Nr. 16, v. 1. VIII. 1925.

Stammler, Rudolf, **Aufgaben aus dem römischen Recht.** Der „Institutionenübungen für Anfänger" vierte Auflage. **Oktav.** IV, 92 **Seiten.** Mit Figuren im Text. 1919 . . . . Geb. RM. 5.—

Zum selbständigen Einarbeiten in das System des römischen Privatrechts.

II. Bürgerliches Recht

1. Bürgerliches Gesetzbuch

Lehmann, Heinrich, **Allgemeiner Teil des Bürgerlichen Gesetzbuches.** Vierte, vermehrte und verbesserte Auflage. Oktav. XVI, 512 Seiten. 1933. (Lehrbücher und Grundrisse der Rechtswissenschaft Bd. I.) Geb. RM. 14.—

Die 4. Auflage des bewährten Grundrisses des Allgemeinen Teiles hat die gesetzlichen Neuerungen überall berücksichtigt. Im übrigen erschien ein Hinausschieben der Neuauflage in Hinsicht auf mögliche Gesetzesreformen nicht angebracht. Das Bürgerliche Recht und namentlich der Allgemeine Teil des BGB dürften einer Gesetzesreform am wenigsten bedürfen; ihnen ist eine größere Elastizität eigen als den öffentlichrechtlichen Teilen der Rechtsordnung, z. B. dem Strafrecht. Lebendiges Recht zu bieten, war die Aufgabe dieses Grundrisses stets.

Leonhard, R., **Der Allgemeine Teil des Bürgerlichen Gesetzbuches** in seinem Einflusse auf die Fortentwicklung der Rechtswissenschaft. Groß-Oktav. XVI, 537 Seiten. 1900. (Recht des Bürgerlichen Gesetzbuches in Einzeldarstellungen Nr. X.) . . . . RM. 10.—

Die Sammlung „Recht des Bürgerlichen Gesetzbuches" umfaßt systematische Darstellungen des BGB. aus der Feder erster Juristen der Wissenschaft und Praxis.

Oertmann, Paul, **Allgemeiner Teil des Bürgerlichen Gesetzbuches.**
I. Einleitung. Lehre von den Personen und von den Sachen. Dritte, verbesserte Auflage. 136 Seiten. 1926. (Sammlung Göschen Bd. 447.) Geb. RM. 1.62
II. Erwerb und Verlust, Geltendmachung und Schutz der Rechte. Dritte, verbesserte Auflage. 147 Seiten. 1928. (Sammlung Göschen Bd. 448.) . . . . Geb. RM. 1.62

Plancks Kommentar zum Bürgerlichen Gesetzbuch nebst Einführungsgesetz. Bisher herausgegeben von E. Strohal. Bearbeitet von E. Brodmann, L. Busch, J. Ebbecke, F. Flad, M. Greiff, K. Gunkel, P. Knoke, M. Landois, A. Lobe, Fr. Oegg, H. Siber, O. Strecker, K. von Unzner. Vierte, völlig neubearbeitete Auflage. Lexikon-Oktav. Bisher sind erschienen:
I. Band: Allgemeiner Teil. 606 Seiten. 1913. RM. 15.—, geb. RM. 17.—
II. Band, 1. Hälfte: Recht der Schuldverhältnisse. (Allgemeiner Teil.) 640 Seiten. 1914 . . . . RM. 15.—, geb. RM. 17.—
II. Band, 2. Hälfte: Recht der Schuldverhältnisse. (Besonderer Teil.) 1296 Seiten. 1928 . . . . RM. 49.—, geb. RM. 52.—
III. Band: Sachenrecht. 5. Auflage. 1. Lieferung: Einleitung und §§ 854 bis 902. 321 Seiten. 1931 . . . . RM. 14.—
2. Lieferung: §§ 903—1017 und Verordnung über das Erbbaurecht. Seite 321—729. 1933 . . . . RM. 17.—
3. Lieferung: §§ 1018—1112. Seite XII, 729—941. 1933 . . RM. 12.—
IV. Band: Familienrecht. 1. Hälfte §§ 1297—1588. 701 Seiten. 1928. RM. 26.—, geb. RM. 28.—

V. Band: Erbrecht. Vierte, völlig neubearbeitete Auflage. Groß-Oktav. XII, 1136 Seiten. 1930 . . RM. 51.—, geb. RM. 54.— Sonderprospekt kostenlos.

Das Bürgerliche Gesetzbuch mit besonderer Berücksichtigung der Rechtsprechung des Reichsgerichts. Erläutert von Dr. Bessau, Dr. Hallamik, Dr. Lobe, Michaelis, Dr. Oegg, Sayn, Schliewen und Seyffarth, Reichsgerichtsräten und Senatspräsidenten am Reichsgericht. Achte, wesentlich umgearbeitete Auflage. 5 Bände. Lexikon-Oktav.

I. Band. Allgemeiner Teil. Recht der Schuldverhältnisse I (Allgemeiner Teil) bearbeitet von Dr. Bessau, Dr. Oegg, Sayn (Allgemeiner Teil) Michaelis, (Recht der Schuldverhältnisse). 1934.
In Halbleder geb. RM. 30.—

II. Band: Recht der Schuldverhältnisse II (einzelne Schuldverhältnisse) bearbeitet von Dr. Lobe, Dr. Oegg, Schliewen, Seyffahrt. 1934.
In Halbleder geb. RM. 32.—

III. Band: Sachenrecht bearbeitet von Dr. Bessau (Liegenschaftsrecht) und Schliewen (Besitz, Rechte an beweglichen Sachen). 1934.
In Halbleder geb. RM. 32.—

Die Abnahme des I. Bandes verpflichtet zum Bezug des ganzen Werkes. Band IV und V sollen in rascher Folge zur Ausgabe gelangen.

„Der Standard-Kommentar zum BGB. ... Daß im übrigen wie in den bisherigen Auflagen die Rechtsprechung der Praxis eingehend bearbeitet ist und höchstes Niveau gehalten wird, bedarf keiner besonderen Betrachtung, hat doch der Erfolg des Kommentars dies bereits in den früheren Auflagen hinreichend bestätigt. So kann auch die neue Auflage als schlechthin unentbehrlich für die Praxis bezeichnet werden. Der Wunsch eines vollen Erfolges sei ihr mit auf den Weg gegeben." *Deutsche Justiz v. 16. 2. 34.*

Achilles-Greiff, Bürgerliches Gesetzbuch nebst Einführungsgesetz. Mit Einleitung, Anmerkungen und Sachregister. Nach dem Tode des ersten Herausgebers Dr. A. Achilles in Verbindung mit J. Altstötter, Oberamtsrichter in München, O. Meyer, Oberlandesgerichtspräsident in Celle, Dr. J. Kieckebusch, Land- und Amtsgerichtsrat in Kassel, Dr. O. Strecker, Senatspräsident am Reichsgericht i. R. in Leipzig, herausgegeben von Dr. M. Greiff, Wirkl. Geh. Oberjustizrat, Oberlandesgerichtspräsident i. R. in Berlin. Dreizehnte, vermehrte und verbesserte Auflage. Mit Erläuterungen der Verordnung über das Erbbaurecht, des Gesetzes über die religiöse Kindererziehung und des Gesetzes für Jugendwohlfahrt. Groß-Oktav. XXIII, 1304 Seiten. 1930 und Nachträgen. (Guttentagsche Sammlung Deutscher Reichsgesetze Bd. 38/39.) . . . . Geb. RM. 21.60

„Das angesehene Werk bedarf keines Wortes der Empfehlung. Es gehört zu denjenigen Handkommentaren, die sich in der juristischen Praxis unangefochtenes Bürgerrecht erworben haben ..."
Berliner Tageblatt v. 22. VII. 1930.

Bürgerliches Gesetzbuch nebst Einführungsgesetz. Vom 18. August 1896 mit Berücksichtigung der bis zum 1. Januar 1928 ergangenen Abänderungen. Textausgabe mit ausführlichem Sachregister. Sechzehnte Auflage. (61. bis 66. Tausend). Taschenformat. 758 Seiten. 1928. Durch Nachträge ergänzt. (Guttentagsche Sammlung von Textausgaben ohne Anmerkungen mit Sachregister.) . . . . Geb. RM. 2.50

Schulz, F. H., Bürgerliches Gesetzbuch und Einführungsgesetz. Taschenformat. Zweite, unveränderte Auflage. XI, 664 Seiten. 1931.
(Lehrausgaben Deutscher Gesetze. Bd. I.) Geb. RM. 5.—

Lindemann, Otto, Ausführungsgesetz zum Bürgerlichen Gesetzbuche vom 20. September 1899 nebst einem Anhang: Verordnung zur Ausführung des Bürgerlichen Gesetzbuchs vom 16. November 1899. Nach dem Tode des früheren Herausgebers Kammergerichtsrat Dr. P. Siméon, erläutert von Geh. Oberjustizrat Otto Lindemann, Ministerialdirektor im Pr. Justizministerium Vierte Auflage. Taschenformat 208 Seiten. 1930. (Guttentagsche Sammlung Preußischer Gesetze Bd. 23.) Geb. RM. 4.50

„... Der Praxis ist aber mit einer solchen Ausgabe besonders gedient ... die sich Aufklärung über die Tragweite und die Bedeutung einer Vorschrift des Preuß. AGBGB. verschaffen wollen, finden in Lindemanns Ausführungen einen nie versagenden Führer."
Der junge Rechtsgelehrte Nr. 10, v. 15. V. 1930.

Juristischer Anschauungsstoff. Herausgegeben von Helmut Rühl, o. Prof. d. Rechte a. d. Univ. Göttingen.
Heft 1:
Rühl, H., **Bürgerliches Recht und Arbeitsrecht.** Groß-Oktav. VIII, 148 Seiten. 1931 . . . . RM. 4.—

In der Sammlung „Juristischer Anschauungsstoff" werden für den Gebrauch im akademischen Unterricht Urkunden aus der Rechtspraxis zusammengestellt. So bringt das erste Heft 140 typische Beispiele für fast jedes Rechtsinstitut des BGB. und des Arbeitsrechts (Registereintragungen, Geschäftsbedingungen, Tarifverträge, Satzungen usf.). Die Anordnung folgt dem Gang des Gesetzes.

Schück, Richard, **Zivilrechtspraktikum.** Zum Selbststudium und zum Lehrgebrauch. Vierte, vermehrte Auflage. Herausgegeben von Gustav Schreiber. Groß-Oktav. 160 Seiten. 1930.
Geb. RM. 6.—

Das „Schücksche Zivilrechtspraktikum" bringt in einem billigen Band über 600 Fälle aus allen fünf Büchern des BGB. und dem Einführungsgesetz.

von der Mosel, Heinrich, **Lösungen** zu dem von Kammergerichtsrat Dr. Richard Schück herausgegebenen **Zivilrechtspraktikum.** Nach dem Bürgerlichen Gesetzbuch bearbeitet für Studierende und Referendare. Fünfte Auflage. Oktav. 227 Seiten. 1931.
RM. 6.—, kart. RM. 6.50

Die Lösungen behandeln fast alle in dem Praktikum enthaltenen Fälle.

Schwerin, Cl., v., Frhr., **Grundzüge des deutschen Privatrechts.** Zweite Auflage. Oktav. XII, 342 Seiten. 1928. (Lehrbücher und Grundrisse der Rechtswissenschaft Bd. XIII.) . . RM. 8.50, geb. RM. 9.90

Melchior, Georg, **Die Grundlagen des deutschen internationalen Privatrechts.** Oktav. XXXII, 558 Seiten. 1932. RM. 24.—, geb. RM. 26.—

Wegner, Arthur, **Jugendrecht.** Ein Lehrbuch zur Einführung. Oktav. IX, 219 Seiten. 1929 . . . . RM. 5.40, geb. RM. 6.75

Schuldverhältnisse insbesondere

Hedemann, Justus Wilh., **Schuldrecht des Bürgerlichen Gesetzbuches.** Zweite Auflage. Oktav. XXIV, 503 Seiten. 1931. (Lehrbücher und Grundrisse der Rechtswissenschaft Bd. II.)
RM. 13.—, geb. RM. 14.40

„Es ist sehr zu begrüßen, daß das ausgezeichnete und inhaltsreiche Werk des hervorragenden Rechtslehrers in der zweiten Auflage eine Umarbeitung erfahren hat. Alles in allem gesehen, ein außerordentlich wertvolles Werk, auf das insbesondere die Studierenden nicht genug hingewiesen werden können."
Der Referendar Nr. 4, v. 15. IV. 1932.

Oertmann, Paul, **Schuldrecht.** (BGB. II.)
I. Allgemeine Lehren. Dritte, verbesserte Auflage. 142 Seiten. 1927. (Sammlung Göschen Bd. 323.) . . . . Geb. RM. 1.62
II. Die einzelnen Schuldverhältnisse. Dritte, verbesserte Auflage. 159 Seiten. 1929. (Sammlung Göschen Bd. 324.) . . . Geb. RM. 1.62

Meyer, Georg, **Das Recht der Beschlagnahme von Lohn, Gehalt und Diensteinkommen.** Auf Grund des Reichsgesetzes vom 21. Juni 1869, der Verordnung über Lohnpfändung vom 25. Juni 1919 nebst Abänderungen und der Zivilprozeßordnung dargestellt. Siebente, vermehrte Auflage. Taschenformat. 174 Seiten. 1930. (Guttentagsche Sammlung Deutscher Reichsgesetze Bd. 55.) . . . Geb. RM. 4.—

Mattern, Gerhard, **Die landwirtschaftliche Schuldenregelung** nach dem Gesetz zur Regelung der landwirtschaftlichen Schuldverhältnisse vom 1. Juni 1933 mit Nebenbestimmungen. Mit Erläuterungen. Taschenformat. 204 Seiten. 1934 . . . . Geb. RM. 5.— (Guttentagsche Sammlung Deutscher Reichsgesetze. Nr. 187.)
Ein knappes, übersichtliches, den neuesten Stand von Gesetzgebung, Rechtsprechung und Literatur berücksichtigendes Erläuterungsbuch. Die Ausgabe enthält das Gesetz vom 1. VI. 33 mit den dazu erlassenen Verordnungen, Richtlinien usw., und alle in verschiedenen Gesetzen und Verordnungen enthaltenen einschlägigen Bestimmungen gehörig aufgezeigt und unter Berücksichtigung von Literatur und Rechtsprechung bis zur Gegenwart erläutert. Behandelt ist alles praktisch und wissenschaftlich Wesentliche; zur Veranschaulichung sind Beispiele herangezogen worden. Im Interesse einer praktischen Übersichtlichkeit und eines niedrigen Preises ist das Werk bei aller Wahrung der erschöpfenden Behandlung in der Form kurz gehalten worden.

Seligsohn, Franz, **Kommentar zum Haftpflichtgesetz.** Zweite Auflage. Groß-Oktav. 360 Seiten. 1930 . . . . . RM. 12.—, geb. RM. 13.50
„Ein Kommentar von erfreulicher Gründlichkeit und Gediegenheit, wertvoll durch klare rechtliche Durchdringung des Stoffes wie durch Sorgsamkeit in der Sammlung, namentlich auch der auf diesem Gebiet besonders ergiebigen und wichtigen Rechtsprechung."
Juristische Rundschau Nr. 22, v. 15. XI. 1931.

Krieg, O., **Mietrecht und Wohnungsmangelgesetzgebung** im Reiche, in Preußen und in Berlin, einschließlich Hauszinssteuer, Kostenwesen und Rechtsentscheiden des Kammergerichts und des Obersten Landesgerichts. Zusammengestellt und mit ausführlichem Schlagwortregister versehen. Vierte Auflage. Taschenformat. XII, 594 Seiten. 1928. (Guttentagsche Sammlung Deutscher Reichsgesetze Bd. 156.) . . Geb. RM. 9.—

Nachtrag: Gesetz über Mieterschutz und Mieteinigungsämter. Änderungen seit der Bekanntmachung vom 17. Februar 1928 (Reichsgesetzblatt I S. 25). 1933 . . . . RM. 0.50

Stölzle, Hans, und **Graminger,** M., **Viehkauf** (Viehgewährschaft) nach Bürgerlichem Gesetzbuch und ausländischem Recht. Siebente, neubearbeitete Auflage. Taschenformat. ca. 700 Seiten. 1934. (Guttentagsche Sammlung Deutscher Reichsgesetze Bd. 50.) Geb. ca. RM. 12.—

Crisolli, Karl-August, Das Reichsgesetz, betreffend die **Abzahlungsgeschäfte** vom 16. Mai 1894. Mit Einleitung, Anmerkungen und Sachregister. Unter Mitwirkung von Julius Crisolli. Vierte, völlig umgearbeitete Auflage des Werkes von Hoffmann-Wilke. Taschenformat. 413 Seiten. 1931. (Guttentagsche Sammlung Deutscher Reichsgesetze Bd. 34.) . . . . Geb. RM. 7.20

Göppert, H., **Gesetz, betreffend die gemeinsamen Rechte der Besitzer von Schuldverschreibungen.** Zweite Auflage, bearbeitet von E. Trendelenburg. Taschenformat. 156 Seiten. 1915. (Guttentagsche Sammlung Deutscher Reichsgesetze Bd. 52.) . . . . . Geb. RM. 1.35

Kruse, Fr. Vinding, **Das Eigentumsrecht.** Aus dem Dänischen übersetzt von Knud Larsen. Groß-Oktav. XXIII, 881 Seiten. 1931.
Geb. RM. 25.—

Band 2 befindet sich im Druck.

„Das gewaltige Werk will eine allgemeine Rechtslehre und überhaupt Gesellschaftslehre unter Ausnützung des geltenden Rechts und der Rechtsgeschichte geben... Die glückliche Verbindung juristischer und ökonomischer Betrachtung, die Fülle des Tatsachenmaterials und Rechtsstoffes lassen das Buch als wertvolle Bereicherung der Literatur gelten...“

Prager juristische Zeitschrift Nr. 2, Januar 1932.

Beiträge zum ausländischen und internationalen Privatrecht, herausgegeben vom Institut für ausländisches und internationales Privatrecht.

Heft 1:
Nußbaum, Arthur, **Vertraglicher Schutz gegen Schwankungen des Geldwertes.** Goldklauseln und andere Abreden zur Minderung des Valutarisikos. Groß-Oktav. 95 Seiten. 1928 . . . . RM. 5.—

Heft 2:
Wolff, John, **Die Haftung des Verkäufers einer fremden beweglichen Sache in den Vereinigten Staaten von Amerika in Vergleichung mit dem deutschen bürgerlichen Recht.** Groß-Oktav. 84 Seiten. 1930. RM. 4.—

Heft 3:
Friedmann, Wolfgang, **Die Bereicherungshaftung im anglo-amerikanischen Rechtskreis in Vergleichung mit dem deutschen bürgerlichen Recht.** Groß-Oktav. 148 Seiten. 1930 . . . . RM. 7.—

Heft 4:
Raiser, Ludwig, **Die Wirkungen der Wechselerklärungen im internationalen Privatrecht.** Groß-Oktav. 124 Seiten. 1931 . . RM. 9.—

Heft 5:
Rheinstein, Max, **Die Struktur des vertraglichen Schuldverhältnisses im anglo-amerikanischen Recht.** Groß-Oktav. 256 Seiten. 1932. RM. 15.30

Heft 6:
Kessler, Friedrich, **Die Fahrlässigkeit im nordamerikanischen Deliktsrecht unter vergleichender Berücksichtigung des englischen und des deutschen Rechts.** Groß-Oktav. 183 Seiten. 1932 . . . . RM. 9.—

Heft 7:
Arndt, Karl, **Zessionsrecht. I. Teil:** Rechtsvergleichung. Groß-Oktav. 175 Seiten. 1932. . . . . RM. 6.—

Heft 8:
Duden, Konrad, **Der Rechtserwerb** vom Nichtberechtigten an beweglichen Sachen und Inhaberpapieren im deutschen internationalen Privatrecht. Groß-Oktav. 137 Seiten. 1934 . . . . RM. 5.—

Sachenrecht insbesondere

Hedemann, Justus Wilh., **Sachenrecht des Bürgerlichen Gesetzbuches.** Oktav. XXXII, 507 Seiten. 1924. (Lehrbücher und Grundrisse der Rechtswissenschaft Bd. III.) . . . . RM. 10.80, geb. RM. 12.10

„Ein trotz seiner Kürze ausgezeichnetes und inhaltreiches Lehrbuch, nicht nur für den Studierenden, sondern auch für ältere Juristen. Die Arbeit ist wissenschaftlich tiefgründig und doch gemeinverständlich geschrieben.“ Zeitschrift des Deutschen Notarvereins Nr. 6, 1924.

Kretzschmar, F., **Sachenrecht.**
I. Allgemeine Lehren. Besitz und Eigentum. Zweite, verbesserte Auflage. 142 Seiten. 1922. (Sammlung Göschen Bd. 480.) Geb. RM. 1.62
II. Begrenzte Rechte. 144 Seiten. 1923. (Sammlung Göschen Bd. 481.) Geb. RM. 1.62

Der Eigentumsvorbehalt in Wirtschaft und Recht. Herausgegeben von der Industrie- und Handelskammer zu Berlin. Oktav. 280 Seiten. 1931 . . . . RM. 4.—, geb. RM. 5.—

„... Kurzum in jeder Beziehung eine umfassende Darstellung, das Handbuch des Eigentumsvorbehalts, gleich wertvoll für Wirtschaft, Rechtsprechung und Rechtslehre."

Juristische Rundschau Nr. 21, v. 1. XI. 1931.

Lenzen, Georg, **Das Deutsche Pfandleihrecht.** Kommentar zum preußischen Pfandleihgesetz unter Berücksichtigung der außerpreußischen Gesetze. Oktav. XXVI, 266 Seiten 1929 . . . Geb. RM. 20.—

„Diese zusammenfassende Darstellung ist die erste ihrer Art und sehr verdienstlich. Das Buch regt zu allerhand Fragen an."

Juristische Wochenschrift Nr. 11, 1929.

Günther, Hermann, **Erbbaurecht.** Taschenformat. 167 Seiten. 1919. (Guttentagsche Sammlung Deutscher Reichsgesetze Bd. 135.) Geb. RM. 1.80

Arnheim, Hugo **Grundbuchordnung.** Kommentar zur Grundbuchordnung für das Deutsche Reich nebst den für Preußen erlassenen Ausführungsbestimmungen Zweite, völlig neubearbeitete Auflage. Lexikon-Oktav. 959 Seiten. 1913 . . . . RM. 15.—

Fischer, Otto, und **Fischer,** Norbert, **Grundbuchordnung für das Deutsche Reich** nebst den preußischen Ausführungsbestimmungen. Neunte, durchgearbeitete und ergänzte Auflage. Taschenformat. 322 Seiten. 1927. (Guttentagsche Sammlung Deutscher Reichsgesetze Bd. 42.) Geb. RM. 4.50

„Eine der vortrefflichen alteingeführten Handausgaben der Guttentagschen Sammlung, bei der schon die Auflagenziffer für die Brauchbarkeit in der Praxis spricht. Nach wie vor ist das Buch ein vortrefflicher Wegweiser und Berater."

Juristische Wochenschrift Nr. 44, v. 29. XI. 1927.

Ricks, Gerhard, **Die Grundbuchpraxis.** Ein Handbuch für den täglichen Gebrauch in Grundbuchsachen. Achte Auflage. Mit Nachtrag. Groß-Oktav. XII, 412 Seiten. 1929 . . . RM. 12.—, geb. RM. 14.—

„Das Buch hat einen Anspruch darauf, in der Praxis geradezu verschlungen zu werden. Es ist aus der täglichen Praxis heraus für die Praxis lebensfrisch und unterhaltend geschrieben."

Mitteilg. a. d. Württemb. Notariats-Praxis Nr. 2, 1929.

Friedlaender, Martin, **Hypothekenbeschaffung für Wohn- und Geschäftshäuser.** Handbuch für die Praxis der Grundstückswirtschaft. Groß-Oktav. VIII, 151 Seiten. 1929 . . . . . RM. 6.—, geb. RM. 7.50

„Das Buch gibt einen außerordentlich praktischen Überblick über alle Fragen der Hypothekenbeschaffung."

Deutsche Sparkassen-Zeitung v. 5. I. 1929.

Familienrecht, Erbrecht

Lehmann, Heinrich, **Familienrecht** des Bürgerlichen Gesetzbuches einschließlich Jugendfürsorgerecht. Oktav. XII, 352 Seiten. 1926. (Lehrbücher und Grundrisse der Rechtswissenschaft Bd. IV.) RM. 9.90, geb. RM. 11.25

Titze, Heinrich, **Familienrecht.** (BGB. IV.) 169 Seiten. Neudruck. 1924. (Sammlung Göschen Bd. 305.) . . . . Geb. RM. 1.62

Tunica, Gustav, **Goldschmidt,** Ernst, **Ehescheidungsrecht.** Die Ehescheidungsgründe des Bürgerlichen Gesetzbuches durch die Rechtsprechung erläutert. Eine Sammlung grundlegender Entscheidungen des Reichsgerichts, der Oberlandesgerichte usw. 2., umgearbeitete und ergänzte Auflage. Oktav. XXIII, 217 Seiten. 1926 . . RM. 7.50, geb. RM. 9.—

Hildebrandt, Heinz, **Mitschuldklage** zugleich ein Beitrag zur Lehre von der Rechtskraft und dem Einheitsgrundsatz in Scheidungs- und Anfechtungssachen. Oktav. 80 Seiten. 1933 . . . . RM. 4.50

Endemann, H., **Erbrecht**. Oktav. XII, 166 Seiten. 1923. (Lehrbücher und Grundrisse der Rechtswissenschaft Bd. V.) RM. 2.70, geb. RM. 4.—
„Dieser Leitfaden behandelt den spröden Stoff des schwierigen Erbrechts in meisterhafter, fesselnder Darstellung."
Zeitschrift des Bundes Deutscher Justizamtmänner v. 15. III. 1924.

Blume, Wilh., v., **Erbrecht**. (BGB. V.)
I. Einleitung. Die Grundlagen des Erbrechts. 75 Seiten. 1913. (Sammlung Göschen Bd. 659.) . . . . Geb. RM. 1.62
II. Die Nachlaßbeteiligten. Mit 23 Figuren. 131 Seiten. 1913. (Sammlung Göschen Bd. 660.) . . . . Geb. RM. 1.62

Riesenfeld, S., **Die Erbenhaftung nach dem Bürgerlichen Gesetzbuch.** Groß-Oktav. 2 Bände. 1916 . . . . . RM. 15.—, geb. RM. 18.—
I. Band: Die Grundsätze der Haftung. XII, 461 Seiten.
II. Band: Das Inventar und die Mittel der Haftungsbeschränkung. VIII, 455 Seiten.

Wagemann, Gustav, und **Hopp**, Karl, **Reichserbhofgesetz** vom 29. September 1933. Erläuterungsbuch. 2. Auflage von Wagemann, Bäuerliches Erbhofrecht. Taschenformat. 216 Seiten. 1933. (Guttentagsche Sammlung Deutscher Reichsgesetze Bd. 185.) Geb RM. 4.50
„So ist denn auch dieser neue Kommentar mit derselben Wärme geschrieben, mit der der erste Kommentar geschrieben war, und mit dem er für das Gesetz geworben hatte. Auch die Sprache ist so volkstümlich wie im ersten Kommentar gehalten und wendet sich nicht nur an den Juristen, sondern an alle interessierten Kreise. Darüber hinaus ist dem Kommentar ein Geleitwort des Preußischen Justizministers beigegeben, das von der ganzen Liebe, die er für diese Materie hegt, zeugt. Ferner ist ein geschichtlicher und lebensphilosophischer Grundriß des Erbhofgedankens von Staatssekretär Dr. Freisler beigefügt, der in seiner sprühenden Lebendigkeit überall Freude erregen und Verständnis wecken wird." *„Deutsche Justiz" Ausgabe A, Nr. 46, 1933.*

Hopp, Karl, **Der Geschäftsgang in Erbhofsachen.** Ein Handbuch für die anerbenrechtliche Praxis mit aktenmäßig durchgeführten Beispielsfällen nebst einem Abdruck der wesentlichsten Verwaltungsvorschriften des Reichs und der Länder. Oktav. 180 Seiten. 1934. Geb. RM. 5.50
„Dieses Buch des Sachbearbeiters für das Erbhofrecht im Preußischen Justizministerium, das der Verfasser dem Gedächtnis seines Kampfgenossen Gustav Wagemann gewidmet hat, kommt für die Praxis der mit dem Reichserbhofgesetz befaßten Stellen wie gerufen. Es ist mit seinen Musterbeispielen ein eigentlich praktisches Buch, dabei völlig frei von den Fehlern der herkömmlichen langweiligen Formularbücher.
Der Inhalt ist so ausgestaltet, daß er für die außerpreußischen Benutzer gleich wertvoll ist. Auch der Abdruck sämtlicher zum Erbhofrecht erlassenen irgend bedeutenden Verwaltungsvorschriften macht das Buch für alle Dienststellen der Justizverwaltung und des Reichsnährstandes unentbehrlich." *Deutsche Justiz, Nr. 28, 1934.*

Aufwertung

Michaelis, Richard, **Das Aufwertungsrecht nach den Aufwertungsgesetzen** und nach allgemeinem bürgerlichem Rechte. Kommentar zu den Gesetzen vom 16. Juli 1925 über die Aufwertung von Hypotheken und anderen Ansprüchen und über die Ablösung öffentlicher Anleihen sowie systematische Darstellung des Aufwertungsrechts außerhalb dieser Gesetze. Zweite, gänzlich umgearbeitete Auflage des Kommentars zur Dritten Steuernotverordnung vom 14. Februar 1924 (Aufwertung). Mit einer Fristentabelle von H. Hoormann. Groß-Oktav. X, 516 Seiten. 1926. Mit Nachtrag 1927. (de Gruytersche Sammlung Deutscher Gesetze. Handkommentare.) . . . . Geb. RM. 14.40

Michaelis, Richard, Die beiden **Aufwertungsnovellen** vom 18. Juli 1930 (Hypotheken-Fälligkeits- und Verzinsungsgesetz: Grundbuchbereinigungsgesetz.) Taschenformat VI, 202 Seiten. 1930. (Guttentagsche Sammlung Deutscher Reichsgesetze Bd. 178.) . . . . Geb. RM. 3.60

Berliner, Ludwig, und **Pfaffenberger**, Ernst, **Aufwertung von Versicherungsansprüchen** mit Durchführungsbestimmungen
I. Teil. Oktav. 235 Seiten. 1925. (Guttentagsche Sammlung Deutscher Reichsgesetze Bd. 164.) . . . . Geb. RM. 5.85
II. Teil: Sach- und Transportversicherung; Unfall- und Haftpflichtversicherung. Oktav. 112 Seiten. 1926. Mit Nachtrag. (Guttentagsche Sammlung Deutscher Reichsgesetze Bd. 164a.) . . . Geb. RM. 3.15

2. Handelsrecht.

Crisolli, Karl-August, **Entwurf eines Gesetzes zur Vereinheitlichung, Bereinigung und Reinhaltung des Handelsregisters.** Groß-Oktav. 72 Seiten. 1934. RM. 2.—

„. . . Der vorliegende Entwurf beschreitet neue Wege. Er geht von einem einheitlichen Registergericht für ganz Deutschland aus, das in jedem Falle der zuständigen Industrie- und Handelskammer Gelegenheit zur Stellungnahme zu geben hat, ein Vorschlag, der die Einheitlichkeit der Rechtsprechung mit der Achtung vor der Vielgestaltigkeit landschaftlich entstandener Handelsgebräuche verbindet. Auch weitere Anregungen werden von dem Verfasser gegeben, so daß der Entwurf geeignet ist, als Grundlage für die gesetzgeberischen Maßnahmen zu dienen."

Ministerialblatt d. preuß. inneren Verwaltung, Nr. 22, 1934.

Gierke, Jul., v., **Handelsrecht und Schiffahrtsrecht.** Vierte, vollständig neubearbeitete Auflage. XV, 865 Seiten. 1933. (Lehrbücher und Grundrisse der Rechtswissenschaft, Band VI.) . . . Geb. RM. 20.—

„Wer das Buch kennt, wird sich über diesen durchschlagenden Erfolg kaum wundern. Es verdient durchaus die führende Stellung, die es sich unter den Kurzlehrbüchern des Handelsrechts erworben hat. Das pädagogische Geschick, die meisterhafte Konzentrierung des gewaltigen Stoffes auf das praktisch Wesentliche ohne darunter die wissenschaftliche Gründlichkeit leiden zu lassen, die klare methodische Behandlung von Streitfragen — alles das ist schon an früheren Auflagen gerühmt worden und gilt in gleicher Weise für die jetzige vierte Auflage.

Die vierte Auflage hat aber gleichwohl ihre besondere Note erhalten. Der Verfasser weist selbst in seinem Vorwort darauf hin, wie erstaunlich viel sich in Deutschland in der kurzen Spanne seit der dritten Auflage auf dem Gebiet des Handels und Wirtschaftsrechts geändert und verschoben hat. Alles das einzufangen und wissenschaftlich zu verarbeiten, bedeutete gewiß keine leichte Aufgabe, zumal es im Hinblick auf die umfangreiche Notgesetzgebung zu erkennen galt, was dauernden und was ephemeren Charakter hat. Gerade in letzterer Hinsicht scheint mir v. Gierke im allgemeinen das Richtige getroffen zu haben."

Eine völlige Neubearbeitung ist dem Aktienrecht zuteil geworden."

Jurist. Wochenschrift Nr. 15/16 v. 15./22. IV. 1933.

Lehmann, K., und **Hoeniger**, H., **Lehrbuch des Handelsrechts.** Dritte Auflage. Erster Halbband, enthaltend die Lehre vom Handelsstand und von den Handelsgesellschaften. Groß-Oktav. 432 Seiten. 1921 RM. 10.—

Ein großangelegtes Lehrbuch des Handels- und Schiffahrtsrechts.

Lehmann, K., und **Hoeniger**, H., **Deutsches Handelsrecht.**
I. Einleitung. Der Kaufmann und seine Hilfspersonen. Offene Handels-

gesellschaft Kommandit- und stille Gesellschaft. 117 Seiten. 1921. (Sammlung Göschen Bd. 457.) . . . . Geb. RM. 1.62
II. Aktiengesellschaften, Gesellschaften mit beschränkter Haftung, eingetragene Genossenschaften. Handelsgeschäft, 126 Seiten. 1924. (Sammlung Göschen Bd. 458.) . . . . Geb. RM. 1.62

Hein, Joh., Die Zusammenhänge zwischen Steuerrecht und Handelsrecht und ihre Entwicklung, untersucht an dem Gewinn und an der Bewertung. Eine bilanzrechtliche und bilanzkritische Darstellung mit praktischen Beispielen. Groß-Oktav. X, 280 Seiten. 1928.
RM 10.—, geb RM. 12.—

Die Vierte Notverordnung. (Vierte Notverordnung des Reichspräsidenten zur Sicherung von Wirtschaft und Finanzen und zum Schutze des inneren Friedens. Vom 8. XII. 1931.) Erläuterte Textausgabe mit Durchführungsverordnungen. Taschenformat. XVI, 364 Seiten. 1932. Mit Nachträgen enthaltend die Änderungen bis April 1932. (Guttentagsche Sammlung Dtsch. Reichsgesetze. Bd. 180.). . . Geb. RM. 5.40

Staubs Kommentar zum Handelsgesetzbuch. Vierzehnte Auflage. Bearbeitet von Albert Pinner, Felix Bondi, Wilhelm Gadow, Eduard Heinichen. Vier Bände. Lexikon-Oktav. 1932/33.
In Halbleder RM. 140.—

„Alles in allem genommen haben die Bearbeiter der Neuauflage es verstanden, das berühmte Werk auf der ragenden Höhe zu halten, auf die es sein genialer Erstherausgeber gestellt hat. In schwierigen Zweifelsfragen wird der Praktiker niemals ohne Erfolg nach seinem 'Staub' greifen." Deutsche Richterzeitung Nr. 2, 1933.

Gierke, Jul., v., Handelsgesetzbuch nebst Wechselordnung und Scheckgesetz. Mit systematischen Paragraphenüberschriften und ausführlichem Sachregister. Oktav. VIII, 295 Seiten. 1931. (Lehrausgaben Deutscher Gesetze, Bd. IV.) . . . . Geb. RM. 5.—

Mosse, Albert, und **Heymann,** Ernst, **Handelsgesetzbuch** (ohne Seerecht). Mit den ergänzenden Vorschriften des Bürgerlichen Gesetzbuchs und einem Anhang, enthaltend das Einführungsgesetz, das Depotgesetz, die Bestimmungen über Börsentermin- und Differenzgeschäfte u. a. Nebst Erläuterungen. Im Anschluß an die Textausgabe von F. Litthauer. Achtzehnte Auflage. (Guttentagsche Sammlung Deutscher Reichsgesetze Bd. 4.). . . . . Im Druck

Handelsgesetzbuch nebst Einführungsgesetz vom 10. Mai 1897 unter Berücksichtigung der bis 15. Juni 1930 ergangenen Novellen. Textausgabe mit Sachregister. Zwölfte Auflage. 370 Seiten. 1930. (Guttentagsche Sammlung von Textausgaben ohne Anmerkungen mit Sachregister.) . . . . Geb. RM. 3.15
Diese Ausgabe wurde durch einen Nachtrag ergänzt.

Baum, G., Das vertragliche Wettbewerbsverbot (Konkurrenzklausel). Nebst Kommentar zum Gesetze vom 10. Juni 1914. Taschenformat. XII, 231 Seiten. 1914. (Guttentagsche Sammlung Deutscher Reichsgesetze Bd. 115.) . . . . Geb. RM. 2.70

Gesellschaften

Zahn, Johannes, C. D., **Wirtschaftsführertum und Vertragsethik im neuen Aktienrecht.** Anregungen zum Neubau des deutschen Aktienrechts auf Grund einer vergleichenden Darstellung des deutschen und nordamerikanischen Aktienrechts. Oktav. II, 227 Seiten. 1934.
RM. 10.—

„. . . Die in jeder Beziehung interessante Studie ist im Grunde ein leidenschaftlicher Appell an die Wirtschaftsgesinnung. Man muß unumwunden anerkennen, daß es dem Verfasser seinem in der Einleitung ausgesprochenen Vorsatz entsprechend gelungen ist, 'aus den gewonnenen Erkenntnissen Wege für die Fortentwicklung unserer

Unternehmungsformen auf der Grundlage der nationalsozialistischen Weltanschauung zu suchen und ihre juristische Gestaltung zu erörtern'." *Bank-Archiv Nr. 12, 1934.*

Brodmann, Erich, Aktienrecht. Kommentar. Groß-Oktav. XII, 580 Seiten. 1928. (Gewerbe- und Industrie-Kommentar Bd. IV.) RM. 28.—, geb. RM. 30.—

„Mit unvergleichlichem Geschick hat der Verfasser Großartiges geleistet — Brodmann ist Trumpf!" *Zeitschrift für Aktiengesellschaften Nr. 9/10, 1928.*

Brodmann, Erich, Die Sanierung unseres Aktienwesens. Groß-Oktav. 46 Seiten. 1931 . . . . RM. 3.—

Pinner, Albert, Aktiennovelle und Bankenaufsicht. Verordnung vom 19. 9. 1931. Textausgabe mit Einführung in die Aktiennovelle. Taschenformat. 101 Seiten. 1931. (Guttentagsche Sammlung Deutscher Reichsgesetze Bd. 179.) . . . . Geb. RM. 1.60

Hachenburg, Max, Kommentar zum Gesetz, betr. die Gesellschaften mit beschränkter Haftung. (Früher **Staub-Hachenburg.**) Fünfte Auflage unter Mitarbeit von Fritz Bing und Walter Schmidt. 2 Bände . . . . RM. 43.—, geb. RM. 47.—
I. Band: §§ 1—34. Groß-Oktav. VI, 527 Seiten. 1926.
II. Band: §§ 35—84. Groß-Oktav. II, 452 Seiten. 1927.

Brodmann, Erich, Gesetz, betr. die Gesellschaften mit beschränkter Haftung. Kommentar. Zweite Auflage. Groß-Oktav. VIII, 304 Seiten. 1930. (Gewerbe- und Industrie-Kommentar Bd. I.) RM. 16.—, geb. RM. 18.—

„Die Ausführungen sind, wie man es bei diesem Autor gewohnt ist, tief durchdacht und lassen bei Bekämpfung gegenteiliger Ansichten erkennen, daß das Für und Wider an der Hand voll ausgeschöpfter Rechtsprechung und Literatur überall zu seinem Recht kommt." *Leipziger Ztsch. f. dtsch. Recht v. 1. VI. 1931.*

Parisius, Ludolf, und Crüger, Hans, Das Reichsgesetz, betr. die Gesellschaften mit beschränkter Haftung. Textausgabe mit Anmerkungen und Sachregister. Achtzehnte Auflage, bearbeitet von Adolf Crecelius und Fritz Citron. Taschenformat. 244 Seiten. 1929. (Guttentagsche Sammlung Deutscher Reichsgesetze Bd. 32.) Geb. RM. 3.15

„Wer kennt nicht die altbewährte Ausgabe des GmbH.-Gesetzes von Parisius-Crüger, die in immer verbesserter und erweiterter Auflage der Juristen- und Geschäftswelt nützt? Nicht wenige ziehen diese Ausgabe einer größeren Kommentierung dieses Gesetzes vor, wenn der tägliche Gebrauch in Frage steht. Und das mit Recht." *Ztsch. f. Aktiengesellschaft Nr. 3, März 1929.*

Starke, Arthur, Offene Handelsgesellschaften, Kommanditgesellschaften und stille Gesellschaften von der Errichtung bis zur Auflösung. Nebst Vertrags- und Anmeldeformularen und mit Berücksichtigung des Steuerrechts. Oktav. XIV, 167 Seiten. 1928 . . . . RM. 5.—

Eine systematische Darstellung für Studium und Praxis.

Wechselordnung und Scheckrecht

Staub-Stranz, Kommentar zum Wechselgesetz. Dreizehnte Auflage des Kommentars zur WO., völlig neubearbeitet für das Wechselgesetz vom 21. Juni 1933 von Martin Stranz. Groß-Oktav. XII, 835 Seiten. 1934 . . . . Geb. RM. 24.—

„Der bekannte, im gesamten Schrifttum einhellig als führend anerkannte Kommentar zum Wechselrecht ... Oberster Grundsatz war für den Bearbeiter der Wille, den Gedanken des neuen Rechts den Weg zu ebnen. Mit welchem Erfolg er durch mühselige Kleinarbeit dieses Ziel in der kurzen zur Verfügung stehenden Zeit erreicht hat, nötigt hohe Bewunderung ab. Nicht nur auf den neuesten

Stand gebracht, steht das Werk da, sondern auch in einheitlichem Gusse.“ *Der Deutsche Rechtspfleger v. 15. 7. 34.*

Stranz, J., und Stranz, M., Wechselordnung in der ab 1. April 1934 geltenden Fassung. Kommentar. Vierzehnte Auflage in Bearbeitung. (Guttentagsche Sammlung Deutscher Reichsgesetze Bd. 5.) Geb. RM. 6.30

Wechselordnung und Scheckgesetz in neuester Fassung. Taschenformat. 1934. (Guttentagsche Sammlung von Textausgaben ohne Anmerkungen.) Im Druck.

Michaelis, Richard, **Wechselrecht.** Kommentar auf der Grundlage der Deutschen Wechselordnung unter vergleichsweiser Heranziehung der hauptsächlichsten ausländischen Wechselgesetze und des künftigen einheitlichen Wechselrechts. Groß-Oktav. VIII, 553 und 29* Seiten. 1932, und Nachtrag 1933 enthaltend den Text des neuen Wechselgesetzes vom 21. Juni 1933 mit Verweisungen zu jedem Artikel auf die dazugehörigen Erläuterungen im Hauptband. (Gewerbe- und Industrie-Kommentar Bd. VI.) . . . . Geb. RM. 24.—

Michaelis, Richard, **Scheckgesetz** mit allen einschlägigen Nebengesetzen, den ausländischen Gesetzen und dem Deutschen Postscheckgesetz mit Postscheckordnung. Kommentar. Groß-Oktav. VII, 339 Seiten. 1927. (Gewerbe- und Industrie-Kommentar Bd. II.) RM 16.—, geb. RM. 18.—

„Zusammenfassend muß man das Werk von Michaelis als eine sehr erfreuliche Bereicherung der Schecklehre bezeichnen, als eine Arbeit, die sich würdig in die großen Kommentare der Reichsgerichtsräte einreiht.“ *Juristische Wochenschrift Nr. 10/11, 1927.*

Schwerin, Frhr. Claudius von, **Wechsel- und Scheckrecht** einschließlich der Grundbegriffe des Wertpapierrechts. Zweite Auflage des Rechtes der Wertpapiere. Oktav. 146 Seiten. 1934 . . . . Geb. RM. 5.— (Lehrbücher und Grundrisse der Rechtswissenschaft Band 7.)

Das im Jahre 1924 erschienene „Recht der Wertpapiere“ liegt jetzt in einer neuen Auflage vor, die sich auf die Darstellung des Wechsel- und Scheckrechts einschließlich der Grundbegriffe des Wertpapierrechts beschränkt. Der Grundriß wird in der neuen Form allen gelegen kommen, die sich in das neugestaltete Wechsel- und Scheckrecht einarbeiten wollen, also nicht nur den Studierenden, sondern auch den in der Praxis stehenden Juristen und Kaufleuten.

Schiffahrtsrecht

Schaps, Georg, **Das deutsche Seerecht.** Kommentar zum vierten Buche des Handelsgesetzbuches (als Ergänzung zu Staub's Kommentar) nebst Erläuterungen zu den seerechtlichen Nebengesetzen. Zweite, vollständig umgearbeitete Auflage herausgegeben von Max Mittelstein † und Julius Sebba.

I. Band. (Handelsgesetzbuch: Viertes Buch.) Groß-Oktav. VIII, 1041 Seiten. 1921 . . . . . . RM. 25.—, geb. RM. 28.—

II. Band. (Seerechtliche Nebengesetze mit Nachtrag zur Ergänzung des I. Bandes nach dem Stand von 1929.) Bearbeitet von J. Sebba. XVI, 1108 Seiten. 1929 . . . . RM. 52.—, geb. RM. 55.—

„Mit dem vorliegenden Band ist somit „Schaps' Seerecht“ auf den neuesten Stand der Gesetzgebung und Rechtsprechung gebracht. Sebba hat es meisterhaft verstanden, den umfangreichen Stoff übersichtlich zu formen und ihn in allen seinen Einzelheiten zu zergliedern. Jeder Interessent, der nach den einschlägigen Gesetzen, Verordnungen, Bekanntmachungen usw. Umschau halten muß, wird seine Freude darüber haben, einen solchen Schatz seerechtlichen Wissens zu besitzen.“ *Verkehrsrechtliche Rundschau Nr. 11, 1929.*

Brandis, Otto, **Das deutsche Seerecht** (mit Ausschluß des Seeversicherungsrechts.) I. Allgem. Lehren: Personen und Sachen des Seerechts. 130 Seiten. 1908. II. Die einzelnen seerechtlichen Schuldverhältnisse:

Verträge des Seerechts und außervertragliche Haftung. 156 Seiten. 1908. (Sammlung Göschen Bd. 386/87.) . . . . Geb. je RM. 1.62

Sebba, I., Das öffentliche Seerecht. Taschenformat. XVII, 597 Seiten. 1932. (Guttentagsche Sammlung Deutscher Reichsgesetze Bd. 19.) Geb. RM. 11.70

Sieveking, Gustav, **Das deutsche Seeversicherungsrecht.** Kommentar zum zehnten Abschnitt des vierten Buches des Handelsgesetzbuches. Lexikon-Oktav. 218 Seiten. 1912 . RM. 5.—, geb. RM. 6.80

Allgemeine Deutsche Seeversicherungs-Bedingungen. Im Jahre 1919 herausgegeben von den deutschen Seeversicherern nach Beratung mit deutschen Handelskammern und Fachverbänden unter Vorsitz der Handelskammer Hamburg. 16.—20. Tausend. 50 Seiten. 1925 RM. 2.—

General Rules of Marine. Insurance 1919 adopted by the German Underwriters. Authorised Translation by Dr. Alfred Sieveking, larger in Hamburg. 64 Seiten. 1920 . . . . RM. 3.—

Materialien zu den Allgemeinen Deutschen Seeversicherungs-Bedingungen. Im Auftrag der vereinigten Handelskammern herausgegeben von Prof. Dr E. Bruck. Groß-Oktav 2 Bände 678 Seiten 1920 RM. 10.—

Liebig, Eugen, v., **Die Transportversicherung.** Teil I: Die Seeversicherung. Systematische Darstellung des Seeversicherungswesens. Groß-Oktav. VIII, 226 Seiten. 1914 RM 5.—

Bene, F., Der Begriff des Versicherungsfalles in der Seeversicherung. (Hamburger Rechtsstudien, herausgegeben von Mitgliedern der Rechts- und Staatswissenschaftlichen Fakultät der Hamburgischen Universität, Heft 1.) Groß-Oktav. 75 Seiten. 1928 . RM 4.50

Elkan, H. H., **Die Bedeutung des Interesses für die Veräußerung der versicherten Sache.** (Hamburger Rechtsstudien, herausgegeben von Mitgliedern der Rechts- und Staatswissenschaftlichen Fakultät der Hamburgischen Universität, Heft 2.) Oktav 58 Seiten. 1928 RM. 4.—

Makower, H., **Gesetze, betreffend die privatrechtlichen Verhältnisse der Binnenschiffahrt und der Flößerei.** Nach den Materialien erläutert. Sechste, vermehrte Auflage, bearbeitet von E. Loewe. Taschenformat. 458 Seiten. 1923. (Guttentagsche Sammlung Deutscher Reichsgesetze Bd. 36.) . . . . Geb. RM. 3.60

Sebba, Jul., Seewasserstraßenordnung. (Polizeiverordnung zur Regelung des Verkehrs auf den deutschen Seewasserstraßen vom 31. März 1927.) Mit Nachtrag, enthaltend die Änderungen vom 31. März 1928 und vom 20. März 1930. Taschenformat. 493 Seiten. 1928. (Guttentagsche Sammlung Deutscher Reichsgesetze Nr. 171.) . . Geb. RM. 7.65

Genossenschaften

Parisius, Ludolf, **Crüger,** Hans, **Crecelius,** Adolf, und **Citron,** Fritz, **Das Reichsgesetz, betreffend die Erwerbs- und Wirtschaftsgenossenschaften.** Kommentar zum praktischen Gebrauch für Juristen, Genossenschaften und ihre Mitglieder. Zwölfte, neubearbeitete Auflage. Groß-Oktav. XVI, 605 Seiten. 1932. Mit Nachträgen 1934. RM. 25.20, geb. RM. 27.—

Der große Parisius-Crüger ist nach wie vor das unentbehrliche Nachschlagewerk für jeden auf dem Gebiete des Genossenschaftsrechtes tätigen Juristen und praktischen Genossenschaftsleiters.

Parisius, Ludolf, und **Crüger,** Hans, **Crecelius,** Adolf, **Das Reichsgesetz, betreffend die Erwerbs- und Wirtschaftsgenossenschaften.** Textausgabe mit Anmerkungen und Sachregister. Einundzwanzigste, neubearbeitete und erweiterte Auflage (93.—98. Tausend) von Oberverwaltungsgerichtsrat Fritz Citron. Taschenformat. 299 Seiten. 1933. Mit Nachtrag 1934. (Guttentagsche Sammlung Deutscher Reichsgesetze Bd. 29.) . . . . Geb. RM. 3.60

Die Handausgabe für den täglichen Gebrauch. Auch für die kleinste Genossenschaft unentbehrlich.

Wallenfels, W., Gesetz, betr. die Erwerbs- und Wirtschaftsgenossenschaften. Vom 20. Mai 1898 mit den bis 20. August 1934 ergangenen Abänderungen und Ergänzungsgesetzen. Textausgabe mit Einleitung und Sachregister. Taschenformat. 183 Seiten. 1934. (Guttentagsche Sammlung von Textausgaben ohne Anmerkungen mit Sachregister.) Geb. RM. 3.—

Die neue Ausgabe des Genossenschaftsgesetzes nach neuestem Stande in der Guttentagschen Gesetzessammlung enthält nicht nur das Genossenschaftsgesetz selbst, sondern um die Ausgabe zu einer praktisch wirklich brauchbaren zu gestalten, die die Materie abrundenden Gesetze und Verordnungen. In vier Abschnitten sind diese geordnet nach besonderen Vorschriften für gewerbliche Genossenschaften, für Baugenossenschaften, für landwirtschaftliche Genossenschaften und Bestimmungen für alle Genossenschaften. Zur Erleichterung der Benutzung ist der Text mit kurzen Anmerkungen und Verweisungen und einem Sachregister versehen. Eine über die Grundlagen des Gesetzes unterrichtende Einleitung ist vorangestellt. Wie bei allen Bänden der Guttentagschen Sammlung ist auch bei diesem auf die absolut zuverlässige Wiedergabe des Gesetzestextes, auf übersichtlichen Druck und gute Ausstattung besonderer Wert gelegt.

Verschiedenes

Schreiber, Otto, **Handelsrechtliche Nebengesetze.** Taschenformat. VIII, 1002 Seiten 1926 (Guttentagsche Sammlung Deutscher Reichsgesetze Bd. 162.) . . . . Geb. RM. 12.60

„Die Sammlung ist ein unentbehrliches Hilfsmittel für den Praktiker. Die Zusammenstellung ist sehr zuverlässig; auch das Sachregister von Kleffel verdient volle Anerkennung."
Zentralblatt für Handelsrecht Nr. 5, Mai 1926

Staffel, W., Verordnung gegen Mißbrauch wirtschaftlicher Machtstellungen vom 2. November 1923 Kommentar. Oktav 108 Seiten. 1927 (Guttentagsche Sammlung Deutscher Reichsgesetze Bd. 167.) . Geb. RM. 3.15

Lusensky, F., Gesetz über die Handelskammern. Taschenformat (Guttentagsche Sammlung Preußischer Gesetze Bd. 21.)
Neue Auflage in Vorbereitung.

Behlert, Heinz, **Der Konnossement-Teilschein.** Groß-Oktav. 79 Seiten. 1930.
(Hamburger Rechtsstudien, Heft 5.) RM. 5.—

Die Schrift löst die Frage, ob ein Konnossement-Teilschein dem Konnossement gleichzusetzen ist, unter Zugrundelegung der Hamburger Verhältnisse und unter Berücksichtigung der Rechtsprechung, der Lehre und des ausländischen Rechtes.

Lion, Robert, **Reine Konnossemente gegen Revers.** Groß-Oktav. 78 Seiten. 1930.
(Hamburger Rechtsstudien, Heft 7.) RM. 5.—

Die Abhandlung beginnt mit einer ausführlichen Darstellung der Entwicklung, Anwendung und Funktion des Konnossementsreverses. Es folgt eine Untersuchung der rechtlichen Probleme, die sich bemüht, die wirtschaftlichen Interessen aller Beteiligten gegeneinander abzuwägen; eine eingehende Übersicht über die Rechtsprechung ist mit ihr verbunden. Den Abschluß bildet eine Darstellung und Würdigung der zahlreichen Reformvorschläge. Wirtschaft und Recht des Auslandes sind in weitestgehendem Umfange berücksichtigt.

Bank und Börse

Koch, R., und **Schacht,** Hjalmar, **Die Reichsgesetzgebung über das Münz- und Notenbankwesen.** Textausgabe mit Anmerkungen und Sachregister. Siebente, völlig neubearbeitete Auflage. Taschenformat. XVIII,

617 Seiten. 1925. (Guttentagsche Sammlung Deutscher Reichsgesetze Bd. 26.) . . . . Geb. RM. 12.60
Ergänzungsband 1932. 144 Seiten. RM. 3.—. (Guttentagsche Sammlung Deutscher Reichsgesetze Bd. 26a.)
Ergänzungsband 1934. 46 Seiten. RM. 1.20. (Guttentagsche Sammlung Deutscher Reichsgesetze Bd. 26b.)

Das Devisennotrecht in Rechtspflege und Wirtschaft. Herausgegeben von der Verwaltungs-Akademie Berlin. Groß-Oktav. 87 Seiten. 1933. RM. 2.—

Inhalt: Die Einwirkung des Devisennotrechts auf Zivilprozeß und Zwangsvollstreckung. — Die Einwirkung des Devisennotrechts auf das Grundbuch- und Notariatsrecht. — Die Auswirkungen der Praxis der Devisenbewirtschaftungsstellen in Fragen des Devisennotrechts auf die Wirtschaft.

Schultze, Fritz, **Devisennotrecht.** Textausgabe mit Einleitung, Verweisungen und Sachregister sowie Literaturverzeichnis und systematischer Übersicht über die einschlägige Rechtsprechung. Taschenformat. XXX, 181 Seiten. 1932. (Guttentagsche Sammlung Deutscher Reichsgesetze Nr. 182.) . . . . Geb. RM. 5.40

Göppert-Seydel, Hypothekenbankgesetz vom 13. Juli 1899 (mit den Änderungen durch die Gesetze vom 14. Juli 1923, vom 26. Januar 1926 und 21. Dezember 1927). Textausgabe mit Einleitung, Anmerkungen und Sachregister. Dritte Auflage bearbeitet von Dr. **Martin Friedlaender.** Taschenformat. VIII, 202 Seiten. 1929. (Guttentagsche Sammlung Deutscher Reichsgesetze Nr. 51.) . . . . . . Geb. RM. 4.50

„. . . In seiner neuen Gestalt ist der Kommentar eine vollständige, bis ins einzelne gehende, auf den neuesten Stand geführte Bearbeitung und Erläuterung des Gesetzes, die über alle einschlägigen Fragen erschöpfende Auskunft gibt."

Berliner Tageblatt v. 8. XII. 1929.

Nußbaum, Arthur, **Bank- und Börsenrecht.** Eine Sammlung von Gesetzen und Geschäftsbedingungen. Taschenformat. XII, 622 Seiten. 1927. (Guttentagsche Sammlung Deutscher Reichsgesetze Bd. 169) Geb. RM. 9.90

Kommentar zum Börsengesetz. Im Auftrage des Centralverbandes des Deutschen Bank- und Bankiergewerbes (E. V.) bearbeitet von H. Rehm, H. Trumpler, Heinrich Dove, Ernst Neukamp, R. Schmidt-Ernsthausen, James Breit. Mit einem Vorwort von J. Rießer. Lexikon-Oktav. VIII, 464 Seiten. 1909. RM. 12.—, geb. RM. 13.50

Hemptenmacher, Th., **Börsengesetz.** Dritte Auflage von O. Meyer. Taschenformat. XXIII, 373 Seiten. 1915. (Guttentagsche Sammlung Deutscher Reichsgesetze Bd. 41.) . . . . Geb. RM. 3.15

Lusensky, F., **Gesetz, betreffend die Pflichten der Kaufleute bei Aufbewahrung fremder Wertpapiere (Depotgesetz).** Neue Auflage in Bearbeitung. (Guttentagsche Sammlung Deutscher Reichsgesetze Bd. 40.)

Frohner, G., **Aktiensonderdepot und Legitimationsübertragung.** (Hamburger Rechtsstudien, herausgegeben von Mitgliedern der Rechts- und Staatswissenschaftlichen Fakultät der Hamburgischen Universität, Heft 3.) Groß-Oktav. VII, 114 Seiten. 1929. RM. 7.—

Dannert, Eduard, **Gesetz über Zwecksparunternehmungen** vom 17. Mai 1933 nebst den dazu ergangenen Durchführungs- und Ergänzungsverordnungen. Textausgabe mit Erläuterungen. Taschenformat. 88 Seiten. 1934 . . . . RM. 2.50
(Guttentagsche Sammlung Deutscher Reichsgesetze Bd. 188.)

„. . . Das Gesetz ist von außerordentlicher Bedeutung und gibt dem Reichsbeauftragten für Zwecksparunternehmungen und damit dem Staate weitgehende Befugnisse. Die von dem Verfasser als

hervorragendem Kenner der Materie besorgte, kurz kommentierte Ausgabe dieses Gesetzes, die allen praktischen Anforderungen gerecht wird, verdient deshalb Anerkennung und besonderes Interesse."
Deutsche Justiz vom 10. 8. 34.

Verhandlungen des VII. allgemeinen deutschen Bankiertages. Köln 9.—11. September 1928 auf Grund stenographischer Berichte. Groß-Oktav. 436 Seiten. 1928 . . . . RM. 10.—

III. Grenzgebiete des Bürgerlichen Rechts

1. Privat- und Sozialversicherung

Koenige, Heinrich, und **Petersen, A., Gesetz über die privaten Versicherungsunternehmungen** vom 12. Mai 1901. Textausgabe mit Anmerkungen und Sachregister. Dritte, umgearbeitete Auflage. Taschenformat. 856 Seiten. 1927. (Guttentagsche Sammlung Deutscher Reichsgesetze Bd. 62.) . . . . Geb. RM. 18.—
Ein für Theorie und Praxis der Privatversicherung unentbehrliches Hilfsmittel.

Ergänzt durch:

Koenige, Heinrich, **Petersen, A.** und **Wirth, K., Gesetz über die Beaufsichtigung der privaten Versicherungsunternehmungen und Bausparkassen** vom 6. Juni 1931. Textausgabe, enthaltend den vollständigen, geltenden Gesetzestext sowie Erläuterungen zu den neuen, auf dem Gesetz vom 30. März 1931 beruhenden Vorschriften. Nachtrag zu Koenige-Petersen, Private Versicherungsunternehmungen, dritte Auflage (Bd. 62 der Sammlung). Taschenformat. 238 Seiten. 1931. (Guttentagsche Sammlung Deutscher Reichsgesetze Bd. 62a.) . . . . Geb. RM. 5.40
Die vorliegende Ausgabe enthält den vollständigen Gesetzestext, nicht nur die geänderten und zugefügten Paragraphen. Sie erläutert jedoch nur die in der Neuschöpfung des Gesetzes geänderten Bestimmungen, während hinsichtlich der unverändert gebliebenen gesetzlichen Vorschriften auf den Kommentar von Koenige-Petersen verwiesen wird.

Bruck, E., Reichsgesetz über den Versicherungsvertrag nebst dem zugehörigen Einführungsgesetz vom 30. Mai 1908. Siebente, neubearbeitete Auflage. Taschenformat. 576 Seiten. 1932. (Guttentagsche Sammlung Deutscher Reichsgesetze Bd. 83.) Geb. RM. 12.60
„Der vormals Hager-Brucksche Kommentar ist seit langem der führende Kommentar und wird sich in der Neufassung weiter steigender Beliebtheit erfreuen."
Deutsche Richterzeitung Nr. 11, v. 15. XI. 1930.

Moldenhauer, Paul, Das Versicherungswesen.
I. Allgemeine Versicherungslehre. Vierte Auflage. 152 Seiten. 1925. (Sammlung Göschen Bd. 262.) . . . . Geb. RM. 1.62
II. Die einzelnen Versicherungszweige. Zweite Auflage. 130 Seiten. 1923. (Sammlung Göschen Bd. 636.) . . . . Geb. RM. 1.62
„Das Buch ist für jeden, der sich mit dem Versicherungswesen und seinen Zweigen vertraut machen will, ein trefflicher Führer."
Versicherungspost.

Die Entwicklung des privaten Versicherungswesens in dem Jahrfünft 1902—1906. Groß-Oktav. 53 Seiten. Mit 3 Tafeln. 1909. RM. 2.—
— in dem Jahrfünft 1907—1911. Groß-Oktav. 61 Seiten. 1912. RM. 2.50

Veröffentlichungen des Reichs-Aufsichtsamts für Privatversicherung. Groß-Oktav. 30. Jahrgang. 1931. 1932 . . . . RM. 25.50
31. Jahrgang. 1932. Nr. 1 bis 4. 1932 . . . . RM. 25.25

32. Jahrgang. 1933. Nr. 1 bis 4. 1933 . . . . RM. 24.25
33. Jahrgang. 1934. Nr. 1, 1934 . . . . RM. 4.—
33. Jahrgang. 1934. Nr. 2, 1934 . . . . RM. 10.—

Gesamtregister zu den Veröffentlichungen des Reichs-Aufsichtsamts für Privatversicherung. 1912—26. 184 Seiten. 1928 . . . . RM. 14.—

Versicherungsstatistik für 1902 über die unter Reichsaufsicht stehenden Unternehmungen. Herausgegeben vom Reichsaufsichtsamt für Privatversicherung. Lexikon-Oktav. LXXVII, 384 Seiten. 1905. RM. 10.—
— für 1902 bis 1917 . . . . Je Jahrgang RM. 10.—
— für 1928 bis 1929. 1930 . . . . RM. 24.—
— für 1930. 1931 . . . . RM. 13.—
— für 1932. 1933 . . . . RM. 16.—
— für 1933. 1934 . . . . RM. 18.—

Liebig, Eugen, v., **Das deutsche Feuerversicherungswesen.** Groß-Oktav. 211 Seiten. 1911 . . . . RM. 5.—

Weygand, J., **Die Grundzüge der Kundenversicherung.** (Generalversicherung der Speditions- und Lagergüter.) Mit einer Einleitung über das Interesse als Element der Sachversicherung. Groß-Oktav. 162 Seiten. 1914 . . . . RM. 4.—

Berliner, Ludwig, und **Pfaffenberger,** Ernst, **Aufwertung von Versicherungsansprüchen** mit Durchführungsbestimmungen.
I. Teil Oktav. 235 Seiten. 1926. Mit Nachtrag. (Guttentagsche Sammlung Deutscher Reichsgesetze Bd. 164.) . . . . Geb. RM. 5.85
II. Teil: Sach- und Transportversicherung, Unfall- und Haftpflichtversicherung. Oktav. 112 Seiten. 1926. (Guttentagsche Sammlung Deutscher Reichsgesetze Bd. 164a.) . . . . Geb. RM. 3.15

Haymann, Franz, **Leistung und Gegenleistung im Versicherungsvertrag.** Eine Grundfrage des Privatversicherungsrechts. Oktav. 104 Seiten. 1932 . . . . RM. 6.—

Aus dem Inhalt: Leistung und Gegenleistung. Die Leistung des Versicherers. Die Anwendung der Regeln über den gegenseitigen Vertrag auf das Versicherungsgeschäft. Der Einfluß des Rücktritts und der Anfechtung auf die Prämienleistung. Leistung und Gegenleistung der Parteien im Konkurs- und Vergleichsverfahren zur Abwendung des Konkurses.

Tsirintanis, Alexander, **Die Order-Police.** Groß-Oktav. 95 Seiten. 1930. (Hamburger Rechtsstudien, Heft 6.) RM. 6.—

Lippmann, Karl, **Die Reichsversicherungsordnung** nebst dem Einführungsgesetze, den wichtigsten Ausführungsvorschriften, den ergänzenden Gesetzen und Verordnungen sowie den Verordnungen über das Verfahren. **Nach dem Stande vom 8. Dezember 1931.** Textausgabe mit Anmerkungen, Einleitung (Übersicht über den Inhalt der Reichsversicherungsordnung) und Sachregister. Taschenformat. XVI, 767 Seiten. 1932. (Guttentagsche Sammlung Deutscher Reichsgesetze, Bd. 161.) . . . . Geb. RM. 16.20
Die Ausgabe wird durch Nachträge auf dem laufenden gehalten.

„Einer ziemlich eingehenden Übersicht über den Inhalt der Reichsversicherungsordnung folgt der Text in der jetzt gültigen Fassung. Ein gründlich bearbeitetes Sachregister erleichtert die Brauchbarkeit des Buches in der täglichen Praxis. Gleich ihrer Vorgängerin kann auch diese Auflage nur wärmstens empfohlen werden.“

Deutsche Invaliden-Versicherung Nr. 3, 1932.

Reuß, Max, und **Hense,** Fritz. **Das Reichsknappschaftsgesetz** vom 1. Juli 1926 nebst Einführungsgesetz. 2. Aufl. Taschenformat. XVI, 640 Seiten. 1926. (Guttentagsche Sammlung Deutscher Reichsgesetze Bd. 155.) Mit Nachtrag 1931. . . . . Geb. RM. 10.80

Embden, Helmuth, **Versicherung für Rechnung wen es angeht.** Groß-

Oktav. VIII, 39 Seiten. 1930 . . . . RM. 3.—
(Hamburger Rechtsstudien, Heft 8.)

Angestelltenversicherungsgesetz vom 28. Mai 1924. Zweite Auflage. Taschenformat. 143 Seiten. 1927. Mit Nachtrag. (Guttentagsche Sammlung Deutscher Reichsgesetze. Textausgaben ohne Anmerkungen.) Geb. RM. 2.25

Manes, Alfred, **Sozialversicherung.** 7., ergänzte Aufl. 1928. Kl.-Oktav. 139 Seiten. (Sammlung Göschen Bd. 267.) . . . . Geb. RM. 1.62

„Es gibt keine andere Darstellung der geltenden Sozialversicherung, die in solch erfreulicher Kürze und Sachlichkeit durch die annähernd 2400 Paragraphen führt."

Hanseatische Rechts- und Gerichts-Zeitschrift.

Schmeißer, Herbert, **Das Gesetz über Arbeitsvermittlung und Arbeitslosenversicherung** in der Fassung der Notverordnung vom 1. Dezember 1930. 2 Bände. Taschenformat. Band I: XVI, 639 Seiten. 1931. Geb. RM. 13.50

Band II. 792 Seiten. 1932. Geb. RM. 20.—. (Guttentagsche Sammlung Deutscher Reichsgesetze Bd. 165/165a.)

2. Arbeitsrecht

Kalckbrenner, Otto, **Gesetz zur Ordnung der nationalen Arbeit vom 20. Januar 1934.** Textausgabe mit Einleitung und ausführlichem Sachregister. 2. Auflage. Taschenformat. 104 Seiten. 1934. (Guttentagsche Sammlung von Textausgaben ohne Anmerkungen mit Sachregister.) RM. 0.80

Kalckbrenner, Otto, **Gesetz über die Heimarbeit vom 23. März 1934.** Textausgabe mit Einleitung, Durchführungsverordnung und Sachregister. Taschenformat. 64 Seiten. 1934. (Guttentagsche Sammlung von Textausgaben ohne Anmerkungen mit Sachregister.) RM. 0.80

Deutschbein, Arbeitszeitordnung vom 26. Juli 1934. Mit Einleitung und ausführlichem Sachregister. 60 Seiten. 1934. (Guttentagsche Sammlung von Textausgaben ohne Anmerkungen und Sachregister.) Etwa RM. 0.80

Depène, Hans, **Rohlfing**, Theodor, **Heinitz**, Ernst, **Arbeitsgerichtsgesetz. Kommentar.** Zweite, völlig neubearbeitete Auflage. Taschenformat. 884 Seiten. 1932. (Guttentagsche Sammlung Deutscher Reichsgesetze Bd. 168.) . . . . Geb. RM. 15.—

Arbeitsgerichtsgesetz in der Fassung der Bekanntmachung vom 10. April 1934. Nachtrag zu Band 168 der Guttentagschen Sammlung Deutscher Reichsgesetze: Arbeitsgerichtsgesetz. 2. Aufl. 56 Seiten. 1934. RM. 0.80

Arbeitsrechtliche Spruchsammlung. Beilage zum Deutschen Handwerksblatt. Herausgegeben von Amtsgerichtsrat Dr. Theodor Rohlfing, hauptamtlicher Vorsitzender beim Arbeitsgericht Berlin. Pro Quartal RM. 0.90

Die Sammlung berichtet fortlaufend über die obergerichtliche Rechtsprechung auf dem Gebiete des Arbeitsrechts. Sie bildet eine wertvolle Ergänzung der amtlichen Sammlung.

Günther, Adolf, und **Schneider**, Richard, **Arbeiterschutz und Arbeitsrecht.** Zweite Auflage. Taschenformat.

I. Teil: **Arbeitszeitschutz.** Das Arbeitszeitnotgesetz und die übrige arbeitszeitrechtliche Gesetzgebung des Reichs seit dem 9. November 1918. 386 Seiten. 1927 . . . . Geb. RM. 6.75

„. . . Doch nicht nur ein praktisches Buch. Unter reichster Benutzung der Rspr. und des Schrifttums wird ein Überblick über den gegenwärtigen Stand der Wissenschaft gegeben. Mit erfreulicher Eindringlichkeit gehen die Verfasser den Problemen nach; in strenger, wissenschaftlicher Sachlichkeit setzen sie sich mit ihnen aus-

einander; anregend und belehrend. Das Buch verdient die Aufmerksamkeit aller am Arbeitsrecht Beteiligten."

Juristische Wochenschrift Nr. 47, 1932.

II. Teil: Gesetz über die **Beschäftigung Schwerbeschädigter** nebst den einschlägigen gesetzlichen Bestimmungen. 404 Seiten. 1928. (Guttentagsche Sammlung Deutscher Reichsgesetze Bd. 138a/138c.) Geb. RM. 7.20

„Das Buch stellt nicht nur beim Studium des Gesetzes ein wertvolles Hilfsmittel dar, sondern ist auch für den Handgebrauch des Arbeitsrechtspraktikers unentbehrlich."

Berliner Wohlfahrtsblatt v. 9. XII. 1928.

IV. Teil: **Betriebsstillegungsverordnung.** 240 Seiten. 1929. (Guttentagsche Sammlung Deutscher Reichsgesetze. Bd. 138 d.) Geb. RM. 5.85

„Die Guttentagsche Sammlung ist durch das Buch um ein neues zuverlässiges Hilfsmittel für die Gesetzanwendung bereichert."

Reichsarbeitsblatt Nr. 30, 1929.

Warneyer, Otto, **Betriebsrätegesetz** vom 4. Februar 1920 nebst der Wahlordnung zum Betriebsrätegesetz, dem Aufsichtsratsgesetz samt Wahlordnung und den Ausführungsverordnungen des Reichs und der Länder. Auf der Grundlage der Güntherschen Textausgabe mit Anmerkungen erläutert unter besonderer Berücksichtigung der Rechtsprechung des Reichsgerichts und des Reichsarbeitsgerichts. Zweite Auflage. Taschenformat. 235 Seiten. 1931. (Guttentagsche Sammlung Deutscher Reichsgesetze Bd. 138 b.) . . . . . . Geb. RM. 4.50

Diese Handausgabe ist ihrer Anlage nach ein verkürzter Kommentar, der die Entwicklung des Gesetzes, der Rechtsprechung — vor allem des Reichsarbeitsgerichts! — und der einschlägigen Literatur bis Ende 1930 berücksichtigt.

Tilly, Dr. Helmuth Tczerclas von, **Internationales Arbeitsrecht.** Unter besonderer Berücksichtigung der Internationalen Arbeitsorganisation. 120 Seiten. 1924. (Sammlung Göschen Bd. 882.) . . . . Geb. RM. 1.62

v. Ungern-Sternberg, Die Auflösung und Fusion von Berufsvereinen und ihre arbeitsrechtliche Bedeutung. Oktav. IV, 52 Seiten. 1931. RM. 3.50

Für laufende Tarifverträge ebenso wie für Schlichtungsverfahren haben Auflösung und Fusion von Gewerkschaften bzw. Arbeitgeberverbänden erhebliche Bedeutung. Deshalb lohnt eine zusammenfassende Durchforschung und Darstellung der Materie wohl. An Hand von Literatur und Rechtsprechung werden alle Zweifelsfragen hier geklärt. Die Schrift bringt den Beteiligten wertvolle Unterlagen für die Praxis.

3. Gewerberecht

Hiller, Fr., und **Luppe,** H., **Gewerbeordnung für das Deutsche Reich nebst Kinderschutzgesetz und Hausarbeitsgesetz** sowie den für das Reich und Preußen erlassenen Ausführungsbestimmungen. Einundzwanzigste, veränderte Auflage. (143. bis 148. Tausend.) Taschenformat. 931 Seiten. 1928 Mit Nachtrag vom 11. 2. 1929. (Guttentagsche Sammlung Deutscher Reichsgesetze Bd. 6.) . . . . Geb. RM. 9.90

Ergänzungsband. Abgeschlossen am 15. April 1934. Taschenformat. 87 Seiten. 1934 . . . . RM. 1.50

„Ein Wort der Empfehlung für dieses Buch zu sagen, erübrigt sich. Hervorgehoben sei, daß diese Auflage alle Vorzüge der früheren Auflagen in sich schließt. Die zahlreichen neuen Gesetze sind erschöpfend berücksichtigt." Zeitschrift des Deutschen Notarvereins.

Gewerbeordnung für das Deutsche Reich nebst Gaststättengesetz, Kinderschutzgesetz und Hausarbeitsgesetz. Textausgabe mit Einleitung und Sachregister. Taschenformat. IV, 200 Seiten. 1932. (Guttentagsche Sammlung von Textausgaben ohne Anmerkungen mit Sachregister.) . . . . Geb. RM. 3.—

Brassert, H., Allgemeines Berggesetz für die preußischen Staaten mit Kommentar. Zweite Auflage, bearbeitet von Hans Gottschalk. Groß-Oktav. XXIX 1291 Seiten 1914 RM 27.—, geb RM 30.—

Sonnenfeld, Hugo, Die reichsrechtlichen Bestimmungen, betreffend den Handel mit Drogen und Giften. Dritte veränderte Auflage Taschenformat 435 Seiten. 1926. (Guttentagsche Sammlung Deutscher Reichsgesetze Bd. 64.) . . . . Geb. RM. 10.80

Friedrichs, Karl, Gaststättengesetz vom 28. April 1930 mit den Durchführungs- und Ausführungsverordnungen des Reichs und Preußens. Taschenformat VIII 144 Seiten. 1930. (Guttentagsche Sammlung Deutscher Reichsgesetze Bd. 176.) . . . . RM. 3.15

Lebbin, Georg Nahrungsmittelgesetze mit Erläuterungen. Zweite, stark vermehrte Auflage in zwei Bänden.
I. Band: Das Lebensmittelgesetz vom 5. Juli 1927 mit Nebengesetzen (Margarine, Fleisch, Milch, Süßstoff, Essigsäure usw.) Erläutert von G. Lebbin und R. Gießner. Taschenformat XVI 419 Seiten. 1928. (Guttentagsche Sammlung Deutscher Reichsgesetze Bd. 54a.)
Geb. RM. 7.65
II. Band: Getränkegesetze und Getränkesteuergesetze (Wein, Bier, Branntwein, Mineralwasser). Unter Mitarbeit von Rechtsanwalt Dr. Kniehe. Taschenformat XII, 400 Seiten. 1926. (Guttentagsche Sammlung Deutscher Reichsgesetze Bd. 54b.) . . . . . Geb RM. 9.—

Voß, Werner Die reichs- und landesrechtlichen Bestimmungen auf dem Gebiete des Gesundheitswesens. Taschenformat. 608 Seiten. 1929. (Guttentagsche Sammlung Deutscher Reichsgesetze Bd. 172.)
Geb. RM. 9.90

4. Geistig-gewerblicher Rechtsschutz.

Kaiser, Felix, Erfinder und Patent im neuen Staat. Oktav. 144 Seiten. 1934 . . . . RM. 3.50

Die Schrift beginnt mit einer streng wissenschaftlichen Kritik des durch sie geschaffenen Rechts vornehmlich bei der Erteilung und der Auslegung der Patente. Sie führt aber alsbald weiter zu dem, was kommen muß und fordert ein formal aufgelockertes Verfahren vor einem mit Technikern und Juristen besetzten Patentgericht. Der Prüfer soll gleichzeitig Richter über „seine" Patente sein. Er soll sie im Kampf um ihr Leben im Verletzungsprozeß begleiten. Das neue Gericht soll gegebenenfalls den patentfreien Raum im Interesse der Wirtschaft abstecken, indem es „zwischen" den Anträgen der Parteien entscheiden kann.

Elster, Alexander, Urheber- und Erfinder-, Warenzeichen- und Wettbewerbsrecht. (Gewerblicher Rechtsschutz.) Zweite, stark erweiterte und völlig umgearbeitete Auflage. Mit Abdruck der Gesetzestexte. Oktav. XII, 611 Seiten. 1928. Mit Nachtrag 1931. (Lehrbücher und Grundrisse der Rechtswissenschaft Bd. VIII.) RM. 16.20, geb. RM. 17.50

„Seit Kohler und Osterrieth endlich wieder das lang entbehrte Lehrbuch. Hier unternimmt ein wahrhaft selbständiger und ideenreicher Kopf den Versuch, eine wirkliche Synthese zu schaffen."
Juristische Rundschau Nr. 1, v. 1. 1. 1929.

Neuberg, J., Der internationale gewerbliche Rechtsschutz. 2. Auflage. 128 Seiten. 1923. (Sammlung Göschen Bd. 271.) . . . . Geb. RM. 1.62

Daude, Paul, Die Reichsgesetze über das Urheberrecht an Werken der Literatur und der Tonkunst und das Verlagsrecht vom 19. Juni 1901 in der Fassung des Gesetzes vom 22. Mai 1910 zur Ausführung der revidierten Berner Übereinkunft. Oktav. VIII, 293 Seiten. 1910.
RM. 6.—

Lindemann, O., **Gesetz, betr. das Urheberrecht an Werken der Literatur und der Tonkunst.** Vierte Auflage. Taschenformat. 171 Seiten. 1921. (Guttentagsche Sammlung Deutscher Reichsgesetze Bd. 60.) Geb. RM. 1.60

Fuld, Ludwig, **Gesetz, betr. das Urheberrecht an Werken der bildenden Künste und der Photographie.** Zweite Auflage. Taschenformat. 192 Seiten. 1925. (Guttentagsche Sammlung Deutscher Reichsgesetze Bd. 81.) . . . . Geb. RM. 5.40

Andritzky, Christoph, **Die Rechtsstellung des Drehbuchautors.** Oktav. XI, 80 Seiten. 1931 . . . . RM 3.50

Reininger, O. **Der Schutz des Urheberrechts im deutschen Rundfunk.** Oktav 88 Seiten 1929 . . RM 4.—

Giesecke, Hans, **Die juristischen Probleme des Bildfunks.** Oktav 90 Seiten. 1932 . . . . RM. 3.60

Die interessanten urheberrechtlichen Fragen, die mit der neuen technischen Errungenschaft eines „Bildfunks“ zusammenhängen und teilweise schon jetzt, insbesondere aber für die Zukunft sehr aktuell sind, werden in dieser Arbeit nach allen Seiten hin sorgfältig untersucht.

Heinitz, Ernst, und **Marwitz,** Bruno, **Das Reichsgesetz über das Verlagsrecht.** Textausgabe mit Einleitung, Anmerkungen und Sachregister. Dritte Auflage Taschenformat. 136 Seiten. 1922. (Guttentagsche Sammlung Deutscher Reichsgesetze Bd. 61.) . . . . Geb. RM. 1.45

Elster. A., **Das deutsche Urheber- und Verlagsrecht.** 128 Seiten. 1923. (Sammlung Göschen Bd. 863.) . . . . Geb. RM. 1.62

„Erstaunlich ist, wie Elster diese beiden so viel umstrittenen Gesetze auf so engem Raum in vortrefflicher Weise zur Darstellung gebracht hat.“ Deutscher Journalistenspiegel Nr. 17, v. 5. VI. 1927

Heymann, E., **Die zeitliche Begrenzung des Urheberrechts.** Oktav 74 Seiten 1927. (Sitzungsberichte der Preußischen Akademie der Wissenschaften zu Berlin.) . . . . RM. 5.—

Pietzcker, Eduard, **Patentgesetz und Gebrauchsmusterschutzgesetz.** Kommentar unter Berücksichtigung der vorgeschlagenen und weiter beantragten Abänderungen des Patentgesetzes. Erster Halbband: §§ 1—12 PatG. Groß-Oktav. 427 Seiten. 1929. (Gewerbe- und Industrie-Kommentar Bd. V, 1.) Der zweite, das Werk abschließende Band, wird 1933 erscheinen . . . . . . RM. 26.—, geb. RM. 28.—

„Die überall zutage tretende geistige Leistung macht Pietzckers Kommentar für jeden, der sich mit diesem Rechtsgebiet zu beschäftigen hat, zum unentbehrlichen Rüstzeug.“

Markenschutz und Wettbewerb Nr. 4, April 1929.

Seligsohn, Arnold, **Patentgesetz und Gesetz, betr. den Schutz von Gebrauchsmustern.** Siebente Auflage. Groß-Oktav. VIII, 622 Seiten. 1932 . . . . RM. 22.50, geb RM. 24.30

Der Patentkommentar von Seligsohn ist seit seiner ersten Auflage als ein führendes Werk dieses schwierigen und wichtigen Rechtsgebietes bekannt.

Lutter, R., **Patentgesetz** Nebst Ausführungsbestimmungen, völkerrechtlichen Verträgen und Patentanwaltsgesetz, unter eingehender Berücksichtigung der Rechtsprechung des Reichsgerichts und der Praxis des Reichspatentamts. Neunte Auflage. Taschenformat. XV 467 Seiten. 1928. (Guttentagsche Sammlung Deutscher Reichsgesetze Bd 22.) Geb. RM. 9.—

„Jedem, der eines kurzgefaßten zuverlässigen Kommentars für den Augenblicksgebrauch bedarf, sei diese vorzügliche Taschenausgabe des Patentgesetzes von Lutter dringend empfohlen. Jede neue Ausgabe verbessert das Buch. Es ist nicht leicht, kurz zu kommentieren. Möge dieses Buch, das bei aller Knappheit stets in Fühlung

mit der Entwicklung des Rechtsgebiets bleibt, sich seine Kürze erhalten.“ *Markenschutz und Wettbewerb Nr. 14, November 1928.*

Elster, A. Das deutsche Erfinderrecht (Patent- und Musterschutzrecht). 118 Seiten. 1924. (Sammlung Göschen Bd. 891.) . . Geb. RM. 1.62

Seligsohn, Jul., Geheimnis und Erfindungsbesitz. Groß-Oktav. 147 Seiten. 1921 . . . . RM. 3.—

Elster, A., Gesetz gegen den unlauteren Wettbewerb vom 7. Juni 1909. In der Fassung vom 9. März 1932. Kurzer Kommentar für Praxis und Studium. Neunte, durchgearbeitete und wesentlich ergänzte Auflage der erläuterten Textausgabe von Justizrat Dr. Albert Pinner und Dr. Alexander Elster. Taschenformat. 392 Seiten. 1932. (Guttentagsche Sammlung Deutscher Reichsgesetze Bd. 37.) Geb. RM. 6.75

„Der Umfang der erläuterten Textausgabe ist wieder sehr gestiegen, so daß sie nun mit Recht die Bezeichnung kurzer Kommentar führt. Obwohl für die Praxis bestimmt und im wesentlichen auf den Ergebnissen der Rechtsprechung fußend, zeigt das Werk — besonders in der Einleitung, aber auch in den einzelnen Ausführungen — die grundsätzliche Einstellung des Verfassers zu der Rechtsnatur des Wettbewerbsrechts. Für das Studium sowie als erstes Nachschlagewerk für die Praxis ist das Werk hervorragend geeignet.“ *Juristische Wochenschrift Nr. 18, v. 26. VI. 1932*

Elster, A., Gesetz über das Zugabewesen vom 12. V. 1933. Ergänzung zu Elster, Unlauterer Wettbewerb, und Elster, Zugaben-Verordnung. 1933 . . . . RM. 0.20

Elster, A., Zugaben-Verordnung. (Erster Teil der Verordnung des Reichspräsidenten zum Schutze der Wirtschaft vom 9. März 1932.) Taschenformat. 80 Seiten. 1932. (Guttentagsche Sammlung Deutscher Reichsgesetze Nr. 37a.) . . . . RM. 1.80

Wassermann, Martin, Der unlautere Wettbewerb nach deutschem Recht. I. Generalklausel. Reklameauswüchse. Ausverkaufswesen. Angestelltenbestechung. 160 Seiten. 1911. II. Kreditschädigung. Firmen- und Namenmißbrauch. Verrat von Geheimnissen. Ausländerschutz. 151 Seiten. 1911. (Sammlung Göschen Bd. 339 u. 535.) . . . . Geb. je RM. 1.62

Wolff, F. und Crisolli, K.-A., Das Recht der Reklame. Lexikon-Oktav. 424 Seiten. 1929 . . . . RM. 9.—, geb. RM. 10.—

Hagens, Alfred, Warenzeichenrecht. Kommentar. Groß-Oktav. VIII, 408 Seiten. 1927. (Gewerbe- und Industrie-Kommentar Bd. III.) RM. 22.—, geb. RM. 24.—

„Eine ausführliche Darstellung, die zeigt, daß der Verfasser das gesamte Fachschrifttum und die reichhaltige Rechtsprechung restlos beherrscht. Ich habe gefunden, daß nicht ein einziger Fall von Bedeutung fehlt.“ *Markenschutz und Wettbewerb Nr. 12, 1927.*

Seligsohn, Arnold, Gesetz zum Schutz der Warenbezeichnungen. Dritte Auflage, bearbeitet in Gemeinschaft mit Martin Seligsohn in Berlin. Groß-Oktav. IV, 416 Seiten. 1925. RM. 15.—, geb. RM. 16.50

Freund, G. S., Magnus, Julius, und Jüngel, Friedrich, Das deutsche Warenzeichenrecht. Sechste, neubearbeitete Auflage. Teil I: Die internationalen Verträge. Oktav. VI, 247 Seiten. Mit 4 Tafeln. 1924. (Guttentagsche Sammlung Deutscher Reichsgesetze Bd. 87a.) Geb. RM. 8.10

Das deutsche Warenzeichenrecht.
Teil II: Oktav. XV, 804 Seiten. 1933. (Guttentagsche Sammlung Deutscher Reichsgesetze Bd. 87b.) . . . . Geb. RM. 25.—

„Die Zusammenarbeit dieser beiden hervorragenden Sach- und Fachkenner hat ein Werk geschaffen, dessen I. Teil sich in den seit seinem Erscheinen verflossenen neun Jahren oft bewährt hat.

Es bedarf daher keiner Prophetengabe, auch dem II. Teil einen gleichen Erfolg vorauszusagen. Schon ein flüchtiges Durchblättern hat mich darüber belehrt, daß dieser strenge Wissenschaftlichkeit mit praktischer Brauchbarkeit vereint und sich durch eine kaum zu überbietende Kürze im Ausdruck auszeichnet. Die unendliche Fülle der angeführten Fälle aus der Praxis zeigen eine Beherrschung des Schrifttums und Ausschöpfung der Entscheidungssammlungen, die Staunen erregt. Musterhaft erscheint mir die Übersichtlichkeit der Anordnung und Knappheit im Ausdruck. Diese hat indessen die Verfasser nicht gehindert, einige Fragen mit besonderer Liebe und Ausführlichkeit zu behandeln.“

Markenschutz und Wettbewerb, Oktober 1933.

Born, A., Reichspreßgesetz vom 7. Mai 1874 in der jetzt geltenden Fassung nebst den einschlägigen Bestimmungen der Reichsverfassung, des Reichsstrafgesetzbuches, der Gewerbeordnung usw. Mit Kommentar und Sachregister. Vierte, veränderte Auflage. Taschenformat. 234 Seiten. 1931. (Guttentagsche Sammlung Deutscher Reichsgesetze Bd. 53.) . . . . Geb. RM. 5.40

IV. Zivilprozeß

Fischer, Otto, Lehrbuch des deutschen Zivilprozeß- und Konkursrechts. Groß-Oktav. XII, 488 Seiten. 1918 . . . RM. 8.—, geb. RM. 10.—

Kisch, Wilh., Deutsches Zivilprozeßrecht.

I. Band. Vierte Auflage. Mit Ergänzungen bis Juli 1934. 117 Seiten. 1929—1934. (Sammlung Göschen Bd. 428.) Geb. RM. 1.62

II. Band. Vierte Auflage. Mit Ergänzungen bis Juli 1934. 175 Seiten. 1929—1934. (Sammlung Göschen Bd. 430.) . . Geb. RM. 1.62

III. Band. Vierte Auflage. Mit Ergänzungen bis Juli 1934. 158 Seiten. 1929—1934. (Sammlung Göschen Bd. 430.) . . Geb. RM. 1.62

Sydow, R., Busch, L., und Krantz, W., Zivilprozeßordnung und Gerichtsverfassungsgesetz nebst Anhang, enthaltend Entlastungsgesetze und die Notverordnung vom 1. Dezember 1930. Handkommentar unter besonderer Berücksichtigung der Entscheidungen oberster Gerichte. Neubearbeitete, zwanzigste Auflage. Zwei Bände. Groß-Oktav. VIII, VIII und 1540 Seiten. 1930. Mit Nachtrag 1932. Geb. RM. 32.— (de Gruytersche Sammlung Deutscher Gesetze, Handkommentare.)

Nachtrag, enthaltend die durch den VI. Abschnitt der Dritten Verordnung des Reichspräsidenten vom 6. Oktober 1931 eingetretenen Änderungen und die Fortsetzung der Erläuterungen der ZPO. und des GVG. Groß-Oktav. 94 Seiten. 1932. . . . . RM. 2.25

„Auch innerlich ist der ausgezeichnete Handkommentar von Sydow-Busch-Krantz verändert. Es sind viele veraltete Entscheidungen ausgemerzt und dafür die Erläuterungen durch eingehendere Darlegungen zweckmäßig erweitert worden. An der Grundanlage des Buches wurde nichts geändert, die Druckanordnung ist noch übersichtlicher als bisher. So wird das Buch seine alten Freunde behalten und ohne Zweifel viele neue hinzuerwerben.“

Leipziger Zeitschrift für deutsches Recht Nr. 20, v. 15. X. 1930

Rosenberg, L., Zivilprozeßgesetzgebung. Taschenformat. 580 Seiten. 1930. Geb. RM. 8.— (Lehrausgaben Deutscher Gesetze Bd. II.)

„Diese neuartige Ausgabe der ZPO. der ‚Lehrausgaben Deutscher Gesetze‘ ist ein Beispiel für die besondere Nützlichkeit einer solchen Ausgabe. Die Besonderheiten dieser handlichen und ershöpfenden Ausgabe der Zivilprozeßgesetzgebung bestehen in der sachlichen Ordnung des umfassenden Stoffes, in der Hervorhebung von besonders Wesentlichem durch Sperrdruck und vor allem aber darin, daß den einzelnen Paragraphen in systematischer Weise Überschriften voraus-

geschickt sind, die die hier besonders wichtige Aufgabe erfüllen, den Aufbau des Gesetzes und den Zusammenhang der einzelnen Vorschriften klar erkennen zu lassen.“

Juristische Wochenschrift Nr. 47, v. 22. XI. 1930.

Zimmerle, Ludwig, **Die neue Zivilprozeßordnung** vom 27. Oktober 1933 mit Gerichtsverfassungsgesetz und Nebengesetzen. Textausgabe mit Verweisungen und Sachregister. Taschenformat. XX, 436 Seiten. 1933. (Guttentagsche Sammlung von Textausgaben ohne Anmerkungen mit Sachregister.) . . . . Geb. RM. 3.50

„. . . *Die vorzügliche Einleitung unterrichtet kurz und treffend über die wesentlichsten Neuerungen des Prozeßrechts. Die Änderungen des Gesetzeswortlauts sind im Druck besonders hervorgehoben. Ein ausführliches Sachregister und zahlreiche geschickte Verweisungen sichern gute praktische Verwendbarkeit.“*

Deutsche Justiz vom 29. 12. 33.

Der neue Entwurf einer Zivilprozeßordnung. Veröffentlicht durch das **Reichsjustizministerium. Lexikon-Oktav.** 561 Seiten mit 2 Paragraphen-Verzeichnissen. 1931 . . . . RM. 10.—, geb. RM. 12.—

Die Grundgedanken der Zivilprozeßreform vom 27. Oktober 1933. Ein Vortrag von Privatdozent Dr. jur. Heinz Hildebrandt, Gerichtsassessor, Heidelberg. Oktav. 36 Seiten. 1934 . . . RM. 2.—

Die Schrift ist die Wiedergabe eines Vortrages, den der Verfasser vor Angehörigen des Bundes Nationalsozialistischer Deutscher Juristen hielt. Mit dem Vortrag beabsichtigt der Verfasser, den an der praktischen Durchsetzung der Zivilprozeßreform im Rechtsleben betrauten und beteiligten Juristen eine zuverlässige und einprägsame Einführung in die großen Zweckzusammenhänge der Zivilprozeßnovelle vom 27. 10. 33 zu geben. Das Schrifttum ist bis in die kürzeste Zeit berücksichtigt.

Sydow, R., **Busch**, L., und **Krantz**, W., **Gerichtsverfassungsgesetz** mit Einführungsgesetz. Unter besonderer Berücksichtigung der Entscheidungen des Reichsgerichts. Zehnte Auflage. Taschenformat. 347 Seiten. 1925. (Guttentagsche Sammlung Deutscher Reichsgesetze Bd. 14.) Geb. RM. 5.40

Rausnitz, Julius, **Gebührenordnung für Notare** vom 28. Oktober 1922 (GS. 404) nebst den einschlägigen Vorschriften des Preußischen Gerichtskostengesetzes vom 28. Oktober 1922 (GS. 363), beide in der Fassung der Gesetze vom 12. April 1923 (GS. 107), 18. Dezember 1923 (GS. 556) und der Verordnung vom 28. Juni 1924 (GS. 573). Sechste, umgearbeitete Auflage. Oktav. 158 Seiten. 1925. (Guttentagsche Sammlung Preußischer Gesetze Bd. 4.) . . . Geb. RM. 6.30

Sydow, R., **Busch**, L., und **Krieg**, O., **Die Deutsche Gebührenordnung für Rechtsanwälte**, das Gesetz, betreffend die Erstattung von Rechtsanwaltsgebühren in Armensachen, und die Preußische Landesgebührenordnung mit Erläuterungen. Auf der Grundlage der Sydow-Busch'schen Textausgabe mit Anmerkungen in dreizehnter Auflage unter Mitaufnahme des Gesetzes über die Erstattung in Armensachen neubearbeitet. Taschenformat 496 Seiten. 1929. (Guttentagsche Sammlung Deutscher Reichsgesetze Bd. 17.) . . . . Geb. RM. 8.10

„. . . *Die Guttentagschen Handkommentare haben sich auf allen Gebieten einen so guten Namen erworben, daß eine Empfehlung nicht notwendig ist . . .“ Juristische Wochenschrift Nr. 45/46, 1929.*

Isaac, Martin, **Leitfaden für Handelsrichter.** Oktav. 132 Seiten. 1932. RM. 3.60

Der Handelsrichter hat Rechte und Pflichten eines gelehrten Richters, ohne, wie es das Gesetz vorschreibt, geringste juristische Ausbildung. Die sich bei der Tätigkeit ergebenden Schwierigkeiten soll dieses Bändchen klären. Alles, was aus dem Prozeßrecht, vornehmlich aber der Prozeßtechnik von Interesse ist, wird in klarer Briefform dargestellt.

Sydow, R., **Busch**, L., und **Krieg**, O., **Deutsches Gerichtskostengesetz nebst Gebührenordnung** für Gerichtsvollzieher und für Zeugen und Sachverständige in den neuesten Fassungen. Auf der Grundlage der Sydow-Busch'schen Textausgabe mit Anmerkungen neubearbeitet in elfter Auflage. Taschenformat. XI, 433 Seiten. 1928. (Guttentagsche Sammlung Deutscher Reichsgesetze Bd. 15.) . . . . . . Geb. RM. 6.75

Lindemann, Otto, **Preußisches Gerichtskostengesetz** (neueste Fassung). Nach dem Tode des früheren Herausgebers P. Siméon erläutert. Achte, völlig umgearbeitete Auflage. Taschenformat. 439 Seiten. 1928. (Guttentagsche Sammlung Preußischer Gesetze Bd. 17.) Geb. RM. 7.20

Freiwillige Gerichtsbarkeit

Jastrow, Hermann, und **Günther**, Hermann, **Die Gesetze des Reiches und Preußens über die freiwillige Gerichtsbarkeit.** Textausgabe mit Einleitung, Anmerkungen und Sachregister. Siebente, vermehrte Auflage. Taschenformat. 548 Seiten. 1928. (Guttentagsche Sammlung Deutscher Reichsgesetze Bd. 46.) . . . . Geb. RM. 8.10

„Die Anmerkungen sind übersichtlich und bringen in treffender Kürze alles für die Praxis Wesentliche. Der Preis ist für das Gebotene mäßig.“ Ztschr. f. freiwillige Gerichtsbarkeit Nr. 2, 1929.

Die Gesetze des Reiches und Preußens über die freiwillige Gerichtsbarkeit. Textausgabe mit Sachregister. Taschenformat. 168 Seiten. 1930. (Guttentagsche Sammlung von Textausgaben ohne Anmerkungen mit Sachregister.) . . . . RM. 2.70

Das Buch enthält in der bekannten Art der Guttentagschen Gesetzesausgaben außer dem „Gesetz über die Angelegenheiten der freiwilligen Gerichtsbarkeit“ alle in dieses Gebiet fallenden sonstigen Gesetze, Ausführungsbestimmungen, Abkommen, Verordnungen usw. in absolut zuverlässigem Abdruck und ein das Zurechtfinden sehr erleichterndes Sachregister.

Szkolny, Felix, und **Kober**, Leopold, **Das Notariatrecht**, unter besonderer Berücksichtigung des materiellen Rechts und des Steuer- und Stempelrechts erläutert. Oktav. 236 Seiten. 1926. (Guttentagsche Sammlung Deutscher Reichsgesetze Bd. 163.) . . . . Geb. RM. 7.65

Szkolny, Felix, **Die Belehrungspflicht des Notars.** Oktav. 52 Seiten. 1927 . . . . RM. 2.—

„Ein trotz seines geringen Umfanges sehr nützliches Buch, für das wir dem Verfasser Dank wissen müssen.“

Zeitschrift des Deutschen Notarvereins, 1927.

Konkursordnung und Zwangsvollstreckung

Jaeger, Ernst, **Kommentar zur Konkursordnung** und den Einführungsgesetzen. Mit einem Anhang, enthaltend das Anfechtungsgesetz, die Vergleichsordnung, Auszüge aus den Kostengesetzen, Ausführungsgesetze und Geschäftsordnungen. Sechste und siebente, neubearbeitete Auflage. Lexikon-Oktav. Der Umfang des Gesamtwerkes umfaßt etwa 100 Bogen. Die Ausgabe erfolgt in Lieferungen.

Erster Band: §§ 1—46. XXVIII, 828 Seiten. 1928—1931. RM. 49.—, geb. RM. 54.—

Zweiter Band: 1. Lieferung (Lieferung 5 des Gesamtwerkes). §§ 47—70. 1933 . . . . RM. 9.—

Zweiter Band: 2. Lieferung (Lieferung 6 des Gesamtwerkes) §§ 72 bis 138. 1934 . . . . RM. 9.—

(Der Kauf des ersten Bandes verpflichtet zum Bezug des ganzen Werkes (2 Bände). Das Gesamtwerk soll in Jahresfrist fertig vorliegen.

„ . . . *Kurz gesagt: das Buch ist das unübertreffliche Standardwerk.*
Deutsche Richterzeitung Nr. 1, v. 15. 1. 1929.

Jaeger, Ernst, Lehrbuch des Konkursrechts. Achte, erweiterte Auflage des Grundrisses zur Vorlesung über Konkursrecht. Groß-Oktav. 253 Seiten. 1932 . . . . Geb. RM. 13.50

„ . . . *Jedes Wort des Lobes über dieses Werk erscheint mir überflüssig. Der anerkannt beste Kenner und Förderer des Konkursrechts ein ausgezeichneter Pädagoge, ein Meister der deutschen Sprache hat uns ein Lehrbuch geschenkt, das nicht nur den Studierenden in unvergleichlicher Weise in das schwierige Gebiet des deutschen Konkursrechts einführt, sondern das auch dem gereiften Juristen durch häufige geschichtliche und rechtsvergleichende Hinweise und durch die Art, wie es die systematischen Zusammenhänge hervortreten läßt, die treibenden Kräfte der Rechtsgestaltung aufdeckt und zu den zahlreichen Streitfragen des Konkursrechts in stets klarer und belehrender Weise Stellung nimmt, eine überaus reizvolle, anregende und genußreiche Lektüre gewährt.*" *Deutsche Juristen-Zeitung Nr. 22, 1922.*

Entwurf einer Vergleichsordnung nebst Einführungsgesetz und Begründung. Veröffentl. durch das Reichsjustizministerium. Groß-Oktav. 94 Seiten. 1933. C. H. Beck'sche Verlagsbuchhandlung (Oskar Beck), München, J. Bensheimer in Mannheim, Walter de Gruyter & Co. in Berlin, Carl Heymanns Verlag, Otto Liebmann, J. C. B. Mohr (Paul Siebeck) in Tübingen, W. Moeser Buchhandlung in Leipzig, J. Schweitzer Verlag in München, Julius Springer in Berlin, Georg Stilke in Berlin, Franz Vahlen in Berlin . . . . RM. 2.—
Auslieferung bei: Walter de Gruyter & Co., Berlin und Leipzig.

Inhalt: 1. Entwurf einer Vergleichsordnung. 2. Entwurf eines Einführungsgesetzes zur Vergleichsordnung. 3. Begründung zum Entwurf einer Vergleichsordnung. A) Allgemeine Begründung. B) Besondere Begründung. 4. Begründung zum Entwurf eines Einführungsgesetzes zur Vergleichsordnung.

Sydow, R., Busch, L., und Krieg, O., Konkursordnung, Vergleichsordnung und Anfechtungsgesetz mit Erläuterungen. Auf der Grundlage der Sydow-Buschschen Textausgabe mit Anmerkungen in sechzehnter Auflage. V, 870 Seiten. 1932. (Guttentagsche Sammlung Deutscher Reichsgesetze Bd. 13.) . . . . Geb. RM. 10.80

„ . . . *erfüllt alle Anforderungen, die man an einen Handkommentar stellen kann, der rasch und zuverlässig über alle Rechtsfragen unterrichtet, ohne bis ins kleinste den einzelnen Streitfragen wie ein großer Kommentar nachzugehen. Für den praktischen Gebrauch ist das Werk ausgezeichnet . . .*" *Juristische Wochenschrift Nr. 18/19, 1933.*

Krech, J., und Fischer, O., Die Gesetzgebung, betr. die Zwangsvollstreckung in das unbewegliche Vermögen im Reiche und in Preußen. Textausgabe mit Einleitung, Anmerkungen und Sachregister. Zehnte Auflage, bearbeitet von O. Fischer. Taschenformat. 266 Seiten. 1929. (Guttentagsche Sammlung Deutscher Reichsgesetze Bd. 43.)
Geb. RM. 4.50

„*Die Ausgabe ist zu schneller Unterrichtung, vor allem zum Gebrauch im Termin ein vortreffliches Hilfsmittel. Ihre Anschaffung kann auch außerhalb Preußens nur empfohlen werden.*"
Archiv für Rechtspflege in Sachsen Nr. 4, 1929.

Blomeyer, Karl, Zwangsvollstreckung. Oktav. XII, 187 Seiten. 1932.
Geb. RM. 4.50
(Lehrbücher und Grundrisse der Rechtswissenschaft, Bd. XV.)

Kretzschmar, F., Die Zwangsversteigerung und die Zwangsverwaltung. 110 Seiten. 1911. (Sammlung Göschen Bd. 523.) . . Geb. RM. 1.62

Schultze, Fritz und Seifert, Fritz, Der gesamte Vollstreckungsschutz. Einschließlich der einschlägigen ZPO.-Vorschriften in den neuesten

Fassungen. Stand vom 1. November 1934. Ausführlicher Kommentar. Taschenformat. Etwa 630 Seiten. 1934. (Guttentagsche Sammlung Deutscher Reichsgesetze Bd. 185.) . . . Geb. etwa RM. 10.—

Vollstreckungsrichter erläutern auf Grund der Erfahrungen der Praxis und unter erschöpfender Berücksichtigung von Rechtslehre und Rechtsprechung eingehendst den gesamten Vollstreckungsschutz der Zivilprozeßordnung (insbes. §§ 803, 811, 850 ff. neues Lohnbeschlagnahmerecht, 766, 793), die Vollstreckungsmaßnahmenverordnung v. 26. 5. 1933, die den verschiedenartigen landwirtschaftlichen Vollstreckungsschutz enthaltenden Gesetze und Verordnungen (Landwirtschafts-Vollstreckungsschutzgesetz II v. 27. 12. 1933, Landwirtschafts-Entschuldungsvollstreckungsschutzverordnung v. 27. 12. 1933, Sicherungsverordnung v. 17. 11. 1931, Reichserbhofgesetz v. 29. 9. 1933) und das Binnenschiffahrts-Vollstreckungsschutzgesetz v. 24. 5. 1933. Wichtige bisherige Fassungen und alle ergänzenden Vorschriften sind mit abgedruckt.

Die „Deutsche Justiz" vom 29. 3. 1934 schrieb über die erste Auflage:

„Eine in höchstem Maße verdienstliche Leistung ist es, diese zum Teil in einander übergreifenden und in der Praxis ständig zu Schwierigkeiten führenden Vollstreckungsbestimmungen in einer zusammenfassenden Darstellung zu bringen. Die Verfasser haben diese schwierige Aufgabe mit bestem Erfolg gelöst. Unter eingehender Verwertung des Schrifttums und insbesondere der Rechtsprechung erörtern sie die vielen Zweifelsfragen in ausführlicher, gediegener und übersichtlicher Weise. Das Buch, das einem wirklichen und dringenden Bedürfnis entspricht, wird von niemandem, der sich mit dem Vollstreckungsschutzrecht zu befassen hat, entbehrt werden können."

Huyke, W., Offenbarungseid und Haft im Zivilprozeß. Taschenformat. 173 Seiten. 1930. (Guttentagsche Sammlung Deutscher Reichsgesetze, Bd. 177.) . . . . Geb. RM. 3.60

Dieser Band bietet eine ganz auf die Praxis zugeschnittene Erläuterung der das Offenbarungseidsverfahren betreffenden Paragraphen der ZPO. und gibt in einem allgemeinen Teil zuverlässig Auskunft über die sich auf diesem Gebiete ergebenden Streit- und Zweifelsfragen.

V. Strafrecht und Strafprozeß

Strafgesetzbuch

Ebermayer, Ludwig, **Lobe,** Adolf und **Rosenberg,** Werner, **Das Reichsstrafgesetzbuch,** Leipziger Kommentar mit besonderer Berücksichtigung der Rechtsprechung des Reichsgerichts. Fünfte, vermehrte und verbesserte Auflage. Lexikon-Oktav.

Band I: Allgemeiner Teil nebst systematischer Einführung von Dr. Adolf Lobe, Senatspräsident am Reichsgericht i. R. Oktober 1933 mit Nachtrag 1934. Lexikon-Oktav. 472 u. 28 Seiten. 1933. Geb. RM. 21.80

„. . . Denn was hier dem Theoretiker wie insbesondere auch dem Praktiker geboten wird, behält für immer seinen Wert schon darum, weil außer der Fülle von tiefschürfenden Erläuterungen auch geradezu ein Rechenschaftsbericht gegeben wird über das, was Wissenschaft und Rechtsprechung vom Inkrafttreten des Strafgesetzbuchs bis zur Wende des Rechts dem deutschen Volke gegeben haben. Wer das kommende Strafrecht in seiner vollen Bedeutung erfassen will, muß an das geltende anknüpfen."

Deutsches Polizei-Archiv Nr. 22/24, 1933.

Lobe, Adolf, **Gesetz gegen gefährliche Gewohnheitsverbrecher** und über

Maßregeln der Sicherung und Besserung v. 24. Nov. 1933 sowie Ausführungsgesetz vom gleichen Tage. Lexikon-Oktav. 28 Seiten. 1934. RM. 1.80

In der autoritativen Art des Leipziger Kommentars zum Strafgesetzbuch eine eingehende Erläuterung des neuen für die Strafpraxis wichtigen Gesetzes. Die Ausgabe dient zugleich als Nachtrag zum Leipziger Kommentar zum Strafgesetzbuch.

Lobe, Adolf, Einführung in den Allgemeinen Teil des Strafgesetzbuches. (Zugleich Einleitung zu dem StGB-Kommentar v. Ebermayer-Lobe-Rosenberg.) Oktav. II, 201 Seiten. 1933 . . . . . . Geb. RM. 6.—

„In klaren Ausführungen führt hier der Verfasser in das gesamte Strafrecht ein und erläutert die zur Zeit geltenden Strafrechtsgrundsätze... Zum Studium kann das Werk bestens empfohlen werden, trotz der zur Zeit mit Eifer betriebenen Arbeiten der amtlichen Strafrechtskommission." Deutsches Recht Nr. 3, 1934.

Kohlrausch, Eduard, Strafgesetzbuch für das Deutsche Reich mit Erläuterungen und Nebengesetzen. Früher von Dr. Fr. v. Liszt † u. Dr. E. Delaquis. Einunddreißigste Auflage. Taschenformat. XII, 624 Seiten. 1934. (Guttentagsche Sammlung Deutscher Reichsgesetze Bd. 2.) . . . . Geb. RM. 7.20

Aus dem Vorwort: „Noch gilt das Strafgesetzbuch von 1871. Und es wird voraussichtlich noch lange genug gelten, um es zu rechtfertigen, daß dieses Buch noch einmal erscheint. Die Änderunrungen der letzten zwei Jahre, die endlich das Starke mit dem Milden zu einem guten Klang zu vereinigen suchen, waren einzuarbeiten und Hinweise auf ein kommendes neues Recht wenigstens so weit zu geben, als dies heute möglich ist."

In der vorliegenden durchgreifenden Neubearbeitung entspricht die bekannte Ausgabe in allen Teilen dem jetzigen Stand der Gesetzgebung, sie weist die alten Vorzüge auf, die dem Buch seinen hohen Rang verschafft haben.

Hoormann, Hugo, Strafgesetzbuch für das Deutsche Reich mit wichtigen Nebengesetzen. Textausgabe mit Einleitung und Sachregister. Zwölfter Abdruck. Taschenformat. 200 Seiten. 1933. Mit Nachtrag 1934 enthaltend das Gesetz gegen gefährliche Gewohnheitsverbrecher und über Maßregeln der Sicherung und Besserung. (Guttentagsche Sammlung von Textausgaben ohne Anmerkungen mit Sachregister.) Geb. RM. 2.20

Die neue Auflage dieser weitverbreiteten Ausgabe entspricht in allen Teilen der neuen Fassung des Strafgesetzbuches. Sie enthält das Gesetz vom 26. Mai 1933, das in den Text eingearbeitet ist, und im Anfang eine Anzahl Nebengesetze, darunter die wichtigsten Verordnungen zur Sicherung der nationalen Erhebung und die Bestimmungen zur Gewährleistung des Rechtsfriedens. Zur raschen Orientierung über den Inhalt des Strafgesetzbuches wird das handliche Bändchen besonders gute Dienste leisten.

v. Liszt, Fr., Lehrbuch des deutschen Strafrechts. Sechsundzwanzigste, vollkommen neubearbeitete Auflage (49.—51. Tausend), von Dr. E. Schmidt, Professor der Rechte in Hamburg.

I. Band: Einleitung und Allgemeiner Teil. Oktav. 496 Seiten. 1932. RM. 11.70, geb. RM. 13.50

II. Band: Im Druck.

Gerland, H. B., Deutsches Reichsstrafrecht. Ein Lehrbuch. Zweite, völlig umgearbeitete Auflage. Oktav. XX, 732 Seiten. 1932. (Lehrbücher und Grundrisse der Rechtswissenschaft Bd. XVI.) RM. 15.—, geb. RM. 16.50

„Durch knappe, geradezu klassische Kürze zeigende Darstellung

gelang es Gerland, auf engem Raume eine ungeheure Fülle des Stoffes zu bieten und auf jede Frage Antwort zu geben."
Juristische Wochenschrift v. 11. X. 1925.

Gerland, H. B., Der Entwurf 1925. Allgemeiner Teil. Kritische Bemerkungen. Oktav. 96 Seiten. 1925 . . . . RM. 5.—
„Eine außerordentlich interessante Abhandlung. Die Schrift stellt ein fast unentbehrliches Hilfsmittel für jeden dar, der sich mit den einschlägigen Fragen zu beschäftigen hat."
Mitteilungen des Preußischen Richtervereins v. 11. X. 1925

Aschrott, P. F., u. Kohlrausch, Ed., Reform des Strafrechts. Kritische Besprechung des Amtlichen Entwurfs eines Allgemeinen Deutschen Strafgesetzbuchs. Auf Veranlassung der Deutschen Landesgruppe der Internationalen Kriminalistischen Vereinigung unter Mitwirkung erster Fachgenossen herausgegeben. Gr.-Oktav. V, 415 S. 1926. RM. 18.—

Sammlung außerdeutscher Strafgesetzbücher in deutscher Übersetzung. Herausgegeben von den Schriftleitungen der Zeitschrift für die ges. Strafrechtswissenschaft u. d. Mitteilungen der Internationalen Kriminalistischen Vereinigung. Nr. 1—43. 1881—1914 . . Preise auf Anfrage.

Nr. 44:
Japanische Strafgesetze. I. Schwurgerichtsordnung vom 18. April 1923 und strafrechtliche Nebengesetze. Übersetzt von Hyoichiro Kusano, Reichsgerichtsrat in Tokio, Tadao Sugiura, Oberlandesgerichtsrat in Sapporo, und Dr. jur. Fritz Bartelt in Berlin. II. Strafvollzugsgesetz vom 28. März 1908 nebst Ausführungsverordnung vom 16. Juni 1908. Übersetzt von Dr. jur. Toshita Tokiwa, Gerichtsassessor in Tokio, und Dr. jur. Werner Gentz, Justizrat beim Strafvollzugsamt in Kiel. Groß-Oktav. 55 Seiten. 1927. RM. 3.—

Nr. 45:
Die Auslieferungsgesetze Norwegens, Schwedens und Finnlands. Mit einer systematischen Darstellung der Grundzüge des nordischen Auslieferungsrechts im Hinblick auf den Erlaß eines deutschen Auslieferungsgesetzes Von Dr. jur. Ernst Wolgast, Privatdozent in Königsberg i. Pr. Groß-Oktav. VIII, 487 Seiten. 1928. . . RM. 20.—

Nr. 46:
Das Türkische Strafgesetzbuch vom 1. März 1926. Gesetz Nr. 765. (Türkisches Gesetzblatt Nr. 320 vom 13. März 1926.) Das Ausführungsgesetz zum Türkischen Strafgesetzbuch vom 26. April 1926. Deutsche Übersetzung von Dr. K. Ziemke. Groß-Oktav. 138 Seiten. 1927 . . . . RM. 5.—

Nr. 47:
Entwurf eines griechischen Strafgesetzbuches. Übersetzt und eingeleitet von Demetrius G. Venturas, Rechtsanwalt in Korfu, Griechenland. Groß-Oktav. 123 Seiten. 1928 . . . . RM. 7.—

Nr. 48:
Italienischer Vorentwurf zu einem neuen Strafgesetzbuch. (Progetto di un nuovo codice penale.) In deutscher Übersetzung von Dr. K. Bunge, Landgerichtsrat in Berlin. Groß-Oktav. XXXII, 244 Seiten. 1928 . . . . RM. 10.—

Nr. 49:
Strafgesetzbuch (Ugolownyj Kodex) **der Russischen Sozialistischen Föderativen Sowjet-Republik** (R.S.F.S.R.) vom 22. November 1926, übersetzt von Dr. Wilhelm Gallas, Gerichtsassessor in Berlin. Groß-Oktav. 68 Seiten. 1930 . . . . RM. 4.—

Nr. 50:
Das Italienische Strafgesetzbuch vom 19. Oktober 1930. In deutscher Übersetzung von Dr. K. Bunge, Landgerichtsdirektor in Berlin. Groß-Oktav. 227 Seiten. 1933 . . . . RM. 7.—

Nebengesetze

Lindemann, Otto, **Sammlung der wichtigsten preußischen Strafgesetze.** Zweite Auflage. Taschenformat. 372 Seiten. 1912. (Guttentagsche Sammlung Preußischer Gesetze Bd. 34.) . . . . Geb. RM. 3.15

Fraustädter, Werner, **Deutsches Auslieferungsgesetz** vom 23. Dezember 1929 und andere neuere Vorschriften der Rechtshilfe in Strafsachen, einschließlich der Auslieferung. Textausgabe mit Einleitung, Erläuterungen und Sachregister. Taschenformat. 143 Seiten. 1930. (Guttentagsche Sammlung Deutscher Reichsgesetze Bd. 86.) . Geb. RM. 3.60

Lindemann, Otto, **Polizeiverordnungen in Preußen.** Zweite Auflage. Taschenformat. 189 Seiten. 1912. (Guttentagsche Sammlung Preußischer Gesetze Bd. 36.) . . . . Geb. RM. 2.25

Handwörterbuch der Kriminologie und der anderen strafrechtlichen Hilfswissenschaften. Unter Mitberatung von Justizrat Dr. Drucker, Leipzig, Professor Dr. Graf Gleispach, Wien, Generalstaatsanwalt Dr. Hafner, Karlsruhe, Oberverwaltungsgerichtsrat Dr. Hagemann, Berlin, Reichsgerichtsrat Dr. Hartung, Leipzig, Professor Dr. Kohlrausch, Berlin, Professor Dr. Müller-Heß, Berlin, herausgegeben von Dr. jur. Alexander **Elster** in Berlin und Oberstaatsanwalt Heinrich **Lingemann** in Essen. Lexikon-Oktav.
Das „Handwörterbuch der Kriminologie" wird zwei Bände umfassen und erscheint in etwa 12—15 Lieferungen von je 7 Druckbogen zum Preise von je RM. 6.—. Es soll Ende 1934 abgeschlossen vorliegen. I. Band: Aberglaube bis Kriminalpsychologie. Mit Sachregister zu Band I . . . . RM. 50.—, geb. RM. 55.—
„. . . Die sorgsame Auswahl der Mitarbeiter verbürgt die gewissenhafte Behandlung und die wissenschaftliche Durcharbeitung der Themen. Es handelt sich um eine Enzyklopädie, die für den Kriminalisten, den Richter, den Sozialpolitiker, den Mediziner, den Beamten der Polizei ein wertvolles Nachschlagewerk werden wird. Das lassen bereits die Buchstaben A—D erkennen. . ."
Archiv f. Kriminologie Bd. 91 Nr. 1/2.

Abhandlungen des Kriminalistischen Instituts an der Universität Berlin. Herausgegeben von Dr. **Franz von Liszt,** o. Professor der Rechte. Sonderverzeichnis kostenlos. Vierte Folge. I. Band.

Heft 1:
Dannenberg, Herbert, **Liberalismus und Strafrecht im 19. Jahrhundert unter Zugrundelegung der Lehren Karl Georg von Waechters.** Oktav. IV, 66 Seiten. 1925 . . . . RM. 3.—

Heft 2:
Tarnowski, Hans, **Die systematische Bedeutung der adäquaten Kausalitätstheorie für den Aufbau des Verbrecherbegriffs.** Oktav. X, 340 Seiten 1927 . . . . RM. 18.—

Heft 3:
Ehrlich, Lore, **Der Verrat von Betriebsgeheimnissen nach englischem und nordamerikanischem Recht.** Oktav. VIII, 75 Seiten. 1930. RM. 4.—

Heft 4:
Kuttner, Stephan, **Die juristische Natur der falschen Beweisaussage.** Ein Beitrag zur Geschichte und Systematik der Eidesdelikte, zugleich zur Frage einer Beschränkung der Strafbarkeit auf erhebliche falsche Aussagen. Oktav. VI, 76 Seiten. 1931 . RM. 6.—

Vierte Folge II. Band.

Heft 1:
Gallas, Wilhelm, **Kriminalpolitik und Strafrechtssystematik** unter besonderer Berücksichtigung des sowjetrussischen Rechts. Oktav. VIII, 88 Seiten. 1931 . . . . RM. 5.—

Heft 2:
Goldschmidt, Werner, **Das Bewußtsein der Rechtswidrigkeit** entwickelt an der Lehre vom Hausfriedensbruch. Oktav XI, 51 Seiten. 1931. RM. 4.—
Heft 3:
Hoefer, Friedrich, **Bewährungsfrist vor dem Urteil.** Oktav. 90 Seiten. 1931 . . . . RM. 4.—

Heindl, Robert, **System und Praxis der Daktyloskopie** und der sonstigen technischen Methoden der Kriminalpolizei. Dritte, neubearbeitete und vermehrte Auflage. 900 Abbildungen im Text und 21 Bildertafeln. 780 Seiten. Groß-Oktav. 1927 . . . . RM. 36.—, geb. RM. 40.—

Kleine kriminalistische Bücherei.

Band 1:
Schneickert, Hans, **Die strafrechtlichen Aufgaben der Polizei.** Für den Polizeiunterricht und die Polizeipraxis. Taschenformat. 182 Seiten. 1921. RM. 2.—
Band 2:
Philipp, Lothar, **Beobachtungs- und Ermittlungspraxis im Polizei- und Detektivdienst.** Taschenformat. 180 Seiten. 1923 . . . RM. 2.—
Band 3:
Manteuffel, H. v., **Falschspieler.** Formen und Technik des Spielbetruges, nebst einem Anhange: Der Spielprofessor und sein angeblich sicheres System beim Spiele gegen eine öffentliche Roulettebank. Taschenformat 90 Seiten. 1923 . . . . RM. 2.—
Band 4:
Schneickert, Hans, **Kriminalistische Spurensicherung.** Sammlung dienstlicher Anweisungen und sachverständiger Ratschläge für den Dienstgebrauch und für Polizeischulen. Zweite, vermehrte und verbesserte Auflage. Taschenformat. 96 Seiten. Mit 2 Abbildungen. 1925. Geb. RM. 3.—
Band 5:
Rehfeld, P., **Gerichtsärztliche Tatbestandsfeststellungen** im Dienste der Polizei. Ein Leitfaden für Polizei- und Kriminalbeamte. Taschenformat. 133 Seiten. 1927 . . . . Geb. RM. 3.50

Strafprozeßordnung

Kohlrausch, Eduard, **Strafprozeßordnung** und Gerichtsverfassungsgesetz. Textausgabe mit Einleitung, Anmerkungen und Nebengesetzen In Verbindung mit Dr. Hermann Mannheim, Kammergerichtsrat und Professor in Berlin. Dreiundzwanzigste Auflage (105. bis 108. Tausend). Taschenformat. VIII, 506 Seiten. 1933. (Guttentagsche Sammlung Deutscher Reichsgesetze Bd. 12.) . . . . RM. 6.75

„Diese allgemein bekannte und verbreitete Textausgabe mit Anmerkungen hat nunmehr eine Auflageziffer von 100000 Exemplaren überschritten, sicherlich doch wohl der beste Beweis für die Beliebtheit, Wertschätzung und Anerkennung, deren sie sich in weitesten Kreisen erfreut. Die schon oft anerkannten Vorzüge dieser Erläuterungsausgabe lassen sie für jeden Juristen, mag er in der Praxis stehen oder sich erst noch im Studium oder in der Ausbildung befinden, von gleich großem Wert erscheinen."

Mitteilungen d. Preuß. Richtervereins Nr. 6, v. 20. VI. 1930.

Doerner, Karl, **Die Strafprozeßordnung** in der ab 1. Januar 1934 geltenden Fassung nebst Gerichtsverfassungsgesetz und den wichtigsten Nebengesetzen. Textausgabe mit Einleitung, Verweisungen und ausführlichem Sachregister unter Berücksichtigung sämtlicher Notverordnungen. Taschenformat. XXIV, 308 Seiten. 1934. (Guttentagsche Sammlung von Textausgaben ohne Anmerkungen mit Sachregister.) . . . . Geb. RM. 2.50

„. . . Alles in allem daher wirklich nur eine Textausgabe, aber eine solche im besten Sinn, deren Zuverlässigkeit außer Zweifel

steht. Daß die Abänderungen, die der Gesetzestext im Jahre 1933 erfahren hat, durch Fettdruck hervorgehoben sind, ist zu begrüßen, da hierdurch die Benutzung früherer Literatur und Judikatur wesentlich erleichtert wird. Das Werk kann wärmstens empfohlen werden."
Ztsch. f. d. ges. Strafrechtswissenschaft Band 54, Nr. 1/2.

Feisenberger, Albert, **Strafprozeßordnung und Gerichtsverfassungsgesetz.** Handkommentar. Groß-Oktav. IX, 517 Seiten. 1926. Mit Nachtrag. 1927. (de Gruytersche Sammlung Deutscher Gesetze. Handkommentare.) . . . . Geb. RM. 15.30

Beling, E., **Deutsches Reichsstrafprozeßrecht** mit Einschluß des Strafgerichtsverfassungsrechts. Oktav. XIV, 568 Seiten. 1928. (Lehrbücher und Grundrisse der Rechtswissenschaft Bd. XVII.)
RM. 13.50, geb. RM. 14.80

Rosenfeld, E. H., **Deutsches Strafprozeßrecht.** 2 Bände. 128 und 148 Seiten. 1926. (Sammlung Göschen Bd. 938/939.) . . Geb. je RM. 1.62

Löwe, F., und **Rosenberg,** Werner, **Die Strafprozeßordnung für das Deutsche Reich** vom 22. März 1924 nebst dem Gerichtsverfassungsgesetz. Kommentar. Neunzehnte, völlig umgearbeitete Auflage. Von Hans Gündel, Senatspräsident am Reichsgericht, Dr. jur. h. c. Fritz Hartung, Reichsgerichtsrat, Heinrich Lingemann, Oberstaatsanwalt, Emil Niethammer, Reichsgerichtsrat. Lexikon-Oktav. XII, 1544 Seiten. 1934. . . . . In Halbleder geb. RM. 63.—

„... des rühmlich bekannten Erläuterungsbuches, das zum unentbehrlichen Rüstzeug jedes Strafrechtspraktikers gehört... Daß das Werk dem neuesten Stand der Rechtsprechung und Wissenschaft entspricht, bedarf kaum der Hervorhebung. Das Werk wird seinen bisherigen hohen Rang in verstärktem Maße behaupten."
Preuß. Justiz vom 28. 9. 33.

Feisenberger, Albert, **Strafprozeßordnung und Gerichtsverfassungsgesetz,** in alter und neuer Fassung synoptisch gegenübergestellt. Mit ausführlichem Sachregister. Taschenformat. 265 Seiten. 1924. Mit Nachtrag. 1927. (Guttentagsche Sammlung Deutscher Reichsgesetze Bd. 158.) . . . . Geb. RM. 4.05

Aschrott, P. F., **Die Reform des Strafprozesses.** Kritische Besprechungen der von der Kommission für die Reform des Strafprozesses gemachten Vorschläge. Auf Veranlassung der Internationalen Kriminalistischen Vereinigung, Gruppe Deutsches Reich. Groß-Oktav. XII, 120 und 784 Seiten. 1906 . . . . RM. 12.—

Beiträge zur Reform des Strafprozesses. Herausgegeben von Dr. Franz **Adickes,** Dr. P. F. **Aschrott,** Dr. K. **von Lilienthal,** Dr. Fr. **von Liszt.** 2 Bände. Groß-Oktav. I. Bd. Heft 1—6. 1908. RM. 9.70. — II. Bd. Heft 1—5. 1909. RM. 15.10.

Boehringer, Margrit, **Die Eidesreform im Strafprozeß und Strafrecht.** Oktav. 203 Seiten. 1931 . . . . RM. 10.—

Frede, L., u. **Grünhut,** M., **Reform des Strafvollzugs.** Kritische Beiträge zu dem Amtlichen Entwurf eines Strafvollzugsgesetzes. Oktav. VII, 264 Seiten. 1927 . . . . RM. 10.—

VI. Öffentliches Recht.

1. Staats- und Völkerrecht.

Fischbach, O. G., **Allgemeine Staatslehre.** Zweite Auflage. 136 Seiten. 1928. (Sammlung Göschen Bd. 358.) . . . . . Geb. RM. 1.62

Fischbach, O. G., **Allgemeines Staatsrecht.**
1. Teil. 139 Seiten. 1923. (Sammlung Göschen Bd. 415.) Geb. RM. 1.62
2. Teil. 151 Seiten. 1923. (Sammlung Göschen Bd. 416.) Geb. RM. 1.62

Bühler, Ottmar, **Staatsrechtliche Gesetze des Reiches und Preußens nebst Gewerbeordnung und Gaststättengesetz.** Textausgabe mit einführenden Bemerkungen, Paragraphenüberschriften und Sachregister. Taschenformat. XI, 748 Seiten. 1931. (Lehrausgaben Deutscher Gesetze, Bd. 3 a.) . . . . Geb. RM. 7.—

Bühler, Ottmar, **Staatsrechtliche Gesetze des Reiches und Preußens nebst Gewerbeordnung und Gaststättengesetz.** Textausgabe mit einführenden Bemerkungen, Paragraphenüberschriften und Sachregister. Taschenformat. XII, 1430 Seiten. 1931. (Lehrausgaben Deutscher Gesetze, Bd III u. III a.) . . . . Geb. RM 14.—

Bühler, Ottmar, **Neue staatsrechtliche Gesetze des Reichs und Preußens (1933).** Nebst den wichtigsten neuen Verwaltungsgesetzen Preußens (1932/1933). Textausgabe mit Paragraphenüberschriften und Sachregister. Oktav. 126 Seiten. 1933. Lehrausgaben Deutscher Gesetze 3 b (Ergänzung zu den Bänden 3 und 3a: Staats- und verwaltungsrechtliche Gesetze des Reichs und Preußens sowie Gewerbeordnung) . . . . RM. 3.—

Dieser Band enthält die gesamten Texte zu den Staatsrechtsgesetzen des Reichs und Preußens, die im Verlaufe der nationalen Revolution seit Februar 1933 veröffentlicht wurden, ferner der evangelischen Kirchenverfassung und des Reichskonkordats. Angefügt sind die wichtigsten Verwaltungsgesetze Preußens von der Gemeindefinanzordnung vom 2. XI. 1932 an bis zu den, das Führerprinzip in der Kommunalverwaltung durchführenden Regelungen vom Sommer 1933. —

Stier-Somlo, Fritz, **Deutsches Reichs- und Landesstaatsrecht I.** Oktav. XVI, 726 Seiten. 1924. (Lehrbücher und Grundrisse der Rechtswissenschaft Bd. XVIII.) . . . . RM. 14.80, geb. RM. 16.20

Stier-Somlo, Fritz, **Reichsstaatsrecht.** I. Grundbegriffe des Staatsrechts. Verfassungsgeschichte vom Ende des 18. Jahrhunderts bis zur Reichsverfassung vom 11. August 1919. 108 Seiten. 1927. (Sammlung Göschen Bd. 967.) . . . . Geb. RM. 1.62
II. Das geltende Reichsstaatsrecht. 114 Seiten. 1927. (Sammlung Göschen Bd. 968.) . . . . Geb. RM. 1.62

Stier-Somlo, Fritz, **Preußisches Staatsrecht.** Zweite Auflage. 136 Seiten. 1927. (Sammlung Göschen Bd. 298.) . . . . . Geb. RM. 1.62

Die Verfassung des Deutschen Reichs vom 11. August 1919 **mit den wichtigsten Nebengesetzen.** Textausgabe mit Einleitung und Sachregister. Dritte Auflage. Taschenformat. 104 Seiten. 1931. (Guttentagsche Sammlung von Textausgaben ohne Anmerkungen mit Sachregister.) . . . . RM. 0.90

Paterna, E., **Neuerungen zur Reichsverfassung.** Textausgabe mit Einleitung und Sachregister. (Zugleich Nachtrag zu den Ausgaben der Reichsverfassung in der Guttentagschen Sammlung Deutscher Reichsgesetze.) Abgeschlossen am 31. Juli 1933. Taschenformat. II u. 78 Seiten . . . . RM. 1.80

Arndt, Adolf, **Die Verfassung des Deutschen Reiches.** Dritte Auflage. Taschenformat. 1927. (Guttentagsche Sammlung Deutscher Reichsgesetze Bd. 137.) . . . . RM. 7.20

Stier-Somlo, Fritz, **Kommentar zur Verfassung des Freistaates Preußen.** Groß-Oktav. 310 Seiten. 1921 . . . . Geb. RM. 3.—

Arndt, Adolf, **Die Verfassung des Freistaats Preußen** vom 30. November 1920. Mit Einleitung, vollständigem Kommentar, Landeswahlgesetz und Sachregister. Taschenformat. 158 Seiten. 1921 (Guttentagsche Sammlung Preußischer Gesetze Bd. 1.) . . . Geb. RM. 1.80

Veröffentlichungen der Vereinigung deutscher Staatsrechtslehrer.
Heft 1: Der deutsche Föderalismus. Oktav. 1924 . . . RM. 5.—

Heft 2: Der Schutz des öffentlichen Rechts. Oktav. 1925. RM. 12.—

Heft 3: Die Gleichheit vor dem Gesetz. Der Einfluß des Steuerrechts auf die Begriffsbildung des öffentlichen Rechts. Oktav. 1927. RM. 7.—

Heft 4: Das Recht der freien Meinungsäußerung. — Der Begriff des Gesetzes in der Reichsverfassung. Oktav. 1928 . . . . . RM. 10.—

Heft 5 Wesen und Entwicklung der Staatsgerichtsbarkeit. — Überprüfung von Verwaltungsakten durch die ordentlichen Gerichte. Oktav. 1929 . . . . RM. 12.—

Heft 6: Bundesstaatliche und gliedstaatliche Rechtsordnung. Verwaltungsrecht der öffentlichen Anstalt. Berichte von Fritz Fleiner, Josef Lukas, Lutz Richter und Arnold Köttgen. Verhandlungen der Tagung der deutschen Staatsrechtslehrer zu Frankfurt a. M. am 25. und 26. April 1929. Mit einem Auszug aus der Aussprache. Oktav. IV, 166 Seiten 1929 . . . . RM. 9.—

Heft 7: Entwicklung und Reform des Beamtenrechts. — Die Reform des Wahlrechts. Berichte von Hans Gerber, Adolf Merkl, Heinrich Pohl und Gerhard Leibholz. Verhandlungen der Tagung der Deutschen Staatsrechtslehrer zu Halle am 28. und 29. Oktober 1931. Mit einem Auszug aus der Aussprache. Oktav IV, 212 Seiten. 1932. RM. 10.80

Sehling, Emil, Kirchenrecht. Zweite Auflage.

I. Teil Einleitung Quellen, Verfassung und Verwaltung der katholischen Kirche Anhang: Die griechisch-orthodoxe Kirche. 119 Seiten. 1922. (Sammlung Göschen Bd. 377.) . . . . Geb. RM. 1.62

II. Teil: Das evangelische Kirchenrecht. Die Stellung des Staates zur Kirche und das Verhältnis der Religionsgesellschaften zueinander. 87 Seiten. 1927. (Sammlung Göschen Bd. 954.) . . . Geb. RM. 1.62

Edler v. Hoffmann, H. Deutsches Kolonialrecht. 150 Seiten. 1907. (Sammlung Göschen Bd. 318.) . . . . Geb. RM. 1.62

Wörterbuch des Völkerrechts und der Diplomatie. Begonnen von Professor Dr. **Julius Hatscheck** †. Fortgesetzt und herausgegeben von Dr. **Karl Strupp,** Professor an der Universität Frankfurt a. M., Associé de l'institut de droit international, membre de l'Academie Diplomatique Internationale. Lexikon-Oktav.

Band I: Aachen—Lynchfall. VI, 860 Seiten. 1924.
RM. 35.—, in Halbleder geb. RM. 40.—

Band II: Maas—Utschiali. 779 Seiten. 1925.
RM. 35.—, in Halbleder geb. RM. 40.—

Band III (Schluß): Vasallenstaaten—Zwangsverschickung. Ferner Anhang: Abessinien—Weltgerichtshof; Sachverzeichnis und Mitarbeiterregister. II, 1316 Seiten. 1929.
RM 62.—, in Halbleder geb. RM. 67.—

„Mit Stolz kann die deutsche Völkerrechtswissenschaft auf dieses Nachschlagewerk schauen. Die neuesten Probleme des Völkerrechts — und deren sind nicht wenige — die bedeutsamsten Rechtsvorgänge und Präjudizien, die Herausbildung ganz neuer Rechtsinstitute und die völkerrechtliche wie diplomatisch-politische Geschichte haben mit bis in die jüngste Zeit reichenden ausführlichen Literaturangaben im Struppschen Wörterbuch ihren Niederschlag gefunden."

Niemeyers Ztsch. f. internat. Recht Band 33, Heft 5—6, 1925.

Anzilotti, D., Lehrbuch des Völkerrechts. Übersetzt und herausgegeben vom Institut für ausländisches öffentliches Recht und Völkerrecht, Berlin. I. Band. Groß-Oktav. 444 Seiten. 1829. RM. 17.—, geb. RM. 18.—

Niemeyer, Theodor, **Völkerrecht.** 168 Seiten. 1925. (Sammlung Göschen Bd. 865.) . . . . Geb. RM. 1.62

Edmunds, Sterling, E., **Das Völkerrecht — ein Pseudorecht.** Autorisierte Übersetzung des amerikanischen Werkes The Lawless Law of Nations (1925) von Cornelia Bruns. Oktav. VI, 465 Seiten. 1932 . . . . Geb. RM. 6.—

Beiträge zum ausländischen öffentlichen Recht und Völkerrecht. Herausgegeben im Auftrage des Instituts für ausländisches öffentliches Recht und Völkerrecht in Berlin in Gemeinschaft mit **Friedrich Glum, Ludwig Kaas, Rudolf Smend, Heinrich Triepel** von **Viktor Bruns.** Groß-Oktav.

Eine Sammlung einschlägiger wissenschaftlicher Abhandlungen, Materialsammlungen, Übersetzungen besonders wertvoller ausländischer Werke u. a.

Heft 1:
Triepel, H., **Staatsrecht und Politik.** Rede beim Antritt des Rektorats der Friedrich-Wilhelms-Universität zu Berlin am 15. Oktober 1926. 40 Seiten. 1927 . . . . RM. 2.—

Heft 2:
Schmitt, Carl, **Volksentscheid und Volksbegehren.** Ein Beitrag zur Auslegung der Weimarer Verfassung und zur Lehre von der unmittelbaren Demokratie. 54 Seiten. 1927 . . . . . . RM. 2.60

Heft 3:
Heck, K., **Der Aufbau des britischen Reiches.** (Der Verhandlungsbericht der Reichskonferenz von 1926.) 152 Seiten. 1927. RM. 6.—

Heft 4:
Heller, H., **Die Souveränität.** Ein Beitrag zur Theorie des Staats- und Völkerrechts. 177 Seiten. 1927. . . . . RM. 8.50

Heft 5:
Grentrup, Theodor, **Die Missionsfreiheit** nach den Bestimmungen des geltenden Völkerrechts. 112 Seiten. 1928 . . . . . . RM. 5.50

Heft 6:
Robinson, Jakob, **Das Minoritätenproblem** und seine Literatur. Kritische Einführung in die Quellen und die Literatur der europäischen Nationalitätenfrage der Nachkriegszeit, unter besonderer Berücksichtigung des völkerrechtlichen Minderheitenschutzes.
Allgemeiner Teil. 265 Seiten. 1928 . . . . RM. 9.—

Heft 7:
Bilfinger, Karl, **Der Reichssparkommissar.** 68 Seiten. 1928. RM. 3.60

Heft 8:
Bumiller, J. M., **Die völkerrechtliche Stellung der fremden Truppen im Saargebiet.** 156 Seiten. 1928 . . . . RM. 9.—

Heft 9:
Das Recht des Ausnahmezustands im Auslande (Frankreich, Belgien, Niederlande, Italien, England, Irland). 296 Seiten. 1928. RM. 14.—

Heft 10:
Gerland, B., **Die Beziehungen zwischen dem Parlament und den Gerichten in England.** Eine rechtsvergleichende Studie. 137 Seiten. 1928. RM. 8.—

Heft 11:
Leibholz, Gerhard, **Zu den Problemen des fascistischen Verfassungsrechts.** Akademische Antrittsvorlesung. 112 Seiten. 1928. RM. 5.—

Heft 12:
Glum, Friedrich, **Der deutsche und der französische Reichswirtschaftsrat.** Ein Beitrag zu dem Problem der Repräsentation der Wirtschaft im Staat. 188 Seiten. 1929 . . . . RM. 9.—

Heft 13:
Leibholz, Gerhard, **Das Wesen der Repräsentation** unter besonderer Berücksichtigung des Repräsentativsystems. Ein Beitrag zur allgemeinen Staats- und Verfassungslehre. Groß-Oktav. 214 Seiten. 1929. RM. 14.—

Heft 14:
Schenk, v. Stauffenberg, G., Das Recht der russischen Handelsvertretungen. Oktav. 95 Seiten. 1930 . . . . RM. 6.—

Heft 15:
Hsü Dau-Lin, Die Verfassungswandlung. Oktav. 182 Seiten. 1932. RM. 5.40

Heft 16:
Menzel, Kurt, Das deutsche Vorkriegs-Vermögen in Rußland und der deutsche Entschädigungsvorbehalt. Eine Übersicht, zugleich über die Entschädigungsbemühungen der anderen Staaten. Oktav. IV, 236 Seiten. 1931 . . . . RM. 9.—

Heft 17:
Kaufmann, Erich, Zur Problematik des Volkswillens. Oktav. 19 Seiten. 1931 . . . . RM. 1.50

Heft 18:
Braunias, Karl, Das parlamentarische Wahlrecht. Ein Handbuch über die Bildung der gesetzgebenden Körperschaften in Europa. I. Band: Das Wahlrecht in den einzelnen Staaten. XVIII, 640 Seiten. 1932. RM. 22.50, geb. RM. 24.30
II. Band: Allgemeiner Teil. XII, 332 Seiten. 1932. RM. 15.—, geb. RM. 17.—

Panunzio, Sergio, Allgemeine Theorie des faschistischen Staates. Oktav. 154 Seiten. 1934 . . . . RM. 6.—
Die Arbeit bietet in ihrem ersten Teil eine mit synthetischer Methode gewonnene Darstellung der allgemeinen Theorie des faschistischen Staates. Im zweiten Teil sind die Grundbegriffe und wesentlichsten Institutionen des positiven faschistischen Verfassungsrechts veranschaulicht; von der juristischen Seite her ist also derselbe Gegenstand noch einmal analytisch behandelt.

Kraus, H., Internationale Schiedssprechung. Eine Sammlung der für das Deutsche Reich verbindlichen Verträge und Vertragsbestimmungen, die sich auf internationale Gerichtsbarkeit, Schiedsgerichtsbarkeit, sowie Vergleichsverfahren beziehen, nebst den dazugehörigen deutschen Regierungsdenkschriften. Taschenformat. XXXVI, 348 Seiten. 1929. (Guttentagsche Sammlung Deutscher Reichsgesetze Bd. 174.) . . . . Geb. RM. 9.—

Strupp, Karl, Das Werk von Locarno. Eine völkerrechtlich-politische Studie. Oktav. 180 Seiten. 1926 . . . . RM. 10.—

Sering, Max, Deutschland unter dem Dawes-Plan. Entstehung, Rechtsgrundlagen, wirtschaftliche Wirkungen der Reparationslasten. Oktav. VIII, 237 Seiten. 1928 . . . . RM. 10.—

2. Verwaltungsrecht.

a) Reichsrecht

Fischbach, O. G., Das Reichsbeamtengesetz vom 31. März 1873 in der Fassung der Bekanntmachung vom 18. Mai 1907 mit allen Abänderungen und Ergänzungen. Taschenformat. 311 Seiten. 1930. (Guttentagsche Sammlung Deutscher Reichsgesetze, Bd. 82.) Geb. RM. 5.40

Fischbach, O. G., Das Reichsgesetz zur Wiederherstellung des Berufsbeamtentums vom 7. April 1933 in der Fassung des Reichsgesetzes vom 23. Juni 1933 nebst allen Durchführungsverordnungen. Taschenformat. VIII, 134 Seiten. 1933. (Guttentagsche Sammlung Deutscher Reichsgesetze. Bd. 82a.) . . . . Geb. RM. 3.—
Dieser Band der Guttentagschen Sammlung bringt eine ausführliche und sachkundige Erläuterung des „Gesetzes zur Wieder-

herstellung des Berufsbeamtentums" vom 7. 4. 1933 und der dazu erlassenen Durchführungsverordnungen. Er bietet als selbständiger Erläuterungsband allen Dienststellen der Behörden und der Beamtenschaft die notwendige Unterrichtung über Inhalt und Tragweite jeder einzelnen einschlägigen Bestimmung. Darüber hinaus dient die Ausgabe als Ergänzung der in fast allen Behördenbüchereien vorhandenen Handausgabe des Reichsbeamtengesetzes von Fischbach aus dem Jahre 1930.

Fischbach, O. G., **Änderung von Vorschriften auf dem Gebiete des allgemeinen Beamten-, Besoldungs- und Versorgungsrechts.** Reichsgesetz vom 30. Juni 1933. Taschenformat. 276 Seiten. 1933. (Guttentagsche Sammlung Deutscher Reichsgesetze, Nr. 82 b.) . . . . RM. 6.—

Das Gesetz vom 30. 6. d. J. enthält nicht nur eine Sammlung von Nachträgen und Verbesserungen, sondern darüber hinaus eine grundlegende Neuordnung von beamtenpolitisch wie finanziell wichtigen Materien des Beamtenrechts.

Durch eingehende und sachkundige Erläuterungen, die u. a. die amtliche Begründung berücksichtigen, ferner durch Abdruck von einschlägigen Gesetzen, Verordnungen und Durchführungsbestimmungen und durch Anfügung eines Sachregisters wird die Ausgabe zu einem in das Gesetz einführenden und jede Zweifelsfrage zuverlässig beantwortenden Berater der Behördenpraxis.

Delius, H., **Die Beamtenhaftpflichtgesetze** des Reiches und der Länder. Vierte, vermehrte und vollkommen neubearbeitete Auflage. Taschenformat. 384 Seiten. 1929. (Guttentagsche Sammlung Deutscher Reichsgesetze Bd. 94.) . . . . Geb. RM. 9.—

Blume, E., und **Weirauch, W.**, **Die Eisenbahn-Verkehrsordnung** vom 16. Mai 1928 mit Allgemeinen Ausführungsbestimmungen sowie dem Internationalen Übereinkommen über den Eisenbahnfrachtverkehr vom 30. Mai 1925 und dem Internationalen Übereinkommen über den Eisenbahn-Personen- und Gepäckverkehr vom 12. Juni 1925. Textausgabe mit Anmerkungen. Vierte Auflage. Taschenformat. X, 482 Seiten. 1928. (Guttentagsche Sammlung Deutscher Reichsgesetze Bd. 91.) Geb. RM. 8.10

Fischer, D., und **Staedler**, E., **Die deutsche Post- und Telegraphengesetzgebung.** Teil I: Postrecht (mit Ausschluß des internationalen Rechts). Siebente Auflage. 47*, 586 Seiten. 1929. Mit Nachtrag 1932. (Guttentagsche Sammlung Deutscher Reichsgesetze Bd. 7.) Geb. RM. 13.50 Teil II: **Telegraphen- und Fernsprechrecht** (mit Ausschluß des internationalen Rechts). Taschenformat. 495 Seiten. 1930. (Guttentagsche Sammlung Deutscher Reichsgesetze Band 7 a.) . . RM. 11.70

Sebba, Julius, **Seewasserstraßenordnung.** (Polizeiverordnung zur Regelung des Verkehrs auf den deutschen Seewasserstraßen vom 31. März 1927.) Taschenformat. 493 Seiten. 1928. (Guttentagsche Sammlung Deutscher Reichsgesetze Bd. 171.) . . . . Geb. RM. 7.65

Busse, Rudolf, **Luftrecht einschließlich Luftverkehrsgesetz und Pariser Luftverkehrsabkommen.** Taschenformat. XVIII, 448 Seiten. 1928. (Guttentagsche Sammlung Deutscher Reichsgesetze Bd. 170.) Geb. RM. 9.—

Volkmann, Kurt, **Die Reichsstraßenverkehrsordnung** mit Ausführungsbestimmungen und eingehenden Erläuterungen und Zeichnungen von Oberbaurat Helmuth in Düsseldorf. Taschenformat. ca. 350 Seiten. 1934. (Guttentagsche Sammlung Deutscher Reichsgesetze Bd. 175.) Geb. etwa RM. 6.—

Die im Sommer vorangekündigte Reichsstraßen-Verkehrsordnung, die bekanntlich für alle deutschen Länder gleichlautende Bestim-

mungen geschaffen hat, ist am 1. Oktober in Kraft getreten. Der neue Band der Guttentagschen Sammlung bringt diese neuen Bestimmungen und wurde mit Abbildungen und ausführlichen Erläuterungen versehen.

Holzapfel, W., **Die Siedlungsgesetzgebung** im Reich und in Preußen. 347 Seiten. 1920. (Guttentagsche Sammlung Deutscher Reichsgesetze Bd. 140.) . . . . Geb. RM. 2.70

Behrend, Ernst, und **Stranz-Hurwitz,** Helene, **Sammlung von Wohlfahrtsgesetzen** des Deutschen Reichs und Preußens nebst den allgemeinen Wohlfahrtsgesetzen von Sachsen, Thüringen, Hamburg, Mecklenburg-Schwerin und -Strelitz, Oldenburg, Lippe und Lübeck.
Teil I: Taschenformat. 560 Seiten. 1923 . . . . . Geb. RM. 4.50
Teil II: Nebst Ausführungsgesetzen sämtlicher Länder zum Reichsjugendwohlfahrtsgesetz. Taschenformat. XVI, 551 Seiten. 1925. (Guttentagsche Sammlung Deutscher Reichsgesetze Bd. 152 und 152a.)
Geb. RM. 8.10
Teil I und II zus. RM. 10.80

Wegner, Arthur, **Jugendrecht.** Ein Lehrbuch zur Einführung. Oktav. IX, 219 Seiten. 1929 . . . . RM. 5.40, geb. RM. 6.75

Drewes, Paul, und **Sandré,** Emil, **Das Reichsgesetz für Jugendwohlfahrt** vom 9. Juli 1922 und **Jugendgerichtsgesetz** vom 16. Februar 1923 nebst Nebengesetzen. Zweite Auflage. Taschenformat. XVI, 496 Seiten. 1928. (Guttentagsche Sammlung Deutscher Reichsgesetze Bd. 154.)
Geb. RM. 9.90

Sandré, Emil **Verordnung über die Fürsorgepflicht.** Vom 14. Februar 1924. Mit Einschluß der für die Durchführung dieser Verordnung in Frage kommenden reichs- und landesgesetzlichen Bestimmungen. Taschenformat. 342 Seiten. 1925. (Guttentagsche Sammlung Deutscher Reichsgesetze Bd. 160.) . . . . Geb. RM. 5.40

Szczesny, Viktor, **Das Lichtspielgesetz** vom 12. Mai 1920 mit der Ausführungsverordnung Einleitung, Gebührenordnung und Sachregister. Taschenformat. 106 Seiten 1920. (Guttentagsche Sammlung Deutscher Reichsgesetze Bd. 147.) . . . . Geb. RM. 1.35

Wündisch, Ernst, **Das Gesetz über Schußwaffen und Munition** vom 12. April 1928 (RGBl. I S. 143) nebst der Ausführungsverordnung der Reichsregierung vom 13. Juli 1928 (RGBl. I S. 198) und dem Preußischen Erlaß zur Durchführung des Gesetzes vom 7. September 1928 (MBliV. S. 925). Taschenformat. 139 Seiten. 1928. (Guttentagsche Sammlung Deutscher Reichsgesetze Bd. 173.) . . . . Geb. RM. 4.50

Fraustädter, W., und **Kreutzberger,** M., **Das deutsche Ausländerrecht.** Die Bestimmungen des Reichsrechts und preußischen Landesrechts. Textausgabe mit Erläuterungen und Sachregister. Taschenformat. 396 Seiten. 1927. (Guttentagsche Sammlung Deutscher Reichsgesetze Bd. 166.)
Geb. RM. 8.10

Voß, Werner, **Die reichs- und landesrechtlichen Bestimmungen auf dem Gebiete des Gesundheitswesens.** Zusammengestellt und mit Anmerkungen versehen. Taschenformat. 608 Seiten. 1929. (Guttentagsche Sammlung Deutscher Reichsgesetze Bd. 172.) . . . . . . Geb. RM. 9.90

Skopnik, H. von, **Das deutsche Reichs-Tierschutzgesetz** vom 24. November 1933 mit Begründung. Mit einem Vorwort von Horst Kuhlwein von Rathenow, Vorsitzender d. Deutschen Tierschutzvereins zu Berlin. Taschenformat. 59 Seiten. 1934. (Guttentagsche Sammlung Deutscher Reichsgesetze, Nr. 186.) . . . . RM. 1.50
„Das Büchlein ist ein ausgezeichneter Wegweiser im neuen Tierschutzrecht. Es enthält außer dem Gesetzestext die amtliche Begründung im allgemeinen wie zu jedem Rechtssatz. Dazu kommt eine Fülle vortrefflicher kommentatorischer Ergänzungen — eine wahre Kasuistik des Tierschutzrechtes, in der man jede Norm auf

alles, was sich an konkretem Geschehen denken und praktisch erleben läßt, treffsicher angewandt findet. . .“

Dtsch. Polizei-Archiv Nr. 4, 1934.

Hippel, W. von, **Reichsviehseuchengesetz** vom 26. Juni 1909 nebst Ausführungsvorschriften und dem preußischen Ausführungsgesetz. Zweite Auflage. Taschenformat. 486 Seiten. 1913. (Guttentagsche Sammlung Deutscher Reichsgesetze Bd. 103.) . . . . Geb. RM. 3.60

Boxberger, L. von, **Vogelschutzgesetz** vom 30. Mai 1908 nebst den das Flugwild betreffenden Bestimmungen der Preußischen Jagdordnung. Taschenformat. 57 Seiten. 1909. (Guttentagsche Sammlung Deutscher Reichsgesetze Bd. 89.) . . . . Geb. RM. 0.90

b) Landesrecht

Bitter, von, **Handwörterbuch der Preußischen Verwaltung.** Dritte, vollständig umgearbeitete Auflage. Unter Mitwirkung zahlreicher hoher Reichs- und preußischer Staatsbeamten herausgegeben von Dr. Bill Drews, Staatsminister a. D., Präsident des Pr. Oberverwaltungsgerichts, und Dr. Franz Hoffmann, Wirklicher Geheimer Oberregierungsrat, Berlin. Lexikon-Oktav 1928.

RM. 30.—, in Halbleder geb. RM. 36.—

Erster Band, 1. Halbband: Abbaugerechtigkeiten—Fleisch- und Viehagenten. 552 Seiten.

2. Halbband: Fleischvergiftung—Kyffhäuserbund. Seite 553 bis 1134 und IX Seiten.

Zweiter Band: Lackfabriken—Zwischenkredit. VII, 1220 Seiten.

(Im Verlage der Firmen: Walter de Gruyter & Co., Berlin; Carl Heymanns Verlag, Berlin; Roßberg'sche Verlagsbuchhandlung, Leipzig.)

Reichelt, H., **Verwaltungsgesetzbuch für Preußen.** Systematische Zusammenstellung der wichtigsten Verwaltungsgesetze und Verordnungen für Praxis und Unterrichtszwecke. Lexikon-Oktav. VII, 1302 Seiten. 1914 . . . . . . Geb RM. 7.60

Friedrichs, K., **Die Gesetzgebung über die allgemeine Landesverwaltung und Zuständigkeit der Verwaltungs- und Verwaltungsgerichtsbehörden.** Dritte, durchgesehene Auflage. Taschenformat. XXIII, 295 Seiten. 1927. (Guttentagsche Sammlung Preußischer Gesetze Bd. 42.)

Geb. RM. 4.50

von **Lympius, Wilhelm,** und **Küchenhoff, Günther, Gemeindeverfassungsgesetz und Gemeindefinanzgesetz.** Vom 15. Dezember 1933. Nebst Durchführungsbestimmungen und Ausführungsanweisungen zu beiden Gesetzen. Taschenformat. XIII, 573 Seiten. 1934. Geb. RM. 9.— (Guttentagsche Sammlung Preußischer Gesetze Band 68.)

„. . . Aus ihren Erfahrungen heraus, getragen von den neuen Ideen, die dem Gesetz zugrunde liegen, haben sie eingehende Erläuterungen zu beiden Gesetzen geschrieben. Beigegeben sind die verschiedenen Erlasse des Preußischen Innenministers zur Ausführung der Gesetze, so daß ein vollständiger Überblick über die gesamte Materie gegeben ist. . . Das Buch ist deshalb eine wertvolle Bereicherung der Erläuterungsbücher und wird in der Praxis viel Beifall finden.“ Deutsche Justiz vom 4. 5. 34.

Pfafferoth, Carl, **Preußische Beamtengesetzgebung.** Fünfte Auflage. XIV, 280 Seiten. 1916. (Guttentagsche Sammlung Preußischer Gesetze Bd. 2.) . . . . Geb. RM. 2.15

Everling, F., und **Behnke,** K., **Die preußische Beamtendienststrafordnung** in der ab 1. Oktober 1934 geltenden Fassung. Textausgabe mit einer Einleitung, Hinweisen und Sachregister. 90 Seiten. 1934. (Guttentagsche Sammlung Deutscher Reichsgesetze, Textausgaben ohne Anmerkungen mit Sachregister.) . . . . . RM. 1.50

Die preußische Beamtendienststrafordnung vom 27. 1. 32 hat durch das Gesetz zur Änderung des Dienststrafrechts vom 18. 8. 34 erhebliche Änderungen erfahren. In der neuen Fassung ist die Beamtendienststrafordnung ab 1. 10. 34 in Kraft getreten. Für ein kommendes Reichsdienststrafrecht ist mit der für Preußen erfolgten Regelung eine wichtige Vorarbeit geleistet.

Die Textausgabe ist in der Guttentagschen Gesetzessammlung von Sachkennern mit Einleitung, Hinweisen und einem Sachregister versehen worden. Sie bietet eine zusammenfassende Darstellung der jetzt geltenden Bestimmungen.

Hagemann, Rudolf, **Hinterlegungsordnung** vom 21. April 1913. **Taschenformat. 175 Seiten. 1914.** (Guttentagsche Sammlung Preußischer Gesetze Bd. 53.) . . . . Geb. RM. 2.—

Aschrott, P. F., **Gesetz über die Fürsorgeerziehung Minderjähriger.** Vom 2. Juli 1900. Nebst Ausführungsanweisungen. Dritte Auflage. Taschenformat. 374 Seiten. 1917. (Guttentagsche Sammlung Preußischer Gesetze Bd. 28.) . . . . Geb. RM. 2.50

Marcks, A., Gesetz, betr. die Unterhaltung der öffentlichen Volksschulen. Taschenformat. 194 Seiten. 1906. (Guttentagsche Sammlung Preußischer Gesetze Bd. 39.) . . . . Geb. RM. 1.60

Ledermann, W., und **Brühl,** L., **Die Städteordnung für die sechs östlichen Provinzen Preußens.** Zweite Auflage. Taschenformat. 593 Seiten. 1913. (Guttentagsche Sammlung Preußischer Gesetze Bd. 32.) Geb. RM. 5.40

Wölbling, P., **Bildung der neuen Stadtgemeinde Berlin.** Zweite Auflage. Taschenformat. 114 Seiten. 1920. (Guttentagsche Sammlung Preußischer Gesetze Bd. 59.) . . . . Geb. RM. 1.15

Caro, H., **Gesetz, betr. Austritt aus der Landeskirche,** vom 14. Mai 1873. Taschenformat. 190 Seiten. 1911. (Guttentagsche Sammlung Preußischer Gesetze Bd. 46.) . . . . Geb. RM. 2.15

Meyer, O., **Gesetz, betr. die Anlegung und Veränderung von Straßen und Plätzen in Städten und ländlichen Ortschaften.** Taschenformat. 211 Seiten. 1913. (Guttentagsche Sammlung Preußischer Gesetze Bd. 50.) RM. 2.70

Strauß-Torney, Hugo von und **Saß,** Carl, früher **Friedrichs,** R., **Gesetz, betr. Anlegung und Veränderung von Straßen und Plätzen** in Städten und ländlichen Ortschaften. (Straßen- und Baufluchtengesetz.) Vom 2. Juli 1875. Kommentar. Siebente, neubearb. Auflage. Groß-Oktav. 368 Seiten. 1934. . . . . Geb. RM. 12.—

„. . . *Im übrigen ist die Bearbeitung durch diese Verfasser so rühmend bekannt, daß es keiner weiteren Empfehlung bedarf. Die Ausstattung ist ausgezeichnet.*“

Baupolizeiliche Mitteilungen Nr. 5, 1934.

Saß, Enteignung auf dem Gebiete des Städtebaues nach der dritten Notverordnung Kapitel III (zweite Verordnung des Reichspräsidenten zur Sicherung von Wirtschaft und Finanzen) vom 5. Juni 1931. Nachtrag zum Straßen- und Baufluchtengesetz von v. Strauß und Torney und Saß. 6. Aufl. . . . . RM. 0.90

Meyer, O., **Gesetz, betr. Enteignung von Grundeigentum.** Dritte Auflage. Taschenformat. 249 Seiten. 1927 . . . . . . Geb. RM. 4.95

Heine, H., **Die preußischen Baupolizeigesetze** nebst den sonstigen einschlägigen Reichs- und Landesgesetzen. Taschenformat. 404 Seiten. 1928. (Guttentagsche Sammlung Preußischer Gesetze Bd. 64.)

Goldschmidt, O., **Gesetze gegen die Verunstaltung landschaftlich hervorragender Gegenden mit Ausführungsanweisungen.** Taschenformat. 152 Seiten. 1912. (Guttentagsche Sammlung Preußischer Gesetze Bd. 49.) Geb. RM. 2.15

Stier-Somlo, Fritz, **Polizeiverwaltungsgesetz** vom 1. Juni 1931 und **Gesetz zur Aufhebung veralteter Polizei- und Strafgesetze** vom 23. Mai 1931. Mit den **Ausführungsbestimmungen** vom 1. Oktober 1931 und einschlägigen Gesetzen. Taschenformat. 447 Seiten. 1932. (Guttentagsche Sammlung Preußischer Gesetze, Nr. 65.) . . . . Geb. RM. 7.65

Wulff, G., und **Herold,** F., **Wassergesetz** vom 7. April 1913. Mit Einleitung, Erläuterungen und Sachregister. Zweite, umgearbeite Auflage von G. Wulff. Taschenformat. XVI, 665 Seiten. 1928. (Guttentagsche Sammlung Preußischer Gesetze Bd. 52.) . . Geb. RM. 10.80

Skopnik, H. von, **Großmann,** L., **Kuhlwein von Rathenow,** H., **Tier- und Pflanzenschutzverordnung** vom 10. März 1933. (Gesetzsammlung S. 71) mit Einführungserlaß vom 15. Mai 1933. Taschenformat. 64 Seiten. 1933. (Guttentagsche Sammlung Preußischer Gesetze Nr. 66, Kommentare und erläuterte Textausgaben.) . . . . RM. 1.40

Holtgreven, A., und **Wolff,** Th., **Das Wildschadengesetz** vom 11. Juli 1891. Kommentar. Vierte, vermehrte und verbesserte Auflage. Oktav. VIII, 216 Seiten. 1902 . . . . RM. 4.—

Born, A., **Das preußische Fischereigesetz** vom 11. Mai 1916 in der geltenden Fassung. Taschenformat. 428 Seiten. 1928. (Guttentagsche Sammlung Preußischer Gesetze Nr. 62.) . . . . Geb. RM. 6.75

Born, A., **Die preußischen Jagdgesetze** in ihrer geltenden Fassung. Mit Erläuterungen versehen. Taschenformat. 433 Seiten. 1928. (Guttentagsche Sammlung Preußischer Gesetze Nr. 63.) . . . Geb. RM. 7.20

Holzapfel, W., **Umlegungsordnung.** Taschenformat. 144 Seiten. 1921. (Guttentagsche Sammlung Preußischer Gesetze Bd. 60.) . . RM. 1.60

Holzapfel, W., **Gesetz über Landeskulturbehörden.** Taschenformat. 176 Seiten. 1919. (Guttentagsche Sammlung Preußischer Gesetze Bd. 57.) Geb. RM. 1.80

3. Steuerrecht

Beachten Sie bitte unsere Anzeige auf Seite 48.

Nieberl, A., **Die Reichsabgabenordnung.** Dritte, neubearbeitete Auflage. Taschenformat. 642 Seiten. 1932. (Guttentagsche Sammlung Deutscher Reichsgesetze Bd. 143.) . . . . Geb. RM. 12.—

Schachian, Herbert, **Erbschaftsteuergesetz,** Fassung vom 5. Juni 1931, mit Anmerkungen. Fünfte Auflage. Oktav. 77 Seiten. 1931. RM. 2.50

Lindemann, Otto, **Grunderwerbsteuergesetz** (neueste Fassung) mit den Ausführungsbestimmungen. Zweite, völlig umgearbeitete Auflage. Taschenformat. 186 Seiten. 1926. Mit Nachtrag 1927. (Guttentagsche Sammlung Deutscher Reichsgesetze Bd. 139.) . . . . Geb. RM. 3.60

Hagelberg, E., und **Krämer,** L., **Grunderwerbsteuergesetz** vom 12. September 1919 (RGBl. S. 1617) in der Fassung des Gesetzes vom 11. März 1927 (RGBl. I S. 72) nebst Einleitung, Sachregister und Ausführungsbestimmungen und der einschlägigen Vorschriften des Finanzausgleichs-Steuermilderungsgesetzes und Steuerstrafrechts. Für die Praxis erläutert. Zweite, völlig umgearbeitete und erweiterte Auflage. Groß-Oktav. 355 Seiten. 1928 . . . . Geb. RM. 15.—

Hagelberg, E., und **Krämer,** L., **Wertzuwachssteuerrecht.** Kommentar. Groß-Oktav. 256 Seiten. 1929 . . . . . RM. 12.—, geb. RM. 13.50

Mattern, Gerhard, **Beitreibungsordnung.** Mit Verordnung über die Kosten des Mahn- und Zwangsverfahrens nach der Abgabenordnung. Oktav. 435 Seiten. 1933. (Guttentagsche Sammlung Deutscher Reichsgesetze, Nr. 186.) . . . . Geb. RM. 7.80

Hoepker, Heinrich, **Die Industriebelastungsgesetze** vom 30. **August 1924 nebst den Durchführungsbestimmungen zum Gesetz über die Industriebelastung.** Taschenformat. XV, 200 Seiten. 1925. **Mit Nachträgen.** (Guttentagsche Sammlung Deutscher Reichsgesetze Bd. 159.) Geb. RM. 3.60

von Lymplus, W., **von Elbe**, K., **Das Kommunalabgabengesetz und das Kreis- und Provinzialabgabengesetz.** Dargestellt in der Rechtsprechung des Oberverwaltungsgerichts. Groß-Oktav. X, 440 Seiten. 1930.

Loeck, P., und **Eiffler**, K., **Preußisches Stempelsteuergesetz** mit den gesamten Ausführungsbestimmungen. Unter besonderer Berücksichtigung der Entscheidungen der Verwaltungsbehörden und der Gerichte. Elfte, neubearbeitete Auflage. Taschenformat. 564 Seiten. 1934. (Guttentagsche Sammlung Preußischer Gesetze Bd. 18.) Geb. RM. 13.—

„Der Loeck-Eiffler'sche Kommentar ist überall, insbesondere auch bei den Gerichten, bestens bekannt. Der Gebrauch dieses Werkes erübrigt in aller Regel die Herbeiziehung weiterer Literatur. Die neue Auflage stammt, wie die 10. Auflage, aus der Feder des Sachbearbeiters des Stempelsteuerwesens im Preuß. Finanzministerium. Das Buch wird auch in der neuen Auflage der zuverlässige Berater sein, der es immer war." Deutsche Justiz vom 29. 3. 34.

Eiffler, Kurt, **Staatliche Verwaltungsgebühren.** Gesetz über staatliche Verwaltungsgebühren vom 29. September 1923 nebst Gebührenordnungen und Ausführungsbestimmungen. Taschenformat. 192 Seiten. Mit Nachtrag. 1925. (Guttentagsche Sammlung Preußischer Gesetze Bd. 61.) Geb. RM. 5.40

Lebbin, Georg, **Nahrungsmittelgesetze** mit Erläuterungen. Zweite, stark vermehrte Auflage in zwei Bänden.
Zweiter Band: **Getränkegesetze und Getränkesteuergesetze** (Wein, Bier, Branntwein, Mineralwasser). Unter Mitarbeit von Rechtsanwalt Dr. Kniebe. Taschenformat. XII, 400 Seiten. 1926. (Guttentagsche Sammlung Deutscher Reichsgesetze Bd. 54 b.) . . . . . . Geb. RM. 9.—

Wündisch, Friedrich, **Das Tabaksteuergesetz** vom 12. September 1919 **nebst** den Ausführungsbestimmungen vom 26. Februar 1920. Taschenformat. 286 Seiten. 1920. Mit Nachtrag 1925. (Guttentagsche Sammlung Deutscher Reichsgesetze Bd. 146.) . . . . Geb. RM. 3.60

VII. Entscheidungs-Sammlungen und Zeitschriften.

Entscheidungen des Reichsarbeitsgerichts. Herausgegeben von den Mitgliedern des Reichsarbeitsgerichts.
Band I—XII . . . . Je RM. 6.50, geb. RM. 8.—
Erscheint in einer Heft- und einer Bandausgabe. Bis Herbst 1934 sind 14 Bände erschienen. Jährlich 2—3 Bände. Oktav.
Heftausgabe: je Band RM. 6.90. Einbanddecke: je Band RM. 1.—.
Bandausgabe: je Band geh. RM. 6.50, geb. RM. 8.—.
Ab Band 14 Heftausgabe: je Band . . . . RM. 5.90
Bandausgabe: je Band . . . . geh. RM. 5.50, geb. RM. 7.—

Entscheidungen des Reichsgerichts. Herausgegeben von den Mitgliedern des Gerichtshofes u. d. Reichsanwaltschaft. Oktav. (2 Sammlungen.)
1. **Entscheidungen in Zivilsachen.** (Werden in Heften im Umfange von etwa 5 bis 6 Bogen sowie in vollständigen Bänden, geheftet und gebunden, ausgegeben. Jährlich 4 Bände.) 1.—143. Band.
Je RM. 6.50, geb. RM. 8.—
Ab Band 144: RM. 5.50, geb. RM. 7.—.
Generalregister zum 111.—120. Bande der von den Mitgliedern des Gerichtshofes und der Reichsanwaltschaft herausgegebenen **Entschei-**

dungen des Reichsgerichts in Zivilsachen. Bearbeitet von **Hans Triebel.** Oktav. XXIII, 509 Seiten. 1929. . RM. 15.—, in Halbleder RM. 18.—
— Zum 121.—130. Bande. Oktav. XXIV, 755 Seiten. 1931.
Geb. RM. 22.—
— Zum 131.—140. Bande. Oktav. 504 Seiten. 1933. Geb. RM. 16.—

2. **Entscheidungen in Strafsachen.** (Werden in Heften im Umfange von 5 bis 6 Bogen sowie in vollständigen Bänden, geheftet und gebunden, ausgegeben. Jährlich 1 Band.) 1.—68. Band. Je RM. 6.50, geb. RM. 8.—
Ab Band 69: . . . . RM. 5.50, geb. RM. 7.—

Generalregister zum sechsundfünfzigsten bis fünfundsechzigsten Bande der von den Mitgliedern des Reichsgerichts und der Reichsanwaltschaft herausgegebenen **Entscheidungen des Reichsgerichts in Strafsachen.** Bearbeitet von Hans Gündel. Oktav. 458 Seiten. 1932.
In Halbleder geb. RM. 16.—

Arbeitsrechtliche Spruchsammlung. Beilage zum Deutschen Handwerksblatt. Herausgegeben von Amtsgerichtsrat Dr. Theodor Rohlfing, hauptamtlicher Vorsitzender beim Arbeitsgericht Berlin.
Pro Quartal RM. 0.90

Die Sammlung berichtet fortlaufend über die obergerichtliche Rechtsprechung auf dem Gebiete des Arbeitsrechts. Sie bildet eine wertvolle Ergänzung der amtlichen Sammlung.

Schiedsgericht für Oberschlesien. Trybunal Rozjemczy dla Górnego Slaska. Amtliche Sammlung von Entscheidungen des Schiedsgerichts für Oberschlesien, veröffentlicht gemäß der Bestimmung des Art. 592 des Genfer Abkommens vom 15. Mai 1922. Zbiór urzedowy orzeczeń Trybunalu Rozjemczego dla Górnego Śląska ogloszony wedle postanowienia art. 592 Konwencji Genewskiej z dnia 15 maja 1922r. Oktav. Band I und II. 1930. 1931 . . . . . . Pro Band RM. 12.—
Band III. Nr. 1 pro komplett. 1932 . . . . RM. 12.—

Zeitschrift für die gesamte Strafrechtswissenschaft. Gegründet von Fr. von **Liszt** und **A. Dochow.** Unter ständiger Mitarbeiterschaft hervorragender Fachmänner herausgegeben von Prof. Dr. **Ed. Kohlrausch,** Prof. Dr. **M. Grünhut** und Prof. Dr. **W. Gleispach.** Schriftleiter: Dr. **W. Gallas.** Der Jahrgang besteht aus 6 Heften. Quart.
Bd. 1—43. 1881—1922. Je RM. 15.—. Bd. 44. 1922. RM. 25.—. Bd. 45. 1924. RM. 21.—. Bd. 46—49. 1925—1929. Je RM. 30.—. Bd. 50. 1929/30. Bd. 51. 1931. Je RM. 36.—. Bd. 52. 1932. Bd. 53. 1933. Je RM. 32.—.

Juristische Rundschau. Herausgegeben von Otto **Lindemann,** Ministerialdirektor, Geh. Oberjustizrat, Berlin, Dr. Friedrich **Flad,** Senatspräsident beim Reichsgericht, Leipzig, **Fritz Hartung,** Reichsgerichtsrat, Leipzig und

Höchstrichterliche Rechtsprechung. Herausgegeben von Eugen **Friedrichs,** Senatspräsident, Breslau. **Hans Gündel,** Senatspräsident am Reichsgericht. — Erscheint am 1. und 15. jeden Monats.
Jahrgang 1934. Vierteljährlich RM. 7.50, Einzelheft RM. 1.50
Beilage „Höchstrichterliche Rechtsprechung" einzeln vierteljährlich 5.—

Zeitschrift für ausländisches öffentliches Recht und Völkerrecht. Im Auftrage des Instituts für ausländisches öffentliches Recht und Völkerrecht herausgegeben von Viktor **Bruns,** Professor an der Universität Berlin, Leiter des Instituts und Ernst **Schmitz,** stellv. Direktor und Leiter der völkerrechtl. Abteilung des Instituts. Lexikon-Oktav.
Band I, Teil 1: Abhandlungen. XXVIII, 657 Seiten. 1929. RM. 43.—
Band I, Teil 2: Urkunden. XVI, 858 Seiten. 1929 . . . RM. 54.—
Band II, Teil 1/2: Abhandlungen. VIII, 304 Seiten. Urkunden. 368 Seiten. 1930. . . . . RM. 45.—

FSC®
www.fsc.org
MIX
Papier | Fördert gute Waldnutzung
FSC® C083411

Kolibri 360 GmbH
Ferdinand-Jühlke-Straße 7
99095 Erfurt, Deutschland
produktsicherheit@kolibri360.de